新曲綫 ｜ 用心雕刻每一本......
New Curves

http://site.douban.com/110283/
http://weibo.com/nccpub

用心字里行间　雕刻名著经典

社会心理学精品译丛

编委会

亲密关系

（第 8 版）

〔美〕罗兰·米勒　著

王伟平　译

彭凯平　审校

人民邮电出版社

北　京

图书在版编目（CIP）数据

亲密关系：第 8 版 /（美）罗兰·米勒著；王伟平译 . —北京：人民邮电出版社，2024.1（2025.8 重印）
ISBN 978-7-115-63021-6

Ⅰ.①亲…　Ⅱ.①罗…②王…　Ⅲ.①心理交往—社会心理学　Ⅳ.① C912.3

中国国家版本馆 CIP 数据核字（2023）第 207733 号

Rowland S. Miller

Intimate Relationships, 8th Edition

ISBN 978-1-259-87051-4

Original edition copyright © 2018 by McGraw-Hill Education. All rights reserved.

Simplified Chinese edition copyright © 2024 by POSTS AND TELECOM PRESS CO., LTD.. All rights reserved.

本书封底贴有 McGraw Hill 公司防伪标签，无标签者不得销售。

亲密关系（第 8 版）

◆　著　　　　［美］罗兰·米勒

　　译　　　　王伟平

　　审　　校　彭凯平

　　策　　划　刘 力　陆 瑜

　　特约编审　谢呈秋

　　责任编辑　刘丽丽　赵延芹

　　装帧设计　陶建胜

◆　人民邮电出版社出版发行　北京市丰台区成寿寺路 11 号

　　邮编　100164　电子邮件　315@ptpress.com.cn

　　网址　http://www.ptpress.com.cn

　　电话（编辑部）010-84931398　（市场部）010-84937152

　　三河市少明印务有限公司印刷

◆　开本：710×1000　1/16

　　印张：33　　　　　　　　2024 年 1 月第 1 版

　　字数：546 千字　　　　　2025 年 8 月河北第 8 次印刷

　　著作权合同登记号　图字：01-2022-6741 号

定价：148.00 元

本书如有印装质量问题，请与本社联系　电话：（010）84937152

内容简介

亲密关系与泛泛之交有什么区别？吸引力的秘密是什么？什么是爱情？爱能长久吗？男人真的来自火星、女人真的来自金星吗？同性恋是由基因决定的吗？女人比男人更容易妒忌吗？为什么结婚的人越来越少，离婚的人越来越多？亲密关系美满的秘诀是什么，如何维系持续一生的幸福婚姻？如何防止恋爱脑，科学理性地谈论爱？……诸如此类的亲密关系问题，你都可以从米勒的《亲密关系》（第 8 版）中找到答案。

《亲密关系》一书汲取了社会心理学、沟通研究、家庭研究、社会学、临床心理学、演化心理学、神经科学、人口统计学等诸多学科的研究成果，遵循由浅入深、由一般到特殊的认知规律，论述了亲密关系的基础、活动形态、类型、矛盾和修复等内容，本书理论和实践并重，学术标准与大众兴趣兼备。读完本书，你将对人际吸引、爱情、婚姻、承诺、友谊、激情、沟通、性爱、依恋、择偶、妒忌、出轨、冲突、暴力等亲密关系的主题形成全新的认识。

《亲密关系》（第 8 版）新增了近几年来发表的数百项新研究，增加了低头症、虚拟现实等与时俱进的主题，大幅拓展了对先前版本已有主题的讨论，全面呈现了关系科学领域所取得的卓越进展。它既能为该领域的专业人士带来启发与灵感，又能为每位渴望爱情甜蜜、婚姻长久、人生幸福的普通读者提供指导。科学地认识亲密关系，寻求理性与情感的平衡，攸关我们的幸福，每个人都应该读读这本书。

作者介绍

Rowland S. Miller

罗兰·米勒是位于得克萨斯的美国萨姆休斯顿州立大学的杰出心理学教授。他教授亲密关系课程已有 30 余年，并获得了国际人际关系研究协会颁发的 2008 年教学奖（主要是因为《亲密关系》一书的重要贡献）。他还被 the Minnie Stevens Piper 基金会评为得克萨斯州最杰出的大学教师之一，该基金会授予他 2016 年 Piper 教授称号。他是美国心理科学协会（APS）会员，国际心理学荣誉协会（Psi Chi）和美国心理学协会（APA）颁发的 Edwin Newman 杰出研究奖获得者。米勒父母的幸福婚姻一直持续了 73 年，他也想和他贤惠的妻子卡洛琳能同样长久地在一起。这张照片是他和另一个他最喜欢的伙伴福斯特熊的合影（它还算不上米勒最好的朋友，但如果哪天表现好一点倒也有可能）。

假设一位心理学家向 100 个学生提出了下面两个问题，你能想象学生们会怎样回答吗？

第一个问题：如果你要到一座荒岛上生活，只能在你的各种亲密关系（父母、兄弟姊妹、好朋友、同学、同乡、同事，等等）中选择一个人同行，你会选择谁？

第二个问题：当你的父母、配偶、孩子、最好的朋友一起落水，只有你会游泳，而你只能救其中一个人时，你又会选择谁？

推 荐 序

让温暖建构承诺，让亲密回归关系

从古至今，关系对整个人类来说，都是至关重要的一项生活内容。它不仅维系着人类各族群内部及族群与族群之间的联系，也在无形中形成了某种不言自明的边界——家长里短、远近亲疏、伦理规范与心灵方位。

在人类的各种复杂的关系中，无论在哪种文化下，亲密关系都属于其中最重要的一种。在传统东方文化氛围下，亲密关系更多地被赋予基于族群伦理与社会道德规范的一种内敛甚至隐晦的定位。"关系"一词所代表的伦理秩序被极度放大，而代表人本情怀的"亲密"则被刻意掩盖起来。这无形中导致了一种特别奇怪的现象：好些人自诩为"关系专家"，在工作、社交上做到游刃有余，但就是处理不好与父母、配偶或子女的关系。或者就算关系还算正常，但也总是缺少那么一点"亲密"的感觉。对很多当事人来说，人们又不太愿意承认"亲密"与"关系"的某种失调。人们更倾向于认为关系是天然的身份认同，而亲密只是一剂调味料罢了。不亲密，那又有什么关系呢？

在我们身边有许多这样的当事人，甚至包括此时正在阅读这本书的你。李泽厚先生在《中国古代思想史论》一书中认为，从历史上来看，中国人是生活在基于伦理的现实功利主义中的文化族群。这意味着，中国人重视家族血缘的正统性与家族利益的悠远，甚至远远大于对独立家庭内容的关切，尤其是富有浪漫色彩的情感沟通。在大家熟悉的《红楼梦》中，大观园里发生的种种故事把这种情况展现得淋漓尽致。而在《水浒传》中，除了浪子燕青之外，梁山好汉们更是把"无亲密，好兄弟"的故事演绎到登峰造极的地步。这是件特别值得深思的事情：似乎在我们的文化中，郎情妾意、你侬我侬的浪漫情感只应该体现在一个人成立家庭之前的青葱岁月里，而一旦成立家庭，开始建功立业，浪漫就迅速被刻板的伦理责任与秩序所代替。亲密更多地体现在家庭（或者更大范围的家族）上的广义的伦理利益交互，至于纯粹情感方面——至少在表面上——则显得单薄得多了。而就在这样的关系模式中，我们一路走来，走过了二千五百多年的时光，一直走到今天。

　　毋庸置疑，在几乎所有生活领域中，现代社会与古代社会有着根本的区别。但恰恰在亲密关系这一项上，不得不承认的一个事实是，现代人并没有像其他领域那样比古代人进步多少，甚至某些家庭的表现还不如古人。现代人能够做到自如穿梭于纷繁的社会关系网络中，巧妙地运用各种复杂的人际交往技术，手边也不乏各种"关系"诀窍的书籍与影音制品，但回到最重要的家庭中时，很多人却一点也提不起来兴致，一脸茫然与无感。这种缺乏温度的家庭关系，无论如何也不能被赋上"亲密"两字。亲的是血缘，而不是感动；密的是控制，而不是氛围。

　　由此看来，我们现代人真正的亲密关系，至少要能够真实地在两个方面有更多的体现：一是融通而丰沛的家庭成员之间的情感交互；二是和谐而温暖的家庭氛围的营造。这里面特别提醒大家注意的是"知"与"行"的统一，也就是说情感是"知"，交互是"行"；氛围是"知"，营造是"行"。因此，当我们切实对更好的亲密关系表达诉求的时候，大家不妨先检点一下自己在认知与行动方面的各种表现到底如何，而不是把目光都放在别人身上，看这个不对，看那个不好。

　　亲密关系如此重要，可又恰恰是许多现代人最深切的痛处。好消息是，随着人类社会认知与科学技术的极大发展，特别是心理学实证科学的极大进步，我们不仅可以像以往那样从哲学、社会学、伦理学或文学艺术中探索亲密关系，我们更能够运用越来越丰富的科学手段去发现亲密关系在人们的认知、情感、意志整个心理活动过程中的种种更细节的表现。美国萨姆休斯顿州立大学心理学教授罗兰·米勒（Rowland S. Miller）正是这一领域中全球知名的心理学家。

　　早在 1978 年，米勒教授就投身于该领域的科研、教学与咨询工作。他在大学里讲授的亲密关系课程，曾获美国心理学协会和国际心理学荣誉协会的杰出研究奖。并于 2008 年荣获国际人际关系研究协会卓越教学奖。他所著的《亲密关系》一书，是一本极富启发性且有深刻见解的伟大作品。以"斯坦福监狱实验"闻名世界的美国心理学巨擘菲利普·津巴多教授对该书赋予了极高的评价："本书是此专题的奠基之作，无论是从单本销量，还是业界好评来看，都是如此。"

这里，我们可以先概括地看一下米勒教授在书中提出的许多观点与科学佐证，以理解为什么这本书得到如此多的赞誉，受到那么多人的钟爱。

- 我们总是喜欢那些喜欢我们的人。
- 人类是社会化程度很高的物种。当人们被剥夺了与他人的亲密接触时，他们会很痛苦，人类社会属性的核心正是对亲密关系的需求。
- 亲密关系中满足的秘诀：欣赏你的伴侣，表达你的感激，重复上述两步。
- 能一起玩乐的伴侣往往能更长久地在一起。
- 男人看重长相，女人重视资源，但都期望伴侣友善、随和、可爱、亲切。
- 如果他人不喜欢我们，我们要喜欢自己就非常困难。大多数情况下，如果不能从他人那里获得足够的接纳和欣赏，长期处在低自尊的人就会形成负面的自我评价。
- 我们都需要在与他人的联系和自我保护间保持平衡，但低自尊的人总把他们脆弱的自尊心置于亲密关系之上。
- 即使很小的距离对我们的人际关系也有很大的影响，大多数人对此认识不足。一旦我们选择了生活、工作或上学的准确地点，我们大体上也就决定了哪些人将会成为我们生命中最重要的人。
- 男女两性都认为穿红色衣服的约会对象更有吸引力。
- 处在受孕期时，妇女比其他时间更偏爱男子气的面孔、低沉的嗓音、有对称体型男子的体味及更大胆、更傲慢、更有领袖魅力的行为。
- 潜在伴侣的吸引力 = 他 / 她的外表吸引力 × 他 / 她接纳你的可能性。
- 一味故作清高没有什么作用。真正有用的是选择性地故作清高。
- 那些能付出代价拒绝大多数人却乐于接纳我们的人，才是最有吸引力的潜在伴侣。
- 如果一位男子在单身酒吧里使用中性或直接的开场白，有 70% 的次数得到女性的肯定回应，而抖机灵的开场白的成功率只有 24%。
- 我们倾向于喜欢与我们态度一致的人。

- 非言语沟通不良的夫妻往往对婚姻不太满意。

- 两个人要变得亲近，必须满足三个条件：首先，他们必须进行有意义的自我表露。开诚布公更有益于人际关系。其次，他们必须对彼此的个人信息有兴趣和同理心，在异性恋的关系中，如果男性能做到这一点尤其有价值。最后一点很重要，双方都必须认识到对方正在做出回应。判断出自己的伴侣理解和关爱自己，即所谓的感知到的伴侣回应性，是亲密关系持续发展的关键要素。

- 亲密关系遵从"投入模型"。人们在以下三种情况下希望与现任伴侣保持亲密关系：感到幸福；没有其他更好的选择；离开的成本高。

- 爱情的第一个成分是亲密（intimacy），包括温暖、理解、信任、支持和分享等爱情关系中常见的特征。第二个成分是激情（passion），其特征为性的唤醒和欲望、兴奋和需要。第三个成分是承诺（commitment），它包括持久和稳定的感觉，以及全身心投入一段关系并努力维持的决心。

- 在危险的桥梁上，恐惧会增强男女两性的吸引力，让人误以为心跳加快是因为对方让自己"心动"了。

- 浪漫的夫妻一起参加新奇、激动人心的活动会让他们彼此更加相爱。

- 浪漫因新奇、神秘和风险而繁盛，却因日益熟悉而烟消云散。

- 能长久维持幸福婚姻的人通常会向配偶表达许多相伴之爱。

- 当宽恕的一些重要构成要素存在时，宽恕更容易发生。第一个要素是真诚的悔过；第二个要素是受害者的同理心。

- 要有义务地去注意伴侣为你付出的关爱、仁慈和慷慨。然后，每周都要和你的伴侣分享你最欣赏的三个善意之举，无论大小。

- 如果你欣赏你的伴侣，表达你的感激之情，并且不断重复，你们都会更加幸福。

我想，上面这些已经足够吸引你的眼球了，尽管这些只是书中的部分内容而已。

米勒教授在《亲密关系》一书中最杰出的表现，是对亲密关系提出了一种融合科学的思考范式。他把研究视野放在人们的思想、感受及行为在亲密关系中相互联系的融合之处。为了更加深刻地揭示这个迷人的领域，米勒教授综合了社会心理学、进化心理学、发展心理学和临床心理学等多个分支的理论和研究成果。

作为活跃在社会心理学界的知名学者，他本着严谨的态度，在上述众多领域中寻求平衡、融会贯通，研究了"先天因素"与"后天培养"的相互作用。这种研究方式对以往的突破之处在于他将辩证观念进行了广泛的运用，从而能够对许多人在亲密关系中最关心的问题提出恰当的解决方案。于是,《亲密关系》一书不仅是一部严谨的学术著作,同时也具备了"行动指南"或"枕边书"的轻盈姿态。

不过,在你阅读本书时,特别要提醒大家的是,如果你已经习惯了通俗心理学家把个人观点当作科学结论,用华丽辞藻取代严谨分析的惯常做法,那么,《亲密关系》将是彻底改造你的阅读习惯的最好选择。在这里,你不仅要适应科学研究的表达方式,更要理解科学家在探索"关系"原理和甄别真伪科学时的执着。

事实上,在过去的40年间,社会心理学家越来越意识到,从单纯地关注个体认知、思维和决策等人类理性过程来揭示人类的心理密码已然不够,社会心理科学需要将研究视角扩展到人类的情绪、情感、意志、意义和关系等更加感性的课题上来。与理性相比,感性更具有温度,也更能解释人们很多时候选择舒服而不选择正确的原因。从某种意义上讲,心理学家在过去40年里关于情感和关系的实证研究,可能已经超越了人类过去两千多年来在关系这个问题上的分析和判断。这自然而然地产生了一个逻辑结果,即当科学家用科学替代哲学与文学,更加深入地对亲密关系进行实证研究后,他们发现,虽然在人类漫长的历史与文化积累上,有一些见解看似已经成为"常识",但这些哲思隽永或文学气息浓厚的见解,更多是基于个体具体体验来判断关系的价值和意义。然而,科学研究强调的则是一般规律,这意味着,历史上某一个人的具体想法和行为表达尽管可能足够震撼人心,但并不代表客观的现实规律也是如此。也就是说,科学结论不是以个人喜好的判断价值为依据的。这可能就是对我们的阅读习惯最大的改变。所以在这里,我真诚地希望读者们在阅读这本《亲密关系》时,能够理解米勒教授所代表的科学发现的理性思考,而不要片面地以以往的"常识"进行无差别的感觉评判。

所以,从某种意义上来看,《亲密关系》这本书的一个突出特点就是,它客观地探究并判断了长期以来,由诗人、戏剧家、哲学家乃至医学家对亲密关系的理解和论断。通过米勒教授的研究,我们发现,近现代之前的数千年里,由于人类缺少对亲密关系广泛而丰富的科学研究与实证,造成了亲密关系中很重要的某些观念始终停留在"农耕"或"游牧"文化的惯性中,从而忽略了其现代性的自我改造与自我更新。许多肤浅的甚至是错误的观念,仍然在某些情境下不合时宜地主宰伴侣的关系。

米勒教授是致力于改变这些错误思想与行为的先行者中杰出的一员。令人欣慰的是，最近半个世纪以来，如本书所载，这方面的颠覆性研究工作取得了许多重大的进展。就以爱情为例吧，虽然数不胜数的诗人和作家，或热情讴歌赞美，或理性分析批判，总结出一个又一个的爱情真谛，但我们对这一奇妙现象背后的心理学原因的理解其实并没有我们认为的那般深刻。是性格相似的人更容易相互吸引，还是性格互补的人更容易坠入爱河呢？世界上到底有没有超越性欲的柏拉图式的爱情？情侣之爱与舐犊之爱究竟有何不同？激情之爱与相伴之爱又有何差异？在我们早已司空见惯的各种人际关系中，你又是否注意到了两性差异？女人是否比男人更容易妒忌？男性和女性在对关系的感知和体验方面有哪些不同？男人真的来自火星、女人真的来自金星吗？面对这些问题，我相信很多人的回答是无法做到像米勒这样的社会心理学家笃定而证据充分的。

在我郑重向大家推荐这本书时，我还是要说，我们不能期望米勒教授的一本书就能让所有人把目光从电视、互联网和网络直播间的某些自诩为心理学家的夸夸其谈中解救出来，我们也不能阻止那些人们无法分辨的庸俗心理学书籍的猖獗泛滥。但是，我们有信心，至少在这本书里，大家看不到那些内容。如果你花时间认真品读此书，我相信你会对人类的关系科学产生新的认识与理解。

学术化、科学化和规范化并不意味着枯燥与无趣。相反，当我们运用科学的思维沉浸于我们生命中最重要的友情、爱情、激情、婚姻、承诺、理解、沟通、亲密、依恋和妒忌等各个方面的参悟时，我相信，亲密关系在你面前将呈现新的瑰丽与神奇；我也相信，经由这本书的启迪，你在你的亲密关系之路上，定会遇到更多美丽的风景与幸福的时光。

彭凯平

清华大学社会科学学院院长

2023 年 8 月

前　言

　　欢迎翻开这本《亲密关系》！很高兴我们以这种方式相遇。本书自出版以来享有的盛誉令我深感荣幸，同时我也满怀激情地再次对这部著作进行全面修订和更新，为你呈现关系科学领域所取得的卓越进展。关系科学研究日新月异，涉及的内容也越来越庞杂，因此第 8 版新增了近几年来发表的数百项新研究。你很难找到另外一本如此与时俱进、综合和完整的关系科学专著。

　　读者们说，真的找不到另一本读起来如此有趣的亲密关系著作了。对此我的喜悦之情难以言表。《亲密关系》是一部学术著作，主要目的是为各大高等院校的师生提供涵盖整个研究领域的广泛内容。但是，本书的写作风格通俗易懂，可读性强，读者完全可以按自己的喜好掌握阅读节奏，而不必按照书中的章节顺序。这也是本书的一个亮点！但实际上，可读性强也属意料之中，因为关系科学的许多内容本身就非常令人着迷。没有任何科学如亲密关系这般贴近每个人的家庭。有鉴于此，加之其娓娓道来和通俗易懂的写作风格，事实证明，本书对普通读者也很有吸引力。（正如我父亲所言："每个人都应该读读这本书。"）

　　所以，《亲密关系》（第 8 版）诞生了。新版对一些重要的主题用更多的篇幅进行了深入探讨，而其他的书籍对此要么闭口不提，要么一笔带过；并且新版引用的研究成果也远多于其他同类书籍。本书汲取了社会心理学、沟通研究、家庭研究、社会学、临床心理学、神经科学、人口统计学等诸多学科的研究成果。它在时新性、全面性和趣味性上都远超其他任何一本关于亲密关系这门当代科学的概述性论著。欢迎阅读！

第 8 版新增的内容

第 8 版新增了 686 篇新的参考文献，以佐证新的主题或大幅拓展对之前版本已有主题的讨论，这些主题包括：

色情作品	科技干扰
仪式	黑三角特质
催产素	性生活频次
不贞	婚姻范式
低头症	性满足
约会 app	关系清理
分手原因	外貌的不匹配
同居	性成长信念
瞳孔放大	熟悉度的影响
虚拟现实	吸引力的工具性

未变动的内容

如果你熟悉《亲密关系》之前的版本，你会发现第 8 版在章节结构上与前几个版本基本相同。第 1 章介绍了亲密关系的重要影响因素，当这些因素在后续各章被提及时，会有脚注提醒读者在哪里可以找到能够刷新他们记忆的定义。

每章仍有发人深省的"请你思考"小贴士。它们引导读者更深入地思考有趣的现象，它们还可以作为课堂讨论的试金石、个人论文的主题以及对自己在亲密关系中的行为的个人反思。

第 8 版仍然保留了其独特的写作风格。仿佛有人在幕后为你低声诵读。我偶尔会打破阻隔作者和读者的壁垒，直接与读者交谈，既是为了亲切，也是为了表明一些重要的观点（还因为我情不自禁）。我很高兴有机会为你介绍这门充满活力而令人兴奋的关系科学，这是何等的荣耀！读者们给我的反馈也表明了这一点。

我要向本书最早的作者莎伦·布雷姆（Sharon Brehm）和合著者丹尼尔·珀尔曼（Dan Perlman）表达感谢和敬意，是丹尼尔最初吸引我参与了这本书的写作和修订。我还要感谢编辑和制作人员的大力支持和帮助，他们是 Jamie Laferrera、Francesca King、Sandy Wille、Erin Guendelsberger、Reshmi Rajeesh、Melisa Seegmiller、David Tietz、Dheeraj Kumar 和 Ryan Warczynski。谢谢每一位帮助过我的人！

　　《亲密关系》（第 8 版）的中译本能与中国读者见面，我分外高兴。各位能阅读本书，我甚感荣幸，希望这本书能引起你对亲密关系的兴趣，善用书中的知识，畅享一段愉悦的关系。谢谢中国读者给予这本书的厚爱。

简要目录

详细目录

第 7 章　友　谊 ································· 235

第 1 章

人际关系的构成

　　这样过假期怎么样？想象你住在装潢精美的豪华套间里，窗外是旖旎的田园风光。你可以看有线电视，玩电子游戏，阅读各种书籍和杂志，以及玩满足你最大爱好的所有设施。这里有享用不尽的美食佳酿，你最喜欢的消遣娱乐也触手可及。但美中不足的是：你身边没有任何人，没有手机，也不能上网，你完全是个孤家寡人。你几乎能得到你想要的一切，除了不能接触其他人。短信、微博和微信等网络社交工具全都不可用。你甚至看不到任何人，也不能以任何方式与任何人互动。

　　这样的假期，你觉得怎么样？我们中的少数人会享受一段时间的独处，但大多数人很快就会发现，与他人完全分离会带来惊人的压力（Schachter, 1959）。大多数人都需要和他人接触，对此我们往往认识不足。日复一日，我们倾向于更喜欢与他人共度的时光，而不是独处的日子（Kahneman et al., 2004）。这也是监狱有时使用单独监禁（solitary confinement）来惩罚犯人的原因：人类是社会化程度很高的物种。当人们被剥夺了与他人的亲密接触时，他们会很痛苦，人类社会属性的核心正是对亲密关系的需求。

与他人的关系是我们生活的核心方面：顺畅的关系能给我们带来巨大的快乐，而糟糕的关系则会使人悲伤难过。人际关系必不可少，也至关重要，因此，我们有必要理解人际关系是如何建立、运作和稳固发展的，以及有时它们为什么会在愤怒和痛苦的深渊中结束。

本书能增进你对亲密关系的理解。它不仅汲取了心理学、社会学、沟通研究、家庭研究和神经科学的成果，还将为你介绍行为科学家经过细致研究所了解到的人际关系知识。它对人际关系的看法与你从杂志或电影中了解到的不太一样，它所持的观点更为科学、更理性、更为谨慎，而且往往不那么浪漫。你还会发现它不是一本手把手的操作手册。在接下来的篇幅里，有许多真知灼见在等着你，也有大量信息供你使用，但你需要带着自己的价值观和个人经验来理解这些内容。我们的目的是带领你纵览亲密关系的科学研究，领略人际关系科学的多姿多彩。

为了更好地理解后面将要介绍的各种研究结果，我们先来界定一下我们的主题。什么是亲密关系？为什么亲密关系如此重要？然后，我们将思考亲密关系的基本构成要素：我们所处的文化、经历的事情、拥有的人格、共享的人类起源，以及我们所进行的互动。为了理解人际关系，我们必须首先思考我们是谁，置身何处，以及为何置身此处。

亲密关系的本质和重要性

人际关系多种多样，亲疏有别。在生活中，我们几乎可以与任何人进行相应的接触，比如收银员、同学、同事和亲戚，但本书将专注于我们与朋友和爱人的关系，因为它们是亲密关系的典型代表。我们主要关注成人之间的亲密关系。

亲密关系的本质

那么，亲密关系究竟是什么？这实际上是一个复杂的问题，因为亲密关系是一个多层面的概念，包含不同的组成部分（Prager et al., 2013）。人们普遍认为（Ben-Ari & Lavee, 2007），亲密关系与泛泛之交至少在七个特定方面存在差异：**了解**（knowledge）、**相互依赖性**（interdependence）、**关心**（caring）、**信任**（trust）、回应性（responsiveness）、**共同性**（mutuality）以及**承诺**（commitment）。

首先，亲密的伴侣对彼此有广泛的个人（通常是私密的）了解。他们分享彼此的经历、偏好、情感和心愿，而他们一般不会把这些信息透露给自己认识的其他人。

亲密伴侣的生活也交织在一起：伴侣一方的所作所为都会影响另一方想做什么和能够做什么（Fitzsimons et al., 2015）。亲密伴侣之间的相互依赖性是指他们彼此需要和相互影响的程度，这种相互依赖是频繁的（经常相互影响）、强烈的（对彼此有重要的影响）、多样的（以多种不同的方式相互影响）和持久的（在很长一段时间内相互影响）。在相互依赖的关系中，一方的行为在影响对方的同时也会影响自己（Berscheid et al., 2004）。

使这些紧密联系得以维系的品质是关心、信任和回应性。亲密的伴侣彼此关心；相比对大多数其他人的感情，他们彼此之间的感情更深。他们还彼此信任，期望对方公平地对待并尊重自己（Thielmann & Hilbig, 2015）。人们希望他们的亲密关系不会造成不必要的伤害，一旦真的发生了，他们往往会变得谨慎，较少表现出亲密关系所特有的开诚布公和相互依赖（Jones et al., 1997）。相形之下，如果人们认为自己的伴侣理解、尊重和欣赏他们，关注并有效地回应他们的需求，并且关心他们的福祉，亲密感就会增强（Winczewski et al., 2016）。回应性具有强大的奖赏作用，感知到伴侣认可、理解并支持我们的需求和愿望是最佳关系的一个核心要素（Reis, 2013）。

由于这些紧密的联系，亲密伴侣通常认为他们是天造地设的一对，而不是两个完全独立的个体。他们表现出高度的共同性，这意味着他们认同彼此间的紧密联系，并自视为"我们"，而不是"我"和"他 / 她"（Soulsby & Bennett, 2017）。事实上，这种观念上的变化——从"我"到"我们"——通常标志着一段还在发展的关系中一个微妙但重要的时刻，即新伴侣首次承认对彼此的依恋（Agnew et al., 1998）。的确，研究者只需让伴侣简单地评定他们的"重叠"程度，就能评估一段关系的亲密程度。《自我涵盖他人量表》（简称 IOS 量表，见图 1.1）是测量相互关系的一种直截了当的方法，在区分亲密关系和泛泛之交方面效果非常好（Aron et al., 2013）。

最后，亲密伴侣通常会对他们的关系做出承诺。也就是说，他们希望他们的伴侣关系能持续到地老天荒，并为此不惜投入大量的时间、精力和资源。没有这请圈出最能描述你与伴侣目前关系的图形。

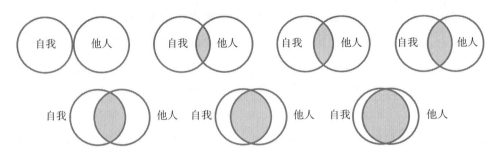

图 1.1　自我涵盖他人量表

一段关系的亲密程度如何？只要让人们挑选出一个最能描绘一段特定关系的图形，就能很好地评估他们感受到的亲密度。

资料来源：Aron, A., Aron, E. N., & Smollan, D. "Inclusion of Other in the Self Scale and the structure of interpersonal closeness," *Journal of Personality and Social Psychology*, 63, 1992, 596–612.

种承诺，曾经的恩爱情侣、知心朋友也会日益疏远和陌生。

　　在这些成分中，没有哪一种对于亲密关系的存在是绝对必要的，每一种都可能在其他成分缺席的情况下存在。例如，在一段乏味、不幸福的婚姻中，夫妻双方可能非常依赖彼此，密切协调日常生活中的实际细节，但却生活在一片缺乏情感或回应性的心理荒漠中。这样的伴侣当然比泛泛之交更亲密，但毫无疑问，他们会觉得彼此间不如过去那般亲近了（比如他们决定结婚时），那时他们的关系中存在更多的亲密成分。一般而言，最令人满意和最有意义的亲密关系应当包括亲密关系的所有七个定义性特征（Fletcher et al., 2000）。尽管如此，当只有部分成分存在时，亲密感仍会以较弱的程度存在。正如不幸福的婚姻所揭示的，在一段长期的关系中，亲密感波动极大。

　　所以，并不存在单一的亲密关系。的确，关于人际关系的一个基本经验很简单：种类多样，亲疏不一。这种多样性使人际关系非常复杂，也使其魅力无穷。（这也正是我撰写本书的原因！）

归属需要

　　我们关注的焦点是亲密关系，这就意味着我们不会考察日常生活中你与普通朋友和熟人之间的各种人际交往。亲密关系值得特别关注吗？这种关注合理吗？答案当然是肯定的。虽然，泛泛之交有时也很重要（Sandstorm & Dunn, 2014），但亲密关系有其特别之处。事实上，这种与他人建立亲密关系的普遍且强烈的内驱力，或许是人类本性的一个基本成分。理论家罗伊·鲍迈斯特和马克·利里认为，如果我们要正常地生活，就需要在长久且充满爱的亲密关系中经常与伴侣愉快地互动（Baumeister & Leary, 1995）。亲密关系中包含了人的**归属需要**（need to belong），如果这种需要得不到满足，就会出现各种各样的问题。

归属需要使得"与那些感觉有关的人进行定期的社会接触"成为必要（Baumeister & Leary, 1995, p.501）。为了满足这种需要，我们努力与他人建立并维持密切的关系，我们还需要与那些了解、关心我们的人交往和沟通。然而，我们并不需要太多的亲密关系；一旦归属需要得到满足，我们建立其他人际关系的内驱力就会减弱（因此人际关系的质量比数量更重要）。归属需要也与我们的伴侣是谁并无太大关系，只要他们能给予我们持久的关爱和接纳，我们的归属需要就能得到满足。因而，即使一段重要的亲密关系终结，我们也往往能找到替代的伴侣（虽然新人与旧爱可能有很大的不同），并且新伴侣也仍然能满足我们的归属需要（Spielmann et al., 2012）。

我们建立人际关系时的轻松愉悦，我们抵抗现有社会关系瓦解时的坚韧，都可以佐证上述观点。的确如此，当我们珍视的人际关系出现危机时，我们往往会魂不守舍，很难去想其他的事情。归属需要的力量还表现在，长期处于极度孤单的状态为何会让人感到如此紧张（Schachter, 1959）；任何威胁我们与他人联结感的事情，都让人难以接受（Leary & Miller, 2012）。

实际上，支持归属需要的一些最有力的证据源自针对亲密关系所带来的生物学益处的研究。一般而言，与他人联系紧密的人较之独自生活的人更加幸福、健康和长寿（Loving & Sbarra, 2015）。握住爱人的手就能减弱人们面对威胁情境时的脑恐慌反应（Coan et al., 2006），只是看看爱侣的照片，疼痛就好像不再那么强烈了（Master et al., 2009）。有人接纳和支持我们时，甚至伤口都能更快地愈合（Gouin et al., 2010）。相形之下，在生活中得不到足够亲密感的人可能会面临各种健康问题（Valtorta et al., 2016）。

想一想 ✔

为何已婚者比未婚者更不太可能死于癌症？

究竟是不健康的人更不可能结婚，还是婚姻对我们的健康有益？

婚姻如何让我们获益？

当年轻人孤独无伴时，其免疫反应会变弱，更易患感冒或流感（Pressman et al., 2005）。纵观人的一生，与拥有关心自己的亲密伴侣的人相比，那些几乎没有朋友和爱人的人，甚至那些仅仅是独自生活的人，其死亡率要高得多（Holt-Lunstad et al., 2015b）；一项大规模的研究发现，与他人缺乏密切联系的人在 9 年内的死亡率是其他人的 2~3 倍（Berkman & Glass, 2000）。美国已婚者死于 10 大致死癌症中任何一种的可能性都比未婚者更低（Aizer et al., 2013）。失去现有的伴侣关系也会对人有害：老年人在丧偶的头几个月内死亡的可能性要比假如其婚姻能够持续的情况下高得多（Elwert & Christakis, 2008），离婚也会增加一个人早逝的风险（Zhang et al., 2016）。

　　我们的身心健康还会受到我们与他人关系质量的影响（Robles et al., 2014）（见图 1.2）。久而久之，那些能与关心自己的人愉快相处的人与缺乏这种社会联系的人相比，对自己的生活更为满意（Gerstorf et al., 2016），这一点在全世界都成立（Galínha et al., 2013）。相形之下，精神问题、焦虑障碍和物质滥用容易侵扰那些关系糟糕的人（Whisman, 2013）。从表面看（我将在第 2 章详述），这些模式未必意味着肤浅、虚浮的人际关系会导致心理问题；毕竟，易出现这类问题的人也许从一开始就难以与他人建立有爱的关系。尽管如此，亲密感的缺乏似乎不仅会引发这些问题，还会使它们变得更加严重（Eberhart & Hammen, 2006）。总之，不论我们是年轻还是年老（Allen et al., 2015），同性恋还是异性恋（Wight et al., 2013），已婚还是仅仅同居（Kohn & Averett, 2014），我们的幸福似乎取决于归属需要的满足程度。

　　为什么我们如此需要亲密关系？为什么我们是如此具有社会性的物种？一种可能是，归属需要是长期演化的产物，逐渐成为人类的自然倾向（Baumeister & Leary, 1995）。这种论点的逻辑是：由于早期人类生活在很小的部落群体中，生存环境恶劣，到处是长着獠牙利齿的猛兽，所以与合群的人相比，孤僻的人不太可能会有孩子长大成人并繁衍后代。在这种环境下，与他人建立稳定、友爱的人际关系的倾向就具有演化上的适应意义，拥有这些倾向的早期人类，其子女更可能生存下来并茁壮成长。结果，这样的人就慢慢地变成了我们这一物种的代表：他们十分在乎他人对自己的看法，并极力从他人那里寻求接纳和亲密感。诚然，这种观点带有推测性，代表了一种对我们现代行为的带有争论性的思考方式（对此本章稍后会进一步探讨）。然而，无论这种演化论的解释是否完全正确，毫无疑问，

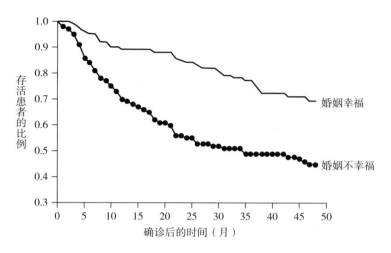

图 1.2　满意的亲密关系与存活时间

这项研究充分说明了满意的亲密关系与更好的健康之间的关系。该研究对中年充血性心力衰竭患者自诊断后进行了数年的追踪。48 个月后，大部分婚姻不太满意的患者都去世了，而大部分婚姻更幸福的患者却仍健在。不论病情起初相对轻微还是更为严重，这种模式都存在，所以这项研究有力地证明了幸福的亲密关系与健康之间的关联。在另一项研究中，那些接受心脏手术时对婚姻满意的患者比婚姻不幸福的患者在 15 年后仍然存活的可能性高 3 倍多（King & Reis, 2012）。显然，归属需要的满足可谓生死攸关。

资 料 来 源 ：Coyne, J. C., Rohrbaugh, M. J., Shoham, V., Sonnega, J. S., Nicklas, J. M., & Cranford, J. A. "Prognostic importance of marital quality for survival of congestive heart failure," *American Journal of Cardiology*, 88, 2001, 526–529.

今天几乎所有人都十分关注自己与他人依恋关系的质量。当我们在生活中无法获得足够的亲密感时，我们会茫然无措，容易患病和适应不良。众所周知，食物、水和住所乃生活必需；但归属需要表明，与他人的亲密关系对美好、长寿的一生同样必不可少（Kenrick et al., 2010）。

现在，我们要考察在寻求满足归属需要时，决定我们构建人际关系类型的主要影响因素。我们将从与我们天生的亲密情感需要相对立的观点开始：不断发展变化的文化为我们提供了管理亲密关系的规范。

文化的影响

我知道这看起来像遥远的古代——没有智能手机、快照平台和艾滋病——但让我们回到 1965 年，那可能是你的祖父母决定结婚的时候。如果他们是一对有代表性的夫妇，他们通常会在 20 岁出头就已经结婚了，那时她不到 21 岁，他还不到 23 岁。[1] 如果没有结婚，他们不会住在一起或"同居"，因为当时几乎没有人会在结婚前这样做。未婚生育更是罕见；1965 年在美国出生的儿童中，95% 的父母是已婚的。一旦成家，你的祖母可能就不再外出工作了（大多数女性都是这样的），并且在孩子上学前她很可能一整天都待在家里抚养孩子；当时大多数女性都会这样做。在孩子（也就是你的父母）的成长过程中，他们的父母很可能每天晚上都回到家里，全家聚在一起，共享天伦之乐。

然而，现在的情况大不一样了。近几十年，我们经营亲密关系的文化环境发生了重大变化。的确，如果你的祖父母对你今天所面临的文化环境感到震惊，你也不必感到惊讶。看看当今的美国社会：

- 结婚的人比以往任何时候都少。回看 1965 年，几乎所有的人（94%）都曾在人生的某个阶段结婚，但如今更多的人选择不婚。人口统计学家预测，将来只有不到 80% 的年轻人会结婚，而这一比例在欧洲甚至更低（Perelli-Harris & Lyons-Amos, 2015）。如果把分居、离异、丧偶或从未结婚的人归为同一类别，则美国目前处于已婚状态的成年人口略少于一半（49%）。这是历史最低点。

- 人们结婚越来越晚。现在女性的平均初婚年龄是 27 岁，男性是 29 岁，这是美国历史上最高的初婚年龄。这比你祖父母结婚时的年龄要大得多（见图 1.3）。许多美国人（43%）到了 35 岁左右仍未结婚。你会为 35 岁的单身人士感到难过吗？请阅读专栏 1.1。[2]

- 人们即使没有结婚，也常常住在一起。同居在 1965 年非常罕见（只有 5% 的成人有此经历），现在却很普遍。大部分年轻人（近 75%）在婚前都曾有过同

---

1 此处及下文的统计数据来自美国人口普查局（U.S. Census Bureau）、美国国家健康统计中心（U.S. National Center for Health Statistics）、皮尤研究中心（Pew Research Centre）及美国人口咨询局（Population Reference Bureau）。

2 请不要跳过本书的专栏，这些专栏都值得你用心阅读。请相信我。

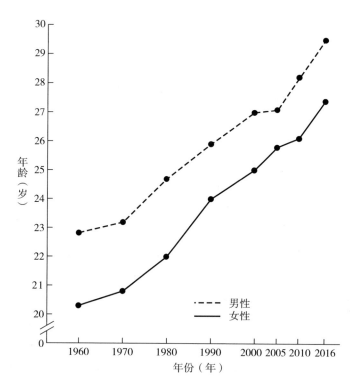

图 1.3　美国人的平均初婚年龄
与以前相比，美国人初婚的年龄越来越大。

居行为（Lamidi & Manning, 2016）。

- 人们经常未婚先孕。这在 1965 年是异乎寻常的事，在这一年生育孩子的美国女性中，只有 5% 是未婚母亲。即使有未婚先孕现象，父母通常也会在孩子出生前完婚。如今情况就大不一样了，2015 年美国新生儿的母亲中，有 40% 的人未婚（Hamilton et al., 2016）。平均而言，美国女性现在的初婚年龄为 27.4 岁，首次生育年龄为 25.3 岁，这意味着许多人在结婚之前就有了孩子。

- 约一半的婚姻以离婚告终，这一离婚率比 1965 年你们的祖父母结婚时高 2.5 倍。近年来，拥有大学学历的夫妻的离婚率一直在缓慢下降，如果你正在阅读本书，这可能是个好消息！但受教育程度较低的人的离婚率仍保持在高位。2015 年，美国的离婚数量比结婚数量的一半还多（Anderson, 2016a）。由于并非所有维系下来的婚姻都会幸福，一对今年结婚的美国夫妇更有可能在将来

专栏 1.1

你歧视单身人士吗?

你可能以前没见过**单身歧视**（singlism）这一术语。它是指对那些选择单身、不愿投入正式恋爱关系的人所持的偏见和歧视。许多人想当然地认为正常人都渴望拥有自己的爱侣，所以当有人选择单身时，我们会觉得非常不可思议。其结果是形成了一种偏重已婚夫妇利益的文化，使单身人士在诸如社会保障福利、保险费率和餐饮服务等方面处于劣势（DePaulo, 2014）。

亲密关系对我们有益，已婚者比未婚者长寿。从未结婚的美国中年人早亡的可能性是已婚人士的 2.5 倍（Siegler et al., 2013）。这类研究结果使一些研究者直截了当地建议将幸福的婚姻作为一个理想的人生目标。大多数单身人士的确渴望拥有伴侣；只有少数单身人士（4%）宁愿单身也不愿拥有稳定的恋爱关系（Poortman & Liefbroer, 2010），而害怕单身会使人降低择偶标准，与糟糕的恋人"将就"（Spielmann et al., 2016）。不过，如果我们轻率地认为单身者就是不健康的孤独者，那我们就犯了明显的错误。许多单身者有积极的社交生活和亲密、支持性的友谊，这为他们提供了他们渴望的所有亲密情感，他们之所以保持单身，是因为他们享受单身的自由和自立。他们声称，并非所有人都想要或需要稳定的伴侣或知音（DePaulo, 2015）。事实上，平均来看，与已婚者相比，单身者与父母、同胞、邻居及朋友的关系更亲近（Sarkisian & Gerstel, 2016）。

那么，你怎么看？乐于保持单身的人有什么不对劲或缺憾吗？如果你的答案是肯定的，你可以读一读贝拉·德保罗（Bella Depaulo）在《今日心理学》网站上为单身者辩护的博客，你或许能够从中受益。

的某个时候离婚，而不是"从此过上幸福的生活"。[3]

- 大多数学前儿童的母亲都外出工作。1965 年，四分之三的美国母亲在孩子入学前整天待在家里，但现在只有 40% 的母亲这样做。

这些显著的变化表明，近年来，我们对婚姻和为人父母在我们的生活中所起

---

3 这一事实可能令人沮丧，但你拥有幸福婚姻的机会（假设你选择结婚的话）可能比大多数人都要好。你正在读这本书，你对关系科学的兴趣很可能会极大地提高你的机会。

作用的普遍看法发生了翻天覆地的变化。曾几何时，人们高中毕业后几年之内就会结婚，无论婚姻幸福还是痛苦，人们往往与原配厮守到老。怀孕的人认为他们必须结婚，未婚同居是"伤风败俗"的。但现在情况不同了。婚姻只是一种选择，哪怕孩子就要出生了（Hayford et al., 2014），而且越来越多的人推迟结婚，甚至干脆不结婚。即便是已婚人士，也不太可能把婚姻视为庄严的、终身的承诺（Cherlin, 2009）。总的来看，过去那些鼓励人们迈入婚姻殿堂并厮守终生的文化规范近年来发生了巨大变化。

这些变化重要吗？答案是肯定的。文化标准是人们建立人际关系的基础（Hefner & Wilson, 2013），它们塑造了人们对人际关系的期望，界定了人们心中正常人际关系的模式。让我们以近年来同居率的大幅上升为例。现在大多数年轻人认为情侣未婚同居是可取的，这样他们就可以有更多的时间共处，分担费用，并检验他们的适配性（Anderson, 2016b）。这样的态度使同居成为一个合理的选择，事实上，现在大多数人在结婚之前就同居了。然而，如果人们并没有切实的结婚计划，未婚同居并不能确保随后的婚姻（如果有的话）幸福美满；相反，这种同居增加了夫妻日后离婚的危险（Jose et al., 2010）。这其中有几个原因。首先，平均来看，同居者开始同居的年龄比那些更年长、可能更聪明的已婚同伴要小（Kuperberg, 2014）。但更重要的是，同居情侣通常比已婚夫妻对彼此的承诺更少，毕竟他们还有选择的机会（Wiik et al., 2012），因此，同居情侣面临的问题和不确定性比已婚夫妻更多（Hsueh et al., 2009）。他们会经历更多的冲突（Stanley et al., 2010）、嫉妒（Gatzeva & Paik, 2011）、不忠（Thornton et al., 2007）和身体攻击（Urquia et al., 2013），所以与婚姻相比，同居往往更为动荡和不稳定。故而，人们同居的时间越长，对婚姻的热情就会越低，就越容易接受离婚。我们来看看图 1.4：随着时间的推移，同居情侣结婚的可能性逐渐降低，但分手的可能性并没有降低；5 年后，同居情侣分手的可能性与他们刚搬到一起住时一样高。[婚姻则完全不同。夫妻的婚龄越长，离婚的可能性越低（Wolfinger, 2005）]。总而言之，旨在检验伴侣适配性的临时同居，似乎破坏了人们对婚姻的积极态度及维持婚姻的决心，而这种态度和决心是幸福婚姻的支柱（Rhoades et al., 2009）。订婚后同居的情侣通常比那些没有结婚计划的同居情侣境况要好（Willoughby & Belt, 2016），但即使是他们也不如那些没有同居就结婚的人对自己的关系满意（Brown et al., 2017）。因此，轻率的同居是有害的，如今，同居伴侣结婚的可能性实际上比过去更小（Guzzo,

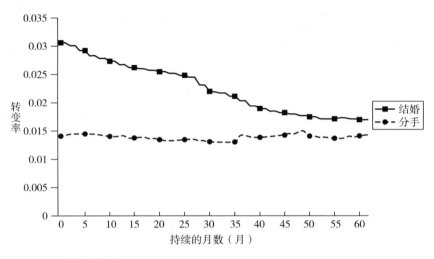

图 1.4　不同同居时间的结果

图片显示的是对美国 2 746 名同居情侣历时 5 年的追踪研究结果。随着时间的推移，同居情侣结婚的可能性逐渐降低，但分手的可能性却没有降低；同居 5 年后，结婚和分手的可能性就非常接近了。（转变率表示同居情侣每个月分手或结婚的百分比。数字看上去很小，但反映了每个月情侣不再同居的比例，所以比例会逐月增加，最终变得很大。）

资料来源：Wolfinger, N. H. *Understanding the divorce cycle: The children of divorce in their own marriages.* New York: Cambridge University Press, 2005.

2014）。人们普遍地把同居当成"试婚"，这可能是与 1965 年相比，结婚的人数减少、能够持续的婚姻也减少的原因之一。[4]

亲密关系变化的根源

所以，目前支配亲密关系的规范已经不同于指导前几代人的规范，原因有几个。其中一组影响因素可能与经济发展水平有关。社会工业化程度越高、越富足，就越能接纳单身、包容离婚和支持晚婚（South et al., 2001），而世界各地的社会经济发展水平已普遍提高。受教育和经济自主使人们更加独立，因此人们，尤其是女性，

4　大部分人并不知道这一点，所以这个例子说明了我们经常遇到的一种重要的社会现象：流行观点假设是一回事，但关系科学却发现是另一回事。这类例子表明了对亲密关系谨慎的科学研究的价值所在。无知并非福。亲密的伴侣关系是复杂的，当常识观点和民间智慧可能使我们误入歧途时，准确的科学信息对我们尤其有益。

Zits: © 2007 Zits Partnership. Distributed by King Features Syndicate, Inc.

现代科技正在改变我们与伴侣互动的方式，但这总是一件好事吗？

结婚的可能性比过去更小（Dooley, 2010）。在美国的婚姻中，超过三分之一的妻子收入比丈夫高（Cohn & Caumont, 2016），因此，"传统的男性养家糊口的模式已经被取代，现在许多女性也在养家，并且挣得比丈夫多，对此没有人会在意或觉得奇怪"（Mundy, 2012, p.5）。[5]

近些年来，西方文化的主要特征——个人主义，即支持自我表现和重视个人成就，也变得更为突出（Grossman & Varnum, 2015）。这并不是什么好消息，而是我们大多数人比我们的祖父母更注重物质（Twenge & Kasser, 2013），更缺乏信任（Twenge et al., 2014），更少关心他人了（Twenge, 2013）。可以说，与我们的祖辈相比，这种对自己幸福的重视会让我们期望从亲密的伴侣关系中获取更多的个人满足，即更多的快乐和享受，更少的麻烦和付出（Finkel et al., 2015a）。与前几代人不同（他们往往会"为了孩子"而勉强生活在一起），只要对婚姻不满意，我们就会理直气壮地结束伴侣关系，重新在别处寻求满足（Cherlin, 2009）。相形之下，东方文化更倡导集体主义的自我意识，在这种自我意识中，人们感觉与家庭和社会团体更为紧密地联系在一起。集体主义文化国家（如日本）的离婚率比美国低得多（Cherlin, 2009）。

新科技也会对亲密关系产生影响。现代生殖技术使得单身女性可以生育孩子，

---

5 事实上，有些男人，尤其是那些对何谓男人持有传统观念的人（Coughlin & Wade, 2012），在他们比妻子赚得少时，会感到困扰。他们的自尊受损（Ratliff & Oishi, 2013），他们比其他男人更可能服用药物来治疗勃起功能障碍（Pierce et al., 2013）。传统的男子气概会对亲密关系造成损害，这一点在后文介绍性别角色时我们会较为详细地探讨。

孩子的父亲是从精子库中挑选出来的，双方从未谋面！女性还可以控制自己的生育，只在她们愿意时才生育孩子，而且美国女性生育孩子的数量也比过去少了。美国的出生率处于历史最低水平（Livingston, 2016），年龄在 20~24 岁的美国女性中，几乎每四个人中就有一人使用过紧急避孕措施（女用事后避孕药），以此来控制生育（Daniels et al., 2013）。

现代通信技术也正在改变人们处理人际关系的方式。你的祖父母年轻时还没有手机，因此他们不能指望在任何时间、任何地点都能联系到彼此。他们肯定也不会发送色情信息，也就是说不会用智能手机给他人发送自己的色情照片，而如今却有 20% 的年轻人这样做（Garcia et al., 2016，这些研究者还发现，在 23% 的情况下，那些收到色情信息的人会分享给两三个人）。他们不必规定给彼此发短信的频率、多久做出回复，以及是否阅读对方手机上的信息和查看对方的通话记录；如今，情侣们如果这样做就会感到更幸福（Miller-Ott et al., 2012）。

此外，你认识的大部分人都在使用脸书（Facebook，又译作脸谱网）（Greenwood et al., 2016），与几百个"朋友"有联系，[6] 这可能使我们更为亲密的伴侣关系复杂化。脸书提供了一种有趣且高效的方式来（帮助）满足我们的社交需求（Knowles et al., 2015），但它也会让情侣们处于两难的境地，他们必须决定什么时候在脸书上"官宣"他们现在正在"恋爱"（Lane et al., 2016）。［他们还必须判断这样做意味着什么：相比男性，女性倾向于认为这种社交状态的变化标志着更深入的关系和更多的承诺（Fox & Warber, 2013）。］此后，伴侣中一方对脸书的过度沉迷（Clayton et al., 2013）以及与他人聚会的照片（Muscanell et al., 2013）会引发冲突和嫉妒，而公开的分手则令人尴尬（Fox & Moreland, 2015）。显然，诸如脸书和快照平台这类社交媒体对亲密关系的影响可能是喜忧参半（Utz et al., 2015）。

此外，我们中的很多人在社交网络上时刻"在线"，总是把智能手机放在身边（Vorderer et al., 2016），我们总是被引诱"优先考虑不在身边的人而忽视自己身边的人"（Price, 2011, p.27）。现代的夫妻不得不忍受诸多的**科技干扰**（technoference），他们的日常互动频频被各种科技设备打断（McDaniel & Coyne, 2016），而**低头症**

6　美国萨姆休斯顿州立大学心理学专业的学生（*n* = 298）在脸书上的确有数百个"朋友"——平均每人 562 个——但这一数字的意义并不大，因为大部分所谓的"朋友"并不是真正的朋友；他们中的 45%"只是相识"，还有 7% 是从未见过面的陌生人（Miller et al., 2014）。在第 7 章中，我们还会讨论这个主题，但现在请你自问一下：你社交账号的好友列表上有多少人是你真正的朋友呢？

（phubbing，指只顾低头玩手机而无暇顾及或冷落伴侣的现象）则尤其可憎（Roberts & David, 2016）。没有人会喜欢与一个人待在一起，而这个人却在发短信或跟别人通话（Brown et al., 2016）。事实上，我们的科技设备是如此有诱惑力（Lapierre & Lewis, 2017），以致在两个刚认识的人旁边放一部无关的智能手机都会降低两人的交谈质量（Przybylski & Weinstein, 2013），这令人不安。我的建议是：你下次与爱人外出就餐时，为什么不把手机放在车里呢？

最后，影响亲密关系规范的一个重要但更微妙的因素是特定文化下青年男女的相对数量（Kandrik et al., 2015）。世界上男多女少的社会和地区与女多男少的社会和地区往往有非常不同的亲密关系标准。我指的是一个地区的**性别比率**（sex ratio），计算方法很简单，就是看特定人群中每 100 位女性对应多少位男性。如果性别比率高，则男多女少；如果性别比率低，则女多男少。

第二次世界大战后的婴儿潮使美国的性别比率在 20 世纪 60 年代末从高位跌到低谷。战后的一段时间里，每年出生的婴儿逐年增加，这意味着当"婴儿潮一代"进入成年期后，年龄稍大些的男性比年轻女性的数量要少，性别比率下降。不过，此后出生率开始下降，每年新出生的婴儿数量减少，他们长大后，年轻女性的数量比年龄稍大些的男性的数量要少，所以美国的性别比率在 20 世纪 90 年代又攀升。自 1990 年以后，相对稳定的生育率使今天适婚的男女数量持平。

这些变化的影响可能比大多数人所意识到的更重要。高性别比率的文化（男多女少）倾向于支持老式、传统的两性性别角色（Secord, 1983）。在男人购买了昂贵的订婚戒指后（Griskevicius et al., 2012），女人在家相夫教子，男人外出工作养家。这种文化形态在性方面也倾向于保守。理想的新娘应该是处女，未婚先孕让人蒙羞，公开同居非常罕见，离婚不受欢迎。相形之下，低性别比率的社会（女多男少）则往往不那么传统，也更为宽容。女性寻求高薪职业（Durante et al., 2012），社会默许（虽不提倡）婚外性关系的存在。各个历史时期的具体情形可能有所不同，但这种基本模式却贯穿了整个历史（Guttentag & Secord, 1983）。古罗马的性别比率低，故以骄奢淫逸而闻名。维多利亚时代的英国性别比率高，故以贞洁守礼而著称。喧嚣的 20 世纪 20 年代，美国的性别比率低，这是随心所欲、恣意寻欢的十年。在更近的记忆中，20 世纪 60 年代末，美国的性别比率非常低，出现了"性革命"和"女性解放"运动。

因此，自 1965 年以来，美国亲密关系规范的显著变化可部分归因于其性别比率的剧烈波动。事实上，这种模式的考验在中国也逐步显现出来，未来 30 年，中国的适婚男性将超出适婚女性一半多（Huang, 2014）。我们该期望中国的亲密关系规范发生什么变化？某种文化中的两性比例与亲密关系规范的确存在着粗糙却真实的关联，这也是文化影响亲密关系的有力佐证。我们对亲密关系的期望和接纳，在很大程度上取决于我们所处的时代和地区的标准。

个人经历的影响

亲密关系还会受个体经历和经验的影响，最好的例子就是对亲密关系的总体取向，即学界所称的**依恋类型**（attachment style）。发展心理学家（如 Bowlby, 1969）很早就发现，婴儿对其主要照护者（通常为母亲）表现出不同的依恋模式。普遍的假设是，每当他们饥饿、尿床和受到惊吓时，有些婴儿发现总是能得到及时的照料和呵护，他们逐渐知道他人是安全感和善意的可靠来源。因此，这些孩子就发展出**安全型**（secure）依恋：他们快乐地与他人建立联系，舒心地依赖他人，并很容易与他人发展出轻松信任的关系。

其他婴儿可能会经历不同的情况。对某些孩子来说，他们得到的悉心照护是无法预测且前后不一的。照护者有时热情专注，而有时却心不在焉、焦急烦躁，甚至根本无暇照护孩子。因此，这些孩子就会对他人产生焦虑、复杂的情感，这种依恋类型就是**焦虑—矛盾型**（anxious-ambivalent）。由于不能确定离开的照护者何时（或是否）会回来，这些孩子就会变得紧张和黏人，在与他人的关系中对他人过分贪求。

最后，第三类婴儿的照护者在照护孩子时，带着拒绝或敌对的态度勉强为之。这样的孩子慢慢知道依赖他人得不到什么好处，因而远离他人，表现出**回避型**（avoidant）依恋。回避依恋型的孩子经常怀疑和迁怒他人，不容易建立信任和亲密的人际关系。

此处的重点是，研究者认为，早期的人际经验会影响个体后来人际关系的发展。

© 237/Tom Merton/Getty Images

儿童与其主要照护者的关系教会了他们信任或恐惧，由此奠定了他们之后与他人关系的基础。你接受的照护的回应性、可靠性和有效性怎样？

的确，由于不同的依恋类型在许多孩子身上表现得非常明显，依恋过程已成为一个研究热点。例如，当儿童面对新奇、令人不安的环境时，安全型依恋的儿童会跑向母亲，并且很快安静下来，然后开始勇敢地探索陌生的环境（Ainsworth et al., 1978）。焦虑—矛盾型依恋的儿童则会大哭大闹，紧紧抱住母亲，完全忽视父母的安全保证。回避型依恋的儿童则往往躲避大人，和父母保持一定的距离，即使害怕时也不愿意与之发生亲密接触。

　　这些依恋模式令人印象深刻，但直到两位研究者（Hazan & Shaver, 1987）证明在成人中也观察到了类似的亲密关系倾向时，依恋类型才真正引起了更多人际关系研究者的注意。他们调查了美国丹佛市的居民，发现大多数人报告说他们在依赖他人时感到轻松和舒适，即他们在亲密关系中是安全的。然而，相当一部分人（约40%）说自己没有安全感，他们要么很难信任和依赖自己的伴侣，要么紧张地担心其亲密关系不会持久。此外，受访者还需报告童年记忆中及当前自己对亲情和爱情的态度，而他们报告的结果与其依恋类型一致。安全型的人通常对自己和他人持有积极的看法，记忆中的父母充满爱心且支持他们。相反，不安全型的人认为他人不靠谱或不能信任，记忆中的父母也是前后矛盾或冷漠的。

随着这些令人兴奋的研究结果的公布，依恋研究迅速成为人际关系科学最热门的领域之一（如 Gillath et al., 2016）。研究者很快发现，成人有四种而非三种依恋模式。人际关系专家金·巴塞洛缪（Bartholomew, 1990）特别指出，人们有时避免与他人太过亲近有两种不同的原因。一种原因是人们想和他人交往，但又对他人戒心重重，害怕被人拒绝和欺骗。另一种原因是人们独立自主、自力更生，真正地喜欢自主和自由，因而不愿意与他人建立紧密的依恋关系。

因此，巴塞洛缪（1990）提出了成人的四种依恋类型（见表 1.1）。第一种是**安全型**(secure style)，与儿童的安全型依恋完全相同。第二种是**痴迷型**(preoccupied style)，这是焦虑—矛盾型依恋的新名称。巴塞洛缪重新命名了这一依恋类别以反映这样一种事实：因为这种类型的人紧张兮兮地依赖他人的认可来使自己感觉良好，所以他们会担心其人际关系的状态并沉溺于其中。

第三种和第四种依恋类型反映了两种不同的"回避"方式。**恐惧型**（fearful style）的人因为害怕被拒绝而避免与他人建立亲密关系。虽然他们希望别人喜欢自己，但更担心自己因此而依赖别人。相反，**疏离型**（dismissing style）的人则认为与他人建立亲密关系会得不偿失。他们拒绝与他人相互依赖，因为他们认为自己能自力更生，并且也不太在乎他人是否喜欢自己。

表 1.1　巴塞洛缪提出的四种依恋类型

以下哪种描述最能形容你？	
安全型	在感情上很容易接近他人。不管是依赖他人还是被人依赖都感觉心安。不会担忧独处和不为人接纳。
痴迷型	希望在亲密关系中投入全部的感情，但经常发现他人并不乐意把关系发展到如自己期望的那般亲密。没有亲密关系让我不安，有时还担心伴侣不会像我看重他一样看重我。
恐惧型	和他人发生亲密接触使我不安。感情上我渴望亲密关系，但很难完全相信他人或依赖他人。担心自己和他人变得太亲密会受到伤害。
疏离型	即使没有亲密关系也安心。对我而言，独立和自给自足更加重要，我不喜欢依赖他人或让人依赖。

资料来源：Bartholomew, 1990.

现在普遍认为可根据两个维度来区分这四种依恋类型（Mikulincer & Shaver, 2016）。首先，人们在**回避亲密**（avoidance of intimacy）的程度上有差别，这会影响人们是否能够轻松地接纳并信任相互依赖的亲密关系。在亲密关系中感到舒心和轻松的人，回避亲密的程度就低；而怀疑他人、看重独立性和保持情感距离的人，其回避亲密的程度就高（Ren et al., 2017）。其次，人们还在**忧虑被弃**（anxiety about abandonment），即害怕他人因认为自己没有价值而远离自己的程度上存在差异。安全型的人在与他人亲密接触的过程中非常安心，不会担心他人会苛刻地对待自己，因而能欣然地寻求亲密和相互依赖的人际关系。相形之下，其他三种类型的人充满焦虑和不安，在亲密关系中感觉如坐针毡。痴迷型的人渴望亲密接触但又害怕被拒绝；疏离型的人并不担心被拒绝，但却不喜欢亲密接触；至于恐惧型的人则两者兼而有之，对亲密接触感到不安又担心亲密关系不能长久（见图 1.5）。

更为重要的是，回避亲密和忧虑被弃这两个依恋维度是由低到高连续变化的。这就意味着，尽管我们将依恋类型当作互不重叠、划分清晰的类别来讨论很方便，但实际上这样做并不准确（Fraley et al., 2015）。如果只是要求参与者从表 1.1 中选出最符合自己的依恋类型，大部分美国人（通常约为 60%）认为自己是安全型依

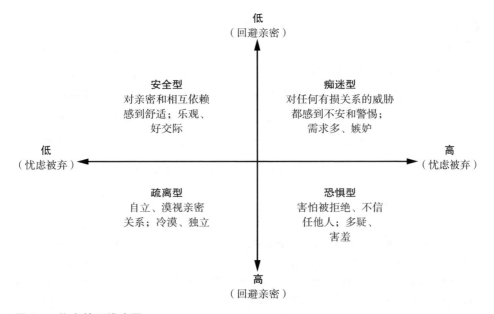

图 1.5　依恋的双维度图

恋（Mickelson et al., 1997）。[7] 然而，如果有人在回避亲密和忧虑被弃两个维度上都处于中等水平，哪种依恋类型最适合他 / 她呢？在两个维度的中间段，四种依恋类型的边缘相交，在这一区域内套用任何一种类型都是相当武断的。

所以我们不要绝对化地理解图 1.5 中整齐的分类。理解依恋的更深刻、更贴切的方法是：似乎有两个重要的维度塑造了人们对与他人关系的总体取向（常用来测量忧虑被弃和回避亲密的项目例子见第 2 章中的专栏 2.2）。这两个因素都重要，如果你对任一维度上的高分人群和低分人群进行比较，就会发现他们处理人际关系的方式差别很大。的确，大多数近期的依恋研究（Ren et al., 2017）不再简单地把人们分为安全、痴迷、恐惧或疏离这四种类型，而是给出他们在忧虑和回避这两个维度上的相对位置。

尽管如此，这四种标签是如此简单实用，以至于至今仍被广泛沿用，所以我们要保持警惕。发展心理学家过去通常只提及三种依恋类型：安全型、回避型和焦虑—矛盾型。现在，理论家们经常谈到四种类型，但他们只是将其视为两个维度上的分数组合的便利标签，而不是毫无共同之处的不同类别。依恋类型的最大差异或许表现在是"安全型"和不是（高忧虑被弃或高回避亲密，或兼而有之）的人身上（Overall & Simpson, 2013）。这里的重点是，依恋类型似乎是对关系的取向，在很大程度上是从与他人交往的经验中习得的。它们是很典型的例子，说明我们带入一段新关系的癖好和观点部分来自我们在之前的伴侣关系中的经验。

下面我们来仔细分析一下这个观点。任何人际关系的形成都会受到很多不同因素的影响——这也是本章的重点——婴儿和成人都会通过自己的行为影响他们从他人那里得到的待遇。例如，做父母的都知道，婴儿天生就有不同的气质和唤醒水平。有些新生儿性情随和、令人愉快，而另一些新生儿则挑剔、易躁。个性和情绪方面的天生差异使一些孩子比另一些孩子更容易照护。因此，婴儿获得的照护质量部分取决于其自身的个性和行为；这样，依恋类型就会受到个体与生俱

7　美国大学生的情况却并非如此，只有约 40% 的大学生的依恋是安全型。这一比例在过去 30 年里一直在下降（Konrath et al., 2014）。（我们在脚注里加个"想一想"：你认为原因是什么？）并且，在许多其他国家，虽然安全型依恋比其他三种类型中的任何一种都更常见，但人数并没有其他三种类型加起来多。因而，在世界上大多数地区，非安全型依恋的人比安全型的人更多（Schmitt, 2008）。尽管如此，还是有一些好消息：在全世界，人们对被抛弃的担忧随着年龄增长而日益减少（Chopik & Edelstein, 2014）。所以，即使你现在的依恋类型不是安全型，时间和经验也可能在此后的 30 年使你变得更有安全感。

来的特质的影响，基因塑造了我们的依恋类型（Masarik et al., 2014）。

然而，后天的经验在塑造我们后续的依恋关系类型方面发挥着更大的作用（Fraley et al., 2013）。在个体生命的早期，父母接纳或拒绝我们的程度有巨大的影响（Bernier et al., 2014）。与焦虑不安的准妈妈相比，乐于怀孕的准妈妈分娩的孩子在一年后更可能具有安全型依恋（Miller et al., 2009）。婴儿出生后，享受亲密并对亲密关系感到舒适的母亲通常会成为更体贴和敏感细腻的照护者（Jones et al., 2015），故而安全型依恋的母亲往往会有个安全型依恋的孩子，而非安全型的母亲则往往有个非安全型依恋的孩子（Verhage et al., 2016）。事实上，即使婴儿天生难缠、易怒，如果父母接受关于婴儿照护的敏感性和回应性方面的培训，他们的孩子最终形成安全型依恋的可能性也比假如他们未接受这种培训要高（van den Boom, 1994）。母亲对儿童依恋类型的影响并未在学龄前结束（Raby et al., 2015）。七年级的少年所接受的父母教养能预测他们成年后在爱情和友谊中的行为表现；从父母处获得关爱和支持的少年 60 年后与恋人和朋友的关系将更加丰盛（Waldinger & Schulz, 2016）。毫无疑问，年轻人将在家中习得的经验运用到了日后与他人的人际关系中（Simpson et al., 2014）。

然而，我们并不是童年经验的因徒，因为依恋类型还会不断地受到我们成年后经历的影响（Haak et al., 2017）。依恋类型既然是习得的，就可能被遗忘。随着时间的推移，依恋类型也会发生变化（Fraley et al., 2011）。一次悲痛欲绝的分手会让原本安全型的人不再感到安全，一段良好的恋情也能慢慢让回避亲密的人不再怀疑和戒备亲密关系（Arriaga et al., 2014）。我们中多达三分之一的人可以在两年的时间里经历依恋类型的实质性变化（Davila & Cobb, 2004）。

尽管依恋类型会发生改变，但一经确立，它们便既稳定又持久，并引导人们建立强化现有倾向的新的人际关系（Hadden et al., 2014）。例如，因为保持冷漠且避免相互依赖，恐惧型依恋的人可能永远不会发现有些人可以信任，亲密可以令人心安，而这又使他们的恐惧型依恋得以延续。如果没有重大的新经历，人们的依恋类型可以持续数十年（Fraley, 2002）。

因此，我们对亲密关系的本质和价值的总体信念，似乎是由我们在其中的经历塑造的。无论运气好坏，我们最初对自己的人际价值和他人可信性的观念，都是在我们与主要照护者的互动中产生的，并让我们就此走上一条或信任或恐惧之路。但是这段旅程不会停止，随后其他同行者给予的阻碍或帮助会使我们改变亲密关系的路线。我们习得的依恋类型可能会随着时间的推移而变化，也可能会无限期地持续下去，这取决于我们的人际交往经历。

个体差异的影响

依恋类型一旦形成，其本身也体现了人们带入伴侣关系中的独特个人特质。我们都是具有独特的个人经历和特质组合的个体，我们之间的差异会影响我们的人际关系。在本章的这一节，我们将思考四种有影响力的个体差异：性别差异、社会性别差异、人格差异和自尊差异。

性别差异

此时此刻，你正在做的事情就与众不同。你在读一本关于人际关系科学的学术著作，这是大多数人可能永远不会做的事情。这可能是你读过的关于人际关系科学的第一本严谨教材，这也意味着我们需要正视（并有望改正）一些你可能持有的关于亲密关系中两性差异的刻板印象。

这或许并不容易做到。我们都习惯性地认为男女两性处理亲密关系的方式各异，正如畅销书《男人来自火星，女人来自金星》的作者所言：

> 男人和女人在生活的各个方面都不同。男人和女人不仅交流方式不同，而且他们思考、感受、感知、反应、回应、爱、需求和欣赏的方式也不同。他们似乎来自不同的行星，说着不同的语言，汲取不同的营养 (Gray, 1992, p.5)。

天啊！男人和女人听上去像是分属不同的物种，难怪异性恋关系有时会出问题！

然而真相却更为微妙。人类的特质显然差异很大，（在大多数情况下）如果我们用图表表示拥有某种天赋或能力的人数，我们会得到一条独特的曲线，即正态曲线。这些曲线描述了某些特质的特定水平在人群中出现的频率，它们表明：（a）大多数人的天赋或能力只比平均水平略好或略次；（b）大多数特质的极端水平，无论高或低，都十分罕见。以身高为例，特别高或特别矮的人很少，我们

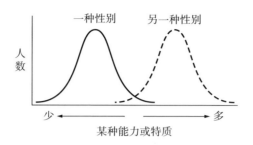

图 1.6 想象中的性别差异

流行的刻板印象将两性描绘成非常不同的人，男性和女性在处事风格和兴趣爱好上几乎没有重合之处。实际情况并非如此。

大部分人的身高都在同性平均身高的上下 5~7 厘米的范围内浮动。

我们为什么要关心性别差异？因为存在许多关于男女两性的俗套刻板印象，认为两性在兴趣、风格和能力上存在非常大的差异。例如，男性经常被认为比女性对性事更感兴趣（见专栏 1.2）。人们对两性形象的认识更类似于图 1.6 描述的情形：两性之间的平均差异很大，几乎没有共同点。尽管有所谓"火星"和"金星"的刻板印象，但实际情况并非如此。我们将在第 9 章发现，平均而言，男性的确比女性有更高的性驱力。但是实际的性别差异却如图 1.7 所示：两性的兴趣和才能重合的程度很大（Reis & Carothers, 2014）。

图 1.7 中的三个图分别展示了研究者认为的较小、中等和较大的性别差异。

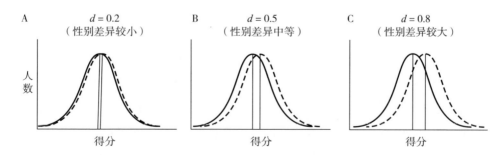

图 1.7 实际上的性别差异表现为有重合的正态曲线

这 3 张图分别描绘了较小、中等和较大的性别差异。（为简便起见，假定两性在横坐标上的态度和行为变化范围是一样的，现实中并非总是如此。）

专栏 1.2

防止简单化的刻板印象

一天，我的电子邮箱收到了这样一则笑话。

怎样吸引女人：

赞美她。抱抱她。吻她。爱抚她。爱她。安慰她。保护她。拥抱她。抱住她。为她花钱。共进烛光晚餐。当她烦心的时候耐心倾听；当她微恙的时候悉心照料。永远和她站在一起。支持她。为她走遍海角天涯。

怎样打动男人：

裸体现身。带上啤酒。

这个笑话很有趣，却有点不妥。它强化了人们的刻板印象：在亲密关系中，女性关注柔情蜜意，而男性只求肉欲的满足。实际上，两性对亲密关系的期望差异很小，他们根本不是"对立的"两种性别（Hyde, 2014）。虽然两性的个体可能有很大差异，但男性和女性的平均差异却很

小。男性和女性都希望他们的亲密伴侣能给予他们许多爱和温暖（Brumbaugh & Wood, 2013）。

但那又怎样？错误地认为所有男人都一样，和女人没有什么共同点，会有什么后果？如果我们要提到两点，那就是悲观和绝望（Metts & Cupach, 1990）。那些确实认为男女两性差异很大的人，在发生冲突时（这无法避免），不太可能试图修复他们的异性恋关系。将异性视为一群来自另一个世界的外星人不仅是错误的，而且是有害的，它阻碍了对伴侣观点的理解，妨碍了合作解决问题。出于这个原因，在本书的后续章节中，我将尽我所能，通过将男性或女性与**另一种**（而不是对立的）性别进行比较来避免错误印象的延续。用词很重要（Sczesny et al., 2015），所以我邀请你在思考和谈论两性时使用类似的语言。

从图形上看，它们在说明组间差异大小的 d 值上有所不同。[8] 在性态度和性行为领域，图 A 描述了男女两性第一次发生性行为的不同年龄（男性通常比女性更年轻一点）；图 B 描述了男女两性手淫的频次（男性比女性手淫更频繁）；图 C 描述了一种假设的差异，它比任何已知的实际差异都要大。一项规模庞大的综述分析了

8　这里 d 值的计算方法是，把男女平均得分的差值除以每一性别内的平均数差异（即男女得分的标准差）。得出的 d 值可以比较性别差异和男女组内差异孰大孰小。

关于人类性行为的现代研究，涉及 87 个国家共 1 419 807 名参与者，结果并没有发现男女两性在性态度和性行为上存在如图 C 所示的巨大差异（Peterson & Hyde, 2010）。显然，这些实际生活中的例子与图 1.6 所示的愚蠢的刻板印象完全不同。更具体地说，这些例子揭示了关于心理性别差异的三个关键点。

- 有些性别差异的确存在，但非常小。（不要被研究者的术语误导，当他们提及"显著的"性别差异时，他们通常指的是"统计上的显著性"，即差异在数字上是可靠的，但实际上这种差异可能根本不大）。本书谈到的性别差异，几乎都是较小到中度程度的差异。

- 两性性别内的行为和观点差异通常远大于两性之间的平均差异。男性较女性更能接受随意的、不受约束的性行为（Petersen & Hyde, 2010），但这并不意味着所有男性都喜欢随意的性行为。有些男性喜欢与陌生人发生性行为，但也有些男性根本不喜欢这样做，这两组男性在性偏好上的共同点比一般男性和一般女性之间的共同点要少。换言之，尽管在性放纵方面存在性别差异，但一位非常放纵的男性与一位普通女性在这一特质上的共同点，远比他与另一位性保守的男性之间的共同点要多。

- 男女两性的行为和观点在正态分布上的重合是如此之多，以至于某一性别的许多成员的得分总是比另一性别的平均得分高。在某种中等程度的性别差异上（男性的平均分更高，d 值为 0.5），仍有三分之一的女性得分高于男性的平均水平。这就意味着，如果你在寻找喜欢随意性行为的家伙，你不要因为听说"男人比女人更容易接受随意性行为"就只找男性；你应该寻找性放纵的人，其中许多人将是女性，尽管两性之间存在差异。

归根结底，男女之间的共性通常是如此之多，以至于他们在人际关系科学的大多数维度和主题上更为相似而不是不同（Zell et al., 2015）。宣扬男人和女人来自不同的星球且截然不同非常具有误导性，因为这根本就不是事实（Reis & Carothers, 2014）。"研究不支持男人和女人来自不同文化的观点，更别提来自不同的世界了"（Canary & Emmers-Sommer, 1997, p.vi）。根据你将在本书中学到的严谨的人际关系科学，更精确的说法是"男人来自北达科他州，女人来自南达科他州"（Dindia, 2006, p.18）。（或者，正如我们某天看到的汽车贴纸上所写的："男人来自地球，女人也来自地球，好好相处吧。"）

　　因此，亲密关系中的性别差异远没有外行认为的那般重要和有影响。既然你正在阅读一本关于亲密关系的严谨著作，你就需更慎重地思考并更理性地解释性别差异。[9] 有些性别差异很有意思，它们是人际关系结构的重要组成部分，接下来的几章我们将逐一介绍。但这些差异是在两性之间更广泛的相似性的背景下存在的，与人类的所有差异相比，性别差异从来不算是大的。虽然将个体差异而非性别差异视为人际互动中更重要的影响因素需要我们做更多的工作，但这种看法更为全面和准确。无论是男性还是女性，同性之间都存在着差异（如依恋类型），而这些差异通常比性别差异更重要。

社会性别差异

　　我需要对人际关系条分缕析，进一步区分亲密关系中的性别差异和社会性别（gender）差异。当人们谨慎地使用这些术语时，性别差异（sex difference）指的是源自男性和女性生理特点的生物学差异。相比之下，社会性别差异（gender difference）指的是由我们的文化和教养造成的社会和心理差异（Muehlenhard & Peterson, 2011）。例如，当为人父母时，女人是母亲，男人是父亲，这是一种性别差异；但认为女性比男性更有爱心、更关心孩子的普遍看法，则反映了一种社会性别差异。许多男性也能像女性一样温柔、慈爱地关心下一代，但如果我们期望并鼓励女性成为孩子的主要照护者，我们就会在养育风格上人为地制造出文化性别差异，而这种差异根本不是与生俱来的天性。

　　区分性别和社会性别差异殊为不易，因为我们加诸于男女两性的社会期望、教育培训常常与他们的生理性别特点混淆在一起（Eagly & Wood, 2012）。例如，因为女性能哺乳而男性不能，所以人们往往认为半夜为新生儿喂奶一定是母亲的工作，即便婴儿吃的是奶粉，只需要把奶瓶放到微波炉加加热！要厘清生物和文化在塑造我们的兴趣和能力方面的影响并不容易。尽管如此，区分性别和社会性别差异意义重大，因为在关系中，男性和女性之间的一些有影响力的差异，即社

9　这里的讨论是否会让你认为性别差异或许并不如你当初认为的那样大？如果真是这样，你可能因此获益。了解两性的相似性往往能减少人们认为一种性别优于另一种的性别歧视信念（Zell et al., 2016），这是件好事。这种信念对亲密关系有破坏作用（Cross et al., 2017），我们应尽量避免这种信念。在第 11 章我们还将谈到这一点。

会性别差异，主要是在我们的成长过程中灌输给我们的。

　　一个最好的例子是**性别角色**（gender role），即所在文化所期待的男女两性的"正常"行为模式。男人当然应该有"男子气"，意即他们应该自信、独立、果敢和好强。女人被期望有"女人味"，或者说热情、敏感、情感丰富和善良。你和我都不可能如此纯粹，但对大多数人来说，男性和女性就是对立的性别，并且世界各地的男性和女性都不同程度地被期望擅长不同类型的社会行为（Löckenhoff et al., 2014）。然而，人们只遗传了大约四分之一到三分之一的自信或善良的倾向；这些行为大部分是后天习得的（Lippa & Hershberger, 1999）。文化的影响持续而广泛，它通过社会化和榜样学习（而非生物学上的性别差异）使我们期待所有的男性都应该有阳刚之气，所有的女性都应该温柔细腻（Levant & Rankin, 2014）。

　　然而，这些刻板印象并不像你认为的那般符合现实中的人；只有一半人的特质刚好符合性别角色期望（Donnelly & Twenge, 2017）。相当一部分人（约35%）并不仅仅带有"男子气"或"女人味"。他们既自信又热情，既敏感又独立。这些人同时拥有被刻板地认为应该属于男性和女性的能力，因而被称为**双性化**（androgynous）。如果你觉得双性化听起来别扭，可能只是因为你在使用刻板化的词汇：表面上看，"男子气"和"女人味"是不相容的。实际上，由于这些词语容易使人误解，人际关系研究者常用其他词汇来代替它们。把"男子气"的任务取向的才能称为**工具性**（instrumental）特质，把"女人味"的社交和情感技能称为**表达性**（expressive）特质。如此，这两类特质出现在同一个人身上就不足为奇了。双性化的人应该是这样一个人：在激烈的薪酬谈判中能有效而果断地捍卫自己的利益，但回家后又能细腻而温柔地安慰一个刚刚失去宠物仓鼠的学龄前孩子。许多人只擅长一类技能，即工具性技能或表达性技能，在一种情境下显得游刃有余，而在另一种情境下就不会那么轻松。双性化的人在两种情况下都能驾驭自如（Martin et al., 2017）。

　　实际上，我们最好把工具性和表达性视为两组独立的技能，在男性或女性中，它们的水平从低到高不等（Choi et al., 2007）。请看表 1.2，传统的女性表达性高而工具性低，她们热情友好，但不够果断或自主。符合传统期望的男性具有高工具性、低表达性的特质，他们是坚忍而强悍的铁血真汉子。双性化的人具备工具性和表达性两种特质。其余的人（约 15%）要么具有在传统上属于异性的技能（称为"跨类型"），要么两组技能均较低（称为"未区分"）。在双性化、跨类型和未区分三

表 1.2　性别角色

工具性特质	表达性特质
自信	热情
独立	温柔
有抱负	有同情心
领导力	仁慈
果敢	对他人敏感

我们的文化鼓励男性有更高的工具性特质，女性有更高的表达性特质，你不希望你的亲密伴侣拥有哪些特质？

个类型中，男女比例大体相当，所以，就像性别差异一样，把两性视为具有各自特质的完全不同的两类人，既过于简单也不够准确（Donnelly & Twenge, 2017）。

不论怎样，人际关系研究者都特别关注社会性别差异，因为这些差异不是让男女两性更和谐，而是"实际上可能造成许多不和谐"，最终导致亲密关系失败（Ickes, 1985, p.188）。例如，从相遇的那一刻起，传统的男性和女性并不如双性化的人那样欣赏和喜欢对方。在一项经典实验中，研究者（Ickes & Barnes, 1978）把男女配对，一种条件下配对的男女都符合传统的性别角色，另一种条件下配对的双方至少有一方是双性化的。介绍两人认识后，他们有 5 分钟的时间在房间单独相处。研究者秘密地录下了这段时间双方互动的过程。结果令人吃惊，传统的男

Sally Forth ©1995 Distributed by King Features Syndicate, Inc.

在被要求为他人提供温暖、体贴的支持时，具有工具性特质、男子气概的人通常会感到不自在。

女双方很少说话，很少注视对方，很少微笑，事后报告喜欢对方的程度也没有其他配对组高。（这奇怪吗？请想一想：从行为方式来看，男子气十足的男性和女人味浓厚的女性有哪些共同点？）当一个双性化的男人遇上一个传统型的女人，或一个双性化的女人遇上一个传统型的男人，或者两个双性化的男女聚到一起时，他们相处起来都比两个传统型的男女更为融洽。

更重要的是，传统夫妻面临的这些劣势并不会随着时间的推移而消失。对婚姻满意度的调查表明，坚持刻板的性别角色的夫妻，其婚姻通常比非传统夫妻的婚姻更不幸福（Helms et al., 2006）。阳刚的男性和阴柔的女性因为有不同的处事风格和才干能力，往往不像那些不太传统、不太符合性别刻板印象的夫妻一样从彼此身上感受到更多乐趣（Marshall, 2010）。

你对此无须大惊小怪。人们一旦投身于亲密关系中，便都期望得到爱、温情和理解（Reis et al., 2000）。表达性低的人（不怎么热情、温柔、敏感）不会轻易表现出这样的热情和温柔；也不怎么深情（Miller et al., 2003）。因此，长期来看，与那些拥有更敏感、更贴心和更善良伴侣的人相比，那些拥有表达性低的伴侣的人，对亲密关系更不满意。在世界各地（Lease et al., 2013），在不同的族群（Stanik & Bryant, 2012），在异性恋和同性恋伴侣关系中（Wade & Donis, 2007），传统男性的恋爱关系质量都比那些更具表达性的男性差。因此，传统的性别角色对男性是一种伤害，剥夺了原本可使他们成为更称职丈夫的技能。

另一方面，与那些具有更好任务导向技能的人相比，那些低工具性（缺乏自信和个人魄力）的人往往自尊心较低，适应能力也较差（Stake & Eisele, 2010）。当人们有能力和高效率地"处理事务"时，他们通常自我感觉更好（Reis et al., 2000）。所以，传统的性别角色对女人也不利，它剥夺了女性能够取得更多成功和成就的技能。传统的性别角色似乎也使女性在经济方面受损；在世界各地，传统女性的工资低于她们的非传统女性同事（Stickney & Konrad, 2007）。

所有这些结果表明，工具性和表达性都是很重要的特质，而最幸福、适应能力最强、最高效和心理健康的人通常同时拥有这两种技能（Stake & Eisele, 2010）。特别是，最理想的配偶，即那些最可能让伴侣感到满意的人，是那些同时拥有工具性和表达性特质的人（Marshall, 2010）。实际上，当人们考虑自己想要拥有的伴侣时，大多数人更喜欢双性化的伴侣，而不仅仅是具有男子气或女人味的伴侣（Thomae & Houston, 2016）。

想一想 ✓

如果你看到一段视频，一位初为人父的男子第一次抱起自己的小宝宝时喜极而泣，你会敬佩他还是鄙视他？为什么？

然而，具有讽刺意味的是，我们仍然倾向于给那些并不严格符合"适当"性别角色的人很大压力。表现得如男人般好强和自信的女性很可能被认为爱出风头、无礼和傲慢（Williams & Tiedens, 2016）。然而，如果说人们对两性的社会性别期望存在什么差异的话，那就是对男性比对女性更为严格（Steinberg & Diekman, 2016）。女孩像个假小子，大家都不会放在心上；但是如果男孩娘娘腔十足，人们就会很担心（O'Neil, 2015）。美国的性别角色正在缓慢而稳定地发生改变，尤其是美国女性正变得更具有工具性（Donnelly & Twenge, 2017），年轻人也逐渐变得更加男女平等，并且对男人和女人的看法也不再那么传统（Donnelly et al., 2016）。但是，即使社会性别刻板印象限制了我们的潜能，并且经常是错误的，它们仍将持续地存在（Haines et al., 2016）。我们仍然期望并经常鼓励男性要具有工具性，女性要具有表达性（Levant & Rankin, 2014），而这些期望在很多情况下会使我们的亲密关系复杂化。

人　格

由于受经验的影响，人与人之间的某些重要差异（比如依恋类型和社会性别差异）可能会在几年的时间里发生变化，但其他的个体差异却更为稳定和持久。人格特质会影响人们毕生的人际行为（Vukasović & Bratko, 2015），在很长的一段时间内只会逐渐地改变（Milojev & Sibley, 2017）。

一组被称为大五特质的核心人格特质可描绘世界各地人们的特性（McCrae & Costa, 2010），并且会对人际关系的质量产生影响。从积极的方面来看，外向、随和、尽责的人乐于接受新体验，他们比在这些特质上得分低的人拥有更幸福的亲密关系（Schaffhuser et al., 2014）。外向的人坦率开朗，随和的人善良友好，他们往往招人喜爱。尽责的人努力工作，倾向于遵守规则，所以他们在高中并不太受欢迎（van der Linden et al., 2010），但他们长大成人后，就会成为可依赖的、值得信任的理想伴侣（Hill et al., 2014）。"不那么尽责的人会透支他们的信用……取消计划、怨天尤人、疏懒嗜睡、违背承诺"（Jackson et al., 2010, p.507），因此他们往往是不可靠的伴侣。

专栏 1.3

大五人格特质

一小簇基本特质就能很好地描述行为、思维和情绪中的广泛主题，这些主题将一个人与另一个人区分开来（McCrae & Costa, 2010）。人格专家把这些关键特质称为大五特质，它们对亲密关系的影响各不相同。你认为这些特质中哪一个最重要？

开放性（openness to experience）：人们富有想象力、好奇心、艺术性和不因循守旧的程度，相对应的是随大流、拘泥和教条。

外倾性（extraversion）：人们开朗、合群、热情、喜欢社交的程度，相对应的是谨慎、内敛和害羞。

尽责性（conscientiousness）：人们勤奋、可靠、负责和做事有序的程度，相对应的是不可靠、混乱、粗心大意。

宜人性（agreeableness）：人们富有同情心、合作精神、善良和信任他人的程度，相对应的是怀疑、自私和敌对。

神经质（neuroticism）：人们容易出现情绪波动和高度负面情绪的程度，例如担忧、焦虑和愤怒。

上述大五人格特质是按重要性从低到高的顺序排列的（Malouff et al., 2010）。如果拥有富有想象力、敢于冒险、善于社交的伴侣，人们将更为幸福；但你真正渴望的却是负责、可靠、慷慨、周到、乐观和情绪稳定的爱人。当你们在一起30年左右后，你可能会发现尽责性变得尤其重要（Claxton et al., 2012）；信守所有承诺的可靠伴侣是令人满意的伴侣。

然而，大五特质中最具影响力的却是那个具有消极作用的特质：神经质（Malouff et al., 2010）。神经质的人容易生气和焦虑，这些不良倾向往往会使他们在与他人的互动中过于敏感、悲观和爱争执（Jeronimus et al., 2014）。事实上，一项对300对夫妇长达45年的追踪研究发现，夫妻双方在婚姻生活中体验到的满意度和满足感，足有10%可通过他们订婚时双方的神经质得分来预测（Kelly & Conley, 1987）。研究发现，伴侣越不神经质，婚姻生活就越幸福。每个人都有好日子和坏日子，但有些人总是比其他人有更多的坏日子（Hudson et al., 2017），这些不幸的家伙尤其可能拥有不幸福的、令人失望的亲密关系。（你在选择伴侣时请

一定注意这一点！）

　　与大五特质一起调节人际关系的还有其他更具体的人格特征，我将在后续章节探讨。（比如专栏 9.4 中的"我们是否喜欢随意性行为"，以及第 14 章中的"我们是否能控制自己"。）现在请注意，虽然我们的人格明显具有遗传基础（Vukasović & Bratko, 2015），但我们持久的特质在一定程度上会受我们人际关系的影响（Soto, 2015）。令人不满和恶语相向的人际关系会逐渐让人变得更为焦虑和神经质，而随着时间的推移，温暖、回报式的伴侣关系会让人变得更随和。但这些影响是微妙的，并且人际关系对我们即将考察的最后一个个体差异的影响更大：人际交往中的自我评价。

自　尊

　　我们大多数人都会喜欢自己，但也有人不喜欢自己。对自我的评价构成了**自尊**（self-esteem）。如果我们对自己的能力和特质持正面评价，那么我们的自尊水平就高；如果我们怀疑自己，那么自尊水平就低。因为高自尊的人通常比低自尊的人生活得更快乐、更成功（Orth & Robins, 2014），所以人们普遍认为，自我感觉良好是件好事（Swann & Bosson, 2010）。

　　但人们是如何喜欢上自己的呢？一种颇具争议的主导理论认为，自尊是一种主观的衡量标准，即一种**社会计量器**（sociometer），用来测量我们人际关系的质量（Leary, 2012）。如果他人喜欢我们，我们就喜欢自己；如果他人积极地对待我们并看重与我们的关系，我们的自尊水平就高。然而，如果我们不能吸引别人，也就是如果别人似乎并不在意我们是否会成为他们生活的一部分，那么我们的自尊水平就低（Leary & Acosta, 2018）。根据社会计量器理论，自尊以这种方式运作，因为它是一种服务于我们归属需要的演化机制。这种观点认为，由于他们的繁殖成功有赖于能够留在部落里并被他人接纳，所以早期人类对能预警他人拒绝的任何排斥信号都变得很敏感。自尊变成了一种心理测量器，以提醒个体警惕他人拒绝接纳自己，而他人的厌恶或冷漠会逐渐使个体讨厌自己（Kavanagh & Scrutton, 2015）。

　　这一观点与我们对自尊的起源和运作的认识非常契合。例如，毋庸置疑，当人们认为自己对异性具有吸引力时，他们的自我感觉就会更好（Bale & Archer,

专栏 1.4
一个没有太大差异的个体差异：性取向

到目前为止我只提到过两次同性恋者，这是因为关于这一点并没有太多可讲的。性取向是复杂的：很多认为自己是异性恋的人，却曾经被同性吸引过，并为之着迷，甚至产生性幻想（Savin-Williams，2014）。但曾与同性发生过生殖器性行为的人则较少，男性中约有 8%，女性中约有 9%（Twenge et al.，2016）；而认为自己是女同性恋（lesbian）、男同性恋（gay）或双性恋（bisexual，这三者简称 LGB）的人则更少，约占总人口的 4%（Bailey et al.，2016）。因此，大多数关系研究并未关注 LGB 的伴侣关系，这并不是因为研究者对此不感兴趣，而是因为这三类伴侣的大样本很难获取（参见第 2 章关于"方便样本"的讨论）。然而，当研究者确实聚焦 LGB 关系时，他们发现亲密关系的过程与性取向并无太大关系。[10] 除了相对的人数差别外，异性恋者和 LGB 者在本书探讨的大部分主题上都非常相似（Frost et al.，2015）。例如，男同性恋者和女同性恋者与异性恋者表现出相同的依恋类型及人数比例（Roisman et al.，2008），而且

他们也与拥有高（而非低）表达性特质的恋人相处更愉快（Wade & Donis，2007）。

同性关系和异性关系存在一些潜在的重要差别。平均来看，男同性恋者比异性恋的男士有更高的表达性特质，女同性恋者比异性恋的女士有更高的工具性特质，因此同性恋者比异性恋者更不可能固守传统的性别角色（Lippa，2005）。同性恋者往往受教育程度更高，也更为开明（Grollman，2017）。但同性关系和异性关系最大的区别在于，男同性恋伴侣是由两个自认为是男性的人组成的；而女同性恋伴侣是由两个自认为是女性的人组成的。由于男女处理亲密关系的方式存在一些差异，同性伴侣的行为可能与异性伴侣不同，这不是因为他们的性取向，而是因为当事人的性别不同。比如，在刚确定亲密关系时，男同性恋者比异性恋伴侣发生性行为的频率更高，而女同性恋者又比异性恋伴侣发生性行为的频率低（Diamond，2015）。在伴侣关系中男性越多，双方发生性行为的频率就越高——但这可能是因为男性比女性有更高的性驱力，而不是因为男同性恋者有什么其他特别之处（Regan，2015）。

除了可能存在的性别及社会性别差异外，同性关系和异性关系的经营方式非常相似（Manning et al.，2016）。比如，男同性恋者和女同性恋者恋爱的方式都

---

10 不幸的是，我不能对跨性别者的伴侣关系发表任何看法；虽然关系科学并不赞同顺应规范（cisnormativity），但目前并没有足够的数据供我报告。不过，就我个人而言，如果跨性别者对其伴侣的爱与我们其他人存在任何差异，我会感到惊讶。

与异性恋相同，感受同样的激情，经历同样的疑虑，觉知到同样的承诺（Kurdek, 2006）。即便亲密关系的运作在某些方面的确存在差异，这些差异也往往比较小，但男同性恋者和女同性恋者却是亲密关系的完胜者。平均而言，他们的关系要好于异性恋（Kurdek, 2005）。他们公平地分配家务，经历更少的冲突，感到更加和谐，更加亲密无间，对爱人也更为满意（Balsam et al., 2008）。[考虑到同性伴侣仍然不被社会上一些人认可（Fingerhut, 2016），他们对亲密关系的满意度就格外引人注目。

但请记住，在同性的亲密关系中并不存在性别差异。你认为这对他们美满的亲密关系有多大作用？]

不过，也没有必要去写两种不同版本的《亲密关系》；同性伴侣关系和异性伴侣关系的经营方式是相同的。在后续章节中，我们还将多次谈到性取向，但它并不是重要的主题，因为同性伴侣和异性伴侣的亲密关系的过程是非常相似的（Peplau & Fingerhut, 2007）。任何有其他想法的人只不过是不了解而已。

2013）。我们从他人那里得到的尊重明显会影响我们随后的自我评价（Reitz et al., 2016）。涉及人际拒绝的事件尤其会损害人们的自尊，而其他令人失望的事件则不会。利里及其同事在一个巧妙的实验中证实了这一点，他们引导参与者相信自己会被一个有魅力的小组排除在外，要么是因运气不好而被随机抽中送回家，要么是被组内成员投票淘汰（Leary et al., 1995）。即使在两种情况下都失去了同样向往的机会，但那些被他人投票拒绝的参与者比那些被客观的随机方式拒绝的参与者自我感觉更糟。同样有趣的是，有他人目睹的公开事件比私人事件（事件完全一样，只不过只有我们自己知道）对自尊的影响更大。无论我们是否意识到，在许多方面，自我评价似乎极大地受我们认为他人如何看我们的影响（Lemay & Spongberg, 2015），全世界皆如此（Denissen et al., 2008）。

这为人类是高度社会化的物种提供了进一步的证据：如果他人不喜欢我们，我们就很难喜欢自己（的确，这样做很不现实）。在大多数情况下，长期处于低自尊的人因为有不能从他人那里获得足够的接纳和欣赏的不愉快经历而形成了负面的自我评价。

有时，这一现象非常不公平。有些人本身没有过错，却成了虐待关系的受害者。尽管他们招人喜爱，有良好的社交能力，却因为他人的苛刻对待发展出了低自尊。当这些人与更善良、更懂得欣赏的伴侣进入一段新的关系后，会发生什么呢？他们得到的新反馈能否慢慢地提升其自尊呢？

不一定。一个令人信服的研究项目发现，低自尊的人有时会低估伴侣对他们的爱（Murray et al., 2001），并觉察到根本不存在的伴侣忽视（Murray et al., 2002），以致损害亲密关系。请看表 1.3。自我评价低的人很难相信伴侣真正爱自己，因此，他们往往对自己爱情的长久性并不感到乐观。低自尊者"即使处在最亲密的关系中也往往（毫无根据地）认为伴侣对自己的感情非常不可靠"（Holmes & Wood, 2009, p.250）。这又使他们对伴侣偶尔的坏情绪反应过度

表 1.3 伴侣如何看我

默里及其同事利用这份量表研究亲密关系中的自尊。高自尊者认为自己的伴侣非常尊重自己，低自尊者则担心伴侣不够喜欢或尊重自己。你认为伴侣会如何看待你呢？

很多情况下，伴侣对你的评价和你对自己的评价大体上一样。但在某些情况下，伴侣对你的评价和你对自己的评价并不一样。比如，你在聚会时可能感到害羞，但你的伴侣可能会告诉你，你在这些场合看起来相当放松、开朗。另一方面，你和你的伴侣可能都认为你很聪明、有耐心。

请你指出，你认为你的伴侣在以下特质或属性上如何看你。比如，如果你认为伴侣对你"自信"的评价是中等的，你就选"5"。

请你填写下面的量表，把你选的数字填在每项特质或属性左边的横线上。

1	2	3	4	5	6	7	8	9
一点也 不符合		有一些 符合		中等程 度符合		非常 符合		完全 符合

我的伴侣认为我……

_____ 善良且深情	_____ 包容和接纳
_____ 挑剔并喜欢评判	_____ 粗心大意
_____ 自信	_____ 有耐心
_____ 喜欢社交/外向	_____ 理性
_____ 聪明	_____ 善解人意
_____ 懒惰	_____ 冷淡
_____ 开朗、愿意表露	_____ 抱怨
_____ 控制和支配他人	_____ 及时回应他人
_____ 诙谐幽默	_____ 幼稚
_____ 喜怒无常	_____ 热情

（Bellavia & Murray, 2003）；与高自尊者相比，低自尊者会感受到更多的拒绝，体验到更多的伤害，也变得更加愤怒。这些痛苦的情感使他们难以用建设性的行为去应对臆想中的危险。当出现挫折时，自我评价高的人会拉近与伴侣的距离，努力修复关系；而低自尊的人则防御性地保持距离，脾气暴躁，行为差劲（Murray, Bellavia et al., 2003）。他们对自己的感觉也更糟糕（Murray, Griffin et al., 2003）。

默里及其同事（Cavallo et al., 2014）认为，这一切的发生都是因为我们依赖他人时要冒巨大的风险。与亲密伴侣的紧密联系让我们享受到支持和关心等丰厚的回报，但如果伴侣被证明不值得信赖，这种联系也会使我们容易遭受毁灭性的背叛和拒绝。高自尊者因为对伴侣给予自己的爱恋和尊重充满信心，所以当亲密关系出现问题时，能拉近与伴侣的距离。相比之下，低自尊者长期怀疑伴侣对自己的尊重及可信赖性，所以当情况变得艰难时，他们会为了保护自己而远离伴侣。研究者指出，我们都需要平衡人际联系与自我保护，但低自尊的人总把他们脆弱的自我置于亲密关系之上，当低自尊者拥有爱自己的忠诚伴侣，本没有什么可害怕的时候，这样对待亲密关系就是自我挫败（Murray et al., 2013）。

因此，低自尊者的自我怀疑和敏感脆弱使他们经常小题大做。他们对拒绝的信号一直保持警惕（H. Li et al., 2012），错误地以为爱情路上的磕磕碰碰是伴侣拒绝承诺的不祥之兆。然后，他们又以令人反感、自我挫败的受伤和愤怒来回应，而这些行为切断了他们所渴望的慰藉。甚至他们在社交网站上的更新也往往充斥着悲观和自我批判，获得的点赞和评论也比其他人要少（Forest & Wood, 2012）。相形之下，高自尊者对同样的磕绊完全不以为意，信心十足地期待伴侣对自己的接纳和正面评价。低自尊带来的结果令人遗憾，它一旦形成就很难克服（Kuster & Orth, 2013）；即使结婚 10 年后，低自尊的人仍倾向于认为自己的配偶不如忠诚的伴侣那般爱恋和接纳自己（Murray et al., 2000），这种令人惋惜的伴侣关系状态损害了他们及其伴侣的满意度（Erol & Orth, 2013）。如果伴侣双方都具有高自尊，亲密关系对双方而言将更加美满如意（Robinson & Cameron, 2012）。

因此，自尊似乎源自人际关系，随后又引导人际关系（Luciano & Orth, 2017）。我们对自己的看法似乎至少部分地取决于我们与他人间联系的质量。这些自我评价会影响我们随后与新伴侣的互动，而新伴侣又会进一步证实我们的人际价值。从根本上说，我们对自己的了解来自与他人的关系，并且这种自我认识在此后发挥重要的作用（Mund et al., 2015）。

人类天性的影响

　　既然我们已经考察了人与人之间的一些关键区别，那么我们现在可以讨论这样一种可能性，即我们的人际关系展示出一些更基本的、反映人类共有的动物本性的问题。我们关注的是演化的影响，这些影响塑造了无数代人的亲密关系，向我们灌输了在每个人身上都存在的某些倾向（Confer et al., 2010）。

　　演化心理学始于三个基本假设。首先，性选择（sexual selection）使人类成为今天这样的物种。你或许听说过自然选择，它指的是比其他同类能更有效地应对捕食者和食物短缺等挑战的动物具有天赋优势。性选择涉及能更成功地繁殖后代的优势。更为重要的是：

　　　　与大多数人一直以来被传授的观点相反，演化和适者生存一点关系也没有。这不是一个生死存亡的问题。演化的关键是繁殖后代。尽管所有的有机体最终都会死亡，但并非所有的有机体都能繁殖后代。此外，在那些能繁殖后代的有机体中，有些有机体比其他有机体留下了更多的后代（Ash & Gallup, 2008, p.313）。

　　这一观点认为，诸如归属需要这类动机之所以成为人类的重要特征，是因为它们具有适应性，赋予拥有这些动机的个体某种繁殖优势。正如我前面提到的，那些寻求与他人密切合作的早期人类比那些不合群的孤独者更可能生育孩子并抚养其成人，而这些孩子又会再有自己的孩子。长此以往，与他人交好的愿望在一定程度上就具有了遗传性（确实如此，Tellegen et al., 1988），性选择会使归属需要越来越普遍，天生没有归属需要的人越来越少。与这个例子一致的是，演化学原理认为，任何普遍的心理机制之所以以它目前的形式存在，是因为它在过去始终如一地解决了一些生存或繁殖问题（Confer et al., 2010）。

　　其次，演化心理学认为，两性之间的差异仅在于他们在历史上面临不同的生殖困境（Geary, 2010）。因而，在亲密关系中，男性和女性的行为应该是相似的，除非在某些情况下，不同的、特异化的行为方式能使其更好地接近配偶或有利于其后代更好地生存。这样的情况存在吗？要回答这个问题，先来看两个设问：

　　　　假如某男子一年之内与 100 个不同的女人发生了性关系，他会是多少个孩子的父亲？（答案当然是"很多，或许能多达 100 个"。）

假如某女子一年之内与 100 个不同的男人发生了性关系，她能生育多少个小孩？（可能只有 1 个。）

显而易见，男女双方为生育孩子投入的最低限度的时间和精力存在很大差异。对于男人而言，最低要求可能只是一次射精；如果有机会接触足够多、能生育的女伴，男人一生可以生养数百个孩子。而女人只有绝经前能生孩子，每生养一个孩子都需要投入大量的时间和精力。男女双方在必须的**亲代投资**（parental investment）——个体为了繁殖后代必须为其子女所投入的时间、精力和资源——方面的这些生物学差异，可能促成了两性不同择偶策略的演化（Geary, 2000）。可以想见，考虑到她们有限的生殖能力，那些认真挑选配偶的女性祖先在繁殖上就更为成功（她们有更多的孩子存活下来并生育自己的孩子），而那些挑选配偶不太认真的女性祖先，其繁殖就没有这么成功。男性刚好相反，那些滥交的男人更可能成功地繁殖后代。如果他们频繁地变换性伴侣，其后代可能不容易存活，但是这种（养育）质量上的不足可以用（孩子）数量来弥补。所以，当今的女性——正如这一演化理论所预测的那样——在选择性伴侣时比男性谨慎得多。她们坚持追求更聪明、更友善、更有名望、性情更稳定的男性伴侣，而男性选择女性伴侣则不会这么苛刻；女性也不像男性那样对随便、不负责的性行为感兴趣（N. Li et al., 2012）。或许这种性别差异是长期演化的结果。

另一个繁殖方面的性别差异是，女性总是能确知某个孩子是否是自己亲生的。相比之下，男性则会遭遇**父系不确定**（paternity uncertainty）的困扰；除非他完全确信伴侣会忠诚于他，否则他不能绝对确定伴侣所生的孩子就是他的孩子（Buss & Schmitt, 1993）。或许正因为如此，尽管女人的不贞行为比男人少（Tsapelas et al., 2011），男人对于红杏出墙也分外警惕，比女人更为担心伴侣的不忠（Schützwohl, 2006）。这种性别差异同样可能是长期演化的结果。

演化论的观点还区分了短期和长期的求偶策略（Buss & Schmitt, 1993）。无论是男性还是女性，在短期的艳遇和长期且有承诺的亲密关系中所追求的异性特征都不相同。具体说来，男人比女人更渴望短期的性关系；他们对与多个伴侣保持短期的性关系更感兴趣，当开始一段新的亲密关系时，他们也比女性更早地做好了发生性行为的准备（Schmitt, 2016）。因此，男人在猎艳时，看起来性感且"容易得手"的女人于他们而言特别有吸引力（Schmitt et al., 2001）。然而，如果他们考虑安定下来，那些认为放荡的女子是随意关系中最理想目标的男人，往往更喜欢贞洁的女人作为将来的伴侣（Buss, 2000）。男人也倾向于追求年轻、漂亮的女人做妻子。当考虑确立长期的亲密关系时，男人比女人更看重外表吸引力，并且随着年龄增长，他们反而去找比他们年轻更多的女人结婚（Conway et al., 2015）。

女人则表现出不同的模式。女人选择短期性伙伴时——尤其是发生婚外情时（Greiling & Buss, 2000）——会寻找性感、有魅力、强势且具有男子气概的男人。但当她们评估未来的丈夫时，她们会把经济前景作为首选，寻求有稳定收入且资源丰富的男人，这样的男人能为她们的孩子提供安全的成长环境，即使这些男人并不是备选丈夫中最性感的家伙（Gangestad & Simpson, 2000）。一般而言，女性比男性更关注长期伴侣的经济前景和社会地位（Conroy-Beam et al., 2015）。

通过识别人类共有的行为模式来描绘人类的本性，是演化观点最令人信服的方面。实际上，我刚提到的不同偏好——男性看重长相，女性重视收入——在世界各地都被研究过，并在很多文化中都有所表现（Buss, 2015）。[11] 然而，演化论的观点并不意味着文化不重要。

事实上，演化心理学的第三个基本假设就是，文化因素决定演化而成的行为模式是否具有适应性——并且文化的变化比演化快得多。数百万年前，我们的先祖就直立行走了，[12] 他们面临的挑战我们简直无法想象。最乐观的估计是，超过四分之一的婴儿活不过 1 岁，约一半的孩子活不到青春期（Volk & Atkinson, 2013）。现在情况不同了。人类这一物种表现出的某些行为模式在远古时期具有适应意义，但并非所有这些遗传而来的行为倾向都适合我们今天所居住的现代环境。例如，穴居的原始男性如果试图与每一个可能的女伴交配，其繁殖就更可能成功；

---

11 现在给你一个机会复习一下你在本章前面学习过的关于性别差异的知识。平均而言，两性对外表吸引力和收入的重视程度不同，但这并不意味着女人不关心外表，男人不关心金钱。总之，正如我们将在第 3 章中看到的，男人和女人渴望从他们的浪漫伴侣那里得到的东西是一样的，如温情、稳定的情绪、无私的关爱等。尽管上述性别差异的确存在，但人们并不愿意以牺牲两性都渴望的其他有价值的特质为代价去片面地追求外表和金钱（Li, 2008）。最后，你是否理解亲代投资上的差异如何导致男性看重外表而女性看重金钱？仔细思考一下，我们将在第 3 章回到这个问题。

12 我不知道你怎么想，但这让我大吃一惊。据估计，著名的阿法南方古猿女性露西的骨骸有 320 万年的历史，这么长的时间跨度我觉得几乎难以理解。这充分说明我们的先祖调适、适应和繁殖的过程有多么漫长。那么，在个体独特性的汪洋中，某些行为模式变得司空见惯，这难道不可能吗？

但现代男性则未必：仅在过去的两代人中，我们就见证了（1）能让女性完全掌控生育权的生殖技术（例如口服避孕药）的发明；（2）通过性接触而传播的致命病毒（引发艾滋病的人类免疫缺陷病毒）的扩散。如今，对男人而言，对多个性伴侣的渴望可能不再像数百万年前那般具有适应意义。可以想见，如果现代男性能够表现出遵守承诺和忠于一夫一妻制的能力，就能鼓励其伴侣怀孕生子的意愿，他们也就可能更成功地繁殖。但人类仍在演化。性选择最终将有利于那些适应我们新环境的行为方式，但这种适应的发生又将经历几千代的时间。（到那时我们的文化又将经历怎样的变化？）

因而，演化论的观点为现代人际关系中的共同模式提供了一个非常有意思的解释（Eastwick, 2016）：某些主题和性别差异之所以存在，是因为它们由很久以前有用的心理机制演化而来。我们不是盲目地执行基因指令的机器人，也不是所有人都一样（Boutwell & Boisvert, 2014），但我们确实继承了一些习惯，这些习惯是由我们遇到的情境触发的。此外，我们的各种习惯适合现代环境的程度可能并不相同。行为是个人和情境因素相互作用的结果，但人们的一些常见反应则是人类本性自身演化的产物：

> 人类几千年来所面临的生存压力在其身上留下了精神和情感上的遗产。某些源自我们祖先的情感和行为反应在现代已无必要，但这些前世的痕迹却不可磨灭地刻入了我们的性格（Winston, 2002, p.3）。

这种颇具争议的观点既得到了赞扬又招来了批评。一方面，演化的视角促进了许多有意思的新发现（Buss, 2015）；另一方面，对人类本性起源的原始社会环境的假设必然带有猜测性。重要的是，批评者断言，对许多争议中的现象，演化模型并非唯一合理的解释（Eagly & Wood, 2013a）。例如，女性在选择伴侣时必须比男性更谨慎，不是因为亲代投资的压力，而是因为社会文化通常不允许女性掌握经济资源（Wood & Eagly, 2007）；可以说，女性不得不关心配偶的钱袋子，因为她们自己很难像男人一样赚到那么多钱。如果惯常地赋予女性与男性一样的角色，让女性拥有与男性一样高的社会地位，那么女性对男性钱袋子的强烈兴趣就可能会大大降低（Zentner & Mitura, 2012）。

因此，演化观点的批评者强调文化在塑造两性行为中的作用（Eagly & Wood, 2012），他们认为，某些行为模式被演化论学者推定为演化而来的倾向，但其实这些模式并不明显，在不同文化中也更多变（Eagly & Wood, 2013b）。演化观点的支持者则反驳，文化的影响固然巨大——毕竟文化决定了哪些行为具有适应意义——但男性和女性在择偶策略和行为上存在不能用社会角色和社会化过程来解释的差异（Buss, 2013; Schmitt, 2016）。这两个阵营的争论并未结束（Hagen, 2016），在后续章节中我们还将遇到。现在有一点是确定的：无论对错，演化模型都启发了对关系科学有益的令人着迷的研究。请记住关键的一点：无论是演化而来还是一种社会化的产物（或兼而有之），很可能有一种人类天性塑造着我们的亲密关系。

人际互动的影响

人际关系的最后一个构成要素是两人之间的互动。到目前为止，我们关注的还是个人特有的经验和人格对关系的影响，但现在我们得承认人际关系比它各部分相加的总和大得多。人际关系源于每一个参与者的过往经历和天赋的组合（Mund et al., 2016），这些组合体可能与构成它们的个体的简单相加有很大不同。化学家习惯于这样思考：把两种元素结合在一起（比如氢和氧）就会得到一种化合物（如水），而新生成的化合物与组成它的任何部分都不一样。与此类似，两个人创造出的人际关系源于各自的贡献，但可能只是与这两个人与其他人的关系略有相似。

考虑一下你对他人的信任程度。即使你是一个有安全感和信任他人的人，毫无疑问，你对某些人的信任远超另一些人，因为信任是一个双向的过程，既受你的性情的影响，也会受伴侣性情的影响（Simpson, 2007）。而且，它来源于你和伴侣每天不断付出以及不断接受的动态过程；信任是流动的过程而非静止不变的事物，它在你所有的人际关系中起伏不定。

每种亲密关系都是如此。就个体而言，伴侣双方不可避免地会面临情绪波动及健康状况和精力变化的情况；那么当他们互动时，彼此的相互影响就可能产生不断变化的各种结果（Totenhagen et al., 2016）。当然，长此以往，明确而清晰的互动模式就能区分各种不同的人际关系类型（Heerey, 2015）。尽管如此，在任何特定时刻，一段关系都可能是一种不稳定的存在，是复杂的人类不断变化的互动的产物。

因此，总的来说，人际关系是由影响它的多种因素构成的，其范围从当前文化的流行时尚到人类种族的基本属性。与这些一般影响因素共存的还有各种个体特质因素，如个性和经验，其中有些是习得的，有些是遗传的。最终，两个来自同一星球但在其他方面可能有些许差异的人开始了他们的互动。互动的结果或许令人沮丧，或许令人满意，但其中的各种可能性总是令人着迷，这就是人际关系的构成。

亲密关系的消极面

我在本章的开头就明确肯定了亲密关系对人类的价值，所以为了公平起见，在本章结束之际，我得承认亲密关系也有潜在的代价。我们需要亲密感（没有的话我们将备受煎熬），但有时与他人打交道也会带来痛苦和不快。事实上，亲密关系可能以如此之多的方式令人失望，以至于它们的缺点可以写整本书，而且确实有人已经写了（Spitzberg & Cupach, 2014）！当人们与他人亲近时，可能会害怕自己最在乎的秘密被人揭露或利用。他们可能害怕因相互依赖而失去自主性和个人控制权（Baxter, 2004），他们或许还担心会被自己所依赖的人抛弃。他们认识到亲密关系中可能存在欺骗，而且人们有时会将欲望与爱情混为一谈（Diamond, 2014）。实际上，在过去的五年中，多数人（56%）的亲密关系都曾陷入困境（Levitt et al., 1996），所以这些担忧并非杞人忧天。

有些人害怕亲密（Mikulincer & Shaver, 2016）。的确，我们中的一些人总是担忧别人会拒绝我们，忧心忡忡地等待亲密关系破裂（Kawamoto et al., 2015）。但是，无论我们的担忧是被夸大的，还是现实存在的，在亲密关系中，我们都有可能偶尔经历意想不到的、令人沮丧的挫折（Miller, 1997b）。亲密关系中的失望和痛苦可能会严重地影响我们的身体健康（Liu & Waite, 2014）。

那么，我们为什么还要冒这种风险呢？因为我们是社会性动物，我们需要彼此。没有与他人的密切联系，我们会过早地枯萎和死亡。亲密关系可能很复杂，但它是我们生活中不可或缺的一部分，因此值得我们尽可能全面地去了解。很高兴你正在阅读这本书，我希望在后续章节中更好地帮助你理解亲密关系。

请你思考

马克和温蒂大三的时候在校园相识,他们很快发现彼此很喜欢对方。温蒂漂亮,非常有女人味,还相当温顺;马克在他们第二次约会时就引诱温蒂与他发生了性关系,对此马克沾沾自喜。温蒂着迷于马克的个人魅力,因为她有点不自信,怀疑自己的吸引力。温蒂感到非常兴奋,因为有一个强势、魅力四射的男人被她吸引。在大四的时候,他们开始同居。毕业六个月后,他们就结婚了。他们的婚姻保持了传统的伴侣关系,孩子还小时,温蒂就待在家里照看孩子,马克则全身心投入到自己的事业中。他在职场很成功,获得了几次升职加薪,但温蒂开始觉得丈夫爱工作胜过爱自己。她希望丈夫能多和她聊聊天,而马克则希望妻子节食减肥并照顾好她自己。

读完本章内容,你认为马克和温蒂的婚姻生活未来会怎样?再过十年,他们对彼此的满意程度将会如何?为什么?

本章小结

亲密关系的本质和重要性

本书聚焦成人间的友谊和爱情关系。

亲密关系的本质。 亲密关系和泛泛之交至少在七个方面存在不同程度的差异:了解、相互依赖性、关心、信任、回应性、共同性和承诺。

归属需要。 人类表现出一种归属的需要,即与深情、亲密的伴侣保持定期互动的内驱力。如果归属需要长期得不到满足,可能会产生不良后果。

文化的影响

在过去的 50 年里,美国与人际关系有关的文化规范发生了巨大变化。与以往相比,现在结婚的人更少,初婚时的年龄也更大。人们常常会未婚同居,而这会使将来离婚的可能性更大,而不是更小。

亲密关系变化的根源。 经济变化、日益高涨的个人主义和新科技都促成了文化的变化。性别比率也会影响文化；高性别比率的文化特征是两性拥有传统的性别角色，而低性别比率则与更宽容的性行为相关联。

个人经历的影响

儿童与其照护者的互动会产生不同的依恋类型。现在，人们认为成人存在四种依恋类型——安全型、痴迷型、恐惧型和疏离型——它们在回避亲密和忧虑被弃两个维度上存在差异。

这些人际关系取向主要是后天习得的。因此，我们对亲密关系本质和价值的信念是由我们在其中的经历塑造的。

个体差异的影响

人们的能力和偏好存在很大的差别，但个体差异常常是微妙而渐变的，而不是陡然变化的。

性别差异。尽管世俗认为男女之间差别很大，但大部分性别差异非常小。与两性间的平均差异相比，某一性别内成员间的差异范围总是很大，而且两性之间的重合是如此之大，以至于某一性别内的许多人的得分总是高于另一性别的平均分。所以，在关系科学感兴趣的大部分主题上，两性的相似性大于差异性。

社会性别差异。社会性别差异指的是由文化塑造的两性在社会性和心理上的差异。社会期望男性强势、自信，女性热情、情感外露。然而，我们中三分之一的人是双性化的人，既拥有工具性的、以任务为导向的技能，又拥有表达性的、社交的和情感方面的才能。无论是在首次约会还是在后来的婚姻生活中，遵循传统性别角色的男人和女人，都不如不那么刻板、双性化的人喜欢对方。

人格。人格特质是能描绘人们一生中的思维、感受和行为特征的稳定倾向性。开放性、外倾性、宜人性和尽责性有助于培养令人愉悦的人际关系，而神经质则会损害个体的满足感。

自尊。我们对自己的看法来自我们与他人的互动。社会计量器理论主张，如果他人积极地看待我们，我们的自尊水平就高；但如果他人不想和我们发生联系，我们的自尊水平就低。低自尊的人会低估伴侣对自己的爱，对臆想中的威胁反应过度，从而损害和破坏其亲密关系。

人类天性的影响

　　演化观点假定：性选择塑造了人类，同时也部分地受到亲代投资的性别差异和父系不确定性的影响。在寻求长期、有承诺的伴侣关系和短暂的恋情时，男女两性都会选择不同类型的伴侣。演化观点还假定，文化因素决定了遗传的习惯是否仍然具有适应性——其中一些可能不再具有适应性了。

人际互动的影响

　　人际关系由每一个参与者的经历和天赋结合而成，因而常常大于各部分的总和。人际关系是流动的过程而非静态的存在。

亲密关系的消极面

　　亲密关系既有丰厚的回报，也有潜在的代价。那么我们为什么还要冒这种风险呢？因为我们都是社会性动物，我们需要彼此。

第 2 章

研究方法

　　我敢打赌本章内容会令你畏惧。你可能认为它是进入"精彩内容"之前的一段弯路。比如，爱情、性和嫉妒等内容可能会吸引你，而研究设计和程序却并不是你最急于知道的内容。

　　不过，由于几方面的原因，掌握一些关于研究方法的基本知识对于理解关系科学非常重要。一方面，与其他领域相比，人际关系领域似乎有更多的江湖骗子和假冒者竞相吸引你的眼球。书店里和网络上充斥着各种指导人际关系的建议和意见，而提出这些建议的人根本就没有真正研究过人际关系：他们或者根据个人的特殊经历得出结论，或者更糟糕的是，只是凭空虚构（MacGeorge & Hall, 2014）。认识到真实可靠的信息与小道传闻之间的区别既能使你保住钱袋，又能避免大失所望。而且，与其他科学领域的错误观念相比，关于人际关系的错误信息更可能给人们带来切实的麻烦。例如，比起那些对太阳系本质持错误认识的人，那些在离婚对子女的影响上被误导的人更可能采取危害自身的行为。人际关系研究在生活中往往对人们有直接的影响（Hawkins et al., 2013）。

　　的确，本书比你读过的任何其他书籍都更直接地探讨影响你个人生活的主题。

正因如此，你应该责无旁贷地成为一名明智的读者，能够分辨确凿的事实和虚浮的奇谈。

要做到这一点并不容易。正如我们将在本章中看到的，探讨某个特定研究课题的方法很多，各有利弊。严谨的科学家系统而认真地收集和评估信息，但没有任何单一的研究方法可供他们寻求无可争辩的答案。深入理解人际关系通常需要我们整合许多研究结果，以明智的洞察力评价各种事实。本章将概述关系科学的研究方法，这有助于你做出正确的判断。

本章是全书最短的章节之一，只介绍了一些基本原则，但这些原则应该有助于你判断哪些证据可以接受，哪些则应该存疑。请相信我。即使你以前读过关于研究方法的内容，本章也有很多知识值得你思考。我希望你在读完本章后，能分辨出实用的研究证据和无用的趣闻逸事或奇谈怪想。如需了解更多关于研究方法的内容，可以直接参考其他资源（如 Mehl & Conner, 2012; Leary, 2017）。

关系科学简史

早在 1687 年牛顿就发现了一些基本的物理定律。生物学和化学也已存在很长时间了。然而，对人际关系的系统研究却是科学界最近的创举，这个领域的研究才刚刚起步，如果你愿意，你可以与许多研究人类亲密关系的科学家交谈！这可不是件小事。因为关系科学只有短暂的历史，所以并不如大多数其他科学那样广为人知，也正因为如此，人们对它的理解还远不够深入。在大学院校和学术机构之外，很少有人真正了解这门新兴学科在过去 50 年里所取得的长足进步。

直到 20 世纪中期，思考人际关系的主要还是哲学家和诗人。他们形成了许多观点（难道不是每个人都有吗），但这些也仅仅是个人之见，其中很多还是错误的。因而，行为科学家对真实关系进行实证观察的首次努力可谓关系科学的重大进展。可以说，关系科学始于 20 世纪 30 年代，当时出现了一系列具有历史意义的重要研究，如关于儿童友谊的研究（参见 Moreno, 1934），关于求爱和婚姻的研究（参见 Waller, 1937）。然而在第二次世界大战之前，关系研究相对较少。第二次世界大战后，该领域内的几项重要研究赢得了社会的注意和尊重，例如怀特（Whyte, 1955）的街角社会研究，费斯廷格、沙赫特与巴克（Festinger, Schachter, & Back,

1950）关于大学宿舍友谊的研究。然而，在 20 世纪 50 年代接近尾声之际，关系科学尚未成型。当时的美国心理学协会主席甚至抱怨说，"心理学工作者，至少是那些撰写教科书的心理学工作者，不仅对爱情与情感的起源和发展毫无兴趣，而且他们似乎根本没有意识到它的存在"（Harlow, 1958, p.673）！

谢天谢地，这一情况开始发生改变！ 20 世纪 60 和 70 年代，关系科学研究的爆发式增长将该领域推向了科学的舞台。人际关系研究的先驱埃伦·伯奇德（Ellen Berscheid）和伊莱恩·哈特菲尔德（Elaine Hatfield）开始了对吸引力和爱情的系统研究，他们的研究受到了当时社会心理学对实验室实验重视的推动（Reis et al., 2013）。为求精准控制，得出明确结果，研究者开始考察一些能加以控制和操纵的具体的人际关系影响因素。例如，伯恩及其同事（Byrne & Nelson, 1965）进行了一项著名的研究，考察了态度相似性对喜欢他人程度的影响。研究者要求参与者仔细看一份态度调查表，并告诉参与者调查表是由隔壁房间的陌生人填写的，然后要求参与者报告喜欢这个陌生人的程度。参与者所不知道的是，研究者在准备调查表时，使其所表露的态度要么与参与者自己的态度一致，要么不一致（参与者的态度倾向稍早已经测评过了）。这种对态度相似性的操纵产生了明显的效果：明显的态度一致性使人们更喜欢陌生人。

这类程序在研究方法上的严谨性满足了研究者对研究过程简洁且明晰的要求。它们使人际吸引研究得到了认可和推广，第一次使人际关系成为心理学教科书中不可或缺的部分。然而现在看来，这些研究往往没有很好地反映出现实人际关系的天然复杂性。在伯恩的许多实验中，参与者实际上从未与另一个人见过，或者以任何其他方式交往过。的确，在我上面描述的实验程序中，参与者与陌生人谋面是不可能的，因为所谓的陌生人根本就不存在！在这种"无中生有的陌生人"实验程序里，人们只是对一张纸上的"勾号标记"做出反应，他们也是研究中唯一真正的参与者。研究者测量的是一个根本不存在的人的人际吸引力。伯恩及其同事为了得出研究结论而选择了这一实验方法，把研究局限在人际关系发展的一个被精心控制的方面。然而，他们也创造了一种相当僵化的实验情境，这种情境缺乏与某人初次约会时面对面交谈的那种即时性和生动性。

但是不要低估这类研究的重要性：它们表明对人际关系也能进行科学的研究，这种研究有巨大的应用前景。它们第一次将关系科学引入了其他同行学者的视野（Reis, 2012）。此后的几十年，经过家庭学者、心理学家、社会学家、传播学研究者和神经科学家的共同努力，关系科学已经成长和发展为一门包含相当复杂和成熟研究方法的新兴学科。今天的关系科学：

- 经常从各行各业和世界各地选取人群样本作为研究对象；
- 考察家庭、朋友和爱情等不同类型的关系；
- 经常对这些关系进行长期研究；
- 既研究人际关系令人愉悦的一面，也研究其消极的一面；
- 经常在自然状态下研究各种关系；
- 经常使用复杂的研究技术。

以下是关系科学领域近年所做研究的一些例子：

- 在美国西北大学，伊莱·芬克尔（Eli Finkel）及其同事开展了"速配约会"研究。在研究中，单身人士轮流与 10 位潜在的浪漫伴侣进行短暂的交谈。参与者花 4 分钟与某个人聊天，研究者记录他们的互动反应，然后参与者开始与下一位异性接触。约会的期望是真实的，如果交谈的双方表示愿意再次见面，就可约会，研究者会给他们提供一个网址以便交流信息。这样研究者也能考察人们在追求新伴侣时，浪漫化学反应的构成要素（Vacharkulksemsuk et al., 2016）。

- 在阿灵顿的得克萨斯大学，威廉·伊克斯（William Ickes）及其同事研究了刚认识的人之间的自发互动。研究人员让参与者在舒适的沙发上待上几分钟，同时用隐蔽的摄像机录下他们的谈话场面。摄像机实际上隐藏在走廊对面的另一个房间里，即使你直视它也觉察不到，所以没有任何线索显示有人在观察你。然后，如果参与者同意，研究者就邀请他们在单独的隔间里观看他们互动的录像，并报告在互动的每一个关键点上自己的想法，以及他们认为对方正在想些什么。这种方法能客观地记录人际互动过程（Babcock et al., 2014），也能获取参与者的想法、情感及对彼此的知觉。

- 在斯坦福大学的虚拟人类交互实验室里，两个人玩一个"20 问"的游戏——通过问 20 个是或否的问题来尝试猜测别人心中的秘密词语（比如"海洋"）——同时追踪他们的面部表情并映射到虚拟环境中的化身之上。每位玩家都只能看到对方的化身，这使杰里米·拜伦森（Jeremy Bailenson）及其同

正常笑容条件　　　增强笑容条件　　　嘴巴张 – 合条件

微笑行为的　　　　微笑行为的　　　　不论微笑行为如何都
精确呈现　　　　　增强呈现　　　　　保持浅笑

图 2.1　虚拟现实中的真实面部表情与"增强的"面部表情

姿势追踪系统和现代建模技术使研究者能够控制和操纵人们在虚拟环境中互动时看到的对方的面部表情。在这里，相比参与者真实的笑容，由研究者加强的"增强型"笑容使互动更令人愉快。（当玩家说话时，"张 – 合"条件下的虚拟化身的嘴巴会动，但从不笑，即使其真身真的笑了。）

资料来源：Oh, S.Y., Bailenson, J., Krämer, N., & Li, B. "Let the avatar brighten your smile: Effects of enhancing facial expressions in virtual environments." *PloS One*, 2016, e0161794. Copyright ©2016 by Oh et al. All rights reserved. Used with permission.

事能够微妙地操纵每个玩家看到的表情（Oh et al., 2016）。当虚拟伙伴的笑容比其真实的笑容稍微灿烂时（见图 2.1），人们会更喜欢彼此的互动。沉浸式虚拟现实使研究者能够专注于作为愉快互动基础的个体影响。

- 在亚利桑那大学，马赛厄斯·梅尔（Matthias Mehl）及其同事给参与者配备了可以随身携带的袖珍录音机，以捕捉他们一天中的社交生活片段（Bollich et al., 2016）。这种微型设备每天会以 30 秒的间隔记录参与者身边的各种声音，大约 70 次。录下来的声音可以表明参与者什么时候在独处，与他人互动的频率，以及他们的交谈是轻松愉快的还是有争执的。这种技术可以让研究者倾听参与者自然展现的真实生活。

- 在西雅图，约翰·戈特曼（John Gottman）及其同事用了多年的时间，邀请已婚夫妇回顾引发他们上次争吵的分歧（Gottman et al., 2015）。他们知道自己的讨论会被录像，但片刻之后，他们通常会变得完全专注于两人的互动，以至于忘记了摄像机的存在。研究者往往还会测量参与者的生理指标，如心率和皮肤电反应。通过对观察到的生理、情绪和行为反应逐秒地进行抽丝剥茧式的分析，研究者能以 93% 的准确率预测几年后哪些夫妇会离婚，哪些不会（Gottman, 2011）。

- 在纽约州立大学石溪分校，阿特·亚伦及其同事（Acevedo & Aron, 2014）让已婚 20 多年的人看他们深爱的配偶或老友的照片，同时利用功能性磁共振成像（fMRI）监测他们大脑中的活动。调节爱情的脑结构，以及爱情与友谊的生理差异首次被绘制出来（Acevedo, 2015）。

- 在德国，作为"亲密关系和家庭动力固定样本分析"（Panel Analysis of Intimate Relationships and Family Dynamics，简称 pairfam）项目的一部分，研究团队（如 Luciano & Orth, 2017）每年都会对超过 12 400 人，以及其爱人、父母和子女（如果有的话）进行广泛的访谈。该项目始于 2008 年，预计至少将持续到 2023 年！

- 在特里·奥巴奇及其同事发起的"婚姻早期岁月"（Early Years of Marriage）研究项目中（Fiori et al., 2017），来自美国密歇根州底特律市附近的 174 对白人夫妇和 199 对黑人夫妇，自 1986 年结婚以来，每隔几年就会接受一次采访。该项目特别关注社会和经济条件对婚姻满意度的影响，并对美国白人和黑人的结果进行了比较。2002 年，即该项目启动 16 年后，36% 的白人夫妇和 55% 的黑人夫妇已经离婚（Birditt et al., 2012）。在此期间研究者从头至尾追踪了参与者婚姻的整个过程。

希望这些研究方法所体现的创造性和智慧会给你留下深刻的印象。（我就是！）尽管很引人注目，但它们在说明关系科学的现状方面，只触及了一点皮毛。虽然关系科学还很年轻，但现在世界各地成百上千名来自不同学科的学者投身其中，他们的工作成果发表在几家致力于关系科学的专业期刊上。如果你是一名学生，你可能有机会看到《婚姻与家庭杂志》《社会和人际关系杂志》，以及那本就叫《人际关系》的杂志。人际关系学家还有自己的专业组织，国际人际关系研究协会（International Association for Relationship Research）是其中最大的一个。

问题的提出

这些学者如何研究人际关系？任何科学研究的第一步都是提出问题，而在人际关系这样的领域，一些问题来自个人经验。与许多其他科学家相比，关系研究者具有自身优势，因为他们自己在亲密关系中的经验能提醒他们注意某些重要的过程。事实上，他们可能还阴差阳错地掉进了自己正力图避免的陷阱中（Miller, 2008）！广泛存在的社会问题也提示他们注意某些值得仔细研究的问题。比如，从 1965 年到 1985 年，美国离婚率的大幅上升导致了大量关于离婚的研究，因为社会科学家们注意到了文化的变化。

问题还可能源自先前的研究：为回答某个问题所做的研究可能会引出新问题。还有一些问题是由那些试图为关系事件提供解释的理论提出的。有用的理论既能解释已有的事实，又能做出新的预测，而研究通常试图检验这些假设。关系科学涉及来自上述所有渠道的问题；科学家把他们的个人观察、他们对社会问题的认识、他们对前人研究的了解及他们的理论观点结合起来，创造出他们的问题（Fiske, 2004）。

问题本身通常分为两大类。首先，研究者可能试图描述事件自然发生的过程，尽可能全面准确地描绘他们观察到的模式。或者，研究者可以寻求建立事件间的因果联系，以确定哪些事件对后续结果有显著影响，哪些没有。这种区分很重要：不同的研究有不同的目标，有辨别力的读者根据研究的原本目的来判断研究结果。如果某项探索性研究主要是为了描述一个新发现的现象，我们不应该因为这项研究不能让我们确定该现象的原因和影响而苛评它；这些是随后要解决的不同问题，在这之前我们需要明确我们所谈论的内容。更为重要的是，有思想的读者要抵制诱惑，不要试图从以描述为目标的研究中得出因果联系。只有某些特定的研究设计才能让我们洞察事件间的因果联系，聪明的读者不要轻易得出研究结果并不支持的虚假结论。我稍后还会谈到这个关键问题。

参与者的获取

那么，我们研究谁的人际关系？研究者通常通过以下两种方式之一招募参与者。第一种方法是利用任何随时可接触到并同意参与研究的人，这是一个**方便样本**（convenience sample），因为研究者获取这样的样本相对方便。教授经常请大学生做参与者，以此作为他们课程作业的一部分。虽然有时参与者必须满足某些特定条件（例如，研究可能只关注那些认识不到两个月且正在约会的恋人），但使用方便样本的研究者通常对愿意提供帮助的人"来者不拒"（McCormack, 2014）。

相比之下，使用**代表性样本**（representative sample）的研究项目，会努力确保参与者在总体上与其感兴趣的整个群体相似。例如，一项真正有代表性的婚姻研究需要包括所有类型的已婚人士——所有年龄、所有国籍和所有社会经济水平。这是一个苛刻的要求，因为至少，自愿同意参加研究的参与者可能与那些拒绝参加研究的人有所不同（见专栏 2.1）。尽管如此，一些研究还是获得了代表个别国家或其他特定群体的成年人口（志愿者）的样本。有些简单明了的研究可以在互联网上进行，这些研究可以吸引非常大的样本，这些样本比在任何一所大学甚至任何一个国家能够找到的样本都更为多样化（Gosling & Mason,2015）。

一方面，毫无疑问，如果我们要寻找适用于大多数人的一般原则，代表性样本比方便样本更好。方便样本总是留有一种令人不满的可能性，即我们获得的结果是特殊的，只适用于与我们的参与者（某所大学的学生，或来自某个国家特定地区的人）相似的人。虽然现在世界各地都在进行关系科学研究，但本书介绍的

©Image Source/Digital Vision/Getty Images

代表性样本中的人反映了研究者希望研究的整个群体的人口统计学特征（性别、年龄、种族等）。

专栏 2.1

关系研究中志愿者偏差的挑战

不管研究者采用的是方便取样还是代表性取样，他们都会面临志愿者偏差（volunteer bias）问题：在受邀参与的人中，那些接受邀请和未接受邀请的人或许有所不同。我们来看一个志愿者偏差的例子，卡尼等人（Karney et al., 1995）简单询问了 3 606 对在洛杉矶申请结婚证的夫妇是否愿意参加一项亲密关系的纵向研究。只有 18% 的夫妇表示愿意参加研究，这是这类研究程序的典型参与比率。但受到邀请的人的结婚证都是向公众开放的，上面提供了一些关于他们的信息（比如家庭住址、年龄和工作）。这些同意参加的志愿者与那些拒绝参加研究的人在几个方面存在差异；他们的受教育程度更高，从事地位更高的工作，更可能同居过。

如果研究人员对这些志愿者进行了完整的研究，这些特征会影响研究的结果吗？

答案可能取决于研究者要考察的问题，但志愿者偏差会影响关系研究的结果。例如，志愿参与性行为研究的人往往比非志愿者更年轻，更有性经验，也更自由（Wiederman, 2004）。即使人们被要求成为研究参与者，就如大学生经常遇到的情形，也可能出现微妙的偏差。尽责的学生比疏懒的学生更早参与研究，选择参与面对面实验室研究的学生一般比待在家里或线上参与的学生更为外向（Witt et al., 2011）。诸如此类的志愿者偏差会限制研究结果适用于那些没有参加某一特定研究的人群的程度。

大部分研究都来自西方的（western）、教育水平高的（well-educated）、工业化的（industrialized）、相对富裕的（relatively rich）和民主的（democratic）文化，所以研究的参与者显得有点怪异（weird）。（看出来了吗？）事实上，来自"怪异"文化的人的行为有时确实与生活在欠发达国家的人不同（Henrich et al., 2010）。另一方面，人际关系研究者所考察的许多过程都很基本，在不同的人口群体中并没有实质性差异，例如，世界各地的人们对外在美的本质有相似的标准（详见第 3 章）。就考察人类交往基本方面的研究而言，方便样本并无明显劣势。

我们来看一个具体的例子。早在 1978 年，拉塞尔·克拉克（Russell Clark）派出男性和女性助手穿梭在佛罗里达州立大学的校园里，分别向异性发出邀约。他们各自接近毫无戒心的人，并从三个邀约问题中随机选取一个提问（见表 2.1）；

表 2.1 "今晚你愿意和我上床吗？"

在克拉克和哈特菲尔德的研究中（Clark & Hatfield, 1989），大学生在校园里行走时遇到一位陌生的异性，这位陌生人说："嗨，我在校园里注意你很久了，你非常有魅力，"然后随机提出以下三个邀约中的一个。接受各种邀约的学生比例是多少？

邀约	接受邀约的比例（%）	
	男性	女性
"今晚你愿意和我出去玩吗？"	50	56
"今晚你能来我的公寓玩吗？"	69	6
"今晚你愿意和我上床吗？"	75	0

一些人只是被邀请去约会，而另一些人则被要求发生性关系！值得注意的结果是，没有女性接受陌生人的性邀约，但 75% 的男性接受了性邀约——这比接受约会的男性还要多！

　　这是一个惊人的结果，但那又怎样？该研究只在一所学校进行了小范围的方便取样。或许这些结果告诉了我们更多关于佛罗里达州立大学男生的信息，而不是关于一般男性和女性的信息。事实上，克拉克在发表这项研究时遇到了麻烦，因为评审人担心研究结果的普遍性。所以，1982 年，克拉克和伊莱恩·哈特菲尔德（Elaine Hatfield）再次尝试，他们在佛罗里达州立大学重复了这项研究，并得到了同样的结果（Clark & Hatfield, 1989）。

　　还是那句话，那又怎么样？虽然时间过去了四年，但这套实验程序仍然只在塔拉哈西（Tallahassee，美国佛罗里达州首府）尝试过。如果你仔细考虑一下这个案例，你就能找出几个原因，为什么这些结果可能只适用于一个特定的时间和一个特定的地点。

　　我想提一个不同的观点。我们不要对佛罗里达或其他地方同意和陌生人发生性关系的大学男生的确切比例大惊小怪。这是一种特定的态度，你会期望在不同的人口群体中有所不同。与其无休止地批评——或者更糟糕的是，无视克拉克和哈特菲尔德（Clark & Hatfield, 1989）研究的结果，不如承认它们的局限性但不忽视其重点所在：男性通常比女性更容易接受随意的性行为。当有人真正提出要求时，男性比女性更有可能接受陌生人的性邀约。总的来说，这正是从后来的调查中得出的结论，这些调查涉及来自世界各主要地区的 20 000 多名参与者（Schmitt & the

International Sexuality Description Project, 2003），而克拉克和哈特菲尔德是记录这种性别差异的最早一批研究者。他们的方法很简单，样本也有局限性，但他们的确有所发现，他们的实验程序探测到了一种似乎确实存在的基本模式。[1]

当然，毫无疑问，克拉克和哈特菲尔德的研究并不完美，他们自己也承认了这一点（Clark & Hatfield, 2003）！但我们只要明智而审慎地考察他们的研究结果，即使像这样采用方便样本的小型研究也能对关系科学做出重要贡献。我们对人际关系的共同理解依赖于通过不同方法获取的知识。任何单一的研究都可能存在不足，但这些缺点可能会被另一项研究的优势所弥补。有了一系列调查研究，每项研究都从不同的角度趋近某个问题，我们就能逐渐地描绘出事实真相。要成为关系科学的明智读者，你应该尝试像科学家那样思考：没有一项研究是完美的。再次提醒你，各种不同的研究方法都是有价值的。智慧需要时间的沉淀，但真相就在那里，我们一直在接近真相。

设计的选择

很好，我们已经提出了研究问题并获得了一些参与者。现在，我们需要具体安排观察，以解答我们的问题。我们如何才能做到呢？

相关设计

相关（correlation）描述的是一个事件的变化在某种程度上伴随着另一事件的变化的模式。这种变化模式有两类。如果两个事件存在正相关，它们会一起上下波动，也就是说，当一方上升时，另一方也上升；当一方下降时，另一方也下降。

---

[1] 例如，2006 年 5 月在法国西海岸进行的一项研究发现，57% 的男性和仅 3% 的女性接受了邀约，同意与一个有吸引力的陌生人发生性关系（Guéguen, 2011）。2009 年 6 月，在丹麦城市地区的样本中，38% 的男性和仅 2% 的女性接受了邀约（Hald & Høgh-Olesen, 2010）。2013 年 6 月，在德国西南部的一个大学生夜总会里，50% 的男性和仅 4% 的女性接受了邀约（Baranowski & Hecht, 2015）。这里我发现了一种模式。然而，当要求男性和女性想象性邀约来自诸如珍妮弗·洛佩斯和布拉德·皮特等社会名流时，这些明显的差异就小多了（Conley, 2011）！

例如，在速配研究中，两个陌生人在短暂的互动后认为他们的共同点越多，就越倾向于喜欢对方（Tidwell et al., 2013）。感知到的高相似度与强烈的好感相关联。

相反，如果两个事件存在负相关，它们会朝相反的方向变化：当一方上升时，另一方会下降；而一方下降，另一方却上升。例如，高神经质[2]的人往往比其他人对婚姻更不满意；较高的神经质与较低的婚姻满意度相关（Malouff et al., 2010）。正相关和负相关如图 2.2 所示，其中还包括一种情况，即两个事件无相关：如果事件之间是无关的，当一个事件上升或下降时，另一个事件并不会出现任何可预测的变化。

这类模式通常很有趣，也很重要，但它们经常被一些单纯的读者误解。还请牢记，相关告诉我们两个事件以某种可识别的方式一起变化，但这两个事件本身并不能告诉我们为什么会发生这种变化。相关设计通常研究自然发生的行为，并不试图影响或控制其发生的情境——研究观察到的相关并不能揭示事件之间的因果联系。当你发现一种相关性时，请注意不要推导出太多结论，相关的存在意味着可能有很多不同的貌似合理的因果关系。考虑一下感知到的相似性与喜欢呈正相关这一事实；这里就有三种简单的可能性：

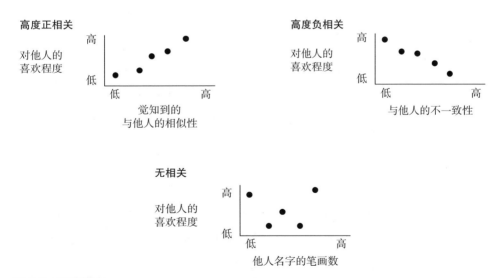

图 2.2　相关模式

2　如果你想回忆神经质是什么，可以翻阅专栏 1.3。

两个事件相关往往有几种可能的、似是而非的理由。如果你得出的只是相关，请不要过早下结论！

- 甲导致乙——感知到的相似性可能会导致更强烈的喜欢。
- 乙导致甲——所以喜欢其他人会导致我们认为自己与他们有许多相似性。
- 其他影响因素，即第三变量，可能解释为何相似性与喜欢相关。相似性不一定会导致喜欢，喜欢也不一定会导致感知到的相似性；相反，其他一些东西，比如俊美的外表，可能会致使我们喜欢他人，并且认为（或希望？）我们与他们是一致的。

当两个事件存在相关时，上述三种可能性以及许多其他更复杂的系列事件都是可能存在的。如果我们得到的只是一种相关，那么我们所知道的也只是存在一种可预测的模式。我们并不知道其中涉及什么因果关系。[3]

实验设计

如果可能的话，考察因果关系的方法是采用实验设计。**实验**（experiment）提供了关于原因和结果的最直接的信息，因为实验者创造并控制了研究的条件。在

3　然而，我必须指出，如果存在涉及多个变量的多种相关关系，或者测量是在某段时间里的多个不同场合下进行的，高级统计分析通常能排除某些使相关性结果模棱两可的可能的因果联系。我们要谨慎，不要假定简单的相关涉及因果联系，但运用高级统计技术却有可能从相关设计中得出一些关于原因和结果的站得住脚的结论。

真正的实验中，研究者有意操控一个或多个变量，并把参与者随机分配到这些不同的预设条件下，以观察这些条件变化如何影响人们的行为。因而，实验者不会只问"两个事件是否一起变化"，更会问"如果我们改变其中一个事件，另一个事件会发生什么变化"。

让我们来看看伯恩关于态度相似性和吸引力的经典研究（Byrne & Nelson, 1965），以阐明实验研究和相关研究的差别。如果伯恩只是简单地测量了伴侣对彼此态度的感知和他们对彼此的喜欢，他会得出感知到的相似性和喜欢之间存在正相关，但他不能确定它们为何相关。

实际上伯恩做的是实验研究。一旦参与者来到实验室，伯恩会以投掷硬币的方式来随机决定谁会遇到一个与自己相似的陌生人，谁会遇到一个与自己完全不同的陌生人。他控制了相似与否这一明显的差异，这是参与者所处的两种情境的唯一区别。利用这种实验程序，当伯恩观察到参与者对相似的陌生人表现出更强烈的喜欢时，他就可以合理地得出结论：更高的一致性引发了更强烈的喜欢。为什么能得出这个结论？因为参与者是被随机分配到这两种实验条件下的，所以不同的喜欢程度不能归之于每种条件下个体的差异；平均来看，两组参与者是相同的。而且，除了陌生人的相似性之外，参与者在实验中的经历是完全相同的。伯恩观察到的行为差异唯一合理的解释就是：相似性引发了人们的喜爱。他的实验清晰地表明，被操纵的原因（态度的相似性）对结果（更强烈的喜欢）有明显的影响。

实验比其他设计能更清晰、更明确地测定因果关系。如果运用得当，能够清晰地揭示出原因和结果。那么，为什么研究者还要采用其他设计呢？关键在于实验者必须能够控制和操纵他们想要研究的事件。伯恩虽能控制参与者所接收到的关于素未谋面的陌生人的信息，但他操纵不了亲密关系中的其他重要因素。我们至今也做不到。（你如何能在实验室里创造出一段成熟的浪漫爱情体验？）对于一些无法控制的事件我们不能采用实验设计。

所以，相关设计和实验设计各有自己的优势。采用相关设计，我们可以研究现实世界中引人注目的事件——对亲密关系的承诺、激情之爱、不安全的性行为——并考察它们之间的关联。但相关设计有其局限性，它无法揭示事件之间的因果关系。采用实验设计，我们可以考察因果关系，但能够研究的事件范围有限。我希望你能理解为何不同的研究者可能会用不同的方法、不同的研究设计来研究同一个主题，以及为什么这是一件好事。

数据的性质

那么，我们实际上要收集什么类型的数据呢？我们是在记录他人对一段关系的判断和理解，还是我们自己在考察特定的人际互动？下面描述了两种主要的信息收集方法 :（1）人们对自己的想法、感受和行为的自我报告，以及（2）对他人行为的仔细观察。我们也将考察这两种方法的一些变式。

自我报告

研究亲密关系最普遍的方法是直接询问人们的体验。人们的回答就是**自我报告**（self-report），其获取形式有多种 : 书面问卷、口头访谈，甚至是参与者记录他们日常事件的日记（Repetti et al., 2015）。这些研究技术的共同点是参与者把自己的体验告诉我们——我们并没有亲眼看到这些。

自我报告数据有重要的优势。首先，它们能让我们"走进人们的内心"，理解外部观察者不易觉察的个人观点。自我报告的数据成本较低，也容易获取。例如，请考虑一下表 2.2 中简短的自我报告问卷 : 这 12 个问题很好地评估了一段关系的繁荣、健康、亲密和回报程度。在大多数情况下，没有理由去问更复杂的问题或使用其他方法来区分满意而充实的伴侣关系与相对贫乏的伴侣关系，因为这些直截了当的问题效果很好（Fowers et al., 2016）。自我报告的方法非常有效，信息量也非常丰富。然而（到目前为止，这可能并不令人惊讶！）自我报告也可能带来潜在的问题。这里有三个问题需要注意。

参与者对问题的解释

自我报告是对研究者的指导语或问题的回应。如果参与者错误地理解了研究者的意思或意图，他们随后的自我报告就可能会带有误导性。例如，想想这个问题 : "你和多少人有过性行为？"问题似乎简单明了，但约有一半的人认为能带来高潮的口交也算"性行为"，而另一半人则不然（Barnett et al., 2017）。问题的复杂性正在于此，人们对描述性行为的术语的理解，包括"处女"的含义（Barnett et al., 2017），存在难以觉察的问题，这增加了性行为研究的难度（Sewell & Strassberg, 2015）。

表 2.2　关系繁荣量表

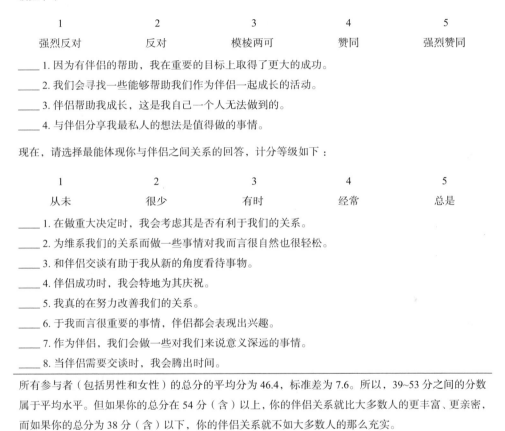

你目前的伴侣关系充实并让你感到有回报吗？无论是作为个体，还是能提供支持的伴侣，它是否为你提供了有意义的自我表达、个人成长和获得成就的机会？这份量表探讨的正是这些问题。

前四项是关于你与伴侣之间关系的陈述，请选出最能反映你对每一陈述的同意程度的回答，计分等级如下：

1	2	3	4	5
强烈反对	反对	模棱两可	赞同	强烈赞同

____ 1. 因为有伴侣的帮助，我在重要的目标上取得了更大的成功。

____ 2. 我们会寻找一些能够帮助我们作为伴侣一起成长的活动。

____ 3. 伴侣帮助我成长，这是我自己一个人无法做到的。

____ 4. 与伴侣分享我最私人的想法是值得做的事情。

现在，请选择最能体现你与伴侣之间关系的回答，计分等级如下：

1	2	3	4	5
从未	很少	有时	经常	总是

____ 1. 在做重大决定时，我会考虑其是否有利于我们的关系。

____ 2. 为维系我们的关系而做一些事情对我而言很自然也很轻松。

____ 3. 和伴侣交谈有助于我从新的角度看待事物。

____ 4. 伴侣成功时，我会特地为其庆祝。

____ 5. 我真的在努力改善我们的关系。

____ 6. 于我而言很重要的事情，伴侣都会表现出兴趣。

____ 7. 作为伴侣，我们会做一些对我们来说意义深远的事情。

____ 8. 当伴侣需要交谈时，我会腾出时间。

所有参与者（包括男性和女性）的总分的平均分为 46.4，标准差为 7.6。所以，39~53 分之间的分数属于平均水平。但如果你的总分在 54 分（含）以上，你的伴侣关系就比大多数人的更丰富、更亲密，而如果你的总分为 38 分（含）以下，你的伴侣关系就不如大多数人的那么充实。

资料来源：Fowers, B. J., Laurenceau, J., Penfield, R. D., Cohen, L. M., Lang, S. F., Owenz, M. B., & Pasipandoya, E. Enhancing relationship quality measurement: The development of the Relationship Flourishing Scale. *Journal of Family Psychology*, 30, 2016, 997–1007.

回忆或觉知的困难

即使人们理解研究者提出的问题，他们也可能无法准确地回答这些问题。首先，他们可能对自己的行为缺乏洞察力，所以他们所认为的正在发生的事情并不完全准确。例如，女性认为伴侣的外表吸引力对她们来说并不如对于男性那般重要。然而，在速配研究中，当她们同时遇见并评价几个候选对象时，相貌对女性的影响的确和对男性的影响一样重要（Eastwick & Finkel, 2008），而且对于男性和女性，相貌都是决定谁会喜欢谁的最重要的影响因素（Luo & Zhang, 2009）。有时，人们对自己的喜好和行为的描述并不能准确地反映他们实际的言行。

记忆错误可能也是个问题。人们在描述最近发生的具体而客观的事件时，自我报告最准确。如果询问参与者很久以前发生的事情，他们更有可能出错（Aicken et al., 2013）。具体的细节可能会被遗忘，例如在一项大型研究中（Mitchell, 2010），50% 的离异者不能准确报告他们是在哪个月离婚的，并且对过去的情感尤其可能记错。特别是，如果一段充满激情的浪漫关系以痛苦和不满收场，那么失落的恋人们往往很难回忆起数月前他们刚刚坠入爱河时是多么幸福和热切（Grote & Frieze, 1998）。

参与者报告的偏差

自我报告的最后一个问题，一个很大的问题，是人们的报告可能存在系统性偏差或歪曲。具体而言，人们可能不愿意告诉研究者任何让他们看起来糟糕或任何从负面角度描绘他们的事情。这可能会导致**社会赞许性偏差**（social desirability bias），或者由人们希望给他人留下好印象而造成的歪曲。例如，有的研究只是询问人们对伴侣不忠（Schick et al., 2014）或者殴打伴侣（Follingstad & Rogers, 2013）的次数，但得到的回答很可能低估了这两类事件的发生率。在一项调查中，几年前离过婚的人中有 4% 声称他们从未离过婚（研究者之所以知道这一点，是因为他们在县法院看过了存档的离婚判决书）（Mitchell, 2010）！再看另一个例子，与没有连接上测谎仪时相比，在连接上测谎仪时，女性报告有更多的性伴侣，在更年轻时失贞（Fisher, 2013）。确保参与者匿名的程序，例如允许他们参加线上而非面对面的调查（Liu & Wang, 2016），有助于减少这类社会赞许性偏差，但当研究涉及敏感问题时，偏差始终是一个问题。

专栏 2.2
评估依恋类型

依恋研究已成为关系科学的一个重要主题，在后面的每一章我都会提到依恋。所有这些发现从何而来？在大多数情况下，研究参与者都是在问卷中描述了自己对亲密关系的感受。我们已经考虑了自我报告数据的一些微妙之处，现在我们来看看最常用于评估依恋的工具。

这里呈现的 12 个条目选自凯利·布伦南（Kelly Brennan）及其同事（Brennan et al., 1998）编制的一份长问卷，从中获得的结果与长问卷所获得的结果非常相似（Wei et al., 2007）。我标注了条目所对应的两个依恋维度；但在实际的测试中，维度的名称并不会出现，而且与两个维度对应的条目出现的顺序是打乱的。问卷采用七分制，范围从 1（非常反对）至 7（非常同意），受访者据此就每个条目打分，以表明他们赞同或反对条目内容的程度。请注意，你会通过同意某些条目和反对另一些条目而流露出高水平的焦虑或回避；这是研究者常用的一个策略，以鼓励参与者做出深思熟虑的回答，并帮助研究者识别那些粗心大意的反应。

研究者通常会得出两个分数：焦虑分数和回避分数，然后确定它们如何预测不同的关系结果。你可能还记得，安全型依恋的人在这两个维度上的得分都低。

测量忧虑被弃的条目：

1. 我担心伴侣不会像我关心他（她）那样关心我。
2. 我亲近他人的渴望有时会把人吓跑。
3. 我需要很多保证才相信伴侣是爱我的。
4. 我发现我的伴侣不想如我期待的那般亲密。
5. 在我需要的时候如果伴侣不能陪伴我，我会感到沮丧。
6. 我并不经常担心被抛弃。

测量回避亲密的条目：

1. 我想亲近我的伴侣，但却一直在退缩。
2. 当伴侣和我太亲近时，我会感到紧张。
3. 我试图避免和伴侣太过亲近。
4. 我通常会与伴侣讨论我的问题和担忧。
5. 在需要时求助我的伴侣会有帮助。
6. 我向我的伴侣寻求许多东西，包括安慰和保证。

要获得你在这两个维度上的得分，请先对忧虑被弃维度的第 6 条，回避亲密维度的第 4、第 5 和第 6 条进行反向计分。方法是：1 分变成 7 分，3 分变成 5 分，6 分变成 2 分，以此类推。忧虑被弃维度的平均分是 22 分；低于 15 分属于相当低；

高于 29 分属于相当高。回避亲密维度的平均分是 15 分，9 分明显偏低，21 分则明显偏高（Wei et al., 2007）。

人们对这些问题的回答真能说明问题吗？是的，它们能。当然，还有其他评估依恋的方法，它们常涉及广泛的访谈，但并不常用，因为这些条目就能很好地识别重要的个体差异（Gillath et al., 2016）。尽管自我报告可能存在偏差、词语理解和所有其他潜在问题，但这些项目的确描绘了人们对亲密关系的不同整体取向，这些取向非常重要，正如我们将在本书中看到的那样。

观察法

另一种收集亲密关系信息的方法是直接观察行为。科学的观察并不是随随便便的工作。研究者要么使用复杂的工具来测量行为，要么认真地培训他们的助手进行准确、可靠且通常非常详细的观察。

一些研究直接观察正在发生的行为，而另一些研究则先将行为录下来，之后再对其进行观察。**经验取样**（experience-sampling）是一种利用间断式、短时间的观察来对实际上在较长时间内发生的行为进行取样的方法；研究者可以在目标行为可能发生时，随机进行短时间的取样，将观察期分散在不同日期的不同时间。马赛厄斯·梅尔（Mehl & Robbins, 2012）利用能放入口袋的微型录音设备所做的研究就是这种方法的一个很好的例子。这种设备被称为电子激活录音机（electronically activated recorders, EARs）。（看出来了吗？）它们在一天中定期短时间地开启，并录下参与者当时正在进行的任何互动的声音。开发中的智能手机应用程序能让研究者不仅听到而且看到人们在与他人互动时正在做什么（Thomas & Azmitia, 2016）。

从这类程序中得出的观察结果可以有几种不同的形式。研究者有时会从相对综合的角度对他们所目睹的事件进行评级。例如，根据其"建设性和有助于解决问题"或"充满火药味和敌意"的程度对一次争吵进行评级。或者，观察者可以使用编码程序，重点关注非常具体的行为，例如人们在某次互动中说话的时间、露出笑容的次数或相互触摸的次数（Humbad et al., 2011）。这些知觉到的结果通常比评级更客观，有时还可以借助仪器，使其更加公正。例如，詹姆斯·彭尼贝克（James Pennebaker）开发了一种软件，可以对人们使用的词语进行编码，还能自动分析人们的谈话内容。[如果伴侣频繁地使用 "你" 这个词，那么情况有点不妙 ；与那些不经常使用 "你" 的人相比，这样的人往往对自己目前的关系不太满意（Tausczik & Pennebaker, 2010）。]

其他技术为亲密关系研究提供了新的行为指标。例如，在一项眼动追踪研究中，参与者头戴眼动仪，上面安装有拍摄眼睛运动的微型摄像机。然后，当参与者看不同的图像时，他们的眼球运动表明他们正在看什么，看了多长时间（Garza et al., 2016）。例如，通过并排呈现两张只有头发颜色不同的人像，我们就能确定你喜欢金发还是黑发 ：你会花更多时间仔细审视你觉得更有吸引力的图片。

这类观察通常可以避免自我报告的缺点。另一方面，如果想了解人们对自己经历的个人看法，我们就需要自我报告。观察性研究也可能很昂贵，耗费观察者大量时间，有时还需要昂贵的设备。一项了不起的研究拍摄了 32 个家庭的所有成员在 4 天时间里的每一个醒着的时刻，而由此产生的长达 1 540 个小时的视频需要研究者数千小时的仔细察看来编码和分类（Ochs & Kremer-Sadlik, 2013）。

观察性研究也可能受到**反应性**（reactivity）问题的困扰 ：当人们知道自己被观察时，他们可能会改变自己的行为。（安装在起居室的摄像头可能会改变你的某些行为——至少在你习惯它之前。）因此，研究者更乐于进行那些不会改变他们所研究的行为的观察。在一项这样的研究中，人际关系学家追踪了某大学 1 640 名新生大学期间的脸书个人主页（Wimmer & Lewis, 2010）。研究者追踪了用户页面中的公开信息，以确定用户的品位和价值观如何影响他们建立的友谊。研究者有明确而严肃的目标——这不是随意的浏览——也不会对他们所研究的行为造成不必要的影响，因为参与者并不知道有人在观察他们！[实际上，这种策略存在一些争议（Kosinski et al., 2015），但一些研究仍在人们不知情的情况下从个人主页里挖掘公开的信息。你觉得这令人不安吗？为什么？]

生理测量

如果我们观察人们不能有意识地去控制的行为，也可以避免任何与反应性有关的问题。对人体自主神经和生化反应的生理测量通常能做到这一点。生理测量评估诸如心率、肌肉张力、性唤醒、脑活动和激素水平等反应，以确定我们的生理状态如何与我们的社会行为相关联。

有些研究考察生理机能如何塑造我们与他人的互动。例如，与那些不太满足的配偶相比，满意的配偶血液中的神经肽催产素浓度更高（Holt-Lunstad et al., 2015a）。在另一项研究中，摄入一定剂量的催产素让那些回避亲密的人感觉他人更温暖、更友善（Bartz et al., 2015）。催产素也会让外倾性较低的人感觉他人更亲近，更值得信任（Human et al., 2016）。我们的生物化学过程显然塑造着我们的亲和动机。

其他研究试图探究社会行为的生理基础（Beckes & Coan, 2015）。例如，功能性磁共振成像（fMRI）已识别出大脑中可能负责调节爱情和欲望的脑区（Tomlinson & Aron, 2012）。fMRI 的影像可以显示出，当某些状态发生时，脑的哪些部分在消耗更多的氧气，并因此比其他部分更活跃。结果发现，温暖的浪漫情感和性欲渴望似乎是由脑的不同部分控制的。（对此你感到惊讶吗？）

生理测量通常成本较高，但其应用在不断增加，因为这类方法使研究者能够探索人类亲密关系的生理基础。生理测量也是关系科学变得越来越复杂和精细的一个很好的例证。

档案资料

历史**档案**（archive）也能避免反应性问题。照片和日记等个人文件，报纸和网站等公共媒体，以及结婚证和出生证明等政府记录，都可以是关系研究者宝贵的数据来源。一段时日后，它们就变成了"档案"信息。在一项研究中，研究者考察了一所大学的年鉴照片，以确定人们年轻时的表情能否预测他们将来离婚的可能性（Hertenstein et al., 2009）。（他们发现了什么？稍后请看第 5 章！）档案资料是"非反应性的"，因为查阅档案资料不会改变要研究的行为。然而，档案资料存在局限性，因为这些资料可能并不包含研究者真正想了解的所有信息。

研究应遵循的伦理规范

使用档案资料进行的研究通常不会让任何人感到尴尬，但关系研究有时确实需要研究人员询问敏感话题或观察私人行为。我们应该窥探他人的私事吗？

这并不是一个我随便提出的问题。虽然关系科学有巨大的价值，也有迫切的需要，但它却处于严重的伦理困境之中。仅仅让参与者填写描述他们伴侣关系的问卷，就可能对他们的关系产生意想不到的影响。比如，当我们要求参与者具体说明他们从一段关系中得到了什么，或者评价他们对伴侣的爱时，我们就把参与者的注意力引向了他们可能没有仔细考虑过的微妙问题上。我们启发他们思考，鼓励他们评价自己与伴侣之间的关系。而且，我们还唤起了他们对伴侣会如何回答同样问题的好奇心。研究者不经意的探询可能会提醒人们注意那些他们不曾意识到的关系问题或挫折。

有些研究程序可能会产生更大的影响。思考一下戈特曼（Gottman, 2011）所用的让配偶们重新审视引发他们上一次争吵的问题的方法：他并没有鼓励人们争吵和斗嘴，但其中的一些伴侣确实发生了争执。与那些优雅、幽默地应对分歧的夫妻相比，那些因意见不合而尖刻、痛苦地争吵的夫妻离婚的风险要大得多，戈特曼的研究揭示了能预测未来婚姻问题的具体行为。这项研究工作极其重要。但它造成了损害吗？邀请配偶们重温可能进一步侵蚀他们婚姻满意度的分歧是否合乎伦理？

问题的答案并不简单。人际关系学家通常会非常注意保护参与者的权益。在研究开始之前，研究者会向潜在的参与者介绍关于研究的具体信息，以便他们在知情的情况下决定是否参加。他们参加研究完全是出于自愿，并且能随时退出。在数据收集完毕后，研究者会及时向他们提供反馈，解释所有的实验操作，并描述研究的更大目的。研究完成后，参与者通常能看到有关研究结果的最终报告。此外，当研究棘手问题时，如果参与者希望参加婚姻咨询，研究者还可能提供关于在哪里可以获得这类咨询的信息；甚至可以提供免费的心理服务。

如你所见，关系科学始于对参与者福祉的深切关注。在研究中，参与者会得到应有的尊重，他们的付出会得到由衷的感谢，甚至还会因时间被占用而得到报酬。他们也可能会发现参与研究的经历很有趣，很有启发性。例如，参加性行为研究（Kuyper et al., 2014）和约会暴力研究（Shorey et al., 2011）的人通常会有积极的反应，很少受到困扰。研究者要求参与者思考并报告自身的经历甚至能帮助他们适应困境并从中恢复。在一项研究中，与那些被询问较少

想一想 ✓

关系科学研究不忠和伴侣虐待等敏感问题和隐私行为。应该研究吗？你是否支持这类研究？你愿意参与这样的研究吗？

问题的参与者相比，在多个场合就自身感受提供大量自我报告的参与者能更快地从分手中恢复过来（Larson & Sbarra, 2015）；参与研究触发的内省显然对他们有益。这让人安心。还是这个问题，我们是否应该尝试研究这类私密的事情？

答案是绝对肯定的。关于伦理问题，还有另一方面我未曾提到：科学的伦理责任是求得真知造福人类。无知是一种浪费。自 2002 年以来，美国卫生与人类服务部（DHHS）在各种婚姻和关系教育项目上投入了 8 亿美元，旨在为低收入家庭传授技能，帮助他们维系婚姻。收入不高的家庭是这些婚姻教育项目的目标，因为与拥有更多资源的家庭相比，他们结婚的可能性更小，离婚的可能性更大（Johnson, 2012）。这些项目的初衷都是好的，但总体来说，很难说有多大的成效，如果有的话（Johnson, 2014）；甚至项目的支持者都承认他们的结果是"喜忧参半"和"一般般"，有时实际上使事情变得更糟（Hawkins, 2014）。一个长期存在的问题是，这类项目有很多没有抓住要点：项目试图教导低收入群体更加重视婚姻，但实际上这个群体比高收入群体有更为传统的婚姻观念，他们本来就想结婚（Trail & Karney, 2012）。他们没有结婚——即使结婚，他们的婚姻也更为脆弱——是因为他们的经济状况堪忧，这给他们的关系带来了巨大的压力（Jackson et al., 2016）。低收入者的婚姻相对脆弱似乎更多地与社会阶层有关，而非配偶们自己的态度和技能（Emery & Le, 2014）。

所以指望价值观教育能改变什么就太愚蠢了。一个旨在改善婚姻关系的政府项目，如果能提高最低工资，资助儿童保育，为人们提供有效培训以胜任更好的工作，可能比试图教导人们尊重婚姻效果更好。显然，如果我们寻求促进人类福祉，我们不仅需要良好的意图，还需要准确的信息。在当代美国，《单身汉》和《单身女郎》等电视节目中充斥着各种稀奇古怪的"爱情"，现实中的婚姻更可能失败而不是成功（Cherlin, 2009）；在这种情况下，不去试图理解亲密关系如何运作才是真正的不道德。亲密关系可以是人类能够体验的最伟大、最令人享受的快乐的源泉，但也可以是可怕的痛苦和骇人听闻的破坏性之源。关系学家断言，试图了解如何增加快乐、减少痛苦，从本质上讲是道德的。

结果的解释和整合

这不是一本统计学课本（我知道你心中窃喜），但善于思考的读者还是需要多了解一下关系学家如何工作。大多数关系研究将对获得的数据进行统计分析，以确定结果在统计学上是否"显著"。这种计算是为了确定研究结果（例如，观察到的相关性或在实验中操纵变量的效应）有多大可能是偶然发生的。如果结果偶然发生的可能性很低，那么结果就是"显著的"。本书中提及的所有研究结果都是显著的。你也可以放心，获得这些结果的研究已经通过了其他科学家的严格审查。然而，这并不意味着我提及的每一个具体结果都是明确、绝对和肯定正确的：其中一些可能是偶然发生的，反映了有偏样本或各种预想不到的失误的影响。还请牢记，我们将会遇到的结果总是描述了群体行为中明显的模式，但因为存在个体差异（见第 1 章），这些模式将在不同程度上适用于特定的个体。请不要因为这些结果似乎并不适用于你认识的某个人，就天真地认为，实际上的确适用于大多数人的研究结果是错误的。我希望你比这更老练，更富有理性。

除了这些忠告，我们还要注意，关系研究获得的数据也会表现出独特的挑战性和复杂性。这里有两个例子：

成对的、相互影响的数据。大多数统计程序都假定不同参与者的分数是各自独立的，也就是说，一个参与者的反应不会受任何其他参与者的影响。但是当夫妻双方都参加了研究，情况就不同了。妻子对夫妻关系的满意度非常有可能受到丈夫是否快乐的影响，所以妻子的满意程度并不独立于丈夫。威尔玛对自己和弗雷德关系的满意程度，很可能受弗雷德是否也快乐的影响，所以她的满意度并不独立于他的。从伴侣那里获得的反应往往是相互影响的，分析这类数据需要特殊的统计程序（如 Ackerman et al., 2015）。

影响的三个来源。此外，关系产生于伴侣各自的个人贡献，以及他们如何结合成一对的独特影响。例如，假设贝蒂和巴尼拥有幸福的婚姻。原因之一可能是巴尼是一个特别讨人喜欢的家伙，他和任何人都相处得很好，包括贝蒂。又或者（也可能同时）贝蒂是一个很容易相处的人。然而，巴尼和贝蒂彼此之间的关系可能比他们与其他任何人之间的关系都要好，可能是他们的个人特质以独特方式组合的结果：整体大于部分之和。人际关系研究者经常会遇到由这三种影响因素（即两个伴侣中的每个人和他们共有的独特伴侣关系）共同作用而产生的现象。同时研究所有这些成分需要高级的统计分析方法（Ackerman et al., 2015），这是关系科学复杂性的另一体现。

那么我的观点是什么呢？我曾提到，亲密关系研究处理复杂的问题，而统计显著性检验针对的是可能性而不是确定性。你是否应该对我说的每句话都持保留态度，处处怀疑我？答案既是肯定的又是否定的。我希望你们能慎思而非盲信，也希望你们理解你们即将学习的事物背后的复杂性。记住，要像科学家那样思考：没有一项研究是完美的，但真理就在那里。我们更相信不同的研究者采用不同的参与者样本得出的结果模式。如果研究结果能够被不同的研究方法所重复，我们也会更有信心。

出于这些原因，科学家们现在经常进行**元分析**（meta-analyses），即把之前几项研究的结果放在一起进行统计分析（例如，Robles et al., 2014）。在元分析中，研究者把针对某一特定现象的所有现存研究汇总起来，合并它们的结果以确定其中包含的主题。如果之前的研究都得出了基本相同的结果，元分析使这一结果一目了然；如果存在差异，元分析就可能揭示出原因。

有了这一称心如意的分析工具，尽管关系科学历史短暂，研究内容复杂，但它已经取得了巨大进步。尽管我之前提醒过你们，但我在本书中分享的（几乎所有）内容都是可靠的事实，如果你重复研究者的工作也将会得出同样的结果。更令人印象深刻的是，其中大部分的研究结果是到你父母出生时还没有发现的事实。

结　语

为帮助你提高辨别能力，我在本章中用了很大篇幅来说明不同研究方法的优缺点，通常来说没有任何一种方法是最好的。我希望鼓励你对好的研究的复杂性进行更深入的思考。但最后，让我向你保证，关系科学虽然涉及前面提到的一些不确定性，但瑕不掩瑜。这门科学刚起步时，典型的研究是从由大学生组成的方便样本中获取自我报告，现在许多研究仍沿用这种方法。然而，研究者现在通常运用更精细的设计和更复杂的指标来研究更多样化的样本。关系科学研究者所使用方法的多样性是一种优势，而不是缺陷（Ickes, 2000）。并且，关系科学区分知与未知的明断能力是这门科学诚实和日趋成熟及睿智的标志。

人们喜欢简单的答案。他们喜欢板上钉钉的信息。如果科学真理更难理解，许多人实际上宁愿相信简单的废话，如"男人来自火星、女人来自金星"，也不愿意相信科学真理。然而，作为刚刚接触关系科学的读者，你有义务更崇尚事实而不是八卦，即使你需要多费一点周折去理解它们的复杂性。不要把科学上的谨慎误认为质量不高。恰恰相反，我希望本章能够留给你这样一种看法：直言不讳地说出自己学科的优势和不足体现了科学的尊严。那些骗子和冒名顶替者常常声称自己永远正确，而谨慎的科学家不会这样做，他们在努力使自己不断接近真理。

请你思考

克里斯和凯尔西如果想通过他俩一起选修的心理学导论课程，就必须参加研究，所以他们报名参加了一项关于"关系过程"的研究。他们已经约会两个月了，这项研究正在招募"婚前浪漫情侣"，而且如果他们都参加，还会得到 5 美元，他们很喜欢这一点。因此，他们和其他十多对情侣一起参加了一个研究环节，他俩被分开，分坐在一个大房间的两侧。他们阅读并签署了一份研究同意书，上面写着他们可以随时退出研究，然后开始填写一份长长的问卷。

有些问题很具挑衅性。他们被问及去年与多少人发生过性关系，以及未来 5 年他们希望与多少人发生性关系。然后他们被要求再次回答同样的问题，但这一次按照他们相信对方会如何作答来回答这些问题。克里斯以前从未想过这样的问题，一旦想到这个问题，他就意识到自己实际上对凯尔西的性史和未来的意图知之甚少。那天晚上，他有点焦虑，想知道又有点担心凯尔西对这些问题的回答。

读完本章之后，你认为这一研究程序符合伦理规范吗？为什么？

本章小结

关系科学简史

对人际关系的科学研究起步较晚，在近三四十年里才逐渐成熟。这一领域现在已经发展到包括对世界各地自然条件下发生的各种人际关系的研究。

问题的提出

待研究的问题有许多来源，包括个人经历、对社会问题的认识、之前研究的结果以及理论预测。这些问题通常试图描述事件或描述变量之间的因果关系。

参与者的获取

方便样本由研究者容易获得的参与者组成。代表性样本成本较高，但能更好地反映研究者感兴趣的群体。这两种样本都可能受到志愿者偏差的影响。

设计的选择

相关设计。相关描述了两个变量之间关系的强度和方向。相关性本质上是不明确的，因为事件可能由于各种原因而相关。

实验设计。在实验研究中，研究者对实验条件进行控制和操纵，以检验事件之间的因果关系。实验能提供很多信息，但由于实践或伦理的原因，人们无法对有些事件进行实验研究。

数据的性质

自我报告。参与者可以通过自我报告描述自己的想法、感受和行为，但他们可能会误解研究者的问题，出现记忆错误，还可能会受到社会赞许性偏差的影响。

观察法。在经验取样中，观察是间歇地、短暂地进行的。观察法避免了自我报告的缺陷，但其实施成本很高，而且反应性可能是个问题。

生理测量。对人们生理变化的测量可以显示其社会互动如何与生理状态相关联。

档案资料。历史记录不存在反应性问题，并且能够让研究者比较现在与过去。

研究应遵循的伦理规范

参与关系研究可能会通过鼓励参与者认真思考他们所面临的情况而改变其关系现状。因此，研究者煞费苦心地保护参与者的权益。

结果的解释和整合

统计分析可以确定结果偶然发生的可能性。当这种可能性很低时，就可以认为结果是显著的。然而，一些这样的结果仍然可能是偶然的，所以明智的读者不会过分相信任何一项单独的研究。元分析用统计方法把多项研究的结果合并起来，使结论更加可信。

结语

科学上的谨慎是适当的，不应将其误认为是弱点或不精确。关系科学发展得很好。

第 3 章

吸引力

假设你独自在教室里阅读本章内容，此时门被推开了，一位陌生人走进来。这个人对你有吸引力吗？这个人可能成为你的朋友或恋人吗？很显然，在你还未读完这句话的电光火石之际，你心中可能就有了初步的答案（Willis & Todorov, 2006）。这究竟是怎么回事？你的判断有什么根据吗？本章将探讨这些问题。从心理学上讲，建立关系的第一步永远一样：人际吸引，即接近某个人的愿望。感觉到他人的吸引力并不能保证一段关系的发展，但它确实为这种可能性打开了大门。我将从吸引过程的基本原理开始，考察影响我们对他人吸引力的几个重要因素。

吸引力的基础

长期以来，一个关于人际吸引的假设是：我们会被那些对我们有奖赏意义的他人所吸引（Clore & Byrne, 1974）。影响吸引力的**奖赏**（rewards）有两种：我们显然会从与他人的互动中获得的明显的直接奖赏，以及我们并非总能意识到的、仅与他人有关的更微妙的间接好处。直接奖赏指他人提供给我们的所有显而易见的愉悦。当他们对我们充满兴趣和认可时，我们通常会因这些关注和接纳而感到满足。如果他们聪明又美丽，我们会欣赏他们这些赏心悦目的特征。当他们给予我们物质利益或好的建议时，我们显然会过得更好。大多数情况下，人们给予我们的直接奖赏越多，对我们的吸引力就越大。

但吸引力还受很多不易觉察的因素影响，这些因素只与我们所遇之人明显的善意、俊美的相貌或怡人的个性有间接的关联。例如，新结识之人任何与我们相似的地方，无论多么微不足道，都可能使他们看上去更讨人喜欢。比如有个叫丹尼斯（Dennis）的家伙，他很喜欢自己的名字；因为他名字的第一个字母是 D，所以他被名字首字母是 D 的城市（如 Denver，丹佛）、职业（如 dentistry，牙医）和恋人（如 Denise，丹妮丝）所吸引并不奇怪（Pelham et al., 2005, p.106）。实际上，的确是这样：人们更可能爱上名字与自己名字类似的人（Jones et al., 2004）。这样的奖赏是间接的、微弱的，我们有时甚至意识不到它们的存在——但它们的确说明了吸引我们的奖赏是多么复杂和多样化。

的确，大多数人只是认为如果某个人充满魅力，我们就容易被他 / 她吸引，但实际情况远比这复杂得多。吸引力的确与我们所感知到的对方的特征有关，但它还取决于我们当前的需要、目标和愿望，所有这些因素都会随时间及情境的变化而波动。有鉴于此，理论家芬克尔和伊斯特威克（Finkel & Eastwick, 2015）声称，吸引力的根基是**工具性**（instrumentality），即他人能帮助我们实现当前目标的程度。[1] 简言之，那些能帮助我们得到现在所渴望的事物的人，就对我们有吸引力。工具性视角承认，吸引力可以是个人化的，根据个体当前的目标因人而异，并且随着需要的满足因时而异。但如你所料，这样的人对我们最有吸引力：他们的陪伴始终如一地对我们有奖赏作用，能一如既往地满足我们一些长期且重要的愿望，比如，他们的陪伴令人愉悦且能满足我们的归属需要。[2] 由于这些愿望很普遍，某些特定因素对吸引力的影响可谓无所不在，显然在大部分时间影响着大多数人。我们将在本章中考察这些因素，就从一个比大多数人认为的更重要的因素开始。

---

1 这是我第二次提到"工具性"这个术语，之前我们用它来描述果断、自立等特质。这里的意思相同。我们的"工具性"特质有助于我们建功立业，在芬克尔和伊斯特威克的用法中，"工具性"描述其他人在多大程度上可以帮助我们实现当前的目标。

2 还记得吗？这是我们人类非常基本的目标。

临近性：喜欢身边的人

我们可能会在网上认识某个人，但当我们能听到别人的声音，看到他们的微笑，并真正地握住他们的手时，互动是不是更有奖赏意义？大多数时候，当身处其中的人们彼此临近时（无论是身体上还是心理上都很亲近），一段关系的奖赏价值更高。事实上，我们与他人身体上的**临近性**（proximity），往往决定了我们能否在第一时间相遇。大多数情况下，我们的友谊和爱情都源自与身边人的互动。

事实上，身体上的临近与人际吸引之间有显而易见的联系，一米左右的距离就会产生很大的不同。想一想你的亲密关系课堂：从这学期开始，你认识了谁？谁是你的新朋友？你认识的人和最喜欢的人很可能就是上课时坐在你身边的人。如果在教室里给大学生分配座位，即便教室非常小，他们也更可能与坐在身边的人成为朋友，而不是那些坐在教室另一边的人（Back et al., 2008a）。

对大学校园里学生公寓区的社交研究也得到了类似的结果。在一项经典研究中，费斯廷格等人（Festinger, Schachter, & Back, 1950）考察了麻省理工学院住校生之间的友谊。他们把住校生随机分配到如图3.1所示的17栋公寓的不同房间里。住得近的人比那些房间相隔较远的人更可能成为朋友。的确，住校生成为朋友的可能性与他们房间之间的距离密切相关（见表3.1）。楼栋之间的结果也非常类似：人们更可能认识和喜欢住在与自己的楼栋离得近的楼里的人。显然，即使很小的距离对我们的人际关系也有很大的影响，大多数人对此认识不足。每当我们选择生活、工作或上学的确切地点时，我们也就朝着决定哪些人将成为我们生命中的重要他人迈出了重要的一步。

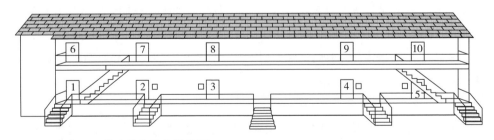

图 3.1　麻省理工学院学生公寓结构图

在费斯廷格等人（Festinger et al., 1950）的研究中，住校生被随机分到上图所示的公寓房间里。

资料来源：Myers, D. *Social Psychology*, 9th Edition. McGraw-Hill, 1993.

表 3.1 麻省理工学院校园公寓里的友谊选择

270 位学生住在如图 3.1 所示的公寓楼内。研究者请他们列出 3 个关系最近的同伴。在同一栋楼同一楼层的住宿生列出的好友住在下面几个房间的比例是：	
距离 1 个房间（隔壁）	41%
距离 2 个房间	22%
距离 3 个房间	16%
距离 4 个房间	10%

距离 4 个房间的住校生仅相隔 27 米，住在同一楼层的两端，但他们成为朋友的可能性只是住相邻房间的同学的四分之一。楼层与楼层、楼栋与楼栋之间的结果模式也非常相似，所以距离在很大程度上决定了哪些人能成为我们的朋友。

熟悉：反复接触

为什么临近有如此大的影响力？一方面，它使两个人更可能经常不期而遇，彼此变得更加熟悉。俗语有云"亲不敬，熟生蔑"，但研究证据普遍不支持这一观点。反复接触某个人（甚至只是看到某个人）通常会使我们更喜欢他/她，而不是厌烦，此即**曝光效应**（mere exposure effect）[3]（Zajonc, 2001）。即使我们从未与他们说过话，我们仍倾向于喜欢那些见过很多次的面孔，而非那些不熟悉的面孔。

有研究者（Moreland & Beach, 1992）提供了一个能够说明曝光效应的有趣例子。他们让大学女生在一个学期中去上某门课 15 次、10 次或 5 次。这些女生从不和教室里的任何人交谈，只是坐在那里，但她们经常、有时或很少出现在教室里。然后，在学期末，研究者让真正修这门课的学生看这些女生的照片，并询问他们的反应。结果非常清楚：学生们对女生越熟悉（即女生出现的次数越多），越容易被她们吸引。所有"蹭过课"的女生都比那些从未出现过的女生更受欢迎（见图 3.2）。

大学教室里的临近性也会影响真实的人际关系。在短信流行前，研究者对一所大学的数万名学生在一整年里发送的数百万封电子邮件进行了有趣的分析，结果显示，在那些没有共同熟人的大学生之间，一起上课让他们给彼此发电子邮件

3　或译作简单曝光效应或单纯曝光效应，指人们对他人或事物的态度随着接触次数的增加而变得更积极的一种现象。——译者注

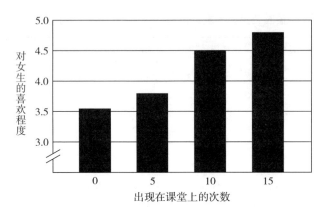

图 3.2　大学课堂上的曝光效应

即使这些女生从未和课堂上的其他人交流过,但她们出现在课堂上的次数越多,其他学生就越喜欢她们。

资料来源：摘自 Moreland, R. L., & Beach, S. R. "Exposure effects in the classroom: The development of affinity among students," *Journal of Experimental Social Psychology*, 28, 1992, 255–276。

的可能性提高了 140 倍（Kossinets & Watts, 2006）。距离近非常重要；相邻座位的学生比那些隔着几排座位的学生成为朋友的可能性要大得多（Segal, 1974）。[4]

当然,熟悉也有局限性。随着我们对他人了解的增加,我们可能会发现他们令人厌烦、难以相处或笨拙无能,与这样的人接触（曝光）越多,可能会让我们更不喜欢他们,而不是更喜欢他们（Norton et al., 2013）。的确,对美国加利福尼亚州的一个居民小区的研究发现,尽管居民的大多数朋友就住在附近,但他们的大多数"敌人"也住在附近（Ebbesen et al., 1976）！很少有人报告说他们讨厌住在几栋楼之外的人。相反,他们鄙视那些住得近到经常惹恼他们的居民,比如播放的音乐声音太大,放任宠物狗狂吠,等等。

如果双方是网友（见专栏 3.1）,那么他们第一次在现实中见面,临近性也会带来不利影响。人们在书写个人主页或者张贴照片时,往往展现自己最好的一面,所以你在网上所见的未必是你最终面对面见到某人时所看到的（J. A. Hall et al., 2010）。具体而言,男人常夸大自己的身高与财富,而女人则声称自己更苗条、更

4　这种影响是如此惊人,我一直在想,我应该坚持让我的学生在学期中途换座位,与所有可能成为朋友的同学都挨着坐一坐。那么,到这门课结束时,他们可能会识和喜欢上更多的人。然而,因为他们可能也会厌烦频繁换座,所以我从未这样做过。

年轻（"Online Dating Statistics," 2017）。他们在描述自己的态度和品味时，通常也很谨慎并带有选择性，所以关于他们仍有很多情况需要了解。因此，一般来说，在网上结识的人首次在现实中见面时，他们会略感失望，他们对彼此的了解增进了，但他们感知到的彼此间的相似性和对彼此的好感度却下降了（Norton et al., 2007）。当我们发现我们的网友实际上什么样——而不是我们之前认为的样子时，他们对我们的吸引力通常会减弱（Ramirez et al., 2015）。

当异地恋的伴侣分开一段时间后重聚时，临近性也可能带来惊人的问题。当伴侣不得不分离，比如一方要服兵役，"看不见"并不一定会导致"不上心"。分离可能会损害一段关系，特别是当伴侣开始与身边的人约会时（Sahlstein, 2006）。但伴侣对他们的关系越忠诚，他们就越思念彼此，而彼此越思念，他们就越会跨越千山万水努力表达持续的爱意与关心（Le et al., 2011）。他们的谈话往往比通常的面对面谈话时间更长、更私密化，而且他们也倾向于保持积极的心态，避开敏感的话题（Rossetto, 2013）。因此，他们可能会构建他们伴侣关系的理想化形象，把它描绘成一段值得等待的关系（Kelmer et al., 2013），伴侣不在身边确实（至少暂时）会让人的心变得更柔软（Jiang & Hancock, 2013）。不幸的是，重聚通常比人们预期的更有压力。例如，当士兵们回到家中，重聚的恋人们会失去一些自主性，必须重新学习如何舒适地依赖彼此；他们必须重新协调自己的角色和生活节奏，正视（之前他们经常忘记的）对方身上自己不喜欢的一些东西（Knobloch & Wehrman, 2014）。所以，三分之一的异地恋情侣在重聚后的三个月内分手（记住，承诺是影响这一切的关键因素），可能也就不足为奇了（Stafford et al., 2006）。

故而，熟悉度的影响既取决于我们对他人的了解，也取决于我们被迫分享的相互依赖程度。我们当然有可能达到一个饱和点，超出这个点，我们再多花一点时间与他人相处，对他人再多一点了解，都会开始削弱我们对他人的喜爱（Finkel et al., 2015b）。但一般而言，当人们首次见面时，我们更喜欢我们能够认出的人，而不是完全陌生的人（Zajonc, 2001），而临近性通常有利于关系的一个原因是，它增加了我们认识他人的机会。

专栏 3.1

数字距离

几乎所有人都在一两下点击的距离之内

空间上的临近很重要，但我们在网络上也可以与他人有惊人的联系，在那里我们能遇到通过其他方式不会遇到的潜在伴侣（Hamilton, 2016）。"今天，如果你有一部智能手机，你的口袋里就像装着一家天天不打烊的单身酒吧"（Ansari, 2015, p.42）。现在，在约会应用程序或网站、脸书、聊天室、在线社区、多人游戏及其他在线场所开始网上恋情已是司空见惯。网上相遇现在已是异性恋伴侣开始交往的第二常见方式（排在朋友介绍之后），更是同性恋者相互认识的最常见的方式；如今约有四分之一（23%）的异性恋伴侣和大多数同性恋伴侣（61%）是在网上相识的（Rosenfeld & Thomas, 2012）。80%尝试过约会app和网站的人认为这是"结识朋友的好途径"（Smith, 2016），每个人都能在网上找到自己感兴趣的东西。

我们在网上能很容易地接触到他人，当我们积极地寻找他人时，期望通常都很高。但人们在约会app和交友网站上的体验结果可能令人失望，原因有几个。首先，大多数用户会遇到许多模棱两可的拒绝。他们"点赞"示好他人却没有引起对方的兴趣。这意味着什么？是否潜在的伴侣仔细考虑过你，并发现你不值得交往？或者他们只是在忙其他事情，没有意识到

你的兴趣？不管哪一种情况，用户都会开始怀疑自己，他们对自己的脸和身材的满意度往往低于那些非用户（Strübel & Petrie, 2016）。其次，可供选择的伴侣比表面看起来要少；为了让其网页更动人，交友网站可能并不急于删除前会员不再活跃的主页。据2010年的一项调查估计，在某婚恋网站可浏览的个人主页中只有7%的人属于仍在寻找伴侣的人（Slater, 2013）。而且（表面上）大量的选择未必有利于关系的成功。成百上千的个人主页让人不堪重负，因而人们变得漫不经心，对自己的选择也不再那么严格，例如想追求那些特别有吸引力的人，即使与他们根本没有任何共同点（Kreager et al., 2014）。由于被众多选择分散了注意力，他们也不太可能对任何一个伴侣做出承诺；大多数用户（53%）同时与多个人约会过（"Online Dating Statistics", 2017）。最后，虽然交友网站声称能为会员找到特别完美的伴侣，但实际上不太可能兑现这种承诺；情侣间独特的匹配性非常复杂，在两个人真正见面之前很难预测（Finkel et al., 2012）。

尽管如此，现在超过三分之一的美国婚姻始于网上相遇。（只有45%的网恋发生在交友网站上；大多数网恋发生在其他地方）。关于网恋长期结果的数据喜忧

参半：与线下开始的伴侣关系相比，网上开始的伴侣关系有时持续的时间更长（Cacioppo et al., 2013），有时又更短（Paul, 2014）。但有一点是肯定的：科技会影响人际关系，而且没有比网上约会和择偶的出现更具戏剧性的例子了。网络让我们有机会接触形形色色的人，这是以前任何一种方式都不可能做到的（Potarca, 2017），在某些方面，"互联网或许正在改变婚姻本身的动态与结果"（Cacioppo et al., 2013, p.10135）。

方便：远亲不如近邻

空间上的临近能促进大多数人际关系的另一个原因是，当他人就在我们身边时，我们很容易享受到他们提供的任何奖赏。如果其他条件相同，身边的伴侣比异地的伴侣更有优势：与异地伴侣交往所耗费的金钱和付出的努力，诸如昂贵的机票或路上的耗时等，使异地关系总体上比同城关系的成本更高。异地关系的奖赏价值也低；通过视频表达的爱意远不如真实的温柔一吻那样打动人。

如果有人对此感到惊讶才是值得注意的事情。然而，那些不得不忍受分开一段时间的情侣可能会轻率地认为，因为他们的恋爱关系具有足够的奖赏价值，所以一段时间的分离并不会影响他们的感情。如果是这样，他们或许会惊讶于距离对亲密关系的影响。当一段享受临近便利的亲密关系因距离而变得不方便时，它所遭受的损失可能是伴侣任何一方都始料未及的。坚守承诺的情侣通常能承受住分离的考验（Kelmer et al., 2013），但其他的伴侣关系最终可能因异地而破裂（Sahlstein, 2006）。

临近的力量

归根结底，空间上的临近使两个人更可能相遇并互动。当然，接下来的情形则取决于具体的人，但好消息是，大多数情况下，当两个陌生人开始闲聊时，他们聊得越多就越喜欢对方（Reis et al., 2011）。这种情况不会发生在我们遇到的每个人身上（Norton et al., 2013），而且随着时间的推移，与某个人的持续接触也可能带来没有奖赏意义的单调感（Finkel et al., 2015b）。即便如此，当我们开始了解他人，并且我们的目标只是与他们相处并享受一段美好时光时，熟悉和方便都会增加我们的吸引力。这就是临近的力量。

外表吸引力：喜欢可爱的人

在临近性让人们走到一起后，我们可能最先会注意到对方的什么？当然是他们的长相。尽管我们都知道不应该"以貌取人"，但长相的确很重要。外表吸引力在很大程度上影响人们对彼此的第一印象。一般来说，先不管对错，我们倾向于认为长相俊美的人比那些没有吸引力的人更讨人喜欢、更优秀（Brewer & Archer, 2007）。

对美的偏爱："美的即好的"

假若给你看一张陌生人的脸部照片，要求你仅凭这张照片来猜测此人的性格特点和发展前途。对诸如此类判断的研究通常发现，外表有吸引力的人被认为是有趣的、善于交际的人，他们更可能在生活和爱情中获得个人和事业上的成功（见表 3.2）。一般而言，我们似乎认为美的即好的；我们假设有吸引力的人，尤其是那些和我们属于同一族裔的人（Agthe et al., 2016），也有令人满意的特质，比如随和、外向和尽责，这些特质与其俊美的长相相辅相成（Segal-Caspi et al., 2012）。我们似乎不经过任何有意识的思考就自动地做出了这些判断；一张美丽的面孔，在我们看到它的那一瞬间，就会引发积极的评价（Olson & Marshuetz, 2005）。

然而，我们并不认为长相好看的陌生人在各方面都很出色，他们越有吸引力，我们就认为他们越放荡（Brewer & Archer, 2007）。［这只是一厢情愿的想法吗？有可能。我们倾向于认为俊美之人外向开朗和善良的一个原因是我们被他们吸引，并希望他们反过来也喜欢我们（Lemay et al., 2010）。希望恒存。］毫无疑问，相貌出众的人给我们留下的总体印象好过相貌平平的人，这一点在世界各地都是如此。例如，在韩国，漂亮的人被认为善良、聪明和善于社交，在美国也是一样的。然而，为了与韩国的集体主义文化（强调集体和谐）保持一致，貌美之人也被认为关心他人的幸福，而这一结果在西方社会并没有发现（Wheeler & Kim, 1997）。爱美之

表 3.2　美的即好的

参与研究的男女两性都认为,相貌出众的人比相貌平平的人更可能具有下列特征:	
善良	有趣
坚强	镇定
开朗	好相处
有教养	令人兴奋的约会对象
敏感	性格好
性方面热情、配合	

这些参与者还认为,与相貌平平者相比,那些相貌出众的人未来会有:	
更高的声望	更美满的婚姻
更成功的社交和事业	更充实的人生

资料来源:Dion, K. K., Berscheid, E., & Walster, E. "What is beautiful is good." *Journal of Personality and Social Psychology*, 24, 1972, 285–290.

心人皆有之,但貌美之人有哪些优势,一定程度上取决于某一文化的特定价值观。

对美的偏爱也可能使人混淆美貌与才能。在职场中,相貌出众的人比相貌平平的人工资更高、晋升更快。平均而言,貌美之人一生中比长相不太好的人多挣 23 万美元(Hamermesh, 2013)。在校园里,有魅力的教授比没有魅力的教授得到的教学评价更好,学生上他们的课出勤率也更高(Wolbring & Riordan, 2016)。美国政客越有吸引力,人们就认为他们越有能力(Olivola & Todorov, 2010a)。有魅力的人甚至在法庭上也会给人们留下更好的印象;在得克萨斯州,因犯轻罪而被罚款的罪犯中,相貌俊美的人比相貌一般的人需缴纳的罚金更少(Downs & Lyons, 1991)。

但貌美之人的人际互动和人际关系真的与不太漂亮的人有什么差别吗?我们稍后会谈到这个问题。不过,首先需要评估一下我们评价美丑的标准是否一致。

谁是漂亮的

请思考这一幕:在大学开课的第一天,研究者邀请你加入一个小组,算上你共有四男四女。小组成员彼此都不认识。你的任务是仔细观察每个人,然后(秘密地）评价他/她的外表吸引力，同时其他人也会对你进行评价。你预期结果会怎样？四名异性组员是否会对你的吸引力有同样的看法？你和其他三名同性组员对四名异性组员的评价是否会完全一样？马库斯和我本人做了一项这样的研究，以确定"情人眼里出西施"的程度（Marcus & Miller, 2003）。我们的确发现不同的观察者之间存在一些轻微的分歧，这可能是由个体的品味造成的。对美的判断多少会带个人色彩，但个体差异不会太大。研究的最终结果是，人们对陌生人的外表美的判断具有惊人的一致性。研究的参与者对于谁漂亮和谁不漂亮显然有相同的看法。

此外，这种共识具有跨种族群体的一致性：亚洲人、西班牙裔、美国黑人和白人对来自所有四个群体的女性的吸引力的看法趋向于一致（Cunningham et al., 1995）。更惊人的发现是，新生儿也表现出对成人认为有吸引力的面孔的偏好（Slater et al., 2000）；当婴儿太小还没有受到社会规范的影响时，他们花更多的时间注视有吸引力的面孔而不是没有吸引力的面孔。

这些有吸引力的面孔具有哪些特征？毫无疑问，如果女人拥有"娃娃脸"特征，诸如大眼睛、小鼻子、尖下巴和丰满的双唇，则她们更有吸引力（Jones, 1995）。然而，问题的关键并不是看起来孩子气，而是要有女人味，青春可人；美丽的女人结合了这些娃娃脸的特征和健康成熟的标志，诸如突出的颧骨、窄小的脸颊和灿烂的笑容（Cunningham et al., 2002）。具备所有这些特征的女性在全世界都被认为有吸引力（Jones, 1995）。

男性的吸引力则比较复杂。下巴坚实、额头宽阔的男性——看起来强壮而有统治力——通常被认为是英俊的（Rhodes, 2006）。（想象一下乔治·克鲁尼）。[5] 另一方面，当我们通过计算机成像技术把普通男性的面孔变得略微女性化和娃娃脸时，这种被"女性化"（看起来温暖而友好）的男性面孔也很有吸引力。（想象一下托比·马奎尔。）[6] 值得注意的是，哪种脸型对女性更有吸引力会受女性月经周期的影响；如果她们没有服用激素类避孕药而且月经周期正常，那么当处在排卵前的受孕期时，她们往往会发现粗犷的、男子气概的特征更有吸引力；但在每个月

5　乔治·克鲁尼是美国著名的影视演员，曾获第 78 届奥斯卡奖最佳男配角、第 75 届纽约影评人协会奖（New York Film Critics Circle Awards）最佳男主角，其代表作有《在云端》《夺金三王》和《霹雳高手》等。——译者注

6　托比·马奎尔是美国著名男演员，其代表作有《蜘蛛侠》系列、《兄弟》等。——译者注

A

B

©Little et al., 2002 Anthony Little

这两张面孔中哪一张更吸引你？它们是同一张面孔的合成图像，经过修改，加入了女性化或男性化的面部特征。如果你是女性，你的答案或许取决于你当前所处月经周期的阶段。当女性处于受孕期时，她们往往发现右边更阳刚的面孔更有吸引力；但在每个月的其他时间，她们则认为左边更阴柔的面孔更有吸引力。这是一种微妙的效应，即偏好上的差异并不大（Gildersleeve, Haselton, & Fales, 2014），但存在偏好差异这一事实却很有趣。接下来，我会用几页的篇幅详细探讨这一现象。

图 A 是 50% 女性化了的男性合成面孔；图 B 是 50% 男性化了的男性合成面孔。

的其他时间里，她们则更容易被年轻的男孩气的面孔所吸引（Little et al., 2002）。

　　不管怎么说，无论男女，好看的脸五官既不能太大，也不能太小。事实上，它们相当平均。如果你用计算机成像软件合成一张综合了不同人面部特征的合成图像，那么得到的平均化的面孔几乎比组成它的所有面孔都更有吸引力（Little, 2015）。这种情况不仅出现在美国，在中国、尼日利亚、印度和日本也是如此（Rhodes et al., 2002）。

　　然而，这并不意味着漂亮的人有平庸和普通的长相。通过平均化合成的面孔实际上是与众不同的。合成面孔的局部特征相互间比例协调：鼻子不会太大，眼睛不会太小，面孔的任何一部分都不会有过分夸张、发育不良或怪异之处。平均化的面孔也是对称的，面孔两边互为镜像；两只眼睛一样大小，脸颊也是一般宽窄，等等。对称的面孔本身就有吸引力，不论它是否是"平均化"了的（Fink et al., 2006）。实际上，如果你仔细观察一对双胞胎，尽管他们的脸很相像，你可能还是会认为面部更对称的那个更吸引人（Lee et al., 2016）。对称和"平均"都对面部美有贡献，所以漂亮的面孔将单个面孔的最佳特征结合成一个平衡、匀称的整体。

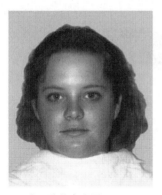

a. 2 张面孔的合成图　　　　b. 8 张面孔的合成图　　　　c. 32 张面孔的合成图

©Langlois Social Development Lab

看看当把 2 张、8 张或 32 张真人面孔放在一起变成合成图像时，会发生什么？当更多的面孔被组合在一起时，得到的图像所描绘的面孔在任何方面都不再怪异或独特，并且具有越来越典型的人类面孔的特征和尺寸。这是一个更有吸引力的面孔图像。"平均化"的面孔是有吸引力的面孔。

　　当然，体型的吸引力也存在差异。男性认为体重正常、不胖不瘦、腰身明显细于臀部的女性身材最具诱惑力（Lassek & Gaulin, 2016）。最具吸引力的**腰臀比**（waist-to-hip ratio, WHR）是曲线玲珑的 0.7，即腰部比臀部细 30%（见图 3.3）；这种"沙漏"型的身材对全世界的男性都有吸引力（Valentova et al., 2017）。[7] 比如在捷克共和国，女性的腰越纤细，她与自己男友或配偶的性生活就越频繁，并且男性的勃起功能也越好（Brody & Weiss, 2013）。这似乎也是人类的一种基本偏好；甚至天生失明的男性在通过触觉评估女性的身材时，也偏爱腰臀比例小的女性（Karremans et al., 2010）。人们通常认为超重的女性不如身材苗条和正常体重的女性有魅力（Faries & Bartholomew, 2012），一般而言，当妻子比丈夫瘦时，夫妻双方对婚姻更为满意（Meltzer et al., 2011），但对于男性而言，瘦的女性不比正常体重的女性更有吸引力（Swami et al., 2007）。在全世界，相比小乳房，男人更喜欢中等大小的乳房，而大乳房并不能让女人更具吸引力（Havlíček et al., 2017），但不管怎样，乳房的大小都不如其与女性身体其他部分的比例重要；腰胸比为 0.75

7　如果你想测量自己的腰臀比，用最窄处的腰围除以最宽处（包括臀部）的臀围。你的臀部也包括在你的腰臀比中。

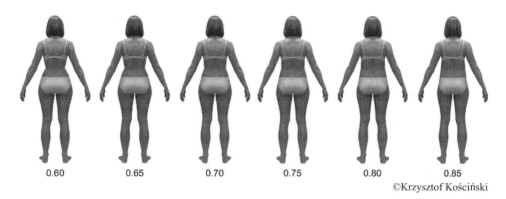

0.60	0.65	0.70	0.75	0.80	0.85

©Krzysztof Kościński

图 3.3 腰臀比

这些数字和对应的身材描绘了年轻女性中常见的不同腰臀比。当男性研究了展示从 0.6 到 0.85 的所有可能的腰臀比的图像之后，他们觉得平均腰臀比为 0.7 的女性最有吸引力。

的曲线最吸引男性（Voracek & Fisher, 2006）。此外，女人的腰臀比例比乳房大小更能影响男人对女人吸引力的判断（Dixson et al., 2011）。[8]

如前所述，男性的吸引力更显复杂。当男性的腰比臀略窄，即腰臀比为 0.9 时，他们的身体最有吸引力。宽阔的肩膀、强壮的肌肉也很有吸引力；与肩膀较窄（Hughes & Gallup, 2003）和肌肉松弛（Lassek & Gaulin, 2009）的男性相比，那些肩臀比例较高（约为 1.2）、肌肉更强壮的男性发生性关系的年龄更早，女性性伴侣也更多，这一点在全世界都一样（Frederick et al., 2011）。然而，男性光有好身材并不能吸引女性，除非他还有其他资源；只有当他能挣一份体面的薪水时，他的腰臀比才会影响女性对他的评价（Singh, 1995）。男性即使英俊但若贫穷，对女性也并不那么有吸引力。

人们对外表吸引力的判断显然是多层面的，其他一些特征也会影响人们对外表吸引力的认知。在选择异性恋伴侣时，男女两性都倾向于喜欢男方高于女方（Stulp et al., 2013），但女性比男性更看重身高（Yancey & Emerson, 2016）。所以，相比矮个男人，高个男人的线上资料会得到更多女性的回应。在婚恋网站上，矮个（如 162 厘米）男人也能得到与高个（如 186 厘米）男人一样多的回应，但前

---

8 我还要指出，当给男性 5 秒钟扫视女性全身正面裸体图片时，他们首先注意的是乳房和腰部（Garza et al., 2016），之后才会注意面孔。（但如果你是一位女性，你已经知道了这一点。）

提是赚更多的钱才可以。要多很多。在这个特例中，矮个男人每年必须多赚 221 000 美元，才能吸引女人的注意（Hitsch et al., 2010）。

未来伴侣身体散发出的气味对女人的影响也比男人更大（Herz & Inzlicht, 2002），值得一提的是，女人更喜欢多进食果蔬等健康食物的男人的体味，而不是摄入大量碳水化合物的男人的体味（Zuniga et al., 2017）。但是男人对气味也很敏感，相比那些不太有吸引力的女人的气味，他们更喜欢漂亮女人散发出的天然体味（Thornhill et al., 2003）。在一项关于体味的经典研究中，人们在上床睡觉之前使用无香味的肥皂洗澡，并连续几天穿着同一件 T 恤睡觉。然后，从未见过这些人的参与者深深地闻一闻这些 T 恤，并挑出最吸引他们的气味。面部对称、有吸引力的人的气味明显比面部不对称、没有吸引力的人的气味好闻，因为陌生人偏好相貌出众之人的体味，而不是相貌平平之人的气味（Thornhill et al., 2003）。另外，异性恋的男性不太喜欢同性恋男性的气味，后者的体味对其他同性恋男性比对异性恋男性更有吸引力（Martins et al., 2005）。这些研究结果并不是我编造出来的，所以显然还有一些微妙的影响因素在起作用。

长发的女性比短发的女性对男性更有吸引力。在这类研究中，男性参与者要评价图片中某个女性的吸引力，在不同的图片中，女性的头发（通过计算机成像技术）被设计得长短不一。男性参与者对约会长发的女性更感兴趣，部分原因是他们认为长发女性不太可能已经订婚或者结婚，而且更愿意在第一次约会时就与他们发生性关系（Boynton, 2008）。但男性的胸毛或头发再长也无此效果；女性更喜欢胸部光滑、少毛的男性，而非胸部多毛的男性（Dixson et al., 2010），剃光头的男性较之头发浓密的男性看起来似乎更高大和更强势（Mannes, 2013）。

女性还喜欢聪明的男性（这对读到这本书的大多数男性而言应该是个好消息）（Karbowski et al., 2016）。在一项有趣的研究中，研究者对男性进行了智力测试，然后拍摄了他们投掷飞盘、大声朗读新闻标题，以及思考火星上有生命的可能性的场景。当女性观看这些视频时，男性越聪明就越有吸引力（Prokosch et al., 2009）。这可能是当男性试图打动女性时，他们会使用比在日常对话时更华丽（即夸大）的辞藻的原因之一（Rosenberg & Tunney, 2008）。

最后，红色有一种特殊的力量。男女两性都认为穿红色（而非绿色或蓝色）衬衫的陌生异性（而非同性）更有吸引力和更性感（Elliot et al., 2010），而且这种效应是如此普遍，研究者甚至发现在非洲的布基纳法索也有这种效应，而在这个国家红色实际上具有负面含义，意味着霉运和疾病（Elliot et al., 2013b）。红色具有这种效应是因为当女性穿红色衣服时在性方面似乎更放得开（Pazda et al., 2014）。所以，女性身着红色衣服时，男性更可能对她们提出约会请求（Elliott & Niesta, 2008），而且，如果两人关系进一步发展，当女方穿着红色衣服时，男方更可能留意女方的行踪（Prokop & Pazda, 2016）。所有这一切或许并不是巧合：当女性期待遇见有吸引力（而非无吸引力）的男性时，她们会选择更多红色的穿戴（Elliot et al., 2013a）；相比一个月中的其他日子，当女性处在月经周期的受孕期时，她们更可能穿红色的衣服（Eisenbruch et al., 2015）。难怪情人节是红色的。

外表吸引力的演化观

我刚刚提到了许多细节，你或许没有注意到，但人们对美貌的偏好通常符合演化论的假设。请思考以下行为模式：

- 文化差异表现在许多方面，但世界各地的人们对美丑的评判仍趋向一致（Cunningham et al., 1995; Jones, 1995）。这就是国际选美大赛的获胜者不论来自哪里，通常看起来都那么迷人的原因之一。
- 婴儿天生就偏爱那些成人也认为有吸引力的面孔（Slater et al., 2000）。对美貌的某些反应可能是遗传而来的。
- 与面孔不对称的人相比，拥有迷人的对称面孔的人往往身体也比较匀称，身心也更为健康，因而能成为更好的伴侣（Nedelec & Beaver, 2014; Perilloux et al., 2010）。身材匀称的女性体内雌二醇水平更高，这可能使她们的生殖能力更强（Jasieńska et al., 2006）。拥有匀称身材的男女两性都比面孔及身材比例失调的人更聪明（Luxen & Buunk, 2006）、更少生病（Van Dongen & Gangestad, 2011）。
- 激素通过调节人体内脂肪的分布影响腰臀比。腰臀比接近 0.7（吸引人的标准）的女性，体内有雌二醇和黄体酮的特定混合，比缺少曲线美的女性更易受孕，身体也更健康（Jasieńska et al., 2004）。拥有诱人的腰臀比（0.9）的男性可能比大腹便便的男性更健康（Payne, 2006）。所以，男女两性都更容易被最能表明异性健康状况良好的体型所吸引（Singh & Singh, 2011）。
- 尽管人人都喜欢漂亮的外表，但对于生活在赤道地区的人而言，外表吸引力尤为重要，因为那里有许多危害人体健康的寄生虫和病原体（Gangestad & Buss, 1993）。在赤道地区，与长相不完美的人相比，完美无瑕的美貌可能是一个特别好的标志，预示着一个人的身体更健康，会成为更好的伴侣。

- 最终，总的来说，在美国，有吸引力的人比那些没有吸引力的人在生育方面更成功（他们有更多的孩子）（Jokela, 2009）。
- 伴随着月经周期，女性的偏好会发生一些微妙而又令人感兴趣的变化。女性只有在每个月排卵的那几天才会受孕（见图3.4），相比每个月的其他时间，这段时间的女性发现男性的某些特征更有吸引力。当处于受孕期时，女性更偏爱低沉的嗓音、身材匀称的男性的体味，以及更大胆、更傲慢、更有魅力的行为（Gildersleeve，Haselton, & Fales, 2014），而且她们还能更准确地判断某个家伙是同性恋还是异性恋（Rule et al., 2011b）。她们还觉得睾酮水平高的男性的体味更好闻（Thornhill et al., 2013）。因此，当女人最有可能怀孕时，

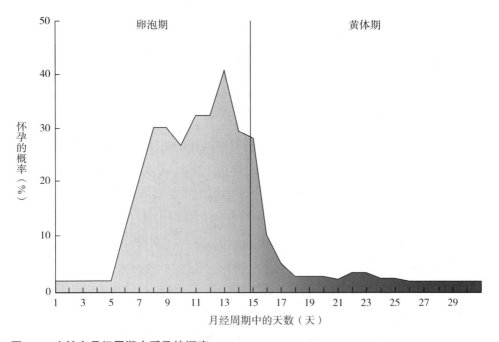

图 3.4　女性在月经周期中受孕的概率

女性在排卵的前几天（卵泡期末尾）易受孕。在受孕期，女性比其他时间更喜欢身材匀称的男人散发出的体味，以及更大胆、更狂妄的男人行为。

资料来源：Jöchle, W. "Coitus-induced ovulation," *Contraception*, 7, 1973, 523–564.

她们会被自信果断、狂妄自大的男人所吸引，即那些"举止更像浪荡子而非好父亲"的男人（Perrett, 2010, p.104）；但在每个月的其余时间里，她们则偏爱温情脉脉、和善友好、不那么咄咄逼人的男子（Aitken et al., 2013）。如果女性正在服用避孕药（因而没有排卵），那么这种周期性的变化则不会发生（Alvergne & Lummaa, 2010）。

- 女性对待男性的行为在受孕期也会发生变化。她们更注重妆容（Guéguen, 2012），打扮得更有挑逗性，穿着暴露更多肌肤的性感服装（Schwarz & Hassebrauck, 2008）。她们穿红色衣服的可能性是平时的 3 倍多（Beall & Tracy, 2013）。她们面对有吸引力的（而非无趣的）男人时会表现得更有风

情（Cantú et al., 2014），跳起舞来也更有诱惑力（Fink et al., 2012a），并且更愿意接受陌生人的慢舞邀请（Guéguen, 2009）。她们会对与有魅力的男人发生性关系变得更感兴趣，即使是她们并不十分了解的男人（Roney & Simmons, 2016）。显然，在每个月受孕期的那几天里，女性的行为比受孕期之外的日子更有诱惑力（Little, 2015）。参见图 3.5。

- 所有这一切男性都会注意到，他们认为女人在即将排卵时的气味比一个月中的其他时间更好闻（Gildersleeve et al., 2012）。闻这些女人的 T 恤就会让男人体验到睾酮的激增（Miller & Maner, 2010），并开始产生性幻想（Miller & Maner, 2011）。当女人处于受孕期时，她们的声音（Pipitone et al., 2016）、面容（Bobst & Lobmaier, 2014）和身体（Grillot et al., 2014）全都对男人更有吸引力。总而言之，有一点似乎非常清楚，当女人即将排卵时，男人能微妙而真切地（未必意识到这一点）感受到她与平时略有不同，并且会被其吸引（Haselton & Gildersleeve, 2011）。[9]

9　我要再次指出，我并未编造其中任何一种行为模式。更重要的是，这些发现难道不引人注目吗？请记住，如果某位女性服用了避孕药，改变了其激素的正常波动，那么以上一切都不会发生（Alvergne & Lummaa, 2010）。但是如果女性的月经周期正常，这些行为模式支持了这样一种可能性：发情周期在人类身上也存在，恰如在其他动物中一样。当然，异性恋女性与其爱人发生性行为的实际频次并不会随着排卵波动（Grebe et al., 2013），所以发情周期在人类身上显得更为微妙，但可以肯定的是，尽管如此，它们可能真的存在（Gangestad, 2012）。

图 3.5 "你今晚穿什么衣服参加聚会？"女性着装在排卵期前后的变化

在两种不同的情况下询问女性如果当晚要去参加一个聚会，她们会穿什么；这是她们为此而画的着装示意图。左边的（A）服装符合女性月经周期中非受孕期的心境。而在排卵的前几天，她们会决定穿类似右边的（B）服装。

这些模式使一些理论家确信，外表美的标准是有演化基础的（Eastwick & Tidwell, 2003）。推测看来，比起那些只是随便找个配偶的早期人类，那些成功地找到有生育能力、强壮、健康的配偶的早期人类更可能成功繁殖后代。因此，现代男性普遍偏爱身材匀称、腰臀比低的女性，现代（有生育能力的）女性普遍偏爱身材匀称、阳刚气、有活力的男性。这种偏爱可能是演化而来的倾向，它根源于人类的天性而不是特定的文化传承。

文化也起作用

另一方面，演化理论并不适合所有人。我上面提到的一些关于女性偏好和行为随排卵期变化的发现受到了其他研究者的质疑（Wood & Carden, 2014），他们认为，要么这些模式太微妙，难以重复（Harris, 2013），要么它们是实验程序大杂烩的结果，难以解释（Harris et al., 2013）。但持演化论的学者却矢口否认，认为这些研究结果并非巧合，这类行为模式的确存在（Gildersleeve et al., 2013），元分析的结果也是如此（Gildersleeve et al., 2014）。

不过，随着这两大阵营争论的持续（Wood, 2016），毫无疑问，吸引力的标准也会受到不断变化的经济和文化条件的影响。你是否看过文艺复兴时期以女性为题材的画作？画中的女人依据现代的标准看起来有点肥胖。在困难时期，当某种文化中的食物供应都成问题，人们都饿着肚子时，苗条的女性实际上不如丰满的女性受欢迎（Nelson & Morrison, 2005）。在世界各地，只有在富足的年代，人们才认为苗条的女人有吸引力（Swami et al., 2010）。事实上，随着 20 世纪美国经济的繁荣，社会期望女性越来越苗条，因而《花花公子》上一般的女模特现在都很苗条，符合患有饮食障碍的体重标准（Owen & Laurel-Seller, 2000）。

不同族群的评判标准也可能存在差别（可能部分地受到不同的经济状况模式的影响）。在美国，黑人女性和拉丁裔女性比白人女性更能接受超重，事实上，黑人和拉丁裔男性比白人男性更喜欢胖些的女性（Glasser et al., 2009）。［不过请注意：他们仍然喜欢腰臀比为 0.7 的身体曲线，这样的身材对所有男性都有吸引力（Singh & Luis, 1995）。事实上，即使是那些文艺复兴时期画作中的女性腰臀比也是0.7。］

总而言之，这些研究结果表明，人类天性和环境条件共同塑造了我们对美丑的判断标准（Eastwick，2013）。我们通常会被那些看起来是好伴侣的人所吸引，但什么样的人才算是好伴侣在一定程度上取决于我们所处的环境。然而，并不总是情人眼里出西施。世界各地的人们对于美丑的判断标准出奇地一致。

长相很重要

陌生人走进房间时，你一眼就知道此人有多大的吸引力（Willis & Todorov, 2006）。这很重要吗？的确重要。在速配约会中，人们会接触到各种各样的交友对象，并有机会交换任何他们想了解的信息，而影响他们喜欢别人的最大因素是外表。"参与者有 3 分钟的时间做出判断，但大部分人在 3 秒钟内就决定好了"（Kurzban & Weeden, 2005, p.240）。男人被苗条、年轻、貌美的女人吸引，女人被高大、年轻、英俊的男人吸引。在人们通过几分钟的交谈所能了解的关于彼此的所有信息中，最重要的是外表吸引力（Li et al., 2013）。即使考虑了个体的大五人格特质、依恋类型、政治态度及其他价值观和兴趣，在第一次短暂的会面后，预测继续交往的最好因素仍然是外表吸引力。正如你所料，友好、外向的人往往很受欢迎，没有人喜欢害羞或对被抛弃感到高度焦虑的人（McClure & Lydon, 2014），但在初次见面时，没有什么比长相更重要的了（Luo & Zhang, 2009）。

当然，速配约会活动可能有点紧张忙乱，你可曾在一个半小时内仓促地向 25 位相亲对象介绍自己？如果人们能够从容地挑选恋爱对象，他们可能会更加深思熟虑（Lenton & Francesconi, 2010）。一个发现是，当人们思考这个问题时，根据自我报告，全世界的男性对找一个外表有吸引力的浪漫伴侣的兴趣，都比女性要高（Conroy-Beam et al., 2015，见图 3.6）。这一点对于同性恋者而言也是如此（Ha et al., 2012）。的确，结婚 4 年后，男人对婚姻的满意程度与其配偶的吸引力有关，但女人对婚姻的满意程度却与其配偶的长相无关（Meltzer et al., 2014）。男女两性甚至都花更多的时间在脸书上查看女性个人主页上的照片，而查看男性照片的时间则较短（Seidman & Miller, 2013）。女性都知道男性会以貌取人，这可能是 2015 年美国 87% 的整形手术对象都是女性的原因（American Society of Plastic Surgeons, 2016）。

但请记住，尽管男女两性（自称）对俊美长相的重视程度不同，但当人们在一起时，外表吸引力对男女两性都有影响（Eastwick et al., 2014）。长相很重要。外表吸引力是影响两性最初喜欢对方程度的最有力因素。

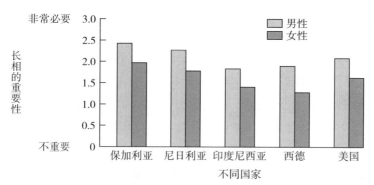

图 3.6　对伴侣外表吸引力的渴望

在世界各地，根据人们的自我报告，男性比女性更关注伴侣的长相。

资料来源：摘自 Buss, D. M., & Schmitt, D. P. "Sexual strategies theory: An evolutionary perspective on human mating," *Psychological Review*, 100, 1993, 204–232。

美的互动代价与收益

我们的长相究竟对人际互动有怎样的影响？值得注意的是，尽管男人对女人的长相感兴趣，但实际上女人的美貌和她与男人互动的时间在总体上并不存在相关（Reis et al., 1982）。有吸引力的女人的确有更多的约会，但姿色平平的女人在有其他人在场的群体环境中会花大量时间与男人互动。相形之下，男人的长相与他们同女人互动的次数和时间存在相关。与英俊潇洒的男人相比，相貌平平的男人与女人之间任何形式的互动都更少。从这个意义上说，外表吸引力对男人社交生活的影响要甚于对女人的影响。

由于更受欢迎，有吸引力的人往往不那么孤独，更善于社交，比其他人更快乐一些（Feingold, 1992），如果他们愿意，他们能和各色人等发生性关系（Weeden & Sabini, 2007）。外表吸引力甚至能解释人们一生的调适情况和幸福感变异量的 10%（Burns & Farina, 1992）。但是吸引力也有其弊端。其中一方面是，人们更经常对漂亮的人撒谎。相较于为了一个相貌平平的人虚构自己的形象，人们更愿意为了接近一位有吸引力的人而歪曲自己的兴趣和个性或虚报收入（Rowatt et al., 1999）。因此，当意识到别人经常"拍马屁"，或试图奉承讨好自己时，漂亮的人可能会开始谨慎地怀疑别人，对别人的某些溢美之词不以为然。

请思考这项设计巧妙的研究：相貌俊美和相貌平平的人都会收到一份评价他们工作的书面报告，评价者为异性，要么知道被评价者的长相，要么不知道（Major et al., 1984）。在这两种情况下，每个参与者得到的都是一份恭维性的评价报告。（实际上，每个人得到的赞美都是相同的。）参与者收到这样的好消息会作何反应？如果评价是来自一个不知道他们长相俊美的人，那么长相俊美的人更相信这种赞美，觉得别人的赞美更真实。显然，他们习惯了那些被其外表打动的人给予他们的虚伪赞美。另一方面，当评价者的确知道他长相平平时，缺乏魅力的人反而会觉得评价者的赞美更令人信服；但令人悲哀的是，他们可能并不习惯那些来自知道他们长相平平之人的赞美。

所以，俊美之人习惯于和他人的愉快互动，但他们往往不像长相平平之人那样信任别人（Reis et al., 1982）。尤其是，他人的赞美可能含混不清。如果你非常有吸引力，你或许永远无法确定别人赞美你是因为欣赏你的能力还是喜欢你的长相。

外表吸引力的匹配

我用了好几页的篇幅讨论外表吸引力（这说明了其重要性），但还有最后一点需要说明，那就是外表吸引力在一段关系刚开始时的作用。我们或许都想找漂亮的伴侣，但最终我们很可能会与那些和我们容貌相当的人成双成对（Hitsch et al., 2010）。已确定恋爱关系的伴侣往往拥有相似的外表吸引力；也就是说，他们的外貌非常相配，这种模式称为**匹配**（matching）。

一段关系越认真、越坚定，匹配通常就越明显。人们可能会追求比自己漂亮的人，但他们不太可能与之保持稳定的关系或订婚，因为双方并不是"同一类人"（Taylor et al., 2011）。这意味着，即使每个人都想找一个长得好看的伴侣，但只有那些外表同样俊美的人才能得偿所愿。真正好看的人并不愿意和我们这些相貌平平的人成为伴侣，反过来，我们也不想要长相"比我们差"的伴侣（Lee et al, 2008）。

因而，虽然这不是很浪漫，但外表吸引力的相似性似乎可以作为一种筛选伴侣的手段。如果人们普遍看重漂亮的外表，那么当他们选择了最好看的伴侣，而对方反过来也接受了他们时，就发生了匹配（Montoya, 2008）。不过，这条规则有一个令人暖心的例外：对于确立恋爱关系之前是柏拉图式朋友的伴侣而言，匹配就不那么明显，并且更可能发生吸引力不匹配的情况（Hunt et al., 2015）。显然，如果人们在相对吸引力的问题凸显之前变得亲近（可以这么说），那么匹配就不那么重要了。夫妻双方在外表吸引力上的确有明显的相似之处（Little et al., 2006），有些关系根本不可能开始，因为两个人看起来太不般配（van Straaten et al., 2009）——但情况并非总是如此。

相互性：喜欢那些喜欢我们的人

吸引力匹配现象表明，若想在关系市场中获得最大的成功，我们应该追求那些可能回报我们的兴趣的伴侣。实际上，大多数人就是这样做的。当我们考虑可能的伴侣时，大多数人会用下面的公式来衡量自己对他人的实际兴趣，以及接近他们和试图开始一段关系的可能性（Shanteau & Nagy, 1979）：

潜在伴侣的吸引力 ＝ 他或她的外表吸引力 × 他或她接纳你的可能性

在其他条件相同的情况下，长得越好看的人越受欢迎。然而，上述公式表明，人们的整体吸引力取决于他们的外表吸引力和我们判断他们喜欢我们的可能性的乘积。算术谁都会做。如果有人非常喜欢我们，但长相十分丑陋，那么这样的人不可能是我们约会的首选对象。同样，如果有人长相非常漂亮，但并不怎么喜欢我们，我们也不会浪费自己的时间。最吸引人的潜在伴侣通常是那些具有一定的魅力并很可能接纳我们的人（之所以接纳我们或许是因为他们也不是特别漂亮）（Montoya & Horton, 2014）。

我们对他人接纳我们的可能性的期望，与我们的**适配价值**（mate value）或作为生殖伴侣的综合吸引力有很大关系。具有高适配价值的人，有很多热情的追求者，因此他们能够坚持自己对伴侣的高要求。他们确实也是这样做的（Hughes & Aung, 2017）。例如，非常漂亮的女人对男人有很高的标准；她们想要的不只是一个能成为称职父亲的善良绅士，或一个经济实力雄厚的性感男人；她们希望自己的伴侣具备所有这些理想的特质（Buss & Shackelford, 2008）。如果她们的适配价值足够高，她们或许真能吸引到如此完美的伴侣（Conroy-Beam & Buss, 2016），但如果她们高估了自己受欢迎的程度，盲目自信，就很可能会一直受挫（Bredow, 2015）。

总而言之，被人接纳和拒绝的经历教会了我们在接近新的潜在伴侣时所应有的期望（Kavanagh et al., 2010）。例如，与其他人相比，害羞的人（Wenzel & Emerson, 2009）或低自尊的人（Bale & Archer, 2013）往往会紧张不安地预料他人会拒绝自己，因而他们会追求不太出众的对象。但当我们不确定他人是否会接纳我们时，谨慎是很正常的。一项研究巧妙地证明了这一点，在这项研究中，大学男生观看电影时必须选座（Bernstein et al., 1983）。他们有两种选择：挤进一个小播放间里，旁边是一个美女；或者独自一人坐在旁边的播放间里，里面有充裕的空间。关键的一点是，有些男生认为两边屏幕放映的是同样的电影，而另一些男生则认为两边屏幕放映的是不同的电影。我们来考虑一下这些男生所面临的两难困境。想必他们中的大多数人都想结识这位美女。然而，如果两边放映的是同一部电影，挤在美女旁边可能会有被拒绝的风险；他们的意图太明显，那位美女可能会让他们"走开"。然而，如果两边放映的是两部不同的电影，他们这样做就比较安全了。坐在美女旁边可能意味着他们只是想看那部特定的电影，如果美女此

专栏 3.2

什么是好的开场白？

在商店购物时，你不时会碰到美女或帅哥，当你们目光相遇时，他／她可能会对你热情地微笑。你想与他／她结识，该说些什么呢？你需要做的不只是说一声"嗨"，然后等待对方的回应，不是吗？或许说一些与食物有关的俏皮话比较合适："你爸爸是面包师吗？你选的小圆面包可真不错啊。"

常识告诉我们，这样的幽默试探是不错的开场白。事实上，网上到处是各种试图给人留下好印象的有趣的搭讪用语。不过要小心这种做法，有严谨的研究比较了各种开场白的效果，故作幽默或轻浮的言谈都可能属于最糟糕的开场白。

我们先区分一下抖机灵的开场白与无伤大雅的中性开场白（如"嗨"或"最近还好吧？"）和诚实地表明兴趣的直接的开场白（如"嗨，我想认识你"）。当女性观看录像中的男人使用这些开场白时，她们最不喜欢的是抖机灵的开场白

（Kleinke & Dean, 1990）。更重要的是，当一位男子在单身酒吧里使用这些开场白时，中性或直接的开场白得到了 70% 的积极回应，而抖机灵的开场白的成功率只有 24%（Cunningham, 1989）。挑逗性的开场白（比如"虽然我不是完美的男人，但我敢打赌能让你在床上疯狂"）往往效果更糟（Cooper et al., 2007）。毫无可比性：简单地打招呼比故作幽默或挑逗要聪明得多（Weber et al., 2010）。

那么，为什么人们还要编造各种轻浮的搭讪语？原因很简单，因为搭讪者是男人。如果女人在单身酒吧里向男人说一句幽默的开场白，通常会奏效，但这是因为女人的任何一种开场白对男人都很奏效；有研究发现女人每次只说一声"嗨"就能搭讪成功（Cunningham, 1989）。男人似乎并不在乎女人使用什么样的开场白，这可能导致他们反过来高估了女人对故作幽默的开场白的喜欢程度。

时还严词拒绝就会显得粗鲁无礼。实际上，当两边播放同一部电影时，只有 25% 的男生敢坐在美女旁边；但当两边播放不同的电影时，75% 的男生敢这样做，因为此时他们的意图比较模糊。而且，我们可以确定这些男生在利用这种不确定的情况来接近美女，而不是真想看那部特定的电影，因为研究者不断变换两个屏幕上播放的电影。不管美女那边的屏幕放映的是哪部电影，都有四分之三的男生挤坐在美女身旁！

一般而言，人们似乎会注意到别人接纳和喜欢自己的可能性，他们更可能接近那些愿意接纳而不是拒绝他们的人。我们对自己的适配性的判断可能因关系而异，因为我们会评估自己对特定伴侣的吸引力（Eastwick & Hunt, 2014）。不过，最好的接纳通常来自那些挑剔讲究的潜在伴侣，他们并非来者不拒。比如在速配约会中，那些渴望和遇到的每个人都约会的人不如那些更有辨别力的人招人喜欢，且配对成功的次数也少；那些对每个人都说"yes"的人得到的"yes"很少，而那些只对少数人感兴趣的人则对他们所选择的人更有吸引力（Eastwick et al., 2007）。顺便提一下，这些结果与研究人们玩"欲擒故纵"游戏时会发生什么的经典研究结果非常吻合。因为人们都喜欢被人喜欢，所以假装冷漠，对某人只是略感兴趣，是试图吸引他/她的一种愚蠢的做法。一味地欲擒故纵是行不通的。真正有效的方法是有选择地欲擒故纵，也就是说，除了你想吸引的人，任何人想要得到你都很困难（Walster et al., 1973）。那些能够拒绝大多数人却乐于接纳我们的人，才是最有吸引力的潜在伴侣。

　　不过，在其他条件相同的情况下，我们很难不喜欢那些喜欢我们的人（Curtis & Miller, 1986）。想象一下，你听到的关于一位新转校生的第一件事是他/她已经注意到你，并且真的喜欢你；作为回报，你难道不会对他/她产生好感吗？被他人喜欢和接纳具有强大的奖赏意义，我们会被提供这类奖赏的人所吸引。

相似性：喜欢那些与我们相似的人

　　所以，遇到喜欢我们的人具有奖赏意义。如果能遇到与我们恰好相似，与我们有同样背景、兴趣和品位的人，也是一件令人愉快的事情。的确，当谈到我们的态度、年龄和种族（在某种程度上也包括我们的人格）时，谚语"物以类聚，人以群分"是绝对正确的（Bahns et al., 2017；Montoya & Horton, 2013）。同类相吸。请看以下例子：

- 在密歇根大学，之前互不相识的男生如果参加一项关于交友的研究，就可以免费住进寄宿公寓（Newcomb, 1961）。在学期结束时，这些男生最亲密的朋友是和他们有最多共同点的室友。

- 在得克萨斯大学，研究者刻意安排一些社会政治观点相似或不同的男生和女生进行盲约（Byrne et al., 1970）。每对学生在学生会用 30 分钟时间一边喝饮料一边聊天，相互了解。"约会"结束后，观点相似的学生比观点不同的学生更喜欢彼此。
- 在堪萨斯州立大学，13 名男子挤在一个模拟避难所里相处 10 天，并在此期间评估他们对彼此的感觉（Griffitt & Veitch, 1974）。结果发现，能融洽相处的人都是有许多共同点的人，如果有可能，他们恨不得把那些与自己格格不入的人扔出去。

正如这些例子所表明的，相似性是有吸引力的。

相似性的种类

但我们在谈论哪些相似之处呢？可以说有很多。不管是朋友还是恋人，幸福关系中的搭档在很多方面都比随机选出的陌生人更为相似。首先是年龄、性别、种族、受教育程度、宗教信仰和社会阶层等人口统计学上的相似性（Hitsch et al., 2010）。还记得你高中时的挚友吗？他们大都与你的年龄、性别和种族相同（Hartl et al., 2015）。人们甚至更可能出人意料地与姓氏首字母和自己相同的人结婚（Jones et al., 2004）！

其次是态度和价值观的相似性。两个人认为他们态度相同的程度与他们对彼此的吸引力有直接的关联：共同点越多，越喜欢彼此。请注意图 3.7 中的模式，当人们被告知他们在许多问题上意见一致时，吸引力并不会在相似性达到一定程度之后趋于平缓，而且"共同点太多"并没有什么危险。相反，就态度而言，两个人越相似，他们就越喜欢彼此。在上次的选举中你投了谁的票？你和你最好的朋友很可能投了相似的票。

©Asia Images Group/Getty Images

相似性会影响人们之间的吸引力。在背景特征、外表吸引力和态度等方面相似的人，比那些不相似的人更可能相互吸引。

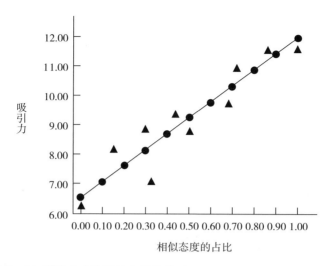

图 3.7　吸引力与感知到的态度相似性之间的关系

当人们被引导相信一个陌生人与他们持有同样的态度，他们预料自己会喜欢这个陌生人。

资料来源：摘自 Byrne, D., & Nelson, D. "Attraction as a linear function of proportion of positive reinforcements," *Journal of Personality and Social Psychology*, 1, 1965, 659–663。

　　最后，在较小的程度上，伴侣们还可能有相似的人格，但这一模式稍显复杂。当谈及我和你相处愉快时，你与我是否有相似的人格并不重要；重要的是，你平易近人、认真尽责、情绪稳定，故而相处起来轻松愉悦（Watson et al., 2014）。我对你的满意更多地与你的好品质有关，与我们多么相似无涉（Becker, 2013）。当然，如果我也有相投的、值得信赖的人格，那么你也会很高兴，我们的人格相当相似，但并不是相似性本身提升了我们对彼此的满意度（Wood & Furr, 2016）。这里的关键是，相比人格的相似性与吸引力的关联，态度的相似性与吸引力之间的关联更强（Watson et al., 2004），并且实际上各个国家的情况也不尽相同（Gebauer et al., 2012）。例如，中国是重视群体和谐的国家，而美国是崇尚个人主义的国家，中国的丈夫和妻子的人格通常比美国夫妻的人格更为相似（Chen et al., 2009）。（这值得我们思索一番。）

　　不管怎样，处事风格和人格特质相似的人邂逅时往往能和睦相处；例如，两个爱交际的人或两个害羞内向

> **想一想** ✓
>
> 中国夫妻的人格通常比美国夫妻的人格更为相似。对于婚姻满意度来说，这是好事还是坏事？

的人首次见面往往比一个好交际的人与一个害羞的人首次交谈更愉快（Cuperman & Ickes, 2009）。当人们在网上遇见时，如果他们有相似的头像，他们甚至会更喜欢对方（van der Land et al., 2015）。

相异相吸吗

所以，一般而言，两个人的共同点越多，就越喜欢对方。"在某种程度上，关系是通过选择拥有相同的重要态度、价值观、偏见、活动和某些人格特质的伴侣而形成的"（Bahns et al., 2017, p.341）。那么，为什么有些人相信"相异相吸"呢？当人们不那么相似时，他们真的更容易被彼此吸引吗？简单来说答案是否定的。这里有一些微妙之处需好好体会，但人们通常不会对不相似（而非相似）的伴侣更满意。然而，相似性的运作方式有几个重要的微妙之处，可能会误导人们以为相异之人有时确实会相互吸引。

我们认为彼此的共同点有多少：感知到的相似性很重要

第一个微妙之处是，我们对双方共同点的感知比实际的相似性更能影响我们对彼此的吸引力。例如，在一项速配约会研究中，人们相遇 4 分钟后，他们对彼此的兴趣与他们实际上有多少共同点关系甚微；相反，他们的人格和兴趣对彼此间喜爱程度的影响取决于他们认为彼此有多相似（Tidwell et al., 2013）。即使一段关系进一步发展，伴侣之间更加了解，感知到的相似性仍然很重要。多年的老友或结婚多年的夫妻仍然习惯性地认为彼此间有比实际上更多的共同点（Goel et al., 2010）。他们高估了彼此间的相似性（de Jong & Reis, 2014），并且要发现自己错得有多离谱（如果他们真有一天能发现的话）可能需要一些时间。与此同时，感兴趣的旁观者，比如朋友、家人和同事，可能会正确地观察到这对伴侣是两个截然不同的人，从而推断出相异必然相吸。不是的，伴侣在一起不是因为他们的差异是他们所向往的，他们在一起是因为他们认为彼此间没有太大的不同，但他们错了（Sprecher, 2014）。

专栏 3.3
跨种族的亲密关系

　　大多数的亲密关系都可能发生在同种族的人之间。然而，在美国，跨种族的婚姻正以创纪录的速度发生，目前 17% 的美国新婚夫妇属于跨种族结合（Bialik, 2017）。这些夫妇引发了一个有趣的问题：如果相似相吸，这是怎么回事？答案其实很简单：没有什么特别之处。如果忽略他们种族不同这一事实，影响跨种族夫妇的动机似乎与引导其他人的动机相同。这些伴侣通常在年龄、受教育程度和吸引力方面相似，而他们的关系与大多数亲密关系一样，也是建立在共同的兴趣和脾性相投的基础之上的（Brummett, 2017）。有些特征可以区分那些与来自不同文化群体的伴侣约会的人：与同龄人相比，他们与其他种族的人有更密切的接触，也更能接受其他文化（Brooks & Neville, 2017）。他们也往往生活在同种族的潜在伴侣相对稀缺的地区（Choi & Tiendda, 2017）。然而，总的来说，跨种族伴侣与其他伴侣对关系的满意度相同（Troy et al., 2006），其婚姻成功的可能性也和其他伴侣一样（Zhang & Van Hook, 2009）。他们的亲密关系也以同样的方式运作：两个都认为对方长得好看又聪明（Wu et al., 2015），并且相似多于不同的人，因为相处快乐且已坠入爱河，所以决定生活在一起。

发现差异需要时间

　　如果我们遇见他人就心生欢喜（可能只是因为他们长得漂亮），我们往往会预期（或者希望？）他们的态度和价值观与我们的相似（Morry et al., 2011），当然，有时我们会犯错。如果我们对他们有了更多的了解，我们实际上共有的兴趣和态度可能会变得有影响力（Luo, 2009），但我们可能需要一段时间才能弄清楚这一点。

　　这样的过程在纽科姆（Newcomb, 1961）关于同住一间寄宿公寓的男人之间友谊发展的研究中一目了然。见面后不久，男人最喜欢的室友是他们认为最像自己的人；因此，最初他们的友谊主要受感知到的相似性的影响。然而，随着时间的推移，这些男人之间的实际相似性在他们的友谊中发挥着越来越大的作用。当他们相互之间有了更多的了解后，这些男人显然偏爱那些真正与自己相似的人，尽管一开始时并不总是这样的。

　　总之，即使我们的确很了解我们的伴侣，仍会出现意想不到的情况。根据伯纳德·默斯坦（Bernard Murstein）的**刺激—价值观—角色**（stimulus-value-role）理论（Murstein, 1987），随着一段新关系的发展，我们会获得有关伴侣的三种不同类型的信息。当我们第一次见面时，我们对彼此的吸引力主要基于"刺激"信息，包括年龄、性别、长相等明显的外部特征。此后，在"价值观"阶段，当我们了解到彼此是否喜欢同样的比萨、电影和政治观点时，吸引力取决于态度和信念的相似性（见图 3.8）。再之后，"角色"的相容性才变得更重要，此时我们最终发现彼此在养育孩子、事业、家务以及其他生活事务等基本问题上是否一致。问题在于，伴侣们对彼此的音乐品味（举个例子）可能十分满意，但却根本意识不到他们在想住在哪里、生养几个孩子（如果生的话！）等问题上存在根本性分歧。有时重大的差异只有在婚后才凸显出来；尽管存在这些差异，夫妻仍可能生活在一起，但这并不是因为相异而相吸。

　　时间和经验的影响还表现在**致命的吸引力**（fatal attractions）上（Felmlee, 2001）。当一个人最初吸引另一个人的某种品质逐渐变成这个人身上最惹人厌烦和恼怒的事情之一时，就会出现这种情况。例如，最初交往时看上去自然而风趣的

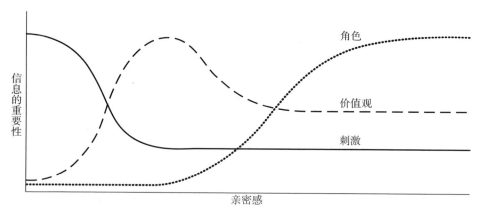

图 3.8　关系发展的三个不同阶段

默斯坦的刺激—价值观—角色理论（Murstein, 1987）认为，发展中的关系受到三种不同类型信息的影响，随着时间的推移及伴侣之间了解的加深，这三种信息的重要性和影响力也有所不同。

资料来源：摘自 Murstein, B. I. "A clarification and extension of the SVR theory of dyadic pairing," *Journal of Marriage and the Family*, 49, 1987, 929–933。

伴侣，可能到后来看上去很不负责任和愚蠢；那些看起来坚强而执著的伴侣后来却变得专横跋扈。一开始享受伴侣的高度关注和奉献的人，到后来或许因觉得伴侣占有欲太强而反感这些行为。在这些例子中，令人厌烦的特征并不是什么秘密，但人们不会意识到他们的判断会随着时间的推移而发生改变。重要的是，这些致命的品质往往与一个人自己的品质不同；它们可能最初看起来令人倾慕、渴望得到（因此花钱大手大脚的月光族最初可能会倾慕精打细算的吝啬鬼），但随着时间的推移，人们认识到这些相异性失去了吸引力（Rick et al., 2011）。

你可能是我想成为的人

如此看来，人们还仰慕那些拥有自己希望有的能力和才华的人。相似性运作的另一微妙之处在于，那些与我们的理想自我相似的人对我们有吸引力，即他们表现出了我们想要拥有但现在并不具备的品质（Strauss et al., 2012）。这种倾向性比较复杂，因为别人超过我们并使我们相形见绌带有威胁性且令人不快（Herbst et al., 2003）。不过，如果其他人只比我们好那么一点点，那么他们给予我们的就是默默的鼓励而不是羞辱，我们就可能被那些实际上与我们的当前状况有点差异的人所吸引（暂时）（Klohnen & Luo, 2003）。请不要夸大这种微妙之处。最有吸引力的伴侣是那些在很多方面与我们相似，但在其他方面符合我们可实现的理想的人（Figueredo et al., 2006）。这样的人很难说是我们的"对立面"。但只要差异不是太大，我们可能更喜欢一个我们想成为的人那样的伴侣，而不是一个更像我们现在的样子的伴侣。

差异可能随时间的推移而减少

此外，亲密关系还能使人发生改变（Hafen et al., 2011）。人们的人格变化不大（Rammstedt et al., 2013），但随着时间的推移，伴侣双方的态度往往会越来越相似（Gonzaga et al., 2010）。这种差异的减少有些可能是在伴侣共同经历重大事件之后自动发生的，但也有一些发生在伴侣双方有意识地寻求包容和满足感的过程中（Becker & Lois, 2010）。所以，相异并不相吸，但如果一对伴侣出于其他原因在一起后，某些差异可能会逐渐消失。

某些相似性更重要

相似性的影响还有一个微妙之处：某些相似性可能具有相当大的影响力，而另一些相似性（或相异性）则可能无关痛痒。尤其值得一提的是，在对我们非常重要的议题上，有人与我们观点一致特别具有奖赏意义（Montoya & Horton, 2013）。宗教往往就是这样一个议题：如果伴侣双方都非常虔诚，共同的信仰会令他们相当满意；但如果双方都不是虔诚的信徒，宗教上的相似性就几乎没有影响，甚至有分歧也无妨（Lutz-Zois et al., 2006）。因而，相异并不相吸，但如果伴侣双方都不太看重这种差异的话，那么相异也可能无关紧要。

家务和性别角色似乎的确是有影响力的那类相似性。在家务劳动分工上有分歧的同居情侣比意见相似的情侣更可能分手（Hohmann-Marriott, 2006），共同分担家务劳动的夫妻比家务分配不公的夫妻对婚姻更满意（Amato et al., 2007）。在性别角色上更相似的夫妻——而不是像传统观点所期望的那样相异——比那些在行事风格和才干能力上相差很大的夫妻婚姻更幸福（Gaunt, 2006）。具体而言，在婚姻生活中，与更为相似的夫妻相比，大男子主义的丈夫和小女人味十足的妻子（他们显然有着不同的性别角色）感受到的理解、爱意和满足感及彼此的陪伴要少（Helms et al., 2006）。

匹配是广泛的过程

另一个引起困惑的原因是，人们有时会与迥异于自己不过却有相似适配价值的人成双配对，比如一个老富翁娶了一个俏佳人。在这种情况下，伴侣们显然不相似，似乎"相异"反而能相吸。然而，这是一种相当幼稚的观点，因为这样的伴侣实际上只是在更广泛的意义上匹配，用长相换金钱，反之亦然。他们可能有不同的资本，但这些伴侣仍在人际市场上寻找与自己身价整体相当的佳偶。人们通常会和有相似适配价值的人在一起，但是他们给予彼此的具体奖赏可能完全不同。

这种事情层出不穷。一项针对 6 485 名在线约会服务用户的研究发现，长相普通（好吧，难看）的男子（在男性中，吸引力排在倒数 10% 的男子）每年需要多挣 186 000 美元，才能像英俊的男子（吸引力排在前 10% 的男子）那样吸引女性的关注；不过，如果这些相貌不佳的家伙确实能多赚这么多钱，他们受到的关注就和长相英俊的男子一样多（Hitsch et al., 2010）。

确实，这似乎不太浪漫，但是名望、财富、健康、天赋和长相等就像商品一样，人们可以用它们来吸引原本可能无法吸引到的更理想的伴侣。如果我们把匹配视为广泛的过程，不仅涉及外表吸引力，而且还包括各种其他资本和特质，那么很显然，人们通常会与旗鼓相当的人成双对，相似相吸。

　　实际上，这种公平交易是演化心理学的核心观点。因为男性与健康、有生育能力的女性婚配更可能成功地繁衍后代，性选择可能促进了男性对年轻漂亮的伴侣的兴趣（Buss, 2015）。年轻之所以重要是因为女性在中年进入绝经期后便不能再生育了。正如我们已经知道的，漂亮之所以有意义是因为它与健康的某些方面有大致的关联（Van Dongen & Gangestad, 2011）。所以，男性特别看重女性的美貌（见图 3.6），并且随着年龄的增长，他们会寻找比自己年轻更多的伴侣（Antfolk et al., 2015）。他们付给不到 20 岁和 20 岁出头的妓女的钱比给 30 多岁的女人的要多（Sohn, 2016）；如果买新娘（就像在韩国可能发生的那样），他们绝不会买超过 25 岁的，即使他们自己 40 多岁或 50 多岁（Sohn, 2017）。在世界各地，20 多岁时结婚的男子，其伴侣平均比他们小 2 岁；但如果一个男人到 50 多岁才结婚，他很可能会找一个比自己小 15 岁的妻子（Dunn et al., 2010）。

　　女性不必那么担心伴侣是否年轻，因为通常情况下，男性只要活着就能保留生育能力。相反，鉴于女性对后代的巨大亲代投资，[10] 她们应该找一位拥有丰富资源的配偶，他能够在漫长的孕期和哺乳期保障母亲及其孩子的幸福。事实上，如图 3.9 所示，女性的确比男性更关心伴侣的经济前景，挥金如土的男人比吝啬的男人能吸引更多的性伴侣（Sundie et al., 2011）。例如，一个男人从豪华车里出来比他从便宜车里出来更可能要到路过女士的电话号码（Guéguen & Lamy, 2012）。此外，女性对伴侣年龄的偏好并不会随着年龄的增长而发生太大的变化（Antfolk et al., 2015）；女性直到 75 岁左右才开始寻找比自己年轻的男性作为伴侣（Alterovitz & Mendelsohn, 2011）。

　　所以，以女性的年轻和美貌换取男性的地位和资源的匹配司空见惯（Conroy-Beam et al., 2015）。果不其然，当人们刊登征婚广告时，如果女性说自己"可爱、苗条、非常有魅力"，男性对她们最感兴趣，而男性如果把自己描述为"经济独立、事业成功"，女性对他们的兴趣最大（Strassberg & English, 2015）。然而，这

---

10 需要提醒你亲代投资的概念吗？请翻阅本书第 1 章。

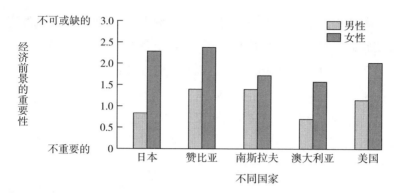

图 3.9　对伴侣拥有良好经济前景的渴望

在全世界范围内，女性都比男性更关注伴侣的经济前景。

资料来源：摘自 Buss, D. M., & Schmitt, D. P. "Sexual strategies theory: An evolutionary perspective on human mating," *Psychological Review*, 100, 1993, 204–232。

一切是演化压力的结果吗？文化论的倡导者认为，女性之所以要通过伴侣来获取想要的资源，是因为她们被剥夺了直接获得自身政治和经济权力的机会（Wood & Eagly, 2007）。的确，在美国这种聪明的女性能够获得工作机会的文化中，女人越聪明，其寻找拥有财富和社会地位的伴侣的欲望越弱（Stanik & Ellsworth, 2010）。从世界范围来看，在那些支持和促进女性平等的国家里，女性关注配偶钱财的程度有所降低（Conroy-Beam et al., 2015）。不过，即使是在芬兰、德国和美国等国家，

并非所有人都赞同女人关注男人的资源是演化压力的结果。尽管如此，78% 的美国女性表示，寻找一位拥有稳定工作的伴侣于她们而言非常重要，而只有 46% 的美国男性持相同的观点（Livingston & Caumont, 2017）。

平均来看，女性也比男性更关心配偶的经济前景（Zentner & Mitura, 2012）。

所以，这种女人以美貌换取男人金钱的交易的起因尚不确定。但不管是演化还是文化造成的结果，说到底匹配是一种涉及各种资源和特质的广泛过程。当"相异"看起来相互吸引时，人们也许是在用一种优势交换伴侣的另一种优势，以便得到社会地位相似的伴侣，所以正是他们相似的适配价值，而非任何期望的差异，使得他们彼此相吸。

"相异"有时亦能相吸：互补性

最后，不同类型的行为有时却能和谐共存。与工具性原理一致的是，他人的回应若有助于我们实现目标，我们就会喜欢（Fitzsimons et al., 2015）。当伴侣双方拥有不同的技能时，一方往往乐于让另一方带头去做那些其擅长的工作（Beach et al., 2001）。这样的行为是对我们自己行为的补充,而**互补性**（complementarity）——很好地契合我们自身的反应——具有吸引力。大多数互补的行为其实是相似的；例如，热情随和的人在得到热情而幽默的回应时最为快乐。

然而，某些有益的互补形式涉及伴侣双方的不同行为。请考虑一对伴侣的性互动：如果一方享受某种方式，另一方也喜欢给予这种方式时，他们的满意度可能更高（de Jong & Reis, 2014）。在追求共同目标的过程中，适合各自天赋的劳动分工往往是有利的：如果我是一位梦想家，总是有各种奇思妙想，而你是一个关注细节的人，能细致而周到地制订计划，如果我们想去同一个地方度假，那么这肯定会是一场奇妙之旅（Bohns et al., 2013）。当我们真的渴望得到某个东西时，如果伴侣能让我们放手去做，真的是很美好。当我们很有把握时，我们希望伴侣听从我们的建议；在其他时候，当我们需要帮助和建议时，我们希望伴侣能够提供我们所需要的东西（Markey et al., 2010）。

这些奖赏性互补的例子听起来像"相异相吸"吗？我希望不是。一般而言，他人真正与我们相反的行为模式是令人厌烦和沮丧的，比如我们热情好客而对方却冷漠、故作清高；或者我们果断自信而对方却唯唯诺诺、消极被动（Hopwood et al., 2011）。强势的人喜欢按自己的意愿行事，但他们更喜欢那些有主见的人，而非那些一味过分顺从的人（Markey & Markey, 2007），但不管怎样，在幸福的婚姻中，很少有夫妻一方对另一方颐指气使的情形（Cundiff et al., 2015）。请相信我，如果你是个冲动的人，往往不假思索就行动，你并不想找一位谨慎而有计划性的伴侣（为什么找？让你远离麻烦吗？）；如果你的伴侣与你一样冲动和鲁莽，你会感到更快乐（Derrick et al., 2016）。

重要的似乎是，我们喜欢使我们快乐并支持我们的伴侣，但讨厌让我们感到沮丧并阻碍我们的伴侣，当我们渴望共同的目标，并能为成功地实现目标而一起努力时，伴侣关系就是令人满足的。所以，由相似性和差异性混合而成的最优组合因伴侣而异（Baxter & West, 2003）。个人成长和新奇的活动也具有奖赏意义，所以我们喜欢那些和我们兴趣不同（但并不矛盾）的人，因为他们使我们接触到彼此都喜欢的新鲜事物（Aron et al., 2006）。我们要记住的重要一点是，相似的伴侣比其他人更可能与我们有共同的目标（Gray & Coons, 2017），所以他们比其他任何人更可能满足我们的需求。

综上所述，相异有时看起来可能相吸，但更可能的情形是"物以类聚、人以群分"。相似性通常具有奖赏意义，相异则不然。

男女两性期望什么样的伴侣

我们对吸引力主要影响因素的考察已接近尾声，但还有重要的一点需要说明。正如我们所看到的，男女两性对伴侣的外表吸引力和收入的重视程度存在差异（Li et al., 2013）。然而，我不希望这些结果误导你，因为尽管存在这些差异，男性和女性通常在亲密伴侣身上寻求相同的品质（Li et al., 2011）。我们来更仔细地看看男人和女人在亲密关系中期望得到什么。

在世界范围内，人们用以评价潜在伴侣的标准有三个主题。如果可以选择，几乎所有人都期望自己的伴侣拥有：

- 温暖和忠诚：值得信赖、亲切友善、给予支持、善解人意；
- 吸引力和活力：长相俊美、性感、外向；
- 地位和资源：经济上有保障、生活舒适。

所有这些特征都是令人向往的，但它们并非同等重要，其重要性取决于我们追求的是一段随便、短期的露水恋情，还是一段忠诚持久的浪漫爱情。

男性和女性在追求短期的艳遇时都有同样（相对较低）的标准（Eastwick et

al., 2014）。他们都渴望临时的恋人长得好看（Li et al., 2013），而且男女两性在评估短期关系时也不像对长久的结合那样挑剔（Fletcher et al., 2004）。例如，当只是偶尔放纵一下时，两性都能接纳在智力、热情和收入前景方面差一些的情人，但对长期配偶的要求则要高得多（Buunk et al., 2002）。尤其是，当考虑短期外遇时，女性可以接受不是特别善良、可靠或通情达理的男性，只要对方有强壮的肌肉、性感、"火辣"就可以（Frederick & Haselton, 2007）。

但女性清醒地认识到，那些充满魅力、有主见、富有男子气概的男性可能是令人无法抗拒的恋人，却往往不见得是能托付终身的好丈夫（Boothroyd et al., 2007）。女性在挑选丈夫时，更看重良好的品格而非英俊的外表。当从长计议时，她们更看重温暖和忠诚及地位和资源这两个标准，而不是（外表）吸引力和活力这一标准（Fletcher et al., 2004）。威望和成就变得比勇敢和强势更为重要（Kruger & Fitzgerald, 2011）。当她发现自己不能同时得到所有这一切时，普通的女性更喜欢善良、善解人意和富有（不要求特别英俊）的男子，而不是英俊但贫穷，或者富有、英俊但冷漠、不忠的男子（Li, 2008）。

男性的优先项则不同。与女性一样，他们也看重温暖和忠诚，但与女性不同的是，他们更看重长期伴侣的吸引力和活力，而非地位和资源（Fletcher et al., 2004）。普通的男人更喜欢没钱但善良、美丽的女人，而不是富有但爱抱怨或温柔可亲但丑陋的女人（Li, 2008）。

当然，在找寻亲密伴侣时，我们往往不得不在这些标准之间权衡。找到（并赢得！）完美的伴侣来满足我们所有的愿望是非常困难的。如果我们坚持要求自己的伴侣既善良和善解人意，又貌美和富有，我们很可能会长期处于失望和沮丧之中。所以，当评估潜在伴侣时，男性往往会首先确认女友至少有普通的长相，然后再寻求尽可能多的温暖、善良、诚实、坦率、稳定、幽默和智慧（Li et al., 2002）。绝世容颜是男人所渴求的，但它不如高度的热情和忠诚重要（地位和资源屈居第三位）。女性往往会首先确认男友至少有一些钱或发展前景，然后再寻求尽可能多的温暖、善良、诚实、坦率、稳定、幽默和智慧（Li et al., 2002）。财富是女人所渴求的，但它不如高度的热情和忠诚重要，而长相排在第三位。

男同性恋与女同性恋的行为表现类似，他们和异性恋的男女所持的期望相同（Lawson et al., 2014）。虽然本章所描述的大多数研究结果都是在美国获得的，但世界各地人们的行为表现是一致的：对全球 218 000 名互联网用户的调查发现，他们在追求亲密伴侣时最注重的四个特质分别是智慧、幽默、善良和可靠（Lippa, 2007），在巴西（Castro & de Araújo Lopes, 2010）、俄罗斯（Pearce et al., 2010）、新加坡（Li et al., 2011）和中国（Chen et al., 2015）进行的研究都得出了类似的结果。

　　男性和女性在他们不希望伴侣具有的特征方面也大体一致。当要求他们描述分手原因，即导致他们拒绝某人成为其伴侣的特征时，男女两性都把令人反感的特质（如不值得信赖、冷漠或施虐倾向）、不健康（如性病或酗酒）和不讲卫生（"体味难闻"）放在前几位（Jonason et al., 2015）。女性比男性更谨慎和挑剔一些（Fletcher et al., 2014），比男性的分手原因也更多，正如你预料的那样（鉴于本章前面的讨论），适配价值更高的人也会有更多的分手原因（Jonason et al., 2015）。

　　所以，综上所述，吸引力并非玄奥莫测。男人注重外表，女人注重资源，但似乎每个人都想拥有和蔼可亲、随和、有爱心和善良的伴侣。男性和女性在这方面没什么差别，随着年龄的增长（变得更睿智？），他们对伴侣温暖和善良的偏爱会变得更强烈（Brumbaugh & Wood, 2013）。只要女方姿色中等，男方有一点经济实力，男女双方都想得到尽可能多的温暖和忠诚。如果说这里有什么令人惊讶的消息，那就是新闻里说，女人不只是想要强壮和强势的男人，她们还想要她们的男人温暖、善良，信守承诺（Jensen-Campbell et al., 1995）。如果你是一位冷静、坚忍和大男子主义的男人，那么请注意了：如果你在自己的力量和权力之中融入一些儿女柔情，女人会更易被你感动。

请你思考

　　拉什德向丽贝卡做了自我介绍，因为她非常性感火辣。但当拉什德发现丽贝卡有点多疑、自我中心和爱慕虚荣时，他有点失望。另一方面，丽贝卡的确很性感，所以拉什德还是约了她。丽贝卡被拉什德的名牌服装和大胆举止打动，迷上了他，但几分钟后，丽贝卡就觉得他有点咄咄逼人、傲慢无礼。尽管如此，拉什德手里有一场昂贵音乐会的门票，所以她同意了他的约会邀请。

　　读完本章后，你认为拉什德和丽贝卡的这场约会及未来发展会如何？为什么？

本章小结

吸引力的基础

当他人的存在对我们有奖赏意义时，我们便会被吸引，因为他们于我们而言具有工具性意义，帮助我们实现目标。

临近性：喜欢身边的人

我们从周围的人中选择我们的朋友和敌人。

熟悉：反复接触。一般而言，熟悉会产生吸引力。即使是短暂的简单曝光，往往也会增加我们对他人的好感。

方便：远亲不如近邻。与异地伴侣的关系通常不如伴侣就在身边更让人满意。

临近的力量。空间上的临近能让两个人更可能相遇和互动，不管结果是好是坏。

外表吸引力：喜欢可爱的人

对美的偏爱："美的即好的"。我们假设有吸引力的人也拥有其他理想的个人特征。

谁是漂亮的？对称、五官平均化的面孔尤其漂亮。腰臀比为 0.7 的女性最有魅力，而腰臀比为 0.9 的男人如果有钱，也有吸引力。

外表吸引力的演化观。关于美貌的跨文化共识、女性的偏好和行为的周期性变化，以及吸引力与身体健康的关联，都与演化心理学的假设一致。

文化也起作用。美的判断标准也会随着经济和文化条件的变化而改变。

长相很重要。当人们第一次见面时，没有什么比长相更能影响吸引力了。

美的互动代价与收益。外表吸引力对男性社交生活的影响要甚于对女性的影响。有吸引力的人会怀疑来自他人的赞美，但他们仍然比没有吸引力的人更快乐。

外表吸引力的匹配。人们通常是与自己容貌相当的人成双成对。

相互性：喜欢那些喜欢我们的人

人们不愿意冒被拒绝的风险。大多数人这样计算他人的整体吸引力，他人的外表吸引力和我们判断他人喜欢我们的可能性的乘积。那些能成为理想伴侣的人（即适配价值高的人）坚持认为，他们的伴侣也是理想的。

相似性：喜欢那些与我们相似的人

物以类聚，人以群分。人们喜欢那些与自己态度一致的人。

相似性的种类。 幸福关系中的伴侣在人口统计学的出身和态度上更为相似，而人格在较小的程度上相似。

相异相吸吗？ 相异并不相吸，但人们之所以认为相异会相吸有几个原因。首先，我们会被那些我们认为与我们相似的人吸引，但我们可能会犯错。其次，感知到的相似性被对我们与他人共有的属性的准确理解所取代需要时间。人们可能会被那些与自己差别不大但与自己的理想自我相似的人所吸引。随着时间的推移，人们也倾向于变得更加相似，而某些种类的相似性更为重要。匹配也是一个广泛的过程，名望、财富、天赋和长相都能用来吸引他人。最后，我们可能会欣赏伴侣的行为，这些行为与我们自己的不同，但对我们有互补作用，有助于我们实现自己的目标。

男女两性期望什么样的伴侣

人们会从三个方面评价潜在的伴侣：（1）温暖和忠诚，（2）吸引力和活力，（3）地位和资源。对于持久的爱情，女人希望男人温暖、善良但不能贫穷；男人希望女人温暖、善良但不能没有吸引力。因此，人人都希望有一个和蔼可亲、随和、充满爱心的亲密伴侣。

第 4 章

社 会 认 知

假设你得了严重的流感，在家卧床不起，你的爱人一整天都没打电话询问你的病情。你感到很失望。为什么你的爱人不给你打电话？是他／她考虑不周和不体贴入微吗？或者这只是他／她一贯以自我为中心、缺乏同情心的又一个令人失望的例子？抑或更可能是你的爱人对你充满爱意和关心，不想贸然把你从睡梦中惊醒？有几种可能的解释，你可以选择一种宽恕、指责或介于两者之间的思路。重要的是，选择权就掌握在你的手中；同一个事实可以有几种不同的解释。但不论你选择何种解释，你的判断可能非常重要。说到底，你的认知要么会维系要么会损害你们的关系。

在社会认知这一章中，我们将集中探讨这类判断。**社会认知**（social cognition）指我们用来评价和理解自己和他人的所有知觉、解释、信念及记忆过程（Fiske & Taylor, 2017）。因此，简而言之，本章将关注我们思考亲密关系的方式。我们将探讨和思考这些问题：我们对伴侣及其行为的判断是如何为亲密关系的后续发展奠定基础的；我们为影响和控制伴侣对我们的看法会做出何种努力；即使是在亲密关系中，两个人到底有多了解对方。纵观本章，我们会发现，我们对伴侣关系的知觉和解释无比重要：我们的所思所想会影响我们的感受，进而影响我们的行动。如果我们的判断总是准确的，这就不是问题。然而，对某一事件的解释通常有多种合理的方式（正如本章开篇的例子所示），即使我们信心十足地以为自己掌握了事情的真相，我们仍然可能犯错误。的确，正如关于第一印象的研究所揭示的那样，有些错误也许从我们遇到某人的那一刻就开始了。

第一印象（及其他）

　　第一印象很重要。我们在第一次短暂的会面后所形成的对他人的判断往往相当持久，最初的看法在数月之后仍有影响力（Uleman & Saribay, 2012）。初次交往后，如果我们十分厌恶某人，那么我们就会回避与他 / 她有任何进一步的接触，这一事实显而易见（Denrell, 2005）；在这样的情况下，第一印象就是我们获得的唯一印象。然而，即便我们与刚认识的人见过更多次的面，第一印象仍会持续地产生影响。研究者为新生正式安排了相识对话活动，结果学生们形成的最初印象在 10 周后仍在影响他们对彼此的感觉（Human et al., 2013）。

　　可以想象，有些第一印象之所以持久，是因为它们敏锐而正确。有时，我们并不需要花多少时间就能明辨善恶好坏，并且如果我们是正确的，就不必改变我们最初的知觉。另一方面，即使第一印象是错误的，它们也能持久存在（Harris & Garris, 2008）。不管是对还是错，第一印象总是挥之不去，而这正是它们如此重要的原因。我们来思考一下它们是如何运作的。

　　自我们与他人相遇的一瞬间起，我们就开始对他人进行评判，这里的"瞬间"我指的是前 1/25 秒。只要 39 毫秒[1]，我们便能判定一个陌生人的脸看起来是否在生气（Bar et al., 2006）。经过连续十分之一秒更加耐心的思考后，[2] 我们就能对一个陌生人的吸引力、讨人喜欢的程度和值得信赖的程度做出判断，这些判断与我们对该人的脸仔细审视一分钟后得出的判断完全一样（Willis & Todorov, 2006）。"与某人第一次见面时，连眨眼的工夫都不到，我们就已经决定了是否想聘用这个人、

---

[1] 1 毫秒是千分之一秒，所以，在 39 毫秒过后，1 秒的时间里还有 96.1% 没过去。

[2] 我不是在开玩笑，但我是想说得好玩儿一点。

与之约会、厌恶这个人或与之做朋友"（Rule, 2014, p.18）。然后，如果观察一名陌生人和异性聊天 5 秒钟，我们就能判断出他 / 她的外向程度、尽责性和智力水平（Carney et al., 2007）。我们妄下结论的速度太快了。

我们遇到的每个人都可以归入某一类别，而我们对不同类别的人群持有刻板化的第一印象，因此我们的快速判断受我们已有刻板印象的影响。这一论断看似鲁莽，但实则不然。试想：人无非男女，并且（正如第 1 章所述），我们期望男人和女人有不同的行为。此外，我们一眼便能分辨美丑，而且（正如第 3 章所述），我们会想当然地认为漂亮的人讨人喜欢。还有许多其他的分类：年轻人 / 老年人，黑人 / 白人，穿耳洞者 / 不穿耳洞者，乡下人 / 城里人，不一而足。刻板印象的具体内容可能因人而异，但它们以大抵相似的方式影响每一个人，即刻板印象让我们先入为主地看待他人。据此做出的判断往往非常不准确（Olivola & Todorov, 2010b），但这样的判断又难以避免：我们会不自觉地受刻板印象影响，即使有时我们意识不到在使用它们（Nestler & Back, 2013）。所以，即使我们想要保持不偏不倚、胸怀坦荡，但对他人先入为主的一些最初感觉仍会不请自来。

那么，在与别人打招呼前，如果我们仔细观察对方，或许从远处就能获取关于对方的大量特定信息。观察他们的鞋子：堪萨斯大学的学生仅仅通过一张鞋子的照片就能洞察他人的年龄、性别、收入，甚至是被弃时的焦虑（Gillath et al., 2012）。研究他们的面孔：我们倾向于认为面部宽 - 高（长，译者注）比例大的男性（即面部宽而短的男性），比那些面部窄而长的男性更可能带有偏见。我们是对的。研究发现确实如此（Hehman et al., 2013）。快速扫一眼某位政客的脸，我们也能相当准确地判断他是保守派还是自由派（Wänke et al., 2012），如果某个男人的嘴很宽，我们往往认为他是一位好领导。［这次我们又对了（Re & Rule, 2016）！］

只要与他人互动，我们就会不断地妄下结论。请花点时间认真地慢慢阅读下面这行文字，思考具备以下特点的某个人：

　　　妒忌、固执、挑剔、冲动、勤劳、聪明。

你愿意这个人成为你的同事吗？可能不太愿意。现在，请你再花点时间评估具备以下特点的另一个人：

　　　聪明、勤劳、冲动、挑剔、固执、妒忌。

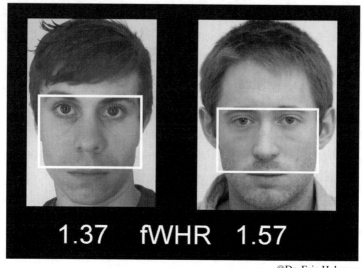

1.37   fWHR   1.57

©Dr. Eric Hehman

你对这两个人的第一印象是什么？左边这个男人面部的宽–高比（fWHR）较小，故而他的脸比右边这个男人的脸显得更窄更长。白色的长方形表示用来计算面部宽–高比的测量值，从下颚顶部横跨整个面部，再从上嘴唇顶部垂直延伸到双眉的中间。在一定程度上，面部宽–高比大的男性比其他男性更可能报告有偏见的态度（可能是因为他们更有可能说实话，而不管其他人怎么想）。的确，我们认为脸窄的男性更正直、更值得信赖（Ormiston et al., 2017），但女性在挑选短期伴侣时偏爱面部宽–高比大的男性；他们看起来更强势，这一点在速配约会中很有诱惑力，但当女人评估他们是否适合作未来丈夫时，这样的男人并不占优势（Valentine et al., 2014）。

后面这个人更令人印象深刻，是吗？他/她并不完美，但看起来有能力、有抱负。当然，关键在于这两种描述以不同的顺序给出了相同的信息，这就足以使人产生两种不同的印象（Asch, 1946）。我们对他人的判断受到**首因效应**（primacy effect）的影响，即我们获得的关于他人的最初信息在连同我们的即时印象和刻板印象一起塑造我们对他人的整体印象时，往往具有特殊的重要性。

首因效应很好地说明了第一印象如此重要的原因：无论对错，我们对他人快速形成的第一判断会影响我们对后来所获信息的解释。判断一旦形成，就会影响我们使用随后数据的方式，而且往往是以难以觉察的微妙方式起作用。约翰·达利和佩吉特·格罗斯（Darley & Gross, 1983）通过实验说明了这一点，他们让普林斯顿大学的学生观看了一段录像，录像确立了一个名叫"汉娜"的年轻女孩的社会阶层。他们准备了两段不同的录像，有些人看到汉娜在校园里破旧的水泥地面上玩耍，然后回到一个昏暗的小复式公寓，因而认为她很穷；而另一些人则看到汉娜在宽阔的草地上嬉闹，然后回到了宽敞明亮的大房子里，因而认为她很富有。好消息是，当达利和格罗斯要求参与者猜测汉娜的在校表现时，并没有人认为富人家的孩子比穷人家的孩子聪明；两组参与者都认为她的成绩一般（见图4.1）。然而，在那之后，研究者又向参与者播放了汉娜参加一项能力倾向测验的录像，汉娜的表现时好时坏，她有时能答对一些很难的问题，有时却在简单的问题上犯错。所有参与者看的是相同的录像，但坏消息是，根据他们对汉娜的社会阶层的印象，参与者对视频做出了迥然不同的解释。那些认为汉娜贫穷的参与者指出了她的错误，并判断她的表现低于平均水平；而那些认为她富有的参与者却注意到她的成功之处，并评价她的表现高于平均水平。对汉娜的社会阶层持不同先入之见的参与者，以不同的方式解释了汉娜同样的行为，得出了截然不同的结论。请注意这一过程是多么微妙：他们并没有仅仅因为知道了汉娜的社会阶层就草率地对她做出带有偏见的判断，犯一个很容易被察觉的明显错误。相反，他们对汉娜的社会阶层的印象在他们的头脑中挥之不去，并干扰了他们对她后来行为的解释。他们

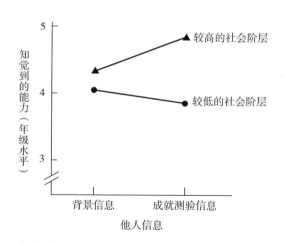

图 4.1　我们的先入之见控制我们对他人信息的解释

对一位小学四年级女孩的社会阶层持不同预期的人，尽管看到该女孩在某次成就测验中有完全相同的表现，但却得出了迥然不同的结论。与那些认为女孩来自普通家庭的人相比，那些认为女孩是一个富家子弟的人，对该女孩整个四年级成绩的评价会更高。

资料来源：摘自 Darley, J. M., & Gross, P. H. "A hypothesis-confirming bias in labeling effects," *Journal of Personality and Social Psychology*, 44, 1983, 20–33。

可能会很自信地做出带有偏见的判断，并且认为自己公平公正。两组参与者都能挑出汉娜测试时的一段表现，即符合他们先入之见的那部分，并认为自己做出的判断完全正当合理，却从未意识到持有不同第一印象的人也在观看同样的录像并且得出了不一样的结论。

　　因此，第一印象会影响我们对随后获取的关于他人的信息的解释，也会影响我们对新信息的择取。当我们想要验证对他人形成的第一印象时，我们更可能寻求能够证实自己信念的信息，而不是查找能够证明自己这一信念错误的资料。也就是说，人们通常会表现出**验证性偏差**（confirmation bias）：他们常常寻求那些能够证明自己正确的信息，而不是寻找那些能证明自己错误的例证（Snyder, 1981）。例如，假若你被要求去访谈一个同学，以确定他/她是否是一个善于社交的外向型的人，你会收到一份问题清单，上面列有可以提问的问题。其中有些问题是中性的（如"举止友善和坦率的优缺点是什么？"），而其他一些问题则倾向于引发内向的反应（如"喧闹聚会的哪些方面令你讨厌？"），还有一些问题则可能带来外向的回答（"当你想在聚会上活跃气氛时，你会做些什么？"）。你会如何进行访谈？如果你和大多数人一样，你就会选择那些能证实你预期的问题。

　　当研究者让一些参与者去查明某位陌生人是否外向，而让另一些参与者去查明此人是否内向时，上述的一幕就发生了（Snyder & Swann, 1978b）。两组访谈者采取了两种截然不同的调查方式，所提的问题可能会让他们得到他们期望发现的行为例证。事实上，这些访谈是如此偏颇，以至于那些偷听他们对话的观众，根据访谈者的先入之见真正地相信陌生人非常外向或内向。

　　确实，验证性偏差的问题在于，它们会引出与我们的先入之见相符的关于他人的片面信息，其结果是，我们很少正视那些表明我们的第一印象错误的证据。因而，我们不仅会坚持那些错误的草率判断，而且往往会**过度自信**（overconfident），误以为自己比实际更准确，犯了许多错误而不自知（Ames et al., 2010）。举一个例子，在你开始一段新的恋爱关系后，随着时间的推移，你可能会很自信地认为你了解他/她的性史。例如，你可能会越来越确定你知道他/她是否有性传播感染。但不幸的是，你不太可能像你自己认为的那般了解情况。在得克萨斯大学奥斯汀分校进行的研究发现，人们对新结识的人HIV阳性风险的估计，不如他们认为的那样准确（Swann et al., 1995）。当一段新的关系开始时，他们过度自信，而随着关系的发展，他们只会变得更糟（Swann & Gill, 1997）。随着熟悉度的增加，人们

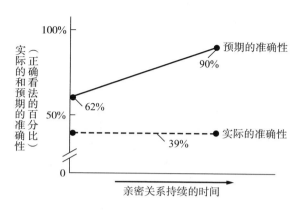

图 4.2 亲密关系发展过程中彼此了解的准确性与（过度）自信

在恋爱之初，人们认为自己对新伴侣性史的了解，比他们实际知道的要多。之后，随着时间的推移，他们非常确信自己熟悉了所有的事实，但事实上他们的实际准确性并未提高。

资料来源：摘自 Swann, W. B., Jr., & Gill, M. J. "Confidence and accuracy in person perception: Do we know what we think we know about our relationship partners?", *Journal of Personality and Social Psychology*, 73, 1997, 747–757。

越发确信自己很了解新伴侣，但他们的准确性并无变化（见图 4.2）。

所以，第一印象很重要（Todorov et al., 2015）。我们很少以公平公正的方式加工关于他人的信息。相反，我们已有的观念，无论是简单的刻板印象还是草率的第一印象，都会影响我们获取新信息的方式及我们对这些信息的理解。我们往往意识不到我们是多么容易忽视那些证明我们可能错了的证据。我们不会先行试探。仅凭一些倾向于支持自身观点的事实，我们就错误地相信自己对他人的判断，结果所犯的错远比我们意识到的要多。

当然，随着相处时间和经验的增加，我们对伴侣的了解也会加深，并且随着人们对彼此了解的增多，第一印象的确会发生变化（Brannon & Gawronski, 2017）。然而，在一段关系的每个阶段，已有的信念都有影响力，这是我希望阐明的基本观点。当涉及朋友和爱人时，人们或许视其所乐见，且持有并不总是正确的自信判断（Leising et al., 2014）。

例如，你和你的父母，谁能更好地判断你现在的恋爱关系能维持多久？值得注意的是，当大学生本人及其父母、室友被要求预测该学生恋爱关系的未来发展时，大学生的父母和室友做出的预测都要比大学生本人更准确（MacDonald & Ross,

©Monkey Business Images/Shutterstock

当我们第一次与他人见面时，刻板印象和首因效应会影响我们对所观察行为的解释。

1999）。你可能会认为人们才是自己亲密关系的最佳评判者，但学生们专注于他们亲密关系的优势而忽略了其弱点，因而，他们自信而乐观地预测的关系持续时间通常比实际的更长。父母和室友则更冷静、更公正，虽然他们对自己的预测不是很有信心，但他们对亲密关系未来发展的预测却更为准确。实际上，对异性恋关系的未来发展，最准确的预测往往来自女方的朋友（Loving, 2006）。如果她的朋友们赞成一段关系，那么这段关系很可能会继续下去；但如果他们认为这段关系注定会失败，那么这两个人就很可能告吹（Etcheverry & Agnew, 2004）。

　　因此，那些使我们对新结识者的知觉复杂化的因素，如过度自信、验证性偏差和先入之见，在已建立的亲密关系中也会产生作用。显然，我们并不是对自己的亲密关系一无所知，当我们深思熟虑、小心谨慎时，我们对亲密关系的未来发展做出的预测比在浪漫的心境下做出的预测更准确。但一旦我们致力于一段亲密关系并希望它持续下去时，我们就很难保持冷静；在这种情况下，我们特别容易产生支持我们对伴侣乐观的错误知觉的验证性偏差（Gagné & Lydon, 2004）。

　　所以，我们对亲密关系的知觉往往并不像我们认为的那样超然和完全正确。并且，不管是好是坏，它们对我们随后的情感和行为都有相当大的影响，正如下一节我们将看到的。

专栏 4.1

我们并不总是知道我们为什么会这样想

想想看：你去参加一项心理学研究，研究者在剪贴板上登记你的名字时，让你替她端着一杯热咖啡，持续大约 20 秒。之后，研究者让你对一段短文所描述的陌生人形成一种印象。你温暖的双手会让你直觉地认为这个陌生人是一个热情而慷慨的人吗？反之，如果你手拿的是一杯冰咖啡，你会不会不那么喜欢这个陌生人？值得注意的是，这两个问题的答案都是肯定的。温暖的双手比冰冷的双手更能使研究参与者对陌生人产生温暖的想法（Williams & Bargh, 2008）。

这项研究的结果会怎样呢？约会时坐在摇晃的椅子上，旁边的桌子也摇晃不定，这是否会增加你对伴侣稳定性（如信任和可靠性）的渴望？答案也是肯定的（Kille et al., 2013）。这些现象有两个方面很有趣：首先，我们对他人的印象会受到各种各样的影响，其中有些影响与被评判的人无关。其次，在这些研究中，人们完全没有意识到当前的条件，如他们双手即时的温度，会左右其判断。我们并不总是知道为什么我们持有自己的观点，有时，我们对他人的印象是没有根据的。对于有洞察力的学习社会认知的学生来说，这两点都是宝贵的经验。

知觉的力量

我们对我们的亲密关系和伴侣的判断似乎是自然而然地发生的，似乎这是我们看待他们的唯一合理的方式。我们很少意识到，我们经常选择采用我们所使用的观点，这种选择进而会促进或抑制我们对伴侣的满意度。

伴侣的理想化

在理想的浪漫关系中，你在寻觅什么？正如第 3 章所述，我们中的大多数人都希望自己的伴侣温暖且值得信任、忠诚且热情、富有且充满魅力。我们对伴侣的满意度取决于他 / 她接近这些理想的程度（Tran et al., 2008）。然而，现实中的伴侣与理想中的通常会有些差距。那么，我们怎样才能与我们吸引到的真实的人快乐相处呢?

一种方法是对我们的伴侣构建善意和大度的认知,强调他们的美德而缩小其缺点。人们经常以**积极错觉**(positive illusion)来评价自己的爱人,尽可能地将伴侣描述为最好的样子(Fletcher et al., 2013)。这种"错觉"混合了对伴侣的现实认识和理想化了的知觉。他们并不会无视伴侣的缺点,只是认为这些缺点是局部的、特定的瑕疵,远不如他们的优点和长处重要和有影响力(Neff & Karney, 2003)。他们了解所有的事实,但他们对事实的解释却与众不同,所以他们对伴侣的评价比其他人更积极,甚至比伴侣对自己的评价还更为积极(Solomon & Vazire, 2014)。

把爱人看得这么高是不是有点危险?当伴侣不符合这些积极的知觉时,人们会不会不可避免地感到失望?答案可能取决于我们的积极错觉有多么不现实(Neff & Karney, 2005)。如果我们真的是自欺欺人,凭空虚构伴侣并不具备的令人期待的品质,我们可能注定会幻想破灭(Niehuis et al., 2011)。如果我们将伴侣捧上神坛,并期望他们完美无瑕,这对他们来说也不是件好事(Tomlinson et al., 2014)。另一方面,如果我们了解伴侣各方面的情况,但只是以一种善意的方式来解释它们,那么这种"错觉"可能是非常有益的(Fletcher, 2015)。当我们将伴侣理想化时,我们倾向于以积极的方式来评价伴侣的行为,也更愿意承诺维持好这段亲密关系(Luo et al., 2010)。我们可以慢慢地让伴侣确信,他们实际上就是我们认为的优秀的人,因为我们的高度尊重也会提高他们的自尊(Murray et al., 1996)。总之,随着时间的推移,浪漫伴侣的理想化形象与更高的满意度相关(Murray et al., 2011)。

此外,我们还有一种聪明的方法来保护自己免于幻想破灭:随着时间的推移,当我们越来越了解我们的伴侣时,我们倾向于修正我们对理想伴侣的期望,以便我们的标准适合我们现在的伴侣(Fletcher & Kerr, 2013)。在某种程度上,我们会顺势认定我们的伴侣拥有的品质就是我们想要的。

因而,通过选择看好的一面,即把伴侣看得尽可能好,并调整我们的理想和希望,使之符合我们所面临的现实,我们便可以增加对现有伴侣感到满意的机会。事实上,伴侣通常知道我们在崇拜他们,而且他们通常希望我们在合理的范围内这样做(Boyes & Fletcher, 2007),而如果我们也能从伴侣那里得到这种积极、善意的看法作为回报,就是双赢!

归因过程

我们的快乐或痛苦还会受到我们选择用来解释伴侣行为的方式的影响。我们对事情发生原因的解释，特别是一个人为什么做了或没有做某事，被称为**归因**（attribution）。归因确定事件的起因，强调某些因素的影响而将其他因素的作用最小化。对这类判断的研究很重要，因为我们生活中的大多数事件通常有几种可能的解释，而且这些解释间的差异意义深远。我们可以强调个体的内在影响因素（如人格、能力或努力），或者强调外部的影响因素（如个体所面临的情境或环境）。例如（正如你可能已经注意到的），考试成绩好的学生通常把他们的成功归结于内因，如他们的准备和天赋；而那些成绩差的学生则把失败归咎于外因，如测试太难（Forsyth & Schlenker, 1977）。事件的起因可能会相当稳定而持久，如我们的能力；也可能易变而短暂，如起伏不定的情绪。最后，原因还可以分为可控的，因而我们能管理它们；或者不可控的，因而我们对此无能为力。由于存在以上种种区分，对某一特定事件的不同解释或许都有道理。亲密关系中的因果判断可能格外复杂，因为相互依赖的伴侣可能都对发生的大部分事情负有部分责任。

尽管如此，在关于亲密关系归因的研究中存在三种广泛的模式。首先，尽管伴侣之间有深入的了解，但他们仍会受到**行动者 / 观察者效应**（actor/observer effect）的强烈影响：他们对自己行为的解释与他们观察到的伴侣的类似行为的解释完全两样（Malle, 2006）。人们通常能敏锐地意识到塑造他们行为的外部压力，但却忽视了同样的环境也会影响他人；因此，在解释自己的行为时，他们承认有外部压力，但当其他人表现出完全一样的行为时，他们却会做内部归因（如归因于他人的性格）。这一现象在亲密关系中具有挑衅性的原因是，它使伴侣们忽视了他们在彼此身上观察到的行为通常是他们自己挑起的。在争吵中，如果一方认为，"她那样做激怒了我，"另一方可能会想，"他太喜怒无常了。他需要学会控制自己。"这种偏差是如此普遍，以至于在几乎任何互动中，双方都可能对各自所做的事有相当程度的共识，但在解释其原因时却可能各执一词（Robins et al., 2004）。更复杂的是，伴侣双方可能意识不到彼此归因的差异，每个人都可能认为对方会像自己一样看问题。当伴侣们有意识地努力去理解对方的观点时，行动者 / 观察者差异就会减少（Arriaga & Rusbult, 1998），但很少会完全消失（Malle, 2006）。最保险的策略是假设，即使是你最亲密的伴侣也很少能理解你行为的所有原因。

其次，尽管彼此真心相爱，伴侣们也可能表现出**自我服务偏差**（self-serving bias），即乐于把成功归功于自己，却试图避免对失败承担责任。人们喜欢对发生在自己身上的好事负责，而情况变糟时则喜欢寻找外部理由。因此，虽然伴侣们不会告诉对方这一点（Miller & Schlenker, 1985），但当关系进展顺利时，他们通常认为主要归功于自己；如果关系变糟，他们则没有太多的责任（Thompson & Kelley, 1981）。让这一现象变得有趣的一个特点是，我们中的大多数人都能轻易地认识到别人对成功的过分自居和对失败的苍白托词；但却认为自己类似的自我服务的看法明智而正确（Pronin et al., 2002）。出现这种情况的部分原因是，我们知道自己的良好意图（并予以充分肯定），即使我们并没有将它们落实下去；而判断别人时我们则仅仅依据他们的行为，而不是他们可能本来打算做什么（Kruger & Gilovich, 2004）。

这一模式具有挑衅性，我们来看看它是如何起作用的。想象一下，丈夫上床睡觉时在想："我敢打赌老婆明天早晨会喜欢在床上吃早餐。"他打算为她做点什么，并自豪地认为自己是个体贴周到的伴侣。但当他睡过了头，不得不飞奔去上班，而根本没有任何体贴之举时，他很可能仍自我感觉良好：毕竟自己的意图是好的。相反，妻子只能通过丈夫的行动来评判他；她又不会读心术怎能懂得丈夫心中所想，在这件事上，她也没有任何证据证明丈夫是体贴的。不同的信息来源使丈夫认为自己是一位比妻子（或任何其他人）所认为的更好、更体贴的伴侣（Lemay, 2014）。（还记得那些你想写却没写的感谢信吗？你或许因为自己曾想找机会对他们表达感激而认为自己是个感恩的人，但失望的亲人却未曾收到你的一丝谢意，你的所作所为就像一个无礼的忘恩负义者！）

这种微妙的过程使得对事件的自我服务式解释在社会生活中司空见惯。的确，相爱的伴侣对彼此的自我服务偏差要比对其他人少（Sedikides et al., 1998）。尽管如此，在令人满意的亲密关系中仍然存在自我服务偏差。特别是发生争吵时，夫妻双方都倾向于认为争吵主要是对方的过错所致（Schütz, 1999）。如果发生了婚外情，人们往往认为自己的外遇不过是无伤大雅的逢场作戏，但却认为配偶的出轨行为是严重的背叛（Buunk, 1987）。

想一想 ✔

你在多大程度上能够理解伴侣对你在上一次争吵升级中所起作用的看法？

所以，伴侣们独特的视角会让他们觉得自己的错误有更好的辩解理由，却不肯原谅朋友或爱人所犯的同样错误。他们还倾向于认为对方是大多数分歧和冲突的根源。我们中的大多数人都觉得自己很好相处，但对方有时令人难以忍受。这样的认知无疑是有影响力的，事实上，第三种重要的模式就是，伴侣双方的一般归因模式影响他们对关系的满意度（Osterhout et al., 2011）。幸福的人对伴侣行为的归因可增进关系。他们认为伴侣的积极行动是有意的、习惯性的，表明了伴侣的良好品格；也就是说，幸福的夫妻对彼此的积极行为进行可控、稳定和内部的归因。他们也倾向于淡化彼此的过错，视其为偶然的、特殊的和情境性的。因而，消极行为被归因为外部的、不稳定的和不可控的因素。

　　通过这样的归因，彼此满意的伴侣放大了对方的善意，最大限度地缩小了对方的失误，只要伴侣的不当行为的确只是偶尔的疏忽，这些善意的解释就能使双方愉快相处（McNulty, 2010）。但互不满意的伴侣则恰恰相反，他们夸大坏的一面，弱化好的一面（Fincham, 2001）。不幸福的夫妻常做维持痛苦的归因，将伴侣的消极行为视为故意的和例行的，而将积极行为看作无意的和偶然的（见图 4.3）。因此，美满的伴侣常以宽容之心来评判彼此，从而能快乐相处；而痛苦的伴侣则

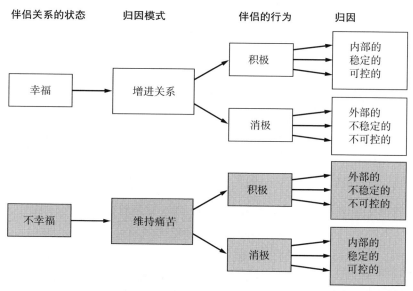

图 4.3　幸福和不幸福的伴侣所做的归因

增进关系的归因会让伴侣肯定对方体贴、慷慨的行为，并为令人不悦的行为找借口，认为它只是一时的过错。维持痛苦的归因则恰恰相反，人们指责伴侣令人不悦的行为，却并不肯定伴侣的良好举止。

资料来源：摘自 Brehm, S., & Kassin, S. M. *Social Psychology* (6th ed.), New York: Houghton Mifflin, 1990。

以不饶人的眼光看待对方，无论双方的行为如何，他们都不会对彼此感到满意（Durtschi et al., 2011）。当痛苦的伴侣彼此示好时，双方都可能会把对方的体贴当成消极日常生活中暂时的、不典型的片刻安宁。如果善意被视为偶然的，伤害被视为蓄意的，双方就很难获得满足感（Hook et al., 2015）。

这种自我挫败的归因模式从何而来？依恋风格有其影响。安全型依恋的人倾向于宽容地采用增进关系的归因，但不安全型的人，尤其是那些高忧虑被弃型的人，则更为悲观（Kimmes et al., 2015）。各种各样的失望可能会使任何人都逐渐变得消极悲观（Karney & Bradbury, 2000）。但有一点是明确的：适应不良的归因会导致暴躁的行为和无效的问题解决方式（Hrapczynski et al., 2011），并且会引发原本不会出现的不满（Kimmes et al., 2015）。有各种不同的角度可供选择，人们可以选择用引发爱意和宽容大度的方式或悲观和贬损的方式来解释伴侣的行为，关系的成功可能最终取决于归因方式的选择。

记　忆

我们对亲密关系中当前事件的知觉显然很有影响力。我们对过去事情的记忆同样如此。

我们通常以为自己的记忆是对过去事件的真实表征。特别是，我们倾向于信任生动的记忆，因为它们看起来如此确定和具体。但多年的研究（Della Sala, 2010）清晰地表明：随着新事件的展开，我们会编辑和修正自己的记忆，甚至是那些看似生动形象的记忆。因此，我们对过去的记忆总是混杂着当时发生的事情和我们现在才知悉的事情。心理学家用**重构性记忆**（reconstructive memory）这一术语来描述随着新信息的获得，我们的记忆被不断地修正和重写的现象。

重构性记忆会影响我们的亲密关系。首先，伴侣目前对彼此的感觉会影响他们对共同往事的记忆（Ogolsky & Surra, 2014）。如果目前很幸福，人们倾向于忘记过去的不愉快；但如果他们现在不幸福，关系在走下坡路，他们会低估他们曾经多么幸福和相爱。这些记忆把戏有助于我们适应所遇到的情况，但它们经常让我们觉得自己的亲密关系一直比实际情况更稳定、更可预测，这会助长有害的过度自信。

想一想 ✓

当一段亲密关系以糟糕的方式结束时，你能多准确地回忆起它进展顺利时有多美妙？

好消息是，通过错误地回忆过去，伴侣们可以对他们的未来保持乐观（Lemay & Neal, 2013）。在任何给定的时间点，满足的情侣都可能回忆起他们过去有过一些问题，但最近情况有所好转，所以他们现在比过去更幸福（Karney & Frye, 2002）。关于这种模式，值得注意的是，如果你长期追踪这些配偶，他们会再三地告诉你这一点，即使他们对彼此的满意度日渐下降而不是增加（Frye & Karney, 2004）。显然，通过回忆亲密关系中那些并未发生过的新近改善，人们比不这样做可能更为幸福。如同其他知觉一样，我们的记忆会影响我们在亲密关系中的后续行为和情绪（Lemay, 2014）。

关系信念

人们还会带着对关系如何运作的既定信念步入亲密关系。比如，有研究者（Willoughby et al., 2015a）认为，我们有一系列关于结婚和婚姻生活的信念，这些信念表现为婚姻范式的形式，即关于我们是否、何时以及在什么情况下应该结婚的各种宽泛的设想，以及结了婚会是什么样子的信念。在美国印第安纳州波尔州立大学的一个相当大的学生样本中，约三分之一的人对婚姻充满热情，渴望结婚，但更多的人（58%）则更为谨慎：他们不太看重结婚，希望更晚些结婚，也更能接受离婚。其余 10% 的人更不看重婚姻，觉得自己 35 岁才会结婚（如果结婚的话）（Willoughby & Hall, 2015）。

支撑这类宽泛的婚姻观的是各种更为具体的信念，比如**浪漫主义**（romanticism），即一种认为爱情应该是选择伴侣的最重要的依据的观点（Weaver & Ganong, 2004）。浪漫主义者认为：（1）每个人都只有一份完美的"真"爱；（2）真爱能找到克服一切障碍的方法；（3）一见钟情的爱情是可能的。这些浪漫信念显然会给一段新恋情增添一抹玫瑰色彩，在最初几个月，浪漫的情侣比不浪漫的情侣体验到更多的爱、满足感和承诺，但随着时间的推移，这些信念往往会逐渐减弱（Sprecher & Metts, 1999）。现实中的亲密关系很少能满足如此高的期望。

至少浪漫的信念看起来是相当有益的（Leising et al., 2014），其他一些明显有害的特定信念则不能相提并论。人们对亲密关系所持的某些信念是有负面作用的（dysfunctional）；也就是说，它们似乎对亲密关系的质量有不利影响，使伴侣更不可能满意（Goodwin & Gaines, 2004）。人们所持的什么观点能产生如此有害的影响？应警惕以下六种观点：

- 分歧具有破坏性。分歧意味着伴侣还不够爱我。如果我们深爱对方，就不会有分歧。
- "读心术"很重要。真正彼此关爱的伴侣仅凭直觉就能知道对方的需要和喜好，根本不需要对方告知。如果必须由我来告诉伴侣我的想法和需求，那只能说明伴侣还不够爱我。
- 伴侣不可能改变。一旦出现了问题，他们就会一直如此。如果爱人犯了错，他/她不会改正。
- 每一次性生活都应该是完美的。只要我们的爱情是忠贞的，那么每一次性生活都应该是美妙的、令人满足的。我们应该总是渴望性生活并做好准备。
- 男人和女人是不同的。男人和女人的性格和需求是如此不同，你真的不可能了解异性。
- 美好的亲密关系是自然而然产生的。你不需要努力维持一段良好的亲密关系。人们要么相处融洽，注定幸福地在一起；要么格格不入，无法相处。

多年前就有研究者识别出了上述有害观点中的大多数（Eidelson & Epstein, 1982），从那时起，许多研究表明，它们会使人们面临在亲密关系中承受痛苦和不满的风险（Wright & Roloff, 2015）。这些观点是不切实际的。当分歧确实发生时（它们一如既往地存在），对持有这些观点的人来说，它们似乎意义重大。任何争执都意味着他们的爱情是不完美的。更糟糕的是，持有这些观点的人并不会更努力地去培养和维系他们的关系（Weigel et al., 2016）——毕竟，如果你们是天造地设的一对，你就不必为了从此过上幸福的生活而努力奋斗——而且当亲密关系出现问题时，他们也不会采取建设性的行动。由于相信人不会改变、真爱天注定，这样的人不会努力去解决问题；他们报告说更愿意结束关系，而不是努力去修复它（Knee & Petty, 2013）。

有研究者在其关于关系信念的研究中将这些观点称为**宿命信念**（destiny belief），因为这些信念假定两个人要么是天造地设的一对，注定永远幸福地生活在一起；要么不适合，注定走不到一起（Knee & Petty, 2013）。宿命信念从僵化呆板的角度看待亲密关系（见表 4.1）：如果两个人注定要幸福，那么在相遇的那一刻他们就会知道；他们也将不会遭遇初期的猜疑或困难，一旦两个灵魂伴侣相遇，

表 4.1　宿命信念和成长信念

这里列出的是奇普·尼（Chip Knee）用于测量宿命信念和成长信念的条目（Knee, 1998）。受访者使用如下所示的打分方法来表示他们同意或反对每个条目的程度。

1	2	3	4	5	6	7
完全不同意						完全同意

1. 恋爱中的情侣要么和谐，要么格格不入。
2. 理想的亲密关系会随着时间的推移逐渐发展。
3. 成功的亲密关系主要在于从一开始就找到合得来的伴侣。
4. 亲密关系中的挑战和障碍可以使爱情更加牢固。
5. 潜在的伴侣要么注定能和睦相处，要么不能。
6. 成功的亲密关系主要在于学会解决与伴侣的冲突。
7. 一段没有良好开端的亲密关系注定会以失败告终。
8. 成功的亲密关系是通过不断努力和磨合而发展起来的。

你肯定能猜到，奇数项评估的是宿命取向，而偶数项评估的是成长取向。目前用于亲密关系的宿命和成长信念研究的量表包含了上述条目及其他 14 个条目（Knee & Petty, 2013），但这些经典条目仍然是这两套信念的最佳示例。你是否更赞同其中一种信念？

资料来源：Knee, C. R. "Implicit theories of relationships: Assessment and prediction of romantic relationship initiation, coping, and longevity," *Journal of Personality and Social Psychology*, 74, 1998, 360–370.

就必然有幸福美满的未来。这通常是好莱坞浪漫电影中描绘爱情的方式，而迷恋这类电影的人往往相信真爱天注定（Hefner & Wilson, 2013）。

那些你很少在电影中看到的不同观点认为，幸福的亲密关系乃是努力维护的结果（Knee & Petty, 2013）。根据**成长信念**（growth belief），好的亲密关系是在伴侣一起努力战胜挑战和克服困难的过程中逐渐发展起来的，其基本假设是，只要付出足够的努力，几乎任何关系都能成功。

正如你所料，当困难出现时，这些不同的视角会产生不同的结果（事实证明，好莱坞电影并没有给我们带来任何好处）。当伴侣发生争吵或一方行为不端时，持有成长信念的人比不持这种观点的人更致力于这段关系，更乐观地相信任何伤害都可以修复。持有成长信念的人可以心平气和地讨论爱人的缺点；相形之下，持有宿命信念的人在面对伴侣的失误时会充满敌意（Knee & Petty, 2013）。"情侣们认为他们是天生的一对也许很浪漫，但当冲突出现，现实戳破完美结合的虚幻泡

"我也以为我们是灵魂伴侣，所以想象一下当我发现我真正的
灵魂伴侣是财务部的尼科尔时，我有多么惊讶吧。"

©Barbara Smaller/The New Yorker Collection/The Cartoon Bank.

认为只要找到对的、完美的伴侣就能从此过上幸福美满生活的信念对你并无益处。

影时，就会适得其反。相反，把爱情视为一段旅程，常会有一些波折，但最终会朝向目的地前进，反而能消除关系冲突带来的一些影响"（Lee & Schwarz, 2014, p.64）。

所以，某些关系信念更有适应意义（Cobb et al., 2013）。随着时间的推移，这些观点会随着我们浪漫关系的兴衰而逐渐改变（Willoughby et al., 2015b），但它们也会随着教育和洞察力而改变（Sharp & Ganong, 2000）。确实，如果你从本小节开头列举的那些于事无补的信念中识别出你自己的任何观点，我希望这些研究结果能对你有所启发。不切实际的假设可能是如此地理想化和盲目乐观，以至于没有哪种关系可以达到其标准，痛苦和失望定会随之而来。

专栏 4.2

依恋类型和对伴侣的认知

关系信念因人而异，另一种与人们看待伴侣关系的方式密切相关的个体差异是依恋类型（Gillath et al., 2016）。不同依恋类型的人被认为有不同的亲密关系"心理模式"；他们对亲密关系是什么样的有不同的看法，对伴侣行为的预期不同，对伴侣行为的评判也不同。我曾提到安全型依恋的人比不安全型依恋的人更可能使用增进关系的归因（Kimmes et al., 2015）；他们也不太可能持有适应不良的关系信念（Stackert & Bursik, 2003）。安全型依恋的人更信任他们的伴侣（Mikulincer, 1998），认为伴侣会给予他们更多的支持（Collins & Feeney, 2004），对其亲密关系的未来持更积极的期望（Birnie et al., 2009）。与不安全型依恋的人相比，他们也更可能记住过去发生

的积极事件（Miller & Noirot, 1999）。甚至他们做的梦都不一样；与不安全型依恋的人相比，安全型依恋的人在梦中将他人描绘成更易接近、更具支持性、更能提供安慰的人（Mikulincer et al., 2011）。总的来说，在判断他人时，安全型依恋的人比不安全型的人更宽容、乐观和友善。

正如第 1 章所述，依恋类型可以改变，但无论人们拥有何种依恋类型，他们都倾向于将过去记成与他们当前的想法一致（Feeney & Cassidy, 2003）。令人欣慰的是，如果从一段有奖赏意义的亲密关系中获得的积极经验能帮助我们逐渐形成一种对亲密关系更轻松、更信任的态度，我们可能会慢慢忘记我们曾经有过其他的感受。

期望

如果关系信念是错误的，它们可能会一直错下去。相形之下，人们对他人行为的一些更具体的期望一开始是错误的，但后来却变成了现实（Rosenthal, 2006）。我这里指的是**自我实现的预言**（self-fulfilling prophecy），这些预言本是错误的预测，因为它们引导人们以使错误的期望成真的方式行事，所以最终成为了现实。自我实现的预言非常生动地说明了认知的力量，因为由此产生的事件之所以会发生，只是因为人们期望它们发生，然后表现得好像它们真的会发生一样。

让我们一起来考察图 4.4，以详细说明这一过程。自我实现的预言的第一步是，

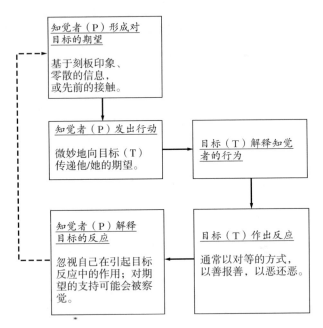

图 4.4　自我实现的预言

知觉者（P）所持的原本错误的期望在与目标（T）互动时，似乎会成为现实。

我们所称的知觉者形成对他人（目标）的期望，即预测该目标将会如何行动。目标的各种信息，诸如年龄、性别、种族、外貌吸引力或社会阶层等，都会在无形中影响知觉者的判断。

　　然后，在重要的第二步中，知觉者做出行动，通常以符合自己期望的方式。的确，知觉者很难避免微妙地传达自己对目标的真实想法。比如，与持不太积极的期望的知觉者相比，持赞许性期望的人与目标互动的时间更长、更频繁，有更多的目光接触，坐得更近，笑得更多，问的问题更多，并鼓励更多的回应（Rosenthal, 2006）。

　　知觉者行为的接受方可能会注意到所有这一切，而目标的解释将影响他/她的反应（Stukas & Snyder, 2002）。然而，在大多数情况下，当目标在第四步做出反应时，是以一种与知觉者对待他/她类似的方式。热情通常会被还以兴趣（Snyder et al., 1997），敌意通常会遭遇反击（Snyder & Swann, 1978a），轻浮则会收获诱惑（Lemay & Wolf, 2016b）。因而，知觉者往往从目标身上引出他/她所期望的行为，而如果知觉者没有期望这种行为，那么目标的行为方式或许会完全不同。

但这就是自我实现的预言的本质，当知觉者解释目标的反应时，他/她不太可能认识到自己在引起目标反应中所起的作用（McNulty & Karney, 2002）。行动者/观察者效应将会使知觉者把目标的行为归因于目标自己的性格或心境。毕竟，知觉者在目标身上发现了他/她所期待的行为；还有更好的证据来证明知觉者的期望是正确的吗？（这是我们在判断他人时往往过度自信的另一个原因；当我们让自己的错误期望成真时，我们永远不会意识到我们错了！）

这就是我们对他人的知觉如此有影响力的另一个根本原因。这些知觉不仅影响我们对所获信息的解释，而且也指导我们对他人的行为（Gunaydin et al., 2017）。我们经常从他人那里获得我们所期望的东西，有时这种行为如果没有我们的推动就不会发生，但我们很少意识到我们的期望如何让它们自身成为了现实。

研究者通过一个巧妙的实验证明了自我实现的预言（Snyder et al., 1977）。他们让明尼苏达大学的男生相信自己正在和一个非常有魅力或非常没有魅力的女生通电话。研究者给每位男生一张他即将结识的女生的假照片，然后将随后的谈话录下来，看看会发生什么。那些以为自己会和美女聊天的男生比那些预期和相貌平平的女生聊天的男生有更高的期望，在交谈开始时，他们更为热切和感兴趣；听谈话录音的人认为他们更善交际、热情、外向和大胆。男生对女生的判断（通常是错误的）清晰地反映在了他们对待女生的行为中。女生又是如何回应男生的这些行为的呢？她们并不知道自己被贴上了漂亮或丑陋的标签，但确实知道与自己交谈的男生听起来是热情的还是冷漠的。其结果是，男生得到了他们所期望的：那些被认为有吸引力的女生确实听起来更有魅力，她们以热情和感染力回应对自己明显感兴趣的男生。相比之下，那些被认为没有吸引力因而被男生淡漠对待的女生听起来则相当乏味。在这两种情况下，无论男生的期望是否准确，他们都从女生那里引发了他们所期望的行为。

因为期望会引导我们对他人的行为，所以它们并不是惰性的。关于这一点的另一个有趣的例子是，研究者先使参与者期望陌生人可能会喜欢或讨厌他们，然后让他们与陌生人交谈（Curtis & Miller, 1986）。参与者被告知，为了研究不同类型的互动，研究者事先给了陌生人关于参与者的虚假信息，所以参与者可以预期陌生人在见面时会做出友好还是不友好的反应。然而实际上，没有一个陌生人知道参与者的任何信息，对这次互动会顺畅还是糟糕的虚假期望只不过是参与者的臆想罢了。（想象你自己处在这样的场景中：你认为即将谋面的人已经喜欢或讨厌你了，但那个人实际上却对你一无所知。）结果怎么样？人们得到了他们所期望的。那些预期自己会被人喜欢的参与者，以一种吸引人、开放和积极的方式和他人打招呼，他们的言谈举止讨人喜爱，而且与他们见面的陌生人真的喜欢他们。然而，那些预期自己不被人喜欢的参与者则小心翼翼、戒心重重、不够坦率，并且确实让对方不喜欢他们。错误的期望再一次使期望的行为变为现实，积极的期望大有裨益，而消极的期望却并非如此。

事实上，随着时间的推移，长期对他人持有不同期望的人们可能会为自己创造出不同类型的社交世界（Stinson et al., 2009）。例如，杰拉尔丁·唐尼（Geraldine Downey）及其同事证明，那些经常担心被他人拒绝的人，往往表现出更可能遭人拒绝的行为方式（Romero-Canyas et al., 2009）。拒绝敏感性高的人往往会焦虑地感知到他人的怠慢，即使没有人有意冷落他们。于是他们反应过度，恐惧地表现出比其他人更多的敌意和防御（Romero-Canyas et al., 2010）。他们的行为令人讨厌，因此，他们自己和伴侣往往对他们的亲密关系不满意。

拒绝敏感性的另一面可能是乐观主义，即期望好事发生的倾向。长期乐观的人比那些不太抱希望的人享有更令人满意的亲密关系，因为他们的积极期望对伴侣关系有益（Carver & Scheier, 2009）。与悲观主义者相比，他们认为自己的伴侣更具支持性（Srivastava et al., 2006），他们报告说自己能够和伴侣一起创造性地、有效地解决问题（Assad et al., 2007）。他们对自己能解决难题的期望显然会使他们信心十足、精力充沛地直面任何难题，而这实际上也让问题更易于处理。

总而言之，我们对伴侣的知觉、所做的归因，以及带入亲密关系的信念和期望，都会对随后的事件产生重要的影响。我们对彼此的判断也很重要。与更为悲观的人相比，那些期望他人值得信赖、慷慨大方、充满爱心的人可能更经常发现他人实际上对自己挺好（Lemay et al., 2015）。

自我知觉

知觉的力量的最后一个例子是我们对自己的判断。我们在第 1 章对自尊的讨论中指出，自我评价对我们的互动有重要的影响。但自尊只是更宽泛的**自我概念**（self-concept）的一部分，后者包括我们对自己所形成的全部信念和情感。我们的自我概念包含一系列广泛的自我认识以及自尊，而自我概念的所有组成部分都跟

专栏 4.3
无意识的社会认知

看到这里，如果你停下来想一想，你可能会识别出我们到目前为止讨论过的社会认知的大部分内容。某些归因、信念和期望可能是习惯性的，几乎不经过任何深思熟虑就自动地起作用。但它们仍然是有意识的过程；如果我们把注意力转向它们，我们就能识别它们，并认识到它们的作用。

然而，亲密关系对我们的某些影响，我们可能完全意识不到。我们可以从与他人的紧密联系中学到一些经验，而这些经验会以我们从未注意到的方式影响我们之后的行为（Chen et al., 2013）。

例如，与他人的特定关系有时会以反复出现的主题为特征。例如，你的父亲可能一直敦促你在学校要取得好成绩。现在，如果有什么东西不易察觉地使你想起了父亲——而且你喜欢他——你可能会比如果没有想起他的情况下在一项困难的任务中坚持更长的时间（Fitzsimons & Finkel, 2010）。你可以表现得就像父亲站在你的身后，催促你前进。反之，如果你不喜爱你的父亲，却又想起了他，你或许会做一些他不希望你做的事情（Chartrand et al., 2007）。这些模式令人兴奋的地方在于，"提醒物"可以是在你眼前闪过的父亲的名字，闪现得如此之快以至于你无法确定自己看到了什么（Zayas & Shoda, 2015）。在这种情况下，你可能未曾有意识地想到父亲，也可能没有意识到自己下意识地想起了他，尽管如此，你过去与他在一起的经历可能会指导你当前的行为。

此外，我们常不经意而又习惯性地把过去的经验带到新的关系中。如果新结识的人与过去苛待过我们的人相似，我们可能会无意中冷漠地对待他们却不自知。这些行动或许会引发他们不太友好的反应，于是，我们可能会开始建立新的不愉快的关系，就像我们不愉快的过去经历一样，而我们过去的伴侣不曾有意识地出现在我们的脑海中（Berenson & Andersen, 2006）。

令人欣慰的是，无意识的影响也能为我们所用。如果新结识的人与你曾愉快相处的人相似，你们的交往就可能会有一个特别好的开始。虽然你可能并未有意识地想起以前的伴侣，但你或许会（并非有意为之）表现得特别热情和友善（Przybylinski & Andersen, 2015）。

所以，我们意识不到我们带入新伴侣关系的包袱可能影响关系结果的所有方式。与某些人的相遇会触发我们从过去关系中习得的无意识倾向，而我们甚至都没有意识到这些倾向的存在。

我们与他人的关系有密切的联系。

在社交互动中，自我概念试图实现两种不同的功能（Swann & Buhrmester, 2012）。一方面，人们从他人那里寻求能提升其自我概念，并使其认为自己受欢迎、有吸引力和有能力的反馈。我们都喜欢听关于自己的正面信息，并设法与那些能帮助我们树立正面自我形象的人交往。

另一方面，因为遇到与自己的信念相矛盾的信息会令人不安，所以我们也希望得到能维持我们现有自我概念的反馈。无论好坏，自我概念在组织我们对世界的看法方面起至关重要的作用；它们使生活变得可预测，并支持我们对每一天会发生什么的一致预期。如果没有一个稳定和牢固的自我概念，与他人的交往互动将变成令人困惑的一团乱麻，而不断面对与自我形象相矛盾的信息会令人不安。因此，如果他人的反馈与人们已有的对自我的看法一致，并证实了他们现有的自我概念，人们也能从中得到安慰（Seidman & Burke, 2015），全世界都是如此（Seih et al., 2013）。

自我提升（self-enhancement，对积极的、赞美的反馈的渴望）和**自我验证**（self-verification，对与现有自我概念一致的反馈的渴望）这两种动机对于喜欢自己和有积极自我概念的人来说是密切相关的。当这样的人与赞美和表扬他们的人交往时，他们获得的反馈同时具有自我提升和自我验证的作用。但对于那些真心认为自己技能不足和不讨人喜欢的人而言，生活要更为复杂。他人的积极评价会使他们感觉良好，但会威胁到他们消极的自我形象；消极的反馈和批评肯定了他们的自我概念，但伤害了他们的感情。

这两种动机如何在有消极自我概念的人身上共存？答案之一是，自我概念较差的人喜欢总体的赞扬，这表明伴侣对他们感到满意，但他们更偏爱关于其具体缺点的自我验证的反馈（Neff & Karney, 2005）。伴侣很清楚你的毛病，但仍然喜欢你，这样的伴侣貌似能同时满足这两种动机（Lackenbauer et al., 2010）。自我提升似乎也是一种更自动的、相对无意识的反应，主要是情绪性的，而自我验证却根源于深思熟虑的、有意识的认知。这就意味着那些自我概念较差的人喜欢他人的表扬和赞美，但一旦有机会思考这些，他们就会不相信或不信任这样的反馈（Swann et al., 1990）。

那么，这又会怎样呢？这些现象与亲密关系研究的相关性在于，如果人们认真地选择亲密关系的伴侣，他们会选择那些支持他们现有自我概念的亲密伴侣，不论其自我概念是好是坏（Swann & Buhrmester, 2012）。我们来看一个例子：假设你在大学宿舍与人共住一个两人间，一学期结束后，有人问你是否想换室友。你有积极的自我概念，你的室友喜欢你并告知了你。你想离开吗？很可能不会。但如果室友不喜欢你并不断地贬低你，你或许就想搬离这个宿舍了。如果一个人在你是什么样的人这一点上与你看法不同，你不会想和这个人住在一起，因为总是不得不面对这样一种相反的观点会令人厌倦和不愉快。

现在想象一下，你有糟糕的自我概念，同住的室友不断地告诉你没有理由怀疑自己。这样的鼓励让人感觉很棒，你还想得到更多鼓励，对吗？错了！保护和维持我们现有自我概念的动机是如此强烈，以至于有消极自我概念的人想要逃离那些以积极方式感知他们的室友；他们宁愿有不喜欢他们的室友（Swann & Pelham, 2002）。这种不喜欢虽然令人不快，但至少它让接受者安心，即这个世界是可预测的。

在恋爱关系中，情况变得更为复杂。当人们选择约会对象时，自我提升是首要的；人人都会寻找喜欢并接纳自己的伴侣。因此，即使是自我概念较差的人也会追求能提供积极反馈的伴侣。然而，在相互依赖性更强、承诺更多的关系（如婚姻）中，自我验证就显得尤为重要——这种现象被称为婚姻转变——人们希望得到支持他们自我概念的反馈（Swann et al., 1994），具体见图 4.5。如果有消极自我形象的人发现自己的配偶过于赞美和欣赏自己，他们会逐渐找到尽可能避开配偶的方法：

> 想象一下，一位男士从妻子那里得到了他认为不应该得到的赞扬。虽然这样的赞扬最初可能让他感到乐观和幸福，但如果他断定妻子只不过是言不由衷……或者他干脆认为妻子是个傻瓜，那么这种积极的情绪就会慢慢消退。无论哪种情况，从非常熟悉自己的人那里得到过度好评都可能助长一种不安和不真实感，以及对评价者的不信任感（Swann, 1996, p.118）。

另一方面，如果伴侣贬低他们，具有消极自我概念的人会与之亲密相处。（当然，对于那些具有积极自我概念的人，情况则刚好相反。）

总的来说，自我概念有助于指导我们对亲密伴侣的选择。他人的认可和接纳总是令人愉悦的，但在有意义的长期关系中，人们更偏爱能证实其自我认知的他人反应。这就意味着，虽然我们大多数人对赞美我们的配偶最满意，但自我概念

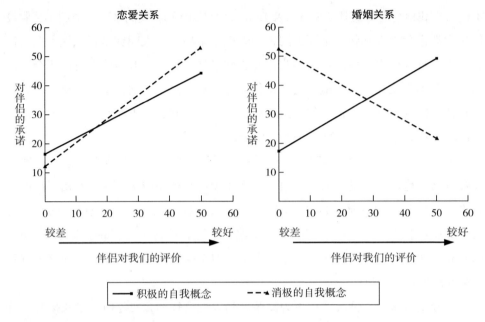

图 4.5　自我验证中的婚姻转变

在恋爱关系中自我提升非常明显：比起那些认为我们有缺点的人，我们感觉与认可我们的约会对象更亲近。但一旦人们结婚后，自我验证的动机就居于主导地位。有着消极自我概念的人与不认同他们的配偶之间的关系实际上比与认同他们的配偶更亲密。如果你现在的恋人自尊较低，要注意这种婚姻转变。

资料来源：Swann, W. B., Jr., De La Ronde, C., & Hixon, J. G. "Authenticity and positivity strivings in marriage and courtship," *Journal of Personality and Social Psychology*, 66, 1994, 857–869.

消极的人却不会；他们可能会觉得能证实自己较低的自我评价的伴侣更理解自己，也更亲近（Chun et al., 2017）。[3]

3　自我概念当然是可以改变的，并且改变的难易程度取决于人们对所持自我概念的确定性。好消息是，如果你怀疑自己是个傻瓜但又不很确定，来自爱慕你的恋人的积极反馈可能会改变你的自我形象，因为你很享受并相信伴侣所说的话（Stinson et al., 2009）。坏消息是，如果你确信自己毫无价值，那么和那些非常了解你并接受你本来样子的人（即那些认同你没有价值的人）在一起会更自在。

专栏 4.4
自恋与亲密关系

消极的自我概念显然会对一个人的亲密关系产生不利影响，但过于积极的自我概念亦会产生问题。自恋者对自己的才能、魅力和自我价值的认知极度膨胀，非常不切实际（Grijalva & Zhang, 2016）。他们不仅拥有高自尊，对自己感到满意，还认为自己比别人更优秀（Brummelman et al., 2016）。所以，他们的自我知觉是浮夸的，他们还容易产生强烈的自我服务偏差（Stucke, 2003）；如果事情进展顺利，他们想把所有的功劳归于自己，但如果事情不顺，他们将不会接受任何指责。他们也很敏感；过度的骄傲导致他们对臆想中的怠慢反应过度，总是警惕任何不尊重自己的线索（McCullough et al., 2003）；一旦他们认为别人不尊重或不关心自己，就会感到非常委屈，进而表现得比别人更愤怒、更具攻击性。

当他们步入亲密关系时，"自恋者的目标不是好好相处，而是处处争先。他

们寻求的不是亲密的纽带，而是优越感和地位"（Myers, 2016, p.36）。与他人相比，自恋者对自己的伴侣缺乏承诺，这是他们的一贯作风。傲慢的权利感使得他们四处寻找比现有伴侣更合意的对象（Campbell & Foster, 2002）。他们不怎么努力取悦现在的伴侣，总是认为自己应该得到"更好"的。

自恋者显然是相当糟糕的伴侣，但有时其他人一开始很难看到这一点（Czarna et al., 2016）。他们穿戴得体（Holtzman & Strube, 2013），而且在最初，他们的自信很有吸引力（Wurst et al., 2017），人们通常需要一段时间才能认识到他们是多么自私、剥削人和敏感。所以自恋常以一种"致命的吸引力"的形式出现；一开始或许很吸引人，但从长远来看却是致命的（Lavner et al., 2016），它给我们带来了挑战，在判断未来的伴侣时，我们要尽可能地敏锐。

印象管理

他人对我们的印象显然非常重要。正因为如此，我们经常试图控制他人接收到的关于我们的信息。有时，我们会精心策划自己给他人留下的印象，谨慎地选择我们的用词、行为、衣着，甚至我们的伙伴，以呈现某种特定的公共形象。在另一些场合，当我们没有刻意去追求某种特定印象时，我们经常会陷入习惯性

的行为模式，这些模式对我们的描绘在过去引发了我们想要的回应（Schlenker, 2012）。所以，不论我们是否在有意为之，我们经常在进行**印象管理**（impression management），试图影响别人对我们的印象。

　　这种意图非常重要，原因至少有两个。首先，我们在他人面前所做的几乎任何事情，都可能受到印象管理方面的战略监管。女性与有魅力的男子约会时，比与自己的闺蜜一起外出时吃得更少（Robillard, 2008）。当男性想给女性留下深刻印象时，他们会在滑板上冒更大的风险（并引发更多哗众取宠的碰撞）（Ronay & von Hippel, 2010），看恐怖电影时假装镇定自若（Dosmukhambetova & Manstead, 2012），炫耀奢侈品 [4]（Sundie et al., 2011）。在性生活中，女性会在夸张的快感中大声喊叫（Brewer & Hendrie, 2011），男女两性偶尔都会假装高潮（在美国堪萨斯州的一个样本中，约四分之一的男性和三分之二的女性假装过性高潮）（Muehlenhard & Shippee, 2010）。事实上，我们任何公开的行为都可能向别人传达关于我们的有意义的信息。

想一想 ✓

你发现某位朋友在交友网站上贴了一张两年前的照片，当时她比现在轻大约4.5 公斤。她对形象的选择是不光彩的表里不一，还是一种精明的策略？

我们选择的电子邮箱地址（Back et al., 2008b），在网游里创建的虚拟人物（Fong & Mar, 2015），在身上刺的文身（Guéguen, 2013），当然还有在聊天网站上创建的个人主页（参见专栏 4.5），都能让陌生人对我们的某些人格特质做出非常准确的判断。

　　印象管理之所以重要的第二个原因是，它对人们的社交生活有广泛的影响。他人对我们的评价很重要，与人交往时，我们很难不关心对方对我们的看法（Miller, 1996）。作为一种能够影响他人判断的方式，印象管理可增加我们实现人际目标的机会。这其中鲜有不诚实的事情发生；印象管理很少是欺骗性的或表里不一的。是的，人们会假装性高潮，在网上的个人资料中，女性谎报自己的体重，男性则虚报身高（Hitsch et al., 2010），但大多数印象管理是向别人（或许是选择性地）披露自己真实的特征（Schlenker, 2012）。例如，通过表明自己的某些态度但不提及其他态度，人们似乎与他们遇到的几乎所有人都有某些共同之处；这种简单的印象管理策略可促进优雅、具有奖赏意义的社交互动，并且根本不涉及虚伪。因为别人拒绝虚假和欺骗，所以人们很少以完全虚构的面目出现。

4　人们不会仅仅为了交通的便捷花 45 万美元买保时捷 Carrera GT，这种车只有两个座位，后备箱狭小，耗油量大。

专栏 4.5

你在社交网站上向世界展示了什么？

当我们在社交网站上发布个人资料和张贴照片时，我们就是在进行印象管理，选择我们提供给社交网络的信息。当然，你可以通过隐私设置限制别人的访问权限，但如果陌生人浏览你的个人主页，你或许会惊讶于他们能了解你的程度。

让我们从最基本的情况开始。假设他人并未浏览你的个人资料或看到你的任何照片，他们只是看你的"点赞"（likes）（毕竟这是公开的，除非你费尽心思把它们隐藏起来）。一项对 58 466 名美国志愿者点赞条目的分析发现，他们点赞的模式让人很容易辨别他们究竟是男性还是女性，白人还是黑人。性取向也非常明显，并且目前是否单身，是否吸毒，其父母是否离异，都非常清楚（Kosinski et al., 2013）。

下面是记分卡：

个人特征	研究者的准确性
性别	93%
种族	95%
性取向（男）	88%
性取向（女）	75%
单身／恋爱中	67%
吸毒	65%
父母离异	60%

加上看你的个人资料、照片和贴文，他人就会对你的上述部分特征确信无疑。更有意思的是，陌生人根据你上传的照片和发表的评论，能够洞察你的外向性、宜人性和尽责性（Darbyshire et al., 2016）。[例如，如果你经常在自己的页面上使用一些诸如"该死的""犯贱的"和"狗屁"之类的词语，你的宜人性可能比那些经常用"太棒了""太神奇了"和"谢谢"的人差（Park et al., 2015）。]我们还可以从中了解你的恋爱关系进展如何：平均而言，相比其他人，用自己与伴侣的合影作为头像的人对其亲密关系更满意。当事情进展顺利时，他们也会分享更多关于其亲密关系的信息（Saslow et al., 2013）。

当然，我们知道，我们发布在社交网站上的任何内容都会被任何访问我们主页的人看到。这些近期的研究发现中值得我们注意的一点是，他人可能了解多少我们并未打算透露的信息。

印象管理策略

不过，因为我们大多数人都有不同的兴趣和才能，所以我们可以诚实地尝试创造许多不同的印象，并且我们可能会在不同的情境下寻求不同的形象（Gohar et al., 2016）。的确，人们经常使用四类不同的印象管理策略（Jones & Pittman, 1982）。当我们寻求他人的接纳和喜欢时，我们会使用**逢迎讨好**（ingratiation）的策略；我们帮助别人，赞美别人，谈及共识，通常表现得很有魅力，以使别人喜欢我们。逢迎讨好是恋人们常用的印象管理策略（Nezlek et al., 2007），只要这些努力不带有明显的操纵性或不真诚（Tenney & Spellman, 2011），通常都能得到他人的积极回应（Proost et al., 2010）。

在其他场合下，当我们希望自己的能力得到他人的认可和尊重时，我们可能会进行**自我推销**（self-promotion），向他人讲述我们的成就，或策略性地公开展示我们的技能。自我推销是职场上常用的印象管理策略（Nezlek et al., 2007），但即使在专业环境中，大力的自我推销对女性来说也是有风险的，因为这有可能看起来"不够淑女"（Moss-Racusin & Rudman, 2010）。一个人并不希望自己看起来是在自吹自擂（Wotipka & High, 2016）。尽管如此，在求职面试中，自我推销比逢迎讨好能给人留下更好的印象，两者结合效果更佳（Proost et al., 2010）。

逢迎讨好和自我推销都能在交往中给人留下良好的印象，但其他策略则会给人留下不良印象。通过**恐吓**（intimidation），人们把自己塑造成无情的、危险的和带有威胁性的形象，以使他人听从命令。这样的行为令人反感，往往会使人避而远之，但如果这种行为只是偶尔为之，或者如果对象是儿童或无处可去的贫困配偶，恐吓或许能达到一些目的。最后，使用**恳求**（supplication）的策略，人们有时会表现得无能或虚弱，以逃避义务并寻求他人的帮助和支持。那些声称"辛苦工作了一天"实在"太累了"而不想洗碗的人，使用的便是恳求策略。如果逢迎讨好和自我推销策略有用，那么大多数人很少使用恐吓和恳求的策略。因为我们大多数人都希望被人喜欢和受人尊敬，而不是让人害怕或要人怜悯。但几乎人人都会偶尔使用恐吓和恳求策略。如果你曾经为了达到自己的目的，向伴侣表现出你对某事的愤怒或悲伤，那么你分别是在使用恐吓或恳求策略（Clark et al., 1996）。

亲密关系中的印象管理

亲密伴侣之间的印象管理有两个特点值得一提。首先，人们管理印象的动机存在个体差异，这些差异意义重大（Nezlek & Leary, 2002）。**高自我监控**（self-monitoring）者善于调整自己的行为，以适应各种情境下的不同规范。他们对暗示他们应该做什么的社会线索很敏感，他们准备好、愿意并能够调整他们的行为以适应当前情境。相比之下，低自我监控者不太关注社交规范，应变能力较差；他们的技能储备较少，故而在不同情境下的行为表现较为一致，即使并不适合当前的情境，也会给人留下一成不变的印象。所以，高自我监控者是更为多变的、积极有力的印象管理者（Park-Leduc et al., 2014）。

这些不同的印象管理风格导致了不同的朋友圈子。高自我监控者由于更经常地转变形象以面对不同的人，所以往往比低自我监控者拥有更多的朋友，但他们和每一位朋友的共同点并不多。[5] 高自我监控者身边往往有许多"活动专家"式的人，他们是进行某些娱乐活动的好伙伴，如"网球伙伴"或"健身朋友"，但彼此在其他方面并不见得合得来（Leone & Hawkins, 2006）。高自我监控者会努力避开任何可能引发争执的话题，而专家式的朋友则会让他们真正地享受那些特定的活动，但如果他们举办一次聚会，邀请所有这些朋友，那么到场的人可能是彼此之间几乎没有共同点的截然不同的人。相比之下，低自我监控者必须更费力地寻找与自己在各方面更为相似的同伴。如果低自我监控者召集自己所有的朋友，来的人可能屈指可数，但他们彼此会有很多共同点。

随着时间的推移，印象管理风格差异所带来的影响似乎逐渐显现出来。第一次见到别人时，高自我监控者比低自我监控者更享受亲密的互动；他们努力寻找共同话题，并且擅长闲聊（Fuglestad & Snyder, 2009）。成为积极主动的印象管理者似乎有助于他们与各种各样的人轻松自在地交往。另一方面，他们在每个朋友身上投入的时间较少，所以与低自我监控者相比，他们的人际关系维系的时间更短、忠诚度更低（Leone & Hawkins, 2006）。高自我监控者在一段关系刚开始时所享有

5　我需要指出的是，此处以及后面关于自我监控能力高低的区分都是基于自我监控能力最高的人（即得分最高的 25%）和自我监控能力最低的人（即得分最低的 25%）之间的比较。研究者这样做的目的是尽可能简单明了地研究某种人格特质可能产生的影响，但你应该认识到，有半数人的得分是在平均分上下波动的，他们的表现介于这里所描述的例子之间。

的互动优势，在关系建立起来之后可能会成为一种负担（Wright et al., 2007）。

故而，高自我监控者对社交形象的高度关注会影响他们所建立的人际关系。你更愿意成为高自我监控者还是低自我监控者？你可以使用表 4.2 中的量表来确定自己的自我监控得分。请记住：只有非常高和非常低的得分者才符合我在这里所描绘的情况。

亲密关系中的印象管理的第二个有趣方面是，尽管我们给朋友和爱人留下的

表 4.2 自我监控量表

下面的每条陈述对你来说是对还是错？

1. 我发现自己很难模仿别人的行为。
2. 在聚会或社交活动中，我不会试图说或做他人会喜欢的事情。
3. 我只为我本来就相信的观点辩护。
4. 即使是我不太了解的话题，我也能发表即兴演讲。
5. 我想我是刻意表演，以娱乐别人或给别人留下深刻的印象。
6. 我可能会成为一个好演员。
7. 在团体中，我很少成为大家关注的焦点。
8. 在不同的情境下，面对不同的人，我经常表现得像完全不同的人。
9. 我不太擅长讨人喜欢。
10. 我内心的想法并不总是与外显的行为一致。
11. 我不会为了取悦他人而改变我的观点（或做事风格）。
12. 我曾考虑过成为一名演艺人员。
13. 我从不擅长打哑谜猜字或即兴表演这类游戏。
14. 我很难改变自己的行为来适应不同的人和不同的情况。
15. 聚会时，我听别人不停地说笑话和讲故事。
16. 我在公共场合会感到有点窘迫，不能很好地表现自己。
17.（如果是出于善意）我能当着任何人的面说谎。
18. 当我真的不喜欢别人时，我可以装友好来骗他们。

第 4、5、6、8、10、12、17、18 条陈述：若你认为是对的，则每条记 1 分。

第 1、2、3、7、9、11、13、14、15、16 条陈述：若你认为是错的，则每条记 1 分。

你的总分是多少？如果大于或等于 13，那么你的自我监控能力较强。如果小于或等于 7，那么你的自我监控能力则较弱（Synder, 1987）。得分在 7~13 是平均水平。

资料来源：Snyder, M., & Gangestad, S. "On the nature of self-monitoring: Matters of assessment, matters of validity," *Journal of Personality and Social Psychology*, 51, 1986, 125–139.

印象比我们为相识的人或陌生人营造的印象更有影响力，但在维持自己的良好形象方面，我们为亲密伴侣所花的精力通常要比为其他人所花的精力要少。我们不怎么担心给伴侣留下什么样的印象，也不会一直努力让自己看起来招人喜欢和能干（Leary et al., 1994）。例如，人们与伴侣认识的时间越久，约会进餐期间在洗手间整理衣饰妆容所花的时间就越少（Daly et al., 1983）。

为什么我们对自己呈现给亲密伴侣的形象不那么在意，却对留给其他人的印象更在意？这可能有几个原因（Leary & Miller, 2000）。一方面，我们都知道自己的朋友和爱人喜欢我们，所以营造美好形象以赢得他们认可的动机不足。例如，如果有一天你有了一位令你满意的配偶，你很可能会比苦苦追求对方时更胖（Meltzer et al., 2014）。另一方面，因为他们十分了解我们，所以我们不论做什么都很难对他们的想法产生太大的影响。然而，还有可能仅仅是因为人们变懒了。要保持最佳的言谈举止需要专注和努力。礼貌的行为通常意味着某种形式的自我约束。在那些已经了解并爱我们的人身边，我们可以放松，无拘无束；但这也意味着人们与亲密伴侣相处时通常比与普通人相处时更为不羁（Miller, 1997b）。那些在恋爱初期表现得非常端庄得体的人，比如不冲澡不穿戴整齐就不会出现在早餐桌旁，结婚后往往变成这样的配偶：穿着内衣坐在桌旁，没有洗漱，又是抓痒又是剔牙，还偷偷拿起了最后一个甜甜圈。这很讽刺：用优雅的举止赢得了浪漫伴侣的爱之后，我们中的一些人却再也不肯努力在这个伴侣面前保持那样的魅力。（这或许是许多关系中存在的重大问题，我们在第 6 章会详细探讨。）

我们到底有多了解我们的伴侣

我们来总结一下本章所涉及的社会认知内容。在亲密关系中，伴侣往往对彼此抱有理想化但过于自信的看法，当他们依据这些判断行事时，可能会从对方那里引出符合他们期望的行为，而若非如此这些行为本不会发生。而且，不论对错，他们都可能以符合他们现有的先入之见的方式来解释彼此的行为。伴侣双方都在努力营造他们想给对方留下的印象。显然，在亲密关系中各种各样的过程在起作用，致使我们在伴侣身上看到我们所期望或想要（或者伴侣希望我们）看到的特质和动机。那么，我们对伴侣的知觉到底有多准确？我们有多了解我们的伴侣？

答案很简单，"并不像我们认为的那样好。"当然，我们对伴侣都有深入的了解，但正如第 3 章所述，我们习惯性地认为伴侣比实际上更像我们。我们相信他们比实际上会更经常地认同我们的意见，我们还高估了他们的人格特质与我们自身人格特质的相似程度（Luo & Snyder, 2009）。结果，我们觉得我们理解伴侣，伴侣也理解我们，远超实际的程度。这些错误知觉并非没有益处。事实上，我们从伴侣身上感知到的相似性和理解越多，与伴侣的亲密关系就越令人满意（Pollmann & Finkenauer, 2009）。然而，我们对伴侣的误解比我们意识到的要严重。在某种程度上，我们对伴侣的知觉是一种虚构的形象，将伴侣描绘成了另外一种人。

有几个因素决定了我们判断的准确程度。人际知觉既取决于交往中的人，也取决于他们所面临的情境（Nater & Zell, 2015）。

了　解

我们并不像自己所认为的那样了解自己的伴侣，这一结论与亲密伴侣彼此相当了解这一事实并不矛盾。随着关系的发展，以及伴侣在一起的时间更长，双方确实更理解彼此。已婚人士对彼此的认知比恋爱中的情侣或一般朋友更准确，熟人对彼此的判断比陌生人更准确（Letzring et al., 2006）。亲密伴侣之间频繁互动，彼此关心，而且正如第 3 章所述，他们通常有很多共同点，所有这些都有助于提高对伴侣判断的准确性（Connelly & Ones, 2010）。

动　机

然而，随着时间的流逝，我们对他人的认知并不一定会变得更加准确。结婚几十年的夫妻并不比那些结婚只有一两年的夫妻更了解对方（Fletcher & Kerr, 2010）。（你对此感到惊讶吗？我很惊讶。）这是因为我们试图了解对方的兴趣和动机会影响我们的洞察力和准确性（J. Smith et al., 2011），并且在努力了解彼此方面，结婚不久的夫妻之间的理解或许已达到将来能够达到的程度。如果他们的动机减弱，随着时间的推移，更长时间的紧密接触甚至会逐渐导致准确性的降低而非提高（Ickes, 2003）。

一般而言，女性对他人的判断要好于男性，但这部分地与男性只是不像女性那么努力地去理解他人有关（Hall & Mast, 2008）。不论男女，极力回避亲密的人不能很好地解读他人，这既是因为他们不会密切地关注他人，也是因为他们根本不在乎（Izhaki-Costi & Schul, 2011）。但我们对长相俊美之人往往比对相貌平平之人更了解：因为他们长相俊美，所以我们更努力地去了解他们（Lorenzo et al., 2010）。当我们有了解他人的动机时，我们就能更好地了解他们。

伴侣的易理解性

人们拥有的某些特质比其他特质更可见，即这些特质所驱使的行为易于观察、显而易见。一种特质越明显，人们对它的认知就越准确。例如，善于社交和外向的人很可能被准确地认为是合群的和友善的，但高度神经质的人则不易被觉察（Vazire, 2010）。此外，有些人通常比其他人更容易被人正确判断（Human & Biesanz, 2013）。一个有趣的例子是研究参与者观看快速约会视频时的表现（Place et al., 2009）。观察者通常能够分辨出男性是否对遇见的女性感兴趣，但要判断女性对男性的兴趣却有点困难（可能是因为其中的多数女性表现得比较冷静）。尽管如此，男性和女性中都有一些成员非常坦率，很容易读懂；而另一些人（约占该群体的 20%）却总是会误导那些观察他们的人。当人们难以解读时，观察者通常无法知道他们在想什么。

知觉者的能力

有些人可能确实难以解读，但一些人对他们的判断却比另一些人更准确。拥有良好社交技能的人往往擅长判断他人（Hall et al., 2009），这通常是因为他们的**情绪智力**（emotional intelligence）很高。情绪智力是个体感知、使用、理解和管理情绪的一组能力（Mayer et al., 2016）。拥有情绪智力的人能敏锐地解读他人的情感，从而享有更满意和更亲密的人际互动（Czarna et al., 2016）。女性的情绪智力往往比男性高，这也是她们擅长判断他人的另一个原因（Brackett et al., 2005）。

不善于判断他人可能会导致令人不安的后果。当研究者让已婚男性观看女性讨论她们的离婚案件的录像时，他们发现（可能正如你所料）有些男性比其他人更能读懂女性的心思和感受。录像中的人们情绪激愤，且这些男性从未见过录像

专栏 4.6

你真的了解他人对你的看法吗？

　　没错，你比任何其他人都更了解你自己。当然，没有人能像你一样与自己如影随形。但其他人仍可能知道一些你自己都不了解的关于你的事情，原因有二。首先，他们有不同的视角。他们能看到你在做什么，有时他们还能意识到你没有注意到的行为（Vazire & Carlson, 2011）。你是否曾对自己在视频中的样子感到惊讶？那就是他人一直以来看你的视角。其次，他们更为客观。鉴于我们都容易受到自我服务偏差的影响，他人对我们的评价则更为冷静客观；例如，他们更清楚地知道我们的外表有多吸引人（Epley & Whitchurch, 2008）。

　　如果你能意识到他人通常无法意识到的你未曾言明的恐惧、善意和其他私人经历，你就能更充分地理解他人对你的看法；他们只能依据你的言行对你做判断。故而好的一面是，相比我们的自我评价，其他人认为我们更不那么神经质、更自信、更尽责（Allik et al., 2010）。他们比我们更少意识到我们的焦虑、偶尔的胆怯和未曾实现的计划，所以他们不能像我们那样抓住我们私底下的脆弱时刻来针对我们。一般而言，我们非常清楚自己在不同的观众（如父母、朋友和同事）面前所营造的不同形象（Carlson, 2016）。尽管如此，通常还是会有一些几乎每个人都能想到而我们自己却未意识到的事情（Gallrein et al., 2016）。要真正了解他人对你的看法，你需要做的是开口询问（Epley, 2014）。

中的女性，但那些能准确判断出这些女性何时真正愤怒或痛苦的男性，往往对自己的婚姻感到满意。相比之下，其他男性认为这些女性比她们实际上更具敌意；他们从这些女性的言论中察觉到了批评和拒绝，而这些对其他感知者来说并不明显。令人毛骨悚然的是，这些男性更可能虐待妻子（Schweinle et al., 2002）。从陌生女性那里感知到并不存在的敌意这一"脸皮薄"的倾向与虐待配偶存在相关性。

　　令人欣慰的是，培训和练习可以提高人们理解伴侣的能力（Teding van Berkhout & Malouff, 2016）。在一项研究中，参加了 10 小时的同理心训练课程的参与者，在 6 个月后能更准确地理解伴侣的想法和感受。他们的伴侣也因此对彼此的亲密关系更为满意（Long et al., 1999）。

威胁性知觉

亲密的伴侣通常比一般的熟人更了解彼此，但当伴侣的情感或行为令人痛苦或给人一种不祥之感时，他们可能就不想去了解对方了。当准确的知觉令人担忧时，亲密的伴侣实际上可能会被驱使成为不准确的知觉者，以避免对他们的关系产生疑虑（Ickes & Hodges, 2013）。这是一件好事，因为当人们正确地从伴侣身上感知到自己不想要的、威胁性的情感时，亲密关系就会受损（Simpson et al., 2012）。设想一下这样的情境：你和恋人被要求审视并讨论几张十分有魅力的人的照片，并且你的恋人后来或许会遇见他们。然后，在观看你们两人刚才讨论照片的录像时，你试图确切地识别出你的男友在审视这些美女的照片（或者女友审视帅哥的照片）时的真实想法，这些美女帅哥可能会成为你潜在的情敌。这时你的知觉会有多敏锐？你会真的想知道你的伴侣发现某张照片特别吸引人，并且真的很期待见到那个人吗？如果你和大多数人一样，你肯定不想知道恋人真实的想法。在这种情况下，照片越有吸引力（因而带有威胁性），两个人的关系越紧密，约会对象对彼此的想法和情感的感知就越不准确（Simpson et al., 1995）。大多数人都能相当好地理解伴侣对缺乏吸引力的照片的反应，但不知何故，他们对伴侣对有魅力的照片的反应却相对一无所知。人们对自己不愿听闻的消息漠不关心。

但并不是每个人都能以这种方式成功地控制威胁性知觉。在伴侣审视充满魅力的照片时，痴迷型依恋的人对伴侣的判断实际上更准确（Simpson et al., 1999）。然而，准确的知觉让他们不得安宁，因此他们不太看好自己的亲密关系。痴迷型的人就如飞蛾扑火：他们尤其擅长在那些准确性令人不安且代价高昂的情况下，凭直觉来判断伴侣的感受。这种知觉敏感性或许是痴迷型的人长期对亲密关系感到焦虑的原因之一。在面对令人痛苦的信息时，疏离型[6]的人则表现良好，因为他们转移了自己的注意力，对此视而不见。这虽然能保护他们的感情，但却让他们根本意识不到发生了什么（Simpson et al., 2011）。

知觉者的影响

最后，我们应该记住，人们并非被动地对他人做出判断。在亲密关系中，人

6　你还记得"痴迷"和"疏离"这些术语吗？如果不记得，请翻到第 1 章复习。

们与伴侣不断互动，按照与自己的期望一致的方式行事，并对自己构建的知觉做出回应。如果他们意识到伴侣不是自己希望的那种人，他们可能会试图通过鼓励伴侣做出某些行为和避免另一些行为来改变伴侣。从某种意义上说，人们有时就像雕塑家，试图把现实中的伴侣塑造成他们想要的伴侣（Rusbult et al., 2009）。如果伴侣看起来萎靡不振，我们可以试着给他们加油鼓劲。或者如果伴侣狂妄自大和自命不凡，我们则可以试着让他们脚踏实地（De La Ronde & Swann, 1998）。由于亲密伴侣不断地影响和塑造彼此的行为，最初不准确的知觉可能会变得越来越正确，因为我们引导伴侣成为我们希望他们成为的人。

总　结

在上述所有影响因素的作用下，我们对伴侣知觉的准确性可以从凭空幻想到精准无误。随着亲密关系的发展，我们当然能更好地了解伴侣，但我们的动机和专注力起伏不定，并且有些人比其他人更容易让人了解，有些人的知觉判断也比其他人更敏锐。此外，即使你非常了解你的伴侣，有些情况下疏忽大意反而更有益，它有助于你避免不必要的怀疑和苦恼。伴侣之间还会彼此影响，故而随着时间的推移，知觉既可能变得更准确，也可能更不准确。一般而言，我们对伴侣的了解通常不如我们所认为的那样透彻。

我得出的重要结论是，我们对伴侣的知觉显然有重要的影响。无论对错，我们对爱人和朋友的判断既可以支持也可以破坏我们在关系中的满足感。有些人看到亲密关系光明的一面，将伴侣往好处想，采用增进关系的归因方式，并期待得到善意和慷慨的回应，而这也是我们得到的。然而，另一些人却怀疑自己的伴侣，并想到最坏的结果，从而使亲密关系更可能失败。

请你思考

玛莎很期待见到盖丽，因为认识盖丽的人都说她友好、外向又聪明。但在她们碰巧相遇的那天，盖丽因接触了毒漆藤而出现了严重的皮疹，她因为没完没了的瘙痒而感到不舒服，又因为吃了过敏药而昏昏欲睡，总之盖丽这一天心情糟透了。

所以，当玛莎向她问好并做自我介绍时，事情进展得并不顺利。短暂的接触后玛莎就走开了，心想盖丽实际上相当冷漠，不合群。

盖丽的皮疹好了之后，又恢复了正常的情绪状态。她再次遇到了玛莎并热情地打招呼，但却惊讶地发现玛莎显得冷淡而谨慎。读完本章后，你认为玛莎和盖丽未来的关系会怎样？为什么？

本章小结

社会认知包括所有我们用于评价和理解自己及他人的知觉、思维和记忆的过程。

第一印象（及其他）

当第一次与他人相遇时，我们会因为刻板印象和首因效应而妄下结论。然后，验证性偏差会影响我们对随后信息的选择，而过度自信会导致我们毫无根据地相信自己的判断。

知觉的力量

伴侣的知觉会产生重要的影响。

伴侣的理想化。幸福的伴侣会构建积极错觉，强调伴侣的优点，忽视他们的缺点。

归因过程。我们对事情发生的原因给出的解释被称为归因。伴侣会受到行动者 / 观察者效应和自我服务偏差的影响，他们还倾向于运用增进关系或维持痛苦的归因模式。

记忆。随着时间的推移，我们会不断修正和更新我们的记忆。这种重构性记忆的过程有助于伴侣们保持对未来的乐观心态。

关系信念。我们对婚姻将在生活中所起作用的设想表现为婚姻范式。有负面作用的关系信念，诸如宿命信念，显然对关系不利；成长信念则更为现实和有益。

期望。我们对他人的期望能变成自我实现预言，错误的预言使它们自己变为现实。

自我知觉。我们从他人处寻求自我提升和赞美的反应，以及与我们对自己的看法相一致的反应——自我验证驱使人们寻找支持他们现有自我概念的亲密伴侣。

印象管理

我们试图影响他人对我们的印象。

印象管理策略。人们常用的印象管理策略有四种，分别是逢迎讨好、自我推销、恐吓和恳求。

亲密关系中的印象管理。高自我监控者对伴侣的承诺较少，但我们所有人在向亲密伴侣展现良好形象时都不及在其他人面前那么卖力。

我们到底有多了解我们的伴侣？

我们通常并不像自己所认为的那样了解自己的伴侣。

了解。随着亲密关系的发展以及伴侣相处时间的增多，人们一般都能更好地理解对方。

动机。人们试图了解对方的兴趣和动机会影响其洞察力和准确性。

伴侣的易理解性。有些人格特质，例如外向，比其他特质更可见。

知觉者的能力。有些人是比其他人更好的判断者。在这方面，情绪智力很重要。

威胁性知觉。然而，当准确的知觉令人担忧时，亲密的伴侣实际上可能会被驱使成为不准确的知觉者。

知觉者的影响。最初不准确的知觉可能会变得更加正确，因为我们诱导我们的伴侣成为我们希望他们成为的人。

总结。无论对错，我们的判断都很重要。

第 5 章

沟　通

　　想象一下，你和爱人独自坐在一间舒适的房间里，重拾你们上次发生分歧的话题。你们的谈话比大多数人都更有条理，因为在你和伴侣说话之前，你会记录下对你接下来要说的话的快速评价。你按下五个按键中的一个来评价你希望传达出的影响，这些按键分别标有"非常消极、有点消极、中性、有点积极及非常积极"。在你说完之后，你的伴侣会用同样的方法快速评定他 / 她对你发出的信息的知觉，然后再回应你。你依次说出你的观点，然后聆听伴侣的回应，整个谈话过程就这样持续下去。这种程序被称为谈话桌（talk table），研究者通过该程序可以记录下你内心的想法和公开的行为。值得注意的是，如果你目前对你们的关系不满意，你可能没打算惹恼或贬低你的爱人，但无论如何你很有可能这样做。平均而言，在谈话内容上，不幸福的夫妇与幸福美满的夫妇在他们试图对彼此说的内容上并没有什么不同，但不幸福的夫妇传递出的信息，即他们的伴侣认为自己听到的内容，却更有批评指责和不尊重对方的意味（Gottman et al., 1976）。这一点非常重要，因为这个下午在谈话桌边的谈话能预测你们俩日后的幸福程度；沟通不畅的配偶五年后的婚姻满意度较低（Markman, 1981）。

　　沟通在亲密关系中极其重要,也比我们通常所意识到的要复杂得多（Vangelisti,2015）。我们先来考察一下图 5.1 所示的简单沟通模型。沟通的起点是传递者的意图,即传递者希望传达的信息。问题在于传递者的意图是秘密的,只有传递者本人才知道;这些信息要传达给聆听者,就必须被编码成公开的、可观察到的言语和非言语行动。信息传递者的情绪、社交技能或周围环境的噪音干扰等诸多因素都会影响或干扰这一过程。然后,接收者必须对传递者的行动进行解码,这一过程也可能发生干扰（Albright et al., 2004）。最终,信息对接收者产生的影响同样也是私密的,只有接收者本人清楚。

　　这其中的重点是,从信息传递者的意图到信息对接收者产生的影响会涉及几个环节,这期间可能会发生错误或误解（Puccinelli, 2010）。我们通常假定我们发出的信息能产生我们想要的效果,但我们很少知道它们的实际效果。我们更多的时候意识不到自己所面对的**人际隔阂**（interpersonal gap）,即传递者的意图与信息对接收者的影响并不相同（Vangelisti, 2015）。事实上,人际隔阂更可能发生在亲密关系中,而非陌生人之间（Savitsky et al., 2011）。我们不认为伴侣会误解我们,故而不会像与陌生人沟通时那样努力核查我们是否达成了共识。

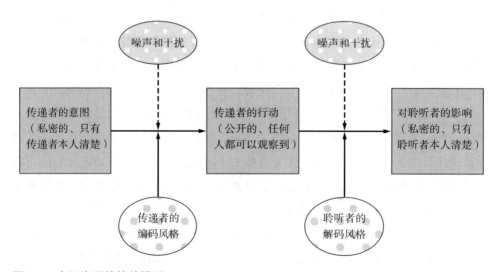

图 5.1　人际沟通的简单模型

传递者想表达的内容和聆听者自认为听到的内容之间常常存在差异,也就是人际隔阂。

资料来源：摘自 Gottman, J. M., Notarius, C., Gonso, J., & Markman, H. *A couple's guide to communication*. Champaign, IL: Research Press, 1976。

人际隔阂令人沮丧。它们不仅与人际关系中的不满有关，甚至会从一开始就阻止具有奖赏意义的关系的建立！想想看，当一位害羞的男生有机会向某位女生表达自己想跟她约会的兴趣时，会发生什么。课后闲聊时，他胆怯而天真地试探："这个周末你有什么安排？"他认为自己的示爱意图显而易见，并希望得到对方热情的回应。不幸的是，他可能认为他的恋爱目的对意中人而言是再明显不过了，但实际上并非如此（Cameron & Vorauer, 2008）。如果这位女生没有注意到他对约会的暗示，做出了平淡的、含糊其词的回应，他或许会理解为自己清楚的邀约（女生实际上并未收到）遭到了对方明确的拒绝。心灵受到伤害后，他可能从此和该女生保持距离，而后者或许永远不会意识到曾经发生过什么。

这种事情的确会发生（Vorauer et al., 2003）。然而，我不希望这种事发生在你身上，所以在本章中，我将尽我所能帮助你消除人际隔阂。但是我们将从人们在互动中做了什么而不是说了什么开始考察人际关系中的沟通。在沟通中，伴随着口头语言的是一系列明显的非言语行为，它们也承载着许多信息，不管你是否有意这样做。

非言语沟通

想象一下，为了参加一项研究，你要戴上一顶帽子，这顶帽子表明你是一个受人喜欢和敬重的或令人讨厌的群体中的一员，然后戴着帽子在城里四处走动，购物、进餐或应聘工作。但你连看都没看就戴上了帽子，你并不知道自己戴的是哪种帽子。通过观察他人对你的反应，你能推断出自己戴的是哪种帽子吗？或许可以（Hebl et al., 2002）。如果你戴着一顶令人讨厌的帽子，女服务员或许不会像往日那般热情而愉快地招待你。商场中擦肩而过的人可能会瞥你一眼，并迅速表现出厌恶或鄙夷的神情。即使没有人提及你的帽子，他们的行为可能明确地表明他们并不喜欢他们所看到的。实际上，因为你会对他人的反应充满好奇和警觉，所以他们的情绪可能是明白无误的。

在这种情境下，你可能注意到了非言语行为所携带的大量信息，而这类行为包括人们在人际互动中所做的所有事情，除了他们的口头语言和句法。的确，非言语行为在我们与他人的交往中可以发挥多种作用，表 5.1 列出了非言语行为的五

表 5.1　非言语行为在人际关系中的功能

类别	描述	示例
提供信息	人们可根据某人的非言语行为推断其意图、情感、特质及话语的意图	妻子可以根据丈夫的面部表情判断出他心烦意乱
调节人际互动	非言语行为提供了一些线索，这些线索可以调节对话和其他互动中的有效的互谅互让	一位女士在和伴侣说话，当说到最后一句时，她的音调降了下来，并定定地看着伴侣，这时伴侣开始接话了，因为他知道她说完了
定义关系的性质	两人共享的伴侣关系类型在他们的非言语行为中可能显而易见	与不太亲密的伴侣相比，情侣们站得更近、身体接触更多、对望的时间也更多
人际影响	旨在影响他人的目标导向行为	当一个人请求朋友帮忙时，他会倾身向前，触碰朋友的胳膊，专注地凝视着他
印象管理	由一人或伴侣双方管理的用以营造或加强某种特定形象的非言语行为	在去派对的路上还拌嘴的情侣，一旦到达派对现场就会手挽着手假装恩爱

资料来源：Patterson, M. L. *More than words: The power of nonverbal communication.* Barcelona, Spain: Aresta, 2011.

种功能，我将强调其中的三种。

　　首先，非言语行为能够**提供信息**（providing information），表明人们的情绪状态或语言的含义。例如，如果你在调侃某人，你的面部表情和说话的音调可能是对方判断你是否带有敌意的唯一方式。这一功能如此重要，以至于我们不得不发明了表情符号，即人们有时放在短信中用来表达自己意思的模拟面部表情。

　　其次，非言语行为在**调节人际互动**（regulating interaction）方面也发挥重要作用。非言语行为显示出的兴趣，通常决定沟通能否开始；之后，人们还能根据微妙的非言语线索流畅而优雅地进行你来我往的交谈。

　　最后，通过表达亲密，以及传递权力和地位的信号，非言语行为有助于**定义**（define）我们与他人共享的**关系**（relationship）。关系亲密的人之间的行为与一般熟人之间的行为并不一样，居于支配地位、社会地位高的人的行为与下属的行为也不一样。未曾开口，旁观者就能分辨出谁喜欢谁，谁是老板。

这些功能是如何实现的？答案涉及非言语沟通的所有成分，我们接下来将一一考察。

非言语沟通的组成部分

非言语沟通具有巨大的影响力，线索之一就是它传递信息的渠道非常多。我将介绍其中的七种：面部表情、注视行为、肢体动作、身体接触、人际距离、体味和副语言。

面部表情

面部表情以一种无论你走到哪里都能识别的方式传达出人们的心境和情绪状态（Hwang & Matsumoto, 2016）。例如，即使你身在国外，不懂当地的语言，你也能判断出别人是否高兴：如果他们高兴，他们脸颊上的肌肉会使嘴角往上扬起，眼睛周围的皮肤也会皱起。显然，他们是在微笑，而高兴，与其他几种情绪（悲伤、恐惧、愤怒、厌恶、惊奇和轻蔑）一样，会产生一种独特的面部表情，这种表情在全世界都是一样的。事实上，面部表情的这种普遍性表明它们是人类生而具有的。人们在高兴时不用去学习微笑——他们生下来就会微笑。例如，天生就失明的人也和其他所有人拥有一样的面部表情（Hwang & Matsumoto, 2016）。

令人信服的信息通常可以从面部表情中获得。你在交友网站个人主页的照片中露出了灿烂的笑容，还是看起来像个牢骚满腹的人？大学生在第一学年展示的笑容越灿烂，四年后毕业时，他们对自己的社交生活和学业生涯就越满意（Seder & Oishi, 2010）。事实上，人们在大学年鉴上的笑容可以预测他们日后离婚的可能性；与那些笑容最灿烂的人相比，那些不怎么笑的人毕业后离婚的可能性要高 5 倍（Hertenstein et al., 2009）。更令人惊叹的是，美国职业棒球大联盟球员在 1952 年的球队照片中展现的笑容越饱满、越真诚，他们的寿命就越长（Abel & Kruger, 2010）！快乐的表情显然与个体生活中的成功有关，而且在某些方面，你遇到的每一个人可能都可以预测你的未来。相比识别世界其他地方个体的表情，在识别来自我们自己文化群体中的个体所表达的情绪时，我们做得更好一些（Elfenbein, 2013）。不过，根据他人的面部表情准确识别其情绪几乎是一种自动化的过程；美国大学生能在四分之三秒或更短的时间内辨认出高兴、悲伤、愤怒、厌恶和惊讶

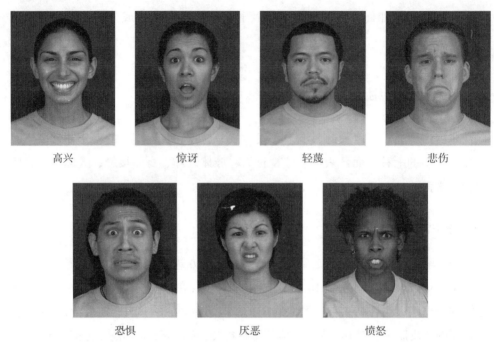

高兴	惊讶	轻蔑	悲伤

恐惧	厌恶	愤怒

©Dr. David Matsumoto

这七种表情具有普遍性，在不同文化中几乎完全一样。如果我没有提供每种表情的标签，你能识别出它们吗？我敢打赌你能，即使你从未见过这些人。

等表情（Tracy & Robins, 2008）。

因此，面部表情的普遍含义使它们具有极大的信息量，当然是在它们真实的情况下。令人遗憾的是，因为面部表情在非言语沟通中如此重要，人们有时会刻意控制它们以掩饰自己的真实情绪。有时是因为**表达规则**（display rule），即规定在特定情境下什么是适宜情绪的文化规范（Matsumoto & Hwang, 2016）。我们至少可以尝试四种方法来调节情绪表达，以遵守这些规则。首先，我们可以强化我们的表情，并夸大它们，使我们看起来体验到比实际更强烈的情感。例如，即使你对刚打开的礼物并不感兴趣，但如果送礼物的人在场，你也应该尽量表现得很高兴。其次，我们有时还会弱化表情，努力使自己看起来比实际上不那么情绪化。因为我们的文化要求"男儿有泪不轻弹"，所以一个男人可能会坚忍地尽量不让自己显得太受悲情电影的影响。再次，我们可能会使我们的表情中立化，试图掩藏真实感受。优秀的扑克牌玩家会努力这样做，任谁也猜不透他们手里的牌。最后，我们可以掩盖我们的真实感受，代之以完全不同的外显情绪。选美比赛的亚军在听到另一名选手获得了冠军时仍显得十分激动，几乎可以肯定她是在掩盖自己真实的感受。

然而，即使人们试图控制他们的表情，真相还是可能会泄露出去。首先，伪装的表情往往和真实的表情有差别。真实的微笑会收缩双眼周围的肌肉，使之起皱，但当我们假装微笑时只有约四分之一的人能激活这些肌肉（Gunnery et al., 2013），即使我们能做到这一点，真笑与假笑在时间进程和动作上仍存在微妙的差别，对于细心的观察者，这种区别通常是显而易见的（Ambadar et al., 2009）。其次，尽管我们很努力，但真实情绪的自然闪现，或称微表情，在失控的瞬间会显露无遗。即使你有意识地试图控制你的表情，当你第一眼看到恶心的东西时，你也可能会有半秒钟的厌恶表情（Yan et al., 2013）。

眼睛与注视行为

显然，面部表情为我们提供了关于伴侣情感的有意义的信息。眼睛本身也具有这方面的作用。即使我们希望它们不要这样，当我们看到自己感兴趣的事物时，瞳孔也会放大（Adams & Nelson, 2016），所以当我们看一个自己觉得很性感的人时，我们的瞳孔就会放大（Attard-Johnson et al., 2016）。［事实上，当你给男性看裸体男人和女人的照片时，如果你观察他们的眼睛，你就可以分辨出谁是同性恋，谁是异性恋；异性恋的男士看到裸体女人照片时瞳孔会放大，而同性恋的男士看到裸体男人照片时瞳孔会放大（Watts et al., 2017）。］在一定程度上，我们意识到了这种模式；当别人瞳孔放大盯着我们时，我们往往认为他们比用较小的瞳孔盯着我们时的性唤醒水平更高、更易产生性欲（Lick et al., 2016）！显然，非言语信息既微妙又重要。

注视，即个体的观看行为的指向和时长，也很重要。一方面，"当别人与我们进行目光接触时，这表示我们是他们关注的目标"（Adams & Nelson, 2016, p.347），而那些表情友好的、吸引了我们视线并一直看着我们的人，比那些看我们一眼后立刻转移视线的人更讨人喜欢、更有吸引力（Mason et al., 2005）。在单身酒吧，如果你发现有人盯着你看，而你又不想和他/她交谈，那么你就应该看向别处，而不是与之对视。

一旦互动开始，注视有助于我们确定沟通双方的关系。情侣间确实比朋友间更多地相互注视，而朋友间也会比一般熟人之间更多地相互注视（Kleinke, 1986）。而且，如果陌生人在互动时更多地注视彼此的眼睛，则最终会比互动时眼睛张望别处的陌生人更喜欢彼此（Kellerman et al., 1989）。沟通双方更多的注视行为，不仅能表露单纯的兴趣，而且能明显地传达爱意。

但注视也能传递支配信息。在日常交往中，人们通常在倾听时（平均60%的时间注视说话者）比在说话时（约40%的时间看向倾听者）更多地注视交流对象。然而，有权势、地位高的人往往会背离这些规范，与一般人相比，他们说话时更多地看向对方，而倾听时则较少看对方（Koch et al., 2010）。研究者将这些模式总结为**视觉支配性比率**（visual dominance ratio, VDR，或译为视觉优势比率），即"注视—讲话"（讲话者注视听者的时间百分比）与"注视—倾听"之间的比较。位高权重者的注视模式恰好把普通人的40/60比率颠倒过来，产生了60/40的高VDR（Ellyson et al., 1992）。在互动中占支配地位的人会坚持说："我跟你说话时要看看我！"但他们通常不会给予对方同样多的视觉关注作为回报。

肢体动作

到目前为止，我一直在描述颈部以上的非言语沟通，但身体的其他部分也会参与其中。我们进行言语沟通时常伴有肢体动作，并得到其支持，从而使我们更容易传达我们的意思——试试不用双手比划，描述一下你所捕之鱼的大小（Cartmill & Goldin-Meadow, 2016）——但它们也能以可被广泛理解的手势的形式完全代替口语。（且不论其含义是好是坏，在北美有一个例子能很好地说明这一点，即竖中指的手势。这一手势的接收者可能都知道它的意思。）手势的问题在于，与面部表情不同，它们的含义在不同的文化中可能有很大差异（Matsumoto & Hwang, 2016）。例如，在美国，食指接触拇指并伸出其他手指的手势表示"行"或"好"的意思。然而在法国，这一手势则表示"零"，在日本表示"钱"，在中东则表示猥亵性的侮辱（就像美国人竖起中指一样）。面部语言的含义无需解释，但手势语却并非如此。

身体的姿势或动作传达的信息虽不太明确，却仍然很有用（Matsumoto et al., 2016）。举例来说，你的舞跳得怎么样？研究者（Fink et al., 2012b）可以利用3D动作捕捉技术制作一个虚拟人物阿凡达，它只是计算机屏

> **想一想** ✓
>
> 当女人穿高跟鞋时，她走路的姿势会发生什么变化？这些变化如何影响我们对其魅力的知觉？

©Rowland S. Miller

在旧金山，研究者（Vacharkulksemsuk et al., 2016）在交友 APP Tinder 上的个人资料中植入了这类照片，并推送给 750 个人，想看看这款应用程序的其他用户会做些什么。在两个不同的周末，研究者植入了 3 男和 3 女的照片，每人出现了 2 次，一次是占据了更多空间的舒展姿势，另一次是像右图这样的封闭姿势。当他们采取了类似左图的开放、舒展的姿势（表示自信和地位）时，男人和女人都吸引了更多的关注。

幕上呈现的人体形状，当你跳舞时，它会随着你移动。如果其他人观看这个虚拟人物 15 秒钟，他们就能了解你的跳舞风格。有趣的是，那些被女性评价为舞跳得好的男士往往比舞技差的男士更随和、更尽责、更外向。所以，简言之，舞技好的男士是更理想的伴侣!

身体姿势还能表明人的地位。地位高的人通常采用开放的、不对称的姿势，身体的左右两侧摆出不同的姿势（Cuddy, 2015）。他们占据的空间更大。相比之下，地位低的人使用相对紧凑的封闭、对称的姿势。如果强势的老板和下属面对

专栏 5.1
非言语行为和性取向
"不许问，不许说"？谁还需要问这个呢？

自 1994 年至 2011 年的 17 年间，美国武装部队对其服役人员的性取向一直延续着"不许问，不许说"的政策。由于担心公开同性恋取向会削弱军队的凝聚力，军方要求同性恋士兵不得公开他们的性取向，事实证明这种担心是多余的（Belkin et al., 2013）。当然，这项政策的前提假设是某人的性取向并未外显——但通常情况下它是显而易见的。"同性恋雷达"是存在的：细心的观察者能根据非言语渠道的信息，相当准确地快速评估出被观察者的性取向。观察者用 10 秒观看某人身体动作的视频，就能以 72% 的正确率对其性取向做出判断（Ambady et al., 1999）。

观察者从录像中能看到什么？一个人的手势和身体动作的模式是关键。异性恋的男人走路时往往昂首阔步，摆动双肩；而异性恋的女人走路时则喜欢摇摆臀部。行为带有异性典型动作特征的人很可能被判断为同性恋，而这些认知通常是正确的（Johnson et al., 2007）。当人们只是坐着聊天时，身体姿势和注视眼神的差异也是显而易见的（Knöfler & Imhof, 2007）。

但这些研究最引人注目的结果是，人们瞥一眼陌生男士的脸，只要半秒钟，就能以约 60% 的正确率判断出他们是同性恋还是异性恋者，当将这些男士的脸上下颠倒时，他们的判断也几乎一样准确（Tabak & Zayas, 2012）！他们是如何做到的？虽然差异是细微的，但男同性恋者往往比异性恋者有更短小而圆润的鼻子，面孔也更女性化（Rule, 2017）。所以，细心的观察者在一个人未开口前就能大概知道他 / 她是否和自己有相同的性取向，并且在全世界都如此（Rule et al., 2011a）。

面地坐在一起交谈，只要观察一下，你通常就能分辨出他们的身份（Bente et al., 2010）。

身体接触

与他人的身体接触也有丰富的含义。在某些文化中，人们首次相遇会彼此握手。众所周知，他人与你握手时的力度、气势和深度都传递重要信息。与软弱无力的握手者相比，握手时坚定、握住你的整个手掌且持续时间长的人往往更加外向和开放，神经质水平较低（Chaplin et al., 2000）。

所以，从人们相遇那刻起，身体接触就可能在传递信息。之后，不同类型的身体接触有截然不同的含义。诸如喜爱（例如，可能会引发你抚摸对方的手臂）和同情（你会轻拍对方）等支持性的积极情感引发的身体接触，与表达厌恶（推开对方）或愤怒（击打对方）的身体接触迥然不同。身体接触传递的情绪往往非常明确，触碰动作的接收方和观察它的旁观者都能分辨出什么情绪在起作用，即使旁观者只看到了身体接触（Hertenstein, 2011）。

当两人的关系变得更加亲密时，彼此身体的接触也往往会增多（Debrot et al., 2013），这是好事。充满爱的身体接触实际上有益于我们的健康：经常与伴侣接吻能降低你的胆固醇（Floyd et al., 2009），伴侣满怀深情的触碰能减少你的应激激素分泌（Burleson et al., 2013），经常得到伴侣的拥抱会让你不太可能得感冒（Cohen et al., 2015）。身体接触显然能传递亲密和关爱，同时具有疗愈作用。[1]

人际距离

身体接触之所以重要，原因之一是人们必须靠近彼此才会发生这种接触。这意味着双方通常处于一般适用于相对亲密的互动的人际距离（隔开两人身体的物理空间）范围内。人际距离的**亲密区**（intimate zone）从我们的胸前向外延伸 45 厘米左右（Hall, 1966），详见图 5.2。如果两人如此近距离地面对面站着，他们之间的互动只有两种可能，非常亲密或十分仇视。更多的人际互动发生在**人际区**（personal zone）这种较远的距离，双方身体相距约 45 厘米到 122 厘米之间。在人际区范围内，朋友之间可能在较近的距离内互动，而一般的熟人则在较远的距离内互动，所以互动时距离的选择有助于确定人们之间的关系。在更远一些的**社交区**（social zone，约 1.2 米到 3.7 米），人们之间的互动往往更为商业化。当你与面试官或教授隔桌而坐时，你就处在社交区，这样的距离是合适的；但如果与好友相隔约 1.5 米进行私人交谈就显得很怪异。超过 3.7 米就是**公共区**（public zone），这种距离的交往通常非常正式，主要适用于结构化的交往，如课堂上师生间的互动。

---

1 但并非每个人都喜欢更多的身体触碰。高回避亲密的人并不像我们其他人一样喜欢与自己的爱人或孩子拥抱（Chopik et al., 2014），朋友或爱人的触碰会让他们感到不那么舒服（Jakubiak & Feeney, 2016）。显然，与那些安全型依恋的人相比，他们对心理和身体上的亲近都感觉不太舒服。

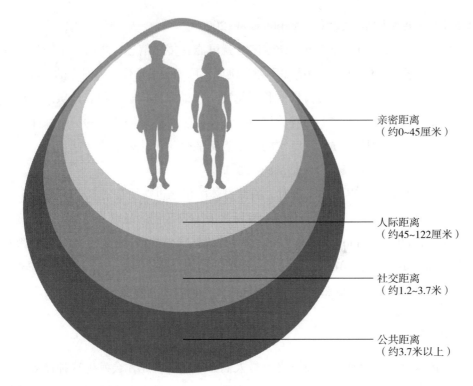

亲密距离
（约0~45厘米）

人际距离
（约45~122厘米）

社交距离
（约1.2~3.7米）

公共距离
（约3.7米以上）

图 5.2　人际距离区域图

不同类型的社交互动可能发生在四种不连续的空间区域。

　　这些人际距离描述的是北美人之间互动的一般模式，而它们通常比世界上其他地区的人们使用的距离要大一些（Matsumoto et al., 2016）。在法国、拉丁美洲和阿拉伯等文化中，人们更喜欢近于这些距离的人际距离。个体的性别和地位也会影响距离行为（Holland et al., 2004）。男性往往比女性使用稍远些的人际距离；人们与那些社会地位较高的人保持的距离，通常比与权力和声望较低的人保持的距离更远。然而，无论个体的偏好如何，距离行为都是用来校准人际互动中亲密程度的巧妙手段，甚至能间接衡量一段关系的质量：相比幸福的配偶，不幸福的配偶相互保持更远的距离（Crane et al., 1987）。

体味

　　如果你与他人离得足够近，你还能闻到他们的体味，你可能会获得比你意识到的更多的信息。不同的情绪会导致人的身体释放不同的化学物质或化学信号，例如，恐惧的人与厌烦的人有不同的体味（Pazzaglia, 2015）。事实上，电影院里的空气会随着电影在观众中唤起不同的情绪而变化：在电影的搞笑时刻与悬疑时刻，观众会释放出不同的化学物质，从而导致空气中可测量的变化（Williams et al., 2016）。不论是否意识到这一点，我们都会受这类化学信号的影响：当人们暴露于快乐之人的腋窝气味时，他们也会感到更快乐（de Groot et al., 2015）！体味携带着信息，所以天生没有嗅觉的人在人际交往中处于劣势也就不足为奇了；例如，这样的男性一生中的性关系只有正常男人的五分之一（Croy et al., 2013）。

副语言

非言语沟通的最后一个组成部分并不像其他部分那样沉默无声。副语言（paralanguage）包括个体言语过程中除了所使用的词语之外的所有变化，如节奏、音调、音量和速度。故而，副语言与人们说话的内容无涉，而与说话的方式有关（Frank et al., 2013）。独特的副语言的典型例子是那些我们发出的不使用任何词语、可以告诉人们我们的感受的声音。如果你想只用简短的声音向某人表达你的害怕、愤怒或悲伤，你能做到吗？宽慰、愉悦或敬畏又该如何表示呢？研究参与者的确可以不使用任何词语就能有效地向倾听者传达这些情绪及更多的其他情绪，这一点全世界皆如此（Cordaro et al., 2016）。

副语言还有助于定义人际关系，因为爱人间往往以不同于朋友间的方式说话。当人们打电话说"你好吗"时，男性与爱人通话时使用的音调比与朋友通话时更低沉，而女性则使用较高的音调——听的陌生人通常能分辨电话那头是朋友还是爱人（Farley et al., 2013）。此外，聆听从各种不同的两人对话中截取的双方同时发出笑声的简短片段（没有其他声音），倾听者能以 61% 的准确率判断出这两个人是朋友还是刚刚认识的陌生人，这一点在全世界都如此（Bryant et al., 2016）。笑声似乎是所有人都能理解的非言语语言。（朋友之间的笑声听起来更自然、更放松，笑声突发而短暂，音量和音调也更不规律。）

有些声音总是比其他声音更有诱惑力。女性喜欢他们的男人拥有低沉的嗓音（O'Connor et al., 2014），在全世界范围内，领导人竞选的获胜者往往比落选者拥有更低沉的嗓音（Banai et al., 2017）。嗓音也是伴侣适配价值的一种线索，因为拥有诱人嗓音的人往往也有迷人的面孔和身材（Smith et al., 2016）。更有趣的是，如果你听不同的女性在月经周期不同时间的录音，内容只是从 1 数到 10，你会发现她们在每个月排卵前的声音听起来更有吸引力（Pipitone & Gallup, 2008）。这可能是因为女性激素的变化对其声带产生了影响，而在服用避孕药的女性身上则不会发生这种情况，但是当我们顺其自然的时候，这就是一个极佳示例，说明了非言语渠道在人与人之间传递重要信息的微妙之处。

各组成部分的结合

我已经介绍了非言语沟通的各个组成部分，它们看起来好像是独立的、不连续的信息源，在某种意义上，它们的确是这样：每一部分对人际互动都有自己独特的影响。不过在通常情况下，它们会相互强化、共同作用，以传递关于个体情感和意图的一致信息。当你面对面地和人交流时，非言语的所有组成部分都在起作用，把所有这些信息结合起来，你就能明白人们所说的话的真正含义。例如，人们讽刺别人时，往往说的是一回事但指的是另一回事：他们真实的意图不是用语言而是通过动作和副语言来表达的。大多数时候，我们的非言语行为和我们的话语传递相同的信息，在这种情况下，我们更喜欢别人（Weibuch et al., 2010）。但当人们的言语和行为不一致时，他们言语背后的真实意图往往表现在非言语而不是言语沟通中（Vrij, 2006）。

此外，如果交谈双方采取了类似的姿势和作态，表现出类似的表情，并使用类似的副语言，在对话中就出现了无意识的行为**模仿**（mimicry），这可能涉及所有的非言语渠道。如果人们的互动轻松愉快，他们往往会自动地同步其非言语行为，根本无需思考；如果一方用手抓了一下自己的鼻子，另一方也很可能会这么做。一旦出现这种情形，交谈往往进展得非常顺畅，更重要的是，交谈双方更倾向于喜欢彼此，即使他们并没有注意到相互之间的模仿（Chartrand & Lakin, 2013）。的确，别人回以与我们相似的非言语行为似乎具有奖赏意义。一项实验演示了这一效应：参与者观看虚拟现实场景中虚拟人物的说服性辩论，这个人物要么采用录下来的某个真人的动作，要么延迟 4 秒单纯模仿参与者的动作。参与者并没有意识到模仿，但相比模仿其他人的动作，如果虚拟人物重复的是参与者的动作，则参与者会认为他们有更多积极的特质，也更易被说服（Bailenson & Yee, 2005）。（这是高科技广告的未来吗？）当非言语模仿发生时，我们显然被吸引了，而且感到更自在；与一个完全不模仿我们的人互动，我们可能会非常紧张（Kouzakova et

结合我们的面部表情和副语言，细心的观众往往能明白无误地洞悉我们的感受和意图。

al., 2010）。

非言语行为的不同组成部分也能让我们对互动的亲密程度进行微调，从而建立一种令人舒适自在的亲近水平（Patterson, 2011）。想象一下，你和一位熟人坐在一张双人沙发上，此时你们的谈话转入了一个严肃的话题，对方提到了私密的个人问题。如果这种发展令你不自在（如果你不想知道这么多），你可以通过非言语的"退避"来调整感知到的互动亲密程度。你可以转过身去，身体后倾，以保持更大的人际距离。你可以转移视线。你还可以通过不那么生动的副语言和不太愉悦的面部表情来表明你的不适，所有这些都无须说一句话（Andersen et al., 2006）。非言语沟通在人际互动中发挥重要的作用，也是社交生活中有用的微妙信息的来源。

非言语敏感性

鉴于以上发现，你可能会认为对伴侣们来说，擅长非言语沟通是有益的，你的看法是对的。伴侣们读取、解码和正确解读彼此非言语行为的敏感性和准确度能预测他们之间关系的满意度（Fitness, 2015）。非言语沟通不良的夫妇往往对婚姻不满，而且如果出现这类问题，通常都是丈夫的错（Noller, 2006）。

什么？我们怎么得出这样的结论？当非言语交流失败时，可能是编码或解码出错，或两者兼而有之（Puccinelli, 2010）：信息的发送者可能发出了难以理解的令人困惑的信息（即编码不良），或者接收者不能正确解读其他人都清楚的信息（即解码不良）。女性往往在这两方面都占有优势，因为如果不存在欺骗，平均而言，女性比男性更擅长编码和解码（Brody & Hall, 2010）。（男女两性在觉察欺骗的能力上并没有差异，正如我们将在第 10 章中看到的。）因此，"女人的直觉"这一刻板印象（Gigerenzer et al., 2014）实际上是有事实根据的；与男性相比，女性更倾向于用心地运用微妙却真实的非言语线索来辨明正在发生的事情。是女性在非言语沟通方面更有技巧，还是她们只是在这方面更加努力？问得好，接下来我将回答这个问题。

研究者可以请夫妻一方发出特定的非言语信息，然后由另一方来解码，从而评价夫妻双方编码和解码的质量。这些信息是可以有几种不同含义的陈述，其含义取决于发送者使用的非言语表达的方式。比如短句"我很冷，你不冷吗？"既可以是充满深情的邀请（"过来抱抱我，你这个小可爱"），也可以是恶意的抱怨（"把暖气打开，你这个小气鬼！"）。在关于非言语敏感性的研究中，研究者指定夫妻中的一方传达某种特定含义，并录下他/她传递信息的非言语动作。然后，让中立的陌生人观看这些录像，如果他们不能理解这位配偶想要表达什么，那么该配偶的编码就被认为是有缺陷的。另一方面，如果他们能够解读录像中的信息，而夫妻中的另一方却不能，则该配偶的解码能力不言而喻。

诺勒（Noller, 1980）首先对这个问题进行了独创性的研究，结果发现，与婚姻幸福的丈夫相比，婚姻不幸福的丈夫发出了更多令人困惑的信息，并且犯了更多的解码错误。在妻子们之间却没有这种差别，所以诺勒在痛苦的婚姻中观察到的沟通不良现象似乎都是丈夫们的错。婚姻出现问题的男性误解了妻子传递出的连陌生人都能清晰解读的信息。更糟糕的是，这些丈夫们对自己的错误竟然一无所知；他们认为自己在和妻子的沟通中做得很到位，自信地认为他们理解妻子，妻子也理解他们（Noller & Venardos, 1986）。男性在沟通方面做得很差，却不自知，这似乎就是他们难辞其咎的原因。

另一方面，公平地说，婚姻中非言语方面的沟通不良并不完全是丈夫的错。在另一项研究中，诺勒（Noller, 1981）比较了夫妻在解码来自自己伴侣和陌生人的信息时的准确性。结果发现，在不幸福的婚姻中，夫妻双方都能更好地理解陌生人的信息，却不能很好地理解彼此。彼此不满意的夫妻尽管有能力与其他人进行充分的非言语沟通，但彼此之间的沟通却很糟糕。

这是一个关键点，因为你对人际关系科学的了解在增多，你可能已经认识到非言语沟通不畅与关系满意度低之间的相关存在几种可能的解释。一方面，伴侣的非言语沟通技能可能决定他们的关系满意度；沟通技能差可能会导致关系差，而沟通技能好则会促进愉悦的伴侣关系的发展。另一方面，伴侣对关系的满意度可能决定他们在沟通中的努力程度；不良的关系可能会造成伴侣双方懒于（错误）沟通，而良好的关系可能会促进良性沟通。

实际上，这两个命题都是正确的。对非言语信息的不敏感使个体作为伴侣的奖赏价值变低，他 / 她本可有更高的奖赏价值（Määttä & Uusiautti, 2013）。但不管何种原因，一旦伴侣对关系变得不满意，他们就会开始疏远对方，这就导致他们的沟通不如他们真正试图沟通时那么娴熟（Noller, 2006）。以这种方式，对非言语信息的不敏感和对关系的不满意形成了一种恶性循环，彼此加剧。

无论何种情况，人们的沟通问题都可能源于技能缺乏或表现太差，而这种区分很重要。有些人就是不太擅长非言语沟通，他们的缺陷带有挑衅性（而且有点可怕）。例如，家暴妻子的男人比非暴力的男人更难以理解妻子的感受（Marshall & Holtzworth-Munroe, 2010）。有虐待倾向的母亲难以识别婴儿的痛苦信号，往往无法意识到婴儿的恐惧或不悦（Wagner et al., 2015）。因此，沟通技能缺陷可能会给某些人带来盲点，使他们不太可能意识到自己给他人造成了多大的伤害。

那么，为什么女性在非言语沟通方面比男性表现得更好呢？技能和动机似乎都在起作用：当男性受到激励去密切关注并正确判断他人时，他们的表现会有所改善，但永远不如女性做得好（Hall & Mast, 2008），女性似乎天生就比男性能更快速、更准确地判断他人的情绪（Thompson & Voyer, 2014）。考虑到非言语沟通错误带来的令人沮丧的影响，男性的差劲表现可能会令人讨厌，所以这里有个建议：请观察别人的眼睛。女性比男性花更多的时间观察别人的眼睛，这似乎是她们能更准确地解读他人表情的原因之一（J. K. Hall et al., 2010）。正如这条建议所表明的，培训和实践能够提升个体的非言语沟通技能（Blanch-Hartigan et al., 2012）。好消息是，当男女两性都仔细看、耐心听、用心做时，他们在非言语沟通方面都能做得更好，并且我们通常能更娴熟地解读亲密伴侣的非言语线索，而非熟人或陌生人的非言语线索（Zhang & Parmley, 2011）。坏消息是，任何一方对非言语行为的漫不经心，都可能导致更多的误解，使一对夫妇原本可享受的幸福感和满意度降低（Fitness, 2015）。

言语沟通

如果非言语沟通如此重要，那么我们实际上对彼此所说的话又如何呢？当然，它们可能更重要（Solomon & Theiss, 2013）。言语沟通是亲密关系的重要组成部分，它从一开始就广泛地渗透到了亲密关系的发展中。

自我表露

想象一下，你参加了一个心理学实验，作为实验的内容之一，你遇见了一位陌生人并回答了一些问题，这些问题让你逐渐透露出越来越多的个人信息（Aron et al., 1997）。最初这些问题并不太私密："如果你可以选择世界上的任何一个人共进晚餐，你想邀请谁？"但问题慢慢就变得更加个人化："假如时光能够倒流，可以改变任何一段人生经历，你会改变什么，为什么？""你上一次当着另一个人的面痛哭是什么时候？独自哭泣呢？"那个陌生人也回答了类似的问题。45分钟后，你们就知道了彼此的很多个人信息。将会发生什么呢？相比如果你们在同样的时间内只是闲聊，你会更喜欢这个陌生人吗？在大多数情况下，答案当然是肯定的。

这样的实验通常会让参与者产生即时的亲密感。那些彼此敞开心扉的人，即使他们只是遵从研究者的指示，也比那些不透露太多信息的人更喜欢对方（Slatcher, 2010）。

向他人透露个人信息的过程就是**自我表露**（self-disclosure）。它是亲密关系的一个定义性特征：如果两个人之间没有分享一些相对秘密的个人信息，他们的关系就称不上亲密（Laurenceau et al., 2004）。

自我表露的发展过程

当然，在现实生活中，有意义的自我表露需要的时间远不止 45 分钟。大多数的人际关系始于肤浅的信息交流，即"闲聊"，然后才逐渐转向更有意义的表露。人际关系的这种运行方式是**社会渗透理论**（social penetration theory）的主题，该理论认为人际关系是通过沟通中的系统变化而得以发展的（Altman & Taylor, 1973）。初次相识的人或许只是随意地谈论一些相对非个人化的话题："你是哪里人？""你的专业是什么？"不过如果这类肤浅的对话具有奖赏价值的话，他们可能会通过拓展沟通的两方面来拉近彼此的距离：

1. 沟通的广度：所讨论话题的多样性；
2. 沟通的深度：所讨论话题的个人意义。

根据这一理论，如果我们用图形来表示需要了解的关于某人的所有事情，那么人际关系刚建立时，自我表露可能会以一种楔形出现，又窄（讨论的只是少数几个不同的话题）又浅（透露的只是非个人化的信息）（见图 5.3）。然而随着关系的发展，这个楔形应该变得更宽（讨论更多的话题）和更深（透露更多具有私人意义的话题）。

人际关系的发展大体如此（Derlega et al., 2008）。此外，熟人之间早期交往中的自我表露通常带有明显的**互惠性**（reciprocity）。新的伴侣倾向于匹配彼此的坦诚程度：如果对方表露多，自己也表露多；如果对方的自我表露减少，自己也表露得更少。人们披露自己的程度，往往取决于具体的对象，并且在不同的人际关系中可能会有很大的差异（Dindia, 2002）。这往往也是一个渐进的过程，新的伴侣通常会分阶段而不是一下子进入更深层次的话题。说得太多太早可能会有风险；它违背了别人的期望，常常给人留下不好的印象（Buck & Plant, 2011）。最好的策

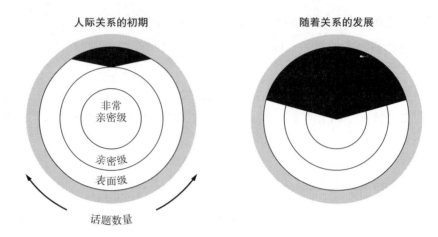

图 5.3　奥尔特曼和泰勒的社会渗透楔形图

如果关于个体的信息存在于多个层级中，那么随着关系的发展，自我表露的广度和深度都会增加。

略通常是保持耐心。双方轮流发言而不是一方长时间地自说自话，让适度的互惠逐渐增加你们互动的亲密度（Sprecher & Treger, 2015）。

　　然而，赖斯和谢弗提出的**亲密关系人际过程模型**（interpersonal process model of intimacy）认为，只有满足某些条件，两人之间才可能发展出真正的亲密关系（Reis & Shaver, 1988）。当我们向他人敞开心扉时，我们希望我们的表露能引起他人明显的兴趣、同情和尊重。也就是说，我们希望他人表现出回应性（responsiveness），以表明他们理解和关心我们。如果他们的回应适当，信任就能建立，表露就会加深，亲密感也会增加；或者，如果他们看起来漠不关心或心不在焉，我们就会退缩，表露就会减少。故而，两个人要变得亲近，必须满足三个条件。首先，他们必须进行有意义的自我表露。以真实、开放和诚实为特征的关系包含更多的承诺，通常比肤浅的关系更令人满意（Wickham et al., 2015）。其次，他们在回应对方的个人信息时必须抱有兴趣和同理心，在异性恋关系中，男性能做到这一点尤其有价值（Mitchell et al., 2008）。最后一点很重要，双方都必须认识到对方正在做出回应。判断出自己的伴侣理解和关爱自己，即所谓的感知到的伴侣回应性，是亲密关系持续发展的关键要素（Laurenceau et al., 2005）。如果我们察觉到伴侣不关心、不理解、不尊重我们，我们就不会把自己的秘密告诉他们。

专栏 5.2

你是高明的"开启者"吗?

有些人似乎特别擅长引导别人进行自我表露。研究者编制了《开启者量表》(the Opener Scale)来评价这种能力(Miller, Berg, & Archer, 1983),并且得分高的人确实比得分低的人从他人那里获得了更多的亲密信息。他们要做到这一点,离不开言语和非言语这两种渠道:高分者在交谈中显得更专注——更多地注视和点头,看起来充满兴趣——他们还在口头上表达出对别人所说内容的浓厚兴趣(Purvis et al., 1984)。他们似乎被别人说的话完全吸引住了,因此他们往往是非常优秀的面谈者(Shaffer et al., 1990)。

女性的开启能力一般好于男性(Miller et al., 1983)。女性的《开启者量表》平均得分是 31 分,而男性的平均分则为 28 分。如果你的得分比平均分高 5 分,那么你就是一个水平相当高的开启者;如果比平均分低 5 分,那么你的分数就相当低了。请用下面的评分方法给自己在每个项目上打分,然后计算你的得分。

0	1	2	3	4
非常不同意	不同意	不确定	同意	非常同意

开启者量表

1. 人们经常跟我谈论他们自己。
2. 别人都说我是一个很好的倾听者。
3. 我很容易接纳别人。
4. 人们信任我,会告诉我他们的秘密。
5. 我能轻松地让他人"敞开心扉"。
6. 我身边的人会感觉很放松。
7. 我喜欢倾听别人谈话。
8. 别人的困难会引发我的同情心。
9. 我鼓励人们告诉我他们的感受。
10. 我能让人们不停地谈论他们自己。

秘密和禁忌话题

即使一段关系变得非常亲密，我们也可能会保留一些只属于自己的秘密。社会渗透几乎从来不是完全的，而且可能也不应该是，因为即便是情侣也喜欢并需要保留一些隐私（Petronio, 2010）。亲密的自我表露和选择性的秘密都有助于婚姻的美满（Finkenauer et al., 2009），即使在亲密的人际关系中，也需要保留一些隐私。一般而言，"开放的价值应该与其他价值，如礼貌、尊重和谨慎等保持平衡"（Caughlin & Basinger, 2015, p.F2）。（我想起《大都会》杂志的封面故事，其中问了这样一个问题，如果你有婚外情，"你应该说出来吗？"经过大量讨论后，他们的回答是"可能不应该"。）

当然，要保守秘密并不总是那么轻松，特别是在亲密关系中。这样做通常压力很大（Larson et al., 2015），也有一定的风险：当人们知道自己的伴侣在隐瞒什么时，关系就会受损（Aldeis & Afifi, 2015）。那为什么还要大费周折地保守秘密？有几个可能的理由。当人们有意地向他人隐瞒信息时，"他们通常渴望保护自己，保护他们的亲密关系，或者保护其他人"（Afifi et al., 2007, p.79）。这其实很简单：当人们认为保守秘密弊多利少时，他们通常会在一段时间后把秘密透露给其他人（Caughlin & Vangelisti, 2009）。另一方面，如果他们担心自己或其他人可能会被不想要的真相伤害，他们就会努力地永远隐瞒它。

也可能有一些伴侣双方都不想讨论的重要话题。无论是明说还是暗示，伴侣们可能都会有意避开一些**禁忌话题**（taboo topics），在他们看来，这些敏感话题可能会危及他们之间关系的质量。令人奇怪的是，最常见的禁忌话题是亲密关系本身的状态；在一项调查中，68% 的受访者承认，他们恋爱关系的现状或未来状态是一个最好不要被提及的话题（Baxter & Wilmot, 1985）。其他常见禁忌包括与其他伴侣目前的关系（31% 的受访者回避了此问题），以及过去的亲密关系（25% 的人回避了此问题）。受访者通常还会回避谈论过去的性经历（Anderson et al., 2011）。人们通常对自己恋爱关系的未来非常感兴趣，也迫切想知道伴侣的期望和意图，但他们不会明问（Knobloch et al., 2013）。相反，恋爱中的伴侣可能会秘密测试恋人对关系的忠诚度和投入程度（Baxter & Wilmot, 1984）。他们会密切关注恋人对其他有吸引力的异性的反应（即"三角测试"）；他们煞费苦心地制造困难让恋人来克服，以验证恋人对感情的忠贞（即"耐力测试"）；他们还会找理由分

专栏 5.3

谨慎的沟通：出柜

你可能认识公开的同性恋者。与上一代人相比，现在的 LGBs（女同性恋、男同性恋和双性恋者）更可能向朋友和家人公开他们的性身份，而且在更早的年纪就会这样做（Hunter, 2007）。不过对大多数 LGBs 来说，公开承认他们的性身份仍然是重要的里程碑式的事件，而且他们通常会深思熟虑、谨慎地采取这种行动（如果他们真要公开的话）。

LGBs 一般在十几岁时就知道他们是男同性恋、女同性恋或双性恋者，但他们直到三年后才会告诉别人自己的性取向（平均来说，男同性恋者 18 岁，双性恋者 20 岁，女同性恋者 21 岁）（Martos et al., 2015）。因为倾吐心事的对象一般是值得信赖的朋友，所以他们的第一次表露通常进展顺利，会得到积极的、支持式的回应（Savin-Williams, 2005）。但一年后，他们才会第一次把自己的性身份告诉父母，通常是母亲，而有些父母永远不会知道真相；约三分之二的男同性恋者和女同性恋者向他们的母亲出柜，但只有一半的人会告诉父亲。整体来看，约四分之三的男同性恋者和女同性恋者将自己的性取向告诉了他们生命中最重要的人，但只有 28% 的双性恋者会这样做（Pew Research Center, 2013）。

所以，虽然隐瞒个体真实的性身份充满压力（Riggle et al., 2017），但十几岁的 LGBs 在告诉任何人之前（有些人永远不会出柜）通常会带着这个大秘密生活好几年。为什么要背负这个秘密这么长时间？这通常是因为他们正确地认识到，他们的表露将是他们与家人关系的转折点。他们一般不想伤害任何人；他们追求诚实和真实，而不是对别人遮遮掩掩并疏远他们（Hunter, 2007）。他们表露实情是为了能和自己爱的人更亲密，令人欣慰的是，他们一般都能成功：他们通常会得到朋友的支持，随着时间的推移，大部分父母都能以平静或鼓励的心态接受子女的同性取向（Legate et al., 2012）。尽管如此，出柜通常有利有弊：与那些仍深柜的同龄人相比，新近出柜的女同性恋者更不容易抑郁，但男同性恋者却更容易抑郁（Pachankis et al., 2015）。遗憾的是，公开个体真实的性身份仍然会使其受到歧视。如果有朋友向你出柜，你将如何反应？

手以考察恋人欢迎自己回来时的热忱（即"分离测试"）。这一切好像是自寻烦恼，他们只要直接询问伴侣就能得到这些问题的答案——而且他们的确常常打听伴侣的朋友——但是在很多关系中，这些问题似乎过于微妙而不便公开谈论。但请小心：在亲密关系中，禁忌话题越多，伴侣间的满意度越低，除非他们认为避开敏感话题能促进和保护他们的关系（Dillow et al., 2009）。因为怯懦或能力不足而逃避讨论，会降低伴侣的满意度，但礼貌地共同努力以维护伴侣关系很少会产生不良影响。

自我表露与关系满意度

说到底，恋人们相互的自我表露越多，他们往往就越幸福。合乎时宜的自我表露会在亲密关系中孕育出喜爱和满足感，这种情况的出现有几个原因（Collins & Miller, 1994）。首先，我们倾向于向自己喜欢的人透露更多的个人信息。如果别人吸引了我们，我们往往会对他们更加开放。不过，我们也可能因为对他人进行了自我表露，从而倾向于喜欢他们。如果其他条件相同，对他人越开放，我们就会越喜欢他们。其次，也可能是最重要的一点，别人因信任我们而对我们进行自我表露，这具有奖赏意义。比起那些不怎么谈论自己的人，那些向别人亲密地表露的人更受人喜爱（Sprecher et al., 2013b）。所以，给予和接受自我表露都让人感觉良好，并且这方面的言语沟通是建立亲密关系必不可少的基础。试着这样做45分钟，你可能就会交到新朋友（Slatcher, 2010）。

最后，自我表露不仅有利于我们的人际关系，而且有益于我们自己。与那些只是肤浅地闲聊的人相比，那些能够与他人进行实质性深入交谈以及向他人敞开心扉的人更健康（Sloan, 2010），对生活也更为满意（Mehl et al., 2010）。有一种特别的自我表露，你绝对应该积极地勤加使用：告诉你爱的人你爱他们。你真诚表达的喜爱、尊重、温情和关心对于想亲近你的人来说是巨大的奖赏（Hesse & Mikkelson, 2017），仅仅心中有爱还不够，你还必须清楚明白地传达爱（Burleson et al., 2013）。这一段的真正要点是：深情的沟通不仅能让你的伴侣得到肯定和感到愉悦；它也会对你非常有益。在实验室研究中，那些被随机分配去写情书向伴侣表达爱意的人，应对压力的神经内分泌反应得到了改善（Floyd et al., 2007b），而且随着时间的推移，这些人的胆固醇水平、心率和血压都降低了（Floyd et al.,

---

专栏 5.4
依恋类型与沟通

依恋类型在沟通行为中表现得很明显。与不安全型依恋的人相比，安全型依恋的人通常表现出更热情、更具表现力的非言语行为，包括更多的笑声、微笑、注视和身体接触；他们不太担心他人对自己的接纳并且对亲近感到更舒服，这一点在他们的行为中一览无遗（Tucker & Anders, 1998）。安全型依恋的人比不安全型的人更温柔多情（Hesse & Trask, 2014），保留的秘密也更少（Merrill & Afifi, 2015）。

特别是，对亲密关系回避程度高的人往往容易三缄其口；与回避程度低的人相比，他们的自我表露更少（Bradford et al., 2002），更少公开表达情绪（Kafetsios, 2004）。他们在解码他人的积极情绪表达时也不那么准确（Kafetsios et al., 2004），

而且判断他人的消极情绪比实际情况更强烈、更具敌意（Overall et al., 2015）。（你知道这类错误认知是如何导致人们与他人保持防御距离的吗？）相比之下，安全型依恋的人比回避型的人更开放，对亲密伴侣的认知也更准确，这就是他们的伴侣关系随着时间的推移越来越令人满意的两个原因（Tan et al., 2012）。

对被弃高度焦虑的人更健谈；在他们紧张地寻求亲密和接纳的过程中，只要有任何风吹草动，他们通常就会过早地自我表露太多（Mikulincer & Shaver, 2013）。然而，一般而言，最放松和最具回应性的沟通者是那些回避和焦虑程度都低的人，即那些安全型的人。他们是最理想的知心朋友（Mikulincer & Shaver, 2013）。

2007a）。请说出你对伴侣的爱，这对你们双方都有益。[2]

言语沟通中的性别差异

有些书将男人和女人描绘成来自不同星球、说着不同语言的不同物种，大赚其钱。在整本书中，我始终反对这种简单的思维模式，因为两性之间的相似性远大于差异性。不过，言语沟通中的某些性别差异会影响我们的交往。例如，男人和女人并非说不同的语言，但他们有时会谈论不同的事情。

---

2 没必要告诉他们是我让你们这么做的。

谈话主题

如果你读一份两个朋友之间的谈话记录，你能分辨出他们的性别吗？你可能会。在朋友之间，女性比男性更可能讨论她们亲密关系中的情感问题，以及生活中的其他私人问题。在女性的谈话和短信中，情感和人物话题突出（Fox et al., 2007）。相形之下，男性倾向于谈论更客观的问题，讨论诸如汽车和运动等物品和行为，聊一些名人和政客的八卦而非朋友，找寻一些乐子而非支持和建议（McHugh & Hambaugh, 2010）。因此，与女性之间的谈话不同，男性之间的谈话往往不那么亲密和私人化（Reis, 1998）。

然而，男性和女性彼此互动时，这些差异可能并不如你认为的那般明显。当年轻人在网上用文字信息与陌生人聊天时，如果研究者不告诉他们，他们通常不能正确地猜出对方的性别。区分男性和女性对话的那些事情（比如最新的体育比赛结果）很少出现，所以通常无法确定谈话对象的性别（Williams & Mendelsohn, 2008）。男性和女性话语中的差异显然相当微妙。[3]

谈话风格

女性说话不似男性那般强硬，她们更为间接，似乎不太确定（Leaper & Robnett, 2011）。这是一种谈话风格，人们使用模棱两可的话来缓和主张，提出问题而不是直截了当地陈述，正如这个讽刺的例子一样："女人比男人更具试探性，不是吗？"（Palomares, 2009, p.539）。然而，我们并不清楚这种试探性是否源于缺乏主张；它也可能只是反映了女性对他人情感的更多关注而已（Leaper & Robnett, 2011）。对这种可能性的支持性证据是，女性较少爆粗口（McHugh & Hambaugh, 2010）。

也有陈腐的刻板印象认为女性比男性更健谈，但事实并非如此。对大学生交往进行的便携式录音研究表明，女生一天平均要说 16 215 个单词，而男生一天平均说 15 559 个单词。这种差异微不足道（Mehl et al., 2007）。更引人注目的是，男性不像女性那样经常畅所欲言、抒发观点，但男性一旦开谈，就滔滔不绝，容不得别人打断（Leaper & Ayres, 2007）。女性虽然说话较多，但独白很少。

---

3 说真的，如果我们根本不知道他们是谁，甚至无法分辨他们的性别，那么认为男人和女人来自不同的星球，说不同的语言，是不是有点荒诞不经呢？

专栏 5.5
文本、推文与状态更新：现代沟通（误解？）

如今，我们会发送大量的文本信息，它们为我们提供了极大的便利、全球性的交流，也会给我们的人际沟通带来更多的困惑。文本、推文和其他以计算机为媒介的沟通形式（computer-mediated communication, CMC）在某些重要方面与实际同他人交谈有所不同。一方面，只要我们愿意，我们就可以花时间考虑我们要说的话。并且由于不存在"泄露性"的非言语行为，所以我们能更好地控制我们发送的信息。这些特性使得 CMC 在某些人看来似乎比实际的交谈更安全、更易管理，例如害羞的人在网上聊天比面对面交谈更自在（Van Zalk et al., 2011）。

然而，文本是一种比交谈更苍白无力的沟通形式，所以我们经常费力地说明如何解读某个陈述。大多数电子邮件至少包含一个不应该从字面上理解的词语（Whalen et al., 2009），所以我们会给出说明，比如用表情符号来阐明我们的意思。问题在于，我们往往以为我们已经解决了任何疑问，我们的信息比实际上更准确无误和清楚明白。因为知道自己的真实意思，所以我们一般不会意识到别人是多么容易对我们的话产生不同的理解（Kruger et al., 2005）。人际隔阂在网络沟通中比比皆是。

不过，尽管误解频繁发生，但在 CMC 中仍有关于人们的海量信息。例如，陌生人能通过我们选择的网络账号和电子邮件地址了解我们的性格（Back et al., 2008b），如果我们在信息中使用许多感叹号，他们很可能会认为我们是女性（McAndrew & De Jonge, 2011）。当我们扩写而非使用缩写词，并且使用比需要的更多的字符（如"bitchhhhhhhhhhhh"）时，我们也会显得外向（Holtgraves, 2011）。但与我们中的许多人刻意在社交网站上自我表露的诸多个人信息相比，这些沟通风格上的细微差异就相形见绌了。几乎每个人都会在网络上公布自己的生日，大部分人还会公布自己的故乡，这些关键信息对于盗用他人身份的人而言非常有价值，当然，这只是人们公开的个人数据的皮毛。人们在网络上也不是完全忽视他们的隐私，但在线沟通时并不如面对面沟通那般在意。

总的来说，对我们的人际关系而言，CMC 最重要的方面是它为我们提供了与他人接触的秘密渠道（Vanden Abeele et al., 2017）。短信提供了一种（几乎）不间断的联系方式，年轻人通常每天都要与约会对象互发信息（Boyle & O'Sullivan, 2016）。然而，值得注意的是，一连串肤浅和无聊的信息似乎会降低人们对一段关系的满意度（Rains et al., 2016）；对彼此满意的伴侣会发送更多有意义的信息，包括经过深思熟虑的自我表露、确认和保证，以及其他有用的消息（McEwan & Horn, 2016）。

不过，CMC 并不能为我们提供与日常面对面交谈一样的奖赏（Goodman-Deane et al., 2016）。当我们输入信息时，我们与他人的联系和彼此的关注都是肤浅的（Lipinski-Harten & Tafarodi, 2012）。所以，当我们遇到麻烦时，与他人交谈比发短信更能让我们得到安慰（Iacovelli & Johnson, 2012），部分原因是伴侣熟悉

的声音可以减少我们血液中的应激激素（Seltzer et al., 2012）。

故而，CMC 肯定不是完美的，如果它开始干扰我们与他人面对面的多姿多彩的互动，它可能就会对我们不利（Roberts & David, 2016）。但很显然，我们大多数人在电脑键盘前会更加舒适自在，所以 CMC 仍将继续存在下去。本专栏到此结束，谢谢阅读。

所以，尽管有一些相反的刻板印象，但男女两性的说话方式并不存在明显的整体差异。然而，不同的人在语言使用上存在重要的差异，我们使用的词汇蕴含的信息量如此之大，以至于陌生人无意中听到我们几分钟的谈话，就能获得对我们的准确印象（Holleran et al., 2009）。我们的人格特质也表现在我们使用的词汇中。例如，研究者对近 700 名博主的文章仔细分析后发现，高神经质的人比不易烦恼和焦虑的人更多地使用"可怕""糟糕""恐怖"和"烦人"这类词汇。"喝酒"和"跳舞"是外向者的特征，而"拜访""一起""拥抱"和其他此类友好的词汇则与宜人性有关（Yarkoni, 2010）。[4] 我们使用的词汇的确向他人泄露了我们的信息，值得注意的是，初次见面的两个人，如果他们使用语言的方式一样，则更可能相互吸引（Ireland et al., 2011）。

自我表露

至此，我们还没有发现男女两性在言语沟通上存在巨大差异。但有一个差异很重要：在已确立的人际关系中，女性比男性更容易自我表露，并且与她们在《开启者量表》（见专栏 5.2）中的高分相一致，她们也能引导对方进行更多的自我表露（Dindia, 2002）。的确，男性倾向于向女性伴侣进行更亲密的自我表露，而非向最要好的同性朋友进行表露，结果是，与只有男性参与的人际互动相比，有女性

4　如果你不能准确回忆这些特质，请翻到第 1 章回顾一下。

参与的人际互动通常更亲密、更有意义（Reis, 1998）。男性对女性敞开心扉，女性彼此之间也敞开心扉，但男性却不怎么向其他男性进行自我表露。

所有这一切造成的一个重要结果是，男性往往更依赖于从女性那里获得情感温暖和亲密，而女性却较少依赖于男性在这些方面的回报（Wheeler et al., 1983）：女性可能与男女两性的伙伴都有着亲密、开放和支持性的联系，而异性恋的男性则可能只与女性共享最有意义的亲密关系。因而，男人在生活中或许需要一个女人来避免孤独，但女人通常并不需要男人以这种方式给予回报。

工具性 VS. 表达性

然而，重要的是，男女两性在自我表露方面的差异是社会性别差异，它更多地与人们的性别角色而非生理性别有关。女性之所以能与信赖的伴侣进行亲密的言语沟通，是因为她们往往有更高的表达性，[5] 可以轻松自在地谈论她们的情感。这对于高表达性的男性（例如双性化的男性）来说也是自然而然的，这样的男性往往像女性一样与两性都能进行有意义、亲密的互动（Aubé et al., 1995）。所以有必要提炼一下上述观点，实际上只有传统的大男子主义的男人才会与最要好的朋友只进行肤浅的交谈（Shaffer et al., 1996），并且需要与女性建立亲密关系以避免孤独（Wheeler et al., 1983）。与此相反，双性化的男人（既自信又热情）很容易向男性和女性进行自我表露，并享受与所有朋友进行有意义互动的乐趣；因此，他们通常不会感到孤独，并且，与表达性低的传统男人相比，他们会花更多的时间与女性互动（Reis, 1986）。

有鉴于此，认为男人和女人来自不同的星球、说不同的语言是愚蠢的。许多男性比一般女性更沉默寡言，但也有一些男性比大多数女性更开放、更多地进行自我表露。一个人人际互动的典型亲密程度与他 / 她的表达性水平有关，一旦你把这一因素考虑进来，沟通双方是男人还是女人就无关紧要了。此外，在男性和女性中，表达性都是一种从低到高不等的特质，所以关注沟通风格上的个体差异，远比把所有男人归为一类，并将其视为与女人截然不同的群体更有意义。

实际上，人们的健谈和热情程度也有所不同。有些人能很快地把自己的想法和感受用言语表达出来——不管心里想的是什么都能脱口而出，因而交谈得以活

5　表达性、工具性与双性化？见第 1 章。

跃、快速地进行——但另一些人用言语表达感受时则比较缓慢、深思熟虑、犹豫不决。研究者把这些谈话风格的差异称为**交谈反应性**（blirtatiousness）[6]上的个体差异，虽然这个英文词有点可笑（Swann & Rentfrow, 2001）。一位健谈、交谈反应性高的女人和一位沉默寡言、低调缄默的男人刚见面时可能相处得不错（Swann et al., 2006）：男方不必说太多的话，因为女方很乐意一直说个不停，但如果他们安顿下来在一起生活，这样的配对就存在危险（Swann et al., 2003）。出现冲突时，女方很可能会主导对冲突的讨论（她们一直就是这么做的；详见第 11 章），这种模式违反了男人是一家之主的传统社会期望。这种模式并不会给开明、双性化的男人造成什么麻烦，但却让传统的男人感到沮丧，因为后者如果和果断、健谈的女人结合的话，从长期来看，他们往往会变得不满意（Angulo et al., 2011）。性别角色的刻板印象显然影响我们关于异性交往的一些想当然的看法。

的确，男性比女性更看重工具性的沟通技能，比如给出明确指示和命令的能力。女性比男性更看重表达性的沟通技能，比如表达爱意和感受的能力。不过男性和女性都认为，在亲密关系中，表达性技能比工具性技能更为重要（Burleson et al., 1996）。他们有时被讽刺为说不同的语言，但男性和女性一致认为，在亲密关系中，充分表达对伴侣的爱、尊重和敬佩的能力是不可或缺的（Flolyd, 2006）。

沟通障碍及其应对

正如我们在前文所见，伴侣之间自我表露得越多，他们往往就越满意。但我们说出心里话，努力与伴侣沟通，并不总会带来积极的结果。通常情况下，人际隔阂会导致那些听我们唠叨的人误解我们，这比我们意识到的还要多。在伴侣感到痛苦和不满的亲密关系中，沟通不良的性质和后果显而易见。不幸福的伴侣之间的言语沟通一般只会延续他们的不满，使事情变得更糟而非更好。

6　Blirtatiousness 一词源自测量谈话者反应能力的量表，即 Brief Loquaciousness Interpersonal Responsiveness Test（BLIRT），交谈反应性是指人们对交谈伙伴反应的速度、频次和情感表露程度。——译者注

沟通不良

的确，通过仔细比较幸福伴侣和不幸福伴侣的沟通行为，我们能够获得有价值的见解，明白与他人交谈时不应该做什么。华盛顿大学的戈特曼（John Gottman）及其同事对此进行了 30 多年的研究，观察到了几种重要的沟通模式。首先，不幸福的伴侣在表述意图上表现得很差（Gottman, 1994b）。当他们抱怨时，他们很少能准确到位；相反，他们倾向于**数怨并诉**（kitchen-sinking），即通常同时谈及多个话题（如此一来几乎所有的事情都被卷入谈话中）。这通常会导致他们主要关注的事情淹没在同时指责的一连串沮丧事件中。例如，如果他们对借记卡上的透支罚款感到恼火，他们可能会说："这不仅仅是因为你粗心，你还酗酒，对帮忙做家务态度恶劣。"因而，他们的谈话经常**偏离主题**（off-beam），从一个话题转到另一个话题，以致谈话从来不能在一个问题上维持足够长的时间："我让你做的你从来不去做。你和你母亲一样顽固，你总是站在她那边。"在一长串问题清单上从一个问题跳到另一个问题，几乎可以肯定没有一个问题会得到解决。

其次，不幸福的伴侣在倾听彼此方面也表现得很糟糕。他们很少耐心地仔细检查自己对伴侣所传递信息的理解，相反，他们会仓促地得出结论（往往假设最坏的情况），并根据自己揣测的伴侣的意图偏离正轨。表现之一就是**读心术**（mindreading），即人们想当然地认为自己不需要询问就能理解伴侣的想法、感受和意见。所有亲密的伴侣都会在某种程度上"读心"，但痛苦的伴侣会以挑剔和恶意的方式来"读心"；中性或积极的动机往往被他们解读为存心不良："你这么说就是要惹我生气，为昨天的事报复我。"不幸福的伴侣比幸福的伴侣更多地以消极的方式**打断**（interrupt）对方的谈话。并非所有的打断都会令人反感。那些为了表示赞同或者要求澄清而打断伴侣的人，实际上可能是在进行一种愉快而良好的沟通。但是，那些打断谈话以表达不同意见或转换话题的人很可能会让伴侣感到被忽视和不被欣赏（Daigen & Holmes, 2000）。

痛苦的伴侣也会因为总能在对方所说的任何事情上发现纰漏或不可行性而成为糟糕的倾听者。他们使用**是的——不过**（yes-butting）句式，不断地传达出对伴侣观点的批评："是的，我们可以试一试，不过这并不可行，因为……"不幸福的伴侣还会进行**反向抱怨**（cross-complaining），即不承认对方关注的问题，而是用自己的抱怨来应对伴侣的抱怨，而不是对伴侣所说的话表示关注：

"我讨厌你把盘子堆在洗碗池里。"

"哼，我讨厌你把衣服随便扔在地板上。"

最后，不幸福的伴侣在交谈中频繁地表现出消极情感（Gottman & Levenson，1992）。他们频繁地对伴侣的抱怨报以讽刺挖苦，贬低和鄙视伴侣。这不仅于事无补，反而会使问题变得更严重。这类具有破坏性的互动通常以笨拙的**批评**（criticism）开场，即攻击伴侣的人格或品德，而不是针对引起抱怨的具体行为。例如，批评者不是去描述某个特定的令人懊恼的事件（"当你把湿毛巾丢在地板上时，我很生气"），而是全面指责对方的性格缺陷（"你就是个邋遢鬼！"），这样只会激化伴侣之间的矛盾。消极情感还包括经常以侮辱、嘲笑或充满敌意的幽默等形式表现出的**蔑视**（contempt）。伴侣对这类攻击通常的反应是**防御**（defensiveness）；不是将这种拙劣的抱怨视为合情合理，而是寻找借口或反向抱怨，激烈地发起反攻，以保护自己免受不合理攻击的伤害。当伴侣"闭口不言"，面对混乱的局面退守到石头般冷漠的沉默时，可能就会出现**石墙**（stonewalling）（Eldridge & Baucom，2012）。人们或许会认为拒绝争论有助于改善当前的情形，但伴侣没有反应更令人愤怒（Arriaga et al.，2014b）。石墙一般传达出的是"反对、冷冰冰的距离和沾沾自喜"，而不是对伴侣抱怨的适度认可和关注（Gottman，1994b，p.94）。最终可能会出现毁灭性的**交战状态**（belligerence），伴侣一方咄咄逼人地完全拒绝另一方（"那又怎样？你到底想干什么？"）

当日常沟通倒退到这些争执模式，亲密关系的前景就堪忧了（Lannin et al.，2013）。伴侣间粗暴无礼的沟通能够预测他们之后的不满和苦恼（Markman et al.，2010）。事实上，研究者只要观看婚姻冲突录像的开头 3 分钟，就能以 83% 的正确率预测哪对夫妻会在 6 年后离婚（Carrère & Gottman，1999）。与那些能长相厮守的夫妻相比，婚姻注定失败的夫妻明显地表现出更多的蔑视、防御和交战状态。而且在长相厮守的夫妻中，沟通良好的夫妻比起经常发生误解的夫妻更加幸福美满（Lavner et al.，2016）。

当然，挑战在于，要避免这些问题并不容易。当我们感到愤怒、憎恨或焦虑时，我们或许会发现自己正在做出反向抱怨、数怨并诉或其他诸如此类的行为。如何避免这些沟通陷阱呢？具体情况具体分析，我们或许需要传递更为清楚、不太有火药味的信息，更好地倾听，或保持冷静和礼貌，通常我们都需要做到这三点。

精确表述

批评伴侣的人格或品德的抱怨是对伴侣的贬低，往往小题大做，把小问题描绘成严重、不容易解决的难题。（想想我们对伴侣的那些笼统的抱怨，难怪他们有时会采取防御行为。）尽可能清楚、具体地指出惹怒我们的特定行为是更明智、更准确的做法。这就是**行为描述**（behavior description），它不仅能告诉伴侣我们的想法，还能把谈话重点集中在可处理的、单独的行为上，行为比人格更容易改变。好的行为描述专指某一特定事件，不涉及普遍性；因而，在沟通中永远不要使用总是或从不这样的词语。"你总是打断我！从不让我把话说完！"这样的表达并非好的行为描述。

我们还应该使用明确说明自己感受的**第一人称陈述**（I-statement）。第一人称陈述的句子以"我"开头，然后描述一种确切的情感反应。这种句式能驱使我们辨识自己的情感，这对伴侣双方都有好处，也有助于我们"拥有"并承认自己的情感，而不是把关注全部放在伴侣身上。因而，我们应该说"我现在感到非常生气"，而不要说"你真的惹怒我了"。

同时使用行为描述和第一人称陈述来更清楚、更准确地进行沟通的一种简单方法是，把它们整合成 **XYZ 陈述**（XYZ statement）。XYZ 陈述遵循这样的句式："当你在 Y 情境下做 X 的时候"（良好的行为描述），"我感到 Z"（第一人称陈述）。下次对伴侣抱怨时听一听自己是怎么说的。你是在说类似这样的话：

"你太不体谅人了！从来不让我把话说完！"

Zits © 2007 Zits Partnership. Distributed by King Features Syndicate, Inc.

如果妈妈使用合理的行为描述法，杰米就不会防御性地进行反向抱怨，那么这次互动就会进行得很顺利。你明白这对母子沟通不良的原因了吧？

专栏 5.6
表达同情和关心

当我们遇到因失去挚亲而痛苦不已的人时，很少有人知道该说些什么。我们想表达同情和支持，但我们的言辞似乎常常不足以完成这项任务。不过，人际关系研究者对丧亲之痛以及其他人对此的反应进行了研究（Wortman & Boerner, 2007），我可以就这种重要的沟通提供一些建议。首先，你应当提及这个人丧亲的事实（Toller, 2011）。挚爱的死亡是一种巨大的丧失，当事者将终生难忘（Carnelley et al., 2006）。即使是几个月后，想当然地认为丧亲者的痛苦结束了，或者不再那么强烈，也完全是一种麻木不仁。谈及已故的伴侣就是认可了丧亲者的痛苦，表达了关注和关心。对你来说做到这一点或许并不容易（Lewis & Manusov, 2009），但这的确是善行。

你该说些什么？很简单，试试"我很抱歉"或"我为你感到难过"，然后打住。不要提及你自己的悲惨故事。不要暗示失去亲人并不是发生过的最悲惨、最可怕的事情。不要试图用对未来的乐观预测来安慰对方。也不要就如何才能重新开始他/她的生活提供建议。这些做法可能出自好意，但每一种做法最终都会贬低丧亲者当前的痛苦。表达发自内心的同情，仅此足矣。点头致意，耐心倾听，不做评判。

所以，只要你避开说太多的陷阱，给别人以舒心的安慰比你想象的要简单。记住了这一点，你能看出下面这些愚蠢的言论有什么问题吗？每一句都是某个试图帮助别人但未能奏效的人说的（Wortman & Boerner, 2007）：

"越早忘掉越好。"
"痛哭也不能让他复活。"
"他要是系上安全带就好了。"
"上帝比你更需要她。"
"你还年轻，还可以有其他的孩子。"
"你往后还有很多好日子。"

还是，力求简明而准确地说出自己的意图：

"你刚才打断我讲话的时候，我很生气。"

两者的效果差别很大。其中一个陈述可能会得到伴侣体贴的、歉意的回应，但另一个则可能适得其反。

积极倾听

当我们作为他人信息的接收方时，我们有两个重要的任务。第一是准确地理解伴侣想要表达的意思；第二是向对方传达关注和理解，让对方知道我们在意他们所说的话。这两个任务都可以通过**改述**（paraphrasing）接收到的信息来完成，即用自己的话重复对方的意思，让信息的发送者有机会肯定那就是他/她真正想要表达的意思。当人们使用改述时，他们不会想当然地认为自己理解了伴侣的话，也不会立即给出答复。相反，他们会花时间重新措辞并重复出对方的话来验证自己的理解。这听起来有点尴尬，但却是避免因误解和错误而导致的争吵和冲突的绝佳方法。无论谈话何时开始变得过激，改述都可以使之免于失控。看看下面的对话出了什么问题：

妻子：（叹气）我真高兴你母亲决定下周不来看我们了。

丈夫：（发怒）我妈怎么了？你总是拿她说事，你真是个忘恩负义的人！

也许丈夫在大发雷霆之前，改述可能有助于缓和关系：

妻子：（叹气）我真高兴你母亲决定下周不来看我们了。

丈夫：（发怒）你是说你不喜欢她来咱们家？

妻子：（吃惊）不，我一直欢迎她来。只是我的人际关系课程论文就要交了，下周我没时间待在家里。

丈夫：（松了口气）哦！

另一个重要的倾听技巧是**知觉检验**（perception checking），它与读心术恰恰相反。在进行知觉检验时，人们通过要求伴侣进行澄清来评价自己对伴侣感受的推断是否准确。这传达了一个人对伴侣的关注和兴趣，它鼓励伴侣更加开放："你好像对我说的话感到很不安，是吗？"

改述并检验自己知觉的倾听者会积极努力地理解他们的伴侣，这种关心和体贴往往会得到伴侣的高度赞赏（Bodie et al., 2015）。根据亲密关系的人际过程模型，他们是在做出回应，这是好事。像这样的积极倾听可能有助于缓和任何人际关系都不可避免的困境。事实上，与

想一想 ✓

你最后一次问伴侣你对他/她的知觉是否准确是什么时候？你这样做过吗？

那些仅仅想当然地认为自己理解伴侣话语的人相比，运用这类沟通技巧的人通常报告婚姻更幸福（Markman et al., 1994）。

礼貌待人，保持冷静

不过，如果我们在谈话时经常大发脾气或充满敌意，即使信息的发送和接收都非常准确，也可能没有多少裨益。当我们遭遇他人的蔑视和敌视时，很难保持平和与放松；反过来，嘲弄或鄙夷伴侣的人往往会受到伴侣暴躁、愤怒的对待。的确，与对婚姻满意的夫妻相比，对婚姻不满意的夫妻有更多的时间陷入消极的情感互惠模式中，他们互相鄙视，根本不把对方说的话当回事（Levenson et al., 1994）。幸福的夫妻也会这样做——在大多数关系中可能都会有一段刻薄的漠视期——但是比起不幸福的伴侣，他们能更快地摆脱这些恶性循环（Bloch et al., 2014）。

实际上，当恶性循环开始时就进行化解是非常有益的，但却不太容易做到。虽然 XYZ 陈述和积极倾听的技能有助于伴侣完全避免愤怒而敌对的互动，但戈特曼及其同事认为，人们一旦生气，就很少会有意识地使用这些技能（Gottman et al., 2000）。当你处于"痛恨伴侣，想要报复，感到心痛，想要反击"的心理状态时，要想做出"第一人称陈述"非常困难，甚至根本不可能（Wile, 1995, p.2）。

因此，当你被伴侣激怒时能保持清醒，在你开始生气时能冷静下来，都是非常可贵的技能。（有鉴于此，你或许想翻到专栏 11.1 看看如何掌控愤怒。）如果认为他人给我们带来了不合理、不公平、原本可避免的伤痛的认知引发了愤怒。尝试用不同的观点来减少或防止愤怒（Finkel et al., 2013）。与其想着"他 / 她没有权利这样数落我！"不如这样去想："嗯，爱我的人说相反的话。我想知道这是为什么？"

当然，当我们被激怒时，很难保持如此平静的思路。因此，当你们意见不一致时，事先与伴侣约定彼此以礼相待，以（尽量）减少你们彼此被激怒的次数，这不失为一个好主意（Gottman, 1994b）。你可能希望安排定期会议，在会上双方（礼貌地）表达各自的不满；知道问题会得到解决能让你在这一周的其他时间里对伴侣态度更好（Markman et al., 1994）。无论如何，你们俩都不应该互相侮辱，彼此讥讽。如果你发现自己身处消极的情感互惠模式中，可以暂停互动以打断这种

©Stuart Jenner/Getty Images

在出现分歧时，不幸福的伴侣往往难以准确地表达自己的意思，难以倾听对方的心声，难以保持礼貌和冷静。

恶性循环。要求休息片刻——"亲爱的，我太生气了，无法正常思考。给我 10 分钟让我冷静一下"——当你不再那么激动时，再回来讨论刚才的问题。一个人走开，每分钟做不超过 6 次长而缓慢的深呼吸，你就会平静下来，这比你想象的要快（Tavris, 1989）。

尊重和认同的力量

良好的沟通包含多个组成部分：有意识地努力传递清晰、直接的信息，认真仔细地倾听，即使出现分歧也保持礼貌和克制，等等。其中的关键要素是我们释放出的关心和尊重伴侣观点的信号。我们也期望能从亲密伴侣那里得到这样的关心和尊重。当我们认为伴侣不尊重自己时，就会滋生苦恼和怨恨。所以，对伴侣的**认同**（validation），即承认他们观点的合理性，表达对他们立场的尊重，一直是亲密互动的理想目标（Kellas et al., 2013）。

认同并非要求你同意某人的观点。你可以对伴侣的观点给予适宜的尊重和重视，而不必表示赞同。请思考以下三种对抱怨的回应方式：

巴尼：我讨厌你那样做。

反向抱怨   贝蒂：我讨厌你和费雷德一起喝醉。

赞同   贝蒂：是的，你说的对，我不会那样做了。

认同   贝蒂：是的，我明白你的感受。你说的很有道理。但我希望你也能理解我的感受。

只有最后一种回应既承认了巴尼观点的合理性，又表达了贝蒂自己的感受，从而开启了开诚布公的对话。即使我们与伴侣持有不同的意见，我们也不需要虚伪或谦卑地屈服于伴侣的观点。

的确，认可伴侣通常会让分歧变得更能让人容忍。我在本章提到的所有沟通技能都有助于营造一种回应性的关心和关注的氛围，从而减少我们与伴侣争执的强度和影响（Verhofstadt et al., 2005）。通过练习这些技能，并承诺即使出现沟通困难彼此也要保持礼貌和尊重对方，你甚至能让一段陷入困境的亲密关系起死回生（Stanley et al., 2000）。

请你思考

詹姆斯很喜欢猎鹿的季节。他喜欢冒着黎明前的寒意坐在伪装帐篷里，瑟瑟发抖，小口喝着咖啡，等待着这一天的收获。但他的妻子朱迪却总是害怕这个季节。因为詹姆斯会连续几个周末都不在家，每次回家，要么因为空手而归而牢骚满腹，要么就是带回一大堆野味要她处理，这可是本不该有的辛苦活。汽油费、许可证费和租赁费也是笔很大的开支，这样他们就没有钱偶尔去她最喜欢的湖边旅馆享受周末时光了。

所以，在猎鹿季的第一天，凌晨四点半，当朱迪递给詹姆斯一壶热咖啡并送他到门口时，她已经感到忧郁和孤独了。她看着詹姆斯，强颜欢笑，但她的微笑很僵硬，表情也很沮丧，她伤感地说："周末愉快，亲爱的。"詹姆斯愉快地回答：

"好的，谢谢你，亲爱的，星期日晚上见！"然后就离开了。

读完本章之后，你认为詹姆斯和朱迪的未来会怎样？为什么？

本章小结

当信息发送者的意图与信息对接收者产生的影响不一致时，伴侣之间就存在着人际隔阂。

非言语沟通

非言语沟通发挥着重要的功能：提供信息、调节互动并定义双方关系的性质。

非言语沟通的组成部分。 非言语沟通包括：

- 面部表情。面部表情能很好地表示他人的情绪状态，但文化规范会影响表达行为。

- 注视行为。个体注视的方向和时长对于界定关系和调节互动都非常重要。此外，当我们看到自己感兴趣的事物时，瞳孔会放大。

- 肢体动作。手势的含义在不同的文化之间差别很大，但整个身体的姿势和动作也能传达丰富的信息。

- 身体接触。不同类型的身体接触有截然不同的含义。

- 人际距离。在不同类型的互动中，我们会使用不同的个人空间区域，即亲密区、人际区、社交区和公共区。

- 体味。个体的情绪信息可以通过体味传递给他人。

- 副语言。副语言包括个体声音的所有变式（除了讲话者使用的词语），如节奏、语速和音量。

- 各组成部分的结合。当人们使用了类似的非言语行为而不自知时，模仿就发生了。非言语的行动能让我们以微妙而真实的方式对互动的亲密程度进行精细调整。

非言语敏感性。 不幸福的夫妻，尤其是丈夫，在非言语沟通上表现很糟糕。

言语沟通

自我表露。亲密涉及与伴侣分享自己的个人信息。

- 自我表露的发展过程。随着关系的发展，自我表露的广度和深度都会增加。当我们觉知到他人表现出的回应性，表明他们理解和在乎我们时，亲密感就会增强。
- 秘密和禁忌话题。夫妻会回避禁忌话题，即使在亲密的伴侣关系中，存在一些秘密也是常有的事。
- 自我表露与关系满意度。适当的自我表露会孕育喜爱和满足感，表达爱意对我们有益。

言语沟通中的性别差异。女性比男性更可能讨论情感和人物话题，但男性和女性一样健谈。不过，有大男子主义的男人较少向其他男人进行自我表露，即使是自己的朋友，因而他们可能只能与女人分享其最有意义的亲密情感。交谈反应性高的女人和沉默寡言的男人的结合可能并不稳定。

沟通障碍及其应对

沟通不良。痛苦的伴侣很难表达自己的真实意图，他们会出现具有破坏性的言语行为，其特征是：数怨并诉、偏离主题、读心术、打断、是的—不过句式及反向抱怨，还会涉及批评、蔑视、石墙和交战状态。

精确表述。有技巧的信息发送者会运用行为描述、第一人称陈述和 XYZ 陈述，把谈话聚焦在特定的行为上，并清楚地表达自己的感受。

积极倾听。好的倾听者会通过改述和知觉检验来理解伴侣。

礼貌待人，保持冷静。幸福的夫妻还会避免消极情感互惠模式的恶性循环。

尊重和认同的力量。即使伴侣之间出现分歧，他们也应该表达出对对方观点的尊重和认可。

第 6 章

相 互 依 赖

　　如果你与伴侣已经相处了一段时间，你为什么还在保持这段关系？你是否出于某种原因有义务这样做？还是你只是在等待更好的人选出现？抑或你已经仔细地进行过比较，审视了你的选择，然后确定你找不到比现在的伴侣更好的了？希望你目前的亲密关系非常有奖赏价值，以至于你从未考虑过上述问题。然而，它们正是我们在本章中要考虑的内容，即从经济学的角度来看待我们与他人的交往。

　　本章的主题是相互依赖。为了获得有价值的人际奖赏，我们需要他人，他人也需要我们，于是就发生了相互依赖。如果我依赖你为我提供我在其他任何地方都得不到的关爱、支持和接纳，反过来你也同样依赖我，我们需要彼此，因此我们是"相互依赖"的。对于为什么我们会维系某些关系而离开另一些关系，相互依赖研究给出了很多有趣的解释，但我们不会讨论爱情，它将是另一章的主题。相反，我们会聚焦人际互动收支平衡表中的盈亏。你或许还未想过自己是一名人际关系会计师，但这样做可以让你深刻地洞察亲密关系的运作过程。

社会交换

相互依赖理论认为，我们就像人际交往市场上的购物者：所有人都在寻找我们能够得到的最令人满意的关系。从这个角度来看，当两个人互相提供奖赏，诱使他们开启一种叫作**社会交换**（social change）的过程时，一段关系就开始了；在这一过程中，他们互相提供对方想要的利益和奖赏。当你给我（一些）我想要的东西，而我给你（一些）你想要的东西时，我们就是在进行社会交换，即互换想得到的奖赏。有几种不同的社会交换理论，不过由约翰·蒂博（John Thibaut）和哈罗德·凯利（Harold Kelley）提出的观点（Thibaut & Kelley, 1959; Kelley & Thibaut, 1978）——现在被称为相互依赖理论——是人际关系学家最常用的理论，所以我将重点介绍它们。我们先来看看社会交换的核心要素。

奖赏和成本

互动的奖赏是我们通过与他人接触而获得的令人满意的体验和物品。人际奖赏以非常不同的形式出现：既有不带个人色彩的好处，比如迷路时陌生人给你的指引；又有个人的亲密感，比如你所爱的人的接纳和支持。我将用奖赏这个词来泛指人际互动中任何值得期待和受欢迎的、能给接受者带来乐趣或成就感的东西。

与之相反，成本是惩罚性的、令人不悦的体验。它们可能包括财务支出，如为约会对象买饮料，或实际伤害，如嘴唇裂开。然而，亲密互动中某些最重要的成本是心理负担：不确定一段关系的走向，对伴侣的不完美感到沮丧，以及对所有因为你身处这段关系而无法做的事情感到后悔（Sedikides et al., 1994）。互动中所有令人沮丧或痛苦的后果都是成本。

我们将用**结果**（outcome）这一术语来总结与某一特定互动有关的奖赏和成本，它描述了把所有因素都考虑在内，个体在交往中的净收益或净亏损。把所有的奖赏和成本相减就得到：

$$结果 = 奖赏 - 成本$$

显然，如果某种互动的奖赏大于惩罚，就会产生积极的结果。但请记住，社会交换理论认为人们希望得到可能的最好结果。你的互动结果为正这一简单事实并不意味着它们足以让你继续待在这个伴侣身边。的确，相互依赖理论的主要见解之一是，你的互动结果是正还是负，远不如它们与我们评价结果所用的两个标准的比较重要。第一个标准涉及我们的期望，第二个标准涉及我们对假如没有现在的伴侣我们能过得怎么样的认知。

我们期望从我们的关系中得到什么

相互依赖理论假定每个人都有一个与众不同的**比较水平**（comparison level，缩写为 CL），它描述了我们在与他人打交道时所期待并认为自己应当得到的结果值。我们的比较水平建立在过去经验的基础上。那些拥有过奖赏价值很高的亲密关系的人可能比较水平较高，即他们现在还期望并觉得自己理应得到非常好的互动结果。相反，那些过去有过令人苦恼的亲密关系的人可能拥有较少的期望，较低的比较水平。

个体的比较水平代表了他 / 她在从悲惨到狂喜的连续体中的中性点。这使得比较水平成为衡量我们对一段关系满意程度的标准。如果互动结果超过了你的比较水平，你会感到幸福；你从与他人的互动中得到的奖赏超过了你所期望的最低结果。幸福的程度取决于你获得的结果超过你预期的程度，如果互动结果远远高于你的比较水平，你会感到非常满意。另一方面，如果互动结果低于你的比较水平，即使这一结果仍然相当不错，你的表现也比大多数人都好，你还是会不满意（Vannier & O'Sullivan, 2017）。这一观点非常重要：即使你在与他人的互动中仍有所收益，但如果这一收益并没有大到足够满足你的期望，你仍不会感到幸福。例如，如果你是一个富有而又被热捧的名人，你可能会对伴侣有非常高的期望，即使你有一个迷倒众人的出色伴侣，你仍会相当不满意。

所以，亲密关系中的满意度并不仅仅取决于互动结果在绝对意义上的好坏；相反，满意度来自互动结果与期望（即比较水平）之间的比较，即：

$$结果 - 比较水平 = 满意度$$

关系的替代收益

然而，相互依赖理论的另一个重要假设是，满意度并不是决定亲密关系持续时间长短的唯一因素，甚至不是主要因素。不管我们是否幸福，我们都会用第二个标准，即**替代的比较水平**（comparison level for alternative，缩写为 CL_{alt}），来确定我们在其他选择下是否会过得更好。替代的比较水平描述了你离开目前的亲密关系，转而投向你能获得的最好的替代关系或情境将会得到的结果。如果你是一名优秀的会计师，你就能明白替代的比较水平也是我们能容忍的现任伴侣的最差水平。原因在于：如果其他的关系有希望带来比目前关系更好的收益，我们就可能会离开现任伴侣去追求更大的奖赏。即使我们对现状感到满意也并不重要，我们仍然会离开当前的关系，因为根据相互依赖理论，我们总希望得到最好的结果。另一方面，即使我们在当前的关系中并不快乐，我们也不会离开，除非有更好的选择出现。这是一个特别重要的观点，它有助于解释为什么人们仍会留在令他们苦不堪言的亲密关系中：尽管对处境不满意，但他们认为一旦离开，情况会更糟。他们不会去任何地方，除非他们认为别处有更好的选择在等着他们（Edwards et al., 2011）。对亲密关系的满意程度并不是决定我们是否继续关系的主要因素，这一观点是相互依赖理论最有趣的见解之一。

所以，替代的比较水平决定了我们对亲密关系的依赖程度。不管我们满意与否，如果我们认为我们已经找到了自己所能找到的最好的人选，我们就会依赖现任伴侣，不会轻言离开。而且，我们当前亲密关系的结果与较差的替代选择之间的差距越大，我们的依赖就越深。如果当前的结果仅比替代选择好一点点，那么我们就不会非常需要现任伴侣，并且如果替代选择不断改善，我们可能会离开现任伴侣。

想一想 ✓

你热爱自己的工作，但现在另一个工作机会摆在你面前，综合考虑各方面因素，这份工作更好。你会换工作吗？亲密关系中的行为与此相比有何不同？

但是你真的会离开一段令人满意的关系吗？推测一下，如果吸引你离开的替代者确实比你现在拥有的更好，你会离开。为了简单而直观地思考这个问题，你可以把替代的比较水平视为总体的结果，即个体认为把所有因素考虑在内更换伴侣将产生的净盈亏（Kelly, 2002）。如果结束当前的伴侣关系、转向新的替代关系的整个过程有望带来更好的结果，如果你只要离开就会过得更好，那么你应当放弃原来的关系。这只是经济学的常理。

当然，问题是要算清这些盈亏非常困难。需要考虑的因素太多。一方面，我们需要权衡可能吸引我们离开的替代伴侣的合意性和可得性，并且独自生活——没有伴侣——也是一个值得考虑的选择。如果其他伴侣或单纯的独居都貌似有吸引力，那么替代的比较水平就会上升。然而，离开现有的亲密关系也会产生一系列的成本，这些成本会极大地影响我们另择他人所能获得的净收益。比如，卡里尔·鲁斯布尔特（Caryl Rusbult）已经证实，个体对当前亲密关系的**投入**（investment），即亲密关系结束时个体会失去的东西，也是决定个体去留的重要因素（Rusbult et al., 2012）。亲密关系结束时，个体留下的投资既可以是有形的物品，如你必须与前任分割的家具和餐具，也可以是无形的心理收益，如来自姻亲和朋友的关爱和尊重（Goodfriend & Agnew, 2008）。比如，不幸福的妻子可能不会提起离婚诉讼，不是因为她没有其他的选择，而是因为她不想承担潜在的成本，如迷茫的孩子、失望的父母和困惑不解的朋友。所有这些都会减少一个人离开的整体意愿，从而降低个体的替代比较水平。

　　另一个复杂之处是，个体的替代的比较水平是其主观认识的产物，因而人们对替代选择的认知会受到一系列因素的影响。自尊就是其中之一。当人们不喜欢自己时，他们会怀疑自己的吸引力（Swann & Buhrmester, 2012），并低估自己与其他伴侣在一起的前景。信息的获取也会影响个体的替代的比较水平。如果你成为了不工作的全职父（母），与每天在大城市上班相比，你得到的关于潜在选择的信息就非常有限（Rusbult & Martz, 1995）；因此，你的替代的比较水平就会比你外出工作、见多识广时要低。

　　的确，理想的替代选择只有在你意识到他们时才会提高你的替代的比较水平；如果你对现任伴侣感到满意，你或许不会太注意那些可能成为你现有亲密关系有力竞争对手的人。实际上，那些对现有伴侣关系感到满意的人，相对而言，对环顾左右看看自己如果找了别人会怎么样并不怎么感兴趣。因此，他们认为自己的替代的比较水平比那些更关注替代伴侣的人低（Miller, 2008）。这一点可能很重要。相比于那些不太注意替代选择的大学生，留意自己的可选之人并密切关注替代恋人的大学生，会更频繁地更换恋爱对象（Miller, 2008）。

　　这些结果意味着，虽然相互依赖理论将满意度和依赖性视为亲密关系中相对独立的影响因素，但它们实际上是相关的。尽管俗语有言，"家花没有野花香，"但如果你和现任伴侣在一起很幸福，你就不太可能在意替代选择。还请记住这个睿智的观点：对一段关系的满意度并不是影响伴侣去留的唯一因素（VanderDrift & Agnew, 2016）。思考一下离婚的一般发展轨迹：离婚的夫妻在决定分手前，通常已在痛苦中煎熬了相当长的一段时间（Lucas, 2007）。是什么最终促使他们付诸行动？有件事情发生了变化：他们的替代的比较水平最终超过了他们当前关系的结果（Albrecht & Kunz, 1980）。婚姻变得如此糟糕，以至于他们婚姻的结果低于那些曾经看似不合适的替代选择的结果。或者，结束婚姻的成本明显降低了（这会提高当事人的替代的比较水平）：比如，因为夫妻双方长期不幸福，他们的孩子、父母和牧师都可能改变了观点，开始支持他们离婚。抑或结束一段亲密关系的奖赏明显增加了，因为他们存了一些钱或获得了学位（这也能提高替代的比较水平）。归根结底，人们不幸福时并不会去离婚；当他们的前途在别处最终看起来更加光明时，不管怎样，他们都会离婚。

所以，如果我们还记得替代的比较水平是一个需从多方面考虑的判断，既涉及离开亲密关系的成本（如投入的损失）又涉及他人提供的诱惑，我们就会得到：

$$结果 - 替代的比较水平 = 依赖度$$

让我们回顾一下。社会交换的三个重要因素是人们的结果、比较水平（CL）和替代的比较水平（CL$_{alt}$）。人们在互动中获得的净盈亏就是其关系的结果。当他们的结果超过期望或比较水平时，他们就会感到满意；然而，如果当前的亲密关系的结果不如他们的期望（也就是结果低于比较水平），他们就会感到不满。此外，如果人们当前的结果好于他们能够从别处得到的结果（即结果超过其替代的比较水平），他们就会依赖于现任伴侣，不太可能结束当前的亲密关系。然而，如果他们从现任伴侣身上得到的结果变得比他们能够轻易地从别处获得的结果更差（结果低于替代的比较水平），他们就会倾向于独立，很可能会离开现任伴侣。

关系的四种类型

我们来看看如何把这些算法结合在一起，以界定人们遇到的各种人际关系的类型。比较水平、替代的比较水平及人们所体验到的关系结果都可以沿着一个从低到高的结果质量连续体变化。相互依赖理论认为，当我们同时考虑这三个因素时，会产生四种不同的广义的关系类型。

思考一下，当人们的关系结果超出他们的比较水平和替代的比较水平时会发生什么。他们从伴侣那里得到的超过了他们的期望，并且他们相信当前的关系比替代关系更好。所以，他们会感到幸福，（就关系的当事人而言）他们的关系是稳定的。他们不会移情别恋。图 6.1 以两种不同的方式描述了这种令人愉悦的情形。在一种情况下，个体的比较水平高于其替代的比较水平，而在另一种情况下则恰好相反。在这些以及我将解释的其他所有例子中，个体感受到的特定满意度（或依赖度）取决于比较水平（或替代的比较水平）与个体当前关系结果的差异程度。然而，在 A_1 和 A_2 这两个图形中——这正是我想阐明的观点——个体都处于幸福、稳定的关系中。我向你们展示了这两个图是想说明，就图 6.1 所示的简单分类而言，比较水平和替代的比较水平孰高孰低无关紧要。即使它们完全相同，也应归入相同的大类；如果个体当前的关系结果超过了比较水平和替代的比较水平，他／她就会感到满足，不可能退出当前的关系。[1]

　　与上述情形相比，我们看看当人们的关系结果低于比较水平但仍高于替代的比较水平（见图形 B）时会发生什么。他们会感到不满。他们得到的关系结果低于自己期望的和认为自己应当得到的结果，但他们当前的关系仍好于他们认为能从别处得到的关系。他们的关系虽不幸福却较稳定，他们不会弃当前关系而去。希望你永远不会碰到这种情况，但如果你曾经有一份非常糟糕的工作，你非常讨厌它，但又不能辞职，因为这是你当时能得到的最好的工作，那么你就会明白我所说的情形。这就是这类人所处的困境。

　　相比之下，如果人们的替代的比较水平比关系结果高，而他们的比较水平却比关系结果低，他们面临的情形就更加有利（见图 6.1 中的图形 C）。他们对现任伴侣感到满意，但通盘考虑后，他们认为在别处有更具吸引力的关系结果等着自己。他们当前的亲密关系幸福但不稳定，因为他们不太可能固守这份关系。在职场中类似的情形是，你喜欢现在的工作，但你从另一个雇主那里能得到更好的工作。如果你考虑了所有因素——包括你要离开的朋友、搬迁的成本和新职位的不确定性——并且你认为离开显然更有利，你就会离职，不是吗？

　　最后，人们的关系结果可能比他们的比较水平和替代的比较水平都要低。同样，

---

[1] 这正是我希望有一天你能进入的关系（如果你还未进入的话）。你将感到满足，相信你与伴侣的相处比你和其他人在一起更好。如果你的伴侣也有同感——如果你们都需要彼此并幸福地相互依赖——那么你们都会被激励去呵护你们的关系，将美好持续下去。再也没有比这更好的关系了。

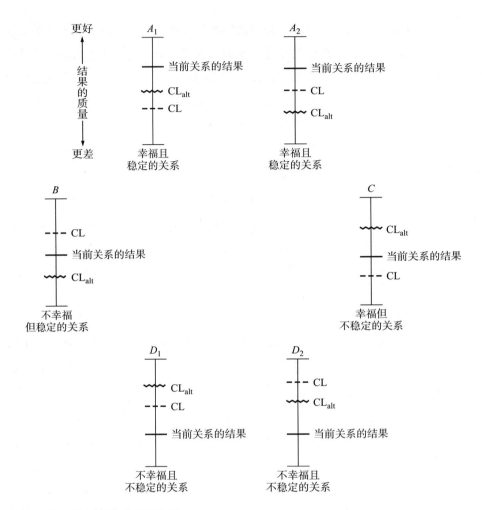

图 6.1　相互依赖理论的关系类型

这些例子乍一看可能令人望而生畏，但耐心地阅读正文就能明白它们的含义。A_1 和 A_2 是同一大类里的两个亚型，D_1 和 D_2 也一样。正如你所看到的，就此处的目的而言，当比较水平（CL）和替代的比较水平（CL_{alt}）都好于或都差于个体当前关系的结果时，这两者孰高孰低并不重要；重要的是它们各自相较于当前关系结果的位置。

在这种分析水平上，比较水平和替代的比较水平孰高孰低也无关紧要，例如图形 D_1 中替代的比较水平更高，图形 D_2 中比较水平更高。只要他们当前的关系结果比这两种比较水平都低，其亲密关系就既不幸福也不稳定，很可能持续不了多久。

当然，在现实的亲密关系中，人们的比较水平、替代的比较水平和关系结果

专栏 6.1

权力与依赖性／独立性

图 6.1 描绘的是伴侣中一方可能面临的情形，但亲密关系涉及两个人。他们各自的替代的比较水平会如何影响他们的交往呢？假设有一对恋人贝蒂和巴尼，他们从亲密关系中得到的结果是类似的，彼此都需要对方，但巴尼的替代的比较水平比贝蒂低（见图 6.2）。这意味着巴尼比贝蒂更需要对方；如果亲密关系结束，转到第二好的对象时，巴尼要比贝蒂失去更多。不过因为他们都不想离开当前的亲密关系，这一点似乎微不足道；但实际上，这种依赖程度上的差异使贝蒂在亲密关系中拥有更多的权力。

正如我们将在第 12 章中看到的，权力是影响他人行为的能力。与社会交换理论类似，**较小利益原则**（principle of lesser interest）表明亲密关系中依赖较少的一方在关系中拥有更大的权力（Waller & Hill, 1951），或者说，当理想的伴侣关系结束时损失较少的一方会居于主导地位。实际上，当涉及赢得争执和达到自己

的目的时，这一原则似乎是正确的；一般双方都会承认，恋爱关系中更为独立的一方是两人中更具支配地位的人（Sprecher et al., 2006）。所以，举个例子，如果你对你们关系的承诺比伴侣多，你可能会更努力地应对失败、控制怒气和保持礼貌，而承诺较少的一方则会随心所欲地大发脾气（Lemay & Dobush, 2015）。

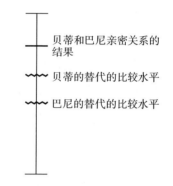

图 6.2　依赖与权力

在这种情况下，贝蒂和巴尼会互相依赖，双方都不太可能离开这段亲密关系。然而，贝蒂的替代选择比巴尼的更好，这使得她在亲密关系中握有更多的权力。

都可能位于最差到最好之间的任一点，因而可能产生许多不同的组合。以上四种关系类型只是了解各种可能性的入门向导。比较水平、替代的比较水平和关系结果也都会随时间而变化，这就导致了相互依赖理论更多有趣的细微差别。

与时俱变的比较水平和替代的比较水平

想象你找到了完美的伴侣。他/她充满爱心、迷人、聪明、富有和慷慨，同时还是特级厨师、娴熟的按摩师和专业的汽车机械师。你从他/她身上获得的关系结果超出了你最狂野的幻想。每晚你回到家，在享受完欢迎你回家的按摩、揉脚后，你的伴侣又给你端上了精致的食物。你满意吗？当然满意。但你在连续几个月享受这种幸福之后，可能会发生什么呢？

可能某天晚上你回到家，发现既没有温柔的按摩，也没有美味的晚餐，因为伴侣遇到堵车没能及时回家。"嘿，"你可能会想，"我的美食呢？我的按摩呢？"你期望这种不寻常的待遇，这表明你的比较水平提高了。但如果你的比较水平提高了而关系结果却保持不变，满意度就会下降。一旦你习惯了完美的伴侣，你就可能会发现你从他/她的娇宠溺爱中获得的快乐比以前少了（Sheldon et al., 2013）。

确实，相互依赖理论预测到了这样的模式。因为我们的比较水平是建立在我们过去经验的基础上的，它们往往会随着我们得到的关系结果而波动。当我们最初遇到非常好的关系结果时，我们非常愉悦，但随着我们开始把这些好处视为理所当然，我们的比较水平开始提高，我们的愉悦感可能会逐渐减少。这样一来，即使什么（除了我们的期望）都没变，具有奖赏意义的亲密关系也会逐渐变得越来越令人不满意。

在良好的亲密关系中真的会发生上述情形吗？是的，有可能发生。你当然不应该期望那种引领你步入婚姻殿堂的幸福永远持续下去。一项出色的研究对5 500多名荷兰年轻人进行了长达18年的追踪调查，结果发现，他们开始约会、选择同居和结婚都与幸福的显著增加有关。但随着时间的流逝，这些人的快乐日益减少，14年后，他们并不比遇到爱人之前更幸福（Soons et al., 2009）。另一项在德国开展的研究更令人吃惊，研究者追踪了3万多人达18年之久；该研究也发现步入婚姻让人更幸福，但幸福只是短暂的。两年后，婚姻带来的大部分快乐已经消失，平均而言，配偶们的幸福程度只与他们结婚前一样（Lucas, 2007）。非常明显，找到生命中的真爱并不能让你永远幸福。

更糟糕的是，自从出生后，社会文化的影响就导致我们的期望不断攀升。与祖父母辈相比，我们现在往往憧憬爱情充满魔力而不仅仅是愉悦的，能带来深深的满足和成就感而不只是说得过去的，而当我们有如此高的期望时，很难感到幸福。我们的祖父母通常希望他们的婚姻可以"满足诸如爱与被爱及体验浪漫激情这样的需求",这在今天仍然是正确的;但我们现在通常认为,美好的婚姻还应该"满足诸如自尊、自我表达和个人成长的需要",希望配偶帮助我们实现所有的希望和梦想(Finkel et al., 2015a, p.239)。配偶应该是"我们最好的朋友、健身伙伴、精神上的兄弟、志同道合的性伙伴、烹饪大师、养育孩子的好帮手、财务规划师、慈善伉俪和旅游拍档"(DeWall, 2015, p.31)。哇,诉求这么多,如此高的标准很难达到(McNulty, 2016)。事实上,平均而言,美国人现在的婚姻并不如 30 年前那般幸福,原因之一或许就是人们有更高的比较水平(Glenn, 2007)。

　　文化的变化也会提高我们的替代的比较水平。女性更多地参与到劳动大军中,一方面她们可以接触到有趣的同事,另一方面她们拥有了一定的经济资源,这让她们更容易离开不幸福的亲密关系(Greenstein & Davis, 2006)。人们比以往任何时候都更具有流动性,以史无前例的速度周游世界、变换住所(Ren, 2011),所以他们的选择更加丰富多样。即使我们待在家里,如果我们刻意寻找,也可以在网上找到大量的替代伴侣(Slater, 2013)。此外,反对离婚的法律、宗教和社会障碍已逐渐减少(Horner, 2014),因此,即使许多人有了更多的选择和更多的可选伴侣,离婚的成本也已下降。我们甚至可能进入了一个"永远可得"的时代,在这个时代,即使人们已经结婚了,仍逗留在婚姻市场上,不断地评估自己所遇之人成为未来伴侣的可能性(Cherlin, 2009)!如果你综合考虑这些影响因素,并回顾图 6.1 所示的情形,你就不会对美国自 1960 年以来离婚率的急剧攀升而感到惊讶了;当比较水平和替代的比较水平都很高的时候,人们更可能认为自己处在既不幸福也不稳定的关系中。

关系的经济学

　　如你所见,相互依赖理论将亲密关系去浪漫化了。在描述其中的一些细微差别时,我甚至将幸福、稳定的亲密关系比作一份收益颇丰的理想工作。但亲密关系的成败真的能被庸俗地简化为人际互动数据表上的盈亏吗?难道奖赏和成本,或者你得到的"酬金"数量,就是亲密关系的一切吗?答案当然是否定的。过于关注伴侣互动过程的奖赏和成本,会使我们忽视其他影响伴侣关系成败的重要因素。比如，你在重要的关系中能否最终取得成功，有时或许取决于你适应不可控的外部压力的能力（Buck & Neff, 2012）。

从另一方面来看，相互依赖理论强调人们提供给对方的关系结果，这种强调的确非常重要。计算一段关系的奖赏和成本可以提供关于其现状和可能未来的非同寻常的信息。从这类研究中得出的正常亲密关系的蓝图有些令人惊奇。人们对亲密关系的刻板印象是，亲密关系是慷慨的、充满爱意的，而且毫无疑问，比起那些彼此提供较少奖赏的伴侣，彼此相敬如宾的伴侣更可能长相厮守（Le et al., 2010）。新婚夫妇表现出的深情行为的数量能很好地预测他们16个月之后的幸福程度（Graber et al., 2011），对此你不会感到惊讶。

但关系的成本也包含丰富的信息，并且出乎意料的是，在许多关系中，确实存在大量的不愉快。在任何一天，都有44%的人很可能被爱人或朋友惹恼（Averill, 1982）。典型的夫妻报告在他们的婚姻生活中，每月都会发生一两次不愉快的争执（McGonagle et al., 1992）。长期的亲密关系往往涉及比我们预期的更多的令人生气和恼怒的事件。的确，在一起生活期间，已婚夫妻对待彼此迟早会比对待其他任何人更刻薄（Miller, 1997b）。当然，总的来说，值得拥有的关系中的奖赏要远大于惩罚；但是在另一些情况下（希望很少发生），当关系亲密的人处在最糟糕的状态时，他们对待彼此可能比对待完全陌生的人更粗鲁、无礼、愠怒、自私和麻木。

实际上，有研究比较了在问题解决的任务中，人们与自己的配偶和与完全陌生的人在交往方式上的差别（Vincent et al., 1975）。在与自己不太了解的人讨论问题时，参与者显得彬彬有礼、意气相投；他们会保留批评、隐瞒异议并且掩盖自己的受挫感。相反，与伴侣在一起时，他们就会表现得比较令人讨厌。他们打断爱人的讲话，贬低其观点，并公开唱反调。亲密和相互依赖似乎纵容了人们的无礼行为，而非谦恭有礼、体贴周到。

这有什么影响吗？当然有影响。随着时间的推移，伴侣一方令人恼火或喜怒无常的行为将婚姻置于危险之中（Gottman, 2011），而彻底的敌意更是雪上加霜（Renshaw et al., 2010）。甚至一些挫折也可能有影响，因为亲密关系中的消极行为似乎比相同数量的积极行为在心理上的分量更重。看来，"坏的比好的更有力量"（Baumeister et al., 2001, p.323）。

来看一个例子。设想你在人行道上行走，一张20美元的钞票飘到了你面前。旁边没有其他人，显然你可以把钱留下。捡到钱的感觉好吗？当然好了。现在再设想另一种情境，你把手伸进一个口袋，里面原来有你放进去的 20 美元钞票，结果钱不见了，只摸到一个破洞。这会令你失望。但哪一个事件对你的情绪影响更强烈？得到意外之财还是丢失你已有的钱？答案是，损失对我们的影响通常大于同等程度的收益；我们喜欢收益，但我们真的憎恨损失（Boyce et al., 2013）。

的确如此，在亲密关系中，令人讨厌的事件比理论上同等程度的合意事件更引人注目，影响也更大（Seidman, 2012）。例如，某天晚上，爱人分别表扬和批评了你一次，它们的效果并不会彼此抵消。表扬有助于减轻批评带来的打击，但两者加在一起，你还是会略感沮丧。坏的比好的更有力量。

实际上，要保持令人满意的亲密关系，我们或许需要保持至少 5:1 的奖赏成本比率。这一数据来自约翰·戈特曼（John Gottman）和罗伯特·利文森（Robert Levenson）的研究（Gottman & Levenson, 1992），他们观察了已婚夫妇回忆上一次争执的话题。研究者对伴侣在讨论中的行为进行了仔细的编码，对伴侣每一次表示热情、幽默、合作或和解的行为加 1 分，对每一次表示愤怒、防御、批评或蔑视的行为为减 1 分。一些夫妻能以尊重和善意的方式向对方表达不同意见，他们的谈话持续的时间越长，其正得分就越高。戈特曼和利文森认为这些夫妻离婚的风险很低，他们正面交流和负面交流的比率维持在 5:1 或更高（见图 6.3）。然而，另一些夫妻在争执中充满讥讽和轻视，在这些情况下，他们的谈话越持久则得分越低。当研究者比较这两组夫妻时，发现低风险组的夫妻比其他夫妻对婚姻更满意。这个结果在情理之中。然而，更令人难忘的研究结果是，高风险组的夫妻有一半以上（56%）在四年后离婚或分居，而低风险组的夫妻则只有不到四分之一（24%）的人婚姻破裂。短短一个下午的讨论显然为我们提供了有意义的信息，清楚地预测了婚姻持续的可能性。不能保持大量积极交流的夫妻，其婚姻失败的风险是其他夫妻的两倍。

因此，奖赏和成本都是影响关系满意度和稳定性的重要因素，一段关系想要健康发展，则需要奖赏比成本多得多。表面上看，这个结论非常显而易见；我们会预期幸福的亲密关系中奖赏多于惩罚。例如，在一项研究中，93% 婚姻幸福的夫妇报告做爱的次数远多于争吵的次数，而没有一对不幸福的夫妻能够如此（Howard & Dawes, 1976）。但是，既然这个结论如此显而易见，为什么还会有那么多不幸福的亲密关系呢？一种可能性是，伴侣们根本没有注意到他们的爱人提供的所有充满爱和深情的行为；一项追踪伴侣们的知觉的为期 4 周的研究发现，男

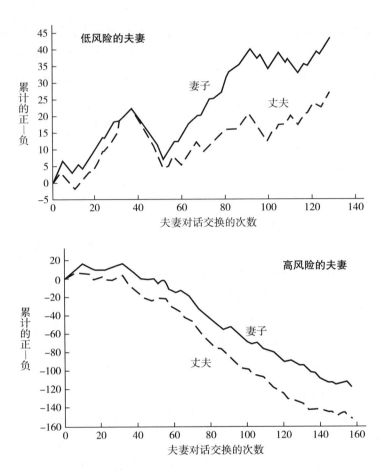

图 6.3　低离婚风险夫妻的争执和高离婚风险夫妻的争执

这两张图真实地描绘了两组夫妻回到他们上一次争执话题时的对话情形。在他们的讨论中，一组夫妻（在大部分时间）都能保持礼貌与合作，而另一组则更无礼、刻薄和冷嘲热讽。哪一组夫妻更可能在四年后分居或离婚？

（正 − 负 = 正面交流的次数减去负面交流的次数）

资料来源：Gottman, J. M., & Levenson, R.W. "Marital processes predictive of later dissolution: Behavior, physiology, and health," *Journal of Personality and Social Psychology*, 63, 1992, 221–233.

人和女人对伴侣所说的积极行为都有约四分之一没有注意到（Gable et al., 2003）。疏离型或恐惧型依恋的丈夫和妻子尤其可能察觉不到伴侣为他们所做的积极的、充满爱意的事情。事实上，这类人对相互依赖的亲密感到不太舒适的一个原因，似乎是他们并没有充分意识到亲密感会多么令人愉悦（Spielmann et al., 2013a）！

另一个复杂情况是，伴侣们可能对他们所交换的奖赏的意义和价值看法不一。例如，提供帮助者和接受者对帮助价值的判断通常是不同的（Zhang & Epley, 2009），而性别差异又让情况变得更为复杂。故而，当研究者询问配偶们如果可以的话他们想改变什么时，妻子们说她们期望得到丈夫更多的温情和关爱，而丈夫们则说他们想要更多的性生活（Heyman et al., 2009）。对你而言重要的事情或许对伴侣未必同样重要，这些认知上的差异令你们对彼此满意的亲密互动的追求更加错综复杂。

奖赏的作用不同于成本

另一个更微妙的影响因素是，奖赏和成本对亲密关系满意度的影响各自独立，彼此相异，这使问题复杂化。盖布尔及其同事（Gable & Gosnell, 2013）的研究发现，在亲密关系中，我们会努力做两件事。首先，我们想获得奖赏；其次，我们要避免成本。重要的是，这并不是一件事儿。寻求奖赏时，我们试图满足自己对令人向往的体验的欲望，即**接近动机**（approach motivation）。也就是说，我们追求快乐，做某件事的动机是为了感觉良好，当我们接近想要的体验时，我们会感受到诸如热情和兴奋等积极情绪。性爱的接近动机是为了感觉与伴侣亲密并享受身体上的体验（Cooper et al., 2011）。我们逃避成本的欲望是一种不同的驱力，即**回避动机**（avoidance motivation）。也就是说，我们同时还寻求避开惩罚或逃离痛苦，故而我们会努力逃避不合意的体验，并减少诸如焦虑和恐惧等消极情绪。性爱的回避动机是为了避免被拒绝或结束坏脾气的伴侣的苦瓜脸。

关键是接近和回避动机并不是一枚硬币的正反面；它们不会相互抵消。愉悦来自实现我们的接近目标，痛苦来自未能实现我们的逃避目标，但愉悦和痛苦是不同的过程，这才是真正有趣的地方。它们各自独立地发挥作用，涉及不同的脑机制并引发不同的情感和行为（Cacioppo et al., 2012）。带有挑衅意味的结果是，在任何亲密关系中，愉悦和痛苦可以共存，也可同时缺失。而且，因为愉悦和痛苦并无关联，不曾发生坏事情的安全可靠的亲密关系未必就令人满意，令人满意的亲密关系或许并不总是安全可靠。

我们结合图 6.4 进一步考察这个观点。在图中，接近维度和回避维度相交成直角。你所拥有的每种关系都分别处在这两条直线的某个位置上，并且关系的当

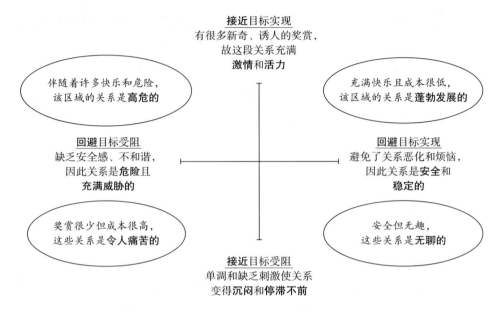

图 6.4　亲密关系中的接近和回避过程

人们寻求奖赏并回避成本，但这两种不同的动机结合起来影响我们在亲密关系中的感受。当回避目标实现时，人们虽回避了成本，但未必快乐。当接近目标实现时，人们会感到充实和兴奋，但未必感到安全和可靠。只有当两种动机同时实现时，人们才有十足的幸福感。

资料来源：基于 Reis & Gable, 2003; Fincham & Beach, 2010。

前状态由接近和回避目标实现的程度来决定。例如，垂直线是接近维度；充满积极事件的亲密关系令人兴奋而又充满活力，所以它们接近这条线的顶端；而那些积极结果极少的亲密关系则令人不满且死气沉沉，它们会靠近底端。重要的是，枯燥沉闷的亲密关系实际上并不痛苦，只是没什么乐趣罢了。水平线是回避维度。不论是否具有奖赏性，某些亲密关系充满了冲突和危险（它们处于这条线的左边），而另一些关系则更为平和（位于这条线的右边）；然而，只是因为亲密关系是安全的，没有消极结果，并不一定意味着它就有乐趣。正如赖斯和盖布尔（Reis & Gable, 2003）宣称的，"一段亲密关系中没有冲突和批评并不一定意味着就有快乐和满足，正如快乐且充实的关系中未必就没有冲突和批评。"

那么，我们究竟为什么要关注这两种动机？有几个原因。首先，在真正美满的亲密关系中，我们能同时满足这两种动机。这样的关系充满快乐，没有烦恼，这种关系可以说是蓬勃发展的（Fincham & Beach, 2010）。（请仔细看图 6.4。）显而易见，在相反的情形下，如果两种动机都没有得到满足，则成本很高而奖赏很低，这种关系就会令人痛苦。但因为接近动机和回避动机各自独立，所以一种动机可能得到满足，而另一种则未必，这就可能出现一些有趣的组合。假设一段亲密关系非常有吸引力——充满激情而又令人兴奋——但同时又充满了猜疑与不和谐：伴侣关系会非常富有戏剧性，在这个危险而不稳定的混合体中，巨大的乐趣中会充满危险和不确定性。伴侣关系中可能有很多值得喜欢的东西，但各自的成本太高了，故而伴侣对亲密关系的感受可能波动极大，而这取决于当时何种动机占据主导地位（Gable & Poore, 2008）。

在两种动机的相互作用下，还有第四种可能性，它值得我们用单独的一整段来探讨。试想，如果我们实现了回避目标，我们的成本很小，烦恼也很少，因而对这段关系的确谈不上讨厌，但我们的接近动机没得到满足，所以对这段关系也谈不上有多喜爱，结果会如何呢？这种伴侣关系中的消极因素很少，但却缺乏新颖性和刺激；它显得枯燥、陈腐和停滞不前，简言之就是无聊。无聊的亲密关系的特征是单调乏味、漠不关心及缺乏活力；当亲密关系中不再有任何迷人、有趣或新鲜的事情发生时，就会进入无聊的状态。没有思想碰撞的火花，没有兴奋点，没有生理唤起，也没有任何乐趣（Harasymchuk & Fehr, 2013）。当然，这不是一种好的关系状态：现在的无聊沉闷与以后的不满有关联。一项名为"婚姻早期"的研究项目 [2] 发现，结婚几年后，那些认为自己的婚姻变得单调乏味的配偶们，较之那些不觉得无聊的配偶在 9 年之后更不幸福（Tsapelas et al., 2009）。那么，这一切提醒我们，该怎样做才能保证今后的婚姻幸福呢？稍后我们再探讨这个话题。

关注接近和回避动机在亲密关系中的作用的第二个理由是，这两种动机的持续强度因人而异（Gable, 2006）。例如，坏的通常比好的更有力量，但有些人对本不会激怒其他人的消极事件非常敏感（Boyce et al., 2016），这些人尤其容易感受到与伴侣的争执或冲突所带来的威胁。的确，回避成本的强烈动机会使人们注意到伴侣所做的所有烦心之事；而相比之下，接近奖赏的强烈动机会使人们关注伴侣的所有体贴和慷慨之举（Strachman & Gable, 2006）。（你认为哪种观点会让人们更满意？）当人们为了伴侣的利益而做出一些小小的牺牲时（比如和伴侣去看一场自己不怎么喜欢的电影），有接近动机的人是在追求与伴侣更亲密的关系；所

2　参见第 2 章及第 13 章的相关内容。

以，他们对自己的行为感觉良好，他们的关系也会受益。相比之下，有回避动机的人是在努力避免冲突；他们对些许牺牲心有不甘，他们的关系就会受损（Impett et al., 2014a）。随着时间的推移，接近动机水平高的人通常不那么孤独，也更为满足（Gable, 2006）。进入社交场合时，他们会热切地结识新朋友，而回避动机水平高的人只想避免惹恼、冒犯或惹怒任何人。显然，在亲密关系中，专注于获得奖赏而不是削减成本可能更有益（Impett et al., 2013）。

最后，或许也是最重要的一点，接近动机和回避动机的独立运作意味着快乐与没有不快乐可能涉及不同的策略。我们当然希望避免痛苦的冲突和其他成本，但如果我们希望自己的关系繁荣和充实，我们需要做的不仅仅是避免任何不愉快。我们需要战胜无聊：我们必须通过努力为伴侣提供快乐、有趣和令人兴奋的体验来满足他们的接近目标（Strong & Aron, 2006）。

这一结论也是人类动机**自我延伸模型**（self-expansion model）的核心，该模型认为，我们会被能够扩展我们的兴趣、技能和经验范围的伴侣关系所吸引（Aron et al., 2013）。新奇的活动、新才能的形成和新视角的获得都具有内在的满足性（Sheldon et al., 2013），这就是新恋情总是那么令人兴奋的原因所在：新建立的亲密关系通常涉及知识的增加和相互关系的改变，这些都会提升和扩展我们的自我概念（Aron et al., 2013）。

但是，一旦新的伴侣逐渐变得熟悉，自我延伸往往会慢下来，这时许多人开始觉得伴侣关系与当初相比更为枯燥和平凡（Sheets, 2014）。根据自我延伸模型，保持快乐的关键是通过创造性地发现延续个人成长的方法来对抗无聊（Fivecoat et al., 2015）。因而，除了继续寻求新奇的活动和挑战外，请考虑一下在日常生活中有意识地创造娱乐的新方法，以及和伴侣一起玩耍和欢笑的价值（Sheldon et al., 2013）。寻找和创造一些"冒险的、激情的、好玩的、浪漫的、自发的及与性有关的活动"（Malouff et al., 2015, p.234）。单调会让任何亲密关系变得了无生气，而创意和新奇或许能消除无聊感。（我将在第 14 章详细阐述这一点。）

所以，奖赏不同于成本，减少关系成本并不等于增加我们的奖赏。正如我们对无聊感的讨论所表明的，关系始于伴侣的交往有奖赏意义时，但这可能会随着时间而变化。的确，尽管伴侣们有最好的意愿，但许多亲密关系却随着时间的流逝而逐渐变得不太令人满意。下面，我们仔细看一看奖赏和成本如何随关系的发展而变化。

与时俱变的奖赏和成本

有这样一种情形：你和一位刚认识的人开始约会，一切进展得非常顺利。你们对彼此的满意度也越来越高，你们俩的关系也越来越亲密。持续的幸福就在前方？可能不会。在经历了最初的兴奋期后（其特征为满意度快速增加），大多数亲密关系——即使那些注定成功和繁荣的关系——都会遭遇一个平静期，伴侣们的愉悦程度在一段时间内会停滞不前（见图 6.5）。这虽令人不安，但不应令人惊讶。根据**关系动荡模型**（relational turbulence model）（Knobloch & Solomon, 2004），随着新伴侣逐步习惯于他们日益增加的相互依赖，我们应该预期会有一段调整和动荡的时期。特别是，随着伴侣在一起的时间越来越多，他们打乱了彼此的日常生活。比如，不等对方的邀请，伴侣中的一方就可能会开始想当然地认为双方将一起过周末，而这可能会干扰对方的计划。伴侣们还可能会遇到来自朋友的一些阻力，因为这段新关系占用了他们越来越多的时间，而他们探望老朋友的时间越来越少了。不确定性和猜疑也会伴随刚刚萌芽的承诺；伴侣双方可能都想知道这段关系

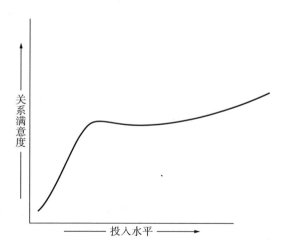

图 6.5 亲密关系开始阶段的满意度

在经历了亲密关系最初阶段的满意度快速上升后，随着他们逐渐适应日益增加的相互依赖性，许多夫妻会暂时进入一段平静期。成功的亲密关系会熬过这段重新评估期，并且会变得更加令人满意，但上升的速度更趋平缓。

资料来源：摘自 Eidelson, R. J. "Interpersonal satisfaction and level of involvement: A curvilinear relationship," *Journal of Personality and Social Psychology*, 39, 1980, 460–470。

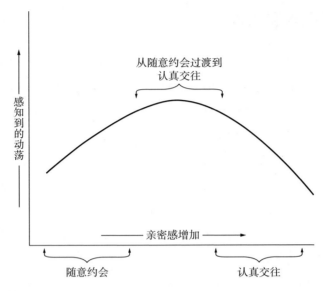

图 6.6　关系动荡模型

在一段新的亲密关系中，当伴侣在一起的时间越来越多，开始干扰彼此的日常生活，并开始想知道这段关系的走向时，混乱和动荡便会增加。当双方决定更认真地交往时，这种动荡达到了顶峰，但随着他们适应新的相互依赖关系，动荡会逐渐减弱。

资料来源：摘自 Knobloch, L. K., & Donovan-Kicken, E. "Perceived involvement of network members in courtships: A test of the relational turbulence model," *Personal Relationships*, 13, 2006, 281–302。

的走向和未来，他们越不确定，关系就可能越动荡（Knobloch & Theiss, 2010）。总之，动荡模型认为，在一段仍在发展的关系中，随着伴侣学习协调双方的需求和彼此迁就，当关系发展到中等亲密程度时，可能会出现一段调整和重新评估的动荡期。

　　图 6.6 描绘了关系初期的动荡模型。当亲密程度较低时，双方的相互依赖度很低，来自伴侣的干扰微不足道，伴侣双方也很少担心这段关系的未来。然而，随着双方的关系越来越亲密，他们需要适应越来越受限的自主性、骤升的不确定性，以及朋友间可能不断加剧的矛盾情绪。这一阶段，即亲密关系从不太正式的约会到更认真交往的过渡，可能是相当动荡的。如果亲密关系变得更加确定，并且亲密感进一步加深，随着疑虑减少、朋友关系的调整，以及伴侣在应对相互依赖上变得更娴熟，关系就会安定下来。成功的亲密关系在熬过动荡的过渡期后，伴侣作为配偶的新身份便得到了认可。随着亲密关系的继续发展，满意度再次缓慢地

提高。（再看一看图 6.5。）

　　如果一段关系经历了重大转变，例如孩子出生（Theiss et al., 2013），士兵服役归来（Theiss & Knobloch, 2014），或者最后一个孩子离开家后父母成为"空巢老人"，那么这段关系也可能发生动荡（King & Theiss, 2016）。对原有角色和期望的重新协商——以及由此产生的一些不确定性和动荡——在这些情况下很常见（Solomon et al., 2016）。但愿这种动荡只是暂时的，因为由恋爱时就常常不确定关系走向的伴侣组成的婚姻更脆弱（Ogolsky et al., 2016）。如果人们对他们当初是否应该结婚长期心存疑虑，那么情况尤其令人担忧；对结婚持保留意见的女性，其离婚的可能性是那些没有疑虑的女性的 2.5 倍（Lavner et al., 2012）。（男性更经常有这样的疑虑，但他们因此而离婚的可能性只是那些没有此疑虑的男性的 1.5 倍。）

　　所以，不确定的时期可能会出现一些问题，新伴侣在适应新的相互依赖关系时，通常会经历一段满意度增长的平静期。在更长的时间内，在已建立的亲密关系中，满意度是否会发生可预测的变化？当然会，但消息有好有坏。我们先看坏的一面，先从图 6.7 开始。图中展示的是 538 对新婚夫妻的婚姻满意度年度报告，其中许多人被追踪研究了 10 年（如果他们的婚姻能持续这么久）。如你所见，幸福婚姻的典型轨迹是快乐逐渐减少，其结果是随着岁月的流逝，人们对婚姻的满意度越来越低（Kurdek, 1999）。更糟糕的是，有研究者仔细探索了人们结婚 4 年（Lavner & Bradbury, 2012）、16 年（Birditt et al., 2012）、20 年（Anderson et al., 2010）和 35 年（James, 2015）后婚姻满意度的不同轨迹，结果发现，许多夫妻（约六分之一）对婚姻的满意度急剧下降。有些新婚夫妻发现他们的梦想很快就破灭了。

　　好的一面是，近期的研究发现，尽管存在图 6.7 所示的总体走势，但许多夫妻（约四分之一）的快乐并没有大幅下降。大部分美国人的婚姻不会持续 21 年之久（Elliott & Simmons, 2011），但有些婚姻却能历久弥坚，显然，有些夫妻确实可能"从此过上幸福的生活"。

　　那些保持婚姻幸福的人与对婚姻变得不太满意的大多数人有什么区别？有几个影响因素，而用心阅读了前面章节内容的读者不会对其中的任何一个感到吃惊。保持幸福的夫妻往往具有低神经质和高自尊的特征，并且他们在步入婚姻时就比大多数其他配偶更幸福。他们在讨论棘手的难题时也饱含深情和幽默，不会滋生愤怒；他们较为幸运，遇到的应激源（如经济困难和健康问题）也相对较少（Birditt et al., 2012）。于是久而久之，他们互动的结果毫无疑问比另一些更烦躁不安、更

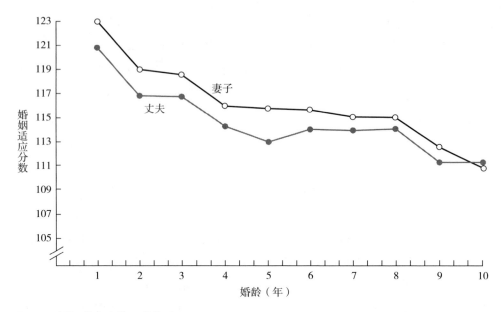

图 6.7 婚姻满意度的平均轨迹

有些夫妻的婚姻满意度下降幅度比图中所示的更大，但另一些夫妻的婚姻满意度没有任何下降。此外，平均而言，男同性恋伴侣和女同性恋伴侣比异性恋伴侣的满意度下降得更缓慢（Kurdek, 2008b）。

资料来源：摘自 Kurdek, L. A. (1999). "The nature and predictors of the trajectory of change in marital quality for husbands and wives over the first 10 years of marriage," *Developmental Psychology*, 35, 1999, 1283–1296。

没有安全感、更乖戾且麻烦不断、不堪重负的夫妻更加积极。相互依赖理论认为，这就是他们更为满意的原因所在。

　　研究还发现，幸福的夫妻会控制他们的期望，这样他们的比较水平就不会变得太高。请记住，如果你期望你的婚姻是天作之合，就很难感到满意。果不其然，平均而言，在婚姻开始时期望最高，梦想婚姻生活有多么特殊和美妙的夫妻，在结婚数年后会变成最不幸福的夫妻。研究者追踪了 251 对新婚夫妻最初 4 年的婚姻生活（Lavner, Karney, & Bradbury, 2013），结果发现，最幸福的夫妻是那些一开始就对婚姻生活有最现实看法的人。相比之下，那些持有过于积极的期望的夫妻往往蜜月期一结束就大失所望。期望"伴侣和我总能解决我们的分歧"，或者"伴侣和我总能很好地沟通"，甚至"伴侣总是对我如何度过一天感兴趣"，并不是一个好主意（Neff & Geers, 2013, p.60），因为这根本不现实。

事实上，对亲密关系之未来保守而慎重的期望远比浪漫的理想主义更明智和更理性，理由如下。第一，我们都知道如何显得谦恭有礼和体贴入微，如果我们愿意就能做到，但这样做需要花心思。当人们努力维护关系时，关系就会更令人满意（Shafer et al., 2014），但一旦求爱成功，拥有了伴侣，人们通常就不会再努力保持一贯的魅力了。在第一次约会中从不会大声放屁的人，在成为夫妻后，可能会随意地在餐桌旁放响屁，他 / 她也许会说"对不起，我控制不了"，以此开脱自己的失礼。问题在于，如果他们愿意，就能够控制好自己，他们只是怕麻烦不想费力那样做而已（Miller, 2001）。

第二，相互依赖性会放大冲突和摩擦。我们花大量的时间与亲密伴侣共处并依赖对方，以获得独特的、宝贵的奖赏，这就意味着他们肯定会比其他任何人带给我们更多的挫折感，即使是无心的。比如，我们更多地受到亲密伴侣的情绪（Caughlin et al., 2000）或工作压力（Karney & Neff, 2013）的影响，而其他人的类似困难则对我们没有这么大的影响力。频繁的互动也意味着，琐碎的烦恼由于不断重复，可能会渐渐引起真正的痛苦，正如夜晚你努力入睡时，慢慢滴水的水龙头发出的轻微滴答声会让你发疯一样（Cunningham et al., 2005）。

第三，亲密意味着伴侣了解你的秘密、缺点和劣势。当发生冲突时，这些就是伴侣用来嘲笑和伤害我们的武器。但是，即使他们并非有意要伤害我们，由于获得了关于我们的敏感信息，他们实际上有时常会意外地泄露一些秘密（Petronio, 2010），伤害我们的感情（Malachowski & Frisby, 2015），或者让我们难堪（Miller, 1996）。伴侣比其他人更可能不经意地伤害我们。

第四，即使人们通常在结婚前就意识到了他们之间的大部分不和谐和问题，但婚后几乎总会有一些意外情况发生。这些意外通常有两种类型。第一种，了解那些我们自以为已知事情的真相。我在第 3 章中提到的"致命的吸引"就是很好的例子。你可能喜欢你的爱人爱好玩乐、天真率性，但在结婚几年后，当你有了孩子，还要疲于应付抵押贷款时，爱人同样的行为就显得多么地不负责任、轻浮和不可信赖，你是不会欣赏的。说到孩子，就要谈到另一种不受欢迎的意外，即了解那些你以前根本不知道的讨厌之事。为人父母的真实情况常常是很好的例子。如果你还没有孩子，你或许想当然地认为做父母将会很有趣，自己的孩子一定会很可爱，养育孩子会让你和伴侣更加亲近。然而现实（如果你有孩子你会知道的）却是，"孩子出生后，婚姻关系的发展前景无疑是黯淡的"（Stafford & Dainton,

1994）。我可以有把握地说，为人父母是非同寻常的且常常是不可思议的探险历程，而孩子给人们带来的欢乐通常多于痛苦（Nelson et al., 2013）。尽管如此，毫无疑问，为人父母严峻地考验着年轻父母之间的关系（Luhmann et al., 2012），并且虽然每对伴侣的结果都不相同（Don & Mickelson, 2014），但大多数人"没有孩子会过得更好"（Hansen, 2012）。养育孩子成本昂贵，而且是一份无休止的工作，大多数父母会发现，夫妻二人一起开心玩乐的时间急剧且出乎意料地减少了（Dew & Wilcox, 2011）。当孩子出生后，冲突会增多，婚姻满意度（以及对伴侣的爱）会下降（Doss et al., 2009），这在全世界都普遍存在（Wendorf et al., 2011），无论是同性恋关系还是异性恋关系（Huebner et al., 2012）。如果年轻的父母没有预料到这些困难，将来肯定会大吃一惊。

最后，所有这些意味着亲密关系与我们所希望的快乐无忧、亲密无间的田园诗般的生活相去甚远。我们的期望和所得之间的差距会让我们感到被欺骗和失望，而有时没有必要这样（Niehuis et al., 2015）。即使美满的亲密关系也需要努力经营和无私奉献，人们对关系抱持一种不切实际、美化夸大的期望，即使比其他人做得都好，也可能以失望告终（Stoeber, 2012）。

因此，由于（1）**缺少努力**（lack of effort）；（2）**相互依赖的放大镜作用**（interdependency is a magnifying glass）；（3）**握有敏感信息这一武器**（access to weaponry）；（4）**不受欢迎的意外**（unwelcome surprise）和（5）**不现实的期望**（unrealistic expectation），人们通常会付出意想不到的成本，即使在美满的亲密关系中也是如此（Miller, 1997b），并且在婚姻的最初几年里，大多数配偶的满意度的确会下降。这些都是亲密关系正常的发展过程，如果你认为自己不会碰到这些问题，那就太天真了。在婚姻的道路上，前方的烦恼和麻烦远比你想象的要多。

这似乎有点悲观，但未必注定如此。事实上，我一点也不希望这些分析让人悲观失望！相反，知识就是力量，我认为认识婚姻满意度的正常发展轨迹、深入理解这些问题，有助于人们避免不必要的失望，甚至有助于预防或避免关系结果的缓慢下降，否则真的会出现我们所担忧的情况。如果这里给出的告诫能让你形成合理的期望，你应该乐观地相信你的亲密关系将会成功；建立在明智基础上的积极展望可能会使持久的满足感更易实现，而不是更难实现（Neff & Geers, 2013）。

重要的是，如果不考虑其他方面，这一观点提醒我们，我们始终有责任尽可能让自己所珍视的伴侣感到愉悦。我们期待美满的关系结果，伴侣也一样，而且即使他们喜欢我们，如果我们不能给予他们足够的奖赏，他们也会移情别恋。这一观点意义深远，它引出了一些我们尚未考虑的社会交换视角的微妙之处。

关系中的贪婪

本章到目前为止，我们一直把人们描绘成只关心自己关系结果的贪婪的享乐主义者。这种看法虽然不带褒扬色彩，但却很实用，因为奖赏和成本在亲密关系中意义重大。研究很好地支持了相互依赖理论的基本观点（Le et al., 2010）。尽管如此，我们之前对关系的描述并不全面。人们通常有充分理由希望自己的伴侣也成功。

相互依赖的本质

好了，你已经了解到：根据相互依赖理论，我们希望以最小的成本获得最大的奖赏，得到我们所能得到的最好的人际交易。每个人都是这样做。但当我们得到一笔不错的交易时，又会发生什么呢？于是我们变得依赖伴侣，不想离开他们。这一点意义重大，因为它意味着使我们的伴侣幸福与我们自己利益攸关，这样我们的伴侣才会继续提供那些令人期待的奖赏。如果你想使自己珍视的亲密关系继续下去，确保你的伴侣像你依赖他/她那样依赖你对你是非常有利的。要做到这一点的最直接的方法是，为伴侣提供美好的关系结果，使他们渴望维系关系（Murray et al., 2009）。

采用这一策略会影响与心仪伴侣进行的许多交易的价值。某些行为如果付诸于陌生人，其成本可能是高昂的，但在亲密关系中却可能实际上具有奖赏意义，因为它们给伴侣带来了快乐，使行为者更可能得到有价值的回报（Kelly, 1979）。如果为伴侣提供美满的结果能使称心的亲密关系持续下去，即使需要付出努力和做出牺牲，最终对自己也是有利的。的确，如果慷慨待人能增加自己的利益，即便贪婪的人也会变得乐善好施。正如一位咨询专栏作家所写，"与一位以悉心照顾我为乐的伴侣在一起真是天堂般的感觉。作为报答，我也想竭尽所能使他快乐"

（Mitchell & Sugar, 2007, p.A6）。

所以，相互依赖理论认为，在追求美满关系结果的过程中，个体通常会对自己所依赖的人宽容大度，因为这样做合乎情理（而且很有价值）。如果伴侣双方都希望亲密关系持续下去，那么双方都应该深思熟虑地保护和维护对方的幸福。如果伴侣彼此需要，积极博爱地对待对方是有益的，增加伴侣的利益使他／她留在自己身边。所以，即使人性本贪，在相互依赖的亲密关系中也可能存在充满温情的周到体贴和宽宏大量。

交换关系与共有关系

事实上，当人们寻求与他人亲近时，他们往往相当慷慨，付出远比寻求的回报要多（Beck & Clark, 2009）。我们似乎意识到，当我们不贪婪地追求即时利润时，具有奖赏意义的相互依赖更可能得以发展。考虑到这一点，玛格丽特·克拉克（Margaret Clark）和贾德森·米尔斯（Judson Mills）认为有必要区分两种亲密关系（Clark & Mills, 2012），一种显然是由外在的公平交换规范来调节的；另一种更慷慨的关系则明显以关心伴侣的福祉为特征。在**交换关系**（exchange relationship）中，人们为他人付出，期望得到同等的回报。如果他们接受了别人的善意帮助，就觉得有义务回报别人，做到两不相欠。故而如表 6.1 所示，交换关系中的双方不喜欢欠对方人情；对共同做出的努力要分出各自的贡献；只有在认为自己有机会

表 6.1　交换关系与共有关系的区别

互动情境	交换关系的表现	共有关系的表现
给予别人恩惠时	喜欢立刻回报自己的人	喜欢不立刻报答自己的人
别人给予自己恩惠时	喜欢要求立刻回报的人	喜欢不要求自己立刻报答的人
与别人共同完成任务时	竭力分清各自的功劳	不明确区分各自的功劳
帮助别人时	心情和自我评价只有微小的变化	心情变好、自我评价提高
不帮助别人时	心情不会变化	心情会变得更糟
感到脆弱或焦虑时	不愿告诉别人自己的感受	愿意告诉别人自己的真实感受
结婚时	不太满意	更加满意

资料来源：Beck & Clark, 2010b; Clark & Aragón, 2013; Clark et al., 2010.

获得回报时才会关注对方的需要；即使拒绝帮助对方也不会感到内疚。正如你所预期的，交换关系的典型代表是陌生人或一般熟人之间肤浅、通常短暂、相对以任务为导向的接触。

相比之下，在**共有关系**（communal relationship）中，伴侣特别关注对方的幸福，他们为对方提供支持和帮助，却不期望回报（Clark & Aragón, 2013）。因此，寻求共有关系的人不会斤斤计较成本核算，他们宁愿不要自己的善意很快得到回报；即使没有机会获得个人利益，他们也会密切关注伴侣的需要；当他们帮助伴侣时，自我感觉会更好（Xue & Silk, 2012）。在共有关系中，人们经常会为伴侣做出一些小的牺牲，并不惜代价为对方帮忙，但他们最终享有更高质量的关系（Clark & Grote, 1998）。的确，人们喜欢以这种方式运作的婚姻，伴侣之间表现出越多的慷慨和互相关心，他们就越幸福（Clark et al., 2010）。

显然，不同的亲密关系回应伴侣需求的慷慨程度是不同的。米尔斯及其同事（Mills et al., 2004）编制了一份简短的量表来测量共有强度（communal strength），即对特定伴侣的需要做出反应的动机（见表 6.2）。随着人们的共有强度感增强，他们乐于为自己的伴侣做出小小的牺牲（Kogan et al., 2010），例如，即使他们自己的欲望很低，他们也更愿意与伴侣过性生活（Muise & Impett, 2016），因此配偶双方都更快乐（Day et al., 2015）。对伴侣的幸福周到的关注显然与亲密关系中的亲近和满足有关（Le et al., 2012）。

但共有关系中贪婪明面上的缺席是否表明我们所讨论的交换原则在此并不适用？完全不是。在商务型的关系中，债务很快就被价值相当的利益偿还，"一报还一报"的交换是常态。相比之下，在亲密的共有关系中，伴侣双方都期望对方关注和回应自己随时表现出的任何需要，并且在更长的时间内双方会交换更多样化的奖赏。我们为满足伴侣的需要所做的事情与伴侣为满足我们的需要所做的事情

表 6.2　共有强度量表：一些示例

在每个项目的空白处写上伴侣名字的首字母，然后问问自己：在每种情况下你愿意付出多大的努力？
1. 你愿意为_____付出多少？
2. 为使_____获益，你愿意放弃多少？
3. 满足_____的需求对你来说优先性有多高？

资料来源：Mills et al., 2004.

可能差异很大，由此产生的互惠结果是对彼此的广泛关注，而不是特定好处的交换（Clark & Aragón, 2013）。

此外，在有益的共有关系中，伴侣们似乎并不会斤斤计较具体的奖赏和成本，因为他们很幸福，知道自己做得很好，所以没有必要纠结于一些细节。彼此慷慨以对或许成了一种习惯，并不需要太多思考或努力（Kammrath et al., 2015），伴侣会停止审视他们的个人"收益"。然而，如果关系结果开始变糟，令人陶醉的收益蒸发，即使是（曾经的）共有关系中的亲密伴侣也可能会再次开始密切关注交换过程（Grote & Clark, 2001）。当不满情绪出现时，处于（曾经的）共有关系中的人们也往往会对关系结果中的些微不公变得特别敏感（Jacobson et al., 1982）。

所以，交换关系和共有关系的区分与相互依赖理论并不矛盾。共有关系并不涉及交换关系中明确的一报还一报式的具体利益交换，但它们仍然需要伴侣之间有利可图的奖赏交换。共有关系一旦开始，其运作表明人们是多么迅速地开始考虑对方的幸福，多么乐意向那些他们希望与之发展亲密关系的人提供好处（Beck & Clark, 2009）。正如相互依赖理论所揭示的，大多数人似乎认识到，如果想让别人对你好，你必须对别人好。

公平的关系

另一种观点认为，你不仅要友善待人，还要公平。**公平**（equity）理论家拓展了社会交换的理论框架，提出人们在成比例公正的关系中最满意，这意味着每个伴侣都能从亲密关系中获得与其贡献成比例的收益（Hatfield & Rapson, 2012）。当你的关系结果与贡献的比率与伴侣的这一比率相似时，关系就是公平的，或者：

$$\frac{\text{你的关系结果}}{\text{你对关系的贡献}} = \frac{\text{伴侣的关系结果}}{\text{伴侣对关系的贡献}}$$

现在，因为该模式涉及一点代数运算，你可能已经在希望我一笔带过。不过还是给这个想法一个机会吧！有趣的是：考虑到他们对关系的贡献，只有当伴侣双方都得到了他们应得的，关系才是公平的。根据公平理论，只有当更努力地维系关系的一方也从中得到更多时，这段关系才是公平的。

看看下面这些例子。这里有三种公平的关系，关系结果和贡献的分值都在 0

分到 100 分之间：

	丈夫		妻子
（1）	80/50	=	80/50
（2）	20/100	=	20/100
（3）	50/25	=	100/50

在关系（1）和（2）中，伴侣双方都得到相等的关系结果，做出相等的贡献，但关系（1）中伴侣的结果质量要比关系（2）中的结果质量高得多。公平理论强调的是公平，而不是人们得到的奖赏总额。因为关系（1）和（2）都是公平的，所以伴侣对彼此都应该是满意的。（你认为他们会满意吗？稍后我们再来讨论这一点。）关系（3）也是公平的，尽管伴侣并未做出相等的贡献或得到相等的关系结果。妻子比丈夫更努力地维系他们的关系，但双方得到的结果与各自的贡献是成比例的；每个人做出一份贡献，得到两份奖赏，所以妻子得到更好的结果是公平的。

相比之下，在不公平的亲密关系中，伴侣双方的关系结果与贡献的比率是不相等的。看看下面这些例子：

	丈夫		妻子
（4）	80/50	≠	60/50
（5）	80/50	≠	80/30

在关系（4）中，伴侣双方付出相等的努力来维系关系，但其中一方比另一方得到更好的关系结果。这是不公平的。如果你和我对我们的关系做出了相似的贡献，但我从中得到的更多，你可能会生气。在关系（5）中，双方的关系结果一样，但他们的贡献不同，这也是不公平的。如果你和我从我们的关系中得到了相似的好处，但我为关系付出的更多，那么我可能会感到恼火。事实上，公平理论中一个值得注意的预测是，在这两种情况下，伴侣双方都可能感到苦恼——即使他们得到了好的关系结果——因为两种关系都是不公平的。在这样的情形下，一方**过度获益**（overbenefited），得到的关系结果超出了他/她应得的；另一方**获益不足**（underbenefited），得到的关系结果比他/她应得的少。这有影响吗？相互依赖理论认为，只要伴侣双方都状态良好，就不应该有太大的影响，但公平理论却认为会有影响。

不公平带来的苦恼

公平理论最有意思的论点之一是，在不公平的关系中，每个人都感到紧张。获益不足的伴侣会不快乐，这很容易理解；他们被剥削，因而可能会感到愤怒和怨恨。另一方面，过度获益的伴侣得到了太多好处，因而可能会感到内疚（Guerrero et al., 2008）。当然，过度获益总比获益不足要好，但人们被假定讨厌不公平，并且会设法去改变或逃避它。所以，公平理论认为，最令人满意的情形是关系结果的公平分配；该理论预测，过度获益的人比那些拥有公平关系的人对关系的满意度略低，而获益不足的人对关系的满意度更要低得多（Hatfield & Rapson, 2012）。

什么更重要？受到公平对待还是好的关系结果

几项评估夫妻和恋人满意度的研究得到的结果非常符合公平理论的预测（例如，Sprecher, 2017）：过度获益的伴侣不如关系结果公平的伴侣轻松和满足，而获益不足的伴侣更不快乐。然而，这些研究很少关注参与者关系结果的质量。（请记住，相对于你的伴侣，你可能会过度获益，但仍然会得到劣质的关系结果，这可能会引发某些不满。）另外一些研究评估了伴侣关系结果的质量，发现（正如相互依赖理论所主张的）人们得到的奖赏的总数量比公平程度能更好地预测满意度（Cate et al., 1988）。在这些研究中，只要自己的获益足够多，伴侣给予或得到什么并不重要；人们说他们从一段关系中得到的奖赏越多，对这段关系的感觉就越好。

> **想一想** ✓
>
> 如果你的伴侣对你很好，你在这段关系中很快乐，你会不会因为意识到伴侣从关系中获益比你还多而烦恼？

这里的情况较为复杂。一些研究表明，公平在亲密关系的运作中是一个重要的因素，而另一些研究结果却并非如此。产生这些矛盾结果的原因之一或许是，有些人比其他人更关注人际关系中的公平。在各种关系中，有些人始终比其他人更珍视公平，与其他人不同，这些人在公平状态下比在不公平状态下更满意（Woodley & Allen, 2014）。

此外，无论我们是上述的哪类人，公平在某些领域可能尤为重要。在家务劳动的分配和照护孩子这两个敏感问题上，保证公平是明智之举。如果这些杂务由双方平均分担，伴侣们往往都会对婚姻感到满意："当双方分担家务的重担时，一方可能会欣赏另一方的贡献，并且他们可能会有更多共同活动的休闲时间"（Amato

Baby Blues © 2013 Baby Blues Partnership. Distributed by King Features Syndicate, Inc.

你的父母可能不是这样做的，但如今当夫妻双方共同分担家务和照料孩子时，他们通常更幸福。

et al., 2007, p.166 ）。相比之下，如果伴侣中的一方承担大部分家务，"糟糕的情感就会肆虐，并影响婚姻的质量"（ Amato et al., 2007, p.166 ）。不幸的是，这些责任的平等分配对已婚女性来说往往很困难；即使她们在家庭之外承担了和丈夫相似的工作职责，已婚的美国职业女性对孩子的照顾也更多（ Yavorsky et al., 2015 ），并且承担约两倍于丈夫的家务活（ Pew Research Center, 2015a ）。同居的情侣、男同性恋和女同性恋伴侣通常在这些家务的分配上更为公平（ Coltrane & Shih, 2010 ），所以可能异性恋婚姻中的某些因素导致了丈夫期望做更少的家务。然而无论何时，这种不公平显然会降低女性的满意度（ Britt & Roy, 2014 ）。的确，婚姻专家对现代夫妻提出的一条一般性告诫是，"如果想拥有幸福快乐的妻子，男人就要多做家务、照顾孩子、维系爱情"（ Gottman & Carrére, 1994, p.225 ）。[令人期待的结果可能随之而来：公平分担家务的男人与妻子有更多和更为满意的性互动（ Johnson et al., 2016 ）。] 这些显而易见的方面的公平可能比夫妻互动中其他方面的公平更有影响。

研究结果不一致的第三个（也可能是最重要的）原因可能是，当人们不满意时，公平问题才凸显出来，而当人们对亲密关系感到满意时，公平就显得微不足道（ Holmes & Levinger, 1994 ）。当奖赏充足时，公平或许无足轻重。亲密关系进展顺利时，人们很少留意关系中的交换，也不会纠结于他们注意到的任何不公平。（当研究者问起时，他们倾向于报告自己的伴侣关系是"公平的"。）但如果成本增加而奖赏减少，人们就会开始更仔细地追踪他们的交换，关注各自应得的待遇。无论真相如何，感到非常不满意的人可能会认为自己从伴侣处获益不足（ Grote &

专栏 6.2
女权主义不利于爱情，对吗？

在第 1 章我曾提到，一般而言，与传统的、阳刚的男人结婚的女性，不如那些嫁给热情、表达性高的男人的女性满足。现在我们已经知道，家务劳动分配不公会滋生怨恨和苦恼。这两点都表明，（如果你选择结婚），假若你不坚持呆板的、传统型的丈夫和妻子角色，你们白头偕老的可能性会更高（Stanik et al., 2013）。事实上，在美国，与丈夫是传统型的女性相比，丈夫持女权主义观点（即信奉男女平等）的女性有更幸福、更健康和更稳定的亲密关系。她们的性生活也更和谐（Rudman & Mescher, 2012a）。

是的，女性喜欢男人平等地对待自己。但男人们又会怎样？旧的规范显然正在改变。美国现在 24% 的妻子的工作收入明显比丈夫高（Pew Research Center, 2015），但很多人仍然认为，信奉男女平等的女性很可能相貌平平、爱出风头、缺乏浪漫情调，床上功夫差（Rudman & Mescher, 2012a）。然而，恰恰相反，持女权主义观点的女性对男人的敌意要少于其他女性（Anderson et al., 2009），与那些有传统型妻子的男性相比，和女权主义的女性结成伉俪的男性享有更稳定的亲密关系和更高程度的性满足（Rudman & Mescher, 2012a）。显然，认为女权主义和浪漫爱情不相容是荒谬的。把爱人视为平等的伴侣，实际上有助于建立幸福的亲密关系，这种亲密关系比以 20 世纪愚昧的传统期望为基础的伴侣关系更具奖赏意义、更为牢固（Carlson et al., 2016）。

Clark, 2001）。因此，从这种意义上说，不公平或许并不会使人们感到不满；相反，感到不满会导致人们认为自己受到了不公正的待遇。

总而言之，最合理的结论似乎是，人们得到的关系结果的总体质量和（出现的）获益不足这两方面，对预测亲密关系的满意度和持续性很重要（Dainton, 2017）。过度获益似乎并不会太困扰人们，并且在已经具有很高奖赏价值的亲密关系中，公平的积极作用甚微。相比之下，伴随剥夺和剥削出现的不公平，即获益不足，通常会使人们苦恼（Kuijer et al., 2002），不管怎样，自私的表现都令人讨厌（Allen & Leary, 2010）。不过归根结底，关系结果的质量比公平问题更重要；如果关系结果很差、令人不满，即使关系很公平，也不会带来太多慰藉，而如果关系结果很好，不公平也不是什么大问题。

小　结

那么，最终答案是什么呢？单纯的贪婪能很好地描述人们在亲密关系中的行为吗？关系科学对此问题给出的答案是有保留的肯定。如果奖赏高而成本（和期望）低，人们最幸福。但因为我们在亲密关系中所寻求的奖赏取决于伴侣，所以满足伴侣的需要也与我们利益攸关。如果我们希望亲密关系继续下去，我们会很乐意保护亲密伴侣的幸福，并且很少剥削他们。这样的行为或许出于自私的动机，但它仍是周到体贴、慷慨和充满爱意的。所以，即使这类行为本质上是贪婪的，也并不令人讨厌或带有剥削性。

承诺的本质

令人欣慰的是，对亲密伴侣的幸福依赖可带来**承诺**（commitment），即对关系继续下去的渴望和努力维系关系的意愿。那些既需要伴侣且目前又感到满足的人，把承诺的概念与积极的品质联系起来，如分享、支持、诚实、忠贞和信任（Hampel & Vangelisti, 2008）；他们深情款款、体贴入微、尊重对方，快乐地计划未来生活在一起（Weigel & Ballard-Reisch, 2014）。（你能明白为什么这些人的亲密关系会坚如磐石。）令人不安的是，不幸福的人也会对他们的关系做出承诺，这并不是因为他们想要维持关系原状，而是因为他们觉得自己必须这样做。对这些人而言，承诺更像一种束缚人的圈套，而非一种积极的感觉（Weigel et al., 2015）。

有研究者编制了一份简易的《承诺量表》（Arriaga & Agnew, 2001），这份量表包括三个主题，承诺的不同组成部分在其中显而易见。首先，做出承诺的伴侣希望他们的亲密关系能持续下去。其次，他们还有长远眼光，预见到包含其伴侣在内的未来。最后，他们在心理上彼此依恋，所以当伴侣也快乐时，他们就会更快乐。在《承诺量表》中，每个主题包含四个问题；看一下表 6.3，你将能够分辨出每个问题分别属于哪一主题。

这种把承诺视为一种多层面决策的描述，与卡里尔·鲁斯布尔特（Caryl Rusbult）及其同事对承诺概念的理解相一致，后者即著名的**投入模型**（investment model）。根据这一模型，承诺产生于与人们的比较水平和替代比较水平有关的社

表 6.3 承诺量表

根据下面的评分等级回答每个问题：

1	2	3	4	5
一点也不符合	稍微有点符合	中等程度符合	非常符合	极其符合

1. 我感觉与伴侣的联系非常紧密——对我们的亲密关系非常依恋。

2. 看到伴侣受苦我会心痛。

3. 当亲密关系进展不顺时，我会很受影响。

4. 说实话，我的家人和朋友比这段关系更重要。

5. 我规划好了这段关系的长远未来（比如我设想了几年后和伴侣在一起的情形）。

6. 我和伴侣开玩笑时，会谈到我们变老时的情形。

7. 我发现很难想象在遥远的未来我和我的伴侣在一起。

8. 当我制订自己的未来计划时，我会思考自己的决策对我们关系的影响。

9. 我打算保持这段关系。

10. 我希望维系好自己的亲密关系。

11. 我想使我们的亲密关系继续下去。

12. 我的直觉告诉我要继续这段关系。

为了确定你的承诺总得分，请你对第 4 题和第 7 题的评分反向计分。如果你的回答是 1 则变成 5，回答是 2 则变成 4，4 则变成 2，以此类推。然后把得分加起来。得分越高，你对关系的承诺程度就越高。

资料来源：Arriaga, X. B., & Agnew, C. R. "Being committed: Affective, cognitive, and conative components of relationship commitment," *Personality and Social Psychology Bulletin*, 27, 2001, 1190–1203.

会交换的所有要素（Rusbult et al., 2012）。首先，满意能增加承诺。人们通常希望幸福的伴侣关系能够持续下去。然而，高质量的替代选择也很有影响力，一定程度上可以减少承诺。有诱惑力的替代伴侣容易引诱人们离开现任伴侣，所以面对有诱惑力的替代伴侣的人不太可能维系现有的亲密关系。但如果离开当前关系的成本太高，那么即便有，人们也不一定会去追求这样的替代伴侣。故而，决定承诺的第三个因素是个体在现有亲密关系中的投入程度。不管替代选择的质量如何，也不管个体是否幸福，高投入都会增加承诺。

　　总体而言，投入模型认为，人们在以下三种情况下希望与现任伴侣保持亲密关系：感到幸福；没有其他更好的选择；离开的成本太高（见图 6.8）。该模型假定这三个因素的影响同等重要，并且承诺就产生于所有这三个因素的各种组合。

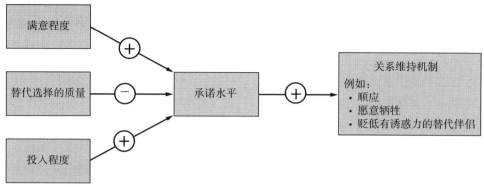

图 6.8 承诺的投入模型

满意度和投入度都与承诺呈正相关。我们越幸福，结束关系会失去的东西越多，对现任伴侣的承诺就越多。然而，高质量的替代选择会破坏承诺；其他选择越诱人，我们的承诺就越少。

资料来源：摘自 Rusbult, C. E., Martz, J. M., & Agnew, C. "The Investment Model Scale: Measuring commitment level, satisfaction level, quality of alternatives, and investment size," *Personal Relationships*, 5. 1998, 357–391.

所以，随着人们所处环境的变化，亲密关系通常要熬过一些时段，例如伴侣一方或双方都感到不满意，受到有吸引力的替代伴侣的诱惑，或者随时可以自由分手。发生这样的插曲会使关系变得紧张，并削弱伴侣的承诺，但如果承诺的其他成分能够将伴侣聚在一起，亲密关系就可能继续存在。

　　总的来说，研究结果有力地支持了投入模型（Le et al., 2010）。满意度、替代选择的质量和个体投入的多少都能告诉我们一些有关个体承诺程度的有用信息（Lemay, 2016），并且该模式对男性和女性、异性恋和同性恋配偶（Kurdek, 2008）、西方文化和东方文化同样适用（Lin & Rusbult, 1995）。此外，投入模型的可用性为亲密关系的交换理论提供了总体上的支持。投入模型里的经济评估可以很好地预测亲密关系能持续多久（Le et al., 2010），伴侣双方是否会保持忠诚（Drigotas et al., 1999），甚至备受伤害的妻子是否会逃离虐待成性的丈夫（Rusbult & Martz, 1995）。

　　然而，投入模型没有解释承诺本质上的一些微妙之处。举一点来说，影响你对当前关系承诺的另一个重要因素是你对伴侣关系在将来会多令人满意的预测（Lemay, 2016）。承诺不仅会因当前的满足感而增强，还会因为对一段关系在将来

专栏 6.3
依恋与相互依赖

依恋的回避亲密维度描述的是人们在与他人相互依赖时的舒适程度。所以，你或许能预期到，我们在本章中提到的几种模式存在非常突出的回避现象。首先，与安全型依恋的人相比，回避程度高的人更关注他们的替代选择；他们会留心任何其他可能的爱情选择（Miller, 2008），并且更容易被新结识的人吸引（Overall & Sibley, 2008）。因而，他们的替代比较水平往往比其他人更高，这使得他们对现任伴侣的承诺较少（Etcheverry et al., 2013b）。回避型的人还珍视他们的独立和自立，所以他们的接近动机较弱；相比安全型依恋的人，与他人的亲密联结在他们的心目中不那么具有奖赏意义，所以他们不太热衷于从伴侣关系中寻求满足（Gere et al., 2013）。他们对奉行共有规范的人也不怎么有兴趣；他们更喜欢那些不指望从他们身上得到回报就不会给他们提供

便利的人（Bartz & Lydon, 2008），并且认为别人帮助他们是出于义务而非善意（Beck & Clark, 2010a）。

忧虑被弃型的人担心伴侣会离开自己，所以他们有着强烈的回避动机，整天提心吊胆地避免冲突和其他成本过高的结果（Gere et al., 2013）。但这并非满足感的秘诀，焦虑的人往往不如更放松和信任他人的人（即安全型依恋的人）对关系满意（Etcheverry et al., 2013b）。

所以，随着时间的推移，忧虑被弃和回避亲密都与亲密关系中较低的满意度和较少的承诺有关（尽管原因不同）（Hadden et al., 2014）。如果与你安居的伴侣在需要和依赖你时感觉舒心和安全，并且作为回报，也能幸福地接受你对他/她的依赖，那么你们从此过上幸福生活的可能性会更高（Waldinger et al., 2015）。

的若干年将繁荣和令人满足的期望而增强。

此外，投入模型将承诺视为单一的概念——只存在一种承诺——而其他理论家认为承诺不仅有不同的来源，而且有不同的形式（Knopp et al., 2015）。例如，社会学家迈克尔·约翰逊（Michael Johnson）就宣称实际上存在三种类型的承诺（Johnson, 1999）。第一种是**个人承诺**（personal commitment），即当人们受到伴侣的吸引且亲密关系令人满意，因而希望关系继续时所表现出的承诺。相反，第二种是**强迫承诺**（constraint commitment），即人们因为离开当前关系的成本过高，不

得不继续这段关系而表现出的承诺。在强迫承诺中，人们害怕结束伴侣关系所带来的社会和经济后果，即使他们希望离开但仍旧维持关系。最后，第三种是**道德承诺**（moral commitment），它来自对伴侣或亲密关系的道德责任感。此时，人们认为结束关系或违背自己的誓言和许诺是错误的，觉得应该维持关系。做出道德承诺的夫妻倾向于信仰婚姻的神圣性，并认为不管如何都要维持婚姻，认为这是一种庄严的社会或宗教责任（Stafford et al., 2014）。

使用上述分类的研究表明，这三种类型的承诺确实让人感觉不同，在关系研究中做这种区分是有价值的（Knopp et al., 2015）。个人承诺常常是这三种类型里最强的，但强迫承诺和道德承诺也有一定的影响力。例如，即使人们不幸福，个人承诺较低，但如果经济或家庭压力使其强迫承诺较高，他们也仍会保持当前的伴侣关系（Rhoades et al., 2012）。当人们开始一段异地恋时，道德承诺比个人承诺能更好地预测伴侣关系能否克服分离而持续下去（Lydon et al., 1997）。显然，即使个体对亲密关系的热情削弱，道德承诺仍能使亲密关系持续。

承诺对亲密关系的影响

然而，无论其起源或本质是什么，承诺都会对亲密关系产生重要的影响（Rusbult et al., 2012）。承诺的特征之一是长期指向，它能减少人们在亲密关系遭遇坎坷时的痛苦。如果人们觉得自己处于一段长期的关系中，可能就能更好地容忍暂时出现的低奖赏和高成本，正如有长远眼光的投资者在盈利较低的时期也会持有某种股票一样（Arriaga et al., 2007）。此外，承诺会使人们将自己和伴侣看成一个整体，自称"我们"而不是"他"和"我"（Agnew et al., 1998）。这可能会大幅度降低为有益于伴侣而付出的牺牲的成本，因为让伴侣高兴的事情也会使自己间接受益。

不过，承诺产生的最重要的影响可能是，它会使人们采取行动以保护和维系亲密关系，即使这样做的成本很高。对亲密关系做出承诺的人会运用各种各样的行为和认知策略，这既能维持和增强亲密关系，又能强化他们对关系的承诺（Ogolsky & Bowers, 2013）。我们将在第 14 章详细介绍这些关系维持机制。不过，在结束本章前，让我们先预览其概要。

先看一个例子，承诺会促进**顺应**（accommodation），人们会克制自己，不以愤怒来应对伴侣的愤怒（Häfner & IJzerman, 2011）。顺应的人能容忍伴侣的破坏性行为而不还击；他们忍受侮辱、嘲讽或自私自利而不报复。通过这样做，他们可以避免争吵和口角，有助于消除而不是延续伴侣的糟糕情绪。这通常有益于亲密关系。这类行为可能需要相当程度的自我约束，但它不是出于软弱；相反，顺应行为通常需要有意识的努力，以保护亲密关系免受伤害。

做出承诺的人还表现出更强的**牺牲意愿**（willingness to sacrifice），为了关系的融洽而牺牲自己的利益（Totenhagen et al., 2013）。为了使伴侣及亲密关系获益，他们会做那些如果是自己一个人的话本不愿意做的事情，还会克制自己不去做那些自己本来会喜欢做的事情。

最后一个例子，承诺会让我们对其他潜在伴侣吸引力的判断，比我们单身和未确立关系时所认为的更低（Petit & Ford, 2015）。这种对**诱人的替代选择的贬低**（derogation of tempting alternatives）减少了那些本来可能诱惑我们离开现任伴侣之人的吸引力，而这有助于保护我们的亲密关系。

人们还使用其他机制来维系亲密关系，但以上三种足以说明承诺如何激励人们保护亲密关系的想法和行动。在与他人的互动中，人们都会寻求以最小的成本获得最大的奖赏，但对伴侣的依赖使得他们在行动时将伴侣的幸福也考虑在内。因而，许下承诺的伴侣常常做出牺牲，顺应伴侣，做一些不会带来即时个人利益的事情，从而促进其关系的发展。

如果人们盲目地采取这些行动，将经常会招致自我挫败。但是，当它们出现在相互依赖的关系中，并且伴侣双方都这样做时，这类行动就能强有力地保护和加强与他人的理想联结（Ramirez, 2008）。这样，即使我们的内心是贪婪的，我们对待爱人和朋友也常常是无私、体贴和关爱的。

请你思考

巴尼喜欢贝蒂的原因之一是，她做得一手好菜。当贝蒂请巴尼共进晚餐时，她会精心准备美味佳肴，这比巴尼自己经常吃的快餐要美味多了。巴尼喜欢保持房间整洁干净、井井有条，他注意到贝蒂的房间总是邋遢凌乱，但巴尼不太在意，因为贝蒂是个活泼、可爱的好伴侣。然而，结婚之后，贝蒂就不常下厨了；两人都要上班，她常常在巴尼回家前打电话，让巴尼中途买外卖当晚餐。贝蒂在做家务上的懒惰也惹恼了巴尼。他能完成自己应做的家务活，但卧室的沙发上时常放着一堆洗好而未叠的衣服，为了坐在一起看电视，他们不得不把衣服推到另一边。贝蒂似乎并没有注意她的东西是多么杂乱无序，巴尼开始感到愤愤不平。

　　你认为贝蒂和巴尼的未来会如何？为什么？

本章小结

社会交换

　　相互依赖理论提供了一种关于亲密关系的经济学观点，这种观点涉及社会交换，即关系中的双方相互提供合意的奖赏。

　　奖赏和成本。奖赏令人愉悦而成本具有惩罚性。人际互动的净盈亏就是关系结果。

　　我们期望从我们的关系中得到什么？比较水平（CL）反映的是人们对自己与他人互动结果的期望。当他们得到的关系结果超过了其比较水平时，他们会感到满意。但如果他们的关系结果低于其比较水平，他们就会感到不满。

　　关系的替代收益。人们还会用替代的比较水平（CL_{alt}）来判断可以从其他地方得到的关系结果。如果他们得到的关系结果超过其替代的比较水平，他们就会依赖现任伴侣。

　　关系的四种类型。把人们的比较水平和替代的比较水平与他们的关系结果进行比较，就会产生四种不同的关系状态：幸福且稳定；幸福但不稳定；不幸福但稳定；不幸福也不稳定。

　　与时俱变的比较水平和替代的比较水平。人们会适应他们得到的关系结果，并且随着伴侣们的比较水平提高，亲密关系可能变得不太令人满意。文化因素塑造了我们的期望和替代的比较水平。

关系的经济学

计算一段关系的奖赏和成本可提供关于其现状和可能未来走向的非同寻常的信息。

奖赏的作用不同于成本。接近动机使我们寻求奖赏，回避动机使我们避免成本，每种动机被满足的程度决定了不同的关系状态。

与时俱变的奖赏和成本。关系动荡模型认为，确定了关系的伴侣在适应新身份的过程中，其亲密关系通常会经历一个平静期。此后，婚姻满意度通常会在婚后的头几年下降。这可能是由于伴侣双方缺乏努力，相互依赖放大了小摩擦，以及其他常规的影响，如不受欢迎的意外和不现实的期望。良好的洞察力可预防和避免这些问题。

关系中的贪婪

相互依赖的本质。对相互依赖的伴侣而言，保持彼此的幸福与他们自身利益攸关。因而，施于伴侣的慷慨通常也有益于自己。

交换关系与共有关系。交换关系受到即时回报的欲望支配，而共有关系则涉及对他人需求的无私关怀。

公平的关系。当伴侣双方都从亲密关系中获得了与其贡献成正比的奖赏时，这段关系就是公平的。

根据公平理论，人们讨厌不公平。然而，过度获益并不总是与关系满意度的降低有关，但获益不足则总是与之有关。

小结。总而言之，个体所获得的关系结果质量和获益不足（当它出现时）决定亲密关系的幸福和稳定程度。

承诺的本质

承诺是对继续一段关系的渴望，以及维系该关系的意愿。投入模型认为满意度、替代选择的质量和投入的多少会影响承诺。然而，可能存在三种承诺：个人承诺、强迫承诺和道德承诺。

承诺对亲密关系的影响。许下承诺的人会采取行动来保护和维持他们的关系，肯于顺应，自愿做出牺牲，并贬低那些可能诱惑他们远离目前关系的人。

第 7 章

友 谊

朋友们的点滴相助才使我走到了今天。

——约翰·列侬（John Lennon）

　　花点时间想一下你最好的两个朋友。为什么他们和你如此亲近？你可能只是喜欢他们，但不爱他们。（或者，至少你没有"爱上"他们，抑或你可能认为他们不只是"朋友"。）你可能和他们共度过很多美好的时光，有他们的陪伴，你感到舒心；你知道他们也喜欢你，你觉得当你需要时，他们都会帮助你。

　　的确，你对朋友的积极情绪实际上可能是相当多样且复杂的。朋友有时会惹恼你，但你还是很喜欢他们，而且因为他们是你最好的朋友，所以他们知道一些你不为人知的事情。你喜欢与他们共事，并期望你们的关系能无期限地持续下去。事实上，如果你回顾一下界定亲密关系的特征（见第 1 章），你就会发现你和最要好的朋友之间确实非常亲密。你可能非常了解他们、信任他们，并对他们做出了很多承诺；你体验到的关心、相互依赖、回应性和相互性可能不如与恋人相处时那么多，但尽管如此，这四个因素在朋友之间都存在。

那么，友谊是否与爱情一样，只不过其亲密程度更低而已？答案既是肯定的又是否定的。友谊与爱情一样，都是建立在亲密关系构成要素的基础上的，但各个要素的结合通常不同。爱情还有一些友谊通常并不具有的要素，所以两者的构成的确不一样。但友谊和爱情的许多要素是非常相似的，本章将详细介绍喜欢一个亲密的伙伴意味着什么，从而为我们对爱情（第 8 章）的思考奠定基础。本章还会涉及一些其他主题，包括友谊的各种特征，以及男人和女人是否可以"仅仅是朋友"。

友谊的本质

友谊是快乐和社会支持不可或缺的源泉。一项以未婚年轻人为对象的研究发现，超过三分之一的人（36%）认为，友谊是他们目前"最亲近、最深交、卷入最多和最亲密的"人际关系（Berscheid et al., 1989）。更多的人（47%）认为恋爱关系是他们最重要的伙伴关系，但友谊显然是我们与他人的重要联结。即使人们结婚之后，友谊仍然非常重要。另一项研究采用经验取样程序 [1] 追踪人们的互动，结果发现，相比独处或与家人（包括他们的配偶）在一起，参与者与朋友在一起时通常会有更多的乐趣。当配偶和朋友都在场时，那将是最美好的时光。但如果两者只能择其一，人们从朋友那里获得的快乐和兴奋往往要比从配偶那里获得的要多（Larson & Bradney, 1988）。为什么？友谊竟然如此重要？

友谊的属性

当人们思考一段美好的友谊时，会想到各种各样的属性（Perlman et al., 2015）。首先，亲密的朋友喜爱彼此。他们彼此欣赏、信任和尊重，珍视忠诚和真诚，双方都能无拘无束地做真实的自己，根本不用伪装。其次，深厚的友谊涉及交心。朋友之间给予和接纳有意义的自我表露、情感支持和实际帮助，遵守平等的准则，

---

[1]　如果关于经验取样的提醒有用的话，请翻到第 2 章。（第 2 章仍然很有用，不是吗？）在这项研究中，参与者佩戴寻呼机，用以提醒他们在一天中每两个小时记录一次他们和谁在一起，在做些什么。

双方的喜好都得到应有的重视。最后，朋友还能提供陪伴。他们有共同的爱好和活动，并把对方视为娱乐和乐趣的源泉。最好的友谊显然是一种亲密、有奖赏价值的关系，故而有学者把**友谊**（friendship）定义为"一种自愿的私人关系，通常能提供亲密感和帮助，关系中的双方彼此欣赏，并寻求对方的陪伴"（Fehr, 1996, p.7）。

友谊和爱情的区别

那么，友谊与爱情有何不同呢？正如我们将在第 8 章中看到的，爱恋包含比喜欢更复杂的情感。喜欢和爱恋都包含对伙伴积极且温暖的评价，但浪漫的爱情还包括对伴侣的迷恋、性欲，以及比友谊强烈得多的排他性愿望。爱情关系还有更严格的行为标准；我们对待爱人应该比对待朋友更忠诚，更愿意提供帮助（Fuhrman et al., 2009）。调节友谊的社会规范较之约束爱情关系的规范更宽松，并且友谊也更容易解体。此外，友谊较少涉及积极情感的公开表达，而且一般来说，朋友在一起度过的空闲时间也比情侣们要少（Perlman et al., 2015）。

这些区别并不仅仅是因为许多友谊都发生在同性之间。异性之间的友谊通常也不如爱情那般有激情和承诺（Fuhrman et al., 2009）。所以，与爱情相比，友谊通常承担较少的责任，其情感强度也较弱。与爱情不同，友谊通常并不涉及性亲密行为（尽管有些会涉及；我们稍后将考察"发生性关系的朋友"）。

所以，深厚的友谊虽然不如爱情那般充满激情和具有排他性，但仍然包含了对朋友和爱人都具有奖赏意义的亲密关系的所有其他成分。下面我们就来看看几个这样的成分。

尊　　重

当人们尊重别人时，就会钦佩他们，并且对他们十分尊敬。让人值得尊重的特质包括令人赞扬的道德品质、体贴他人、接纳他人、诚实、倾听他人的意愿，等等（Frei & Shaver, 2002）。我们一般喜欢那些值得尊重的人，我们越是尊重一个朋友或爱人，我们与此人的关系就越令人满意（Hendrick et al., 2010）。

信　　任

当我们确信朋友会善意地对待我们，无私地考虑我们的最大利益时，我们就会信任他们（Rempel et al., 2001）。这种信心需要时间来培育，但当有人留意我们的愿望，并可靠无私地对待我们时，这种信心可能就会得以发展（Simpson, 2007）。信任在任何亲密关系中都是弥足珍贵的，因为它使得相互依赖更容易被接受；它让人们在友谊中感到舒适和放松，而那些不完全信任伙伴的人往往戒心重重，对关系不那么满意（Rempel et al., 2001）。信任的丧失对任何亲密关系都会产生侵蚀性的影响（Miller & Rempel, 2004）；那些被伙伴背叛过的人往往会发现信任和对他们关系的满意度很难恢复（详见第 10 章）。

资本化

当我们与好友一起分享好消息或好事时，我们的快乐往往会增加而不是减少。当我们交到好运时，并不是总会收到别人热情的祝贺；有时我们会收到言不由衷的祝福，有时别人对此根本不感兴趣。但是好友通常会为我们的成功感到欣喜，他们的兴奋可以增加此事带给我们的快乐（Gable & Reis, 2010）。所以在一种被称为**资本化**（capitalization）的互动模式中，我们通常会和朋友分享好消息，并收到热情而有价值的回应，这会增加我们的乐趣（Monfort et al., 2014），进而促进我们的关系：与那些漠然或冷淡地回应我们好运的人相比，我们觉得与那些兴奋地增加我们快乐的人更亲近（Reis et al., 2010），经常出现资本化互动的关系比那些不经常出现资本化互动的关系通常更令人满意、持续的时间更久（Logan & Cobb, 2016）。

社会支持

热情地祝贺我们的好运是亲密伙伴鼓舞我们，以及为我们提供帮助或社会支持的一种方式（Gable et al., 2012）。我们也依靠朋友来帮助我们渡过难关，并且朋友可以通过四种方式为我们提供帮助和鼓励（Barry et al., 2009）。我们从关爱、接纳和安慰中得到情感支持；从拥抱或偎依中得到身体安慰；从信息和指导中得到建议支持；以及从金钱或物品等中得到物质支持或有形援助。当你对即将到来的考试感到紧张时，努力让你放松的朋友会为你提供情感支持；而把车借给你用的朋友则是给予你物质支持。但是不要太严肃地看待这些区别，因为这些不同类型的援助可以并且确实会交叉在一起；因为他慷慨的关心也会令人感动，一个刚一得知你的车送去修理了就把他的车借给你的朋友，可以说是既提供了情感支持又提供了物质支持。

社会支持具有巨大的价值，随着时间的推移，个体接受的这四种社会支持越多，其关系满意度就越高，个人幸福感就越强（Barry et al., 2009）。的确，说到幸福，伙伴们温暖、体贴的支持比金钱更重要；收入对你的幸福感的影响可能要小于你的社会支持水平（North et al., 2008）。但是，社会支持在亲密关系中发挥作用的方式有些复杂。请思考以下几点：

- 情感支持具有实际的生理效应。长期来看，与那些从他人那里得到较少鼓励和关心的人相比，与伙伴有深情厚谊的人血压、胆固醇水平和应激激素的水平都较低（Seeman et al., 2002）。他们也能更快地从应激反应中恢复正常（Meuwly et al., 2012）。在实验室研究中，当他们把手臂浸入冰冷的水里时，他们感受到的疼痛甚至都比其他人低（Brown et al., 2003）。当人们处于紧张状态时，只要想想一个支持自己的朋友，往往就能降低他们的心率和血压（Smith et al., 2004）。

- 有效的社会支持使人们感到与支持提供者更亲近。来自他人的体贴、回应性的支持能提高我们的幸福感和自尊，并使我们对未来更乐观（Feeney& Collins, 2015），所有这些都会对我们的亲密关系产生有益的影响。在婚姻中，幸福的夫妻比痛苦的夫妻会给予对方更多的支持（Verhofstadt et al., 2013）；新婚时，伴侣给予对方的社会支持越多，10 年后他们离婚的可能性就越小（Sullivan et al., 2010）。

- 有些人比其他人更善于提供社会支持。例如，依恋类型很重要。安全型依恋的人，即那些乐于接受与他人相互依赖的亲密关系的人，往往能够有效地安慰和鼓舞接受者，并且他们这样做是出于利他主义和同情心（Davila & Kashy, 2009）。相比之下，不安全型依恋的人更自私，他们提供的社会支持的效果往往较差，这要么是因为（就回避型的人而言）他们比安全型的人提供的帮助更少（Farrell et al., 2016），要么是因为（就焦虑型的人而言）他们的帮助带有侵入性和控制性（Jayamaha et al., 2017）。一般而言，安全型（而非不安全型）依恋的伙伴提供的支持更令人满意（Kane et al., 2007）。

  此外，当人们细心且富有同理心，因而能够明白伴侣的需求时，往往能够提供更好的支持（Howland, 2016）。人们在需要帮助时很少会直截了当地寻求帮助（Bohns & Flynn, 2010），所以那些能更好地解读伴侣感受的人，往往

专栏 7.1
朋友远比我们认为的更重要

你知道在亲密的友谊中能找到不少乐趣，但朋友对你的影响甚至比你意识到的还要大。一条影响途径是促成或破坏我们的恋爱关系。他们通常会把我们介绍给可能的新伴侣来帮助我们开始新恋情，并为我们排除干扰（Ackerman & Kenrick, 2009）。之后，他们会对我们发展中的恋情表示赞同或反对，并且他们的意见很重要（Keneski & Loving, 2014）。当朋友不赞成我们的恋情时，我们的恋爱关系就会面临危险：即使年轻的恋人（最初）对他们的关系感到满意，但如果他们的朋友不赞成这段恋爱关系，则 7 个月后他们分手的可能性会更大（Lehmiller & Agnew, 2007）。当然，出现这种情况的一个原因是，朋友对我们恋情的看法更冷静，因而往往比我们更有洞察力。当他们认为我们并没有从中得到应有的快乐时，往往会反对我们的恋情（Etcheverry et al., 2013a），有时他们比我们更早预见麻烦的到来。在反对的浪潮中逆流而上也很难，即使我们本来可以与恋人幸福相处，他人对这段关系不看好也可能是一种沉重的负担，所以逆流而上，顶着朋友的反对坚

持爱情很难（Rosenthal & Starks, 2015）。当朋友也喜欢我们的恋人时，我们就会对恋人更忠诚（Sinclair et al., 2015）。

朋友甚至还对我们幸福与否（或胖瘦与否）有着惊人的影响！一项对 12 000 多人的健康状况进行的长达 30 年的研究发现，拥有快乐的朋友会让你更快乐（Christakis & Fowler, 2009）。每拥有一个快乐的朋友，我们快乐的概率就会增加 15%。朋友的朋友也很重要；我们的朋友每拥有一个快乐的朋友，我们快乐的概率就会增加 10%，即使我们从未与此人谋面！我们的社交网络所支持的规范及所提供的经验影响力非常大，对我们有利也有弊。例如，如果你的朋友变得肥胖了，你超重的可能性会增加 57%。每拥有一个不快乐的朋友，我们快乐的可能性就会减少 7%。而且孤独也会传染：如果有朋友先感到孤独，我们感到孤独的可能性会增加 52%，如果朋友的朋友感到孤独，我们孤独的可能性则会增加 25%（Cacioppo et al., 2009）。我们与他人的联系通常比我们意识到的要紧密，朋友往往远比我们想象的更重要。

能为对方提供更富技巧性的支持。

- 而且，最好的支持契合我们的需要和喜好。并非所有的社会支持都对受援者完全有益。即使提供支持的朋友是出于善意和无私的，他们的支持也可能不

对我们的胃口或太过殷勤（Brock & Lawrence, 2014）。他们试图帮助我们的努力可能会威胁到我们的自尊或冒犯我们，如果我们接受这类帮助，就可能会产生受人恩惠欠人情的感觉（McClure et al., 2014）。所以，社会支持有时会伴随情感成本，因此最好的帮助通常是**无形的支持**（invisible support），悄然提供而不为受助者所察觉（Girme et al., 2013）。在同居伴侣中的一方准备紧张的律师资格考试期间，如果双方把各自给予和接受的支持都记录下来就会发现，减少应试者焦虑最有效的支持是伴侣提供的那些应试者并未觉察到的支持（Bolger et al., 2000）。有时，帮助朋友最好的方式是默默地提供支持，不给他 / 她添麻烦。

如果是有形的支持，当其符合受助者当前的需要和目标时，它才会更有效（Gleason & Iida, 2015）。另一项针对为准备律师资格考试而焦头烂额的法律系学生的研究发现，物质支持（比如情侣为之下厨做饭）是有帮助作用的，而情感支持只会使考生更加焦虑（Shrout et al., 2006）。另一方面，视力受损的老年人会因物质支持而恼怒（尤其是当物质支持使其感到更加无助时），但情感支持却使他们感到振奋（Reinhardt et al., 2006）。显而易见，并没有哪一种支持是适合所有情境的；朋友将会感激的帮助和支持的类型取决于他 / 她目前的需要、你的能力及你们友谊的现状（Priem & Solomon, 2015）。如果我们想为朋友提供有效的支持，就需要留心朋友的个人偏好和特定情况。

- 不论提供的是何种支持，社会支持研究中最重要的模式之一是：从长远来看，重要的不是人们为我们做了什么，而是我们认为他们为我们做了什么。我们感知到的支持与我们实际得到的支持通常只是粗略地匹配（Lakey, 2013），当人们认为他们的朋友不肯仗义相助时，无论朋友是否真正如此，他们都会感到苦恼（Bar-Kalifa & Rafaeli, 2013）。事实上，感知到的支持更多地跟我们与朋友日常互动的质量有关，而非他 / 她实际提供的帮助的数量（Lakey et al., 2016）：当我们对朋友或爱人感到满意时，我们会把他们视为支持我们的良师益友；但当我们感到不满意时，我们会认为他们忽略我们，不帮助我们（Lemay & Neal, 2014）。我们的判断并非完全不切实际；朋友为我们提供的支持越多，我们通常认为他们越支持我们（Priem et al., 2009）。而且，当我们信任他们，对他们感到满意时，我们更有可能注意到并感激他们的帮助和支持，故而我们对从他人那里所获帮助的判断"可能既拥有客观事实的内核，又裹有主观装饰的外壳"（Reis et al., 2004）。

● 最后，个人特征也会影响我们知觉到的社会支持（Lakey, 2013）。那些怀疑他人对自己的关心和照顾的人，往往对他人帮助自己的努力持不公正的和不应有的挑剔态度。具体来说，与对自己和自己的人际关系持更积极和更自信态度的人相比，不安全型依恋的人认为他们所得到的社会支持不够体贴、帮助作用不大（Collins & Feeney, 2010）。很显然，即使朋友真诚地支持他们，不安全型依恋的人也可能认为朋友的帮助和鼓励是不够的（Collins et al., 2010）。

总的来说，我们依靠朋友和爱人的宝贵支持，但我们（认为我们）得到的支持的数量和质量会受到我们自己和朋友（伴侣）双方特征的影响。我们感知到的社会支持也极大地受到人际关系质量的影响；一般而言，与那些不太让人满意的朋友相比，带给我们快乐的朋友似乎更能仗义相助。然而，最终不论是有形的还是无形的，最好的支持是这样的：它能够表明朋友认真理解和关心我们的需求，从而对我们的需求做出回应（Maisel & Gable, 2009）。

回应性

上述美好友谊的每种特征——尊重、信任、资本化和社会支持——都让我们感到被重视、被理解或被关心，因此它们都与具有奖赏价值的亲密关系的最后一个组成部分有关，而这可能是其中最重要的一个成分（Reis, 2013）：回应性（responsiveness），或对我们的需要和兴趣的关注和支持性认可。大多数时候，朋友对我们是谁及我们要说什么都很感兴趣。他们关注我们，藉此表达他们重视与我们的朋友关系。他们通常也很热情并支持我们，他们似乎理解和欣赏我们。这些都是他们能成为朋友的原因。认为某人对我们的需要和愿望表现出关注、尊重、关心和支持，这种判断就是所谓的**感知到的伴侣回应性**（perceived partner responsiveness），它具有强大的奖赏价值，[2] 而且那些让我们感到自己被重视、被保护和被理解的人会吸引我们（参见表 7.1）。

感知到的伴侣回应性能促进亲密感（Ohtsubo et al., 2014），鼓励自我表露、信任和相互依赖，这毫无疑问有益于人际关系。当两个人相处融洽并开始留意彼此

2　的确，感知到的伴侣回应性如此具有影响力，这是我第二次提到它了。在第 5 章中，我们提到它是影响自我表露的重要因素。

表 7.1 感知到的回应性量表

哈里·赖斯（Harry Reis）利用下面的项目测量朋友和爱人对同伴（伴侣）回应程度的判断。要使用这一量表，请先确定某个具体的人，然后在你想他／她的同时给你对所有 12 个项目的赞同程度打分。显而易见，你的总分越高，你感知到的同伴的回应性就越高。

与我结识新朋友的大多数经验相比，我觉得这个人：

1	2	3	4	5	6	7
完全不正确		有点正确		非常正确		完全正确

_____ 1. ……看到了"真实的"我。

_____ 2. ……了解了我的"实际情况"。

_____ 3. ……尊重我的一切，包括缺点。

_____ 4. ……非常了解我。

_____ 5. ……珍视和尊重"真实的"我的所有方面。

_____ 6. ……理解我。

_____ 7. ……真正地倾听我。

_____ 8. ……向我表达喜爱之情并鼓励我。

_____ 9. ……似乎对我的想法和感受很感兴趣。

_____ 10. ……重视我的能力和观点。

_____ 11. ……与我处在"同一频道"。

_____ 12. ……回应我的需要。

资料来源：Reis, H. T., Maniaci, M. R., Caprariello, P. A., Eastwick, P. W., & Finkel, E. J. "Familiarity does indeed promote attraction in live interaction," *Journal of Personality and Social Psychology*, 101, 2011, 557–570.

的需要时，他们会感觉彼此更亲密、更满意（Segal & Fraley, 2016）。他们的睡眠质量也更好；当我们感到有人关心和理解我们时，就不会那么烦躁不安，睡眠也更高效了（Selcuk et al., 2017）。感知到的伴侣回应性甚至可能对我们的健康产生重大影响：当我们感到被人欣赏和关爱时，生活似乎变得更有意义了（Selcuk et al., 2016），我们的应激激素水平也更低（Slatcher et al., 2015）。积极回应的伙伴所提供的理解、尊重和关心有巨大的价值，很显然，朋友能为我们提供丰厚的人际奖赏。

专栏 7.2
回应性在行动

史上最成功的人际关系自助书籍之一已有 80 多年的历史，而且仍然很畅销。戴尔·卡耐基于 1936 年出版了《人性的弱点》(*How to Win Friends and Influence People*) 一书，远早于人际关系学家开始研究回应性的互动效应。卡耐基坚信，通往财务和人际成功的道路在于以一种让他人感到重要和被欣赏的方式对待他们。他提出了六种让别人喜欢我们的简单明了的方法，而这些朴素建议的长盛不衰有助于说明为什么朋友的回应性如此令人振奋。卡耐基的建议如下 (Carnegie, 1936, p.110)：

1. 真正地对他人感兴趣。
2. 保持微笑。
3. 记住，在任何语言中，一个人的名字对其而言是最甜美、最重要的声音。
4. 耐心倾听。鼓励对方谈论他们自己。
5. 谈论对方感兴趣的话题。

6. 真诚地让对方感到自己很重要。

所有这些行动都有助于传递构成回应性的关注和支持，现代研究也支持了卡耐基的建议。比如，为了给你刚认识的人留下亲切的印象，请对他们真诚地微笑 (Miles, 2009)，然后关注对方，表现出热情、兴趣和热心 (Eastwick et al., 2010)。在这一点上，像拉丁美洲人那样做也很有帮助（拉丁美洲人在这一点上比较得天独厚）。拉丁美洲人普遍赞同和睦相处的文化规范，重视礼貌待人和意气相投，当他们在得克萨斯州与一个陌生人独处时，墨西哥裔美国人比美国白人或黑人更健谈，更多地注视对方和微笑，也更享受这种人际互动。与他们相遇的陌生人也更为喜欢这次邂逅 (Holloway et al., 2009)。卡耐基说到了点子上。人们喜欢从他人那里获得热情、体贴的关注和支持，积极回应是结交和留住朋友的好方法。

友谊的规则

人们也期望好友遵守游戏规则。我们通常不会详细解释我们认为"做朋友"意味着什么，但大多数人都有一套（朋友）**关系的规则**（rule for relationship），即朋友应该（或不应该）做什么的共同文化信念。这些行为标准有助于人际关系更平稳地发展。我们在孩提时代就已习得了这些规则，并且知道，一旦破坏这些规

表 7.2　友谊的规则

- 不要唠叨
- 保持信心
- 表达情感支持
- 在对方需要时自愿提供帮助
- 信任并向对方倾诉
- 与对方分享成功的喜悦
- 不嫉妒彼此的人际关系
- 朋友不在场时能维护他 / 她
- 欠债必还、知恩图报、互相赞赏
- 在一起时努力使对方开心

则就会招致他人反对，导致关系混乱。例如，在一项开创性研究中，英国研究者列出了很多可能的友谊规则，并让来自英国、意大利、中国和日本的成年人从中选出他们认可的规则。表 7.2 列出了规范友谊的几条普遍规则。正如你所见，这些规则包括信任、资本化、支持及亲密关系其他令人满意的方面。

所以，一般而言，我们都期望好朋友（Hall, 2012）：

- 值得信赖、忠诚，把我们的最大利益放心上；
- 是可以分享秘密的知己；
- 是令人快乐且有趣的伙伴；
- 在态度和兴趣上与我们相似；
- 乐于助人，在我们需要时能提供物质支持。

（当然，如果朋友富有魅力且财力雄厚也很好，但这些都是次要方面。）尤其是女性，她们对朋友有更高的标准（Felmlee et al., 2012）：她们比男性期望更多的忠诚、快乐、相似性和自我表露（Hall, 2012）。但我们所有人对朋友的期望都高于对那些不太亲密的伙伴的期望，我们越恪守这些规则，我们与朋友的关系就越亲近，越令人满意（Kline & Stafford, 2004）。当恋人们珍视他们的友谊时，爱情也

想一想 ✔

你和爱人之间的友谊有多深厚？如果你们是更好的朋友，你们的爱情又会有何不同？

会变得更丰富，包含更多的爱意、承诺和性满足（VanerDrift et al., 2013b）。故而，当人们遵守友谊的规则时，他们会从中受益，而在大多数情况下，友谊之船之所以会翻是因为有人没有遵守上述规则（Perlman et al., 2015）。

人生不同阶段的友谊

我们随着年龄的增长而改变，我们的友谊也是如此。一方面，依恋类型继续受到人生经历的影响，这对大多数人而言是好事：在之后的人生中，我们害怕被抛弃的焦虑可能会比现在少（Chopik et al., 2013）。还有更多的好消息：你在老年时（甚至）可能比现在对你的友谊更满意（Luong et al., 2011）。为什么这样说？让我们考察一下一生中的友谊，以找出答案。

童年期

学龄前儿童有了最初的友谊，他们有自己最喜欢的玩伴。此后，儿童在成长和成熟过程中所遇到的巨大变化无不反映在他们的友谊中，友谊也逐渐变得更加丰富和复杂（Howes, 2011）。其中一个重要的变化涉及儿童的认知发展；随着年龄的增长，儿童越来越能欣赏他人的视角，理解他人的愿望和观点。伴随这种日益提高的认知成熟度的是人际需求的变化，这种需求随着儿童年龄的增长愈发突出。根据比尔迈斯特和弗曼（Buhrmester & Furman, 1986）的观点，小学低年级阶段的关键需求是接纳，青春期前期（9~12 岁或小学高年级）是亲密，青少年期是性行为。在每一阶段，新的需求被累加到原有的需求之上，所以年龄大的儿童比年幼的儿童要满足更多的需求。成功解决每一阶段的需求都需要发展出特定的能力，这些能力会影响儿童应对后续阶段的方式；如果儿童没有获得这些技能，就会出现问题。

例如，当儿童进入小学阶段后，其他儿童的相伴和接纳就变得日益重要；那些不被同伴充分接纳的儿童会感到被人排斥。之后在青春期前期，儿童发展出对亲密的需求，其典型特征表现为关注与自己年龄和兴趣相似的朋友。此时成熟的友谊首次出现，它以广泛的自我表露为特征；在此阶段，儿童发展出换位思考、同理心及慷慨等技能，这些技能都是成人亲密关系的基础。之前不被同伴接纳的儿童可能会克服他们的孤立感，但如果不能，他们便会生平第一次体验到真正的孤独。此后，性需求爆发，青少年通常会对异性产生兴趣。大多数青少年最初难以满足这些新出现的需求，但大部分人随后会设法建立体贴、关爱和公开的性关系。

　　总的来说，学者们普遍认为，人际关系会随着年龄的增长而改变。成人经营友谊所用的丰富而复杂的方式是历经岁月锤炼的结果。在某种程度上，童年期人际关系的成功为成年后更好的结果铺平了道路。例如，能与照护者形成安全型依恋的婴儿往往在入学时就招人喜爱；因此，他们在童年期能建立更丰富、更安全的友谊，这让他们在成年初期恋爱时更容易建立安全而舒心的亲密关系（Oriña et al., 2011）。另一方面，与那些受人喜爱的儿童相比，被同龄人拒绝的儿童往往更容易遇到各种困难，例如辍学、被刑事拘留和心理调适不良（Wong & Schonlau, 2013）。同伴排斥并不一定会导致这类问题，但可能会。传授社交技能的干预措施能提高儿童的同伴接纳度，从而降低其日后调适不良的风险（Waas & Graczyk, 1998）。

青少年期

　　在青少年期，友谊还会发生其他变化。首先，青少年与家人相处的时间越来越少，与同伴们相处的时间却越来越多。在芝加哥进行的一项经验取样研究发现，小学五年级的儿童有 35% 的时间与家人相处，而高中生与家人相处的时间只有 14%（Larson et al., 1996）。

　　第二个变化是，青少年越来越多地从朋友处获得重要依恋需求的满足（Fraley & Davis, 1997）。依恋理论学家确定了四种依恋成分（Hazan & Zeifman, 1994）：（1）亲近寻求，指接近、靠近或接触依恋对象；（2）分离抗议，即人们抵制与依恋对象分离，并因与其分离而痛苦；（3）避风港，在压力大时转向依恋对象以获得安慰和支持；（4）安全基地，将依恋对象作为探索新环境和进行其他大胆尝试的大本营。所有这些依恋成分都能在年幼儿童与其父母的关系中找到，但随着他们长大，儿童逐渐把主要依恋对象（逐一按不同成分）从父母转移到同伴身上。

　　例如，11~14 岁左右的少年常常把他们的避风港从父母转移到同伴身上；如果有什么事情令他们不安，他们会先寻求朋友的帮助，然后再找父母帮忙。事实上，大约三分之一的再稍大一点的青少年把同伴（通常是恋人而非普通朋友）而不是父母作为他们主要的依恋对象（Rosenthal & Kobak, 2010）。在人们的生活中，同伴会逐渐取代父母。

成年早期

人们在十八九岁和二十多岁时进入成年早期，根据著名理论家埃里克森（Erikson, 1950）的观点，这一时期的核心任务是"亲密对孤独"的发展。埃里克森认为正是在这个年龄段，我们学会了如何建立持久、忠诚的亲密关系。

你可能正在一个新奇的环境中寻求亲密关系：远离家乡的大学。离家求学可能影响了你的友谊（Roberts & Dunbar, 2011），如果你最近没怎么见过高中时的老朋友，那么有这种情况的并不止你一人。对美国丹佛大学新生进行的一项为期 1 年的调查发现，随着时间的推移，学生在家乡建立的友谊通常会消失，取而代之的是随后在校园中新建立的人际关系（Shaver et al., 1985）。这一过程并不能立即完成，在入学后的那个秋季，学生们对其社交网络的满意度是最低的。然而，到第一年结束的时候，大多数学生再次对自己的社交圈感到满意。他们结交了新的朋友，但这需要一定的时间。

大学毕业后友谊会发生什么变化？在一项令人印象深刻的研究中，113 位年轻人记录了他们在两个不同时期的社交互动，一次是他们还在大学求学时，另一次是他们毕业六年后（Reis et al., 1993）。总的看来，离开学校后，参与者每周看望朋友的时间越来越少；特别是，与同性朋友以及三人或三人以上的团体相处的时间减少了。与朋友或恋人相处的总时间增加了，但伙伴的数量却减少了，在这一点上男性尤甚。尽管如此，正如发展心理学理论所表明的那样，参与者在二十多岁时，其社交互动的平均亲密程度有所增加。大学毕业后，人们与之交往的朋友数量往往会减少，但他们与朋友之间的关系更深入、更相互依赖。

中年期

当人们和伴侣安定下来后又会发生怎样的变化？很明显，当人们有了恋人后，他们与家人和朋友相处的时间就会减少。这时会产生**二元退缩**（dyadic

---

专栏 7.3
何为最好的朋友?

人们通常有许多友好的相识、一些普通的朋友、几个关系密切的朋友,以及一两个友谊特别深厚的最好的朋友。最好的朋友有什么特别之处? 最好的朋友与我们生命中的其他重要之人有何区别?

答案很简单,这完全是一个程度问题(Fehr, 1996)。最好的友谊比普通的友谊更亲密,包含亲密关系的所有成分。关于了解程度:最好的朋友通常是我们最亲近的知己。他们往往知道我们的秘密,而这些秘密不为其他任何人所知,甚至我们的配偶! 关于信任:我们通常期望能从最好的朋友那里获得最大的支持,所以最好的朋友就是"无论发生什么都会守在你身边的那个人"(Yager, 1997, p.18)。关于相互依赖性:当我们最好的朋友就

在附近,并且随时可以见面时,相比其他朋友,我们会设法更多地与他们相见;相比不太亲密的朋友,我们与最好的朋友互动更频繁,互动范围也更广。最后,关于承诺:我们普遍期望最好的朋友是永远的朋友。因为这样的人"是所有朋友中独一无二的",所以最好的友谊通常能经受住"时间和冲突的考验,搬迁等重大变化,或者结婚和生养小孩等身份地位的改变"(Yager, 1997, p.18)。

总而言之,最好的友谊并非某种截然不同的独特的人际关系类型(Fehr, 1996)。相反,它们只是比其他友谊更亲密——涉及与他人更丰富、更有奖赏价值和更私人化的联系——这就是它们如此珍贵的原因。

---

withdrawal)模式:随着人们与爱人见面越来越多,他们与朋友见面越来越少(Burton-Chellew & Dunbar, 2015)。一项研究发现,当人们与约会对象尚未确定关系时,他们平均每天和好友相处的时间是 2 个小时,但一旦与恋人订婚,他们平均每天与朋友见面的时间还不足 30 分钟(Milardo et al., 1983)。情侣们确实倾向于与他们共同的朋友有更多的联系,但这并不能抵消他们朋友总数的下降及与朋友相处时间的减少(Wrzus et al., 2013)。

人们友谊的消退在结婚后仍不会停止。与异性朋友的友谊尤其会受到影响;异性朋友可能会被配偶视为潜在的情敌,所以已婚人士一般很少与异性朋友见面(Werking, 1997)。然而,尽管夫妻们与朋友见面的次数较少,但他们的社交网络仍比单身时更大,因为他们与姻亲见面的次数会更多(Milardo et al., 1983)。(这

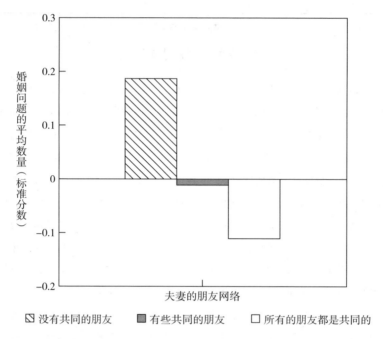

图 7.1　朋友网络与婚姻调适

当夫妻双方没有共同的朋友时，他们会遇到更多的挫折和困难。

资料来源：Amato, P. R., Booth, A., Johnson, D. R., & Rogers, S. J. *Alone together: How marriage in America is changing.* Cambridge, MA: Harvard University Press, 2007.

一点是毫无疑问的，如果你不喜欢爱人的家人，要当心了：一旦你结婚了，你将会经常看到他们！）

　　因而，当人们投身于配偶和孩子时，他们的社交生活并不会完全凋零，但他们社交活动的重心的确会从私人朋友转移到家庭和夫妻共同的朋友上。事实上，如果夫妻双方没有共同的朋友，婚姻似乎很难经营（Barton et al., 2014）。正如图 7.1 所示，在夫妻双方连一个共同朋友都没有的情况下，他们会面临更多的婚姻问题（Amato et al., 2007）。夫妻双方有自己个人的朋友没什么坏处，但如果各自只有自己的朋友似乎就有风险。

老年期

　　老年人的社交网络比年轻人小，朋友也比他们少（Gillespie et al., 2015）。老年人并非不擅交际，他们只是更有选择性：他们亲密朋友的数量和年轻时一样多，但他们与普通朋友以及其他不太重要的社交伙伴相处的时间比年轻时少（Fung et al., 2001）。

社会情绪选择理论（socioemotional selectivity theory）认为，友谊随年龄增长而发生的这种变化是因为老年人与年轻人有不同的人际目标（Löckenhoff & Carstensen, 2004）。年轻人的人生道路还很漫长，他们会追求指向未来的目标，旨在获取有利于他们今后生活的信息。（如果你在上大学，这大概正是你所做的事情。）心中带着这样的社交目的，年轻人会追求相对更大的社交网络，结交各种类型的社交伙伴（往往有几百个网友！）。然而，当人们变老，未来似乎越来越有限时，他们会更多地聚焦现在而不是未来，也更注重最大限度地满足自己的情感需要（Fung & Carstensen, 2004）。社会情绪选择理论认为，随着有生之年变得越来越屈指可数，老年人友谊的目标是追求质量而非数量；他们专注于精选的令其满意的友谊，这些友谊相对而言没有冲突（Fingerman & Charles, 2010）；他们更努力地维系和充实这些友谊（Lang et al., 2013），并放弃一些更随意的朋友关系。的确，该理论预测：任何人，只要他/她认为自己的未来不再长久，就会花更多的时间与少数的亲密朋友相处，而不是把时间用来和大量的普通朋友交往——这也正是那些罹患绝症、所剩时日不多的年轻人与人交往的情形（Carstensen et al., 1999）。总的来说，社会情绪选择理论似乎是对与老化相关的社交能力变化的合理解释。

最后，我们还应注意到，拥有亲密友谊的老年人比那些较少与人接触的老年人更为健康、长寿和幸福，这反映了亲密在我们生活中的重要作用（Gerstorf et al., 2016）。只要我们活着，友谊就是无价之宝。

友谊的差异

友谊不仅在不同的人生阶段有所不同，它们也会因人而异，因伙伴的不同而不同。在本章这一节，我们将考察友谊的本质是如何与性别及其他个体差异交织在一起的。

同性友谊的性别差异

请思考下面对两种同性友谊的描述：

> 威尔玛和贝蒂是闺密。在生活中，她们总是能给对方提供支持和忠告。在恋爱中遇到任何问题，她们都会马上给对方打电话，寻求并得到所需要的建议和安慰。威尔玛和贝蒂觉得她们了解对方的一切。

> 弗雷德和巴尼有过硬的交情。他们经常一起打牌打到半夜，或者修理弗雷德那辆心爱的 1966 年出产、总是出故障的雪佛兰汽车。他们一起出入各种场所——酒吧、球场、健身馆，等等。巴尼和弗雷德觉得他们是最要好的朋友。

上面的两种描述听起来是不是很熟悉？有可能是。大量研究表明，女性的友谊通常以**情感分享**（emotional sharing）和自我表露为特征，而男性的友谊则围绕着**共同活动**（shared activity）、相伴相随和相互竞争而展开（Marshall, 2010; McGuire & Leaper, 2016）。这显得过于简单化，但赖特多年前（Wright, 1982）创造出的两个精辟短语今天看来仍然很适用：女性的友谊是"面对面的"（face-to-

ZITS © 2006 Zits Partnership. Distributed by King Features, Inc.

当然，男孩的友谊和女孩的友谊之间的差异并没有漫画中所描述的那么大。不过，女性的友谊确实比男性的更亲密。这一点很重要，详见表 7.6 及正文中的相关论述。

face），而男性的友谊则是"肩并肩的"（side-by-side）。[3]

这一差异源于同性友谊的几种特定模式（Fehr, 1996）：

- 女性花更多的时间和朋友煲电话粥；
- 男性之间和女性之间谈论的话题不同：女性更可能探讨人际关系和私人问题，而男性更可能探讨诸如体育赛事等非个人化的兴趣爱好；
- 女性比男性更善于自我表露；
- 女性给予朋友的情感支持比男性多；
- 女性在友谊中比男性表达出更多的情感。

综上所述，女性的同性友谊往往比男性之间的友谊更密切、更亲密。最终的结果是，虽然成年男性和女性平均拥有的朋友数量相同（Gillespie et al., 2015），但在爱情关系之外，女性通常还会向朋友寻求善解人意、有同情心的理解和支持，而男性通常不会这么做。例如，请思考这个具有启发性的问题（Rubin, 1986）："如果某天晚上你回到家里，你的爱人或恋人宣布他/她要离你而去，你会向谁寻求帮助？"当研究参与者真正地思考这个问题时，几乎每个女人都能轻易地说出一个同性朋友的名字，但只有少数男人能做到这一点（Rubin, 1986）。（事实上，如果恋人离开了他们，大多数男人根本想不出可以向谁寻求安慰。）

为什么男性的同性友谊不如女性那样亲密？是因为男性缺乏建立彼此间亲密友谊的能力，还是他们只是不太愿意这样做？通常，他们不太愿意这样做（Flannery & Smith, 2017）。当环境支持男性之间的亲近时，男性似乎完全有能力与其他男性建立亲密的友谊，但他们通常选择不这样做，因为社会对男性间亲密的接纳程度远低于对女性（Reis, 1998）。为什么会这样？文化规范和性别角色似乎是罪魁祸首（Bank & Hansford, 2000）。传统的教养鼓励男性注重工具性而非表达性，[4] 而（正如第5章所述）个体的表达性可预测他/她自我表露的程度。与传统的性别类型化的男性相比，双性化的男性一般拥有更亲密的友谊，但性别类型化的男性在数量

---

[3] 这一聪明的论断过于简单化了，因为它似乎在说女人在一起只会交谈而男人在一起只会玩乐，这当然不符合实际。女性也和男性一样喜欢跟朋友一起参加有趣的活动（Fehr, 1996）。然而，与女性相比，男性更不愿意和朋友分享他们的情感和恐惧，所以一般而言，情感分享这一特征的确能区分男性的友谊和女性的友谊（Marshall, 2010）。

[4] 你想快速地重温一下工具性和表达性的本质吗？请翻阅第1章的相关内容。

专栏 7.4
宠物能成为我们的朋友吗?

我们都听说过"狗是人类最好的朋友"这类说辞。宠物真能成为人类的朋友吗?

人们无疑是把宠物当作朋友来看待的:有一只心爱的宠物在场有助于人们应对压力情境,其效果甚至要好于人类朋友。宠物往往能改善其主人自主神经系统和心血管系统的健康状况(Beetz & Bales, 2016),在一项将宠物与人类朋友进行比较的研究中(Allen et al., 2002),参与者被要求在三种情境下分别花 5 分钟解决一道心算问题,即从 7 654 开始快速往后进行减 3,这三种情境分别是(1)独自一人,(2)有配偶做伴,或者(3)只有宠物在身边。宠物的在场起到了安慰作用;当有宠物相伴时,这一困难任务只引起了参与者轻度的唤起。但当参与者独自一人解决任务时,他们的心率和血压都大幅度上升。而当配偶在场时,参与者的上述生理指数飙升。人类观众,即便是爱人,使人们在面临可能引发尴尬的任务时倍感压力,但宠物的陪伴则使任务不再那么劳神费力。

这些研究结果非常有趣,但它们也可能是由宠物主人的特质所致。因此,在另一项验证此效应的研究中(Allen et al., 2001),独居的商人被随机分成两组:一部分人从动物收容所领养宠物,另一部分人继续原来的独居生活。在其后的压力情景中,领养宠物的商人血压升高的幅度仅为那些未领养宠物商人的一半。而且,朋友越少的人,养宠物带来的益处就越大。

现在,我们先不要夸大宠物"朋友"的作用。即使动物对于我们来说是陌生的,它们也能给我们带来安慰;当实验者的狗在房间里时,在实验室实验中遭到他人排斥的参与者的痛苦要比狗不在房间里时更小(Aydin et al., 2012)。此外,对某些人来说养宠物并没有好处:人们对宠物的依恋似乎因人而异,这反映了人类关系中常见的焦虑和回避(Zilcha-Mano et al., 2011)。当然,宠物并不能像人类朋友那样给予回应、尊重和信任。

不过,人们仍然经常想象他们的宠物具有人类的特质和品格(Epley et al., 2008),他们能感受到自己与宠物的关系就像他们与其他人类朋友的关系一样亲密(Kurdek, 2008b)。当宠物的主人感到悲伤时,他们更可能向宠物寻求安慰,而不是找其他(人类)朋友倾诉(Kurdek, 2009)。如果他们必须二选一,七分之一的宠物主人宁愿抛弃配偶也不愿意丢下自己的宠物(Italie, 2011)!因此,考虑到宠物提供的乐趣和真正的支持,只要我们较宽泛地使用"朋友"这个词,毫无疑问,宠物的确可以成为我们的朋友。

上要多于双性化的男性。为了使其与典型的性别角色保持一致，我们也会对男性施加压力，要求他们表现出比女性更多的情感约束。文化规范致使男性比女性更不愿意向他人表达他们的担忧和情绪，在鼓励表达性的男性友谊的社会（如中东）中，亲密友谊的性别差异消失了（Reis, 1998）。

因此，男性友谊中较低的亲密感通常并不是因为他们不能与其他男性共享有意义的亲密依恋。相反，它是一个由文化压力支撑的选择。如果西方文化不阻止某个男人与其他男人心理上的亲密，那么许多男人可能会拥有更亲密的同性友谊。

专栏 7.5
男人和女人能成为亲密的朋友吗？

当然，男人和女人常常能成为好朋友。大多数人都曾有过亲密的异性友谊，这种朋友关系在大学生中更是司空见惯。然而，一旦他们离开校园，大多数人便不再维持亲密的异性友谊（Marshall, 2010）。为什么？究竟发生了什么变故？

首先值得注意的是，男人和女人成为朋友的原因与他们接近同性朋友的原因是一样的，都涉及回应性、信任和社会支持（Fuhrman et al., 2009）。而且因为男人是与女人而不是其他男人打交道，所以他们与女性朋友相处时往往比与男性朋友相处时更开放、更具表现力（Fehr, 1996）。的确，高表达性的男人和高工具性的女人比同龄人更可能与异性建立亲密的友谊（Lenton & Webber, 2006）。特别是，能很好地理解他人情绪的 10 年级男生比那些同理心较低的男生平均多 1.8 个女性朋友；"女性显然更想与有同理

心的男性做朋友"（Ciarrochi et al., 2017, p.499）。一如既往，感知到的相似性具有吸引力。

然而，异性友谊面临一个同性友谊通常不会遇到的障碍：确定这段关系是友谊还是浪漫关系。友谊通常是非排他性、非性、平等的伙伴关系，当人们试图和异性建立亲密的友谊时，可能会发现自己置身于一个陌生的领域。异性友谊的一个大问题是，双方是否会发生性关系，毕竟他们非常亲密。男人比女人更可能认为性事是个好主意（Lehmiller et al., 2011），并且他们通常认为其女性朋友比她们实际上对性事更感兴趣（Lemay & Wolf, 2016b）。反过来，女人一方通常会低估男性朋友想和她上床的意愿程度，所以经常会发生一些误会："大多数女人并不会回应男性朋友的性渴望，尽管有时男性会自欺欺人地认为女性朋友会在性事上答应自己"

（Buss, 2003, p.262）。因此，人们通常会报告,他们最讨厌异性友谊中的"性紧张"（Marshall, 2010）。

大多数异性友谊永远不会带上性的色彩（Halatsis & Christakis, 2009）。但一旦带有了性的色彩，它们会以各种形式出现（Mongeau et al., 2013）。有些异性伙伴是真正亲密的朋友，他们彼此尊重和信任，除了性之外，他们还共同参加各种活动,因此这些人是真正"有性关系的朋友"（Lehmiller et al., 2014）；而另一些异性伙伴在一起仅仅是为了发生性关系，只是在进行一系列放纵的"性约会"（Jonason et al., 2011）。此外，有性关系的异性朋友可能正处在从单纯的朋友走向谈情说爱的过程中，或者相反，处在从恋爱失败过渡到普通朋友的阶段。任何一种轨迹都可能很复杂，但发生性行为的朋友关系与爱情关系是有区别的，所以伙伴们可能明了自己的立场。爱情包含更多的承诺（VanderDrift et al., 2012）；而发生性关系的朋友们则不太可能只保持一个性伴侣，而是会与多人发生性关系，虽然他们在一起时将更多的时间花在了性活动上，但与浪漫的恋人们相比，他们对自己的性生活和彼此的关系满意度都较低（Collibee & Furman, 2016）。

值得注意的是，大部分发生性关系的朋友在性关系结束后仍会继续他们的友谊，当他们是真正的朋友，在一起不仅仅是为了性时，尤其如此（Owen et al., 2013）。但即使不涉及性，异性友谊在伙伴与其他人结婚之后也很难维系。配偶经常会受到伴侣与潜在竞争者的紧密联系的威胁，有时是有充分理由的：当人们被当前的某个异性朋友吸引时，他们往往对自己的爱情关系不太满意（Bleske-Rechek et al., 2012）。因此，已婚者比单身者更不可能拥有亲密的异性友谊，而这也正是在人们完成学业之后，异性友谊变得不再那么常见的主要原因。

友谊的个体差异

影响社交网络的另一个个体特征是性取向。在一个由来自美国各地的 1 415 人组成的方便样本[5]中，大部分异性恋男女没有同性恋或双性恋取向的亲密朋友，但大部分男同性恋、女同性恋和双性恋者（LGBs）都有异性恋取向的朋友（Galupo, 2009）。只有约六分之一的异性恋者（知道自己）有 LGB 朋友，但约 80% 的 LGBs 有亲密的异性恋朋友。所以，在性取向方面，异性恋者的朋友圈往往不如

5　参见第 2 章相关内容。

LGBs 那么多样化。如果异性恋者确实在回避 LGBs，他们就可能犯了一个错误：一般来说，LGBs 与异性恋者之间的友谊就像他们与其他的 LGBs 之间的友谊一样亲密和具有奖赏意义（Ueno et al., 2009），异性恋者与 LGBs 接触越多，就会越喜欢他们（Lytle & Levy, 2015）。

我们的自我概念也会影响友谊。我们中的一些人认为自己主要是独立自主的主体，我们的自我概念中最重要的品质是将我们与他人区别开来的特质。相反，另一些人则在更大程度上依据自己与他人的关系来界定自我，这是一种有趣的个体差异，被称为**关系型自我构念**（relational self-construal），指人们在多大程度上把自己视为与他人相互依赖（而非各自独立）的存在。对于那些关系型自我构念强的人而言，人际关系是他们自我概念的核心特征，他们"思考和行动往往都是为了建立、提升和维持与他人和谐、亲密的人际关系"（Cross & Morris, 2003, p.513）。关系型自我构念会让一个人成为合意的朋友（Morry et al., 2013）；与那些更加独立的人相比，非常看重关系的人能更好地理解别人的观点和价值观，努力以有益于他人及自己的方式行事。支持个性和相互依赖的动机往往存在于每个人身上，但诸如美国的西方文化往往赞美和推崇独立和自主。所以，非常注重关系的关系型自我构念在世界其他地方更为普遍（Cross et al., 2011）。

最后，还有其他一些人格特质对友谊具有侵蚀和破坏作用，它们与关系型自我构念不同。我们前面介绍过自恋，[6] 自恋是一种傲慢自大、自以为是和自私自利的特质，这些能给人留下良好的第一印象，但这种印象很快就会消失（Jauk et al., 2016）。此外，有损友谊的特质还有马基雅维利主义和精神障碍。高马基雅维利主义[7] 者认为，每分钟都有一个傻瓜出生，聪明人就该利用那些容易上当受骗的傻瓜（Jones, 2016）；他们愤世嫉俗，两面三刀，善于操纵他人，为达目的谎话连篇（Azizli et al., 2016）。而那些有精神障碍的人往往易冲动，寻求刺激，有时看起来很有魅力，但他们冷漠无情，罔顾他人的感受与幸福；当给他人造成伤害时，他们也很少后悔（O'Boyle et al., 2015）。自恋、马基雅维利主义和精神障碍经常被统称为**黑三角**（Dark Triad），因为它们有共同的特征，都与在大五人格特质的宜人性上得分低有关（DeShong et al., 2017），它们往往都会导致对他人不利的行为，有这些特

---

6 参见专栏 4.4 自恋与亲密关系。

7 这种特质是以意大利人尼科洛·马基雅维利（Niccolo Machiavelli）的名字命名的，早在 1512 年，他就提倡这类策略。

质的人冷漠、傲慢、工于心计、盘剥他人、充满敌意（Southard et al., 2015）。例如，一旦发生分歧，你可以预见你将从那些有更高水平黑三角特质的人那里得到更多适得其反的批评、蔑视、防卫和石墙反应（Horan et al., 2015）。故而，这些家伙的狂妄自信和聪明狡黠最初可能会吸引我们（Qureshi et al., 2016），但我们最好要警惕：最终这些人会成为非常糟糕的朋友。

友谊发展的障碍

在本章的最后一部分，我们一起来考察那些阻碍友谊发展的较为普遍的个体状态和特质。我们将聚焦大多数人都曾经历过的两个问题，即羞怯和孤独。正如我们所见，羞怯者或孤独者通常希望发展亲密的友谊，但其行为方式却往往使他们很难做到这一点。

如今，我们可能需要我们的每一位朋友。超过八分之一的美国成年人独居，自 1960 年以来，这一比例翻了一番（Wilson & Lamidi, 2013），美国人的亲密友谊也不如过去那样普遍（McPherson et al., 2006）。认为自己没有任何知己的人数从 1985 年的 10% 飙升到如今的 25%。每四个美国成人中就有一个声称找不到可以寻求亲密忠告和支持的人。另有 19% 的人报告他们只有一个知己（通常是其配偶或兄弟姐妹），总的来说，人们拥有的亲密伴侣（包括亲密朋友和爱人）的平均数量已经从 1985 年的 3 个下降到如今的 2 个。我们中的许多人在交友网站上拥有数百个 "朋友"，但能够提供真正的亲密关系所包含的丰厚奖赏的网友则少之又少。一旦离开大学校园，只有略多于一半的美国人（57%）与和他们没有关系的人成为亲密的知己。许多美国人没有好朋友。羞怯和孤独只会使情况变得更糟。

羞 怯

你是否在他人面前感到焦虑和拘谨，担心他们对你的看法，在与他们的谈话中觉得自己笨嘴拙舌？大多数人都会这样。超过 80% 的人都曾体验过**羞怯**（shyness），羞怯是一种在社交情境下表现出伴有紧张不安的沉默寡言和行为拘谨的综合征（Miller, 2009）。看看表 7.3，当人们羞怯时，他们会担心社交否定，忧

表 7.3　羞怯量表

你有多羞怯？请用如下所示的标度来评定以下描述符合你的程度：

> 0 = 一点也不符合我
>
> 1 = 有点符合我
>
> 2 = 中等程度符合我
>
> 3 = 非常符合我
>
> 4 = 极其符合我

____ 1. 在社交方面我略显笨拙。

____ 2. 与陌生人攀谈并非难事。

____ 3. 当与不熟悉的人相处时，我会感到紧张。

____ 4. 当与人交谈时，我会担心自己说出愚蠢的话。

____ 5. 与权威人士对话时，我会感到惶恐不安。

____ 6. 在聚会和其他社交场合，我常常会感到不自在。

____ 7. 在社交情境下我会感到拘谨。

____ 8. 我很难直视别人的眼睛。

____ 9. 在异性面前我会更羞怯。

在计算你的得分前，请先把第二个陈述进行反向计分。如果该项你选了 0，则变为 4，1 变为 3，3 变为 1，4 则变为 0。（选了 2 则不用变化。）然后累加你的各项评分。男性和女性的平均得分都在 14.5 分左右，标准差约为 6 分。所以，如果你的得分等于或小于 8 分，与大多数人相比，你不怎么羞怯；但如果你的得分等于或大于 20 分，则你比大多数人更为羞怯。

资料来源：摘自 Cheek, J. M., & Buss, A. H. Shyness and sociability, *Journal of Personality and Social Psychology*, 41, 1981, 330–339。

心忡忡地预期他人对自己的不利评价。他们感到难为情、局促不安和笨拙无能（Arroyo & Harwood, 2011）。因此，他们与他人互动的方式很贫乏。如果不能完全避开人际交往，他们就会表现得拘谨、谨慎；他们注视他人的时间少，微笑的次数较少，不太说话，回应性的交谈明显匮乏（Ickes, 2009）。与不羞怯的人相比，他们应对日常对话的能力差。

　　几乎每个人都会时而受到羞怯的困扰。当我们置身于陌生的环境，第一次见到有魅力、地位高的陌生人时，尤其容易产生羞怯，但是当我们在熟悉的环境下与老朋友互动时，则不太可能感到羞怯（Leary & Kowalski, 1995）。然而，有些人是习惯性害怕，频繁地体验到羞怯。与较少感到羞怯的人相比，他们具有三个特征。首先，惯常羞怯者害怕负面评价。别人不喜欢他们的可能性几乎时时萦绕在其脑海中；相比大多数人，他人的嘲笑或蔑视令他们更恐惧；他们对社交否定的担忧要甚于其他人（Miller, 2009）。其次，他们往往自我怀疑。低自尊通常伴随着习惯性羞怯，羞怯者往往有低自尊（Tackett et al., 2013）。最后，在与人交往的过程中，他们会感到自己能力不足，有时确实有充分的理由：总的来说，他们的社交技能水平低于那些不羞怯的人（Ickes, 2009）。

这种不受欢迎的认知和行为组合使羞怯者在与人交往时进退两难：他们担心别人对自己的看法，害怕别人不喜欢自己，却又觉得自己没有能力给别人留下好印象，从而避免这种不喜欢。因此，他们会采取谨慎、相对退缩的社交方式，转移别人对他们的兴趣和热情（Oakman et al., 2003）。例如，如果羞怯的男人发现漂亮的女人在注视自己，他们不会回望并与之对视，更不会微笑问好；相反，他们会转移目光，一言不发（Ickes, 2009）。这样一来，本该具有奖赏意义的后续对话，因为男人的羞怯，有时就根本不可能发生了。

具有讽刺意味的是，无论人们的羞怯是暂时性的还是习惯性的，只要他们表现得胆怯，通常会给他人留下负面印象，而这恰恰是他们一开始与人交往时希望避免的。他们疏离冷漠、毫无奖赏价值的行为非但不能博得别人的同情，反而经常给人留下沉闷单调、兴味索然的印象。我们来分析一下这一现象。设想你在一家夜总会，一些熟人在舞池里随着音乐翩翩起舞。他们对你喊"来吧"，鼓励你加入他们，但你是一个不自信的舞者，不想让人觉得你蠢笨，所以你没有加入。你想和他们一起跳舞，但却过分在乎别人对你的评价，所以你踌躇不前，保持观望。你沉默寡言的问题当然在于你表现得不是很随和，也没有为聚会欢快而狂热的氛围加把劲儿，而只是干坐在那里。你内心里或许觉得自己很友好，但你肯定显得无趣，从表面看，你或许看起来有点笨拙，甚至有些迟钝。事实上，可以肯定地说，与加入跳舞的队列笨拙地跳舞相比，一个人在舞池边上旁观给人留下的印象要更差；只要你活泼开朗、兴高采烈，没有人会在乎你的舞姿怎样，但是当你站在舞池边了无趣味时，人们的确会注意到你。

事实上，正如图 7.2 所示，羞怯行为并不能给人留下好印象。羞怯的特征是胆怯、寡言和犹豫不决，这些行为可能显得冷漠和不友好，而且其他人对这些行为的回应，也不如对更合群行为的回应友好和热情（Bradshaw, 2006）。久而久之，羞怯者更可能受到别人的忽视和拒绝，而不是理解和同情，而这样的结果又会强化他们的羞怯。事实上，与不羞怯的人相比，羞怯者结交新朋友的过程要缓慢得多，他们所拥有的友谊往往也不那么令人满意和具有支持性（Asendorpf & Wilpers, 1998）。因此，他们也往往比不羞怯的人更孤独（Bradshaw, 2006）。这些效应会对人们的

想一想 ✓

回想一下上一次你胆怯地选择不与你想见的人说话的时候。你如果和这个人说话了，结果会怎样？

生活产生影响；平均而言，害羞的配偶的婚姻不如不那么害羞的配偶的婚姻幸福（Tackett et al., 2013）。

因而，羞怯行为只会使个体更为羞怯，很显然，在社交生活中自信通常比羞怯要好。当然，羞怯有时也有益处：当人们真正面临新异的情境，不知道如何表现时，短暂的羞怯可以防止他们举止失当（Leary & Jongman-Sereno, 2014）。然而，更常见的是，羞怯者会因害怕根本不曾发生或永远也不会出现的社交否定威胁而逃跑，所以他们的羞怯反而是一种没有必要、适得其反的心理负担（Miller, 2009）。帮助人们克服习惯性羞怯的正式项目通常会教羞怯者树立一种更积极的心态，帮助他们管理对社交评价的焦虑。这些项目还教授社交技能，重点是如何发起对话及如

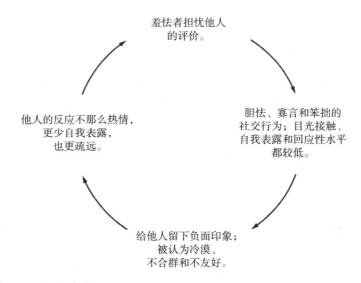

图 7.2　羞怯的人际效应
羞怯行为会给人留下负面印象，通常会产生羞怯者所害怕的不利评价。更糟糕的互动会导致并加剧羞怯者的恐惧，如此循环往复。

何变得自信。让受训者在角色扮演任务和其他实践训练中练习积极思维和有效行为，直到他们能独自得心应手地应用它们为止（Henderson et al., 2014）。

　　然而，大多数羞怯者可能根本就不需要接受社交技能的正式培训，因为他们只要精神放松，不再担心别人的评判，就可以表现得很好。假如你现在被羞怯所困扰，如果你实际上不那么在意别人对你的看法，你反而可能给别人留下更好的印象。利里（Leary, 1986）的一项有趣的实验证实了这种可能性。实验要求参与者在一个模拟单身酒吧的热闹嘈杂环境中与一位陌生人见面并打招呼。利里将谈话声、三首不同的歌曲、电台静电噪声和聚会的喧闹声（诸如大笑和叫喊声）等不同的声音叠加在一起，制作出多音轨的录音带，这绝对是"噪音"，并且在每对参与者交谈时以略微令人不快的音量播放录音带。重点在于，所播放的录音带音量总是恒定的，只不过告知一些参与者，噪音太响可能会干扰他们的谈话，他们很难轻松愉快地聊天；而告知另外一些参与者，噪音足够轻柔不会有什么影响。一旦参与者形成了相应的预期，就让羞怯或不羞怯的参与者和陌生人单独相处，这是一种通常会对羞怯者构成威胁的情境。利里监测了参与者的心率以追踪他们的焦虑和唤起水平，研究结果如表 7.4 所示。当噪音"轻柔"，参与者无法为其拙劣的互动找到好的托词时，羞怯者表现出了比常人更多的唤起；他们心率增加的次数是后者的 3 倍，这在羞怯的人群中很典型（Shimizu et al., 2011）。更糟糕的是，在事后观看他们谈话录像的人看来，他们显然很羞怯和不安。另一方面，当他们有了一个能降低社交预期的托词，即出奇"喧闹"的噪音时，他们的社交行为看上去一点也不羞怯。当他们开始与陌生人互动时，他们的心率表现出正常、适度的增加，并且也没有表现出任何使观察者认为他们羞怯的迹象。

表 7.4　有了失败的托词后羞怯者的社交表现更好

在利里（Leary, 1986）的研究中，当据称"喧闹"的噪音为羞怯者糟糕的人际互动提供了一个托词时，他们的行为表现与不羞怯的人没什么不同。相比之下，被认为不会干扰他们谈话的"轻柔"噪音却使他们感到紧张和焦虑，尽管在"喧闹"和"轻柔"两种条件下，噪音的音量是完全一样的。

	心率（每分钟跳动次数）的变化	
	噪音的音量	
参与者习惯性羞怯的程度	"轻柔"	"响亮"
低	5.3	4.7
高	15.8	4.5

这令人印象深刻。如果互动不顺利的责任不在他们，利里（Leary, 1986）的研究中羞怯的参与者就能保持相对放松的状态，可以毫无困难地与陌生人交谈。当把个人失败的威胁从即将进行的互动中消除时，他们的羞怯感就会消失。因此，他们的羞怯并不是长期缺乏社交技能所致，而是取决于互动的背景。同样，当羞怯者能按照自己的节奏以相对匿名的方式与他人进行在线交流时，他们就更加放得开（Weidman et al., 2012）。但如果是在线视频，双方能实时同步地看到彼此，羞怯者又会恢复原来的沉默寡言；他们的自我表露减少，羞怯再次显现（Brunet & Schmidt, 2007）。

如果羞怯者的羞怯取决于别人是否能看到他们，那么他们（如果你感到羞怯可能也包括你）不需要额外的基本社交技能训练。他们真正需要的是更加镇静和自信（Arroyo & Harwood, 2011），虽然做到这一点并不容易，但羞怯者应该考虑另一种可能：一味羞怯并不能帮他们赢得朋友和影响他人；那么相信自己并期望互动能顺利进行，又能损失什么呢？如果你有些羞怯，下次结识新朋友时，与其想着自己，不如试着尽可能多地了解对方。[8]事情或许比你预期的更好（Kashdan et al., 2011）。

孤 独

在社交场景中感到焦虑和胆怯是一回事，而因为没有亲密的朋友而感到缺了点什么、不满足和苦恼则是另一回事。当我们所期望的人际关系的数量和质量与我们所拥有的存在较大差距时，就会产生孤独感，包括令人不悦的厌烦、悲伤和绝望（Cacioppo et al., 2015）。孤独与独处并不是一回事；在完全独处的状态下，我们经常会感到非常满足（Leary et al., 2003）。相反，当我们想要比目前更多或更令人满意的关系时，孤独感就出现了（Mellor et al., 2008），并且"一个人即使置身于人群或婚姻中也会感到孤独"（Cacioppo et al., 2015）。的确，如果你与他人的关系太过肤浅，即使你已婚（Stokes, 2017）、身边有很多人或你有许多"网友"，你仍可能会感到孤独。

孤独有不同的层面。心理学家罗伯特·韦斯（Robert Weiss）第一个提出，我

8　专栏 7.2 给出了一些如何做的建议。

们会受到两种孤独的困扰（Weiss, 1973）：其一是**社会性孤独**（social loneliness），指的是我们因缺少朋友和熟人组成的社交网络而感到不满足；其二是**情感孤独**（emotional loneliness），指的是我们因缺乏来自至少一段亲密关系的关爱和情感支持而感到孤独。孤独的这两种成分都可在《UCLA 孤独量表》中找到，该量表被广泛用于成人孤独研究（见表 7.5）。《UCLA 孤独量表》包括三方面的内容（Hawkley et al., 2005）。首先是与他人的隔离。孤独者感觉自己形单影只，与他人的联系没有自己希望的多。其次，他们还会觉得与他人的联系并没有自己所期望的那样亲密。他们认为自己与其他人的关系没有他们希望的那般有意义和亲密。最后，如果与他人总体上社会联系太少也会引发孤独。孤独者感到他们没有一个足够大的由朋友和玩伴组成的圈子，所以他们从人际互动中得到的快乐和社会支持太少。

重要的是，当人们与他人联系不紧密时，他们会遭受痛苦。在第 1 章中，我曾提到人类有归属需要，孤独正是归属需要得不到满足的一个恶果。与那些有更丰富、更令人满意的友谊的人相比，孤独者的血压更高，血液中应激激素的水平也更高。他们的睡眠质量比前者差，免疫系统的功能也不正常（Cacioppo et al., 2015）。久而久之，孤独的折磨对人的整体幸福的损害非常明显：在全世界，与有更丰富人际联系的人相比，50 岁以上的孤独人群在未来 6 年内死亡的可能性更高（Holt-Lunstad et al., 2015b）。如果孤独持续存在，它可能会对我们的健康产生非常有害的影响。

然而，令人欣慰的是，孤独通常是一种短暂的状态。任何人与自己的社交圈子隔离一段时间都会感到痛苦，但这种状态可能持续不了多久，最终会以人们重新回到自己的社交圈子或建立新的友谊而告终。令人不安的是，与孤独有关的一些人格特质具有持久性，只能逐渐加以改变（如果确实能改变的话）。首先，孤独具有遗传性。也就是说，人与人之间孤独的差异约有一半（45%）来自基因的影响，这种影响在个体出生时就继承下来了（Goossens et al., 2015）。在日常生活中，有些人确实天生就比一般人更可能体验到孤独。的确，人们的人格特点能够预测他们未来孤独的程度；较高的外倾性、随和性和尽责性都与较低的孤独感有关，而高神经质则会增加我们感到孤独的可能性（Cacioppo & Hawkley, 2009）。

孤独也会随着其他在某种程度上更具可变性的特征而变化。不安全型依恋就是其中之一。依恋的两个维度——忧虑被弃和回避亲密——都与孤独有关，人们

表 7.5　UCLA 孤独量表（第 3 版）

指导语：下面的陈述描述了人们某些时候的感受。请在每个句子的空白处填上数字，以表明你出现每种感受的频次。例如：

你是否经常感到快乐？

如果你从未感到过快乐，你就回答"从未"；如果你总是感到快乐，你就回答"总是"。

从未	很少	有时	总是
1	2	3	4

*1. 你是否经常觉得自己与身边的人"合拍"？ _____

　2. 你是否经常感到自己缺乏友谊？ _____

　3. 你是否经常感到无人可求助？ _____

　4. 你是否经常感到自己孤零零？ _____

*5. 你是否经常感到自己是朋友圈子中的一员？ _____

*6. 你是否经常感到自己与身边的人有很多共同点？ _____

　7. 你是否经常感到与任何人都不再亲近？ _____

　8. 你是否经常感到身边的人并不接纳你的兴趣和观点？ _____

*9. 你是否经常觉得自己外向而友好？ _____

*10. 你是否经常感到与人关系亲密？ _____

11. 你是否经常感到被冷落？ _____

12. 你是否经常觉得与他人的关系没有意义？ _____

13. 你是否经常感到没有人能真正了解你？ _____

14. 你是否经常感到与他人隔绝？ _____

*15. 你是否经常感到自己需要时就能找到同伴？ _____

*16. 你是否经常感到有人真正理解你？ _____

17. 你是否经常感到羞怯？ _____

18. 你是否经常觉得自己虽处人群中却感受不到他们和你在一起？ _____

*19. 你是否经常感到有人可以倾诉？ _____

*20. 你是否经常感到有人可以求助？ _____

请注意，量表中并没有出现"孤独"这个词。这是有意为之。男性比女性更不愿意承认他们孤独，所以量表中的所有题目都没有使用这个词。要确定你的得分，请把带 * 题目的评分反向计分。如果该项你评为 1，则变成 4，2 变成 3，3 变成 2，4 则变成 1。然后合计你的得分。年轻男性往往比女性更孤独，他们的平均得分是 42 分，年轻女性的平均得分是 39 分（Russell, 1996）。男女两性得分的标准差都是 9.5。所以，如果你的得分等于或大于 53 分，你就比大多数男性更孤独；如果你的得分等于或大于 49 分，你就比大多数女性更孤独。如果你的得分等于或小于 31 分，你的孤独感就比大多数男性的更弱；如果你的得分等于或小于 29 分，你的孤独感就比大多数女性的更弱。顺便提一下，老年人的平均得分是 32 分。你的得分和他们的比起来如何？

资料来源：Russell, D. W. "The UCLA Loneliness Scale (Version 3): Reliability, validity and factorial structure," *Journal of Personality Assessment*, 1996, 66, 20–40. Copyright 1996 by Taylor & Francis. All rights reserved. Used with permission.

的忧虑和回避程度越低，他们往往越不孤独（Givertz et al., 2013）。自尊是另一个影响孤独的可变的特质。与自尊的社会计量器模型相一致，[9]那些不能与他人保持满意、充实的人际联系的人往往也不太喜欢自己：孤独者倾向于拥有低自尊（Cacioppo & Hawkley, 2009）。

平均而言，男性比女性更孤独（Pinquart, 2003），但这在很大程度上取决于他们当前是否拥有一位关系亲近的女伴。女性常常与其他女性有亲密的友谊，所以即使没有任何约会对象，她们在生活中通常也能分享许多亲密的情感。另一方面，大多数异性恋男性与其他男性的交往相对肤浅，他们只有在与女性交往时才会真正敞开心扉。因此，大多数男性似乎依赖女性来避免孤独，而女性则不会反过来以这种方式依赖男性（如表 7.6 所示）。

然而，实际上更准确的说法是，大男子主义的男性才真正需要女性来避免孤独。促进人们与他人进行有意义、令人满意的人际互动的心理要素之一是表达性，[10]表达性使人变得热情、敏感和亲切，具有表达性特征的人不太可能感到孤独（Wheeler et al., 1983）。女性往往有较高的表达性，这可能是她们不会像男性那么孤独的一个主要原因。但双性化的男性除外，他们也有较高的表达性，与更传统的大男子主义的男性不同，他们并不比女性更孤独。所以，男性和女性在孤独方面的总体差异似乎是一种性别认同差异而非性别差异。如果没有一个能给他们的生活带来亲密感的表达性伙伴，表达性低的人（包括大多数男性）往往会感到孤独。但是

表 7.6　有恋人和无恋人的男性和女性的孤独对比

表中列出的是拥有恋人和没有恋人的年轻人的孤独得分。女性的孤独在很大程度上并不取决于她们当前是否拥有爱情伴侣，但男性的孤独却取决于这一点；平均来看，当异性恋男性未与女性伴侣建立亲密关系时，他们感到更孤独。

	拥有恋人	没有恋人
男性	16.9	31.2
女性	20.2	24.3

资料来源：摘自 Wheeler, L., Reis, H., & Nezlek, J. "Loneliness, social interaction, and sex roles," *Journal of Personality and Social Psychology*, 45, 1983, 943–953。

9　需要重温一下社会计量器模型吗？请翻阅第 1 章的相关内容。

10　你可能已经记住这个概念了，但如果你想回顾一下，请翻阅第 1 章的相关内容。

专栏 7.6
社交网络上的"朋友"真的是朋友吗？

当然，你在社交网络上加的"好友"中有些是知己和密友，他们显然是你的好朋友。但如果你是社交网络上典型的年轻用户，你"好友"列表中的大多数人要么只有一面之缘，要么是从未见过的陌生人（Miller et al., 2014），而且你还接受了一些你实际上不喜欢的人的好友申请，因为你胆子太小，不敢告诉他们走开，不要打扰你。你的好友列表里有几百个"朋友"，但如果你看一下他们的头像（如果你与大多数人一样），你只能记得其中 73% 的人的名字（Croom et al., 2016）。他们中只有一小部分人非常了解你，真正地关爱你，会在你旅行时开车送你去机场。所以，当然只有少数网友符合我们对友谊的定义。

事实上，社交网络并没有太多地参与亲密的友谊。线下的亲密程度与较少的线上来回对话相关（Ivcevic & Ambaby, 2013）；当两个人真的亲密时，他们倾向于通过其他渠道进行更多的互动。此外，在社交网络上耗时很多的人一般比其他人拥有更多的网友，但面对面的朋友并不会更多，并且他们与线下的朋友也不会更亲近（Pollet et al., 2011）。相反，社交网络的优势是可以拓宽我们非正式的社交圈；我们可以有效地与更广泛的人群保持联系，听到更多不同声音及其他社交事件（Aubrey & Rill, 2013）。在社交网络上积极参与还能对抗孤独；当研究者要求孤独的人比往常更多地发帖时，他们一周后感到与他人的联系更紧密，孤独感减弱（Deters &

Mehl, 2013），特别是当他们的帖子引起一对一的私人评论，而非一堆一键式的"点赞"时（Burke & Kraut, 2016）。

然而，社交网络也有劣势。如果你不风趣，别人可能会冷遇你。例如，低自尊的人认为社交网络是向世界敞开心扉的安全场所，但他们沉闷而沮丧的帖子得不到几个"赞"，这可能会强化他们的低自尊（Forest & Wood, 2012）。我们还可能会发现每个人好像都有一堆趣事，而我们却全部错过了，嫉妒和失落就会随之而来（Krasnova et al., 2015）。还有，生活中一些小人物持续不断的评论和刷新是如此乏味和令人厌烦，以至于大部分用户（61%）至少有一次离开社交网络，几周或更长时间不再浏览网站（York & Turcotte, 2015）。如果是较短时间内不想上社交网站，诸如"反社交"这样的应用程序可以在特定时间内阻止用户访问社交网站。（这款应用程序的口号是："使用反社交程序，你会惊讶地发现，当你不上社交网站时，你会完成多少事情。"竟然存在这样的程序是不是很神奇？）

归根结底，充斥泛泛之交的庞大社交圈子并不能取代现实中丰富而亲密的友谊。我们不能指望社交网络上的"朋友"给我们许多社会支持（Li et al., 2015），而且他们通常不会带给我们快乐或提高我们的生活满意度，但和现实中的朋友在一起却可以让我们感到快乐，对生活感到满意（Kross et al., 2013）。

许多男性（大约三分之一）和大多数女性的表达性一样高（Bem, 1993），他们不需要依赖女性来避免孤独。

最后，当人们感到孤独时，他们就不那么有趣了。他们的痛苦和绝望明显地体现在对他人的消极态度上（Tsai & Reis, 2009）。具有讽刺意味的是，孤独者怀疑和讨厌的人往往是他们要向之寻求接纳和尊重的人。也许正因为如此，他们的人际互动通常是单调乏味的。孤独者对别人的话语反应迟钝，他们不会问很多问题，会把他人的拒绝解读为无辜的话语，所以与孤独者聊天没有任何乐趣。此外，他们不会自我表露太多；他们的谈话通常是肤浅和无关紧要的，所以他们很难形成他们所寻求的亲密关系（Cacioppo & Hawkley, 2009）。

不幸的是，所有这些都逃不开别人的眼睛。孤独者愤世嫉俗的观点、迟钝和心不在焉的处世方式常常引起他人的消极反应，后者通常会认为自己并不十分了解或喜欢孤独者（Tsai & Reis, 2009）。因此，孤独与羞怯相似，具有潜在的自我延续性，但孤独的效应可能更强烈。羞怯行为本质上并无害处，羞怯者只不过显得疏离冷漠，但孤独行为却有更强的破坏作用，令人生厌。羞怯者只是与人保持距离，但孤独者却会烦扰和激怒我们。在大学校园里，孤独的学生与同伴的互动几乎和其他任何人一样多，但他们体验到的诸如支持和关爱等积极结果较少，而诸如冲突和怀疑等消极结果较多（Hawkley et al., 2005）。因而，即使孤独者身边有许多人，他们令人生厌的行为方式也会使其孤独感更严重。

雪上加霜的是，孤独还会引发抑郁（Vanhalst et al., 2012）。抑郁是一种比孤独更宽泛、更全面的不满足和痛苦状态，孤独源于人际问题，而抑郁则源于各种各样的丧失和挫折（Weeks et al., 1980），但两者能相互激化，抑郁使人更难有效地行动以吸引他人（Baddeley et al., 2013）。除了悲观和忧郁之外，抑郁者还会陷入一种令人讨厌的过度寻求保证模式：他们持续不断地寻求他人喜欢并接纳自己的保证，但当他们得到保证后却质疑这种保证的真实性（Haeffel et al., 2007）。带着不满和焦虑，他们持续不断地寻求更令人信服的安慰，也逐渐将伙伴们的耐心消磨殆尽（Lemay & Cannon, 2012）。

这一切都令人不悦。孤独者该怎么办？如果你现在感到孤独，前面几页的内容可能看起来相当悲观，但并非完全没有希望。有些人可能更容易遭逢孤独，但我们面对的境遇显然也有影响（Larose et al., 2002）。不利的处境会使任何人变得孤独，但处境会发生变化，所以始终保持希望非常重要。孤独未必一直持续。事实上，当年轻人被催眠并被要求想象与友谊和归属感有关的体验时，他们比聚焦孤独感时更少羞怯、更好交际、更加快乐、更不孤独（Cacioppo et al., 2006）。个体的观念能产生巨大的影响。

特别是，个体对当前苦恼的解释很重要（Vanhalst et al., 2015）。当大学新生把他们的苦恼归因于不稳定、短暂的影响因素，而不是他们自己或其他人持久的缺陷时，他们就能更轻松地克服孤独（Cutrona, 1982）。把自己的孤独判断为暂时的或可变的困难所致，提供了事情会好转的乐观可能性，而充满希望比消极悲观更可能治愈孤独（Newall et al., 2009）。再者，因为孤独产生于我们想要的伙伴关系与已拥有的伙伴关系之间的落差，所以孤独者应该注意别把自己的目标定得太高。例如，离家求学的莘莘学子通常会有一段时间感到孤独，它伴随（新异的、陌生的）环境而来（Weeks et al., 1980）。但在接下来的一年里，那些一心结交新朋友的学生通常会得偿所愿，变得不再那么孤独；而那些渴望寻觅浪漫爱情的学生通常会感到失望，依然沮丧（Cutrona, 1982）。

所以，为了克服孤独，我们应该寻求新的友谊，而不是爱情；为了做到这一点，我们需要表现得友好。如果你现在感到孤独，请小心自己任何令人不快、自我挫败的态度（Cacioppo et al., 2015）。你是否开始认为人们一般都是自私、浅薄和冷漠的？这种消极的观点几乎肯定会让你变得不那么有魅力，并且它可能会成为一种自我应验的预言：你所期望的可能就是你所得到的。的确，如果你能采用更积极的方法——关注他人的优秀品质，期望他们和蔼可亲，并且耐心地承认友谊的建立需要时间——你就可能会享有与他人更有价值的互动。

请你思考

唐和特迪在一起读研究生时，成了最好的朋友。他们同一年入学，选修了同样的课程，还在课外的几个项目上一起合作。他们了解到双方都认真、聪明，并且逐步完全尊重和信任对方。他们知道对方最私人的秘密。他们在一起玩得也很开心。他们都不是墨守成规的人，都有一种讽刺和不落俗套的幽默感，其他人听不懂的笑话经常能引发他们开怀大笑。在特迪完成她的博士论文的那天晚上，二人喝醉了，差点发生性关系，但是他们被人打断了，机会就这样溜走了。不久后，他们毕业了，在美国不同的地方找到了工作，唐去了加利福尼亚州，而特迪去了明尼苏达州。而今，六年过去了，他们都已结婚，大概每年会在学术会议上见上一面。

读完本章后，你认为唐和特迪的友谊未来会怎样？为什么？

本章小结

友谊的本质

友谊是快乐和社会支持不可或缺的源泉。

友谊的属性。亲密的友谊是名副其实的亲密关系，它涉及喜爱、交心和陪伴；但友谊通常不如爱情那般有激情和承诺。友谊包含：

- 尊重。我们通常钦佩我们的朋友并且非常尊重他们。
- 信任。我们确信朋友会善意地对待我们。
- 资本化。朋友通常会对我们的大小成功做出热切而积极的回应，分享我们的喜悦，增强我们的快乐。
- 社会支持。社会支持有多种形式，包括情感、建议和物质帮助。有些人更擅长提供社会支持，最好的支持符合我们的需求和偏好。没有被接受者察觉到的无形支持有时非常有益，但感知到的支持非常重要；从长远来看，真正起作用的并非朋友为我们做了什么，而是我们认为朋友提供了什么帮助。
- 回应性。朋友会对我们的需求和兴趣给予关注和支持，而感知到的伴侣回应性非常具有奖赏意义。

友谊的规则。友谊也有规则，即在一种文化中，关于朋友应当（或不应当）如何行事的共同信念。

人生不同阶段的友谊

童年期。随着儿童的发育和成熟，他们的友谊也逐渐变得更加丰富和复杂。成人经营友谊的复杂方式需要岁月的锤炼。

青少年期。在这一时期,青少年越来越多地从朋友处寻求重要依恋需求的满足。

成年早期。大学毕业后,人们往往与较少的朋友交往,但他们与朋友的关系变得更深厚。

中年期。当人们更多地与爱人见面时,二元退缩现象就会发生;他们与朋友见面少了(但与姻亲见面多了)。

老年期。社会情绪选择理论认为,老年人在友谊中追求的是质量,而不是数量。

友谊的差异

同性友谊的性别差异。女性的友谊通常以情感分享和自我表露为特征,而男性的友谊则围绕共同活动、相伴相随和相互竞争而展开。

友谊的个体差异。大多数同性恋者都有异性恋的朋友,但大多数异性恋者(认为他们)没有同性恋取向的朋友。关系型自我构念使得人们注重其人际关系而非独立性。我们最好提防那些具有黑三角特质(自恋、马基雅维利主义和精神障碍)的人,他们通常冷漠无情,喜欢操纵别人。

友谊发展的障碍

羞怯。羞怯者害怕社交否定,行动畏首畏尾,常常会给人留下他们本希望逃避的负面印象。羞怯者如果能为其糟糕的互动找到借口,他们大多能轻松地与人交往,所以他们需要增强自信,而不是更好的社交技能。

孤独。当我们想与他人保持(比现有)更多、更令人满意的联系时,不满和痛苦就会出现,这可能涉及社会性孤独和情感孤独。孤独源自遗传影响、不安全型依恋、低自尊和低表达性。它与消极态度及对他人毫无吸引力的乏味互动有关。充满希望的积极归因和对互动的合理期望有助于我们克服孤独。

第 8 章

爱　情

　　请你思考一个有趣的问题：如果某个人具有你所期待的所有品质，但你并不爱他 / 她，你会与这个人结婚吗？大多数读者会说不！有研究表明，绝大多数美国人认为浪漫爱情是婚姻的必要条件（Sprecher & Hatfield, 2017）。除人们希望配偶具有的特征（如热情、美貌和可靠等）外，西方文化下的年轻人还强调浪漫和激情也是婚姻的前提（Livingston & Caumont, 2017）。这种观点非常新颖，所以格外引人注目。纵观人类历史，择偶标准通常和浪漫爱情并无多大关联（Ackerman, 1994），人们因为政治的、经济的、实用的和家庭的原因而结婚，唯独不会仅仅因为彼此相爱而结合。即使在北美，人们也是在几十年前才开始认为爱情是婚姻的必要条件。1967 年，76% 的美国女性和 35% 的美国男性愿意与自己并不爱的完美伴侣结婚（Kephart, 1967）。但现在，大多数人会拒绝这样的婚姻。

　　因此，从某种意义上来说，我们业已开始了一场大胆的实验。毕竟以前从未有人认为爱情是婚姻不可或缺的基础（Coontz, 2005）。世界各地的人们都能体验到浪漫的激情，但在很多地方，这与选择配偶没有多大关系。北美文化认为，爱情是婚姻的前提，并将之推崇到前所未有的高度（Hatfield & Rapson, 2008）。这是种好观念吗？如果存在各种相互重叠的"爱情"类型和不同类型的恋人——更糟的是，如果激情和浪漫随着时间的流逝而减弱——那么建立在爱情基础上的婚姻不免令人尴尬，甚至失望。

我们接下来会考察这些问题。首先，我们会了解爱情的简单历史。其次，思考不同形式的爱情和不同类型的恋人。最后，我们以一个关键问题来结束，即爱情能持久吗？（你认为答案是什么？）

爱情简史

现代人认为，配偶应该彼此相爱，而这种观念只是不同文化看待爱情经验的众多视角之一（Hunt, 1959）。多年来，人们对待爱情的态度至少在以下四个方面有所变迁：

- 文化价值：爱情是一种值得拥有的体验吗？
- 性欲：爱情应该与性有关还是与性无关？
- 性取向：异性之间和同性之间都能相爱吗？
- 婚姻状况：爱情只专属于婚姻，还是可以留给第三者？

不同的社会文化对这四个问题的回答不尽相同，从而就爱情是什么或爱情应该是什么形成了截然不同的模式。

譬如在古希腊，痴痴地受某个人的性吸引会被视为一种与婚姻或家庭生活无关的疯狂。取而代之的是，希腊人崇尚柏拉图式的爱情，即对心爱之人的非性爱慕，如同两个男人之间的爱情。

在古埃及，具有王室血统的人通常与他们的兄弟姐妹结婚；而在古罗马，"婚姻的目的是为了生孩子、结成有利的联盟，并且建立血缘纽带……丈夫和妻子应该成为朋友，和睦相处。幸福和肉体享乐都不是婚姻生活的内容。性行为只是为了生孩子"（Ackerman, 1994, p.37）。

在 12 世纪的欧洲，异性之间的爱情被冠以"宫廷爱情"（courtly love）的美誉，它有更为积极的内涵。宫廷爱情需要骑士们把爱情作为一种崇高的精神追求，孜孜不倦地献身于贵妇人。这种爱非常理想主义，非常优雅，而且至少在理论上，与性无关。宫廷爱情显然又是不合礼仪的婚外情：宫廷爱情中的男主角应当未婚，但女主角却是有夫之妇！在中世纪，婚姻仍然与浪漫无关；相反，婚姻是一件与政治和财产攸关的事情。的确，对某人充满激情的情色渴望常被视为"危险的，是通往地狱之门，即使在夫妻之间也不能容忍"（Ackerman, 1994, p.46）。

在随后的 500 年，人们开始认为充满激情的爱情是令人向往且高贵的，但这种爱情常常注定会失败。要么情侣双方受到阻挠而不能结合（经常是因为他们已经和其他人结婚），要么在两人的爱情修成正果之前一方或双方死亡。一直到 17 世纪和 18 世纪，欧洲人（特别是英国人）才开始相信浪漫的激情偶尔也会有"幸福的结局"。不过，当时人们并不普遍认为夫妻之间应该拥有充满激情和浪漫的婚姻；事实上，在 18 世纪晚期，"传统婚姻"的捍卫者为爱情开始成为人们结婚的理由而普遍感到震惊（Coontz, 2015）。

即使在今天，全世界仍只有部分地区的人认为浪漫爱情应该与婚姻联系在一起（Merali, 2012）。不过，你可能认为爱情和婚姻是密不可分的。为什么你的观念会与过去大多数人的看法不同？为什么北美人对因爱而婚这个观念的接纳和热衷最为彻底（Hatfield & Rapson, 2008）？这也许是美国个人主义的盛行和经济繁荣的缘故（这使得大多数年轻人能够离家独居，并自由地选择自己的婚姻伴侣），还可能因为没有种姓制度或统治阶级。个体（而非家庭）应该根据情感依恋（而不是经济条件）来选择婚配对象，美国人对这一择偶观的理解和重视程度要远胜于大多数其他国家的人。年轻人应该离开父母，自由恋爱，自主决定婚姻，并把恋人带回家与家人见面。但是，这样一种婚恋观在许多地方似乎是十分荒谬的（Buunk et al., 2010）。随着全世界科技和社会经济的发展，这一现象正在慢慢发生变化（Manglos-Weber & Weinreb, 2017），但北美人的婚姻习俗目前仍然令大多数人感到奇怪。

好吧，我们来总结一下刚刚提到的关于爱情的所有不同观点：

- 爱情是命中注定的。
- 爱情是疯狂的。
- 爱情是一种高尚的追求。
- 爱情无需涉性。
- 爱情和婚姻相伴相随。

- 爱情可以是幸福美满的。
- 爱情与婚姻几乎无关。
- 最完美的爱情发生于同性之间。

以上对爱情的区分只是反映了普通的文化和历史差异（Eastwick, 2013）。然而，这些不同的观点可能也反映了一个重要的事实：爱情的形式多种多样。下面我们就来考察各种各样的爱情。

爱情类型

咨询专栏作家安·兰德斯曾经遇到过一位非常苦闷的女士，刚结婚不久，她对丈夫强烈的激情就消失了。兰德斯认为，那位女士所谓的"世纪之恋"并不是"真正的爱情，只不过是一对性腺的相互吸引"（Landers, 1982, p.2）。兰德斯断言，沉迷于色欲和真爱有巨大的区别，爱情要比单纯的激情更为深刻和丰富。爱情构筑在宽容、关心和沟通之上，爱情是"熊熊燃烧着的友谊"（p.12）。

兰德斯的观点是否符合你对浪漫爱情的体验？浪漫爱情和疯狂痴恋之间是否有区别？根据一种关于爱情体验的主流理论，这两个问题的答案可能都是肯定的。

爱情三角理论

罗伯特·斯滕伯格提出，三种不同的成分可以组合成不同类型的爱情（Sternberg, 1987, 2006）。爱情的第一个成分是**亲密**（intimacy），包括温暖、理解、信任、支持和分享等爱情关系中常见的特征。第二个成分是**激情**（passion），其特征为生理的唤醒和欲望、兴奋和需要。激情常以性渴望的形式出现，但任何能使伴侣感到满足的强烈情感需要都可以归入此类。爱情的最后一个成分是**承诺**（commitment），它包括持久和稳定的感觉，以及全身心投入一段关系并努力维持的决心。承诺在本质上主要是认知性的，而亲密是情感性的，激情则是一种动机或驱力。人们认为，恋爱关系的"火热"来自激情，温情来自亲密；相反，承诺则可以说是冷静的决定，完全与情绪或性情无关。

斯滕伯格的理论认为，这三个成分就是爱情三角形的三条边，可以描绘两个人之间的爱情。每个成分的强度都可由低到高变化，所以爱情的三角形就会有各种大小和形状。实际上可能存在无数种形状，为了简便起见，我们只考察几种相对纯粹的爱情类型，即三要素中的一种或两种是充分的、高的，而其他是匮乏的、低的。在我们的探讨过程中，你应该记住，现实生活中这样明确定义的纯粹爱情或许并不多见。

- 无爱（nonlove）。如果亲密、激情和承诺三者都缺失，爱情就不存在了。两个人可能仅仅是泛泛之交而不是朋友，彼此的关系是随意、肤浅和不受约束的。

- 喜欢（liking）。当亲密程度高而激情和承诺都非常低时，就是喜欢。喜欢多表现在友谊之中，关系双方彼此感受到真正的亲近和温情，却不会唤起激情或与对方共度余生的期望。如果某个朋友的确能唤起你的激情，或者当他/她离开的时候你会强烈地思慕，那么你们之间的关系就已经超越了喜欢，变成其他的类型了。

- 迷恋（infatuation）。如果缺乏亲密或承诺却有强烈的激情，那就是迷恋。当人们被几乎不认识的人激起欲望就会有这种体验。斯滕伯格（Sternberg, 1987）承认，他在10年级时曾痛苦地迷恋过一位生物课上的女生，为她衣带渐宽，但最终也没勇气向她表白。他现在认为那种爱情仅仅是激情。他对她的爱是迷恋。

- 空爱（empty love）。没有亲密和激情的承诺就是空爱。在西方文化中，这种爱常见于筋疲力尽的爱情关系。在这种关系中，既没有温情也没有激情，仅仅是在一起过日子。不过在有包办婚姻的社会中，空爱或许是夫妻共同生活的第一个阶段，而不是最后一个阶段。

你的爱情或许不太符合上述任何一种类型。这可能是因为这几种类型都缺失了爱情的一些重要成分——这正是斯滕伯格的观点。爱情是一种复杂的体验，如果我们把爱情的三个成分结合起来，形成更为复杂的爱情形态，这一点就会更加清楚。

- 浪漫之爱（romantic love）。浪漫的爱情有强烈的亲密感和激情。因此，可以把它视为喜欢和迷恋的结合。人们对他们的浪漫常常会表现出承诺，但斯滕伯格认为，承诺并非浪漫之爱的典型特征。比如一段夏日恋情可能非常浪漫，

© Comstock/PunchStock/Getty Images

爱情可以持续一生。你认为这对伴侣之间是哪种爱情？

即使双方都知道夏季一结束爱情也就走到了尽头。

- 相伴之爱（companionate love）。亲密和承诺结合在一起所形成的爱就是相伴之爱。相伴之爱的双方会努力维持深厚、长久的友谊，这种爱情表现出亲近、沟通、分享及对爱情关系的巨大投入。相伴之爱的典型例子是长久而幸福的婚姻，虽然年轻时的激情已逐渐消失。

- 愚昧之爱（fatuous love）。在缺失亲密的情况下，激情和承诺只会产生一种愚蠢的体验，即愚昧之爱。这种爱情常发生在旋风般的求爱中，在压倒一切的激情驱使下，双方会闪电般地快速结婚，但彼此并不十分了解或确定喜欢对方。在某种意义上，这类爱人在迷恋对方时投入太多，但到头来很可能得不偿失。

- 完美之爱（consummate love）。最后，当亲密、激情和承诺都达到一定程度时，人们就能体验到"完整的"或完美的爱情。这是许多人追求的爱情类型，但斯滕伯格（Sternberg, 1987）认为，完美之爱非常类似于减肥：短期容易做到，但很难长久保持。

所以，根据爱情三角理论，"我爱你"这样一句简单的陈述可能包含许多不同的情感体验（见表 8.1）。另一种使爱情变得难以理解的复杂情形是，爱情的三个

表 8.1　爱情三角理论：爱情关系的类型

	亲密	激情	承诺
无爱	低	低	低
喜欢	高	低	低
迷恋	低	高	低
空爱	低	低	高
浪漫之爱	高	高	低
相伴之爱	高	低	高
愚昧之爱	低	高	高
完美之爱	高	高	高

资料来源：基于 Sternberg, R. J. "A duplex theory of love." In R. J. Sternberg & K. Weis (Eds.), *The new psychology of love* (pp. 184–199). New Haven, CT: Yale University Press, 2006。

组成成分会随着时间推移发生变化，因此，一对伴侣在不同时期可能会体验到各种不同类型的爱情（Ahmetoglu et al., 2010）。不过在爱情的三个成分中，激情最容易发生变化，也最不可控。所以我们会发现自己对他人的欲望急剧飙升，随后又迅速消退，而我们很难理性地控制这些变化（Sternberg, 1987）。

　　爱情的三角理论正确吗？这些断言准确吗？想想看，如果三角理论对浪漫爱情的描述是正确的，那么它的关键成分之一——激情——可能是无法持久地保持高水平的。然而，要想知道爱情能否持久，还需考虑许多因素，我们稍后再来考察这个问题。我们现在知道，亲密、激情和承诺，这三个成分在爱情关系中都很重要；具体来说，每个成分都可以使爱情关系更令人满意，在最令人满意的爱情中，这三个成分的水平都很高（Fletcher et al., 2015）。

生理学的视角

　　对爱情生理基础的研究也表明，激情与亲密是截然不同的体验。调控性欲的脑区似乎与支配我们对所爱之人的依恋和承诺感受的脑区不同（Cacioppo & Cacioppo, 2016）。在关于爱情的最前沿的研究中，研究者采用 fMRI 技术来考察人们观看其爱人（相对应的是观看其他人）照片时的脑活动，结果发现，激情所激活的脑区与爱慕之情和承诺所激活的脑区并不相同，这一点在美国（Acevedo &

Aron, 2014）和中国都一样（Xu et al., 2011）。因此，我们确实有可能对不爱的人产生强烈的欲望，而对与我们幸福相恋的人却没有多少激情（Diamond, 2014）。（这一点你也许已经认识到了。）

的确，心理学家海伦·费希尔指出，三种相互联系但又截然不同的生物系统控制爱情的成分（Fisher, 2006），这具有演化意义。首先是性欲或性驱力，由性激素调控。性欲使得人们有了与人交媾的动机，从而推动人们成功地进行繁殖。其次是吸引力，驱使人们追求他们所偏爱的特定的恋人。吸引力通过激起浪漫的爱情促使人们形成稳定的配偶关系，而浪漫的爱情由特定脑区里控制奖赏情感的神经递质多巴胺来调控（Acevedo & Aron, 2014）。当我们坠入爱河时，多巴胺水平就会上升，从而引起兴奋和欣喜，这可以解释"为何热恋的情侣会感到欣快、精神抖擞、乐观豁达和精力充沛，并能快乐地秉烛夜谈，通宵达旦；或者连续数小时不停地做爱"（Ackerman, 1994, p.165）。的确，当人们真正坠入爱河时，只要看一眼爱人就可减轻疼痛。浪漫爱情还会激活止痛药所影响的脑区，当看到情人时，年轻的恋人毫无疑问能无视疼痛（由贴在手上的计算机控制的加热垫造成）；而如果看不到爱人，他们就会感受到这种疼痛（Younger et al., 2010）。最后是依恋，这里的依恋是指长期伴侣之间形成的舒适感、安全感和联结感。这种情感使得夫妻厮守在一起的时间足够长，从而能保护和养育年幼的子女（Fletcher et al., 2015）。依恋驱动的是相伴之爱，由神经肽催产素调节（稍后再详细说明）。

因此，我们可能天生就拥有三种不同的生理系统，它们的演化都是为了促进人类成功繁殖的某些环节，它们也支持了三角理论的观点，即激情、亲密和承诺的体验在任何时间都能各自独立地发生强弱变化。另一方面，在很多爱情关系中，亲密、激情和承诺显然是相互关联的（Whitley, 1993）。例如，如果男性通过翻看色情书刊产生了性唤起，他们对伴侣的爱会比没有性唤起时更多（Dermer & Pyszczynski, 1978）。

因此，正如前文所提醒的那样，在现实生活中，三角理论清晰界定的爱情可能并非那么泾渭分明。人们对爱的实际体验是复杂的。比如，父亲对儿子的舐犊之情可能和他对自己父亲的爱相似，但这两种感情也可能存在有意义的差别，三角理论对此并不能很好地进行解释。不同类型的爱可能以更混杂、更令人困惑的方式交错重叠，这超出了三角理论的范畴（Fehr, 2015）。

然而，三角理论为研究不同类型的爱情提供了一个非常有用的理论框架。无论它是否绝对正确，它还是发现了大多数长期浪漫关系中特别可能出现的两种类型的爱情。下面我们一一详加考察。

浪漫激情之爱

是否有人曾对你说过，"我爱你，但我并未坠入爱河"？如果真的如此，可能并非什么好事。或许你已知道，这人想说的是，"我喜欢你，我关心你，你是个很优秀的人，有很多美好的品质，等等，但我并不觉得你有性吸引力"（Myers & Berscheid, 1997, p.360）。正如爱情三角理论所指出的，性吸引力（或者"激情"）是浪漫爱情必不可少的特征之一（Fehr, 2015）。所以，如果恋人对你说"我只是想和你做朋友"，会令你很受伤。

浪漫的爱情包含激情，这一点非常重要。激情包括激活和唤醒，值得一提的是，任何形式的强烈唤醒，无论好坏，都会影响我们对浪漫爱情的感受。

唤 醒

伊莱恩·哈特菲尔德和艾伦·伯沙伊德做过一项对浪漫之爱的经典分析，他们认为，激情吸引力根源于两个因素：（1）生理唤醒，如心跳加快；（2）相信另一个人是引起你唤醒的原因（Berscheid & Walster, 1974）。根据这一双因素观点，当唤醒的感觉与另外一个有吸引力的人在场相联系时，浪漫的爱情就会产生，或者至少得以增强。

现在，设想这样一种情境：你正在加拿大北温哥华的一个公园里游玩，准备通过一座由木板铺成的狭长吊索桥，桥下是深达几百英尺的陡峭峡谷。桥上的金属栏杆很低，只到你的腰部，你走在桥上，桥还会上下左右晃动。桥下是一条布满岩石的小溪，当你通过小桥时，你（和大多数人一样）会情不自禁地感到紧张和兴奋（或非常恐惧）。但在这座危险的小桥中央，你遇见了一位有魅力的异性，此人会邀请你回答一些问题。你会看到一张图片并据此编一个故事，随后这位采访者会热情地感谢你，并提出如果你有任何问题都可以致电问询。你会被这位在桥上邂逅的人所吸引吗？

这正是达顿和阿伦（Dutton & Aron, 1974）在其著名的实验中所问的问题。他们派出美丽的女助手去采访只身一人的年轻男性（年龄在 19~35 岁），采访的情境有两种：其一是在可怕的吊索桥中央；其二是在公园另一处又宽又稳、只比地面高出几米的桥中央。研究者对男性参与者所编故事的性想象力进行了评分，达顿和阿伦发现，在摇晃的吊索桥上的男性的性想象力要强于在另一座桥上的男性。此外，前者后来更有可能给那位女助手打电话。女助手之所以对他们更有吸引力，由危险的桥所引起的唤醒（或者恐惧）显然增强了他们对女助手的兴趣，而在不太令人紧张的地点碰到同一女助手的男性则并不觉得她有那么迷人。在危险的桥上，恐惧显然增强了吸引力。

是这样吗？摇晃的桥所引起的紧张和兴奋真的会被误认为（至少在一定程度上）是陌生人所具有的浪漫吸引力？请试试以下实验程序：假设你是位年轻的男子，原地跑 2 分钟或者 15 秒，结果你的脉搏会加快、呼吸也变得急促，或者你只是比平时稍微多一点唤醒。在或高或低的唤醒状态下，你进入另一个房间，观看一段你认为即将见到的年轻女子的录像。你和其他男性看到的都是同一个女子，但通过巧妙的化妆，该女子要么看起来非常有魅力，要么一点也没有吸引力。你会觉得她怎么样呢？当真实研究中的参与者报告他们的反应时，结果很明显，高唤醒加强了他们对该女子的反应强度（White et al., 1981）。当然，有魅力的女子比无魅力的女子更受青睐，但我们从表 8.2 中可以看出，与在平静状态下相比，当处于唤醒状态时，男性更喜欢有吸引力的模特，而不喜欢无吸引力的模特。高唤醒放大了男性的反应，所以若男性在脉搏加快时遇到有吸引力的女子，就会认为她真的很性感。

表 8.2 唤醒和吸引力

男性的唤醒	女性的吸引力	
	高	低
低	26.1	15.1
高	32.4	9.4

分数越高说明男性认为女性越有吸引力。有魅力的女性总是比无魅力的女性更有吸引力，但心跳加快增强了这一效果：当心跳加速时，男性会认为有吸引力的女性更加迷人，而没有吸引力的女性则更不受欢迎。

资料来源：摘自 White, G. L., Fishbein, S., & Rutstein, J. "Passionate love: The misattribution of arousal," *Journal of Personality and Social Psychology*, 41, 1981, 56–62。

此外，唤醒对吸引力的影响并不取决于唤醒类型。在另一项研究中（White et al., 1981），男性参与者听以下三段录音中的一段：

- 负性的唤醒：描述罪犯当着被害人家属的面，将一位传教士残忍地杀害并肢解。
- 正性的唤醒：选自史蒂夫·马丁的格莱美获奖喜剧专辑《狂野男子》[1] 中的片段。
- 中性的唤醒：关于青蛙血液循环系统的枯燥解说。

然后，跟前面提到的实验程序一样，男性参与者要观看有魅力的或普通女子的录像，并描述对她的印象。不论哪种类型的唤醒，唤醒再一次增强了吸引力。与听到枯燥的生物学录音相比，当男性体验到强烈的情感时——无论是对有趣内容的哈哈大笑，还是对血腥内容的厌恶——他们都会认为有魅力的女子更有吸引力，而普通的女子则更没有吸引力。

综上所述，这些研究表明，肾上腺素能够激发爱情。各种类型的高唤醒，包括简单的体力活动和娱乐，似乎都可以增强我们所感受到的合意的潜在伴侣的浪漫吸引力。想想其中的含义：你是否曾经与爱人大吵一架，而几分钟后的"亲吻和好"会让你觉得格外甜蜜？或许你的愤怒点燃了随后的激情？这是否就是"坠入爱河"的感觉？

在某种程度上，的确如此。哈特菲尔德和斯普雷彻（Hatfield & Sprecher, 1986）的《激情之爱量表》（Passionate Love Scale）是测量浪漫爱情的激情成分的实用工具。表 8.3 是此量表的精简版；你可以看出，该量表测量了对所爱之人的着迷、痴恋、强烈的渴望和情感。随着陷入浪漫爱情程度的加深，个体在该量表上的得分会增加，在伴侣双方订婚或同居时分数才会趋于平缓（Hatfield & Sprecher, 1986）。（注意，我们前面曾提到，美国的情侣是在其激情达到高峰时做出结婚或同居决定的。）从《激情之爱量表》中表现出的浪漫爱情是一种需求和欲望——得到爱的时候狂喜，得不到爱的时候痛苦——当一个人被唤醒时，这些反应明显比平静放松时更加强烈。

所以，浪漫爱情的一个方面就是高度唤醒的兴奋和欢快，各种能使我们兴奋的事件都可以增加我们对伴侣的爱恋。然而，浪漫爱情不仅仅是激情，还涉及我们的思想。

1　你或许从未听过，但你应该听一听。

表 8.3 《激情之爱量表》简版

本问卷要求你描述在充满激情的爱情中的感受。现在请想一下你非常热烈地爱着的某个人。在完成问卷的过程中要一直想着这个人。

请用以下评分标准回答每一项：

1	2	3	4	5	6	7	8	9
完全不 符合				比较 符合				完全 符合

1. 如果_____离开我，我会感到深深的绝望。

2. 有时我会感到无法控制自己的思想，大脑中全是_____的影子。

3. 当我做能令_____高兴的事情时，我自己也很快乐。

4. 同任何人比起来，我都更愿意与_____在一起。

5. 如果我想到_____爱上别人，就会很嫉妒。

6. 我渴望知道_____的一切。

7. 我在肉体上、情感上和精神上都需要_____。

8. 我对来自_____的爱的渴望没有止境。

9. 对我来说，_____是最完美的恋人。

10. 当_____碰触我时，我的身体会起反应。

11. _____似乎一直在我心里。

12. 我希望_____了解我，知道我的想法、恐惧和希望。

13. 我急于找到_____喜欢我的信号。

14. 我被_____强烈地吸引。

15. 与_____的关系不顺利时，我会变得非常郁闷。

量表得分越高表明激情之爱越强烈。全部 15 个项目，男性和女性的平均得分（将所有得分加起来再除以 15）都是 7.15。你的平均得分如果是 9（最高分），说明你经历的激情之爱比大部分人都猛烈；如果你的平均得分是 5.25 或更低，说明你的爱情很平淡。

资料来源：Hatfield, E., & Sprecher, S. "Measuring passionate love in intimate relationships," *Journal of Adolescence*, 9, 1986, 383–410. Copyright 1986 by Elsevier. All rights reserved. Used with permission.

思 想

浪漫爱情的双因素理论强调了我们的思想和信念在解释唤醒时所起的作用。我们的判断也会以其他方式与浪漫爱情联系起来，比如爱人对彼此的看法显然不同于他们对朋友的看法。这些区别在齐克·鲁宾（Zick Rubin）于 1973 年编制

表 8.4　鲁宾的爱情和喜欢量表：项目示例

鲁宾的《爱情量表》
1. 我觉得几乎任何事情都可以对我的伴侣吐露。
2. 如果不能和伴侣在一起，我会很痛苦。
3. 我几乎可以为伴侣做任何事情。
鲁宾的《喜欢量表》
1. 我的伙伴是我认识的最讨人喜欢的人之一。
2. 我的伙伴是我想成为的那种人。
3. 我认为我的伙伴适应能力非常强。

资料来源：Rubin, 1973.

的《爱情量表》(Love Scale)和《喜欢量表》(Liking Scale)中显而易见。在哈特菲尔德和斯普雷彻(Hatfield & Sprecher, 1986)编制《激情之爱量表》的数年前，鲁宾就编写了数十条反映各种人际态度的语句，并要求人们用这些句子来描述自己的爱人和朋友。这些概括浪漫爱情的条目最终汇编成了一个《爱情量表》，该量表部分地反映了爱侣们的所思所想。

《爱情量表》的内容之一是亲密，正如爱情三角理论所定义的那样。浪漫爱情的特征是开放、沟通和信任（见表 8.4 的第一项）。内容之二是对依赖的需要（见表 8.4 的第二项）。依赖项目描述的是对伴侣的热切渴望，这一点与我们讨论过的激情有很多共同之处。不过，《爱情量表》的最后一项内容描述的情感却是爱情三

浪漫的爱情是一种复杂的体验，它产生于多方面的情感和高度的唤醒。浪漫的爱情是亲密和激情的混合体。

专栏 8.1
浪漫爱情是一种情绪体验吗？

首先我得承认，这个问题仍然悬而未决，目前还没有明确的答案。浪漫的爱情当然包含炽热的情感和强烈的动机，但研究情感的心理学家一般用情绪（emotion）一词指具有独特特征的有组织的反应（Lamy, 2016）。许多（并非所有的）研究者认为，情绪产生于特定的事件，这些事件能够引起互不关联的生理反应，以及截然不同的表达性行为模式和指向目标的行为反应（Keltner et al., 2014）。有心理学家认为，情绪之所以存在，是因为情绪能促进我们对重大的、反复发生的事件做出有效的适应性反应（Ekman & Cardaro, 2011）。因此，如果浪漫的爱情确实是一种情绪，那么它就应该具有具体、实用的功能，应该针对特定的刺激做出反应，引起可见的、特定的身体变化，并能产生可识别的行为反应。（如果你暂停片刻，思索这些标准，就会明白为什么这个问题悬而未决。）

浪漫的爱情使我们把注意和精力集中在特定的伴侣身上，这样能提升我们对爱的承诺，从而增加我们成功繁殖的机会（Fletcher et al., 2015）。浪漫的爱情也可由我们认为会成为引人注目的伴侣的其他人所激发。但是，它并不像许多其他情绪那样能激活特定的、界限清晰的脑区：浪漫爱情激活了调节奖赏的脑区，但也激活了其他几个脑区，所以浪漫的爱情比其他各种情绪有更广泛的影响（Xu et al., 2011）。恋爱中的人对伴侣表现出强烈的兴趣，经常点头、微笑、相拥，保持紧密的人际距离（Gonzaga et al., 2006），但这些线索本身是否是爱情的明确信号尚存在争议。人们发现，让自己产生爱的感觉，远比让自己感受其他情感更为困难。如果你生动地想象上一次让你愤怒的事件，你就能找回一些愤怒的感觉；但人们很难在别人的指令下，重新点燃浪漫之爱的激情（Aron, 2010）。已有的证据让大多数观察者认为，浪漫的爱情更像一种有特定动机的心境（mood），而不是一种独立的情绪（Diamond, 2014）。

那么我们为什么要关注这个问题呢？想想看，情绪是非常短暂的事件（Keltner et al., 2014）。你曾经体验过的每一种强烈的情绪都是迅速爆发，剧烈燃烧，然后消失。心境持续的时间则更长，也更具有弥散性，对我们的行为有更多不同的影响。如果浪漫的爱情是一种心境，那么对不同的人就会产生不同的影响。

所以，浪漫的爱情究竟是什么样的情感体验？对此尚无定论。但不管它是什么，现在还有一个问题越来越突出：其他的情绪、心境和动机都不会永远持续，那么爱情能持续吗？我们对伴侣的浪漫、激情吸引力能永久地持续下去吗？在你继续阅读本书之前先记住这个关键的问题，我们会在本章的最后再来讨论它。

角理论未曾提及的关心。爱人报告了对伴侣幸福的关心（见表 8.4 的第三项）。他们愿意照顾好自己的伴侣，让他们幸福。

因此，如同其他理论归纳出的爱情特征一样（Fehr, 2015），《爱情量表》把浪漫的爱情描绘成一种多层面的体验，既有付出（即关心）也有索取（即依赖）。如果你爱上了某个人，这其中可能有自私的成分（你爱你的伴侣是因为对方带给你良好的感觉），也有慷慨的成分；你真的关心你的伴侣，会努力满足并保护他 / 她。（事实上，对我们所爱之人的同情关切可以定义另一种爱情，见下节中的"同情之爱"。）此外，这些不同的情绪体验相对强烈和紧迫：你会为情侣做任何事，如果没有对方你会很痛苦。

把这些想法和情感与你对朋友的想法和情感进行比较。如表 8.4 所示，《喜欢量表》中的项目则显得平淡得多。人们会因为朋友友善、适应能力强、可爱而喜欢他们；然而，人们爱恋自己的爱人是因为需要对方，并且愿意为对方做任何事情。当我们只是喜欢一个人时，会缺少浪漫爱情所特有的热情。

人们对伴侣做出的特殊判断也很重要。正如我们在第 4 章所看到的，人们往往对伴侣有乐观美好的看法，爱得最深时对爱人的理想化和赞美达到巅峰。事实上，一旦陷入浪漫的爱情，人们便会忽略有关未来伴侣的不良信息，或者重新解释这些信息。假设你是一名男大学生，要去扮演饭店经理，评价一位向你推销广告的女性所做的工作（Goodwin et al., 2002）。你会看到该女子的陈述录像，其表现要么条理清晰、聪明伶俐，要么笨拙无能。你能分辨出胜任工作和不胜任工作的差别吗？当然可以。但如果你知道自己将在周五和该女子约会，结果又会怎样呢？可能发生的浪漫爱情是否会影响你的判断？你或许认为不会，但当男性真正参与这样的实验程序时，浪漫爱情会对其产生很大的影响，如图 8.1 所示。即将到来的约会显然严重影响了男性参与者的判断，如同被施加了魔法，他们把对方极其糟糕的工作评价为高质量的表现。当浪漫的可能性出现时，工作优劣的区别就会完全消失。

正如这些研究结果表明的，在现实生活中，"爱情是盲目的"：人们会低估或忽视爱侣的缺点。他们将爱侣的形象理想化，这与他们面对的具体事实有重大差别。事实上，爱情和友谊的主要差别在于我们的想象——爱侣是迷人、神秘且有吸引力的，而朋友则不是这样的（Langeslag et al., 2015）。

浪漫的爱情还能让我们更容易把有诱惑力的替代伴侣抛在脑后。当我们为恋

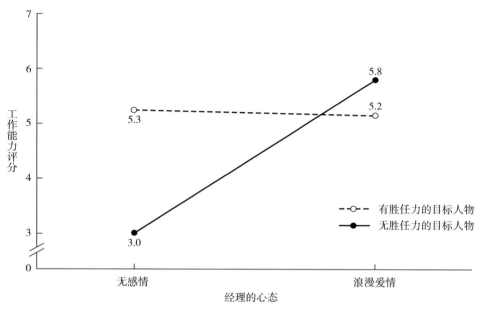

图 8.1　爱情是盲目的

当男性参与者认为会和一名女性约会时，他们对该女性糟糕工作的评价比实际情况要好得多。

资料来源：摘自 Goodwin, S. A., Fiske, S. T., Rosen, L. D., & Rosenthal, A. M. "The eye of the beholder: Romantic goals and impression biases," *Journal of Experimental Social Psychology*, 38, 2002, 232–241。

人着迷而神魂颠倒时，我们很难再把注意力集中在其他任何人或任何事上（van Steenbergen et al., 2014）。请看下面这个耐人寻味的实验程序。设想你要翻看一些有吸引力的异性的照片，从中挑出最好看的一张并写下短评：（1）为什么此人有吸引力；（2）与此人完美的初次会面将会是怎样的情形。显而易见，研究者是在让你考虑一个能替代你当前爱侣的迷人候选人（Gonzaga et al., 2008）。但更复杂的情形是，现在你要写下：（1）对伴侣的爱恋；（2）对伴侣的欲望；（3）你此刻的想法。在这一过程中，你要把幻想的替代伴侣置之脑后，不去想他／她。你能做到吗？你能无视充满诱惑力的替代伴侣吗？如果你在心里回想对伴侣的爱恋就能做到。与其他两种条件相比，当想象对伴侣的爱恋时，参与者就能更好地分散自己对替代伴侣的注意，并且对替代伴侣的外貌记忆也更差。显然，爱情能帮助我们把注意力集中在自己爱恋的伴侣身上；回想我们与伴侣的浪漫爱情甚至能让我们在一开始就不太可能注意到其他有吸引力的人（Maner et al., 2008）。

最后，当我们坠入爱河时，甚至我们对自己的看法都会发生改变。阿瑟和伊莱恩·阿伦的自我扩张模型（self-expansion model）认为，随着伴侣给我们带来新体验和新的社会角色，爱情会使我们的自我概念扩展和变化，我们会渐渐了解自己以前所不认识的自己（Aron et al., 2013）。的确，一项对坠入爱河的年轻人追踪调查10周的研究发现，他们的自我概念变得更加多样化，自尊也得到提升，而这也是为什么坠入爱河让人如此快乐的两个原因（Aron et al., 1995）。在某种程度上，我们对伴侣的激情似乎是由伴侣为我们带来的自我扩张激发的。随着时间的推移，恋爱关系常态化，我们的自我扩张和激情都会逐渐消退（Sheets, 2014）。（稍后我们还会谈到这一点。）

所有这一切都充满力量。浪漫且充满激情的爱情所具有的唤醒和认知特征包含了汹涌澎湃的情感、想象和理想化，有时还会出现痴迷的情形（Aron et al., 2008）。正是这种复杂、狂热状态的出现，才使得大多数北美人开始考虑结婚的问题。然而，浪漫的激情或许并不是他们在随后的岁月里能维持婚姻的原因。亲密关系能否延续可能更多地与相伴之爱有关（Berscheid, 2010）。

相伴之爱

相伴之爱并不依赖于激情，所以它比浪漫之爱更为稳定。爱情三角理论认为，相伴之爱是亲密和承诺的结合，但我们可以更全面地把它描述成"对心爱伴侣舒心、温情、信任的爱恋，它以深厚的友谊为基础，包含陪伴，享受共同的活动，拥有共同的兴趣，一起分享欢笑"（Grote & Frieze, 1994, p.275）。其表现是与那个和我们的生活交织在一起的人建立一种丰富且忠诚的友谊。

相伴之爱看上去令人愉悦，但与浪漫激情的狂喜相比，是否有点平淡乏味？可能会这样，但你或许会习惯于这种爱。当数百对结婚至少15年的夫妇被问及为什么他们的婚姻能持续时，他们并没有像热恋的情侣那样，说会为配偶做任何事或失去对方会多么痛苦（Lauer & Lauer, 1985）。相反，男女双方提到的两个最多的理由是：（1）"配偶是我最好的朋友"；（2）"我很喜欢他/她这个人"。持久且令人满意的婚姻似乎包含很多相伴之爱。

测量相伴之爱的实用工具是《基于友谊的爱情量表》（Friendship-Based Love Scale）（Grote & Frieze, 1994）。正如表8.5所示，该量表描述的情感与激情之爱的

表 8.5　基于友谊的爱情量表

想想你目前最亲密的关系，然后按照下面的标准来评价每一项与你相符或不符的程度：

1	2	3	4	5
强烈反对				非常同意

1. 我认为我们的爱情建立在深厚而又持久的友谊基础之上。

2. 通过享受共同的活动和兴趣来表达对伴侣的爱恋。

3. 我对伴侣的爱恋饱含坚实、深厚的感情。

4. 我们的爱情中一个重要部分就是我们能一起欢笑。

5. 我的伴侣是我认识的人当中最可爱的人之一。

6. 与伴侣之间的友情是我对他 / 她爱恋的重要部分。

已婚男性的平均得分是 25.2，已婚女性的平均得分是 26.4。男性一般得分在 21~30，女性得分在 22~30。个体在此量表上的得分与关系满意度和持续时间的相关远高于《激情之爱量表》的得分与关系满意度和持续时间的相关。

资料来源：摘自 Grote, N. K., & Frieze, I. H. "The measurement of friendship-based love in intimate relationships," *Personal Relationships*, 1, 1994, 275–300。

情感有很大差异；友谊和陪伴在此量表中比在《激情之爱量表》中更明显。

当然，深厚的友谊也经常出现在浪漫爱情中。有一项研究发现，在处于婚前关系的年轻人中，44% 的人认可恋人也是他们最亲密的朋友（Hendrick & Hendrick, 1993）。不过，当友谊成为浪漫爱情的一部分时，友谊是与性唤醒和激情结合在一起的（有时是混淆的）。在相伴之爱中更容易觉察友谊的重要性，此时亲密伴随承诺一起出现；而在浪漫爱情中则较不容易觉察到友谊，此时亲密则是和激情相伴的。

生理基础

相伴之爱还与浪漫之爱具有不同的生理基础。浪漫而激情的爱这种体验会刺激神经递质多巴胺的释放，而多巴胺则作用于我们大脑的奖赏和快乐中枢（Acevedo & Aron, 2014）。另一方面，相伴之爱似乎与神经肽催产素有关，催产素能让人放松和舒缓压力（Diamond, 2014）。处在分娩和哺乳期的妈妈会分泌催产素（事实上，催产素的合成制剂常用来诱导分娩），年轻妈妈血液中催产素含量越多，就会越喜欢注视、拥抱和爱抚婴儿，越喜欢对婴儿微笑（Feldman et al., 2007）。对于成人，性高潮时会释放大量的催产素；催产素也可能是情侣们在做爱后经常感到放松和昏昏欲睡的原因之一（Floyd, 2006）。此外，有趣的是，那些研究参与者在闻过催产素喷雾后，似乎更主动寻求与他人的社会接触（Bartz, 2016）；不太外向的人会变得更为友好（Human et al., 2016）；而回避亲密接触的人也会对他人更为友善和热情（Bartz et al., 2015）。

由于这类现象的存在，新闻工作者有时把催产素称为"爱与拥抱的激素"，但催产素并不总会让我们对陌生人友好。催产素唤起的似乎是亲和动机，但如果我们在亲近时碰到障碍，比如在实验室程序中安排一个对手实施充满敌意的挑衅（Ne'eman et al., 2016），催产素也会让我们变得更刻薄（Bartz, 2016）。催产素对我们的社会行为有多种不同的影响。

不过，在亲密、舒适的关系中，催产素似乎能给人带来安宁的幸福感。血液中催产素浓度高的人在与配偶讨论棘手的问题时一般更为温柔和友善（Gouin et al., 2010），他们对自己的婚姻也更为满意（Holt-Lunstad et al., 2015a）。此外，催产素可能会促使我们与有血缘关系的人保持持久的依恋（Floyd, 2006）。简言之，催产素可能为相伴之爱的情感提供了生理基础。

不过，即便多巴胺是浪漫爱情的重要参与者，催产素是相伴之爱的核心成分，这两种化学物质在人体内总有一定的含量，所以我们很少能遇上纯粹的浪漫之爱和相伴之爱，即只出现一种而另一种不存在。相伴的爱人可以且确实能体验到激情，而浪漫的爱人也可以并确实能体验到承诺。当我们真正经历爱情时，浪漫之爱和相伴之爱之间的区别要远比我们这里讨论的模糊得多（Graham, 2011）。尽管如此，只要我们愿意容许一定的模糊性，就可以得出结论，美国人的爱情关系中存在两种最常见的类型：一种爱情充满激情，让人们成双配对；另一种爱情充满友谊，是爱情关系经久不衰的基础。随着时间的推移，在持久的爱情关系中，相伴之爱一般要强于浪漫、充满激情的爱情（Ahmetoglu et al., 2010），它也与人们对爱情的满意度有更高的相关（Langeslag et al., 2013）。在本章最后我们还会谈到这一点。

同情之爱

在成功的爱情故事中还有第三种爱情（Fehr, 2015），爱情三角理论对此并无介绍，因为该理论并不认为体贴关心他人是爱情的特定组成部分。也许关心本就

表 8.6　《同情之爱量表》的项目示例

以下描述在多大程度上符合你的情况？

1. 我花了大量时间关注我亲近之人的幸福。

2. 如果我身边的人需要帮助，我会尽我所能帮助他 / 她。

3. 我宁愿自己受伤害，也不愿意看到身边的人受到伤害。

是爱情的成分。对伴侣幸福的无私关心和关注是**同情之爱**（compassionate love）的定义性特征，这种爱将亲密关系中的信任和理解与涉及同理心、无私、为爱人牺牲意愿的同情和关心结合在一起（Fehr et al., 2014）。[在我们进一步探讨之前，先花点时间来考察 "同情" 之爱这个说法。同情之爱听起来好像结合了浪漫、激情之爱（显然包含激情）和相伴之爱（与陪伴有关）；但它与这两者又都不同。同情包含了对他人的同理心和帮助他人的仁慈愿望。请不要混淆相伴之爱（companionate）与同情之爱（compassionate）。[2]]

具有同情之爱的人往往会与爱人同甘共苦（Collins et al., 2014），宁愿自己受苦，也不让亲近的人受到伤害。他们贴心周到、有同理心、慷慨大方，并且他们对爱人的关注和关心在《同情之爱量表》中显而易见（Sprecher & Fehr, 2005）（见表 8.6）。如你所料，富于同情之爱的人比缺乏同情心的人能为伴侣提供更多的支持，并从中获得更多的快乐（Sprecher et al., 2007）。

同情之爱的恋人对待伴侣常能做到体贴周到、善良仁慈且慷慨大方，这非常利于彼此的关系。研究者考察了 175 对来自美国和加拿大的新婚夫妇，让他们报告表 8.7 所列的行为中哪些在当天发生过。每天晚上都要报告，持续两周（Reis et al., 2017）。这些行为在年轻夫妇中经常出现，但不是那么频繁。平均而言，一对新婚夫妇做出其中至少一种行为的天数只有约 60%。然而，当这些行为发生时，配偶双方次日都对他们的关系更为满意，而且实际上付出比接受的效果更好：做出这些慷慨行为的人甚至比接受方体验到了更好的情绪。那么，对于以下观点，你或许就不会感到惊讶：随着时间的推移，对伴侣更强烈的同情之爱（当这些富有同情心的行为经常发生时，这是很明显的）也与更高的关系满意度和承诺有关（Fehr et al., 2014）。

2　别怪我，这两个词很相似。这不是我的错。

表 8.7　同情之爱的行为日记

你今天做了下列哪些事情？如果你有意识地更经常这样做，那么你和你的爱人都会对你们的关系更满意。如果你俩都能这样做，那么你们的伴侣关系该有多愉悦、多有益！

今天，我自愿为伴侣做了件特别的事。

今天，我特意去"那里"等待伴侣。

今天，我说了某些话或做了某件事，向伴侣表明我很重视他／她。

今天，我对伴侣非常温柔，表达了很多关心。

今天，我愿意优先考虑伴侣的目标或愿望。

今天，我真的努力去理解伴侣的想法和感受。

今天，我愿意为了伴侣调整我的计划和活动安排。

今天，我真诚地接受伴侣对我的劝告和要求。

今天，我真诚地接纳而不是评判伴侣的某些方面。

今天，我做了一些事，以表达我对伴侣的尊重和敬佩。

资料来源：Reis, H. T., Maniaci, M. R., & Rogge, R. D. "The expression of compassionate love in everyday compassionate acts," *Journal of Social and Personal Relationships*, 31, 2014, 651–676.

同情之爱与浪漫之爱和相伴之爱的体验有很高的相关，即它们都拥有亲密，但它们之间仍存在值得注意的差异（Fehr, 2015）。浪漫之爱是"盲目的"，同情之爱却根源于对伴侣优点和缺点更准确的理解——我们知道他们并不完美，但无论如何我们都爱他们（Neff & Karney, 2009）。如果伴侣因年老而变得虚弱，或者"厄运让伴侣一方的身心健康状况由好变差"，那么在保护和维系亲密关系方面，定义同情之爱的无私关注可能是无价的（Berscheid, 2010, p.17）。同情之爱对长期亲密关系的持续满足是否必要？我们并不知道答案，这类研究也才刚刚开始（如 Sabey et al., 2016）。不过，除了激情和友谊，对伴侣充满同情的关心或许是美好爱情体验的另一个关键因素。

> **想一想** ✓
>
> 想象一下，你正在开发一种配方，你想从一个完美的爱人那里得到完美的爱情。这种爱情包括哪些内容？你的恋人对你会有什么感觉？

爱情风格

另一种区分不同类型爱情体验的体系是由社会学家约翰·艾伦·李提出的，

表 8.8 爱情风格

情欲之爱	认为好看的外表很有吸引力，并寻求一种强烈、充满激情的关系。
游戏之爱	视爱情为游戏，喜欢脚踩几条船。
友谊之爱	更喜欢逐渐发展成持久承诺的友谊。
狂热之爱	难以满足，对伴侣有强烈的占有欲，易激动。
利他之爱	利他，负责。
现实之爱	在寻找伴侣时务实、谨慎，重逻辑。

资料来源：基于 Lee, J. A. "Love-styles," in R. J. Sternberg & M. L. Barnes (Eds.), *The psychology of love* (pp. 38–67). New Haven, CT: Yale University Press, 1988。

他采用来自希腊语和拉丁语的词语描述了六种爱情风格，它们在情感体验的强度、对爱人的承诺、期望爱人具备的特征及得到对方回报的期望等方面有所不同（Lee, 1988，见表 8.8）。第一种风格是**情欲之爱**（eros），色情（erotic）这个词便由此而来。情欲之爱有强烈的肉欲色彩，这种风格的情人很可能深受外貌的影响，相信一见钟情。

第二种风格是**游戏之爱**（ludus），视爱情为没有约束的游戏。这类爱人常常反复无常，并（试图）同时拥有多个伴侣。相比之下，第三种风格是**友谊之爱**（storge），引导人们不再强调强烈的情感，而是去寻求真正的友谊，逐渐发展为真实的承诺。

第四种风格是**狂热之爱**（mania），属于这种爱情风格的人难以满足、占有欲强，充斥着生动的幻想和沉迷。第五种风格是**利他之爱**（agape），主张无偿付出、利他、无私，并把爱视为一种责任。最后一种风格是**现实之爱**（pragma），这种风格实际而务实，使人冷静地寻找理论上最适合自己的伴侣。

这些区分有用吗？与其把它们看作另外六种爱情风格，不如将其视为爱情体验中的六个方面，它们与我们已知的爱情类型相互重叠且有各自不同的关联，这样也许更有意义。具体来看，友谊之爱、狂热之爱及现实之爱与浪漫之爱、相伴之爱或同情之爱的共同点很少；狂热之爱的痴迷、友谊之爱和现实之爱的冷静和务实，与三种爱情的核心成分——爱的亲密——明显不同（Graham, 2011）。不过，爱情三角理论中爱情的三种成分（亲密、激情与承诺）都与情欲之爱和利他之爱存在正相关（记住，爱情既包含给予，又包含接受），而与游戏之爱负相关（这表明爱情是严肃的）（Graham, 2011）。[关系满意度也与情欲之爱和利他之爱正相关，

专栏 8.2

一种你不想经历的爱——单恋

你是否曾经爱过并不爱你的人？或许爱过。根据不同的样本，有80%（Aron et al., 1998）到90%（Baumeister et al., 1993）的年轻人报告他们曾经历过单恋：浪漫地、充满激情地被某个人吸引，但对方却没有回应。单恋是一种很普遍的爱情体验，对象可能是点头之交、过去的伴侣，甚或当前的伴侣，只不过他/她对彼此的关系没有我们希望的那般投入（Bringle et al., 2013）。

为什么我们会经历这样的爱情？可能有几个原因。第一，想要成为对方恋人的人会被不情愿的对象强烈吸引，他们想当然地以为与对方的爱情关系值得努力和等待。第二，他们过于乐观地高估了对方喜欢自己的程度（Aron et al., 1998）。第三，可能也是最重要的一点，单恋通常隐含一种希望：未来能获得回报；人们始终抱有幻想，认为自己最终能赢得心仪对象的爱（Bringle et al., 2013）。

单恋而得不到对方的爱会很痛苦，但成为他人的单恋对象，得到不希望得到的爱慕实际上更糟。当然，有人追求是好事，但有人单恋我们时，我们常常会发现追求者的执着是一种骚扰，令人讨厌，而且拒绝狂热的追求者通常会让我们心生内疚（Joel et al., 2014）。被单恋的一方一般都是好人，"心存善意，却发现自己陷入了另一个人的情感漩涡，并常因此而深感痛苦"（Baumeister & Wotman, 1992, p.203）。渐渐地，我们开始意识到所爱之人不可能成为我们的稳定伴侣，这会让我们很痛苦，同样，我们的单相思可能也会让我们的单恋对象更为难堪。

而与游戏之爱负相关（Vedes et al., 2016）。]故而李（Lee, 1998）所描述的某些爱情类型与那些得到广泛研究的爱情类型有关，但有些类型则不然。苏珊和克莱德·亨德里克夫妇编制了《爱情态度量表》（Love Attitudes Scale），用来测量人们对这六种爱情风格的认可程度。研究结果发现，男性在游戏之爱上的得分高于女性，而女性在友谊之爱和现实之爱上的得分高于男性（Hendrick & Hendrick, 2006）。其他研究者发现，人们倾向于与那些对爱情持有相似态度的人配对（Morrow et al., 1995）。总的来说，爱情风格提醒我们注意某些来自个体的因素（如务实），这方面有时容易被忽视。

爱情的个体和文化差异

显然，当人们说"我爱你"时，感受可能各不相同。更为复杂的是，有些人可能比其他人更有可能体验到某些类型的爱情。某些个体差异及文化影响都与爱情有关，我们先探讨爱情是否具有文化差异。

文 化

如果使用 fMRI 技术，你会发现中国的浪漫爱情看起来和美国的并无二致：两种文化中的人看到自己爱侣的照片时激活的脑区相同（Xu et al., 2011）。这并不奇怪，因为浪漫的爱情似乎是人类普遍的经验，在世界各地的人身上都会出现（Fletcher et al., 2015）。在东西方文化中，浪漫之爱与相伴之爱的区别都很明显（Fehr, 2015）。可以说，在不同的文化中，各种爱情都有类似的表现。不过，在这些广泛的相似或相近之下，还存在一些细微的文化差异，使得各地的爱情略有不同。

例如，在描述坠入爱河的体验时，美国人比中国人更强调恋人的俊美容貌及两人的相似之处，而中国人比美国人更多提及良好的性格、别人的看法及自身的生理唤醒（Riela et al., 2010）。（你认为哪个国家的人坠入爱河的理由更充分？）之后当他们步入婚姻的殿堂时，中美两国中相爱的已婚夫妇都会感受到许多温情的关爱，感受到对伴侣的性渴望，但也存在文化差异。一方面，把爱情想象成童话，并期望从此过上幸福生活，这种浪漫的幻想在美国更为突出；另一方面，承认伴侣也会令人心烦、难以理喻，爱情本身是喜忧参半，这种情况在中国则更为常见（Jackson et al., 2006）。（你更赞同哪种文化下的观点？）最后，与集体主义文化中的人相比，美国等崇尚个人主义的西方国家的人更有可能坚持把爱情作为结婚的理由（Merali, 2012）。中国大学生比美国大学生更有可能按照父母的意愿去选择结婚对象（Zhang & Kline, 2009）。在中国，婚姻往往是一个家庭的决定；而在美国，年轻人通常认为选择配偶应完全由自己做主。（如果父母能为你选择配偶，他们会为你选择谁？见专栏 8.3。）

专栏 8.3

你父母希望你跟谁结婚

由家长来决定子女配偶的包办婚姻在亚洲和中东仍很普遍（Merali, 2012），那么有趣的问题来了：如果婚姻由父母做主，你的父母希望你跟谁结婚？一般而言，你的父母可能有与你一样的要求：他们也想找有吸引力、聪明、稳定、善良且经济前景好的女婿和儿媳。有趣的是，他们的优先级可能与你不尽相同，因而，如果不能十全十美（谁又能呢），他们比你更看重某些条件。外貌吸引力对于他们而言并不像对你那般重要（Apostolou, 2015）。你更关心对象的身高、体重，体味是否好闻，而父母则更关心对方的族裔、社会阶层、家庭背景和宗教信仰（Buunk & Solano, 2010）。他们还不希望你发生随意的性关系，尤其是女孩（Apostolou, 2009）。总而言之，与子女的看法相比，父母会认为两人之间基本的相似和承诺更为重要，这一点所有文化皆然（Buunk & Solano, 2010）。他们有道理吗？

依恋类型

因为文化的作用相当微妙，所以文化对爱情的影响并不如个体差异那般明显。具体而言，不管何种文化，依恋的两个维度，即忧虑被弃和回避亲密，都非常重要，因为它们与爱情的所有成分都有关系：亲密、激情、承诺和关心。

- 亲密。安全依恋类型的人通常很重视他人，认为他人值得信任、可以依赖且心地善良（Luke et al., 2004），所以他们对待自己的伴侣往往很坦诚，乐于向对方做出很多的自我表露。而那些不安全型的人则对他人更谨慎。具体来说，高回避倾向的人通常会以怀疑的眼光看待他人，认为他人不诚实、靠不住（Collins & Allard, 2001）。因此，他们往往守口如瓶，很少对伴侣诉说自己的情感和愿望（Feeney et al., 2000）。总的来说，与不安全型依恋的人相比，安全型依恋的人与伴侣的关系更为亲密（Mikulincer & Shaver, 2013）。

- 激情。在那些黏人之人的生活中存在很多戏剧性场景，但大部分并不轻松愉快。被人抛弃的焦虑常常让他们很紧张，他们在亲密交往中体验到的是惴惴不安，而不是幸福快乐（Davis et al., 2004）。回避亲密的人更为疏远和冷漠，他们的激情（尽管少得可怜）更加不带有个人色彩。所以，安全型依恋类型的人能体验到最美妙、最惬意的性生活，他们有更频繁的性行为、更多的生理唤醒、更大的愉悦、更多次数的高潮和更大的满足感（Mikulincer & Shaver, 2013）。

● 承诺。与不安全型依恋的人相比，安全型依恋的人往往对伴侣关系更忠诚（Mikulincer & Shaver, 2016）。这丝毫也不奇怪，因为日复一日，与不安全型的人相比，安全型依恋的人与爱人之间的互动更亲密、更积极、更令人满意（Kafetsios & Nezlek, 2002）。

● 关心和呵护。最后，当伴侣紧张不安和需要支持时，不安全型依恋的人是低效的照顾者，与安全型的人相比，他们提供的安慰更少，也让伴侣更不自在（Davila & Kashy, 2009）。特别是当有需求的伴侣要求提供安慰和支持时，高回避型依恋的人表现得更消极，有时还会生气（Campbell et al., 2001）。焦虑型依恋的人也常会提供很多帮助，但他们这么做往往是为了一己私利，希望获得伴侣的赞许。总的来说，对伴侣的同情之爱会因安全型依恋得以提升和增强，因回避亲密而削弱（Sprecher & Fehr, 2011）。

因此，安全型依恋和创造不同爱情体验的四种成分均存在正相关。可以肯定的是，安全型依恋的人比不安全型依恋的人体验到更强烈的浪漫之爱、相伴之爱和同情之爱（Hepper & Carnelley, 2012）。

然而，重要的是，我们所有人通常都有几个不同的"伴侣"，如爱人、父母和朋友，这些人在任何时候都是重要的依恋对象。我们或许在某些关系中相对安全，而在另一些关系中则不太安全（Fraley et al., 2011）。我们这里所说的依恋类型是人际关系的整体倾向，其中可能潜藏着对特定伴侣的若干不同情感，因此，尽管有些人对母亲的依恋是焦虑型的，但可能会全心全意地信任自己的爱人。所以，依恋在不同的人际关系中会有所不同，这使得爱情关系中的依恋类型变得更为复杂。

虽然如此，我们这里描述的整体态度仍然很重要。不同程度对亲密行为的回避及不同程度对被抛弃的焦虑，刻画着世界各地人际关系的特征（Schmitt, 2008）。它们显然为我们与他人的交往奠定了基础。在幼儿期对母亲形成安全型依恋的个体在青少年期往往会有亲密的友谊，进而，由于这些成功的友谊，成年后他们往往也拥有令人满意的爱情（Haydon & Roisman, 2013）。依恋类型强大而持久的影响表明，不仅有不同类型的爱情，也有不同类型的爱人。

年　龄

　　另一个可能影响爱情而又变化缓慢的个人特征是年龄。随着年龄的增长，大多数人会变得更成熟（Shallcross et al., 2013）。研究者比较了 60 岁和 40 岁的夫妻，结果发现，年老夫妻互动时身体上的唤醒较低，但精神上更愉悦。他们的情绪不是很强烈，但整体上更为积极，即使在婚姻不是很幸福的时候（Levenson et al., 1994）。因此，让年轻人步入婚姻殿堂的那种灼热、急迫和强烈的情感，似乎会随时间的推移而逐渐变弱，取而代之的是更温和、更成熟的爱情观。

男人和女人

　　另一个不随时间变化的重要个体差异是性别。整体来看，男性和女性在爱情方面大同小异（Fehr, 2015）。他们都能体验到不同类型的爱情，虽然男性往往比女性更回避亲密，也更少有被抛弃的焦虑，但性别差异相当小（Gillath et al., 2016）。平均而言，女性体验到的情感比男性更强烈、更多变（Brody & Hall, 2010）；不过，在使用《爱情量表》（Rubin, 1973）和《激情之爱量表》（Galperin & Haselton, 2010）等测量男女两性的浪漫爱情时，研究者几乎没有发现任何差异。显然，如前所述，认为男人和女人分别来自不同的星球是十分愚蠢的。

　　另一方面，男性往往比女性有更浪漫的态度；他们比女性更可能认为，只要爱一个人够深，其他什么都不重要（Sprecher & Metts, 1999）。他们也更可能相信有可能会经历"一见钟情"，而且他们往往比女性更快地坠入爱河（Galperin & Haselton, 2010）。女性在爱情方面比男性更为谨慎；她们对爱恋对象也更为挑剔，更慢感受到激情，并将感情限制在适配价值更高的伴侣身上（N. Li et al., 2012）。男性往往不那么挑剔，这一点反映在他们更容易接受随意性行为（Sprecher et al., 2013a）。据此我可以说，与流行的刻板印象相反，在新确立一段亲密关系时，男性通常是首先说"我爱你"的那个人，有 70% 的情况下是这样（Ackerman et al., 2011）。[我要提醒你的是，所有这些行为模式都与演化的观点相一致。演化观点认为，女性挑选爱人应该审慎，因为她们在子女养育上的投入要远远大于男性（Buss, 2015）。相反，社会文化模型认为，女性之所以有更苛刻的择偶标准，是因为传统上她们在许多社会中的地位较低。根据这一观点，女性谨慎选择社会地位较高的配偶，正是她们取得男性更容易获得的资源的少数手段之一（Eagly & Wood, 2013a）。你认为哪种解释更有说服力？]

男性似乎也更注重激情。男女两性都认同爱情应该温情脉脉、忠贞不渝，但男性比女性认为爱情应该有更多的激情（Fehr & Broughton, 2001）。的确，在爱情的三个成分中，"激情"与男性对关系的满意度相关最高，而"承诺"则是女性满意度的最佳预测因子（Sternberg, 2006）。根据斯滕伯格的三角理论，随着时间的推移，男性所依赖的这种爱情成分是最不稳定和最不可靠的。

爱情能否持久

那么，时间的流逝会怎样影响爱情？爱情能否持久？这是一个复杂的问题，因为正如我们已经了解到的，既有不同类型的爱情，也有稀奇古怪的情侣。你这些年的爱情体验或许和其他人不同。不过，典型的北美婚姻是这样一种情形：20多岁的青年男女沉浸在浪漫激情中，发誓要共度余生，可能还期望他们的激情能一直持续下去。能做到吗？尽管情侣们有美好的愿望，但亲密关系科学所能给出的最佳答案是，可能做不到，至少达不到伴侣们所期望的程度。

最基本的事实是，婚后浪漫爱情会减弱（Sprecher & Regan, 1998）。随着时间的推移，人们在浪漫和激情之爱量表上的得分都会下降（Tucker & Aron, 1993），这还是那些一直努力维持婚姻的夫妻的情形！结婚几年后，丈夫和妻子就不会再像从前那样坚称愿意为对方做任何事情，或者在互相凝视时陶醉在彼此的双眸中了。更重要的是，伴侣之间浪漫爱情的减弱会非常迅速。仅仅在结婚两年后，夫妻之间表达爱意的频率就比他们刚结婚时减少了一半（Huston & Chorost, 1994）。从世界范围来看，婚姻第四年的离婚率比其他任何时候都高（Fisher, 1995）。很多夫妻未能维持住他们当年步入婚姻殿堂时那种对彼此的渴望。

浪漫爱情为何难以持久

事实上，如果我们仔细考察就会发现，浪漫爱情之所以会随时间而减弱，大致有这么几个原因（Walster & Walster, 1978）。首先，幻想促进了浪漫。如前所述，爱情在一定程度上是盲目的。激情洋溢的爱人们往往会将伴侣理想化，最小化或忽略那些会让他们犹豫的信息。想象、希望和幻想，可以让与我们截然不同的人看起来很有吸引力，至少暂时是这样。当然，问题是幻想会随时间的流逝和经验的积累而逐渐消退。在某种程度上，伴侣之间理想化的赞美能促进爱情，我们可以预期：当伴侣双方开始生活在一起，慢慢地回归现实时，浪漫就会消退。"理想易黯淡，幻想会破灭，诡计终将被戳穿……随着时间的流逝，浪漫会淡去，因为熟悉能使人更现实、全面地审视对方，清晨刺眼的阳光最终驱散了月亮迷人的光晕"（Mitchell, 2002, p.94）。作家艾丽卡·容描述了两位陌生人"短暂而激情的"一夜情，并因此而出名："既然激情与幻想有关，而婚姻与现实有关，那么激情与婚姻的共存可谓天方夜谭"（Jong, 2003, p.48）。

此外，仅仅是新奇也能为新的恋情注入兴奋和能量。恋人之间的初吻通常比之后的成千上万个亲吻更令人激动，而当人们为新伴侣精神抖擞、魂牵梦绕时，决不会意识到30年之后自己的爱人会变得如此熟悉和习以为常。的确，新奇在其他物种中也会引起性唤起：如果把两只处在发情期的公鼠和母鼠关在一起，公鼠会多次与母鼠交配直至性趣枯竭；然而，如果这时用另一只处在发情期的母鼠代替第一只母鼠，那只公鼠又会重新焕发兴趣和活力，扑身而上与之交配。这样不断地更换新母鼠，可诱使公鼠射精次数两三倍于与同一只母鼠关在一起的情形（Dewsbury, 1981）。研究者把这种新奇对性唤醒的影响称为柯立芝效应（Coolidge effect），这一名称来自一个或许是杜撰的老故事。据说，美国总统卡尔文·柯立芝有一次与夫人参观一个养鸡场，柯立芝太太注意到，一只公鸡一次又一次地趴在一只又一只母鸡身上。夫人甚为这只公鸡的勇猛折服，她让导游把这只公鸡指给总统看。据说，柯立芝听说这只公鸡的充沛精力后，想了片刻，然后说道，"请告诉夫人，那里可不止一只母鸡"（Walster & Walster, 1978）。

对人来说，新奇有相似的作用吗？或许有。一起参加新奇、激动人心的活动会让浪漫情侣彼此感觉更加相爱（Strong & Aron, 2006）。此外，有学者提出，浪漫的激情是由我们关系中的变化激发的（Baumeister & Bratslavsky, 1999）。当我们刚坠入爱河时，我们的自我在扩展，一切都是新鲜的，亲密感在不断增加，激情就可能非常高亢。然而，一旦确立了婚姻关系，新奇感消失，激情就会逐渐消退；

想一想 ✓

人们体验到的激情大小往往随他们衰老而剧降。为什么会如此？你将来会这样吗？

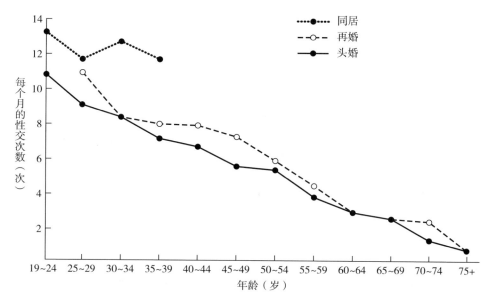

图 8.2　不同年龄阶段的性交频率

一般来说，随着时间的流逝，大多数爱情关系会变得缺乏激情。

资料来源：摘自 Call, V., Sprecher, S., & Schwartz, P. "The incidence and frequency of marital sex in a national sample," *Journal of Marriage and the Family*, 57, 1995, 639–652。

婚姻关系持续越久，激情就变得越少（Campbell & Kaufman, 2017）。一项对美国人性行为的广泛调查支持了这一观点。调查显示，普通夫妻间的性交频率（测量彼此之间激情的指标之一）在婚姻过程中持续下降（Call et al., 1995）。德国的"亲密关系及家庭动力固定样本分析"（the pairfam study）[3] 年复一年访谈数千人，发现了一致的结果：如果有什么区别的话，那就是性爱频率最大幅度的减少发生在亲密关系的第二年（Schröder & Schmiedeberg, 2015）。如图 8.2 所示，性爱的减少显然与年龄有关，随着年龄的增长，性生活通常会减少（Lee et al., 2016）。然而，人们如果再婚，更换了性伴侣，性生活的频率会增加，至少在一段时间内是这样的。因此，激情随时间而减弱的原因似乎并不完全是衰老。可以说，"浪漫因新奇、神秘和风险而繁盛，却因日益熟悉而烟消云散。因此，所谓持久的浪漫本就是自相矛盾的"（Mitchell, 2002, p.27）。

3　在第 2 章中，我们曾提及这个杰出的研究项目。

最后，图 8.2 也表明，唤醒会随时间的推移逐渐消失。我们都清楚，身体的或生理的唤醒——如脉搏加快、呼吸急促——无疑会点燃激情。但人们不可能永远保持紧张的激动状态！"虽然激情是一种美妙的感觉，完全令人陶醉，但往往也是很短暂的。激情是一种很难长期维系的情感，而婚姻在理论上是最漫长的旅程"（Savage, 2016, p.31）。就浪漫爱情而言，当伴侣变得熟悉时，大脑可能根本无法产生足够多的多巴胺，所以，即使伴侣能一如既往地完美，你也不能像过去那样被唤醒。无论如何，不管何种原因，爱情的激情成分都不如亲密和承诺那么持久（Ahmetoglu et al., 2010）。这就意味着，浪漫的爱情也不会那么持久。

爱情的未来会怎样

因为浪漫激情的三个重要影响因素——幻想、新奇和唤醒——通常会随岁月流逝而减弱，所以，浪漫的爱情亦会日渐消退（Walster & Walster, 1978）。现在，让我们明确一点：有些夫妻一起生活几十年后仍然彼此充满爱意；在随机抽取的婚龄为 10 年以上的美国人中，有 40% 的人报告他们"非常深切地爱着"自己的配偶。但平均而言，即便这样的爱情也不再像当初结婚时那般强烈了（O'Leary et al., 2012）。所以，我们可以客观地得出这样的结论：几乎所有人的爱的感觉都会随时间的推移而有所变化。结婚 10 年后仍深爱彼此的夫妇在看到爱人的照片时，其大脑中富含多巴胺的奖赏中枢仍会被激活，正如当初他们坠入爱河时的表现一样，但与一夫一妻制和承诺有关的脑区也变得更为活跃（Acevedo et al., 2012）。即使欲望和关心依然存在，对爱人的痴迷狂恋一般也会消退，那是爱情最初的特征（Acevedo & Aron, 2009）。归根结底，让人们步入婚姻的炽热爱情往往不会原封不变，这可能是美国人离婚率如此之高的一个原因，人们普遍抱怨爱情的"魔力"已然消失（参见第 13 章）。

不过，我们并不希望这一消息让你感到沮丧。相反，我认为它提供了一些重要的建议，告诉我们如何保持爱情天长地久。通常，促使人们结婚的爱情和使人们数十年厮守在一起的爱情并不一样。随着年龄的增长，激情会消退，但亲密和承诺都会增强（Ahmetoglu et al., 2010）。因此，相伴之爱比浪漫之爱更稳定（Sprecher & Regan, 1998）。如前所述，能长久维持幸福婚姻的人通常会向配偶表达许多相伴之爱（Lauer & Lauer, 1985）。这样的人通常也是发自内心的快乐：虽

新建立的亲密关系通常充满新奇的发现和乐趣，让人充满活力和激情。但是，一旦对这些由新异带来的欢乐习以为常，它们就会贬值。比起那些让伴侣关系变得单调乏味的夫妇，能创造性地合作并继续一起寻找乐趣的夫妇更有可能长久地彼此相爱。

然相伴之爱不依赖于激情，但身处相伴之爱的人仍会感到非常满足（Hecht et al.，1994）。并且因为亲密和激情相关（Whitley, 1993），所以夫妻成为好朋友也有助于维持激情。

故此，你应该只把自己托付给一个同时也是好友的爱人。你还可以有目的、创造性地努力防止任何可能损害满足感的厌倦情绪。当爱情关系变得重复和单调时，它就会停滞不前，如我们在第 6 章看到的，厌倦的出现并非因为发生坏事，而是因为婚姻生活变得无趣、缺乏刺激或挑战（Harasymchuk & Fehr, 2013）。厌倦是爱情和满意的对立面，所以，厌倦的出现是非常糟糕的信号（Tsapelas et al.，2009）。如果不再有新奇，就去创造更多的新奇。不要停止去寻找新奇而吸引人的夫妻享乐之道，无论床上还是床下（Frederick et al., 2017）。

这就是你的爱情策略。享受激情，但不要把它作为长久爱情关系的基础。积极培养与爱人之间的友情。努力保持新鲜感，把握住每一个与配偶共同进行新奇探索的机会（Strong & Aron, 2006）。如果你对爱人强烈的欲望渐渐演变为平静而深厚的情感，不要觉得奇怪或失望。这种幸福的结果很可能会让你成为一个幸运的爱人。

请你思考

在大卫和凯瑟琳相识之前，两人都没有谈过恋爱。所以，当他们从约会关系逐渐发展成更亲密的恋爱关系时，两人都很兴奋。彼此都是对方的初恋情人，并且他们发现，性行为既令人尴尬又令人兴奋。此后的几周，他们沉浸在从未体验过的浪漫情感的兴奋之中，很快他们便决定结婚。然而，大卫很快就被凯瑟琳惹恼了，因为她总是追问大卫每天的所有活动。在大卫上班时，凯瑟琳上午和下午都会给他打电话，仅仅是为了"保持联系"。如果大卫中午和客户聚餐或外出办事，凯瑟琳就会变得烦躁。从凯瑟琳的角度看，她也因为大卫明显不愿意向她倾诉心中的想法而感到困扰。大卫则为自己的自我和独立而自豪，并认为没有必要告诉凯瑟琳所有的事情。凯瑟琳持续不断的追问开始让他觉得不胜其烦。

你认为大卫和凯瑟琳的未来会怎样？为什么？

本章小结

爱情简史

不同的社会文化对爱情的看法截然不同。直到最近，人们才有了因爱情而结婚的观念。

爱情类型

爱情三角理论。爱情三角理论认为，亲密、激情和承诺可以组合成 8 种不同类型的爱情。

浪漫激情之爱。激情（任何原因引起的生理唤醒都能使其增强）和亲密结合成为浪漫之爱。浪漫之爱的特征是对伴侣的理想化评价。

相伴之爱。承诺和亲密结合成为相伴之爱，这是一种在生活相互交织的伴侣之间建立的深厚友谊。幸福的夫妇通常认为他们同时也是好朋友。

同情之爱。亲密与对爱人无私的呵护结合成为相伴之爱。富有同情心的行为能促进亲密关系。

爱情风格。研究者还确定了爱情体验中的六个方面，它们与各种类型的爱情存在不同的相关。

爱情的个体和文化差异

文化。爱情在全世界都非常相似，但也存在一些细微的文化差异。

依恋类型。安全型依恋的人比不安全型的人体验到更强烈的浪漫之爱、相伴之爱和同情之爱。

年龄。随着年龄的增长，人们变得成熟，并且随着时间的推移，他们体验到的爱情也变得不再那么强烈了。

男人和女人。男性和女性在爱情方面大同小异。不过，与男性相比，女性挑选爱侣时更谨慎，坠入爱河也较慢。

爱情能否持久

在大多数情况下，但不是所有情况，浪漫的爱情会在人们结婚后减弱，有时减弱的速度还非常快。

浪漫爱情为何难以持久。浪漫和激情包含幻想、新奇和唤醒，它们都会随时间推移而消退。

爱情的未来会怎样。相伴之爱非常令人满足，可能也比浪漫之爱更稳定。如果爱人彼此是好朋友，并且努力克服沉闷而乏味的婚姻生活，他们就更可能维持长久而满意的爱情关系。

第 9 章

性 爱

　　请你回答两个问题。第一，如果有个淘气精灵能带给你源源不断的强烈性高潮，但要求你独自体验，并且永远不再和其他人发生性关系，你会同意吗？第二，如果你在蜜月期发现自己的新婚伴侣偷偷地服用刺激性欲的药物，借此增强他／她对你的性反应，你会感觉受伤吗？

　　毫无疑问，不同的人对这两个问题会有不同的回答。那些很长时间没有和亲密伴侣发生过性关系的人可能会认为，强烈的性高潮（即使是独自一人得到的）非常具有诱惑力。但我怀疑，大多数人都不愿放弃未来与一个或多个情人发生身体接触的可能机会。能与爱侣一起分享的性高潮更加令人充实（Bensman, 2012）；而且，如果我们不能再与爱侣共享性爱，大多数人会感到失望。我们希望爱人觉得我们很有魅力，也希望我们迷恋他们。所以，如果得知伴侣对我们强烈的性欲望（至少部分地）是某种药物作用的结果，我们就会很受伤（Morgentaler, 2003）。

　　正如这些问题所提示的，人类的性爱远不止强烈的性高潮。对于有些人来说，性行为不一定与亲密的爱情有关；但对我们大多数人来说，亲密的爱情包含性行为。亲密的爱情关系往往包含性的成分，我们的性行为和性满足通常取决于爱情关系的性质和健康状况。正如我们在本章中将要了解到的那样，性爱和亲密关系有紧密的联系。

性态度

对随意性行为的态度

时代业已变迁。你可能比祖父母辈的人更容易接受非婚性行为。50 年前，大多数人不赞成"婚前性行为"；但如今，只有不到 25% 的人认为非婚性行为"总是或几乎总是错误的"（Twenge et al., 2015）。环境也很重要。我们大多数人持有以情感为标准的性认可态度（Daugherty & Copen, 2016）。我们认为，未婚伴侣之间的性行为只要以承诺、关爱为基础，也是适宜的、可以接受的。我们对一夜情的态度更为矛盾，**一夜情**（hookups）是指与非爱情伴侣发生性关系，通常只持续一个晚上，不涉及对长期亲密关系的任何期望（Kuperberg & Padgett, 2016）。一方面，男性和女性在发生一夜情后的积极感受通常多于消极感受，但复杂的情感非常普遍，约 40% 的一夜情带给当事人的主要是困惑或失望（Strokoff et al., 2015）。［当发生意料之外的或不希望的一夜情时，人们尤其可能产生不悦的反应（Vrangalova, 2015）。］实际上，一夜情并没有看起来那么受欢迎：男女两性都不像他们认为的那样喜欢一夜情（Reiber & Garcia, 2010）。事实证明，大多数男性和女性都更喜欢与人约会谈恋爱，而不仅仅是发生一夜情（Bradshaw et al., 2010）。

男性和女性的性观念是否存在差异？平均来看，的确存在差异：男性持有更放纵的性价值观和态度，但这种差异正在随时间的推移而缩小，且差异大小取决于被测量的具体态度（Hyde, 2014）。在性观念上最大的性别差异之一是对待婚外随意性行为的态度，男性比女性更可能认为没有爱情的性行为也可接受，所以他们在一夜情之后的早晨通常比女性感觉要好（Strokoff et al., 2015）。这种差异无疑会影响男女两性对过去性行为的懊悔：女性更可能后悔她们已做过的事（如发生一夜情），而男性更可能后悔他们未曾做过的事（如自己当初有机会却没有发生性关系）。谈到随意性行为时，女性往往后悔自己做过的行为，而男性后悔的则是自己的不作为（Galperin et al., 2013）。

一个人的性行为可能还涉及其他性态度。传统上，人们对女性性经历或性放纵的评价要比男性更为严苛。男性如果有许多性伴侣，可能会被人称赞为"风流帅哥"；而女性如果有同样数量的性伴侣，则会被人贬斥为"淫娃荡妇"。这种不平等就是所谓的性的双重标准，多年前该现象相当明显，但今天似乎变得更加微妙：我们往往不赞同任何人（不论男女）"过多地"沾花惹草（Allison & Risman, 2013）；但是，性的双重标准仍旧存在，尤其在男性中盛行（Rudman et al., 2013）。同样是接受随意性行为的邀请，女性则会比男性遭到更多的蔑视（Kettrey, 2016）。人们对罹患性病的女性的评价远比对男性的评价更苛刻（Smith et al., 2008）。如今，一旦步入成年人行列，人们一般希望潜在的恋爱对象有一定的性经验，童贞并不能提升你的吸引力（Gesselman et al., 2017）。但是，如果你有过两三个以上的情人，即过去的伴侣数量越多，你作为潜在伴侣（无论男女）的吸引力也就越低（Stewart-Williams et al., 2017）。因此，明显的性双重标准似乎不再存在，但一个人的性别仍然会影响人们对其性经历的评价。

对同性恋的态度

一个人的性取向对某些人来说也很重要。相当一部分美国成年人（约 34%）认为成人之间的同性性关系是"道德败坏"。然而，大部分美国人并不这么认为，近三分之二（63%）的人认为同性性关系"在道德上是可以接受的"（Jones, 2015）。当然，情况并非总是如此，近些年来，我们对同性性关系的态度发生了巨大变化。例如，在 2001 年，57% 的美国人反对同性婚姻合法化，这类婚姻在当时是不可能实现的；但现在，62% 的人支持"同性婚姻"，而且，同性婚姻在美国还获得了法律的认可（Pew Research, 2017）。类似的巨大变化也发生在世界其他地方（如苏格兰、乌拉圭、新西兰和巴西；参见 Pew Research, 2015）。

为什么会发生这种变化？我们来看两个重要的原因。第一，男同性恋和女同性恋比以往任何时候都更多地出现在公众视野中，想想美国那些年的热门电视节目，如《威尔和格蕾丝》《欢乐合唱团》和《摩登家庭》的影响吧。人们与同性恋者接触越多，对他们的感觉往往就越好（Cunningham & Melton, 2013; Lytle & Levy, 2015）。美国年轻人对同性恋者的态度比老年人要积极得多（Pew Research, 2017），而年轻人也更有可能结识（甚至喜欢）一些公开同性恋身份的人。

　　第二个原因是，我们对同性恋的理解比过去深刻得多。例如，人们对同性恋关系的评价与其对同性恋成因的看法有很大关系，如图 9.1 所示。如果人们认为性取向受出生前发生的生物学因素的影响，他们在很大程度上就会认为同性恋是可以接受的。另一方面，如果人们认为同性恋是个体后天选择的一种生活方式，则会有相当多的人认为同性恋难以忍受。近 20 年来，认为个体的性取向在出生时就已确定的人数在逐渐增加，而认为同性恋是后天选择的人已经减少（Jones, 2015）。这一点很重要，尤其是对于同性恋者而言，持第一种观点的人是正确的，而持第二种观点的人则是错误的。近几年来，心理学和生理科学已有定论，"对性别认同和伴侣的偏好显然已经不可逆转地刻入了发育中的胎儿大脑里，且不可改变。我们的性别身份是什么，在性方面，我们爱谁及如何爱，在大多数情况下似乎是与生俱来的，甚至在出生前就已经开始了"（Horstman, 2012, p.60）。

　　性取向是复杂的，涉及一个人的情感和性吸引力、实际行为及个体的同一性。我们人类不只是同性恋或异性恋。研究者发现，至少可区分出 5 种性取向，即异

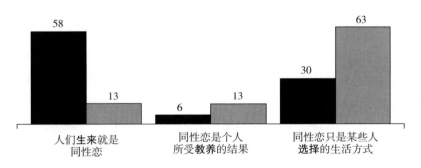

图 9.1　对同性恋的宽容取决于人们对其起源的看法

皮尤研究中心在 2013 年 5 月进行了一项民意调查，该调查选取了有代表性的美国人样本，结果显示：如果人们认为性取向是与生俱来的，就更有可能对同性恋持宽容态度，报告同性恋应该被社会所接受；相反，如果人们认为同性恋是个人选择，就不能容忍这样的行为。该民意调查的误差范围为 3 个百分点。
N = 1 504。

资料来源：摘自 Pew Research Center. "In gay marriage debate, both supporters and opponents see legal recognition as 'inevitable.'" June 2013.

性恋、主要是异性恋、双性恋、主要是男 / 女同性恋、男 / 女同性恋，这样才能涵盖人们表现出的性行为范围（Savin-Williams, 2014）。在某种程度上（女性多于男性），我们的行为和自我概念会随着时间而改变（Diamond, 2015）。但是，我们不会从朋友身上"感染"同性吸引力（Brakefield et al., 2014），我们所接受的教养也不会让我们变成同性恋者（Långström et al., 2010）。大部分男 / 女同性恋者都觉得，对于自己的性取向他们丝毫没有选择的余地（Herek et al., 2010），且在男同性恋和异性恋者之间还存在各种身体特征的差异（Myers, 2013）。同性性行为至少部分源于个体的基因，这一点不再有任何疑问（Långström et al., 2010），"显然，性取向并不是一个有意识的道德选择的问题"（Myers, 2013, p.90）。虽然过程缓慢，但可以肯定，越来越多的人对此开始有更多的理解，并且对同性恋的更多宽容也会随之而来。

关系科学已经证明：从来没有任何实证的理由来拒绝同性恋获得婚姻所赋予的法定权益，例如纳税、医疗保险、养老金和财产权等权利（Myers, 2013）。事实

专栏 9.1

同性恋是否有演化根源？

性取向具有基因基础（Långström et al., 2010），但同性恋通常不会有自己的孩子。那么，在以异性恋为主体的人口中，性选择的演化原理又是如何发挥作用，使之维持少量但稳定比例的同性恋的？原因可能有很多（Chaladze, 2016），这里给出两个来自男同性恋研究的结果。首先，男同性恋都是很好的叔伯；他们对侄子 / 女的付出比其他男性更多，从而帮助他们的兄弟姐妹更成功地抚育后代（Vasey & VanderLaan, 2010）。其次，与其他女性相比，男同性恋的姐妹的生殖能力更强，子女更多（Iemmola & Ciani, 2009）。她们也比其他女性更可能"向上"婚配，即与社会地位更高的男性结婚（Barthes et al., 2013）。因此，纵观历史，男同性恋很少生养自己的后代，但他们的姐妹却有更多的孩子，而且这些孩子通常能得到更好的照料和保护。总的来说，在艰难的环境中，同性取向在家族中延续甚至可能是一种优势。因此，同性恋可能有演化起源。下次如果你听到性狭隘者声称，"同性恋不可能是天生的，因为他们没有孩子"，那么，请你自信地用本专栏的知识予以反驳。

上，美国心理学协会已经断言：（1）同性恋关系与异性恋关系运作的方式大抵相同（Rostosky & Riggle, 2017）；（2）性取向与个体能否成为有爱心、善于养育的成功父母无关（Goldberg & Smith, 2013）；（3）婚姻可以给人们带来益处，包括同性恋（Haas & Whitton, 2015），所以，过去在法律上否认同性恋之间的关系实乃孤陋寡闻、偏颇不公和歧视对待。[这份表明心理学家立场的正式决议读起来很有趣（虽然只有 4 页纸的内容）。] 美国社会学协会和美国家庭关系委员会也采取了类似的、基于科学的公开立场。

时至今日，仍有三分之一的美国人反对同性婚姻，这实在令人遗憾。伴侣关系得不到社会认可会给个体带来沉重的负担，会损害其身体健康（Kail et al., 2015）和心理健康（Tatum, 2017），给个体的亲密关系带来过度的压力（Doyle & Molix, 2015）。你怎么看？如果你的邻居不希望你结婚，你将面临怎样的不公和不必要的困难，你又会有怎样的感受？

性态度上的文化差异

一般而言，随着时代的进步，性态度会变得越来越宽容。如果你是一个目睹了这些变化的美国人，你或许会想当然地认为美国比其他大多数国家更为宽容。但是你错了：与其他许多国家相比，美国人的性态度看起来出奇的保守。丹麦自1989 年开始允许同性恋关系登记为同性婚姻（civil union，或译作民事结合），挪威则开始于 1993 年。除丹麦和挪威外，加拿大、南非、法国、阿根廷及若干其他国家都先美国数年赋予同性恋完全的婚姻权利（Pew Research, 2015）。所以，美国在这个问题上无疑没有领先。的确，一项跨文化的大型研究发现，美国对婚前性行为、婚外性行为和同性关系的看法，相比澳大利亚、加拿大、德国、英国、以色列、俄罗斯、西班牙和瑞典都更为保守（Widmer et al., 1998）。情况可能正在改变，但美国人的性态度仍然相对保守。

在美国，非裔美国人的性态度较白人更为开放，而西班牙裔和亚裔美国人则更为保守（Fugère et al., 2008）。不过，非裔美国人对同性恋的态度比白人更消极；

想一想 ✔

研究人员（Frias-Navarro et al., 2015）发现，在了解同性恋遗传根源的知识后，西班牙大学生有关同性恋起源的观念发生了改变。美国心理学协会关于同性恋的 4 页决议是否影响了你的态度？为什么？

美国共和党成员、宗教原教旨主义者和老年人，相对来说会比民主党成员、无宗教信仰之人和年轻人更反对同性婚姻（Pew Research Center, 2017）。性态度显然受到各种历史、宗教、政治和其他社会因素的影响：它们显然因国家和群体而异。

性行为

询问人们心中所想是一回事，而查明他们实际所为则是另一回事。研究人的性行为很有趣，因为它为我们自己如何行动提供了背景。不过，请记住，你所读到的本节内容仅仅是对性行为的宽泛描述，它掩盖了人们实际生活中可能存在的巨大差异。那些常见的性行为并不一定比不常见的性行为更健康或更令人满意。我们会发现，亲密关系中最重要的性行为也许是：它要为伴侣双方所期待，并能为双方带来满足感。

第一次性行为

如今，几乎所有人（97%）在结婚前都有过性行为（Haydon et al., 2014）。你可能还记得，普通美国人将近 30 岁才结婚，但是目前男女两性第一次性行为的平均年龄（即一半人有性行为一半人没有性行为的年龄）均为 17 岁。到 20 岁时，只有少数人（约 20%）还未曾有过性行为（Guttmacher Institute, 2016）。

这与我们祖父辈的情况迥然不同，他们那辈人一般要比我们晚 2~3 年才开始发生性关系（Twenge et al., 2015）。有关当今的性行为现象，既有好消息，也有坏消息。一方面，美国青少年比过去更有责任感。大多数青少年在第一次性交时都会采取一定的避孕措施，现在青少年的生育率处历史最低点（Hamilton & Mathews, 2016）。另一方面，美国青少年在发生性行为时仍不够小心：约四分之一的少女不到 20 岁就怀孕了（Child Trends, 2017），逾四分之一的少女罹患性传播感染！最常见的是人乳头状瘤病毒（HPV），这种病毒会引起生殖器疣，年轻女性中约 18% 的人感染了这一疾病（Barton et al., 2016）。

相当多的青少年第一次性行为的对象是一段稳定且重感情的亲密关系中的伴侣，他们发生关系的过程遵循了日益亲密的行为轨迹：接吻，进而爱抚，最终发生性交（de Graaf et al., 2009）。第一次的性伙伴是熟人或普通朋友的人相对较少，约21%（Reissing et al., 2012）。因此，总的来说，大部分青少年发现其第一次性经验更为积极而非消极。男性更享受这一过程，更有可能达到高潮。平均来看，男女两性都很少后悔（Impett et al., 2014b）。不过，男女两性对他们第一次性经验的美妙程度都有很高的期望，都超过了他们的实际体验；他们期待比实际有更多的浪漫和狂喜（Barnett et al., 2016）。第一次性行为发生的时间也很重要：如果初次性行为过早发生（即在 16 岁之前），常常也会更令人尴尬，回报也更少（Walsh et al., 2011）。而且，这与以后的两种行为模式相关：其一是危险的性行为，一般会持续到成年期（Huibregtse et al., 2011）；其二是未来更高的离婚风险（Paik, 2011）。[不过，这并不是说过早发生初次性行为会导致后来的问题，而是说那些在十四五岁发生性行为的人往往本就更大胆、更爱冒险（Harden, 2014b）。]

一旦我们的性活跃起来，大部分人某天会再次碰到这个问题：在新确定的恋爱关系中，什么时候发生性关系更为合适。在此给出一个小建议：耐心等待似乎总有回报。与那些等待数周才有亲密性接触的情侣相比，第一次约会（或之后不久）就发生性关系的情侣，其将来的结果通常更差，满意度也更低，沟通也更为不畅（Willoughby et al., 2014a）。出现这一情况的一个可能原因是，个人对伴侣的承诺感通常能改善性体验；当我们感到忠于伴侣而非随意玩玩时，大多数人都能享受到性爱的更多乐趣，且更经常地体验到高潮（Galinsky & Sonenstein, 2013）。毫无疑问还有其他原因，但这是一个值得思考的有趣问题。

> **想一想** ✔
>
> 那些第一次约会就发生性关系的情侣，尽管之后有些人还生活在一起，可为什么他们对其关系的满意度不高？

承诺关系中的性行为

人们发生性行为的动机是什么？有上百种不同的原因。当请得克萨斯大学的学生"列出你能想到的你自己或你认识的人过去发生性行为的所有原因"时，研究者发现他们给出的原因林林总总地竟有 237 条（Meston & Buss, 2007, p.479）。最普遍的原因往往涉及一些积极方面："吸引、愉悦、情感、爱恋、浪漫、感情的亲密、性唤醒、取悦他人的愿望、探险、刺激、体验、接触、庆祝、好奇和机会"（Meston & Buss, 2007, p.498）。不常见的原因则多工于心计、冷漠无情，包括对伴

专栏 9.2

无知不是福

美国青少年的未婚性行为非常普遍，性传播感染也很常见。为了应对这些不良现象，全美各地启动了数百个教育项目，试图劝阻青少年不要发生性行为（Hall et al., 2016）。这些教育项目花样繁多，但许多项目都是守贞教育（abstinence-only），根本不提供任何有关避孕和安全性行为方面的信息，只是一味地宣扬"真爱要留给婚姻"。某些教育项目为了推行他们自己的主张，甚至还会传播一些错误信息，比如"安全套没有用，如果你发生性关系就会得艾滋病"，这种观点已经被医学界所否定（Lin & Santelli, 2008）。这些教育项目用意虽好，但极易产生误导，原因有二。其一，它们根本无效。例如，美国的性教育项目常常提倡禁欲，鼓动青少年做出保持童贞的公开承诺。然而，仅仅在做出守贞承诺1年后，大多数青少年（53%）就拒绝承认此类承诺，5年后，82%的人声称自己根本没有说过此类的话（Rosenbaum, 2009）。其二，更糟糕的是，守贞教育项目通常弊大于利。总的看来，接受过守贞教育的人发生性行为的可能性并不低，他们也更少采取避孕措施；大多数鼓吹守贞的性教育项目其实并没有做到使青少年推迟性行为，也没有减少性伴侣的数量，倒是阻碍了青少年发生安全而负责任的性行为（Hall et al., 2016）。譬如，做出守贞承诺而后又

违背誓言的年轻女性（多数如此），实际上比未做出承诺的同龄人更可能感染人乳头状瘤病毒，更可能未婚先孕（Paik et al., 2016）。

守贞教育的支持者坚持认为这类教育项目是有用的（Bleakley et al., 2019），但他们的观点必是基于主观直觉而非客观事实。还有一些关于青少年性行为的重要事实很多人似乎并不知晓，比如以下三个：（1）在稳定的恋爱关系中发生的性行为（这正是大多数青少年性行为的类型）并不会对青少年产生不良的心理影响，不论是在它们发生之始（Impett et al., 2014b）还是之后（Harden, 2014a）；（2）接种人乳头状瘤病毒疫苗并不会鼓励青少年发生危险的性行为（Jana et al., 2015），相比未接种的人，接种的人并不会更多地感染其他性传播疾病，也更不易怀孕；（3）减少意外怀孕和堕胎的一种非常有效的方法是提供免费的生育控制物品。美国圣路易斯的一个教育项目为9 256名青少年期和成年初显期的女性免费提供长期的避孕支持（宫内节育器或安全套），这不仅没有增加她们性活动的频率，而且使堕胎率减半，将少年生育率降至全美平均水平的五分之一之下（Peipert et al., 2012）。

因此，我要阐明两个观点。第一，知识就是力量。倘若性教育能够在如何协

商性行为以及如何采取避孕措施方面提供明确的指导，就会非常有效地让青少年推迟性行为，减少意外怀孕（Hall et al., 2016）。青少年接受到的信息越准确、越充分，他们在性方面就越有责任感、越有良知。美国青少年的生育率之所以处于历史最低水平，并不是他们禁欲的结果，而是因为他们在发生性行为时比以前任何时候都更多地采取了避孕措施（Lindberg et al., 2016）。教育能造福人类，而误导和无知只会带来伤害。

第二，关系科学还有一个道德要求：如果对人类同伴关系进行冷静、细致的研究能发现可靠的知识，进而促进人类的健康和幸福，那么我们就应该坚持进行这些研究，即使它们把我们带入敏感之地。只要一谈到性行为，还有人认为无知是福，关系科学家们就应该坚决与之斗争。

侣进行惩罚（"伴侣令我很恼火，所以我和其他人发生了性关系"），为了获得某种利益（"我想得到提拔"），或者为了提高自己的社会地位（"我想给朋友留下好印象"）。性动机显然多种多样，从利他到报复，从亲密到不带感情色彩。

这些纷繁复杂的具体原因可能来自四个方面。其一涉及性的情绪部分，传递的是爱和承诺。其二涉及性的身体方面，包括从性行为中获得感官享受，也包括从中想了解未来伴侣的身体是否有吸引力。其三是更为实用的理由，包括希望实现某个目标或达成某一目的，从生孩子到使伴侣嫉妒，范围极广。最后还有一些源于不安全感的原因，包括提高个体的自尊，或者防止伴侣移情别恋。男性和女性在对情感原因的认可上不存在差异，但男性比女性更可能因为身体、实用和不安的原因而发生性行为（Meston & Buss, 2007）。这些差异通常非常细微，但男性所报告的性行为原因仍然比女性更多样化、更实际。显然，虽然性行为常常是爱的表达，但其目的有时并不那么浪漫。

人们发生性行为的频率受其亲密关系性质和持续时间的影响。同居的年轻情侣平均每周做爱 3 次，而已婚夫妇每周做爱约为 2 次（Willetts et al., 2004）。不过，这两种关系伴侣的性行为次数均多于单身人士（Smith, 2006），可能的原因是，单身人士不太可能拥有稳定的性伴侣。已婚者有时或许会羡慕单身人士自由放任的生活，但他们的性行为次数通常要多于单身人士。

另一个和性行为频率有关的重要因素是个体的年龄。请翻到第 8 章的图 8.2：年龄较大的人性生活的频次通常少于年轻人。2009 年，大多数（86%）25~30 岁的美国青年报告去年与人发生过性关系。然而，50 多岁的人中只有约一半的男性

专栏9.3

如何解释男性报告的性伴侣人数显著多于女性?

在美国进行的最成功、最全面的性行为调查发现,男女两性在性行为方面存在某种程度的差别。具体来说,美国国家健康统计中心(National Center for Health Statistics)指出,美国中年男性一生平均有 7 个性伴侣,而女性平均只有 4 个。20岁出头的男性平均有 4.1 个性伴侣,而女性则为 2.6 个(Copen et al., 2016)。男性报告的性行为频率也高于女性。为什么这些数字会不一致?你可能会想,男性每次和新的伴侣发生性行为时,对方也同样是和新伴侣发生性行为,并且男性的大部分性行为都是与女性而非男性发生的。那么,为什么还会经常出现这种性别差异呢?

有几种可能的原因,一个原因是研究程序的问题。尽管这些调查的取样方法很谨慎,但通常并没有包括那些特定女性群体(如妓女)中有代表性的个体,她们会和很多男性发生性行为(只是因为她们晚上不在家,而调查通常是在晚上进行的)。当研究者努力把妓女纳入研究的样本时,男性和女性报告的性伙伴的平均数量就非常接近了(Brewer et al., 2000)。

另外,男性和女性对"性行为"的定义偶尔也不一样。例如,如果异性恋伴侣只是进行了口交,男方比女方更可能报告他们已经有过性行为(Gute et al., 2008)。男女两性一般能就是否发生性行为达成一致意见(Sewell & Strassberg, 2015),但男性比女性更可能把并未与之性交的人算作"性伴侣"(Barnett et al., 2016)。

不过,报告的性伴侣数量的这种性别差异最重要的原因可能是,男性有夸大自己性伴侣数量的倾向,而女性有缩小性伴侣数量的倾向。对他们进行测谎(检测他们所说是否真实有效)时,则男性报告的性伴侣数量更少了,而女性报告的则更多了(Fisher, 2013)。(事实上,当他们相信谎言都会被检测出来时,这些美国中西部某知名大学的女生报告的性伴侣数量比男性报告的还要多。)因此,这类自我报告显然容易发生社会赞许性偏差,如第 2 章所述(Schick et al., 2014),这也揭示了研究亲密行为所面临的一些困难。

还有一点:当询问大学生在下个学年他们希望有多少个性伴侣时,大多数女生的典型答复是"1 个",而大多数男生的回答是"2 个"(Fenigstein & Preston, 2007)。只有极少数人希望拥有多个性伴侣。所以,在性行为上存在值得注意的性别差异——男性的确比女性希望拥有更多的性伴侣——但很少有人愿意滥交。

（58%）和女性（51%）如此报告；70 多岁的人中只有少数男性（43%）和女性（22%）报告有过阴道性交（Herbenick et al., 2010b）。大多数美国老年人在近 12 个月内没有与任何人发生过性行为（Karraker & DeLamater, 2013）。在此方面，与衰老有关的身体变化是有影响的（DeLamater, 2012）：激素水平的下降会降低个体的性欲，而身体机能的衰退也会侵蚀个体的活力，所以性欲望随着年龄的增长而减弱一点儿也不奇怪。然而，在长相厮守的伴侣中还存在另一种更微妙的可能性，即随时间的推移，伴侣双方变成了熟悉而老套的性伙伴，探索的兴趣和新奇的兴奋消失殆尽，彼此间的激情也会减退（Rubin & Campbell, 2012）。如第 8 章所述，这或许是浪漫爱情随着伴侣关系的延续而减弱的一个原因，其影响的程度（见图 8.2）促使我们提出以下告诫：如果你是个年轻人，你的亲密关系能得以维系，至少部分是因为你们有非常火热的性生活，如果你据此期望自己对伴侣的激情、性欲和需要永远不会变那就太过幼稚了。性行为当然会发生变化，"平均来看，伴侣在确定亲密关系的第一年的性生活会比之后的任何时候都要更频繁"（Diamond, 2013, p.591）。

最后一个和性行为频率有关的因素是性取向。在亲密关系确立早期，男同性恋者比女同性恋者和异性恋者会发生更多的性行为（见图 9.2，在后面讨论性欲望时，请牢记这一性行为模式）。在一起 10 年之后，每个人做爱的频率都会下降，但男同性恋者下降得最多，最终，他们的性行为频率比异性恋者还要低。另一方面，如果不考虑亲密关系的持续时间，女同性恋者的性行为频率低于任何其他关系类型的伴侣（Diamond, 2015）。如果完全由女性自己决定，则其性行为频率远不及有男性参与之时。

不 忠

世界上大多数人都会强烈反对有稳定伴侣关系的人发生**伴侣外性行为**（extradyadic sex），即与自己的伴侣或配偶之外的人发生性行为（Buunk et al., 2018）。[1]据此，我们或可预期：性事上的不忠会比较罕见。果真如此吗？研究者

---

1 本节提及的"性行为"都指阴道性交。伴侣的出轨行为有很多种，从色情短信和网络性爱到接吻、性爱抚、口交和性交，但人们对于哪些行为才算"出轨"却存在分歧（Kruger et al., 2013）。为了让大家可以达成共识，我将关注那些几乎所有人都认为是不忠的行为。

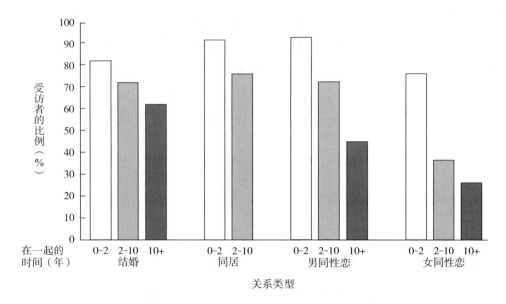

图 9.2　关系类型和持续时间导致的性行为频率差异

该数据显示了各类关系中每周至少有一次性生活的伴侣的比例。（这里没有提供持续 10 年以上的同居关系的数据，因为这类伴侣的数量不够，无法提供可靠的估值。）

资料来源：Blumstein, P., & Schwartz, P. *American couples: Money, work, sex*. New York: William Morrow, 1983.

对 47 项不同的调查进行了汇总，共涉及 58 000 多名参与者，大部人居住在美国且已婚。调查结果发现，21% 的女性和 32% 的男性至少有过一次出轨，不忠于他们的伴侣。大部分的丈夫和妻子婚后从未与其他人发生过性行为，但约五分之一的妻子和三分之一的丈夫有婚外性行为（Tafoya & Spitzberg, 2007）。约会或同居的情侣出轨率更高。我们常常认为自己的伴侣根本不可能出轨（Watkins & Boon, 2016），但一项全美调查发现，同居伴侣的一方甚至双方有 31% 的时间在欺骗（Frisco et al., 2017）。而在另一个关注约会伴侣的样本中（Graham et al., 2016），当一方有出轨行为时，另一方通常并不知情；而且，出轨的伴侣 22% 的时间不使用安全套。[2]

你可能注意到，男性比女性更有可能会背叛自己的伴侣。他们对随意性行为

2　天啊，多么可怕！

持更积极的态度，经常仅仅为了性的多样性而追求伴侣外性行为（而女性则更倾向于寻求情感联系；Impett et al., 2014b）。事实上，这些性别差异在男同性恋和女同性恋关系中尤为明显，在同性恋关系中，男性和女性的忠诚完全不会受到异性的影响。男同性恋者比女同性恋者和异性恋男性有更多的伴侣外性行为（Peplau et al., 2004）。如图 9.3 所示，20 世纪 80 年代初在美国进行了一项大型调查，收集了已婚夫妇、同居伴侣和同性恋伴侣的数据（Blumstein & Schwartz, 1983）。在许多情况下，男同性恋者是在伴侣的允许下进行不忠性行为的，因为他们的伴侣也想要同样的自由（Mitchell et al., 2016）。有研究者推测，如果女性伴侣允许，很多异性恋中的男性也会这样做（Diamond, 2015）！

　　当然，并非所有男性都喜好乱交，也并非所有女性都是贞洁圣女。还有一个比性别差异更重要的个体差异，正是它使得男女两性都更可能发生伴侣外性行为。对我们中的某些人而言，性行为与爱情和承诺有关：与自己不很了解或不太关心的人发生性行为，并没有特别的奖赏价值，我们极少与普通熟人或陌生人发生随

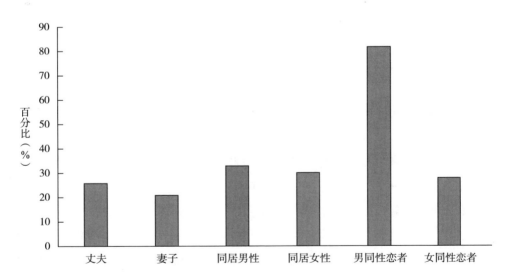

图 9.3　自确定关系以来有过伴侣外性行为的人数百分比
男同性恋者明显比其他人有更多的伴侣外性行为，但在很多情况下，他们并没有"欺骗"伴侣。还需注意的是，与已婚男女相比，同居的男性和女性更有可能与他人发生性关系。婚姻比同居包含更深刻的承诺。

资料来源：Blumstein, P., & Schwartz, P. *American couples: Money, work, sex*. New York: William Morrow, 1983.

意的性行为。然而，对我们中的另一些人而言，性行为与爱情和承诺没有多少联系，他们认为"没有爱情的性行为也是可以的"，即使两个人没什么感情，性行为也能令他们满足。这种性态度差别来自于个体的**社会性性行为取向**（sociosexual orientations），它是一种关于观念和行为的类特质集合，用以描述个体对性行为的看法（Simpson et al., 2004）。杰夫·辛普森和史蒂夫·甘杰斯特发现，人们在社会性性行为取向上存在个体差异，并用专栏 9.4 所列的工具来测量人们的社会性性行为取向（Simpson & Gangestad, 1991）。通常只愿意在承诺和充满深情的亲密关系中发生性行为的人具有"保守的"社会性性行为取向，而那些在追求性行为时并不寻求太多亲密和承诺的人则具有"开放的"社会性性行为取向。事实证明，具有开放的性行为取向的人往往不安分、轻浮，总是在寻觅猎取新的性伙伴（Simpson et al., 2004）。在世界范围内，平均来看男性比女性更为开放（Schmitt, 2005）。

　　当了解到社会性性行为取向与人们发生伴侣外性行为的可能性相关联时，你或许不会感到奇怪。与那些有更为保守的社会性性行为取向的人相比，性取向开放的人一生中性伴侣的数量更多，更可能背叛他们的爱人（Rodrigues et al., 2017）。大卫·西尔及其同事（Seal et al., 1994）通过一项巧妙的研究阐明了这一模式。该研究的参与者是正在恋爱的异性恋大学生，要求他们对一段约会视频中的一位有魅力的异性进行评价。看完视频后，研究人员告诉参与者，他们可以参加抽奖活动，赢取与视频中的人免费约会的机会，并要求参与者表明他们与约会对象发生各种身体亲密接触的意愿强度（假定他们赴约并玩得开心）。研究者发现，在社会性性行为取向开放的大学生中，36% 的人参加了约会抽奖；而保守的大学生参与抽奖的人只有 4%（记住，所有参与者当前都正处在恋爱关系中！）。与保守的个体相比，开放的个体更有兴趣与新的约会对象发生性行为。社会性性行为取向显然是一项重要特征，用以区分那些可能背叛伴侣的人和不可能这么做的人。

　　然而，有趣的是，当这些人的面孔照并排呈现时，观察者一般都能分辨出性行为取向开放者（他们看上去蠢蠢欲动）和性行为取向保守者（他们显得更为忠贞）（Boothroyd et al., 2011）。性行为取向开放的女性的面部特征往往比其他女性更男性化，值得注意的是，尽管她们的面孔更有吸引力，但男性认为她们并不适合做长期伴侣。她们很可爱，但与其他女性相比似乎不值得信赖（Campbell et al., 2009）。性行为取向开放的男性看上去也更有阳刚之气，但女性更喜欢性行为保守的男性的面孔，认为他们更适合做长期伴侣（Boothroyd et al., 2008）；她们似

专栏 9.4
测量社会性性行为

社会性性行为指数是指个体在没有任何爱情或承诺的情况下与他人发生性行为而感觉心安理得的程度。杰夫·辛普森和史蒂夫·甘杰斯特（Simpson & Gangestad, 1991）编制了这一简短的测量工具，即《社会性性行为取向调查表》（Sociosexual Orientation Inventory），以此来评估个体的社会性性行为指数。受访者要尽可能诚实地回答下列问题：

1. 在过去的一年中，你和多少个不同的伴侣发生过关系（性交）？

　————

2. 你预期未来 5 年内自己会和多少个不同的伴侣有性关系（请给出具体、现实的估计）？ ————

3. 和你只发生过一次性关系的伴侣有多少个？ ————

4. 你幻想与当前约会伴侣之外的人发生性关系的频率是多少？（单选题）。

　a. 从未有过

　b. 每 2 或 3 个月 1 次

　c. 每月 1 次

　d. 每 2 周 1 次

　e. 每周 1 次

　f. 每周数次

　g. 几乎每天都有

　h. 每天至少 1 次

5. 没有爱情的性行为也是可以的。

1	2	3	4	5	6	7	8	9
强烈反对								强烈赞成

6. 我能想象自己惬意地享受与不同伴侣的"随意"性行为。

1	2	3	4	5	6	7	8	9
强烈反对								强烈赞成

7. 我必须（在情感上和心理上）与某人形成亲密的联系，然后才能在与之发生性关系时感到惬意并完全享受。

1	2	3	4	5	6	7	8	9
强烈反对								强烈赞成

对最后一项（第 7 项）的回答进行反向计分，将每个项目的得分加权后计算出总分。总的来看，每个问题上的得分较高（总分也高）反映了开放的性行为取向；而得分较低反映了保守的取向。与得分较低的人相比，具有开放取向的人"在浪漫关系中发生性行为的时间通常更早，更有可能与多个伴侣同时有性关系，而且倾向于卷入感情投入少、承诺少、情感联系弱的性关系中"（Simpson & Gangestad, 1991, p.879）。社会性性行为指数很好地说明了个体特征对性行为性质的重大影响。

乎意识到，性行为开放的男性将来都会成为风险更高的丈夫。

　　演化论对所有这些现象给出了有趣的解释。由于男性的亲代投资较低，[3] 他们能承担得起相对随意的性行为；可以说，在人类漫长的演化历史进程中，性选择[4]偏利于那些与尽可能多的女性交配的男性。可是为什么演化也鼓励女性不忠呢？试想女性的这种行为一旦败露，可能就要付出惨重的暴力代价（Buss, 2000），那么她们还这样做会有什么生殖优势吗？一种存有争议的答案是，女性无法通过伴侣外性行为生育更多的孩子，但她有可能拥有更优秀的（即更健康、更有魅力）孩子。**优质基因假说**（good genes hypothesis）认为，某些女性尤其是那些配偶不太理想的女性，能从双重交配策略（dual mating strategy）中获益。通过这种策略，她们能追求到长期的伴侣，为她们提供保护和抚养后代的资源；同时暗中从其他男性那里为她们的后代寻求更好的基因（Pillsworth & Haselton, 2006）。从某位男性那里得到承诺和安全感，并与另一位男性孕育更高大、更强壮、更健康的孩子，通过这种方式，女性生育的后代更有可能存活并茁壮成长。

　　现代人的某些行为模式是与优质基因假说相一致的。首先，正如我们在第 3 章中指出的，在每个月的受孕期，女性都会觉得那些外型性感、匀称的男性（即那些表现出明显的男性健康标志的人）特别有诱惑力（Gildersleeve et al., 2014）。如果丈夫强势、果断，具有男子气概，妻子在受孕期就会比在其他时间对婚姻更为满意；如果丈夫缺乏男子气概，妻子就不会表现出这种模式（Meltzer, 2017）。其次，如果父母双方能给予子女不同的基因组以调控免疫反应，他们的孩子就会拥有更强大的免疫系统；而且，相比那些与伴侣有不同基因的女性，那些与伴侣有类似基因的女性更可能与其他男性发生性行为，尤其是她们处在受孕期这段时间（Garver-Apgar et al., 2006）。如果女性仅仅是为了性的多样化而追求伴侣外性行为，那么在每个月仅有那么几天的受孕期里取悦其他性伙伴就显得非常愚蠢，但她们恰恰是这么做的。女性在受孕期比其他时候更容易受到伴侣外性伙伴的诱惑，这种倾向在她们的爱人相对缺乏吸引力时更为突出（Larson et al., 2013）。

　　如果我们远古的女性先祖如此行事，她们生养的孩子通常比那些由女性与正常配偶所生养的孩子更为健康和俊美（因此，她们的伴侣外性行为也能提供某些

3　这个关键概念在第 1 章中曾介绍过。

4　这个概念也见第 1 章。

生殖优势）。今天还会发生这样的事情吗？的确如此。对数十项父子血缘关系研究的元分析发现，全世界平均有 2% 的"父亲"并不知道自己孩子的亲生父亲其实另有其人（Larmuseau et al., 2016）。此外，在美国，每 400 对异卵双生子中就有 1 对有不同的生父（Blickstein, 2005）。

这些结果表明，从历史上看，男性偶尔会碰到**精子竞争**（sperm competition）的情况，即两个或更多男性的精子同时占据同一个女性的阴道（Pham & Shackelford, 2015）。有研究者声称，为了应对这种情况，长期演化使得男性的阴茎具备了完美的形状，可以把其他男性的精液从伴侣的子宫颈排挤出去（Gallup & Burch, 2006）。人们根据常识可能认为，发生性交的第二个男性只会把前一个男性的精液从子宫颈推进到女性的子宫里，但实际情形不然，深入的抽插会把任何已经存在于阴道里的精子挤压到龟头后方，随后把精子带出女性体外。事实上，与这种看法一致的是，如果男性知道其伴侣很多时间都与其他男性（比如同事或朋友）在一起，他们往往会表现出特定的性交方式——在较长的时间里出现更多次非常深的插入——这特别有可能替换掉先前其他男人可能留下的精子（Pham et al., 2017）。

因此，演化论的观点认为，伴侣外性行为对某些女性来说具有生殖利益，而为了应对这种挑战，男性已经做出适应。另一种完全不同的不忠理论关注的是当前的伴侣关系质量。一般来说，正如你所预期的，如果人们对当前的伴侣不满意（Scott et al., 2017），且替代伴侣的质量又高（Tsapelas et al., 2011），他们就更可能会出轨。如果有诱人的替代伴侣，不幸福的伴侣就不太可能保持忠贞。如果在这种情况下他们确实出轨了，女性比男性更可能与原来的伴侣分手，而与新配偶建立新的长期亲密关系（Impett et al., 2014b）；因此，女性更可能因为婚外情而更换配偶（Buss et al., 2017）。不过，如果你在货比三家，你可能就想要避开那些欺骗现在的伴侣而想与你在一起的人。与其他人相比，欺骗伴侣的人往往冷酷无情、工于心计（Jones & Weiser, 2014），且宜人性和尽责性低（Schmitt & Shackelford, 2008），而被抛弃的忧虑相对较高（Russell et al., 2013）。你或许能做得更好。

性欲望

男性社会性性行为得分较高且不忠行为更多，或许（部分地）是由另一个更大的两性差异引起的。平均而言，男性比女性有更强的**性驱力**（sex drive）。与女性相比，他们的性欲望更频繁、更强烈，通常比女性有更强烈的动机进行性活动（Regan, 2015）。一项对年轻人的研究发现，男性报告每周有 37 次性冲动，而女性只有 9 次（Regan, 2013）。由于你现在已经是关系科学明智的读者，你应该记得这其中存在相当大的个体差异，而且肯定有很多男性的性欲望弱于许多女性。尽管如此，大量事实表明，平均来看，在世界范围内男性比女性有更强的性驱力（Lippa, 2009）：

- 终其一生，男性手淫更频繁（Das et al., 2011），这可能是因为他们的性冲动更强烈，更难控制（Tidwell & Eastwick, 2013）。在有固定性伴侣的男性中，约有一半的人每周仍会手淫一次以上，而处于性关系中的女性只有 16% 的人这样频繁地手淫（Klusmann, 2002）。在英格兰，在 16~44 岁的人群中，男性有 73% 的人在过去的一个月有过手淫；而女性只有 37%（Gerressu et al., 2008）。
- 男性比女性更渴望性爱，而且男性更有可能不满足于其获得的性爱次数（Sprecher, 2002）。
- 在亲密关系的发展过程中，男性希望开始发生性行为的时间通常早于女性（Sprecher et al., 1995）。因此，女性通常是新的亲密关系中决定何时开始发生性关系的"看门人"。一般来说，当男性首次想要做爱时，他必须等待；但当女性想要做爱时，她就能做。
- 男性比女性更常常想到性。让年轻人携带计数器计算他们每天的想法，男性每天有 34 次想到性；而女性只有 19 次（Fisher et al., 2012）。
- 男性会在性方面花费更多的金钱，购买更多的性玩具和色情作品（Laumann et al., 1994）。具体来说，男性有时会花钱以获得性交。澳大利亚的一项研究发现，23% 的男性至少有过一次付费性行为，但女性几乎从来不会这样做（Pitts et al., 2004）。
- 最后，正如我们已经了解到的，男性一般比女性更能接受随意的性行为（Sprecher et al., 2013a）。他们也愿意与更多的人发生性关系（Schmitt et al., 2012）。

综合这些现象，性驱力方面的性别差异或许不是一件小事。当异性恋伴侣协商他们的性互动时，上述每一种现象都或多或少地会引起误解或烦恼。有些丈夫可能会因为得到的性生活次数少于他们想要的而长期沮丧；同时，妻子则会被他们频繁的性要求惹怒。[在这点上，我想到了 1977 年击败《星球大战》赢得奥斯卡金像奖的电影《安妮·霍尔》，其中有这样巧妙的一幕：在分屏画面上，夫妻双方正在各自会见他们的治疗师，治疗师问他们的性行为频率，丈夫悲叹，"很少，差不多一周 3 次"。妻子则抱怨，"经常，我确定一周有 3 次"。] 在性驱力方面，典型的性别差异意味着有些伴侣在性欲望方面会面临不协调，这可能会引起麻烦（ Willoughby et al., 2014b ）。这种不协调随时间的推移只会变得更严重；大多数女性在绝经期后性欲望会下降（McCabe & Goldhammer, 2012 ）。所以，一项对德国 60 多岁的老年人的研究发现，没有任何一个妻子像丈夫一样想要那么多的性生活（ Klusmann, 2006 ），对此我们不应该感到惊讶。

男性比女性期待更多的性爱可能还会引起更严重的后果。作为决定性行为发生与否的看门人，女性会发现男性为了换取性爱愿意做出各种让步（Kruger, 2008 ）。男性对性爱更感兴趣可能使较小利益原则 5 发生作用：女性控制了自己拥有而男性想要的东西，从而拥有了影响男性的力量（ Rasmussen & Boon, 2016 ）。在某些关系中，性可能是"亲密关系市场中一件待价而沽的珍品，女性作为卖方，而男性作为买方"（ Baumeister & Vohs, 2004, p.359 ）。

这听起来"一点儿都不浪漫"（ Vohs & Baumeister, 2015 ），因为它会使人们对性行为产生对立的看法（ Fetterolf & Rudman, 2017 ）。然而，情侣们不需要认可或意识到这种模式，它自然会影响他们的互动。相反，如果人们没有思考这个问题，他们可能会想当然地认为，女性如果在一段时间内接受男性的一系列礼物——比如昂贵的约会和其他令人满意的招待——就应该觉得有义务以性作为回报（否则她就应该停止接受礼物）。咨询专栏作家认可了这一点，"女性并不认为免费的宴请就应以性来报答，但如果男性承担了所有约会开销，他们就会认为女性对浪漫的、最终亲密的关系感兴趣。否则，他们就会觉得被人利用并怀恨在心"（ Mitchell & Sugar, 2008, p.B2 ）。这一模式的消极后果是，当男人觉得女人"亏欠"他们时，就会理直气壮地对女方施加压力或强行与女方发生性关系（ Basow & Minieri, 2011 ）。

---

5 你想复习一下较小利益原则吗？请翻到第 6 章的专栏 6.1。

安全而明智的性行为

　　每天都会发生很多随意的性行为，但只有一部分性行为是安全的。大多数（约75%）美国大学生都曾有过一夜情，其中约一半的人在过去的一年中有过一次（LaBrie et al., 2014）。大多数一夜情的对象是非常熟识的人，很多时候这个人是自己的朋友；但也有不少一夜情（37%）的双方彼此并不认识或不是很了解（Grello et al., 2006）。有些一夜情只有接吻和性爱抚，但大约有一半的当事人会发生口交或性交（尤其如果有人醉酒时），在发生的性行为中，大约只有一半会使用安全套（Lewis et al., 2012）。

　　校园外的性行为不见得更安全。一项对在约会网站上寻找男友的740名女性（大多数人的年龄在30~50岁）的调查发现，女性在第一次和新的伙伴面对面约见时，她们一般非常谨慎。见面之前，双方已经进行了长时间的交谈，调查了对方的背景，并在答应见面前商定界限，然后才会约在公共场合见面。见面时，女性通常携带胡椒喷雾器，或者让一位朋友待在附近。但所有这些小心的举措并不能确保性行为安全。或许因为她们（认为）彼此已经非常了解，30%的女性在第一次和新伴侣见面时会发生性行为。总的来说，不论何时发生性关系，和线上结识的伴侣第一次做爱时，77%的女性不使用安全套（Padgett, 2007）。

　　因此，很多人在和新伴侣或暂时的伴侣发生性行为时并没有使用安全套。42%的美国男性感染了人乳头状瘤病毒（Han et al., 2017），他们就是在这样的环境下放弃了安全性行为，美国性传播疾病的病例数量再创历史新高（Barton et al., 2016）。究竟是怎么了？为什么这么多明智的人会做出如此多的不安全性行为？有这么几个原因：

● 低估了不安全性行为的风险。首先，很多人的数学非常糟糕。例如，某位女性在与某位感染了艾滋病毒的男性的一次未采取保护措施的性接触中感染艾滋病的概率实际上非常低，不到1%。但是，如果这种低概率事件多次发生，其出现的概率必然会提高。如果某位女性与感染艾滋病的男性发生数十次未采取保护措施的性行为，那么她被感染的可能性会变得非常大（Linville et al., 1993）。

　　同样，几乎所有人都低估了过去性活跃的新伴侣携带性传播感染的累计风险（Knäuper et al., 2005），这种虚假的安全感妨碍了安全套的使用。[许多

专栏 9.5
形形色色的网络性爱

如今在网络上会发生许多真实的和想象的性活动。网络的各种特性让我们能够廉价而轻松地与他人进行私下接触：易得性，让我们能接触到数量众多的各色人等；可负担性，网络约会的成本低廉；匿名性，降低了人们的顾虑并防止伙伴跟踪到家（Subotnik，2007）。这样的互动常常发生在"介于幻想和行动之间的性爱空间"（Ross，2005，p.342）；当我们仅仅坐在家里敲打键盘时，它们就能满足我们的幻想；而且，即使我们对伴侣的实际信息知之甚少（如果有的话），这些交往也会让人感到非常亲密。

网络性爱无伤大雅吗？那些发生网络性爱的人一般都这样认为（Grov et al.，2011），但这是一个复杂的问题。网络上的性活动有三大类，它们对现实的亲密关系有不同的影响（Henline et al.，2007）。首先，人们会寻求色情。大部分人并不会反对伴侣偶尔消费色情产品，但有 25% 的人会反对，他们认为，当个体处于承诺的亲密关系中时，这种行为是不可取或不可接受的（Olmstead et al.，2013）。对色情的批评也许有一定的道理。大多数色情作品以一种贬损的方式描绘女性——把女人描绘成淫妇，随时准备服务和取悦男人——色情作品中还有很多性虐待和谩骂内容（Bridges et al.，2013），所以它可能会给亲密关系带来负面影响。尤其是，

沉溺于色情的少年往往赞同随意、及时行乐的性态度，对伴侣外性行为持有更积极的看法，把女性视为性物品，即供男人享乐的工具（Wright & Bae，2016）。他们还会更频繁地与更多的人发生一夜情（Braithwaite et al.，2015）。此外，由于色情作品中充满（臆想的）极有诱惑力的替代伴侣，他们热情似火而又心甘情愿，所以，与和伴侣一起观看色情作品或根本不看的人相比，单独观看色情作品的人往往对当前的伴侣更不满意，更不忠诚（Rasmussen，2016）。伴侣双方对色情作品的使用差异越大，使用色情作品就越令人生厌（Willoughby et al.，2016）；但是，如果伴侣双方使用色情作品的频次类似，色情作品带来的负面影响就会消失（Kohut et al.，2017）。

浏览色情网站通常是个体独自的体验，但其他形式的在线性活动则涉及与他人的互动。有时可能只是性的挑逗和说些下流话，但如果互动时谈论性内容是为了获得性满足，这种互动就转变成了**网络性爱**（cybersex）（Daneback et al.，2005）。例如，双方一起手淫，同时露骨地描述性行为。网络性爱常常匿名地发生在素未谋面的陌生人之间（他们说的名字并非真名），但许多人（45%）认为网络性爱是严重的不忠（Henline et al.，2007）。

然而，更有影响意义的可能是最后

一种网络性爱，它包含与网络另一端的某个人的感情投入。人们能够并且也确实与实际上从未谋面过的人建立亲密的联系，39% 的人认为这种联系是不忠的行为。但因为这种伙伴关系通常比典型的网络性爱有更多的个人色彩——常常包含深刻的自我表露——所以它们常常给现实存在的亲密关系带来很多问题。在网络上投入感情的人更可能想方设法谋求线下会面，有时还会发生真实的伴侣外性行为（Henline et al., 2007）。网络性爱可以是好玩的幻想之旅，也可以是认真地寻找新伴侣，我们有时候分不清这两者，直到我们当前的亲密关系受到损害。

人甚至从不会问新结识的性伴侣是否有性传播感染（Manning et al., 2012）。] 有过多性伴侣的人感染性病的可能性比我们以为的要大得多，即使与每个性伴侣单次性接触的风险很低。当伴侣很有魅力时，我们尤其有可能低估这种风险；长相越俊美，我们认识到的风险就越低，发生性行为时越不可能使用安全套（Knäuper et al., 2005）。

有一种特别的偏差称为**特殊安全错觉**（illusion of unique invulnerability），它也会影响我们对风险的估计。大多数人都会认为不幸的事件通常更可能发生在别人身上，而自己不会这么倒霉。所以，我们不会采取明智的预防措施以避免可以预见的风险（Burger & Burns, 1988）。具有讽刺意味的是，正是那些认为自己不容易罹患性传播感染的人更可能不使用安全套，也因此使得他们更可能被感染。人们甚至在罹患性传播疾病后，仍认为自己不可能被感染。对全美有代表性的年轻人样本的调查发现，在衣原体、淋病或毛滴虫病检测呈阳性的年轻人中，只有 22% 的人在近一年中注意到了自己的症状，所以大部分人并不知道自己携带性传播疾病——这些已被感染的人中只有 28% 的人认为自己有感染的风险（Wildsmith et al., 2010）。人们在评估性行为的风险时存在各种偏差，或者仅仅是无知（Syme et al., 2017）。

● 错误决策。当我们打算使用安全套时，有时头脑发热会改变主意，之后又会对自己的决定感到后悔。是什么原因致使我们做出了糟糕的决定？原因之一是性唤醒。在性兴奋时，我们看待事物的方式与未唤醒时是不同的：花样变化的性行为似乎更有诱惑力，存在道德问题的性行为（比如用药物迷奸某个人）似乎也更可接受了（Ariely & Loewenstein, 2006），而安全套似乎不怎么受欢迎（Skakoon-Sparling et al., 2016）。当我们性兴奋时，真的会"忘乎所以"。

醉酒也会影响我们的决策，尤其是在性唤醒时（Ebel-Lam et al., 2009）。当人们醉酒后，在第一次和别人发生性行为时不太可能会使用安全套，部分原因是醉酒使他们忽视了可能发生的危险，且把性事想得太过美妙（Davis et al., 2016）。这种现象被称为**酒精近视**（alcohol myopia），指的是人们在醉酒后思考和加工信息的能力降低（Giancola et al., 2010）。这种能力受限意味着他们只能把注意力集中在最直接和最明显的环境线索上。人们醉酒后，满脑子都是充满诱惑力的性伴侣，完全忘记了之前要使用安全套的打算，尽管安全套就装在他们的口袋或钱包里（T. MacDonald et al., 2000）。酒精和性唤醒显然是导致人们发生高危性行为的罪魁祸首。需要特别提醒的是，如果人们未曾饮酒，很多一夜情也许根本不会发生（Kuperberg & Padgett, 2017）。

- **人众无知**。随意性行为有一个突出特点，其实它并不如大多数人（包括有过一夜情的人）所认为的那般受欢迎。男女两性都高估了同龄人发生一夜情的频次，及其对一夜情的认可和热衷程度（Barriger & Vélez-Blasini, 2013）。女性往往会对发生性交或口交的一夜情感到后悔（Garcia et al., 2012），只是因为她们以为其他人通常喜欢这类行为，因此会感到有种社会压力迫使她们这样做（Lewis et al., 2014）。

  这种心理现象就是**人众无知**（pluralistic ignorance）的一个例子。如果人们错误地认为他们的情感和观念与其他人不一样，就会产生人众无知。由于错误解读彼此真实的偏好，一群人最终可能会遵循每个人都以为大家普遍认同但几乎没有人私下支持的规范。因此，年轻人或许会明智地希望发生安全的性行为，但却无法坚持，因为他们错误地以为安全的性行为并不受欢迎。事实上，女性以为的男性对安全套的态度比男性的实际态度更消极（Edwards & Barber, 2010）；而且男女两性都低估了同龄人使用安全套的频次，高估了同龄人发生随意性行为的频次（Lewis et al., 2014）。Facebook 上这方面的信息并无裨益：当人们浏览他人性感、嬉戏的照片时，会认为朋友有更多的一夜情，更少地使用安全套，而实际情况并非如此（Young & Jordan, 2013）。

- **权力不等**。在第 12 章中我们将看到，权力是让伴侣按你的期望来行事的能力。如果伴侣双方拥有的权力不等，而强势一方反对使用安全套时，他们做爱时就不太可能会使用安全套（Woolf & Maisto, 2008）。一般而言，女方权力越大（Pulerwitz et al., 2000），越诚实和直率（Impette et al., 2010），她和伴侣在发生性行为时就越有可能使用安全套。

- 禁欲教育。为了使青少年相信禁欲是唯一正确的做法，一些禁欲教育项目对学员宣称安全套没有作用（这当然是无稽之谈）（Lin & Santelli, 2008）。适得其反的是，当这些青少年发生性行为时——大多数青少年都会这样做——他们比其他青少年更不可能使用安全套（Hall et al., 2016）。

- 低自控。在第 14 章中我们将看到，自控是管理我们的冲动，践行自我约束，从而正确行事的能力，即使这样做需要付出毅力和努力。正如你所预期的，那些长期自控力较强的人（因而不易冲动，也不太可能冒不必要的风险）在其最近一次的性行为中，更可能使用了安全套或采用其他避孕措施（Moilanen, 2015）。

- 亲密感和愉悦度的减少。然而，在所有影响安全性行为的因素中，最重要的阻碍或许是，人们不使用安全套时通常能更好地享受性生活。男女两性都觉得如果不使用安全套，性爱会更愉悦，并且男性尤其可能喜欢没有防护的性行为（Randolph et al., 2007）。未使用安全套的人们认为他们的性爱更亲密，情感上也更为满足（Smith et al., 2008）。因此，很多人（30% 的男性和 41% 的女性）的性伴侣试图说服对方不使用安全套。值得注意的是，人们的性伴侣越多（因而他们患性传播感染的累积风险越高），他们越可能劝说新伴侣不使用安全套（Ashenhurst et al., 2017）。

安全套的使用显然受到各种因素的影响。教育可以消除某些妨碍人们使用安全套的错误认识，但要改变人们认为安全套缺乏人情味、不够愉悦的认知却非常困难。所以，在这里我要给读者两点建议。当把安全套当成性生活前戏的一部分时，安全套就不会那么"大煞风景"（Scott-Sheldon & Johnson, 2006）。不要把安全套当成妨碍你们做爱的烦心之物，时机适当时，创造性地、从容不迫地帮助你的伴侣戴上安全套，能提升而非降低你的兴致和预期。我还认为，在今天，相比不使用安全套，使用安全套能给伴侣双方传递出更多的尊重、关心和关注。蛊惑你进行不安全性行为的新伴侣，很可能不如乐于尊重你意愿的伴

想一想 ✓

你是否曾有过想使用安全套却并未使用的情形？为什么？你认为自己将来还会允许此类事情再次发生吗？为什么？

侣珍视你和你们的亲密关系（Davis et al., 2014）。请理直气壮地要求新伴侣使用安全套，你当然不需要为此感到尴尬。如果你提出使用安全套，大多数人会乐于接受；如果伴侣不愿意按你期望的去做，你可能也不会愿意与此人分享你自己。

性满足

人们在性关系中的行为表现固然重要，但这些行为带给人们的感受更有影响力。令人欣慰的是，如果人们身体健康，性生活不存在问题，拥有稳定的伴侣，大多数人都会拥有幸福的性生活（Heiman et al., 2011）。例如，美国波士顿的一项大型研究显示，当具备上述三个条件时，参与研究的女性只有 6% 的人对自己的性生活整体上不满意（Lutfey et al., 2009）。然而，过了中年，人们的性生活往往不和谐；在年龄较大的受访者中，只有约一半（51%）的人在近一个月有过性生活。许多人没有合适的伴侣，还有些人只是对性生活没兴趣。而在性活跃的人群中，超过三分之一的人（39%）会碰到各种令人沮丧的问题，如疼痛、缺乏性欲、难以获得高潮，等等。类似的问题也困扰男性，所以，当所有这些影响因素结合在一起时，45 岁以上的美国人中只有少数人（43%）目前拥有满意的性生活（Schwartz et al., 2014）。

这一调查结果令人失望。如果我们身体健康，我们能做些什么来获得更多的性满足呢？是的，也许我们可以做些什么，而且许多研究已经提供了一些见解。有趣的是，美国（Waite & Joyner, 2001）和中国（Cheng & Smyth, 2015）的研究都发现，与过去一年内有两个或更多性伴侣的人相比，过去一年中只有一个伴侣的人更多地获得高水平的满足感。一般来说，那些恪守承诺，忠于伴侣关系，重视一夫一妻制（以及彼此保持忠诚）的人，很可能对性生活感到满意。拥有不止一个情人或许令人感到刺激，但大多数人似乎在忠诚于一个特定伴侣时更有满足感。事实上，美国男性从稳定的伴侣处获得的性愉悦比从其他任何人处所获得的都要多（Herbenick et al., 2010a），而且在德国、西班牙、巴西、日本和美国，男性在生活中拥有的性伴侣越少，他们对当下的性生活满意度越高（Heiman et al., 2011）。

在某种程度上，人们发生性行为的频率也对性满足有影响。一项经典研究显示，在每周有 3 次或更多性爱的夫妻中，89% 的人报告对他们的性生活感到满

专栏 9.6
怎样改善你的性生活：不要尽信你接触到的性信息

大众媒体对性的描述可谓五花八门，但你从媒体宣传中了解到的经验教训，并非都有利于你的亲密关系。为了努力吸引大众（很遗憾，读到本书的人还是太少），现代媒体不惜强化刻板印象，刻意制造焦虑，展示给我们大量随意的、未采取保护措施的性行为。例如，当电视上出现有关性的内容时，很少会提及安全套和其他对性行为负责任的措施（Kim & Wells，2017），而诸如《单身汉》和《单身女郎》等真人秀约会节目，更是把发展恋爱关系描绘成粗俗的性角逐。事实上，被这类电视节目浸染日久的人倾向于支持性的双重标准，他们认为约会就是一场性追逐，饥渴的男人只关注女人的长相，迫使女伴发生性行为，当女伴假装没有兴趣时就会轻易地忽视她们（Seabrook et al.，2016）。诸如《大都会》等杂志建议，女人如果想拴住男人的心就需要拥有高超的"做爱技巧"。如果女人没有足够多的秘密花样，就会发现很难留住男人。但她又必须小心行事，因为据说男性对可能的不足和缺点也非常敏感（Farvid & Braun，

2006）。没完没了的垃圾邮件又进一步强化了最后一个观点，这些邮件警告男性，如果不增大阴茎无疑会使女人失望。

这纯粹是无稽之谈。大多数美国年轻人（90%）在上一次发生性行为时都采取了某种避孕措施，通常是使用安全套（Guttmacher Institute，2016）。现实生活中的安全性行为远超过电视上的宣传。男士们请注意了：对网上 52 000 多名女性的调查发现，绝大多数女性对她们伴侣的阴茎大小是满意的。只有 6% 的女性受访者认为伴侣的阴茎尺寸"太小"（相对于"一般"或"较大"），这部分人中大多数的确希望伴侣的阴茎尺寸能变大些。不过，总体来看，84% 的女性认为伴侣的阴茎尺寸刚刚好，14% 的女性希望他们的尺寸能更大点，2% 的人则希望变得更小点（Lever et al.，2006）。七分之六的女性不会期望伴侣的阴茎变得更大，如果你对此感到惊奇，可能是受到了无良杂志和网站的误导。不要轻易相信你读到或听到的有关亲密关系中性的所有信息。

足；而在一个月仅有一次性行为的夫妻中只有 32% 的人感到性满足（Blumstein & Schwartz，1983）。当然，这种相关的影响因素很多，但有两种模式值得注意。第一，一般而言，性生活的次数越多，夫妻双方对性生活的满意度往往越高（Schoenfeld et al.，2017）。但是，第二，如果一周至少保持一次性生活，那么更多的性生活并

不能使他们对彼此的关系更为满意。例如，平均而言，那些一周有两次、三次或四次性生活的夫妻，并不比那些一周只有一次性生活的夫妻对伴侣关系更满意（Muise et al., 2016a）。事实上，物极必反。当研究人员要求参与者将目前的性生活次数翻倍时，[6] 刻意地努力发生更多的性行为并没有带给他们更多的欢愉；他们对性爱的精力和热情以及性生活的质量实际上还略有下降（Loewenstein et al., 2015）。显然，只要我们一个月的性生活超过两三次，当我们关注性互动的质量而非数量时，我们就会更幸福（Forbes et al., 2017）。

此外，无论性行为的频率怎样，当性行为能满足人们对自主、胜任和关系的基本需要时，性互动也最具有奖赏价值。根据自我决定理论（self-determination theory）的基本观点，如果我们日常参与的活动允许我们选择和控制自己的行动（即自主），让我们感到有信心和能力（即胜任），并且能建立与他人的亲密联系（即关系），我们就会感到最幸福美满（Knee et al., 2016）。性生活当然也符合这一理论观点（Brunell & Webster, 2013）：最美好、最令人满意的性互动可以让我们做自己想做的事，并且能做得很出色，在此过程中还能感受到爱和尊重。

对此你可能不会感到奇怪。值得注意的是，很多人的性生活通常不太令人满意，因为他们的性行为无法满足这些需要。具体来说，那些支持传统性别角色的人往往想当然地认为，在性生活中男性应该居于主导地位，而合乎体统、女人味十足的女性应该对她们的伴侣温柔恭顺、俯首帖耳；男方应该主动行动，女方则应该按对方要求行事（Sanchez et al., 2012a）。问题是，这种期望势必将女性置于了被动地位，损害了她们在性生活中的自主性；她们很少能选择性生活的时间，很少能主导性生活，因此她们在性事上常常不能得偿所愿。剥夺女性的主动权和控制权会削弱她们的性欲望，降低她们的性唤醒，使她们更难获得性高潮，所以她们对性生活也就没有多大的兴趣（Kiefer & Sanchez, 2007）。从男性的角度来看，总是处在控制地位也令某些男性不悦。许多男性希望自己能成为伴侣渴望的目标，所以当女性发起性行为并发挥主导作用时，他们会感到很兴奋（Dworkin & O'Sullivan, 2005）。正如一位男性向咨询专栏作家抱怨的那样，"亲爱的艾比，只有我主动提出性爱才会发生"（Van Buren, 2013, p.E4）。他担心自己不够有魅力，想知道"性是否必须由男方主动，或者女方可否表现出更明显的兴趣"？正如你

6　有些夫妻努力做到了，但大部分人做不到。平均来看，他们性生活的频次增加了 40%。

所看到的，传统性别角色的要求同时剥夺了男女双方的某些性自由，致使他们的性互动达不到原本可能的满足程度；给予彼此更多自主权和选择权的夫妻能享受到更令人满足的性生活（Sanchez et al., 2012b）。

性行为背后的动机也会影响我们的性满足感。如前所述，人们发生性行为的理由多种多样，运用我们在第 6 章介绍过的接近和回避维度，[7] 可以对这些理由进行整理分类。有时性行为的目的是获得（或者"接近"）积极结果，如增加亲密感或个人快乐等。例如，如果我们想通过性行为来庆祝和充实伴侣关系，我们就是在追求积极的结果；相反，如果性行为的目的是为了阻止或避免不愉快的结果，比如防止伴侣生气或失望，则我们就是在追求不同的目标。你认为哪种动机更令人满意呢？美国加州大学洛杉矶分校大学生的日记揭示出，当性行为是出于积极的理由时，性生活会更令人满足、更亲密，更有趣；相反，如果性行为的目的是为了避免不想要的结果，则人们会体验到更多的消极情绪，并且他们的关系也会受损。久而久之，经常出于回避方面的理由而进行性行为的伴侣更有可能分手（Impett et al., 2005）。在床榻之上有强烈接近动机的人，对他们的伴侣也会有强烈而持久的性欲望（Impett et al., 2008）。很显然，比起因其他理由而发生性行为的人，那些通过性行为以表达对伴侣的爱意、加深彼此的关系、给予和获得身体快感的人，会更热切地追求（并享受）性爱（Pascoal et al., 2014），其伴侣也更为满意（Muise et al., 2013）。所以，如果人们有意识地关注其发生性行为的积极理由，比如每天花几分钟思考过去的性行为所带来的愉悦和积极情绪，就能增加他们对当下性生活的满意度，这无疑是个好消息（Muise et al., 2017）。

最后，如果你对目前的性生活感到失望，那么，把性满足视为一个可以通过付出时间、努力和运用创造性来实现的目标，而非一种找到合适的完美伴侣就会自动得到的结果，你会发现这样做非常有效。我们在第 4 章中对比了关于亲密关系的成长信念与宿命信念，[8] 这里也有类似的区分：持**性成长信念**（sexual growth belief）的人认为，性满足是你可以努力争取的目标；美满的性生活是可以创造的（Bohns et al., 2015），越努力越美满。相反，持**性宿命信念**（sexual destiny belief）的人认为，要想拥有美满的性生活，你必须先找到性爱上的灵魂伴侣；你天生与

7　请翻到第 6 章。

8　参看第 4 章。

某些人在性事上和谐，与另一些人则不然，而且事实本就如此。当然，我们的心态也很重要，如果人们的性成长信念强烈，他们往往会享受到更多的性满足，也会有更多满意的伴侣。当人们偶尔面临性方面的挑战时，尤其如此（Maxwell et al., 2017）；当出现困难或者激情开始消退时，坚信创造性地合作和努力可以让你们的爱情保持活力，这是非常有益的。

性沟通

还有一个影响性满足的重要因素，重要到足以给它一个标题，单用一节的篇幅来介绍它，那就是性沟通（sexual communication）。许多人在提到性时会感到尴尬或紧张，所以人们经常避而不谈（Theiss & Estlein, 2014）。例如，夫妻经常在做爱时不作任何讨论：一方可能通过呻吟、亲密触碰和解开衣扣来表达性欲望，而另一方则不做任何反抗，只是默许（Vannier & O'Sullivan, 2011）。缺乏言语沟通的性行为有问题吗？很可能有问题。如果我们从来不和伴侣真诚、无畏、坦率地探讨在性方面的好恶，简直是一种浪费，其重要原因在于，对性行为进行清晰的沟通与更多的性满足有关（Frederick et al., 2017）。与那些只会不时咕哝呻吟的人相比，那些能坦率谈论性的人与伴侣的性生活更美满。

著名的性行为研究专家威廉·马斯特斯和弗吉尼亚·约翰逊在一项有启发性的研究中着重指出了良好的性沟通的重要性，该项研究对比了异性恋者和男女同性恋者的性体验（Masters & Johnson, 1970）。研究者观察了情侣们的性行为，并对他们进行了广泛的访谈，然后得出结论，男女同性恋者性体验的主观质量，包括心理上的投入、对伴侣的需求和欲望的回应及对性体验各方面的享受，实际上好于异性恋者，同性性行为的满意度更高。同性性行为的优势之一是参与双方是同性，他/她们都知道自己的偏好，也能合理地预测伴侣的偏好。但是，马斯特斯和约翰逊认为，更具奖赏性的同性关系的首要基础是良好的沟通。同性恋者比异性恋者能更轻松、更坦率地谈论他们的性偏好。他们会询问对方想要什么，感觉良好时会给出反馈，并指导爱人怎样取悦自己。相反，异性恋伴侣则会"持续忽视"开放的性沟通，并表现出"对伴侣缺乏好奇心"的自我毁灭倾向（Masters & Johnson, p.219）。

重要的是，如果异性恋者能诚实地告知对方自己喜欢和讨厌的性方式，以及对方表现如何，他们就更可能拥有质量极高的性生活。这种讨论本身就非常亲密，经常进行性沟通的伴侣不仅能享受到更高的性满足，而且整体上也会对他们的伴侣关系更为满意（Coffelt & Hess, 2014）。

良好的沟通也有助于我们应对某些尴尬情形，比如我们不想发生性行为，以及我们的意图被人误解。你或许已经知道，女性和男性对性情境的理解往往存在差异（Ambrose & Gross, 2016），而这可能会导致挫折感和敌意。男性比女性有更强烈的性欲望，他们确实比女性更经常地想到性，所以他们往往能从女性根本不带有性意图的中性行为中品读到性兴趣（Galperin & Haselton, 2013）。安东尼娅·阿贝伊的一项经典研究首次证明了这一点。她邀请一些男性和女性，让他们彼此认识，然后进行一对一的闲谈，同时让另一对男性和女性观察他们的谈话（Abbey, 1982）。参与互动的男性和旁观的男性都倾向于把女方的友善之举解读为性兴趣的信号，即使参与谈话的女性根本没有性挑逗的意图，并且旁观的女性也没有觉察到这类行为。男性参与者真切感知到的性挑逗信号实际上并非女方有意为之，或者可能根本就不存在。

这类事情并不罕见；大多数男性（54%）至少有一次曾误解过女性的性意图（Jacques-Tiura et al., 2007）。毫无疑问，有些错误是无心之过；有时，女性的行为可以被合理地解释为卖弄风情或者只是表示友好（Hall, 2016），而因为男性比女性对非言语的细节更不敏感，所以这种情况下男性更容易形成错误的印象（Lindgren et al., 2012）。有趣的是，当男性尽力判断 81 位不同女性的性兴趣并实时接受正确率的反馈时，他们开始更多地注意女性的面部表情（同时更少注意她们身体的吸引力），因而提高了判断的准确率（Treat et al., 2016）。

然而重要的是，某些男性更容易误解女性的性兴趣。那些拒绝传统性别角色、注重男女平等的男性更少犯这类错误（Farris et al., 2008），而那些认为性是一种逐利竞赛的大男子主义的男性则更多地犯这种错误（Wegner & Abbey, 2016）。后面这类家伙实际上并不十分喜爱女人，他们最有可能实施性胁迫（Casey et al., 2017），尤其是在他们醉酒（Cowley, 2014）或性饥渴（Bouffard & Miller, 2014）时。清楚明确的沟通有时是纠正这类男性所必需的——最有效的拒绝必须是自信的、一致的、坚决的（Yagil et al., 2006）。当需要表明你的感受时，不要扭捏作态或玩笑戏谑，请清楚地表明你没有兴趣，必要时重复表态。

值得注意的是，一旦夫妻开始一起生活，高估女性性兴趣的现象就不那么常见了。事实上，加拿大的一项研究表明，丈夫往往低估妻子的性欲望。这种模式可能并不是什么坏事，而是与妻子更高的婚姻满意度有关（Muise et al., 2016b）。其中可能有诸多影响因素，这是另一个值得思考的有趣问题。但是，如果丈夫在日常生活中觉得有必要向妻子多多示爱，妻子可能会更为满足。

性满足与关系满意度

最后我们要注意，性满足并不是在真空中实现的。如果我们对与伴侣的亲密关系不满意，就不可能对我们的性生活感到满足。性满足和亲密关系满意度是密不可分的（McNulty et al., 2016）。不论是已婚还是同居，异性恋还是同性恋，对亲密关系感到满意并做出承诺的伴侣，通常也能享受到最满意的性爱（Byers & Cohen, 2017）。

性满足和关系满意度相互关联，原因之一是它们受类似因素的影响。相似性和感知到的伴侣回应性[9]是其中两个影响因素。我们通常喜欢那些与自己相似的人，如果伴侣有相似的性欲望强度（de Jong & Reis, 2015）以及类似的性体验，就会感到更满足。比如，丈夫和妻子过去有过的性伴侣的数量相差越大，他们的婚姻就可能越不幸福（Garcia & Markey, 2007）。此外，贴心的伴侣对自己的珍视和接纳，通常也会增强自己对伴侣的性欲望（Birnbaum et al., 2016）；伴侣的回应不仅是对你深深的回报，也能引发性兴奋。

然而最为重要的是，有美好性爱的亲密关系往往更令人满意，因为令人满足的性生活会使伴侣关系更满意，而对伴侣的爱反过来也会使性生活更具奖赏性（Yucel & Gassanov, 2010）。伴侣之间令人心旷神怡的性爱可以舒缓压力，怡情养性，这是独自一人手淫得到的性高潮无法比拟的。继而，这种积极的情绪和乐观的展望也会增加以后的肌肤之亲和性行为（Burleson et al., 2007）。因此，性满足能增加关系满意度，反之亦然。

而且，这一模式会持续终生。一项对平均婚龄为 43 年的老年夫妻的研究发现，虽然他们的性生活比过去少了，但仍然是他们满意婚姻的重要组成部分（Hinchliff & Gott, 2004）。总的来说，对性的研究表明，性满足来自回报丰厚的伴侣关系（Fisher

---

9　见第 7 章。

专栏 9.7
依恋和性行为

忧虑被弃的人在情感上较贫乏，而回避亲密的人会与人保持距离，这两个依恋维度都与性行为有紧密的联系。可能因为性爱通常是非常亲密的行为，与安全型依恋的人相比，回避型的人与浪漫爱侣发生性行为的频率更低（Favez & Tissot, 2017），而与随意、短期的伙伴却有更频繁的性行为（Schmitt & Jonason, 2015）。他们往往不会为了促进和爱人的亲密关系而做爱，也不会为了庆祝这种亲密关系而做爱。相反，为了"获得一些空间"和保持自由，疏离型依恋的男性比安全型的男性更可能背叛他们的伴侣（Schmitt & Jonason, 2015）。

相比之下，有较高依恋焦虑的人，其性行为倒是更有激情，这源于他们渴望被伴侣接纳（Davis et al., 2004）。有激情当然很好，但焦虑型依恋的人的激情是与绝望交织在一起的；为了避免伴侣不悦，他们不太可能使用安全套，也不太可能去拒绝做自己不想做的事情（Strachman & Impett, 2009）。与安全型依恋的人相比，高依恋焦虑的人不仅无休止地渴望得到一次又一次的保证，而且相对也会发生更多的婚外情（Fish et al., 2012）。

此外，焦虑和回避程度较高的人都不太可能像安全型依恋的人那样坦率地与伴侣讨论他们的需要和欲望（Davis et al., 2006）。所以一点儿也不奇怪，他们对性生活会感到不太满意，而且他们的伴侣也可能不满意；回避型依恋者的配偶希望他们的性生活别那么冷淡和疏离（Butzer & Campbell, 2008）。

考虑到所有这些因素，不论同性恋还是异性恋（Starks & Parsons, 2014），安全型依恋的人享有最高的性自信、最佳的性沟通和最满足的性生活。安全型依恋的人能更有兴致、更开放地探索房帏之乐，也能更快乐、更欣然地投身于忠贞的、一夫一妻的亲密关系中（Mikulincer & Shaver, 2013）。美满幸福的爱人往往是安全型的爱人。

et al., 2015）。性并不是一种能够自动使亲密关系美满的灵丹妙药。最美好的性爱似乎依赖于：

- 个体特定的性欲望能得到伴侣的理解和尊重，且性需要能得到满足；
- 重视自己的伴侣并致力于维护好伴侣关系；
- 彼此愉快地相处，不论是在床上还是床下。

性胁迫

如果伴侣一方故意哄骗、引诱、施压甚至强迫对方发生违背其意愿的性行为，这些美好的因素就都不复存在了。这类行为有多种形式（DeGue & DiLillo, 2005）。逼迫他人发生性接触主要有以下施压方式：（1）通过言辞威逼利诱，包括虚假许诺、制造内疚，或者威胁要结束伴侣关系；（2）灌酒或者让对方吸毒，以削弱其反抗力；（3）暴力威胁，或者直接使用暴力，强迫他人屈从。由此产生的有害的性行为范围广泛，包括一般的触摸和爱抚，以及插入和性交。

图 9.4 描绘了上述两个维度。归纳起来，图中描述了四大类型的性侵犯。它们之间的界限并非泾渭分明，根据具体情况，可能存在交叉，但这种区分仍然很实用。第一类性侵犯位于第 1 象限，指个体用言语哄骗他人屈服于他 / 她所不愿的

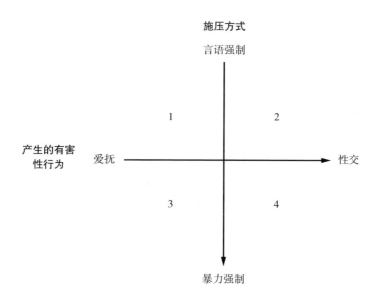

图 9.4　性侵犯的四大类型

结合两个不同的维度——施压方式和产生的有害性行为——就可以描绘出四大类不正当的性行为。在所有这些侵犯的类型中，性接触都是当事人不想要的，要么被强迫，要么根本没有表示同意，因此都属于性侵犯。

资料来源：摘自 DeGue, S., & DiLillo, D. "'You would if you loved me': Toward an improved conceptual and etiological understanding of nonphysical male sexual coercion." *Aggression and Violent Behavior*, 10, 2005, 513–532。

身体触碰。因为这种侵犯相对而言并不那么严重，你可能不会认为它是一种性胁迫，许多人仍认为性行为是一场男女互为对手的角逐——女人持有性奖品，而男人则通过欺骗、坚持和强权来赢得这种奖励。所以在交往中，男人不管女人是否有兴趣，只要有可能就"揩油"女性，这似乎并不是什么大不了的事情（Krahé et al., 2007）。然而，因为这些行为违背了伴侣的意愿，所以它们并非无害。这种行为是对伴侣的不尊重，当它们针对女性时，做出这类行为的更可能是这样一些男性：他们对女性怀有敌意，认为所有的女人私下里都喜欢被强奸（Hoyt & Yeater, 2011）。这些行为也会侵蚀到亲密关系，且与较低的性满足和较低的关系满意度相关（Katz & Myhr, 2008）。

　　在第 2 象限，性侵犯表现为通过言语操控，或者将人灌醉进而将阴茎插入女性体内。如果女性不积极主动、毅然决然地抵制这种行为，很多人就会认为女性也要承担此类行为的部分责任（Cohn et al., 2009），所以这类行为很少被提起诉讼。第 3 和第 4 象限包括不同程度的暴力（或者使用药物导致受害人昏迷不能反抗），这类行为显然不合法。第 4 象限的"暴力强奸"如果证据确凿就会被提起诉讼。

　　大多数人都不会对异性实施上述任何形式的性胁迫（Spitzberg, 1999）。尽管如此，性胁迫却惊人地普遍。具体的数据取决于对性胁迫的精确定义，但大部分美国女性（73%）自 16 岁以后都曾遭遇过某种形式的性伤害（Turchik & Hassija, 2014），10% 的英国女性迫于压力或暴力违背自己的意愿与人发生性关系（Macdowall et al., 2013）。整体来看，男性会比女性更多地使用暴力——男性更可能是第 3 和第 4 象限性侵犯的施暴者而非受害者——而且大多数有此类行为的男性往往不止一次犯事（Zinzow & Thompson, 2015）。但女性和男性一样有可能用言语胁迫不情愿的伙伴进行不情愿的性交；大约 25% 的男性和女性有过此种恶行（Spitzberg, 1999），而且不少男性（43%）也曾遭遇性胁迫（French et al., 2015）。

　　这些性侵犯行为显然没有一丝同情心和爱心，甚至一开始就心怀不轨。实施性侵的人往往会对异性持轻蔑、冷酷和粗暴的态度（Bouffard et al., 2016）。通常，如此行事的男女两性或冷漠无情或工于心计；他们缺乏悔悟之心（O'Connell & Marcus, 2016），往往认为异性只是动物或物品（Rudman & Mescher, 2012b）。性侵犯还会带来伤害：女性如果受到强迫或恐吓而发生违背其意愿的性行为，其身心健康都会受损，尤其是那些不止一次受到性侵害的人（Perilloux et al., 2012）；与陌生人或熟人相比，亲密伴侣造成的伤害通常更严重（Impett et al., 2014b）。

因此，普遍存在的性胁迫会带来破坏性的结果，不论它是以何种形式出现的。我们能做些什么来减少性胁迫的发生呢？我有几个建议。第一，请提防那些把性行为看成一场角逐的恋爱对象。他们不可能把你的利益放在心上。第二，不管是你还是你的伴侣，请远离麻醉类物品；不论是酒精还是毒品都会增加人们做出不当行为的可能性。事实上，大多数性胁迫都涉及酒精和毒品（Cleere & Lynn, 2013）。第三，对任何性侵犯苗头都要坚决地进行反抗。如果情况恶化，那些能够预先断然拒绝不正当性行为的女性，就不太可能被动地屈从于男人的侵犯（Gidycz et al., 2008）。第四，在你开始亲密交往前，直接、坦率地和伴侣进行讨论，划定清楚的性界限，这样可以避免不必要的危险。（至少告诉你的伴侣："如果我说'不可以'，真的是拒绝你，不是什么欲迎故拒。"）沟通不良和误解经常会引起性胁迫，如果提前表明行为的底线，错与对的界限就非常清晰（Winslett & Gross, 2008）。最后，把爱人视为与你平等的伴侣，其喜好和快乐与你的一样重要。这种尊重和体贴是与性胁迫不相容的，如果你和爱人都这样想，你们可能会体验到更美妙的性生活（Fisher et al., 2015）。

请你思考

查德和珍妮弗相爱了。查德对珍妮弗有强烈的性欲望，并且一直很享受和她的性生活，但他仍然感到一些缺憾。珍妮弗通常也喜欢性生活，看起来也很享受，但她很少主动，一般都是查德一个人在忙活。通常，珍妮弗只是平躺在床上，查德希望她能更主动些，时不时地也能率先发动一下。他期望珍妮弗在床上多点花样，偶尔也能爱抚他。不过，他并没有把自己的这些想法告诉珍妮弗。虽说他们的性生活算不上美满，但还算不错。查德担心，任何的抱怨可能只会使事情变糟，而不利于他俩性生活的改善。

读完本章，你认为查德和珍妮弗的未来会怎样？为什么？

本章小结

性态度

对随意性行为的态度。随着时代的变化，人们对性行为的态度变得更为宽容。今天，如果伴侣之间彼此关心，大多数人都能容许未婚性行为，但性的双重标准会使我们对女性性行为的评判比对男性更苛刻。

对同性恋的态度。如果美国人认为性取向是个体选择的结果，他们就会讨厌同性恋者。不过，时代已经不同了，大多数美国人如今都支持同性婚姻。

性态度上的文化差异。与许多其他国家的人相比，美国人的性态度相对保守。

性行为

第一次性行为。几乎所有人都有婚前性关系，而第一次性行为通常发生在稳定的亲密关系中。如果伴侣间并不亲密，悔恨常常会接踵而至。

承诺关系中的性行为。人们发生性行为的理由多种多样，亲密关系的状况、年龄、性取向都会影响性行为发生的频率。平均而言，一周一次性生活的夫妇与那些有更多性行为的夫妇一样幸福。

不忠。与女性相比，男性更容易出轨，且他们更可能具有不受约束的社会性性行为取向。优质基因假说认为，女性出轨是为了养育健康的后代，但精子竞争可能正是为了抵抗这类行为而演化出来的。

性欲望。男性的性驱力比女性高。当异性恋夫妻协商他们的性互动时，这种性驱力的差异可能会带来烦恼。

安全而明智的性行为。大多数大学生都曾有过一夜情，有时还不使用安全套。安全套的使用受到这些因素的影响：低估风险、错误决策、人众无知、权力不等、禁欲教育、低自控和对亲密感及愉悦度的关注。

性满足

最美满的性行为是由趋近目标和满足基本需要所驱动的，但传统的性别角色往往有损于女性在床上的选择和控制。当挑战出现时，性成长信念是值得拥有的。

性沟通。直接而真诚的性沟通与更高的性满足有关。与异性恋者相比，同性恋者能更坦率地讨论他们的性偏好，所以也能享受到更好的性生活。良好的沟通也能避免对性意图产生误解。

性满足与关系满意度。性生活满足的伴侣一般对他们的亲密关系也更为满意，这两者似乎会相互促进。

性胁迫

结合不同形式的压力和行为结果可以归纳出四大类型的性侵犯。这些都是令人沮丧的普遍现象，但采用一些策略可以减少它们的发生。

第 10 章

压力与紧张

我们先盘点一下已学过的内容。在前面的章节中，我们讨论了适应良好和适应不良的认知、有效和无效的沟通，以及有价值和无价值的社会交换。我们一直在不偏不倚地考察影响亲密关系的有利因素和不利因素。在本章中，我们将换个角度，集中探讨损害亲密关系的各种陷阱、障碍和危险（只有最后一节才是积极内容）。更重要的是，本章所提及的压力和紧张——感情创伤、伴侣排斥、妒忌、说谎和背叛——在许多亲密关系的发展过程中屡见不鲜。我们都曾经历感情创伤（Malachowski & Frisby, 2015），而且几乎每个人迟早都会对亲密伴侣说谎（DePaulo et al., 2009）。甚至各种公然背叛都惊人地普遍，难以避免（Baxter et al., 1997）。

然而，司空见惯并不意味着无关紧要。上述这些负面事件会严重损害亲密关系，它们可以解释为什么大多数人都报告说，在过去五年里他们都曾经历过非常糟糕的亲密关系（Levitt et al., 1996）。尽管负面事件的具体表现千差万别，但它们有一个共同的特点（Leary & Miller, 2012）：负面事件的出现，表明我们并不能如自己所期望的那般，总能得到伴侣的爱慕和尊敬。

感知到的关系价值

因为归属需要[1]的驱动，我们大多数人都非常关心亲密伴侣对我们的看法。我们希望伴侣需要我们，希望他们重视我们的陪伴，希望他们认为与我们的伙伴关系弥足珍贵。因此，根据心理学家马克·利里的观点，当认识到我们的**关系价值**（relational value）——他人认为与我们的关系珍贵和重要的程度——低于我们希望它达到的水平时，我们会感到痛苦（Leary & Acosta, 2018）。

当我们的关系价值较高时，他人会珍视我们的陪伴，将他们与我们的伙伴关系置于优先地位，我们会感受到他们的欣赏、尊重和接纳。相反，当我们的关系价值较低时，他人不会寻求与我们同行，不会选择我们加入他们的团队，对我们是谁、我们想说什么不感兴趣；因而，我们觉得自己多余，不被需要。

在我们的生活中，有些人比其他人更看重我们，所以，在与他人的交往中，我们会遇见各种不同程度的接纳与拒绝，请看表 10.1。有时我们享受到最大可能的接纳，称之为**最大的接受**：他人渴望与我们在一起，假如他们想举办一场聚会，而我们因故不能前往，他们就会改期或者干脆取消聚会；在他们心里，我们就是如此重要。（最大的接受可能非常罕见，上一次你对于某个人而言如此重要是什么时候？）更多时候我们碰到的是**主动的接受**，他人诚心实意地邀请我们参加聚会，如果我们不能前往，他们会感到失望，但不管怎样聚会还会如期举办。对于他们而言，我们很重要，但还没有重要到缺了我们就不行的程度。如果他人不主动邀请我们参加聚会，但当我们听到聚会的消息而前去凑热闹时，他们也乐于让我们进门，那么我们体验到的就是**被动的接受**；他们并不讨厌我们，看到我们也很友好，但他们不会优先考虑我们，只有当聚会还能容下人时我们才能参加。

然后是**矛盾的情感**，发生在他人既不接纳也不拒绝我们时，无论我们是否出现，他人真的不在乎。如果我们希望他人喜欢我们，珍视彼此之间的关系，他人不明朗的矛盾情感已经够糟糕的了，但情况还可能变得更糟。当他人忽视我们，并希望我们出现在别处时，我们就会面临**被动的拒绝**。当他人千方百计地故意避开我们时，我们就会遭遇**主动的拒绝**。不过，当他人在其聚会中发现我们而命令我们离开时，最彻底的排斥就出现了，这是一种**最大的拒绝**。在这种情形下，仅仅避

1　需要提醒你人类的归属需要吗？请翻到第 1 章。

表 10.1 不同程度的接纳和拒绝

他人对我们的接纳或拒绝并非全或无。人们期望我们陪伴的程度有强有弱，研究者用下列标签来描述他人对我们接纳或拒绝的不同程度。

最大的接受	他人会找到我们并想方设法与我们交往。
主动的接受	他人需要和欢迎我们，但并非要不遗余力地和我们在一起。
被动的接受	他人允许我们加入他们的圈子。
矛盾的情感	他人并不关心我们是否加入他们的圈子。
被动的拒绝	他人忽视我们但不会刻意避开我们。
主动的拒绝	他人避开我们，只有在必要时才容忍我们出现。
最大的拒绝	他人驱逐我们，让我们离开或抛弃我们。

资料来源：摘自 Leary, M. R. "Toward a conceptualization of interpersonal rejection." In M. R. Leary (Ed.), *Interpersonal rejection*. New York: Oxford University Press, 2001, 3–20。

开我们并不解恨，他们希望我们尽快消失。

面临这些情境时，我们的情绪反应取决于我们期望别人接纳我们的程度，以及他们的接纳或拒绝对于我们的意义。有时他人因为我们太优秀而孤立我们，这类拒绝远不如因缺陷或过错而遭拒绝更痛苦。以美国真人秀节目《幸存者》为例，参赛者有时会投票把最有本领和才华的竞争者淘汰出生存小岛，从而增加自己赢得比赛的机会。因为比其他人优秀而遭到排斥，可能对你造成的伤害较小；但因为无能、不能胜任或不够好而遭人拒绝，通常会让你饱受打击（Celik et al., 2013）。

此外，如果你遭到某个一开始你就不想参加的团队的拒绝，那么这算不上什么太大的打击。而当我们期望别人接纳我们并非常在乎别人对我们的看法时，这时的拒绝才更加令人痛苦（Vanhalst & Leary, 2014）。事实上，即使别人既接纳又喜欢我们，但达不到我们期望的程度，此时我们仍有可能受到伤害。这正是单恋经常出现的情形（请参见专栏 8.2）。我们的单恋对象可能也喜欢我们，但如果我们期望从他/她那里得到的是爱而不仅仅是喜欢，那么他们的那种不冷不热无疑对我们是一种痛苦。

种种可能的结果都表明，我们从他人那里接收到的客观反应与我们因被接纳或被拒绝而导致的感受之间只有粗略的联系，所以，我们关注的是这样一种感知，即他人对他们与我们之间关系的重视达不到我们期望的程度，这也是我们在本章要考察的压力和紧张的核心内容（Leary & Miller, 2012）。如果**感知到的关系价值**（perceived relational value）——他人对与我们的关系的显而易见的重视程度——低于我们的期望，我们就会感到受伤。

感情创伤

事实上，与人交往时我们所体验到的接纳或排斥感与他人对我们的评价有复杂的关联：最大的拒绝并不比单纯的矛盾情感让人感觉更糟糕（Buckley et al., 2004）。请仔细看图 10.1，它描绘了人们对来自他人的评价的反应（这些评价是在

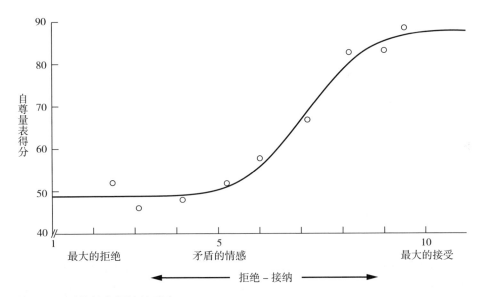

图 10.1 对接纳和拒绝的反应

这条曲线描述了我们对自己的即时感受是如何随着我们感知到的他人反应而变化的。当他人从对我们的矛盾情感转变为想要我们在身边时，我们的自尊会急剧增加，但任何拒绝都会导致我们的自尊降到最低点。当他人倾向于忽视我们时，我们的自我感觉几乎和他们命令我们离开或把我们赶出去的情形一样糟。

资料来源：摘自 Leary, M. R., Haupt, A. L., Strausser, K. S., & Chokel, J. T. "Calibrating the sociometer: The relationship between interpersonal appraisals and state self-esteem," *Journal of Personality and Social Psychology*, 74, 1998, 1290–1299。

10点量表上进行的）。最糟糕的评价记为 1 分，表示最大的拒绝；最满意的评价记为 10 分，表示最大的接受；量表的中点为 5 分，表示这样一种矛盾的情感：无论怎样，他人都不在乎我们。该图表明，一旦我们发觉别人不欢迎我们，则无论他们仅有一点讨厌我们还是非常讨厌都变得无关紧要了：当他人表现出对我们任何程度的拒绝时（即他们对我们的评价从 4 分降至 1 分），我们对自我价值的即时评价都会降到最低点。

另一方面，就接纳而言，从十分讨人喜爱到完全崇拜，我们的自尊水平并未提升。相反，从低分端的矛盾情感到高分端的主动接受，我们似乎对来自他人关注的些微变化都非常敏感。随着人们越来越喜欢我们，我们的自我感觉也越来越良好，直到他们对我们的积极关注得到充分保证。这一过程有演化学上的意义（Leary & Cottrell，2013）；精细区分不同的接纳程度可能会让我们得到生存资源和伴侣，这比监测敌人的敌意要实用得多。（毕竟就未来配偶的反应而论，轻微的厌烦和彻底的厌恶之间通常没有什么实质性的区别！）

所以，他人温和的拒绝带来的感受通常和更大程度的拒绝一样糟糕。但是，他人对我们接纳的减少可能让人感觉更糟糕，特别是由矛盾的情感向主动的拒绝一端变化时。也就是说，喜欢我们的人们突然变得不怎么喜欢我们了。利里及其同事通过控制参与者从刚结识的人那里得到的评价，证实了接纳程度的下降所引起的严重后果（Buckley et al., 2004）。当年轻的参与者通过内部通话系统向另一个人介绍自己时，他们会看到电脑屏幕上呈现的时断时续的评价（见图 10.2）；研究者告诉参与者，评价来自其交谈对象，但实际上它们是由研究者控制的。共有四种评价反馈模式，有些人得到的是持续的接纳，得分总是 5 分和 6 分；而另一些人总是遭到拒绝，得分只有 2 分和 3 分。被人厌恶是痛苦的，所以，能得到未曾谋面的谈话者接纳的人，比遭逢拒绝的人更加快乐、自我感觉更好。另有两组参与者得到的评价前后会发生变化，开始糟糕随后变好，或者开始良好随后变差。在后一种情况下，5 分钟里参与者得到的连续评价是 6 分、5 分、3 分、3 分、2 分。显然，随着新认识的人对参与者了解得越来越多，他们就越不喜欢参与者。

这种接纳程度不断下降的模式尤其令人痛苦，甚至比持续的拒绝引发了参与者更多的消极行为反应（Buckley et al., 2004）。显然，我们感知到的关系价值下降，即**关系贬值**（relational devaluation），或他人对我们关注的明显减少尤为可怕，它会导致各种痛苦的情绪反应。当伴侣背叛我们，我们会感到悲哀、愤怒和受

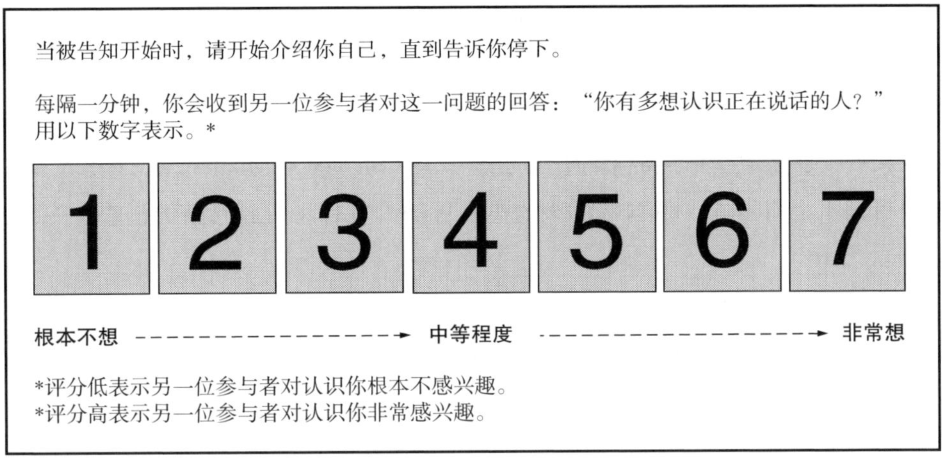

当被告知开始时，请开始介绍你自己，直到告诉你停下。

每隔一分钟，你会收到另一位参与者对这一问题的回答："你有多想认识正在说话的人？"
用以下数字表示。*

1	2	3	4	5	6	7

根本不想 - - - - - - - - - - - - - - - -▶ 中等程度 - - - - - - - - - - - - - - - -▶ 非常想

*评分低表示另一位参与者对认识你根本不感兴趣。
*评分高表示另一位参与者对认识你非常感兴趣。

图 10.2 实验室中的关系贬值

想象一下，当你向另一个房间中的人描述自己时，每隔 1 分钟就会有一个代表对你的评价的数字亮起来，
你收到的评价一开始很高，但随着时间的推移会越来越差。5 分钟后，对方给你打了"2 分"，表示他 /
她没有兴趣认识你。你会有什么感觉？

资料来源：Buckley, K. E., Winkel, R. E., & Leary, M. R. "Reactions to acceptance and rejection: Effects of
level and sequence of relational evaluation." *Journal of Experimental Social Psychology*, 2004, 40, 14–28.

伤，而受伤感是一种独特的感受，与关系价值的减少有关（Leary & Leder, 2009）。
感情创伤非常类似于身体的伤痛，研究人员让失恋的人仔细看已经分手的恋人照
片，同时对其进行 fMRI 扫描，结果发现他们大脑的反应与遭受了身体伤痛时的
情况一样（Eisenberger, 2013）。拒绝的确带来伤痛。值得一提的是，镇痛药醋氨
酚（acetaminophen）[2] 在缓解社会拒绝的痛苦方面与治疗头痛有明显类似的效果：
每天服用醋氨酚的大学生在一周半后比服用安慰剂的学生体验到的感情创伤更少
（Dewall et al., 2010）。大麻也能缓解社交之痛（Deckman et al., 2014）。显而易见，
心理创伤会带来真实的痛苦。感情创伤的主要特征是有一种受伤感，即感到关系
的准则被打破（Malachowski & Frisby, 2015），自己饱受打击和伤害，如同斧钺加身，
这种受伤感使得感情创伤成为一种独特的情感体验（Feeney, 2005）。

当关系贬值发生时，某些人更容易受伤。一如既往，依恋类型对此有重要的

---

2 醋氨酚是美国常用止痛药泰诺（Tylenol）的有效成分，在北美之外的许多地方称为扑热息痛
（paracetamol）。

影响。高遗弃焦虑的人受到关系贬值的伤害要远甚于那些焦虑较低的人。（你可以想见，他们紧张害怕，唯恐别人不爱他们，这会放大他们感受到的伤害。）而高度回避亲密的人在他人回避时体验到的痛苦较小；如果你一开始就不希望和别人太亲近，那么遭受拒绝带来的伤害也就不大（Shaver & Mikulincer, 2013）。人们的自尊水平也有影响：低自尊的人比高自尊的人更容易受到感情的伤害（Ford & Collins, 2010）。

事实上，自尊是预测人们面对强烈拒绝（比如伴侣排斥）时会如何反应的重要因素。我们看看当人们遭到忽视或"沉默对待"而感情受伤时会发生什么。

伴侣排斥

甚至在亲密关系中也会经常出现一种特殊形式的人际拒绝，这就是社会**排斥**（ostracism），即受到身边人的忽视和"冷落"。当沉默对待是有意为之时，排斥者会故意不回应他人，有时甚至装作对方根本不存在。大多数人都经历过这种不愉快的对待。在一项大型调查中，67% 的美国人承认曾沉默对待过亲密伴侣，75% 的人曾遭受过爱人的排斥（Williams, 2001）。

为什么人们有时会故意忽视自己的伴侣？排斥者们往往会冠冕堂皇地认为，他们的排斥行为旨在惩罚伴侣、避免对抗，或者是在冲突之后平复心绪及低调处理的有效手段，并且他们也常认为排斥有助于实现其人际目标（Sommer et al., 2001）。但是从排斥的本质来看，这样做通常会使被排斥者感到疑惑：为什么自己会被人忽视？当伴侣保持沉默时，只有极少的人会进行解释，而被排斥者往往对排斥的原因一无所知。因此，被排斥者一般并不认为伴侣这样的退避行为是友善或有效之举，相反，他们通常认为排斥只会损害他们的亲密关系（Arriaga et al., 2014b）。

排斥对人的伤害是深刻而又痛苦的，因为它威胁到人类最基本的社会需要（Wesselmann & Williams, 2013）。排斥很不人道（Bastian & Haslam, 2010）。沉默对待会危及我们的归属感，损害我们的自我价值感，降低我们对人际交往的控制感。我们对此类威胁的最初反应通常是困惑、令人不快的混乱（Wesselmann et al., 2012）。遭到"冷遇"的人甚至会感到寒冷：与未遭排斥时相比，人们受排斥时会

©Iakov Filimonov/Shutterstock

社会排斥令人困惑和厌倦，但偶尔能引发他人的顺从，也可能带来敌意。

感到整个房间都变得更冷、更想吃热食或喝点热饮（Zhong & Leonardelli, 2008）。我们的身体表现出应激迹象：肾上腺分泌出大量的皮质醇（一种应激激素）进入血液中（Dickerson & Zoccola, 2013）。时间似乎也变得更慢了。在一项研究中，参与者被要求估计一段 40 秒间隔的时长，感到被他人接纳的人平均（相当精确）的估计值是 42 秒，而那些感到被他人拒绝的人则认为时间已经过去了 64 秒（Twenge et al., 2003）。

　　人们具体的反应取决于哪种需要受到了威胁（Wesselmann & Williams, 2013）。如果归属需要受到威胁，受排斥的人会努力重新获取伴侣的关注，对其百依百顺、言听计从，尤其是在他们认为亲密关系（和关系价值）能修复的情况下（Richman & Leary, 2009）。然而，他们也可能会开始寻找新的较为宽容的伴侣。在经历伴侣的孤立后，人们通常特别急于结交新的、更友好的朋友（Maner et al., 2007）。

　　如果排斥看起来不合理，也不公平，危及人们的控制感或自我价值，就可能会发生更为敌对的反应（Tuscherer et al., 2015）。当被排斥的人变得愤怒时，他们会贬低忽视他们的人的观点，认为这些观点毫无根据、不合情理、愚蠢至极，他们会变得更加乖戾和好斗（甚至对无辜的旁观者也是如此），而不是战战兢兢、逆来顺受（DeWall et al., 2009）。事实上，很多暴力恐怖事件发生前，施暴者都曾有过被人排斥或示爱被拒的人际经历，比如校园枪击案中的学生携带枪支，射杀无辜同学（Leary et al., 2006）。排斥他人的行为就如同侮辱或训斥他人一样使人受挫和愤怒（Hales et al., 2016）。

社会排斥领域的研究者设计了很多精巧的实验程序，可以在实验室条件下制造出强烈的拒绝体验。比如向陌生人作了简短的自我介绍后，一些参与者发现没有人愿意同他们合作（Leary, 2005）；还有一些参与者在由研究助手管理的面对面讨论或互联网聊天室中被忽视（Williams, 2001）。然而，在由基普林·威廉斯及其同事开创的颇有灵感的简单传接球游戏中遭受排斥的人尤为受打击。你在游戏中要和另外两人共处一室待 5 分钟，等待主试到来，而另外两人正在你来我往地投掷墙球 3。你们都是刚刚认识，都在打发这 5 分钟，等待主试回来；在游戏的第 1 分钟，你经常能接到球，感觉非常轻松愉快，但随后的情况发生了变化。接下来的 4 分钟里，没有人把球传给你。另外两个人兴高采烈地互相传球，完全忽略了你：既不看你，也无视你的抗议，就好像你已不复存在。

研究者甚至在网络上进行了社会排斥研究，全世界数以千计的人在万维网参加了另一种版本的传球实验（Hartgerink et al., 2015）。在网络版的传球实验中，人们相信自己正与另外两个人（由计算机呈现的两个人像表示）在线上玩游戏，彼此通过点击人像来往复传球。接下来所发生的全部情况由电脑程序控制，并没有任何其他人参与。和实际版本一样，几个热身的投掷后，参与者被部分或完全地孤立于"传接"之外。研究的结果非常引人注目，互联网排斥是相当痛苦的，即使排斥（显然）是由参与者永远都不会认识的陌生人实施的。事实上，尽管参与者事后得知他们受到的孤立是由计算机控制的，并不涉及丝毫真实的人际评价，当电脑程序不把球传给他们时，他们的情感仍然受到伤害（Zadro et al., 2004）！甚至连你不屑的团体排斥你时，你也可能感到受伤（Gonsalkorale & Williams, 2007）。人类似乎对最轻微的社会拒绝迹象都十分敏感。

因此，排斥是一种令人厌恶的不愉快体验，其引起敌对和顺从的概率大致相同。高自尊的人相对不太可能容忍排斥。如果遭遇冷遇，高自尊的人比低自尊的人更有可能结束与排斥者的关系，去寻找能更好相处的新伴侣。可能正因为如此，他们遭遇沉默对待的情况更少。相比之下，低自尊的人会经历更多的排斥，他们更可能心怀怨隙，并对他人报以排斥（Sommer & Rubin, 2005）。低自尊的人不轻易离开那些排斥他们的人，而会继续接近却心存恨意。

3　墙球（racquetball，又称墙手球或手球式墙球）是以手对墙击球的一种球类运动，起源于 16 世纪的爱尔兰，击球时要用以皮带拴腕的短柄球拍。——译者注

总之，当他人排斥我们时，我们会感到痛苦、愤怒和受伤，这类情感体验的核心成分是感知到他人并不像我们期待的那样珍视与我们的关系。我们现在来考察另一种危及关系价值的特殊现象，它发生在我们认为情敌正在诱惑我们的爱侣之时。

妒　忌

　　现实或臆想中的情敌或竞争对手会使珍贵的亲密关系面临丧失的危险，这可能会引起另一种消极的情绪体验。妒忌（jealousy）包含多种情感，既有悲伤沮丧，也有因伴侣魅力四射而产生的自豪，但界定妒忌最恰当的三种情感是：伤害、愤怒和恐惧（Guerrero et al., 2005）。[4]

　　伤害源于我们认为伴侣不重视我们，对彼此的关系不够忠诚，恐惧和焦虑源于失去和被抛弃的可怕前景。但妒忌最独特的表现是情敌的出现可能把伴侣诱惑走。"之所以妒忌，必是面临亲密关系不保，且是败给自己的情敌"（DeSteno & Salovey, 1994, p.220）。正是因为伴侣为了别的人而抛弃自己才使人愤怒，这种愤怒通常指向横刀夺爱的情敌及开始变心的伴侣（Schützwohl, 2008b）。有时这种愤怒会转变成暴力，美国 13% 的谋杀案都发生在配偶之间，而妒忌是最普遍的犯罪动机（Buss, 2000）。

　　显然，妒忌是一种痛苦的情感体验。但这里有个有趣的问题：如果你不能使自己的爱人产生妒忌之心，你会有怎样的感受？如果不论你做什么爱人都不会妒忌，你会不会有些沮丧和失落？大多数人都会，但这个观点是否有意义，还取决于妒忌的类型、伴侣产生妒忌的原因及伴侣对妒忌做出的反应。下面我们将一一剖析。

> **想一想** ✔
>
> 偶尔让伴侣产生一点点妒忌，这种做法是否可取？为什么？

4　有时我们会混淆妒忌和羡慕（envy），但两者差别很大（DelPriore et al., 2012）。当我们希望得到他人拥有的事物时，我们就在羡慕他们；羡慕的特点是谦卑地渴望得到他人所拥有的。妒忌则相反，它是一种由伤害、愤怒和恐惧交织在一起的复杂心态，源于担心失去自己已经拥有的事物或者自己不想放弃的亲密关系。

妒忌的两种类型

反应性妒忌（reactive jealousy）是指人们在觉察到自己所珍视的亲密关系面临实际的威胁时产生的吃醋心理（Buunk & Dijkstra, 2006）。令人忧心的威胁或许并非当前事件，它可能发生在过去，或者预测发生在不久的将来（比如伴侣表示出要与其他人约会的意愿），但反应性妒忌始终是针对当前的、现实的危险而产生的。伴侣的很多行为都可能引起担忧。大多数美国年轻人认为，仅仅是性幻想或与别人调情都是"不忠"的行为（Kruger et al., 2013）。不幸的是，生活中很多事件都会引起人的妒忌。在一个美国成人样本中，98% 的男性和 80% 的女性报告说，在过去的两个月里自己有过对非伴侣的性幻想（Hicks & Leitenberg, 2001）。对 800 多名美国大学生的两项调查发现，即使正在与某个人认真的交往，许多年轻人也会与其他人约会、亲吻、爱抚、上床（Brand et al., 2007）。三分之二的男性和一半的女性都表示，他们曾亲吻和爱抚过恋人之外的第三者；五分之一的男女表示他们曾与这个第三者有过性交（大多数人还不止一次）。

相反，**怀疑性妒忌**（suspicious jealousy）是指伴侣并没有不端行为，只是由个体的猜疑所引起的妒忌。这种怀疑完全没有事实根据，纯属子虚乌有（Buunk & Dijkstra, 2006）。怀疑性妒忌会引起担心与不信任的警惕和窥探，因为妒忌的伴侣会确证自己的猜忌。从稍微过激的臆想到彻头彻尾的偏执，怀疑性妒忌的表现程度不一。然而不管怎样，怀疑性妒忌都没有事实根据，引起怀疑性妒忌的情境根本不会对有安全感和信任感的伴侣造成困扰。

区分这两种类型的妒忌还是有意义的，因为几乎所有人在意识到伴侣不忠时

Bizarro © 2008 Dan Piraro, Distributed by King Features Syndicate, Inc.

怀疑性妒忌与眼前的事实并不相符。

都会产生反应性妒忌（Buss, 2000），而在缺乏诱因时，人们产生怀疑性妒忌的倾向却存在很大的差异。尽管如此，两种妒忌类型的划分并不像看上去那般泾渭分明。信任一旦丧失就很难完全恢复，对伴侣出轨的妒忌反应可能总也挥之不去，持续数年而变成怀疑性妒忌（Zandbergen & Brown, 2015）。人们或许对哪些因素真正威胁亲密关系有不同的判断（Guerrero, 1998）。得知伴侣仅仅是对别人抱有性幻想，并不会困扰一个不容易产生妒忌的安全型的人，但却可能会引起不安全型伴侣的反应性妒忌。所以，两种妒忌类型的界限是模糊的。在下一节考察妒忌易感性的个体差异时，我们会探讨一个涉及两种妒忌的共性问题。

容易妒忌的人

整体而言，男性和女性在妒忌的倾向性上不分轩轾（Buunk, 1995），但某些人更容易产生妒忌，而且体验到的妒忌也更强烈。显然，要产生妒忌之心需要先形成对亲密关系的依赖（Rydell et al., 2004）。当人们的替代伴侣很糟糕（替代的比较水平很低）时，就会感到非常需要当前的伴侣，任何威胁他们亲密关系的事件或行为都极具威胁性。相反，那些有合意替代伴侣的人不容易妒忌，因为就算当前的亲密关系结束，他们的损失也较少。

在亲密关系中如果感到信心不足，则妒忌会增强（White, 1981）。那些担心达不到伴侣的期望或担心自己不是爱人追求的理想对象的人，对亲密关系的维持就不太有信心，而且他们比那些确信自己能满足伴侣需求的人更容易产生妒忌心理（Redlick, 2016）。个体的总体自我价值感无疑会影响其在亲密关系中的自信，高自尊的人的确比低自尊的人更不容易妒忌（DeSteno et al., 2006）。不过，个体对自己在一个特定关系中作为伴侣是否能达到对方的标准的认知尤为重要，如果高自尊的人怀疑自己满足爱人需求的能力，那么他们一般也容易心生妒忌。

这类疑虑产生的根源之一是在亲密关系中每个人适配价值的差距（Redlick, 2016）。如果伴侣一方比另一方条件更好，比如外貌上更有吸引力、更富有或更有才华，较弱一方的适配价值就较低，就可能出现问题。处于劣势的伴侣有可能认为其他人更适合自己的爱人，这就可能导致他们信心不足，这种低能感在其生活的其他领域（或者与其他伙伴的交往）中并不存在。这就是人们总是与适配价值相当的人共结连理（见第 3 章）的另一个原因：虽然我们大多数人都想得到最合意的伴侣，但并不会这么做。因为，如果伴侣愿意，他/她便能得到更优秀的伴侣，一想到这里就会感到威胁。

不管怎样，想想在当前亲密关系中既缺乏信心又依赖于亲密关系的人所面临的危险处境：他们需要自己的伴侣，却又担心自己不够优秀而无法留住伴侣。这就难怪他们会对真实或臆想的情敌信号产生强烈的反应了。

当然，依恋类型也会影响妒忌。在一定程度上，痴迷型的人通常都会身陷类似的困境：他们贪婪地寻求接近伴侣，但又总是担心伴侣不会回报以足够的爱。这就是他们妒忌的原因，可以充分肯定的是，痴迷型的人比其他三种依恋类型的人体验到更多的妒忌（Miller et al., 2014）。当亲密关系受到威胁时，受影响最小的通常是拒绝型依恋的人。自我满足和尽量不依赖他人显然是对妒忌相对免疫的一种方法（Guerrero, 1998）。

最后，人格特质也会影响妒忌。高神经质的人经常会忧心忡忡，特别容易产生妒忌。另一方面，高宜人性的人倾向于与人合作、信任他人，因而较少会产生妒忌（Buunk & Dijkstra, 2006）。有些人虽然自身并没有任何过错（或许除了遇人不淑），但若其伴侣有很高的自恋、马基雅维里主义和心理变态这些黑三角特质，则他们可能比普通人更容易产生妒忌：每个特质上的高分往往意味着不忠的欺骗者（Jones & Weiser, 2014），而心理变态者尤其可能想方设法让伴侣变得妒忌，从而增加自己的权力，对伴侣进行控制（Massar et al., 2017）。（你们明白我所说的遇人不淑意味着什么了吗？）

让人妒忌的人

如果伴侣对其他人产生兴趣，我们就会心生妒忌，但并非所有情敌带来的威胁都是一样的。朋友侵入我们的爱情关系尤其可憎，好朋友成为了情敌，这会比情敌是陌生人更加令人苦恼（Bleske & Shackelford, 2001）。如果伴侣开始留恋他们以前的爱人也特别令人痛苦（Cann & Baucom, 2004）。但是，不管情敌是谁，那些具有较高适配价值并让我们相形见绌的情敌，显然对我们的亲密关系威胁最大，也最令我们担忧。与那些竞争力弱的人相比，他们更让我们妒忌。

什么样的情敌最容易让我们妒忌？这取决于伴侣看重什么。如第 3 章所述，女性比男性更关心伴侣的资源，故而男性对那些自信、强势、果断和富有的男人的妒忌，远甚于那些仅仅外貌英俊的男人（Buunk et al., 2011）。另一方面，俊美的情敌的确具有威胁性：人人都喜欢可爱的恋人（Eastwick & Finkel, 2008），故而，魅力非凡的竞争者比相貌平平的情敌能引发男女两性更多的妒忌（Massar & Buunk, 2009）。令人欣慰的是，情敌通常并不如我们想象的那般吸引我们的伴侣，所以我们的忧惧往往被夸大了；但令人不安的是，我们的确会犯这样的错误，即因夸大对手的优势而承受了更多不必要的痛苦（Hill, 2007）。

是什么让人心生妒忌

本书不时提到演化心理学的观点，这里又该到演化心理学出场了。演化的观点认为，妒忌是为了保护我们的亲密关系免受他人侵扰而演化出来的行为。推测起来，相比那些对横刀夺爱的情敌麻木不仁的人，那些对亲密关系的侵入者做出强烈反应的早期人类——对外来的侵扰保持警惕，击退情敌，努力满足和实现当前伴侣的愿望——能更好地维系自己的亲密关系，更成功地繁衍后代。因而该观点认为，妒忌为早期人类的生存提供了生殖优势，所以迄今为止，妒忌仍是一种自然而然、根深蒂固、难以避免的本能反应（Buss, 2000）。更耐人寻味的是，这种观点还认为，对于爱侣不同的不忠行为，男女两性特别易感的行为类型也不同。

记得我们谈到过（在第 1 章中）男性会面临女性不会遇到的繁殖困境：父系不确定。女性总能确认某个孩子是否是自己亲生的，但男性却不能完全确信（不采用现代高科技）自己是否是某个孩子的生父，除非他完全相信自己的配偶没有和其他人发生过性行为。男人被戴了绿帽子并且养育了另一个男人的后代，从演化的角度来看是非常失败的；那些养育别人的孩子却没有自己后代的人不可能是人类的先祖！的确，探查伴侣不忠行为的演化成本如此之高，致使自然选择会偏利于那些对伴侣的忠贞特别敏感的男性，而不是那些不怎么警惕的男性（Haselton & Galperin, 2013）。毫无根据地怀疑伴侣的忠贞会造成感情破裂、令人痛苦，但从演化的意义来看，对男性来说，这点代价并不昂贵和危险。因为过于信任伴侣，不能察觉已出现的不忠行为，造成的损失则更严重，后果更危险。于是，当今的情况是，男性比女性有更多的婚外情（Tafoya & Spitzberg, 2007）；但在觉察伴侣的不忠问题上，男性比女性更准确（Andrews et al., 2008）。这种警惕有时是合乎情理的；我们在第 9 章曾提及，全世界 2% 的"父亲"并不知道孩子的生父另有

专栏 10.1
社交网络上的压力和紧张

除了非常便于人们联系身边或远方的朋友，社交网络还能通过各种各样的新方式给人们带来情感创伤。当别人无视或拒绝我们的好友申请，删除我们的信息或照片标签，或者只是不像往常那样频繁地给我们的睿智评论"点赞"时，我们迟早会感到失望或刺痛（Tokunaga, 2011）。我们还会发现一些错过的聚会（或者自己并没有被邀请）以及许多确凿的照片证据，证明每个人都比自己活得更有滋有味（Krasnova et al., 2015）。网络将我们与许多泛泛之交的"熟人"联系在一起，而他们实际上并不十分重视与我们的关系（Miller et al., 2014），所以我们感知到的关系价值威胁充斥着网络。

在更为亲密的伴侣关系中，这类困难并没有消失。在亲密关系的发展过程中，伴侣们必须决定何时（或是否）在"社交网络上正式"向外界宣布他们的关系。每个人都认为，新的"关系"状态表示伴侣双方觉得彼此之间存在一定的承诺（Lane et al., 2016）；但与男方相比，女方倾向于认为这种状态更有意义，承载

着更强烈的情感，也更有排他性（Fox & Warber, 2013）。烦恼和不满因此而生，尤其是当伴侣一方感觉自己已"置身于关系之中"，而另一方却不这么认为时（Papp et al., 2012）。在四五十年前，你的祖父母那一辈不会遇到这样的问题。

最后，如果你容易产生怀疑性妒忌，社交网络可能是一个充满痛苦和危险的地方。你可能会发现你的伴侣与其前任洋溢着微笑的老照片，为伴侣的个人资料页没几张你的照片而烦恼，也为伴侣的那些你不熟悉的新朋友而愠怒（Muscanell et al., 2013）。的确，当女方心生妒忌时，她们会花更多的时间窥探并监视伴侣在网络上的动态，尤其是当她们忧虑被抛弃时（Muise et al., 2004）。（男方不太可能这样做，但他们对妒忌的反应一般异于女方，见下文"对妒忌的反应"部分）整体来看，尽管社交网络的许多功能都很棒，但它也有风险。如果你发现自己花了太多的时间窥探伴侣，并因此产生不必要的担忧，或许你就该远离电子屏幕了。

其人（Larmuseau et al., 2016）。

对女性而言，如果她们对男性可能收回用以保护和养育子女的资源的任何苗头都非常敏感，那么她们大概就能更成功地养育孩子。想当然地认为男性会忠于她们，而实际上男性并非如此，这会给女性带来风险，所以自然选择可能会偏向

那些通常对男性的真爱表白持怀疑态度的女性。毫无根据地怀疑男人的忠诚会令人厌烦并可能弄巧成拙，但一味地相信男伴的专一和忠诚可实际情况并非如此，则女性付出的代价会更高。在我们祖先所处的远古时代，那些频繁而天真地与男性交配又遭抛弃的女子，可能不会像那些坚持证明男人是否忠贞的女子那样能成功地繁衍后代。因此，现代女性或许都是"极端谨慎的远古母系的后裔"，她们一般都会谨慎地、有意识地低估其男伴的忠诚度（Haselton & Buss, 2000, p.83）。

因此，演化论的观点认为，男性比女性更多地因为想到伴侣在性事上的不忠而妒忌，而女性则更多地会对伴侣因感情上的不忠（即当女性认为伴侣可能爱上了其他人时）而反应强烈。当然，这两种不忠都会激起两性的妒忌，只不过各有不同的演化意义。对男性而言，伴侣爱上其他人对其成功繁殖的威胁并不大，性才更重要。如果伴侣爱上另一个男人，他的孩子仍能茁壮成长，但他肯定不愿意抚养其他男人的孩子。对女性而言，伴侣与其他人发生性关系并不是最可怕的，爱上别人才更危险。只要男方能继续提供必需的资源，即使他让其他女人怀孕，她的孩子仍能茁壮成长。但是，如果男方爱上其他女人，彻底地离开自己，那她的孩子的未来就堪忧了。

戴维·巴斯（David Buss）和同事根据上述推论向研究中的参与者提出了下面的迫选问题（Buss et al., 1992, p.252）。

请想想你在过去曾拥有、当前拥有或将来会拥有的一段严肃认真的恋爱关系。想象一下，你深深眷恋的伴侣对别人产生了兴趣。以下哪种情形最令你苦恼或者不安（只能选择一项）：

（1）想象伴侣正在与别人建立深厚的情感依恋。

（2）想象伴侣正在与别人享受充满激情的性爱。

你会选择哪一项？大多数男性（60%）认为第（2）项中的性行为最让他们不安，但只有 17% 的女性选择此项；相反，绝大部分女性（83%）认为伴侣与情敌在情感上的依恋更令其苦恼。此外，一项后续研究发现，男女两性对这两个选项所产生的生理反应也存在差异（Buss et al., 1992）。相比想象伴侣的感情不忠，当男性想象伴侣的性事不忠时，他们的自主神经系统会被更强烈地激活，表明其情绪处在唤醒状态。而女性恰恰相反，当她们想象伴侣的感情不忠时，则会有更强的情绪唤醒。

专栏 10.2
第三者

关于爱情竞争的一个好消息是，绝大多数（99%）的美国大学生都希望在人生的某个时刻能与一位专一的性伴侣两厢厮守（Pedersen et al., 2002）。大多数人都期望今后能保持对所爱之人的忠诚。然而坏消息是，偷腥行为（mate poaching），即故意引诱某人背叛其已经置身的爱情关系，至少发生一夜情，相当普遍。环视世界各地，多数男性（54%）和部分女性（34%）都曾暗中勾引过他人的伴侣（Davies et al., 2007），这些放荡的男女中有五分之四的人至少得手过一次（Schmitt et al., 2004）。此外，约70%的人都曾遇到过意欲把伴侣从自己身边勾引走（或只是上床）的第三者，并且大多数男性（60%）和一半的女性都曾对第三者的勾引动过心（Schmitt et al., 2004）。一般来说，如果第三者是我们原来的朋友，注定会破坏我们对既有关系的承诺（Lemay & Wolf, 2016a）。

什么样的人好追猎别人的伴侣呢？一般而言，偷腥的第三者都是些好色之徒，他们性情外向，宜人性和尽责性都较低，并且赞许不忠的乱交行为（Schmitt & Buss, 2001）；他们往往在黑三角特质的所有成分上都有较高的得分（Kardum et al., 2015），所以他们冷漠无情，工于心计，并不关心与他人建立相互信任的亲密关系。相反，勾引对他们来说有很大的诱惑力，当他们偷腥成功时，就会自我膨胀（Davies et al., 2010）。这些偷腥的第三者并没有真爱，似乎都是些糟糕的长期配偶！他们越有魅力，其勾引行为就越容易得逞（Sunderani et al., 2013）。偷腥之所以能成功可能基于这样一个事实：那些上钩的人可能和他们是一类人，同样不太重视性忠诚（Schmitt et al., 2004）。如果他们是男性，他们在黑三角特质上的得分也较高（Kardum et al., 2015）。

男性和女性所使用的勾引手段往往不同。当试图诱惑别人的伴侣时，女人会炫耀她们的美貌和性开放，而男人则会宣扬他们的权势及为情人提供理想资源的意愿（Schmitt & Buss, 2001）。当人们渴望被勾引，希望让潜在的第三者知道自己也"空虚寂寞冷"时也会使用类似的策略。这种情况下，女性会炫耀自己的美貌，暗示性机会，并抱怨她们当前的伴侣；而男性则会对他们追猎的目标极尽奉承，过度慷慨（Schmitt & Shackelford, 2003）。

长期来看，屈从于第三者的勾引通常对当事人自己没有任何好处。建立在勾引别人伴侣基础上的亲密关系，其一开始就不可避免地带有背叛的原罪。总的来看，这样的伴侣关系也不如没有第三者纠葛的关系那般满意和忠诚。第三者是靠不住的，在某种程度上，人们为第三者心动，是因为他们总想找到更好的，这类人即使在和第三者建立新的亲密关系之后一般仍会继续寻找新的亲密关系。一旦有过不忠，往往还会再次出轨（Foster et al., 2004）。勾引别人的人肯定不是什么完美伴侣。

这些研究结果与演化的观点一致，但引发了人们的争议（Carpenter, 2012; Sagarin et al., 2012）。有批评者指出，研究的结果并不像表面看来那样令人信服。最直接的质疑是该研究的方法存在问题。采用迫选法，参与者只能二选一，这会夸大微妙且相对较小的两性差异（DeSteno, 2010）。如果男性认为的性事不忠的威胁性只比女性认为的略强一点，二选一的迫选问题就会得出巴斯等人（Buss et al., 1992）那样的显著结果，即使男女两性的观点实际上差异甚微。事实上，如果能让参与者简单地表达，大部分人（男性和女性）都会指出这两种不忠行为同样让人苦恼（Lishner et al., 2008）。

　　更微妙的是，两种不忠对于男性和女性可能有不同的意义（DeSteno & Salovey, 1996）。因为男性更能接受随意性行为，而女性则往往认为，男人的不忠仅仅是随意的性行为。然而，男性的感情不忠，可能意味着他们不仅与别的女人发生了性关系，而且爱上了她，这就使感情不忠成为更严重的威胁。对男性而言，他们可能认为女性常常会爱上别人而不与其发生性行为；但是，如果女性与男性发生了性关系，则通常意味着她们爱上了这个人，这就使得女性的性事不忠问题更加严重。事实上，男女两性一般都持有这种看法（Whitty & Quigley, 2008）。如果出轨者是女方而非男方，人们一般会认为出轨的一方更可能在感情上依恋第三者（Sprecher et al., 1998）。因为我们通常认为，性和爱的关联对女性而言比对男性更紧密，[5] 所以，在这两种不忠行为之间做出选择，对男女两性可能的确具有不同的含义。

　　那么，请思考这一幕：你发现自己的伴侣爱上了别人，并且与那个他 / 她有着非常满意的性生活。在此，感情不忠和性事不忠都发生了。伴侣的哪种不忠更让你烦恼？这一幕回应了这样的批评，单独来看，两种不忠对于不同性别的人意义并不一样，在美国、韩国和日本，男性比女性更多地认为性事不忠更让人感到受伤和屈辱（Buss et al., 1999）。（在美国，61% 的男性认为性事不忠更让人担忧，更有威胁性，但只有 13% 的女性这么认为。）此外，当要求人们对两种不忠所带来的痛苦都进行评估，而非只选出最令人困扰的不忠时，研究者往往能发现相同的性别差异（Sagarin et al., 2012），但这一相同的性别差异并不总能被观察到

5　你可能还记得这一假设是正确的。平均来看，性和爱的关联对女性来说比对男性更紧密。请翻到第 9 章关于社会性性取向的讨论。

（Zengel et al., 2013）。因此，这一模式并不太依赖于研究者提问题的方式。

其他各种研究结果也与演化论的视角相一致。当男性和女性想象引起妒忌的情景时，他们表现出不同的神经活动模式：与感情不忠相比，当男性想象性事不忠时，他们控制性和攻击的脑区更为活跃，但女性并没有表现出这种差异（Takahashi et al., 2006）。当要求父母来想象儿媳或女婿的不忠行为时，性别差异消失了。就后辈而言，祖母和祖父面临同样的成功繁殖的挑战，所以演化的观点认为，他们对晚辈伴侣的不忠的反应应该不存在性别差异。的确，当父母设想他们的子女有出轨的伴侣时，母亲和父亲都认为儿媳的性事不忠更令人担忧，女婿的感情不忠更令人苦恼（Shackelford et al., 2004）。同胞对兄嫂和弟媳或姐夫和妹夫也持有同样的态度（Michalski et al., 2007）。

实际上，男性和女性对这两类威胁的敏感程度并不一样。当存在不忠的可能时，男性比女性更快地想到正在发生性事不忠，而女性比男性更快地判断正在发生感情不忠（Schützwohl, 2005）。如果伴侣一方在另一方的手机上发现不忠的信息，男性会比女性花更多时间研究与性有关的信息，而女性会比男性花更多时间寻找与情感有关的信息（Dunn & McLean, 2015）。所以，一旦猜忌出现，男性更担忧其伴侣性事不忠的威胁，而女性则更忧心其伴侣的感情不忠（Schützwohl, 2006）。如果他们质问伴侣，男性比女性更可能探查不正当关系中性的方面，而女性比男性更可能探查感情的方面（Kuhle et al., 2009）。这种模式在电视综艺节目《出轨者》中表现得尤为明显。节目让观众窃听不忠的伴侣面对其妒忌的伴侣质问不忠证据的对话。对 51 段节目片段的仔细编码发现，妒忌的男性通常更热衷于确认是否发生过性关系，而妒忌的女性更多地想知道她们的男人是否爱上了情敌（Kuhle, 2011；见图 10.3）。如果发现猜忌没有事实根据，获悉未发生性事不忠更让男性感到宽慰，而发现伴侣并没有爱上情敌更让女性感到宽慰（Schützwohl, 2008a）。

最后，当出轨不存在怀孕风险时，比如出轨对象为同性时，那种性别差异就消失了，男性对性事不忠的担心程度和女性一样（Sagarin et al., 2003）。当情敌与自己的伴侣是同性别时，父系不确定就显得无关紧要，果然，在这种情形下，男性和女性认为两种不忠的威胁相同。[哪种情敌更让人忧心？当然是与自己伴侣的性别不同的人。想到伴侣与同性发生风流韵事对男女两性带来的情绪困扰都较小，虽然女性的确认为，如果伴侣与其他男性发生性关系，她们更可能结束这段亲密关系（Denes et al., 2015）。] 此外，无论是性事不忠还是感情不忠，男同性恋者、

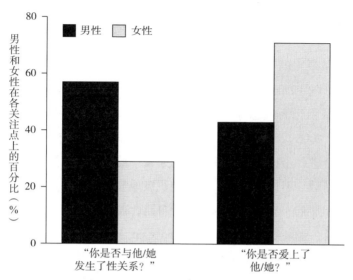

图 10.3　妒忌的被出轨方想知道些什么

当人们面对出轨的伴侣时，男性更可能想知道自己的伴侣是否与第三者发生了性关系；女性更想了解自己的伴侣是否爱上了别人。

资料来源：Kuhle, B. X. "Did you have sex with him? Do you love her? An in vivo test of sex differences in jealous interrogations," *Personality and Individual Differences*, 51, 2011, 1044–1047.

女同性恋者和双性恋者均遭受了同样程度的困扰；只有异性恋的男女才在对两种伤害的判断上存在差异（Frederick & Fales, 2016）。

　　最后，我们对伴侣不忠这种可怕场景的反应是复杂的，男性和女性的差别并不太大：所有人想到爱人的性事不忠通常都会愤怒，而伴侣感情上的风流韵事则会使我们受伤（Green & Sabini, 2006）。显然，所有这些研究最合理的结论是，每个人都憎恨这两种类型的不忠。与许多其他情况一样，在这一点上，两性之间的相似性要远大于差异性。不过，在某种意义上，两性毕竟存在差异。女性认为伴侣对情敌的感情依恋更危险，而男性则会因伴侣外的性关系受到更大的威胁。尽管对此还存在争议，演化心理学对这些反应给出了一个引人注目的解释。

对妒忌的反应

　　人们对妒忌带来的伤害、愤怒和恐惧作出的反应，可能会对亲密关系产生有益或有害的影响（Dindia & Timmerman, 2003）。有时妒忌的人会以明确有害的方式发泄，用暴力行为或恶毒言辞报复伴侣，或者想方设法让伴侣也变得妒忌（Guerrero et al., 2005）。有时，人们的妒忌反应本意是想保护亲密关系，却往往事与愿违，反而会进一步损害亲密关系，比如暗中监视伴侣、限制伴侣的自由，或者诋毁和威胁情敌。不过有时候人们也能积极地应对妒忌，直截了当地表明自己的忧虑，努力和伴侣一起解决问题、提升自己，或让亲密关系变得更融洽（比如打扮自己或多做一些家务）（Guerrero & Andersen, 1998）。

　　依恋类型有助于决定人们应对妒忌的反应。在心生妒忌时，对亲近感到相对轻松自在的人——有安全型或痴迷型依恋的人——更可能表达自己的忧虑并努力修复亲密关系，而回避型依恋的人则不会这样做（Guerrero, 1998）。相比之下，疏离型和恐惧型依恋的人更有可能假装若无其事，或做出一副满不在乎的样子，以逃避问题或否认自己的苦恼。

　　男性和女性对妒忌的反应通常存在差异，这使得异性恋关系变得更加复杂。设想这样一种场景：聚会时，你把恋人留在一张双人沙发上，起身去续杯。在你离开的时候，恋人的前男友或前女友碰巧经过，小坐了一会儿。正当你拿着饮料回来时，刚好看到他们轻轻一吻来问候彼此。这时你会怎么办？研究者让参与者观看上述场景的视频，并测量他们的行为意图，结果发现男性和女性的反应不同（Shettel-Neuber et al., 1978）。女性表示她们会设法改善亲密关系以应对情敌的侵扰，会刻意装作漠不关心，但通过使自己变得对伴侣更有吸引力来与情敌暗中较劲。相反，男性表示他们会努力维护自己的自尊，他们会喝个酩酊大醉，去与情敌对峙或威胁对方，并且还会追求别的女性。女性似乎关注维护好现有的亲密关系（Aylor & Dainton, 2001），而男性则会考虑离开，通过征服新的恋人来医治受伤的自尊。

　　其他的研究也证实了类似的性别差异（Miller & Maner, 2008）。让人担忧的是，女性比男性更有可能设法引起伴侣的妒忌（White, 1980）。当她们引起伴侣的妒忌——一般会通过谈论或夸大自己对其他男性的吸引力，有时也与别的男性调情或约会——通常是为了考验他们的亲密关系（看看对方有多在乎自己），或者是力图得到伴侣更多的关注和承诺（Fleischmann et al., 2005）。她们显然希望自己的男人能像她们变得妒忌时那样做出相同的反应，能够更加努力地保护和维持他们的亲密关系。当然，问题在于这不是男性应对妒忌的常用方式。希望通过激起伴侣的妒忌之心来改善亲密关系的女性，可能只会适得其反，到头来反倒把伴侣从身边赶跑。

积极有效地应对妒忌

当你希望拥有你的伴侣，但又不能确定自己能否阻止伴侣喜欢情敌时，就会产生一种伤害、愤怒和恐惧混杂在一起的痛苦情绪。它或许是人类的一种自然情感体验，但它常常又是一种不详、可怕的体验，会引起极具毁灭性的行为（Buss, 2000）。总有一天，你或许会希望自己不再有那么强烈的妒忌心，并限制其不良影响。为此，我们能做些什么呢？

如果妒忌有根据，情敌真实存在，专家建议我们要努力降低亲密关系的排他性与自我价值感之间的联结（Salovey & Rodin, 1988）。发现自己的爱人迷上了情敌的确令人痛苦；但是，如果我们的行动所参照的自我价值完全取决于某一特定的关系，那么我们的反应就会失去理智。无休止地思索所发生的不公无益也无用（Elphinston et al., 2013）；相反，我们应当坚信，无论有还是没有当前的伴侣，自己都有能力独立行动和生存。

如果人们仅凭一己之力无法做到上述建议，那么可以借助于专业的治疗。针对妒忌的临床疗法通常会尽力：（1）减少非理性的、灾难性的思维，这种思维夸大了亲密关系受到的威胁或亲密关系丧失所带来的损害；（2）提升妒忌伴侣的自尊；（3）改善沟通技能，以便伴侣能阐明其期望，在行为界限上达成共识，从而防止因误解而引起妒忌；（4）增加亲密关系的满意度和公平性（Pines, 1998）。事实上，大多数人都不需要通过治疗来应对妒忌。但是，如果爱情关系出现下面的警示情况，则治疗对我们克服妒忌就会有帮助作用。

警示：如果你不能确信，无论是否拥有伴侣的爱，你都是一个有价值的人，那么，这种状况就会对你和伴侣的健康造成危害。

欺骗和说谎

在引起压力和紧张方面，还有一些因素远比妒忌更为常见。的确，我们接下来要考察的危害关系的因素，即说谎及各种形式的欺骗，在我们的社会生活中经常出现，司空见惯（不论我们是否意识到这一点）。我们还将了解到，即使是在坦诚和信任的亲密关系中，也常会出现这样或那样的欺骗。

欺骗（deception）是一种有意的行为，旨在给接受者造成一种印象，而欺骗者知其不实（Vrij et al., 2010）。人们捏造信息，给出与事实相悖的陈述，这种赤裸裸的说谎是最直接的欺骗行为。除此之外，能够传递误导性印象的方法还有很多，不需要欺骗者直接说出不实之事（Buller & Burgoon, 1994）。比如，人们可能仅仅隐瞒一些信息，根本不提及能够表明真相的细节，或者转移你的注意力，使你忽略关键事实，比如突然改换话题以回避敏感内容。在另外一些情况下，他们可能把真实信息和欺骗性信息混淆在一起，给出半真半假的陈述（half-truths）来误导他人。在接下来的讨论中，我们将聚焦说谎，因为比起其他形式的欺骗，说谎得到了更为广泛的研究，我们也只是对亲密伴侣间彼此误导的各种形式初步做粗浅的探讨。

亲密关系和普通关系中的说谎行为

日常生活中存在很多谎言。然而，在任何一天，我们中的很多人——60% 的美国人，只有 24% 的英国人——完全不说谎。而且，我们说的谎言大部分都是为一时之便的善意小谎，所以说句公道话，大多数人在大部分时间都还算相当诚实的。尽管如此，平均来看，大多数人每周都会说一次较为严重的谎言；约 7% 的人是"谎话精"，他们每天会撒 3 个大谎[6]（Serota & Levine, 2015）。

大部分谎言都具有自我服务的性质，即谎言对说谎者有利，使说谎者可以避免尴尬、内疚、责任，或寻求赞同，或谋求物质利益。例如，我们都觉得别人会在线上对自己的外貌说谎，甚至谎报性别，至少偶尔如此（Drouin et al., 2016）；

---

[6] 请当心这些谎话精。与普通人相比，他们因不诚实的行为被解雇的可能性高 8 倍，而丧失亲密关系的可能性高 3 倍，但他们仍一直在说谎（Serota & Levine，2015）。

而且，大部分人都曾在某时某刻谎报过与自己发生过性关系的人数（Horan，2016）。男性更可能不如实地报告他们的远大抱负和收入，女性更可能在性生活中假装愉悦而叫床（Brewer & Hendrie, 2011），或者假装性高潮（Cooper et al., 2014）。如你所见，男女两性都会为了吸引异性而说谎（Haselton et al., 2005）。

然而，四分之一的谎言是为了对方的利益，保护他们的感情或增加他们的利益。当某人对一件事高度关注，而残酷的坦诚会伤害其感情时，我们尤其有可能歪曲事实。比如，设想你真的不喜欢一幅画，但却要向创作这幅画的艺术系学生描述你的感受。你会完全直言相告吗？在这样的情境下，很少有人会这样做（DePaulo & Bell, 1996）。通常，人们会承认这幅画并不是自己最喜欢的，但不会像先前对这幅画进行书面评价时那样苛刻。

与那些贪婪而性质恶劣的谎言相比，为了促进与他人礼貌而友好的交流而编造的谎言似乎不太具有欺骗性，也更能为大多数人接受（Dunbar et al., 2016），甚至这些谎言比坦陈痛苦的事实更加合乎道德（Levine & Schweitzer, 2014）。亲密关系中的大多数谎言都是这类善意的小谎（DePaulo & Kashy, 1998）。伴侣们可能（试图）传递给彼此多于他们真实感受的爱慕（Horan & Booth-Butterfield, 2013），宣称对方很有魅力，而实际感受到的魅力并没有那么大（Lemay et al., 2013）。与一般的熟人和陌生人相比，人们较少对自己的爱人和朋友说些贪婪的、自我服务式的谎言，说谎的总次数也更少。

这可能使得说谎行为在亲密关系中显得无伤大雅，但人们还是会对自己的亲密伴侣说很多谎言。在一项研究中，97% 的参与者承认他们在刚刚过去的一周里曾对自己的爱人撒过谎（Guthrie & Kunkel, 2013）[7]，一旦涉及可能损害自己名誉或亲密关系的话题，人们会说较为严重的谎言，这类谎言更经常地指向自己最亲密的伴侣，而不是别的任何人（DePaulo et al., 2004）。相比其他任何关系，我们更经常在亲密关系中撒弥天大谎。

此外，即使谎言没有被识破，也会产生严重的后果。一般而言，在人际交往中，不论出于何种原因说了谎，说谎者都会认为掺杂了谎言的交往不如完全诚实的交往令人愉快和亲密，而对亲密伴侣说谎尤其令他们不适（DePaulo & Kashy, 1998）。而且，在亲密关系中说谎会损害说谎者对被欺骗的伴侣的信任（Sagarin et

---

7　另外 3% 的人说他们不曾对爱人说谎，但这本身可能就是谎言。这很讽刺，不是吗？

al., 1998）。这种现象就是**欺骗者猜疑**（deceiver's distrust）：当人们对别人说谎时，他们往往会开始认为谎言的接受者也不太诚实，不那么值得信任。出现这种情况有两方面的原因：一是因为说谎者想当然地以为别人也和他们一样，所以他们认定别人和他们有同样的欺骗动机；二是因为当他们相信其他人有同样的缺点时，其自我感觉就会好一点（Sagarin et al., 1998）。不管哪种情况，说谎都会损害亲密关系，即使只有说谎者一人知道自己在撒谎。

与被骗者相比，说谎者还可能认为他们的谎言更加无害，更加没有冒犯的意思（Kaplar & Gordon, 2004）。这是伴侣关系中一方有不端行为时较普遍的现象，在后面讨论背叛时，我们会再次了解到这一点：相比过错方，伴侣中不正当行为的接受方（或受害者）几乎总是认为这种行为含义很多，并非无足轻重（Feeney & Hill, 2006）。因此，说谎者自认为只不过是个小谎言，如果谎言被戳穿，其他人可能认为该谎言是有危害性的、奸诈的欺骗。那么问题来了，说谎者被识破的可能性有多大？正如我们将看到的，答案是"具体情况具体分析"。

谎言与说谎者

即使我们不是谎话精，我们中的有些人也的确会比其他人说更多的谎言。比如，不安全型依恋的人较安全型依恋的人会说更多谎言（Gillath et al., 2010）。但熟未必能生巧，惯于说谎的人未必是更成功的说谎者。说谎者的成败部分取决于其说谎时的动机（以及内疚和恐惧）水平。谎言一般比事实真相更简短、更缺乏细节（Hauch et al., 2015），除非谎言很重要，说谎者可能提前做足了准备，并且非常渴望谎言能侥幸成功。当说谎者非常在意并想要传递出最完美的谎言时，他们编造的情节就比那些动机不强的谎言更为令人信服（DePaulo et al., 1983）。然而，当他们说谎时，动机强的说谎者通常会表现得更糟糕、更令人起疑；而那些不用担心失去什么、更自然、更放松的说谎者表现得更出色（Forrest & Feldman, 2000）。那些真心想撒谎的人往往比他们不太在意谎言成败时更容易被人察觉，因为强烈的情绪比温和的情感更难隐藏（Porter et al., 2012）。

说谎者的哪些表现容易被人察觉？大多数人认为，说谎者看起来游移不定、回避目光接触、坐立不安，通常显得有点紧张，但事实并不一定如此。如果说谎与实话实说有什么区别的话，那就是人们说真话时鲜活生动，而说谎时显得正儿八经，努力使编造的故事显得直率，让自己看起来真诚（Burgoon et al., 2015）。除了一些一眼就能被看穿、着实蹩脚的说谎者（Levine, 2016），其他说谎的人可能显得镇定而平静，而述说事实真相的人反倒略显焦躁不安，而且任何特定的非言语行为模式与说谎之间并不存在可靠的关联（Levine et al., 2011）。的确如此，人们的任何表现，"任何单一的言语、非言语或生理线索与欺骗都没有特定的关联"（Vrij, 2007, p.324）；"并不存在一清二楚、明确无误的欺骗线索"（Frank & Svetieva, 2013, p.139）。但是，仔细留意人们说了什么，而不仅仅关注他们如何述说，能使我们捕捉到他们表述中不一致的地方（Reinhard et al., 2011），说谎者言语行为与非言语行为之间的矛盾也会暴露他们。一项有趣的研究考察了电视报道中那些情绪激动地恳求失踪亲人回家的人，结果发现，通过对这些电视报道进行逐帧分析，能够分辨出说谎者（后来证实他们实际上谋杀了失踪的亲人）和说真话者（述说事实的人真的坐立不安）；这些是高风险的谎言，说谎者并不能假装出完全令人信服的悲痛，也不能彻底地隐藏其内心的窃喜（ten Brinke & Porter, 2012）。他们的面部表情和他们所说的话并不能天衣无缝地吻合，但这种差别很细微，难以觉察。说谎者并没有做出任何特别的事情来表明他们未说实话。

对伴侣欺骗行为的觉察

问题是，表明一个人在撒谎的特定反应可能具有相当的特异性。人们的行为习惯千差万别。有些人说话时总会显得犹豫不决，而有些人说话的口气则果断坚决；有些人习惯和人进行频繁的目光接触，而有些人却很少直视别人的眼睛。如果一个人日常的行为方式发生了改变,那他/她显然在说谎。但要捕捉到这些变化，你可能需要事先熟悉其日常行为风格（Vrij et al., 2010）。人们可以通过学习来辨别他人的欺骗：如果参与者有多次机会来判断某人是否在说谎，并得到关于其判断准确性的持续反馈[8]，那么他们的确能更好地判断此人是否诚实。然而，他们觉察能力的提高仅局限于这个特定的说谎者，他们并不能更准确地觉察任何其他人的谎言（Zuckerman et al., 1984）！

8　研究者可以在实验室程序中给予这类反馈，但在真实的亲密关系中并不能经常得到反馈。你对爱人是否诚实的判断能够得到及时而准确反馈的概率是多少？

亲密伴侣相互间有私人的、独特的了解，这应该能让他们敏感地判断彼此的行为。但他们也会信任彼此（否则他们的关系就可能不太亲密），这就使得他们容易表现出**事实偏差**（truth bias），即认为伴侣一般都在讲真话（Park & Levine, 2015）。因此，亲密伴侣总是对彼此的诚实充满信心，但他们的自信却与他们判断的准确性没有任何关系（DePaulo, 1997）。这意味着有时人们会确信伴侣说的是真话，但实际上伴侣却在说谎。

现在看来，如果有人总能识别出你的伴侣的谎言，那么这个人很可能就是你。但是，任何认为伴侣对我们完全透明的想法都可能是错误的。人们往往不是很擅长觉察谎言。一项涉及 24 483 名参与者的大型元分析研究表明，我们有 54% 的概率能正确区分真话与谎言（Bond & DePaulo, 2006）；但是，因为我们仅仅抛硬币猜测的正确率也有 50%，所以这样的结果算不上有多好。因此，尽管我们相当了解自己的密友和爱人，但我们在分辨伴侣言语中的真话和谎言时，通常并不像自己认为的那般高明（Elaad et al., 2012）。事实上，如果倾听者没有积极主动地质询说谎者（Levine et al., 2014），亲密关系中的诸多谎言并不会被当场觉察；如果真相大白，往往也是事后从其他人那里获得了信息、发现了证据，或者说谎者偶尔坦白（von Hippel et al., 2016）。

因此，人们经常会说谎，即使在亲密关系中也如此，并且常常能侥幸过关。但是，如果你现在正在欺骗自己的伴侣，请先不要得意得太早。你或许并不如自己以为的那般精于说谎（Grieve & Hayes, 2013）。请从你们关系的整体来考虑。人们在他们认为最重要、最有价值的关系中很少说谎，部分原因是说谎亵渎了伴侣共同期望的诚实和信任。要保守秘密并不容易，即使你的谎言未被揭穿，它们也会破坏亲密关系的氛围，引起毫无根据的猜忌和怀疑。如果谎言被戳穿，你就要承担风险，你的谎言会被伴侣看作"对亲密伴侣的背叛"，这也是本章接下来要讨论的问题。

背　叛

人们并不总是按照我们的要求或期望行事。甚至我们的亲密伴侣偶尔也会做一些对我们有害的事情（或者未能做我们期待的事），显然，这与我们对亲密知己的期望相背离。所谓**背叛**（betrayal）是指由我们信任的人做出讨厌的、伤人的这类行为，我们压根没想到他们会有这种变节（Couch et al., 1999）。性事不忠、感情不忠和说谎都是常见的背叛行为。但是，任何违反仁爱、忠诚、尊重和信赖等维系亲密关系准则的行为都可被视为某种程度的背叛。揭露伴侣的秘密、在伴侣背后说闲话、伤人感情地冷嘲热讽、违背重要的承诺、不支持自己的伴侣、冷落伴侣而在别处花费太多时间，或者完全抛弃亲密关系，这些行为都可以被视为对伴侣的背叛（Fitness, 2012）。

所有这些行为都涉及我们感知到的令人痛苦的关系价值的贬值。当亲密伴侣伤害了我们，他们的背叛表明他们并不像我们认为的那样珍视我们的亲密关系，不然，从我们的角度看，他们就不会做出那些行为了（Fitness, 2012）。可悲的讽刺在于，要发生这类关系价值丧失，我们必须先拥有（或认为自己拥有）一段渴望的亲密关系，而这段关系已然受到伤害；因此，普通熟人的背叛远不如至信好友的背叛令人痛彻心扉（Jones & Burdette, 1994）。诚然，我们不会总是受到所爱之人的伤害，但所爱之人带给我们的那种伤痛，是任何其他人不可比拟的（Miller, 1997b）。

事实上，在日常生活中，我们受到的感情伤害多是由我们的至交或爱侣引起的（Leary & Leder, 2009）。伴侣很少心存恶意，这一点很幸运，因为我们认为伴侣故意伤害我们，所以我们会感到非常痛苦（Vangelisti & Hampel, 2010）；但不管怎样，他们还是常常令我们失望。在一段亲密关系中，几乎所有人都曾背叛过别人，也曾被别人背叛。

因为关心和信任是亲密关系不可或缺的部分，所以下述情况或许令人感到意外，但也许不应惊讶。这就是大多数人都会和一个以上的人保持亲近，当人们试图同时在几段不同的关系中保持忠诚时，竞争性需求就不可避免。当义务出现交叉重叠时，在某一特定关系中偶尔违背关系准则就不可避免（Baxter et al., 1997）。比如，如果你的两位密友计划同一天在不同的城市举办婚礼，你必然会令其中一位好友失望，即使它真的非你所愿。此外，我们有时会在一段特定的关系中面临竞争性要求，发现自己无法恰当地履行自己作为好友或爱人的所有责任。我曾获悉一位好友的前妻正在与他最好的朋友同居。亲密关系的诚实和坦率准则要求我告诉朋友，他的另一个朋友（或者说他的前妻）背叛了他。然而，关爱和同情准则又告诉我，不要让他背负痛苦和尴尬的背叛消息，因为他对此无能为力。这是一种没有赢家的局面。为了保护朋友的感情，我决定不告诉他其朋友的背叛行为；但几个月后，当他得知真相（并发现我早就知道了），他因为我对他保密而感到受伤和失望。即使人们用心良苦，感知到的背叛有时还是会发生，这只是因为我们无法满足由亲密关系和相互依赖产生的所有重叠和相互竞争的需求（Peetz & Kammrath, 2011）。

背叛的个体差异

不过，某些人的确更容易背叛自己的伴侣。沃伦·琼斯采用《人际背叛量表》（Interpersonal Betrayal Scale；参见表 10.2）进行研究发现，在年龄较大、受教育程度较高和有宗教信仰的人群中，人们较少发生背叛（Jones & Burdette, 1994）。更重要的是，那些报告屡次背叛别人的人，往往是痛苦、怨恨、报复心强且多疑的人。他们更容易心生妒忌、愤世嫉俗，有更高的概率出现精神问题，更可能来自破裂的家庭。总的来说，背叛者不太信任他人，这可能源于他们错误地以为别人也和他们一样有背叛的动机（Couch & Jones, 1997）。

男性和女性在背叛他人的倾向性上没有显著差别，但在他们最经常背叛的对象上却存在差异（Jones & Burdette, 1994）。男性更可能背叛自己的爱侣和生意伙伴，而女性更可能背叛她们的朋友和家人。一个人是否特别容易遭到背叛，似乎取决于他／她在对方的生活中扮演的角色。

表 10.2 《人际背叛量表》：示例项目

你经常做下列事情吗？
1. 为了给别人留下深刻印象，你会怠慢某位朋友。
2. 在背后说朋友的闲话。
3. 把朋友透露给你的私密信息告诉别人。
4. 对朋友说谎。

资料来源：摘自 Jones, W. H., & Burdette, M. P. "Betrayal in relationships." In A. L. Weber & J. H. Harvey (Eds.), *Perspectives on close relationships*. Boston: Allyn & Bacon, 1994, 243–262。

专栏 10.3

避免背叛恶果的实用指导

欺骗于人有害，而宽恕于人有益。因此，我不愿给出建议，让你逃脱因背叛而应受的惩罚。但是，我还是想尽可能客观地为你呈现关系科学，我们这就开始。如果我们的背叛行为被伴侣抓了个现行，或者伴侣从第三方获悉了我们的背叛，这比在伴侣询问我们时主动坦白更为不利，更难得到宽恕（Afifi et al., 2001）。（如果伴侣的确获悉了我们的背叛行为，破坏性最小的披露方式是在我们还没有被问及的情况下主动承认，但这不是本专栏的重点。）

所以，主动承认错误比被抓个现行要好得多，但我们表达的内容也很重要。当伴侣询问你的越轨行为时，你不应该完全否认，因为如果事已败露，你厚颜无耻的谎言会加重你的罪行。相反，你应该含糊其辞（Rycyna et al., 2009）。做出尽可能真实的反应，不要歪曲事实。一种精明的策略是，承认那些不太严重的过错；部分认罪比声称自己完全清白似乎更值得信任，同时又避免了承认更严重的过错可能引起的严重后果（Peer et al., 2014）。

我们并不鼓励你背叛或欺骗自己的伴侣。如果你遵循这里给出的指导，你的行为也算不上体面，而且我们也不是真正帮你。如果我们只是部分地认罪，就继续保留了令人内疚的秘密，到头来可能比全部坦承罪过的感觉还要糟。最后，"真正负罪感的缓解需要人们将实情和盘托出"（Peer et al., 2014, p.215）。不过，在我看来，最好从一开始就不要有不端行为。

背叛的两面性

那些背叛亲密伴侣的人通常会低估他们的背叛行为所造成的危害。正如我们在第 4 章所见，人们在考虑自己的行为时很容易发生自我服务偏差，就背叛而言，这一倾向会导致背叛者极力为自己的行为辩解，淡化那些在其伴侣看来相当有害的背叛行为（Foster & Misra, 2013）。背叛者常认为自己的行为没有什么危害，不会造成严重后果。他们会迅速发现一些可减轻其罪状的环境因素，为自己的背叛行为辩护（Stillwell et al., 2008）。然而，被背叛的伴侣却很难认同这些观点，在他们看来，背叛行为远比背叛者认为的要严重（Feeney & Hill, 2006）。

这两种不同的观点导致人们对背叛造成伤害的看法迥然不同。被背叛的人几乎从不认为这类事件对他们的亲密关系没有影响；93% 的被背叛者认为，背叛会损害伴侣关系，导致伴侣双方对亲密关系不满和挥之不去的猜忌疑虑（Jones & Burdette, 1994）。相反，背叛者只有一半的概率承认他们的行为有害，甚至有五分之一的人认为自己的越轨行为还促进了其亲密关系。这样的认知真是糊涂透顶！相信偶尔的背叛是相对良性的，这可能会让我们自己感觉好受一点，但勇敢地面对事实或许更为明智：背叛几乎总是会给亲密关系带来负面影响，有时这些负面影响甚至是持久的。的确，背叛通常是寻求心理治疗或离婚的夫妻互相抱怨的焦点之一（Amato & Previti, 2003）。

为何报复并不是一个好主意

不管情侣中的哪一方犯错，受害的一方都可能觉得自己想得到某种补偿，实施一点儿报复（Chester & DeWall, 2017），想要让那些曾伤害过他们的人也遭受某种伤害（Elshout et al., 2015）。然而，通常来说这是一种具有破坏性的动机，也是一个糟糕的主意，原因有这几个。报复的第一个问题是，作恶者和受害者各自的视角是不一样的，他们在公平报复的程度上很少能达成一致：如果受害者也实施相应的伤害，而且在他们看来，这种伤害与其所遭受的伤害是对等的，但他们的这种报复在那个先作恶者（现在是新的受害者）看来就显得过分了。如果你觉得我对你比你对我更卑鄙，那么你必然再次伤害我以求得心理平衡，由此形成了报复的恶性循环（Stillwell et al., 2008）。我们倾向于原谅自己的过错，却认为他人同样的行为应该受到谴责。在一项引人注目的研究中，诸如此类的自我服务观念比比皆是。该研究考察了数十对荷兰夫妇，伴侣的双方都曾有过出轨行为，存在伴侣外性关系（Buunk, 1987）。结果发现，几乎每个人都认为自己的不忠相对伤害性小、无关紧要，但伴侣的不忠却是对其恶劣的背叛。如果我这样做没事，但你做了就是犯错，那么报复就不可能实现真正的公平。

报复的第二个问题是，我们往往期望报复能让人心理上得到平衡，但其实不然。当你怀恨在心、酝酿某种伤害、策划复仇计划时，你就一直在撕裂自己的伤口，势必延迟伤口愈合的时间。事实证明，相比那些虽被错待却只能继续前行并克服难关的人，那些有机会报复的人陷入痛苦和暴躁的时间却更长（Carlsmith et al., 2008）。如果因渴望复仇而延续伤害，这对我们自己毫无裨益。此外，只有当那些

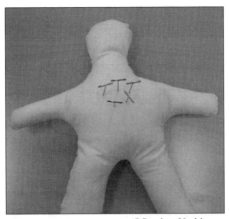

©Stephen Yoshimura

这里有一个测量报复倾向的简捷方法：巫毒娃娃任务。研究者要求参与者想象这个娃娃就是错待自己的伴侣；随后，给他们提供一盒大头针，并让他们按自己的意愿用针扎娃娃来"发泄负能量"。人们使用的大头针数量很好地评估了他们对伴侣做出真实伤害的动机的强弱（DeWall et al., 2013）。请回想上一次有人惹恼你的情形并思考：你会使用多少根大头针？会刺向娃娃的哪些部位？

错待我们的人能理解其中的关联，即理解为什么他们现在会受到伤害，明白自己的错误所在，报复通常才算得以实现；若先作恶者不明白其所遭受报复的因果关系，则我们还不如什么都不做更好（Funk et al., 2014）。"是的，亲爱的，你是对的，我明白我是罪有应得，这都是因为我以前的过错。"你的伴侣多久这么说一次？

最后，容易产生报复心理的人往往是一些非常刻薄的家伙，他们的神经质水平较高，宜人性较低，一般不如那些宽容的人过得幸福（Rey & Extremera, 2014）。黑三角的三个特质也都与更高的报复性有关联（Brewer et al., 2015）。所以，他们贪婪而工于心计，绝对不是有趣的伴侣人选。

故而，当伴侣遭受背叛时，他们有时的确会采取伤害行动，比如毁坏出轨伴侣的财产、自己也出轨，或在他人面前中伤伴侣（Yoshimura & Boon, 2014）。但是，恶意的代价是巨大的，不论是对伴侣关系还是对自己。所以，在结束对痛苦的压力和紧张这一专题的探讨之前，我们再来思考另一种选择，即在伴侣的过错发生后，还能维系亲密关系的一种疗愈方法。

宽 恕

出现令人痛苦的背叛行为后，如果亲密关系仍要继续发展，宽恕是不可或缺的（McCullough, 2008）。宽恕是指"你做出一个决定，主动放弃对曾伤害你的人进行报复或讨债的权利"（Markman et al., 1994, p.217）。在这一过程中，"过错方承认了伤害行为"，并且"受害方给予行为不端的对方本不应有的宽容"（Waldron & Kelley, 2008, p.19）。当你宽恕别人时，你就放下了怨恨，丢弃了报复的欲望。可能你还没有原谅或忘记伴侣的不端行为，但你的确表达了"退出互相凌辱和指责的恶性循环的意愿"（Fincham & Beach, 2002, p.240）。宽恕并不一定意味着你重新恢复了对冒犯者的积极情感，克服你的消极情感并放下你的恼怒和反感是关键（Fincham & Beach, 2013），但宽恕的确让和解变得更为可能。

宽恕别人并不总是那么容易，但有些人却很容易就能做到。依恋类型对此有重要影响，忧虑被弃和回避亲密都会使人更不宽容（Kachadourian et al., 2004）。具体来说，安全型依恋的人更易宽容别人，因为他们很少沉溺于愤怒的思绪，致使受到的伤害长久留在心里（Burnette et al., 2007）。宜人性较高的人也相对容易宽恕别人（Riek & Mania, 2012），但神经质却会妨碍人们宽恕他人（Braithwaite et al., 2016）；容易产生消极情绪的人其怨恨有时会持续多年（Maltby et al., 2008）。最后，自控力能促进宽恕（Burnette et al., 2014）。那些能更好地管理自己的动机并控制冲动的人更容易放弃报复的欲望。

然而，无论是谁，当宽恕的一些重要构成要素存在时，宽恕更容易发生。第一个要素是真诚的悔过。如果背叛者做出有意义的道歉，承认他们的过错，主动承担责任，为其不端行为羞愧、忏悔、自责，以求真诚地赎罪，并发誓未来一定好好表现，受害者就更可能宽恕背叛他们的人（Lewicki et al., 2016）。如果背叛者编造借口，或者道歉了但缺乏诚意，就不太可能得到受害者的宽恕。如果你曾有不端行为，且亲密关系也岌岌可危，你最好充分认识到你的行为造成的伤害并为之道歉，且诚心实意地去做（Ebesu Hubbard et al., 2013）。

宽恕的第二个要素是受害者的同理心（Adams & Inesi, 2016）。相比缺乏同理心的人，那些能够站在伴侣的角度、理解伴侣有多内疚的人，特别是那些能承认自己也不完美的人（Exline et al., 2008），宽恕伴侣的可能性则要大得多。

最后，如果受害者对伴侣的越轨行为总是耿耿于怀，沉溺于他们的不端行为带来的伤害而不能自拔，则宽恕就不太可能发生（McCullough et al., 2007）。当宽恕别人时，我们的愤怒和怨恨也就放下了，但如果总想着自己受到的伤害或伴侣的过错，往往会让我们持续地愤怒，也就更难以宽恕伴侣（Ysseldyk et al., 2007）。

幸运的是，在世界各地，宽恕更可能发生在亲密且有承诺的关系中而非缺乏承诺的关系中（Karremans et al., 2011），这是因为在前一种关系中受害者更容易产生同理心，并且背叛者也更可能道歉（Ohtsubo & Yagi, 2015）。在（曾经）令人满意的亲密关系中，伴侣也更可能采取宽容、同情的归因，尽可能仁慈地解释冒犯者的不端行为，比如将过错归因为环境，认为犯错并不意味着冒犯者是个无良且没有爱心的人（Hook et al., 2015），这也使得宽恕更可能发生（Friesen et al., 2005）。

重要的是，宽恕通常能保护亲密关系（Kato, 2016）。报复很少能使我们的伴侣洗心革面、改邪归正，但宽恕可以。如果人们得到宽恕，他们通常会感恩，更能悔过，且更不可能再犯（Mooney et al., 2016）。宽恕还能减少冲突，促进沟通，从而阻止伴侣对亲密关系满意度的下降和承诺的减弱（Braithwaite et al., 2011）。

但也许更重要的是，能够宽恕亲密伴侣的人通常个人的幸福感更高，即有更高的自尊、更少的敌意、更少的痛苦和紧张，对生活也更加满意，这是那些缺乏宽恕之心的人无法企及的（Hojjat & Ayotte, 2013）。通常，能够宽恕伴侣的人身体也更健康（Weir, 2017）。宽恕能减轻我们的伤害和痛苦，以平和取代愤怒；而报复会让我们的血压升高，宽恕则能降压（Hannon et al., 2012）。毫无疑问，在亲密关系中，宽恕比报复更可取，对受伤的伴侣也更有益。

宽恕也有其局限性。宽恕并不能把自私鬼转变为有价值的伴侣，没有人会建议你一而再、再而三地原谅总是欺骗你的不忠伴侣。在没有真诚悔过的情况下就宽恕对方，这可能会被对方认为是给其再犯开了绿灯；毕竟，如果我肯定会被原谅，为什么还要好好表现呢？如果伴侣偶尔有不良行为并且值得原谅，那么宽恕是有益的（Strelan et al., 2016）；但如果伴侣没有悔意，宽恕实际上就会有害，会侵蚀你的自尊（Luchies et al., 2010），并延缓问题的解决（McNulty, 2011）。在一项研究中，当配偶偶尔发生不良行为时，宽恕与更高的婚姻满意度相关；但当配偶经常无礼地冒犯时，宽恕则与更低的婚姻满意度相关（McNulty & Fincham, 2012）。

所以，当伴侣值得宽恕、亲密关系值得维系时，宽恕对我们及我们的亲密关系都有益。在情况不确定的情况下，你可以选择宽恕，但亲密关系会面临较高的风险。当伴侣行为不端时，我们会非常痛苦，但我们也有更多的理由去努力修复已经受到损害的亲密关系。亲密关系的确为我们打开了通向痛苦代价的大门，但它也可能给我们带来无价的、不可替代的回报。

请你思考

安妮出差回来后，描述自己的周末过得非常沉闷和无聊。可是，当保罗在她手机里发现喧闹的聚餐照片时，不免感到有些惊讶。照片中的安妮和几个小伙子显然是在饮酒调情。在一张自拍照中，她坐在桌边，两个英俊的帅哥拥着她，亲吻她的脸颊，她笑得很开心，这着实让保罗紧张不安。保罗被刺痛了，表现得闷闷不乐和冷漠疏远。他开始冷落安妮，并想着怎样"报复她"。安妮知道自己太轻浮，但恰巧，照片中令她心仪的一个帅哥给她发来了电子邮件，含蓄地要求再次见面。此外，安妮不确定保罗知道了或者怀疑些什么，但她开始反感保罗的暴躁。

你认为安妮和保罗的未来会怎样？为什么？

本章小结

亲密关系中的危机出人意料地普遍。

感知到的关系价值

我们会遇到来自他人不同程度的接纳和拒绝，表明我们之于他人的关系价值。我们认为伴侣对我们关系的珍视没有达到我们期望的程度，这就是本章所述的压力和紧张的核心内容。

感情创伤

感知到的关系价值的下降被称为关系贬值，它会引起感情创伤，让我们在心理上感到受伤和失望。社会拒绝引起的伤害与身体上的疼痛有许多相同之处。

伴侣排斥

人们有时为了达到某些目的而忽视自己的伴侣，但是遭受排斥的伴侣通常会反感这类行为。高自尊的人往往不能容忍此种待遇。

妒忌

当人们面临现实或臆想中的情敌且可能失去珍贵的亲密关系时，就会体验到交织着恐惧、愤怒和伤害情绪的妒忌。

妒忌的两种类型。 反应性妒忌是指人们因实际的威胁而产生的妒忌；怀疑性妒忌是指伴侣并没有不端行为，仅由个体的猜疑所引起的妒忌。这种猜疑并不符合当前的事实。

容易妒忌的人。 需要伴侣却又担心自己不够优秀而无法留住伴侣是妒忌产生的一个原因。人格特质和依恋类型也会影响妒忌。

让人妒忌的人。 适配价值很高且对我们的伴侣具有吸引力的情敌尤其具有威胁性。

是什么让人心生妒忌。 与女性相比，男性认为性事不忠比感情不忠更让人苦恼。这一发现引起了批评，但在世界各地都得到了重复验证。

对妒忌的反应。 依恋类型影响人们对妒忌的反应，并且人们对妒忌的反应存在性别差异。

积极有效地应对妒忌。 那些能成功减少不必要的妒忌的人，无论有没有现在的伴侣，都能维持一种自我价值感。

欺骗和说谎

欺骗是一种有意为之的行为，目的是给受骗者造成一种印象，而欺骗者自知这种印象是虚假的。

亲密关系和普通关系中的说谎行为。 日常生活中存在大量的谎言。谎言会引起欺骗者猜疑，导致说谎者认为其谎言的接受者不值得信任。

谎言与说谎者。 没有哪个单一的线索总能证明一个人在说谎；相反，人们的非言语行为和陈述之间的矛盾往往能揭示其是否在说谎。

对伴侣欺骗行为的觉察。亲密伴侣对彼此非常了解，但他们也会表现出事实偏差，使他们自以为伴侣对待自己是诚实的。事实上，大多数谎言都未能被当场觉察。

背叛

背叛是我们信任之人所做的伤害性行为，并且我们完全不会想到伴侣会做出这类不端行为。

背叛的个体差异。经常背叛他人的人往往不幸福、适应不良，他们常常心怀怨恨、报复心强，并且猜忌多疑。

背叛的两面性。背叛者经常认为他们的行为没有多大危害、无伤大雅；但是，被背叛的伴侣却很难认同这些观点。

为何报复并不是一个好主意。报复往往并不如人们想象的那么令人满意，对于被报复的对象而言，报复通常显得太过分了，因而引发进一步的争吵。

宽恕

宽恕意味着放弃报复他人不端行为的权利。当背叛者为他们的行为道歉且受害者又能产生同理心时，宽恕更容易发生。当伴侣有悔过之心时，宽恕通常能促进亲密关系。

第 11 章

冲　突

你的朋友和爱人总会在你需要的时候做你想要的一切吗？当然不会。没有偶尔的摩擦、伴侣双方在愿望、观点和行动上没有矛盾的亲密关系是不存在的。两个人无论多么关心、适合彼此，总会发生分歧和争执（Canary & Lakey, 2013）。并且他们越是相互依赖——待在一起的时间越多，试图协调的活动和任务的种类越广泛——偶尔发生冲突的可能性就越大（Miller, 1997b）。在亲密关系中，冲突是不可避免的。

冲突还有深远的影响。随着时间的推移，伴侣双方应对冲突的方式可能会增强或削弱他们对彼此的爱和尊重。本章将探讨冲突的性质和起源，这是亲密关系中时而令人沮丧，时而令人满足，但最终不可避免的一面。我们将考察冲突如何发生、如何升级，以及人们怎样才能有效地解决冲突。我们还要思考冲突是否有益于亲密关系。（你的答案是什么？冲突有好处吗？）

冲突的性质

冲突的定义

每当一个人的动机、目标、信念、观点或行为与另一个人的相干扰或不相容时，就会产生人际冲突。冲突产生于差异，这些差异可能表现为一时的情绪，也可能表现为持久的信念和人格。两个人总会在重要的方面有所不同，但我将采用一种涉及"主动干涉他人目标"的冲突定义：当一个人的愿望或行动实际上妨碍或阻碍了他人的愿望或行动时，就会发生**冲突**（conflict）。当伴侣双方都能随心所欲时，就不存在冲突。反之，如果伴侣一方或双方因为对方的影响而不得不放弃他们想要的东西，冲突就会产生。冲突并不一定会导致愤怒和敌意；我们可以慷慨而又快乐地做出牺牲来顺应伴侣。并非所有的冲突都是外露的；我们有时意识不到自己给伴侣带来的困扰。只要一方妨碍另一方的行动或阻碍其实现愿望，不管当事人是否意识到，都足以引起冲突。

冲突不可避免，原因有两方面。第一，任何两个人在情绪和偏好上都会偶尔有所不同。伴侣双方的目标和行为会不可避免地出现时断时续的对立。比如，即使夫妻双方都是外向、喜欢聚会的社交达人，其中一方偶尔也会因为另一方想提前离开聚会而失望；伴侣一方可能因为患流感或即将到来的亲密关系课考试而不愿熬夜。

第二，冲突不可避免还因为在亲密关系中总是交织着一些紧张关系，它们迟早会引发一些问题。当人们投身一段亲密关系时，经常会体验到被称为**辩证关系**（dialectics）的对立的动机，这些动机永远无法完全得到满足，因为它们彼此矛盾（Baxter, 2004）。实现一个目标可能会损害另一个目标，所以伴侣们必须进行微妙的平衡，这使他们在不同的时间被牵引到不同的方向。由于伴侣双方在这些相反的目标追求之间摇摆不定，他们主要的个人动机之间偶尔出现冲突就在所难免（Erbert, 2000）。

例如，亲密关系中一种强有力的辩证关系是个体的自主性和与他人的联系性之间持续的紧张关系。一方面，人们常常希望能按自己的意愿自由行事，所以他们珍视自己的独立和自主性。另一方面，他们也寻求能让他们依赖特定伴侣的与他人温暖而又亲密的联系。那么，人们会追求哪个目标？亲密还是自由？独立还是归属？可以说大部分人两者都想要一些，但拥抱一个就意味着拒绝另一个。对爱情关系的承诺能带给我们巨大的喜悦,但承诺也会让我们感觉"被困住""透不过气"和"被束缚"（Weigel et al., 2015）。因此，人们的偏好可能会来回摇摆，因为他们会更多地受最近没有得到满足的动机的影响。保持两种欲望之间的平衡是一件棘手的事情（Slotter et al., 2014），我们无法保持高度独立于爱侣，同时又与爱侣保持紧密的相互依赖，因而必须有

所取舍。当伴侣双方以不同的速度、在不同的时间努力实现相反的动机时，他们之间就可能会发生冲突。

　　另一种强大的辩证关系是开放与封闭之间的紧张关系。亲密涉及自我表露，亲密的伴侣应该分享彼此的思想和情感。然而，人们也希望有自己的隐私，谨慎的伴侣会想在某些事情上保守秘密（Petronio, 2010）。一方面是坦率和推心置腹的真诚，另一方面是谨慎和克制。

　　稳定与变化也会产生摩擦。拥有令人愉悦的伴侣关系的人会希望维持和保护这段关系，一切维持原样。但人们也喜好新异和刺激（Sheldon et al., 2013）。过分呆板僵化的可预测性会使亲密关系变得单调乏味（Harasymchuk & Fehr, 2013）。所以，人们既会被熟悉的也会被新的事物吸引，这就会导致偶尔的犹豫不决和冲突。

　　最后，在融入和脱离个体社交圈之间也存在辩证的紧张关系。今晚你是宁愿与朋友一起去参加聚会，还是待在家里依偎在甜蜜爱人身边？今年你是仍然去亲戚家里过感恩节，还是待在家庆祝节日以开启自己的家庭传统？当你与爱侣外出就餐时，是会随身携带手机以便朋友能随时找到你，还是将手机放在车里（如我在第 1 章中所建议的）？这些都可能是真正的两难困境（Miller-Ott & Kelly, 2016），我们与其他人保持联系的动机有时与全身心地投入一段爱情的愿望相矛盾。当人们把时间和精力投入一段浪漫关系中时，他们见朋友的时间就少了（Burton-Chellew & Dunbar, 2015），并且要找到一个令人满意的与其他人相处和分开的时间比例可能很困难。

　　总之，一项研究发现，这四个辩证矛盾——自主对联系、开放对封闭、稳定对变化和融入对脱离——能解释已婚夫妻所报告的三分之一以上最近发生的打斗和争吵（Erbert, 2000）。更重要的是，在某种程度上，这些紧张关系通常会在一段

亲密关系中贯穿始终（Baxter, 2004）。亲密关系中总是存在波动而相悖的动机，它们造成的困境永远不会结束。冲突迟早会发生。

冲突的频率

伴侣之间发生冲突的频率有多高？经常发生，但答案因所研究的群体及定义和评估冲突的方式而异。小孩子和他们的父母经常发生争执：一项研究显示，在4岁儿童与妈妈的对话中，每隔 3.6 分钟就会发生某种冲突（Eisenberg, 1992）！当情侣每天记录他们的互动情况时，他们报告每周会发生 2.3 次冲突（Lloyd, 1987）；已婚夫妇每两周就会报告 7 次难忘的"意见分歧"（Papp et al., 2009），他们每个月还会经历一两次"不愉快的争论"（McGonagle et al., 1992）。而且，更重要的是，许多冲突从未得到解决。一项调查发现，美国西北大学的学生没有向伴侣提及他们在恋爱关系中发现的 40% 的冲突和恼怒（Roloff & Cloven, 1990）。冲突不仅在亲密关系中很常见，而且发生的频率也可能比我们意识到的要高。

然而，正如你所料，有些人比其他人经历了更多的冲突。我们遇到的冲突数量与许多因素相关：

人格。高神经质的人冲动易怒，与低神经质的人相比，他们与他人有更多不愉快的分歧（Heaven et al., 2006）。相比之下，高宜人性的人温厚和善，有合作精神，通常容易相处，遇到的人际冲突较少。如果确实发生了冲突，他们的反应也比低宜人性的人更具建设性（Jensen-Campbell & Graziano, 2001）。

依恋类型。与不安全型依恋的人相比，安全型依恋的人遭遇的冲突较少，即使发生冲突也能更好地处理（Mikulincer & Shaver, 2013）。具体而言，因为总是无谓地担心伴侣会离开自己，忧虑被弃的人会紧张地觉察到不存在的分歧和困难，然后比一般人更为受伤和痛苦（Overall et al., 2014）。如果妻子是焦虑型，而丈夫是回避型，那么这样的夫妻尤其容易发生冲突：妻子夸大的恐惧会将丈夫赶走，而丈夫的退避又进一步加剧妻子的忧虑（Barry & Lawrence, 2013）。实验室研究显示，这类夫妻的双方甚至在开始讨论某个分歧之前，就表现出了压力水平升高（L. Beck et al., 2013）。

人生阶段。如果你是年轻人，你与伴侣的冲突或许比过去更多。人们通常在25 岁左右确立持久的爱情关系并开始职业生涯。根据一项对美国纽约州年轻人的纵向研究，这些生活变化通常与冲突的增加有关（Chen et al., 2006）。正如你在图 11.1 中所看到的，从十八九岁到 25 岁左右，爱侣间的冲突在稳步增加，但此后就平缓下来。

亲密关系在老年期变得更为平静。老年夫妻在子女、金钱和其他敏感问题上的分歧通常比中年夫妻要少（Smith & Baron, 2016），而且他们往往回避谈论存在分歧的事情（Holley et al., 2013）。

相似性。冲突源于差异，所以恋人间相似性越低，他们经历的冲突就越多，也就不足为奇了（Surra & Longstreth, 1990）。结婚后这一模式仍会继续；比起那些共同点很少的夫妻，有着相似品味和期望的夫妻之间冲突更少，婚姻生活也更

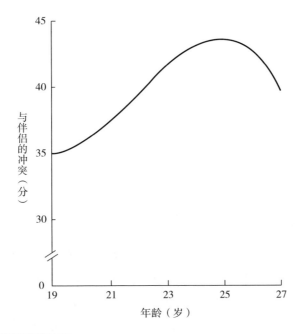

图 11.1　成年初期的爱情冲突

伴随成年而来的许多变化（通常包括大学毕业和进入新的职业）与我们恋爱关系中冲突的增加有关，但过一段时间就会平息下来。

注：在研究人员使用的评分标准中, 0 分表示 "没有冲突", 25 分表示 "偶尔有轻微的分歧", 50 分表示 "偶尔会爆发争吵"。

资料来源：摘自 Chen, H., Cohen, P., Kasen, S., Johnson, J. G., Ehrensaft, M., & Gordon, K. "Predicting conflict within romantic relationships during the transition to adulthood," *Personal Relationships*, 13, 2006, 411–427。

幸福（Huston & Houts, 1998）。的确，如果那些坚持认为"相异相吸"的人开始和与自己明显不同的人生活在一起，他们可能会得到惨痛的教训。相异只会增加摩擦，而不会让关系一帆风顺。

压力。那些在外面遇到不顺、承受压力的人，回家后往往变得暴躁易怒。伴侣双方在白天经历的压力越大，晚上就越可能发生冲突（Timmons et al., 2017）。

睡眠。伴侣在争吵后往往睡不好，这使他们第二天脾气暴躁易怒（El-Sheikh et al., 2013）。因此，只要有一方夜里没睡好，伴侣双方白天就会遇到更多的冲突（Gordon & Chen, 2014）。失眠会孕育冲突，所以，如果你和伴侣变得暴躁易怒，晚上设法睡个好觉。

酒精。最后，请不要怀疑，酒精不会使人变得更随和、更谦恭；相反，醉酒会加剧冲突。在一项考察酒精效应的有趣研究中，研究者邀请清醒或喝醉的男性重温近期发生的爱情冲突（G. MacDonald et al., 2000）。醉酒使男性更加刻薄和暴躁；对强度相同的冲突事件，醉酒的男性比清醒的男性敌意更强、怨言更多。在令人沮丧的争执中借酒浇愁无异于抱薪救火。

冲突的过程

激发事件

那么，哪些事件会引发冲突？彼得森（Peterson, 2002, p.367）回顾了大量关于冲突的研究，得出的结论是，夫妻双方在几乎任何问题上都可能产生分歧："如何共度时光，如何管理金钱，如何与姻亲相处，性生活的频率和方式，谁做了什么家务，情感表达不充分（没有足够的爱意），情感表达太夸张（多愁善感、易怒），个人习惯，政治观点，宗教信仰，对其他异性、亲戚和自己子女的嫉妒。"只要你能列举出来，就会有一对夫妻为此而争吵。戴维·巴斯（David Buss, 1989）要求密歇根大学的学生详述男性所做的令女性不高兴的事情（反之亦然），然后他把所有的回答归类，概括出了 147 种截然不同的冲突源。很显然，作为亲密关系特征的相互依赖为"争吵提供了大量的机会"（Peterson, 2002, p.367）。

当要求配偶记录他们 15 天中所有的分歧时，某些话题比其他话题更常见

（Papp et al., 2009）。如表 11.1 所示，相比其他任何事情，为人父母者在如何及何时管理、管教和照料孩子上分歧最多。［请记住，没有读过本书第 6 章的人有时会天真地以为养小孩会使婚姻更幸福，但实际上恰恰相反（Wendorf et al., 2011）。］其次是家务、家庭责任的分工和完成［请记住，公平地分配家务很难做到，但这点很重要（Britt & Roy, 2014）］，沟通居第三位（涉及人际隔阂和感知到的伴侣回应性问题）。虽然仅位居第六，但最持久、最具争议、有时甚至是最激烈的分歧都围绕着金钱：谁挣了多少钱，谁花了多少钱，以及应该买什么。关于金钱的争吵对婚姻满意度的损害尤其严重（Britt & Huston, 2012）。但在世界各地，所有这些方面都是常见的冲突根源（Dillon et al., 2015），并且令人震惊的是（至少在婚姻的头四年），这些问题一直是争论的焦点；它们导致令人沮丧的争执的频率并未随着时间的推移而明显降低（Lavner et al., 2014）。显然，许多冲突并不能轻易解决。

为了理解冲突原因的多样性，彼得森（Peterson, 2002）把引发冲突的事件分

表 11.1　导致婚姻冲突的问题

丈夫和妻子每天晚上记录他们当天发生的全部分歧。将他们所列的话题按照被提及的频次排列。因为一次特定的冲突可能涉及不止一个话题，所以总频次超过了 100%。

话题	问题	冲突所占比例（%）
孩子	对小孩的照料和管教	38
家务	家务的分配和完成	25
沟通	关注、倾听及误解	22
休闲	娱乐的选择及用于娱乐的时间	20
工作	在工作上花的时间，同事	19
金钱	账单、购物、支出、工资	19
习惯	让人恼怒的行为	17
亲戚	家人、姻亲、继子女、前配偶	11
承诺	承诺的意义，不忠	9
亲密	情感的表露，性生活	8
朋友	与朋友在一起的时间及一起参与的活动	8
人格	伴侣或自己的特质	7

资料来源：摘自 Papp, L. M., Cummings, E. M., & Goeke-Morey, M. C. "For richer, for poorer: Money as a topic of marital conflict in the home," *Family Relations*, 58, 2009, 91–103。

成了四种常见类别：批评、无理要求、拒绝和累积的烦恼。批评（criticism）指伴侣一方认为对方的言语和非言语行动表达出对自己行为、态度或特质的有失公允的不满（Cupach, 2007）。行为人想通过言论或行为表达什么并不重要，重要的是对方把这种行动诠释为不公平的吹毛求疵。一个关于如何往洗碗机里摆放餐具以装得更多的温和建议，如果被认为是不必要的批评，就会伤害伴侣并引发冲突。

无理要求（illegitimate demands）涉及那些因超出了伴侣对彼此的正常期望而看似不公正的要求。比如，尽管其中一方正在疯狂工作以完成一个重大项目（比如写一本教科书），但要求另一方连续三个晚上做饭和洗碗，也会使对方心烦。

拒绝（rebuffs）指"一方请求另一方做出期待的反应，而另一方没有像预期的那样行动"（Peterson, 2002, p.371）。如果一方在收到伴侣的性暗示后，背过身去睡着了，那么伴侣很可能会感到被拒绝了。

最后，**累积的烦恼**（cumulative annoyances）指相对琐碎的事件因不断重复而变得令人恼火。这类事件常以社交过敏（social allergies）的形式出现：由于反复接触一再发生的小麻烦，人们可能会产生过度敏感的厌恶和愤怒反应，这种反应与任何特定的挑衅事件本身相比都显得有点小题大做。女性尤其容易因男性粗鲁的生活习惯而恼怒，比如在餐桌上打嗝；男性则更容易因女性不够体贴而发怒，比如约会迟到和购物时间过长（Cunningham et al., 2005）。

演化心理学对情侣间的冲突做出了有趣的预测（Buss, 2015）。从演化的角度看，异性恋关系中的一些冲突很自然地来自双方生殖利益的差异。可以推测，鉴于男性对可能随之而来的孩子的亲代投入较低，他们可以比女性对随意的、不负责任的性行为更感兴趣；相比之下，女性则应该更谨慎，只有在得到男性有意义的承诺后才同意发生性行为。事实上，男性和女性在恋爱关系初期经常遇到的挫折正是如此："女性远比男性更容易对那些想比其期望的更早、更频繁、更持久地发生性关系的人感到愤怒和不安。男性则远比女性更容易对那些拖延性行为或阻碍其性进展的人感到愤怒和不安"（Buss, 2000, p.38）。当人们确立了稳定的亲密关系后，是否发生性行为的问题通常就有了答案，但性行为频次的问题或许会持续数十年。对于大多数夫妻来说，性欲的差异会引发冲突，需要协商、平衡和调整，而且在大多数情况下，这个问题永远无法得到彻底的解决（Elliott & Umberson, 2008）。只要亲密关系持续，伴侣双方在性风格和性驱力上的差异就仍是令人沮丧的拒绝的来源。

我还注意到，男同性恋和女同性恋伴侣经常遇到的痛点与烦扰异性恋伴侣的痛点并没有太大差异。男同性恋者比其他任何人都更可能在关于伴侣外性行为的规则上发生分歧，但除此之外，男同性恋者和女同性恋者与他们的异性恋兄弟姐妹[1]一样有可能在家务、沟通、金钱及表 11.1 中的所有其他话题上斤斤计较（Solomon et al., 2005）。正如亲密关系的许多其他方面，在冲突问题上，性取向与亲密关系如何运作关系并不大。

归　因

两个人带入互动中的任何不同观点往往是令人厌烦的争执的另一个根源。行动者－观察者效应定会使伴侣对自己行为的解释与其他人所理解的略有不同，而自我服务偏差使当事人对自己行为的评价比其他人所认为的更好。[2]具体而言，尽管人们很容易在他人对事件的判断中看出自我服务的归因，但他们通常认为自己同样有偏见的认知是客观而公正的（Pronin et al., 2002）。因此，伴侣双方的归因通常并不一致，这可能会以两种不同方式造成冲突。首先，如果人们不能认识到伴侣总是有自己的个人观点，就会产生令人沮丧的误解。其次，如果这些不同的观点表露出来，伴侣双方可能会发生**归因冲突**（attributional conflict），为各自解释的孰是孰非而争吵。双方可能对其中一人做了什么看法完全一致，但同时对这个人为什么那样做看法完全不同。（"你放在那里就是为了惹怒我！""不，我不是故意的。我去接电话就忘了这事。"）归因方面的争论通常很难解决，因为当人们不同意我们的观点时，我们往往认为他们有偏见，而这会令人恼火（Kennedy & Pronin, 2008）。此外，对于某一事件，可能并不存在绝对客观和正确的单一解释。例如，自私行事的人往往很难认识到自己的贪婪，他们常常对自己自私的行为会如何引发类似的欠考虑的行为视而不见。伴侣之间的互动受众多微妙因素的影响，以至于通情达理的人也会（而且经常）对事情为什么会变成这样持不同意见。

然后，当冲突出现时，亲密伴侣对挫折的解释会对他们痛苦和愤怒的程度产生巨大的影响。（见专栏 11.1 "掌控我们的愤怒"。）如果把伴侣的不端行为解释为

1　这里指的是真正的兄弟姐妹。本研究中的已婚异性恋参与者都是同性恋参与者的手足同胞（Solomon et al., 2005）。实验程序很巧妙，不是吗？

2　我们在第 4 章学习过这些归因模式。

专栏 11.1
掌控我们的愤怒

许多人认为，当他们被恶意地激怒时，愤怒就自然而然地产生，根本无法控制。甚至更糟糕的是，大众普遍认为，一旦我们变得愤怒，压制愤怒就很危险；当我们"生气"或"大动肝火"时，就必须得"发泄"，否则我们就会患高血压并处于持续的紧张状态。然而，此类观念存在两个重大问题：首先，它们完全错误；其次，它们引发的行为实际上可能会导致更大的压力，并持续更长的时间（Olatunji et al., 2007）。

因为调节和控制愤怒情绪需要付出努力，所以人们通常会通过指向对手（偶尔会指向无辜的第三方）的愤怒狂暴的行为来"发泄情绪"。据说愤怒的释放能让我们感觉好一点，但这种简单的看法忽略了粗暴行为带来的人际后果。"当你'宣泄'某种情绪时，它通常会落在其他人身上，而你发泄后的感受——放松、更加愤怒或郁闷——将取决于其他人的行为"（Tavris, 1989, p.145）。有时，受气之人接受了我们的愤怒，他们道歉并努力弥补过错。但在亲密关系中，人们期望伴侣能够慷慨、宽容地对待自己，咄咄逼人的愤怒通常只会反过来让伴侣也变得愤怒。然后就可能是两个愤怒的人吹毛求疵，互相攻击，这种粗鲁的互动使弥漫在空气中的愤怒延续而不是平息。

归根结底，"当你感到愤怒时就表达愤怒几乎总是会让你感到更愤怒"（Tavris, 1989, p.223）。相比表现更为温和的人，在盛怒之下对伴侣大发脾气的人愤怒的时间更长，而且会承受更多的心血管压力。而且，随着时间的推移，这类行为甚至可能危害健康：一项实验室研究发现，在与妻子讨论冲突的过程中明显表现出愤怒的男性，其中 80% 的人在 20 年后报告至少有一种心血管疾病症状，而那些能保持冷静和镇定的男性后来发生这类问题的概率则低得多（50%）（Haase et al., 2016）。的确，当我们控制自己的愤怒，冷静下来，然后以一种坚定但不激烈的方式表达抱怨时，我们更容易得到伴侣的理解和合作，也更可能得偿所愿。愤怒的时候发泄出来是个好主意的信念似乎是常识，但实际上愚不可及（Lohr et al., 2007）。

那么，我们该如何控制自己的愤怒？因为生气和不满都表明亲密关系出现了问题，所以我们不应忽视愤怒，不应该假装它根本不存在（Baker et al., 2014）。但减少我们对伴侣的怨恨和愤怒通常是明智的，有几种方法可以做到这一点（Tice & Baumeister, 1993）。第一，我们可以换一种思维。如果认为伴侣疏忽或恶意对待我们，我们心中就会燃起怒火，所以，我们对令人恼火的事件的归因才是问题的关键。当你感到愤怒来袭，想想伴侣在不想伤害或惹恼你的前提下可能为什么会那样做；重新思考引发愤怒的事件能够抑制你的愤怒（Finkel et al., 2013）。一个非常有用的方法是假装你是一位"隐蔽的旁观者"，从一个冷静的第三方的视角观察事件的发展过程，希望所有相关人员都得到最好的结果；如果你这样做，任何愤怒都将会远离你（Mischkowski et al., 2012）。第二，如果你变得愤怒，请冷静一下。不要在盛怒状态下与人互动。离开房间，走一走，从 1 数到 10（或者 1 万）。做长而缓慢的深呼吸，每分钟不超过 6 次，你就会比你认为的更快地平静下来，尤其是如果你停止在脑海中反复想那件不公平之事。最后，发现幽默。人们不可能同时感到开心和愤怒，所以，

任何能让你心情愉快的事物都能减少你的愤怒（Winterheld et al., 2013）。

所有这些都知易行难，但值得你去做；与那些妻子不容易消气的夫妇相比，妻子在生气后能快速冷静下来的夫妇，夫妻双方都对婚姻更满意（Bloch et al., 2014）。不过，有些人需要"练习、练习、再练习替代性反应"，才能改变自己愤怒的习惯（Notarius et al., 1997, p.245）。演练的绝佳时机是小烦恼发生的时候，而且伴侣双方都参与时最有效。令人欣慰的是，毁灭性的愤怒是能够克服的；"如果你们每个人都努力帮助对方掌握一种应对愤怒的新方法，并且反复这样做，你就会发现旧的模式正在被改变所取代"（Notarius et al., 1997, p.246）。

无心之过，归因于外部且不稳定的因素，伴侣就显得相对无可指责，而这时强烈的情绪（和报复）就不合时宜。相反，如果把伴侣的不当行为归因于内部且稳定的因素，那么这些行为就似乎是故意的，伴侣就似乎是恶毒、自私、不雅或无能的；在这种情况下，个体所遭受的麻烦就似乎是不公正的，愤怒就显得顺理成章（Canary & Lakey, 2013）。因此，与痛苦的夫妻相比，幸福的夫妻较少认为自己的伴侣自私自利、行为不公、意图消极，这并非偶然（Kluwer et al., 2009）。善意的归因从有利的一面看待伴侣，使冲突看起来有可能得到解决，这就是这种归因能增进对一段关系的持续满意度的一个原因（Fincham, 2001）。

对冲突的具体反应也受到我们对事件的归因的影响。当我们判断伴侣能改正令人讨厌的行为时（因此我们解决冲突的努力能得到回报），我们就更可能说出自己的不满，建设性地寻求解决冲突的方法，而当我们认为伴侣不能改变时则是另一番景象（Kammrath & Dweck, 2006）。当人们认为问题不可改变时，他们往往只会束手无策、焦躁不安。

卷入和升级

的确，一旦出现激发事件，伴侣们必须做出决定，要么解决这个问题，要么避免争端、搁置争议。这一决策是彼得森（Peterson, 2002）关于冲突的一般模型中的第一个选择点，如图 11.2 所示。（乍一看，图形比较复杂有点吓人，但请耐心看完；该图巧妙地展示了冲突发展的几种不同方式。请跟随箭头的路径仔细看看。）只有当伴侣双方都希望回避问题时，才能避免冲突：他们都认为激发事件微不足道，不值得为之争吵；或者问题似乎难以解决，且冲突没有任何好处（Zacchilli et al., 2009）。

否则，就要设法解决争端。在某些情况下，夫妻双方会进行协商，试图通过理性地解决问题来解决冲突。然而，在其他情况下，事态升级，冲突加剧。冲突升级通常涉及第 5 章所述的各种沟通障碍。在互动中，其他问题也可能牵扯进来，一方可能对另一方冷嘲热讽，提出充满敌意的要求，甚至进行威胁。愤怒的争吵可能随之而来。

当伴侣彼此恶语相向时，主要使用两种战术（Canary & Lakey, 2013）。直接战术明确挑战对方；"当面锣对面鼓"。直接战术包括（1）指责、批评伴侣，认为他/她具有消极品质；（2）带有敌意地要求对方服从，有时涉及伤害对方身体或感情的恐吓；（3）提出对抗性的问题；（4）粗暴或嘲讽地奚落，传递出厌恶或不认可（包括打断伴侣和大声喝止伴侣说话）。令人讨厌的间接战术以不那么直接的方式处理冲突；个体的不悦被掩盖起来，意图不太明显。间接战术包括（1）居高临下或暗含的负面态度，传递出敌意或傲慢；（2）烦躁情绪，如忧郁、沮丧或抱怨；（3）试图先发制人地改变话题；（4）不认可伴侣或未意识到冲突的闪烁其词。在某种程度上，所有这些行为都令人讨厌，它们一般只会激化而非解决冲突。在亲密关系中，感到满意的伴侣做出这些行为的概率低于不满意的伴侣，习惯以这种方式争斗的已婚夫妇更可能离婚（Birditt et al., 2010）。

当粗暴的互动让你愤怒时，会产生更大的破坏作用。包含蔑视、防御、不谈正题或好战等伤人感情成分的无休止的冲突，会让大多数人烦恼、恼怒或愤怒，而这些情绪反应会导致生理唤醒和压力。蹩脚、暴躁的互动实实在在地影响健康，它们会导致心率和血压升高，使应激激素大量分泌，并抑制人体的免疫功能，使人们更易感染疾病（Wright & Loving, 2011）。当参与者在实验室的控制条件下接

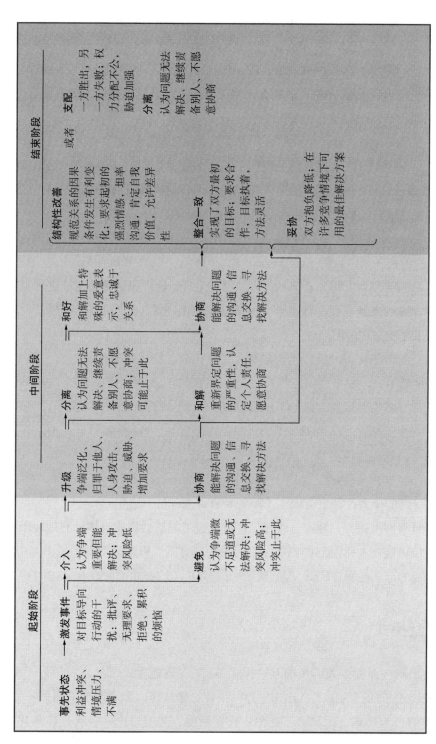

图 11.2 冲突从开始到中间阶段直至结束的可能过程

箭头表示可能的顺序，以避免、分离或其他四种可能的冲突终点中的任何一种结束。

资料来源：Kelley, H. H., Berscheid, E., Christensen, A., et al. *Close relationships*. Clinton Corners, NY: Percheron, 2002.

触感冒病毒时，最近在家里持续经历冲突的人患感冒和生病的可能性是一般人的2.5 倍（Cohen et al., 2003）。在与配偶的敌对互动后，连伤口都愈合得更慢（Gouin et al., 2010）。更糟糕的是，这些影响可能会随着时间累积；一项对英格兰 9 000 多名参与者历时 12 年的研究发现，那些在亲密关系中遭遇大量粗暴冲突的人更有可能罹患心脏病（De Vogli et al., 2007）。

伴侣一方暴躁易怒，通常也会使另一方（至少在某种程度上）变得愤怒。（请一定不要跳过专栏 11.1 "掌控我们的愤怒"。）但是当伴侣们陷入**消极的情感互动**（negative affect reciprocity）模式（即伴侣双方来回传递不断升级的愤怒）时，暴躁的冲突会变得特别狂暴。这种冲突模式在幸福、适应良好的夫妻中并不常见（当形势开始紧张时，他们能更好地跳出这一恶性循环），但在关系恶化的痛苦、不满的夫妇中，这种模式司空见惯（Gottman et al., 2015）：一方的暴躁使另一方变得易怒，所以他 / 她会反唇相讥；先动怒的一方变得更生气，所以第二轮的交锋更恶劣。双方往来的言辞越来越强硬，都在给对方的愤怒火上浇油，随着互动的进行，双方都变得越来越愤怒和怨恨。

这种强烈的情绪使得冲突特别有破坏作用，不过，令人欣慰的是，有些人不太容易变得烦躁不安。安全型依恋的人在面对冲突时，其生理反应更温和（Powers et al., 2006）。与那些高回避亲密（Overall et al., 2013）或高忧虑被弃（Kim, 2006）的人相比，安全型依恋的人在冲突发生时不易动怒，更为冷静和镇定，更乐观，更有合作精神。他们也能更快地从冲突中恢复过来，搁置异议，回到积极的心态（Salvatore et al., 2011）。因此，如果伴侣的依恋类型是安全型而非不安全型，人们在冲突中感受到的压力往往也会较小（Powers et al., 2006）。

但是，对很多人而言，冲突升级过于严重或过于频繁会影响身体和心理健康。这些生理反应可能有非常深远的影响：在讨论冲突时肾上腺素激增的新婚夫妻 10 年后婚姻幸福的可能性明显较低，甚至已经分崩离析（Kiecolt-Glaser et al., 2003）。

要求 / 退避模式

另一种加剧冲突的令人不快的互动模式是要求 / 退避模式，具体表现为 "伴侣一方表现出要求的行为模式，比如抱怨、批评、施加压力要求改变，而另一方表现出退避的行为模式，比如心不在焉，转换话题、逃避讨论，甚或直接离开"

（Eldridge & Baucom, 2012, p.144）。这种模式令人反感，部分原因在于它可能会自行延续。要求者因退避者消极退缩而产生挫折感，所以可能更加坚持解决争端；但压力的增加往往使退避者甚至更加抵触和沉默，因而这种模式会继续下去。这种不良的冲突处理方式会让要求者感到被忽视和误解，久而久之，会损害伴侣对亲密关系的满意度（Schrodt et al., 2014）。

就对冲突的其他反应而言，两性之间差别不大（Gayle et al., 2002），但在要求 / 退避模式上差异明显：在世界各地，多数情况下女性是要求者而男性是退避者（Christensen et al., 2006）。在异性恋和同性恋伴侣中，如果一方想讨论和改变现状，另一方（无论男女）都可能会退避（Holley et al., 2010），但女性一般比男性更可能就亲密关系中存在的问题发起讨论和畅所欲言（Denton & Burleson, 2007），因而她们更多地扮演要求者的角色。

为什么女性要求而男性退避？原因可能有很多。这一模式可能来自区分男性和女性的社会性别差异（Afifi et al., 2012）。社会鼓励女性分享和表达，而鼓励男性独立和自主，要求 / 退避模式可能产生于女性寻求亲近及男性捍卫他们的自主权。另一种解释是社会结构假设，该理论认为，要求 / 退避模式产生于男性和女

©Diane Diederich/Getty Images

更常见的情形是，女性提出要求，而男性退避三舍。但图中的一幕却是她根本不想讨论，而他则是受挫的一方。

性在社会和婚姻等方面的权力差异（Eldridge & Baucom, 2012）。正如我们在第 12 章将看到的，在异性恋关系中，男性一般比女性拥有更多的权力，如果你能随心所欲，你可能就会抵制改变。

事实上，这两种解释大体上都正确。研究人员通过让一些夫妇参与两次讨论来探察这些问题。一次讨论中妻子想改变，另一次讨论中丈夫想改变。当丈夫或妻子有他们想讨论的议题时，他们都倾向于提出要求，但当伴侣提出担忧时，丈夫和妻子都倾向于退避。所以，在某种程度上，要求 / 退避模式仅仅取决于哪一方提出问题（Holley et al., 2010）。实验数据同时支持了社会性别差异和社会结构的观点（Baucom et al., 2010）：在亲密关系中，女方比男方更经常敦促改变，男方则倾向于更彻底地退避，而权力的不平衡会影响双方改变现状的意愿。

协商与顺应

并非所有的冲突都会加剧或恶化，有些的确最终会平息下来。当相爱的伴侣终于冷静下来时，他们通常会进行协商。伴侣声明各自的立场，并以明智的方式努力寻求解决方案。最好的情况是，双方彼此回应且都可以从对方的回应中感受到认同（Gordon & Chen, 2016）。[3]

研究人员对冲突策略进行了分析，发现在协商过程中伴侣双方可以通过几种方式友善相待（Canary & Lakey, 2013）。有些方式是直接的，开诚布公地处理争端，另一种则是间接的，绕开争端但力图缓解不良情绪。友善的直接策略包括（1）通过承担责任或做出让步和妥协表明解决问题的意愿；（2）通过复述表明支持对方的观点；（3）用"第一人称陈述"进行自我表露；（4）给予赞许和关爱。一种间接手段是友好、不带讥讽意味的幽默，它能抚平对方的情绪。当亲密关系中的双方发生冲突时，讥讽或嘲笑他人的尖刻、攻击性的幽默并无益处，但尊重他人的机智、用意良好的诙谐非常受欢迎，它能减轻愤怒的情绪（Howland & Simpson, 2014）。当伴侣讨论彼此间的冲突时，如果一方使用友好的幽默，另一方会感觉与之更亲近，对双方所达成的共识也更满意（Winterheld et al., 2013）。当然，有些问题更容易解决，但在冲突过程中运用此类友善策略有助于保护和维持亲密关系

3　要回顾回应性和认同的含义，请分别翻到第 7 章和第 5 章。

（Gottman et al., 2015）。

　　这里有一些可以帮助你与所爱之人成功协商的更为有用的建议。第一，你可以通过着眼于未来降低冲突的强度：想象你一年之后再回看现在的争吵，并考虑自己会想到什么。当人们采取这一视角时，他们往往会少一些责备，多一些宽容（Huynh et al., 2016）。第二，保持乐观。期望创造性的合作和你们对彼此的宽容大度将解决你们的（大部分）问题。如果你满怀希望，伴侣双方就能更具建设性地行动（Merolla, 2014），并且积极的期望有助于你们达成共识（Liberman et al., 2010）；相反，悲观主义只会让事情变得更糟（DiPaola et al., 2010）。第三，既重视自己也重视伴侣的所得。如果伴侣能彼此站在对方的角度，欣赏对方的观点（Rizkalla et al., 2008），在对方得偿所愿时由衷地感到高兴（Gore & Cross, 2011），问题就能更好地得到解决。总是提议"我们"一起做某事，而不是仅仅告诉伴侣应该做什么，可将注意力集中在两人组成的整体而非两个孤立的个体之上；当你的建议总是针对"我们"而不仅仅是对方时，你的伴侣会不那么抗拒你的建议（Biesen et al., 2016）。如此看来，不要总是试图通过让伴侣改变来解决冲突；相反，考虑一下你可以采取哪些不同的做法来改善现状。当你也在明显地努力做得更好时，伴侣可能会更为满意，也更愿意配合你的努力（Overall, 2012）。最后，在激烈的讨论中偶尔暂停一下，尤其是当有人开始感到厌烦或恼怒的时候（Sanford & Grace, 2011）。请离开房间几分钟，思考你们的分歧，"从希望各方都获得最好结果的中立的第三方视角；一个从中立的角度看问题的人，他会如何看待这次的分歧？"（Finkel et al., 2013, p.1597）。当你回来时，不仅你们之间的协商会更加顺利（Harinck & De Dreu, 2011），而且持续运用这一"第三方"视角可能让你们在一年后拥有更幸福的亲密关系（Finkel et al., 2013）。

　　显然，对冲突的某些反应具有破坏性，会损害亲密关系，而另一些则具有建设性，有助于维持亲密关系。将这种区分与我们前面提到的对冲突的卷入和避免之间的区分整合在一起，你就会得到对亲密关系中的冲突和不满的反应的四种类型，详见鲁斯布特及其同事的发现（Rusbult et al., 1982）。请参看图 11.3，这四种冲突应对方式在主动或被动维度和建设性或破坏性维度上存在差异：

1. **表达意见**（voice）是一种主动的、建设性的行为方式，试图通过各种行动改善现状：与伴侣讨论问题，改变自己的行为以努力解决问题，或者获取朋友或治疗师的建议。

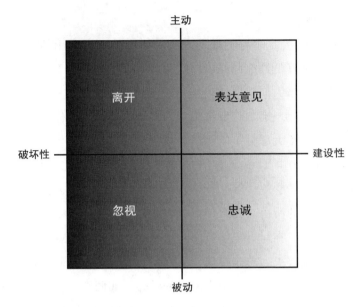

图 11.3 亲密关系中对不满的反应类型

资料来源：基于 Rusbult, C. E., Zembrodt, I. M., & Gunn, L. K. "Exit, voice, loyalty, and neglect: Responses to dissatisfaction in romantic involvements," *Journal of Personality and Social Psychology*, 43, 1982, 1230–1242。

2. **忠诚**（loyalty）是一种被动但建设性的行为方式，表现为乐观地等待并希望状况得到改善。

3. **忽视**（neglect）是一种被动且具有破坏性的行为方式，表现为避免讨论关键问题、减少与伴侣的相互依赖。如果个体属于忽视型，就会袖手旁观，眼睁睁地看着情势恶化。

4. **离开**（exit）是一种主动的、破坏性的行为方式，表现为离开伴侣、威胁要结束亲密关系，或实施大喊大叫、大打出手等虐待行为。

如果一段关系此前一直令人满意，且他们在其中的投入很高，那么人们更可能采用表达意见和忠诚这两种建设性回应，而不是忽视或离开这段关系（Weiser & Weigel, 2014）。对于已做出承诺的亲密关系，我们通常会设法维持。在这种情况下，表达意见比忠诚更有益，也更有效：表达意见传递的是兴趣和关注，往往能得到伴侣积极而有效的回应，而忠诚则常常并未被对方注意到，没有什么好处（Overall et al., 2010b）。当然,离开更为糟糕,而且在有潜在的有吸引力的伴侣存在的情况下,人们更常采用这种方式；当存在诱人的替代选择时,人们更有可能摆脱一段举步维艰的亲密关系,而不是努力维持它（Rusbult et al., 1982）。

当伴侣双方都选择以破坏性的方式来应对冲突时,亲密关系就处于危险的境地（Rusbult et al., 1986）,因此,在面对爱人暂时的漠视时,保持建设性姿态的能力难能可贵,在第 6 章我们把这种能力称为**顺应**（accommodation）。当伴侣的行为具有破坏性时,顺应涉及抑制以眼还眼、以牙还牙的冲动,努力冷静克制地应对。在第 14 章我们还会提及顺应。在这里我只是想指出,能忍受彼此偶尔的挑衅而不以牙还牙的伴侣,往往比那些不太宽容、总是睚眦必报的伴侣更幸福（Rusbult et al., 1998）。

应对冲突：四类夫妻

顺应的可取性是否意味着你和伴侣应该避免争执? 完全不是。即使激烈的争吵也可能具有建设性,有些会激烈争吵的夫妻拥有稳定且令人满意的婚姻。争吵究竟会促进还是损害伴侣的满意度取决于争吵的方式。

婚姻研究专家约翰·戈特曼对冲突进行了多年的研究（Gottman, 1993, 1994a, 1999）。在一个典型的研究程序中,他让一些夫妻讨论持续存在的分歧,然后仔细分析了录下来的互动。根据研究结果,他认为有三种不同的冲突处理方法可以带来稳定而持久的婚姻。（是否有一种非常符合你? 在继续阅读前,我邀请你借助专栏 11.2 来评估你自己的冲突类型。说真的,请在这里按下暂停健,先翻到后面的专栏。）

多变型（volatile）夫妻频繁爆发激烈的争吵。他们会不遗余力地努力说服和影响对方,常常表现出很强烈的负面情感,但他们能充分运用智慧和真爱来缓和愤怒。

认同型（validator）夫妻的争吵更有礼貌。他们往往比多变型夫妻更冷静,在解决冲突的过程中更像合作者而非对手。他们的讨论或许会变得很激烈,但他们常常通过表达同理心和对伴侣观点的理解来彼此认同。

与多变型和认同型的夫妻相反,**逃避型**（avoider）的夫妻很少争吵。他们回避正面对抗,如果真要讨论冲突,他们也非常温和谨慎。正如戈特曼（Gottman,

---

专栏 11.2
评估你的伴侣冲突类型

考虑以下 4 种对冲突中的伴侣的不同描述。哪种描述最符合你和你的伴侣？请评估每种情形发生在你们身上的频率，看看哪种描述最为贴近：

1 = 从不

2 = 很少

3 = 有时

4 = 经常

5 = 非常频繁

A. 我们会激烈争吵，有时甚至会吵得不可开交，但我们的关系仍然充满温馨和爱意，因为我们会用很多欢笑和关爱来弥补。

B. 我们在争执时会努力保持冷静。我们珍视彼此的观点，在寻求妥协的过程中，即使当我们意见相左且不得不运用一些自我控制来保持冷静时，我们也会认同彼此。

C. 我们避免争执。讨论分歧只会使事情变得更糟，所以我们经常"同意保留不同意见"，等待问题自我化解。

D. 我们的争吵尖酸而刻薄。一点也不尊重彼此。我们可能会生闷气，沉默不语，但迟早会互相攻击，恶语相向。

资料来源：摘自 Holman, T. B., & Jarvis, M. O. "Hostile, volatile, avoiding, and validating couple-conflict types: An investigation of Gottman's couple-conflict types," *Personal Relationships*, 10, 2003, 267–282。

情形 A 描述的是多变型夫妻，B 描述的是认同型夫妻，C 描述的是逃避型夫妻，D 描述的是敌对型夫妻。

1993, p.10）所言：

他们很难开始关于冲突的讨论……一旦双方都陈述了自己的观点，他们往往认为讨论即将结束。他们认为接纳这些分歧就是一次完整的讨论。一旦理解了彼此间的分歧，他们就觉得彼此的共同点和共同的价值观占据了上风，并使分歧变得不重要且更容易接纳。所以，他们很少相互妥协，也很少试图说服对方。他们的讨论几乎不带情绪色彩，不管是积极的还是消极的。通常，他们提出的解决争端的方法非常不具体。

　　逃避型夫妻通常不会与伴侣讨论冲突，他们只是试图靠自己的力量解决冲突，或者静观待变，希望时间能够解决问题。

　　虽然这三种类型非常不同，但戈特曼断言这三类夫妻的婚姻都能持久，因为他们在冲突处理方法中保持了较高的奖赏 – 成本比率。多变型夫妻虽然交流了大量的负面情绪，但他们会用更多的关爱和幽默来保持平衡。逃避型夫妻虽然没有特别情感洋溢或和蔼可亲，但他们也没有太多需要克服的负面情绪。只要他们的互动中积极的、接纳的成分大大超过消极的、争议的成分——你或许还记得我们在第 6 章讲过，在令人满意的亲密关系中，可接受的最低正面 – 负面交流的比率是 5:1——伴侣们就可以吵翻天而不损害他们的关系。

　　然而，对于某些夫妻而言，争执是有害的破坏性事件。在戈特曼看来，**敌对型**（hostile）是那些不能保持友善行为对恶劣行为的 5:1 比率的夫妻。他们的讨论充斥着批评、蔑视、防御和退缩，而且持续的时间越长，就越令人压抑。有些敌对型夫妻会积极地处理他们的分歧，但做得很糟糕；另一些敌对型夫妻则保持更超然和置身事外的姿态，但会在短暂的冲突中彼此诽谤中伤。然而无论他们是否会主动争吵，相比其他夫妻，敌对型夫妻对彼此都更刻薄，这就是他们的冲突会危害其亲密关系的原因。

　　研究数据是否支持戈特曼的观点？对近 2 000 对已婚夫妻的大型调查发现，在 24% 的夫妻中，至少有一方以敌对的方式争吵，不出所料，这些夫妻的婚姻满意度更低，存在更多的问题（Busby & Holman, 2009）。最常见的模式（25%）是夫妻双方都是认同型，他们是这个样本中满意度最高的。实际上，认同型夫妻冷静、尊重和富有同理心的冲突处理方式总是有益的。在另外三分之一的夫妻中，一方为认同型，另一方为多变型或逃避型，他们也过得很幸福。夫妻双方都为逃避型（2%）或多变型（5%）的情形十分罕见，这可能是件好事：他们对婚姻的满意度低于（至少有一方是）认同型的夫妻。所以，戈特曼的分析相当正确。激烈的争吵未必会损害亲密关系，尤其是带有一定程度的同理心和尊重的争吵。真正的激愤并不可怕，只要它充满了对伴侣的尊重；一个大冲突或许可以使一个大问题得到解决（Sanford, 2014）。但任何情况下都不应该让关于冲突的讨论变得刻薄、讽刺和粗暴。冲突只要变得恶毒和刻薄就具有腐蚀性。

冲突的结果

冲突的结束

最后，所有的冲突都会结束。彼得森（Peterson, 2002）描述了冲突结束的 5 种方式（见前面的图 11.2），我们将粗略地按破坏性和危害最大到建设性和益处最大的顺序来逐一考察。

如果伴侣一方或双方在冲突尚未解决时就退出，就会发生**分离**（separation）。分离可以结束激烈的冲突，从而防止对亲密关系造成不可弥补的损害，而且分开一段时间能使争斗中的双方冷静下来，从而更有建设性地思考他们的处境。然而，它并不能解决夫妻之间的问题，可能只会延缓进一步的不和。

有些冲突以一方征服另一方结束。在**支配**（domination）这一方式下，伴侣一方投降，而另一方为所欲为。支配多发生在一方比另一方更强大的关系中，强势方通常对结果感到满意。但失败者对支配是非常反感的，心中常常滋生敌意和憎恨（Zacchilli et al., 2009）。

当双方都降低自己的期望，以便找到双方都能接受的替代办法时，就会出现**妥协**（compromise）。正如彼得森所指出的（Peterson, 2002, p.380），伴侣双方的"利益被削弱而非和好如初"；伴侣双方都没有得到其想要的一切，但也没有空手而归。当一方的所得只能以另一方的损失为代价时，妥协才可能是解决冲突的最好方式，但一般情况下，通常会有更好的解决办法。

整合式一致（integrative agreement）指创造性、灵活性地满足双方最初的目标和期望。整合式一致并不容易达到，往往需要付出一些努力；伴侣双方可能需要对他们的愿望进行细化和优先等级排序，做出选择性的让步，并创造出不强加于伴侣的实现目标的新方法。尽管如此，凭借决心、创造性、想象力和慷慨的合作，伴侣们往往能够得到他们真正想要的东西。

最后，伴侣有时不仅得偿所愿，而且从中学习，获得了成长，使他们的关系发生了可喜的变化。这种令人愉快的结果，即**结构性改善**（structural improvement），并不常见，它可能是重大动荡和剧变的结果。伴侣们可能遇到了危险的压力和严重的冲突，不得不重新思考他们的习惯，并鼓足勇气、下定决心去改变。不过，结构性改善能使伴侣们的境况变得更好。正如彼得森所述（Peterson, 2002, p.382）：

规范亲密关系的一个或多个因果条件会发生某些变化。伴侣们都比之前更了解对方。与之前相比，每个人都把更宝贵的品质归因于对方。在经历过冲突的暴风雨后，每个人都比以前更信任对方和他们的关系，因而愿意以更乐观、更有成效的方式去解决先前逃避的争端。有了这些变化，亲密关系的质量在许多情形下都将得到改善，而且不限于直接引发改变过程的冲突之后的一小段时间。

争吵对亲密关系有好处吗

彼得森的观点对吗？争执有时也能产生有益的结果吗？也许。本章已接近尾声，你可能仍然觉得在你的亲密关系中最好没有争吵、分歧和争论。有些人肯定会这样想，认为"分歧具有破坏性"，争执就标志着爱情确实出现了问题（Eidelson & Epstein, 1982）。但（正如第 4 章所述）这是一种起负面作用（dysfunctional）的信念，与对亲密关系的不满相关。人际关系学家对分歧有不同的看法。他们认识到，伴侣未表达的烦心事和令人恼火的事情越多，往往对亲密关系越不满意（Liu & Roloff, 2016）。没有解决分歧就退出冲突的新婚夫妇在数年后往往不太幸福（Noller, 2012）。更值得注意的是，受婚姻问题困扰时不大声说出来的中年女性，在未来 10 年内死亡的可能性是那些对此直言不讳的邻居的 4 倍（Eaker et al., 2007）。"夫妻间的冲突是普遍的、正常的和必不可少的"（Gottman et al., 2014, p.919），不应忽视它的存在。

的确，冲突研究者普遍认为，尽管冲突造成了各种困境，但它是促进亲密感的重要工具。[婚姻专家约翰·戈特曼（Gottman, 1994b, p.159）提出忠告，"对那些希望婚姻成功的人，我能给他们的最重要的建议就是不要试图回避冲突。"]冲突能暴露潜在的问题和矛盾，这样人们才可能寻找解决方法，如果相爱的情侣能够欣然地、坦诚地处理他们的问题，他们往往会更为幸福（Jensen & Rauer, 2014）。具体而言，如果伴侣关系良好且问题很小，那么将亲密关系理想化并将缺点最小化的浪漫错觉有助于我们保持幸福；但如果亲密关系有重大缺陷，浪漫错觉就很危险，会妨碍我们洞察事实真相（McNulty, 2010）。当问题严重时，识别真正存在的问题并表达不满是明智之举（McNulty & Russell, 2010）。如果处理得好，冲突能化解困难处境，以免将来恶化引发更严重的问题。即使你直面冲突，也并不能确保困难会得到解决、满足感会随之而来。然而，能够让亲密关系得以成长和美满的，通常是对冲突的娴熟而巧妙的处理，而不是不发生冲突（Whitton et al., 2018）。

当然，对我们许多人来说，知易行难。我们往往把年少时期在家中习得的经验带入我们的成人恋情中（Whitton et al., 2018），并且人们在处理冲突的敏感性和熟练度上明显不同（Zeidner & Kloda, 2013）。具体来说，目睹了父母之间暴力冲突的男孩，成年后处理冲突的能力往往非常拙劣，比其同辈更暴躁、更尖刻（Halford et al., 2000）。

然而，那些争执严重的伴侣有时的确能改弦易辙。一项研究跟踪了夫妻为人父母的过程，发现大多数人在 2 年的时间跨度内都保持着同样的冲突风格；其中约一半伴侣的争吵方式具有建设性，使用了大量的认同和正面情感；四分之一的伴侣争吵方式很糟糕，整整 24 个月双方都在敌意和刻薄的争吵中煎熬。多数情况下，一旦你和伴侣形成了一种处理冲突的风格，它就可能持续下去（Kamp Dush & Taylor, 2012）。不过，在研究期间，约有 20% 的经历过破坏性争吵的年轻父母改变了风格，变得不再那么暴躁，并且对他们的亲密关系也更为满意了（Houts et al., 2008）。

即使你们现在争吵得很不愉快，你们也有可能改变，在这方面我有一些建议。首先，对大多数人而言，成功的冲突管理需要自我控制。只要你努力保持乐观、避免罪责归因、控制自己的愤怒，你就更有可能变得宽容、灵活、有创造性，并更有可能达成整合式一致（Canary & Lakey, 2013）。要想成功地做到戈特曼（Gottman, 1994b）提出的三个"不要"，你可能也需要自我控制：

- 不要退避。当伴侣表达出担忧或抱怨时，不要退避。防御性地回避讨论冲突是令人讨厌的，而且不能解决任何问题。恰当的做法是，请求对方重新安排更方便的时间来讨论冲突，但你要记得自己有责任履行约定。

- 不要消极。遏制你的讥讽，克制你的轻视，丢弃你的厌恶。粗鲁、暴躁和刻薄的行为对亲密关系有很强的侵蚀作用，因为（正如我们在第 6 章学过的）[4]坏的比好的更有力量。

- 不要陷入消极的情感互动怪圈。这一点非常重要。请注意，当你意识到你和

4　见第 6 章。

伴侣正在你来我往地互相侮辱和谴责且愈演愈烈时，请停下来。休息 10 分钟，让自己冷静下来，重新开始讨论并为刚才的过激言辞道歉。

避开脾气暴躁、态度恶劣的互动有一个非常好的方法，那就是运用婚姻治疗师传授的技术来建设性地处理冲突（Markman et al., 1994）。**说话者—聆听者技术**（speaker-listener technique）为冷静、清晰地就有争议的问题进行沟通提供了一个结构框架，可促进积极倾听技能的使用，并提高伴侣之间相互理解和认同的可能性，即使他们之间存在分歧。具体而言，说话者—聆听者技术的目的是打破误解的恶性循环，如果伴侣们没有检查自己对对方意图的理解是否正确就快速地做出反应，就会非常频繁地陷入这一恶性循环。

在使用这一技术时，伴侣们可以指定一个小物品作为发言权的标志（见表11.2）。谁得到发言权谁就是说话者。伴侣们的任务是使用"第一人称陈述"来简明扼要地描述自己的感受；聆听者的任务是不打断、仔细倾听，然后复述说话者的信息。当说话者认为对方理解了自己的感受时，双方交换发言权，转换角色。这一耐心的交流模式可以使伴侣们有机会表露他们对彼此感受的关心和尊重，而不会陷入自我辩解、猜测、打断和防卫的恶性循环——当然，这是一件好事（Gordon & Chen, 2016）。以一种可以让伴侣们"开放而诚实地诉说他们心中所想"的方式管理冲突，可能是"艰难的关系工作"（Epley, 2014, p.183），但值得去做。

如果你努力遵循这些建议，就可能很好地处理冲突。当冲突讨论完成后，你可以使用研究者（Bach & Wyden, 1983）开发的记分卡，即《争斗效果概览》（Fight Effects Profile）（见表11.3）给你们的合作评分。如果你们的争斗是"良性的"，产生了表中所列的积极效果，那么它可能对你们的关系有好处。

请不要低估公平争斗和进行"良性"争斗的难度。这需要自律和对伴侣的真诚关爱。但积极的结果通常值得付出努力。从这个角度来看，冲突并不是可怕的问题，而是带有挑战性的机遇——一个理解自己和伴侣的机会，一个让双方关系变得更令人满意、更亲密的契机。争取公平地争斗，并在下一次冲突考验你的沟通技能时，考虑使用《争斗效果概览》来评价你的努力。

表 11.2　说话者—聆听者技术

想在讨论变得激烈时保持冷静？可以考虑遵循以下规则：

双方的规则

1. 说话者拥有发言权。利用真实的小物件，比如一本书或电视遥控器作为发言权的标志。无论谁拥有了发言权，就是唯一能说话的人，直到他／她说完为止。

2. 分享发言权。如果你获得了发言权，不要没完没了说个不停。每次轮到你说话时请保持简洁，当发言权易手时请同时转换角色。

3. 不解决问题。该技术的要点是描述分歧，而不是解决分歧。随后，通过头脑风暴共同解决问题。

说话者的规则

4. 表达自己的心声。不要试图猜测别人的心思。请使用"第一人称"陈述来描述你自己的想法、感受和担忧。不要谈论你对伴侣动机或观点的看法。

5. 停顿并让聆听者复述。片刻之后，停止说话并让聆听者复述你刚刚说过的话。如果他／她的复述不太准确，请礼貌地重申任何混淆之处。目的是帮助聆听者真正理解你。

聆听者的规则

6. 复述你听到的话。用你自己的语言重新表述你听到的内容，以此向说话者证明你在仔细倾听。关键是确保你理解了对方想表达的意思。

7. 聚焦说话者传递的信息。不要反驳。除非你拥有了发言权，否则不要提出你对问题的想法和观点。作为聆听者，你的任务只能是为了理解你的伴侣而说话。

这听起来是不是很笨拙？也许吧，但却有其应用价值。正如这一技术的发明者所言，该技术"并不是正常的沟通方式，但它却是沟通棘手问题的相对安全的方式。每个人都有机会发言，每个人都能被倾听，而且双方都会表现出对建设性地讨论问题的承诺"。

资料来源：摘自 Markman, H., Stanley, S., & Blumberg, S. L. *Fighting for your marriage: Positive steps for preventing divorce and preserving a lasting love*. San Francisco: Jossey-Bass, 1994。

请你思考

　　约翰的妻子蒂娜性子有点暴躁。当有事情惹恼她时，她马上就想放下一切其他事情去解决问题，但她这样做时往往带有强烈的情绪。她性情多变、容易发怒，但也能很快地平静下来。约翰更为温和，他厌恶冲突。当他生气时，过程很缓慢，怒气慢慢增加而不是迸发出来。当有事情烦扰他时，他会独自离开不悦的情境，玩电子游戏，而不是开启一场可能会演变成争吵的讨论。

表 11.3　争斗效果概览

结果类别	积极结果	消极结果
伤害	受伤害、虚弱或被冒犯的感觉减轻。	受伤害、虚弱或被冒犯的感觉更强烈。
信息	获得更多关于伴侣感受的信息。	没有得到任何新信息。
解决	现在问题更可能得到解决。	现在解决问题的可能性更小了。
控制	你更能以双方都能接受的方式影响伴侣的行为。	现在，你对伴侣双方都可接受的影响力变小了。
恐惧	对争斗和／或伴侣的恐惧减少。	恐惧增加。
信任	更相信伴侣会以善意和积极的态度对待你。	对伴侣的善意信心不足。
报复	争斗没有激发报复的意图。	争斗激发了报复的意图。
和解	积极努力消除你造成的任何伤害。	不去尝试或鼓励和解。
关系评价	觉得对方更加关心和关注你。	觉得自己在伴侣心中的分量减轻了。
自我评价	自我感觉更好：更多的自信和自尊。	自我感觉更糟糕。
团结—情感	与伴侣更亲近，觉得伴侣更有吸引力。	与伴侣的亲近程度下降，觉得伴侣不如之前有吸引力。

每个人从自己的角度给每一次争斗评分。在良性的争斗中，伴侣双方都是赢家。也就是说，伴侣双方得到的积极结果都远超消极结果。

资料来源：摘自 Bach, G. R., & Wyden, P. *The intimate enemy: How to fight fair in love and marriage*. New York: Avon Books, 1983。

最近，蒂娜变得特别沮丧，因为当她抱怨时约翰沉默不言，不予回应。他不愿意和蒂娜讨论她的牢骚，这只会使蒂娜更加烦恼和不满。你认为约翰和蒂娜的未来会怎样？为什么？

本章小结

冲突的性质

冲突的定义。当人们因为伴侣的影响而不得不放弃他们想要的事物时，就会发生人际冲突。冲突是不可避免的。亲密关系中交织着一些辩证的（对立统一的）

紧张关系，它们迟早会引发一些问题。

冲突的频率。冲突经常发生。冲突的频率与神经质和宜人性、依恋类型、个体的人生阶段、伴侣之间不相容、压力、睡眠质量不佳及饮酒有关。

冲突的过程

激发事件。大多数冲突源自 4 类事件：批评、无理要求、拒绝和累积的烦恼。

归因。行动者—观察者效应和自我服务偏差会导致归因冲突，伴侣们会为彼此的解释孰是孰非而发生争吵。

卷入和升级。一旦出现激发事件，伴侣们必须做出决定，要么卷入冲突，要么避免争端搁置争议。如果冲突升级，矛盾加剧，伴侣之间的恶语相向可能是直接的，也可能是间接的。当伴侣们陷入消极的情感互动模式时，粗暴的互动会变得尤其难以控制。

要求/退避模式。当一方想与另一方讨论某个问题，而对方的反应却是回避这个问题时，就出现了一个令人沮丧的要求/退避周期。女性往往是要求者，而男性往往是退避者。

协商与顺应。当伴侣双方以明智的方式寻求解决方案时，他们最终会进行协商。在亲密关系中，对不满的其他反应包括表达意见、忠诚、忽视和离开。当伴侣以冷静的忍耐应对另一方的挑衅时，就发生了顺应。

应对冲突：四类夫妻。多变型夫妻频繁爆发激烈的争吵。认同型夫妻的讨论更冷静、更放松。逃避型夫妻回避正面对抗。相比之下，敌对型夫妻的冲突具有明显的负面特点，并且他们的婚姻比其他 3 类夫妻的婚姻更脆弱。

冲突的结果

冲突的结束。冲突可能以 5 种方式结束：分离、支配、妥协、整合式一致和结构性改善。

争吵对亲密关系有好处吗？ 有。巧妙地处理冲突能够促进亲密关系的成长和美满。说话者—聆听者技术为伴侣双方就敏感话题进行冷静、清晰的沟通提供了一种结构框架。

第 12 章

权力和暴力

在你的亲密关系中，谁说了算？你通常都能随心所欲吗？或者你和伴侣会互换主导权，各自都能在一定程度上得偿所愿？大多数人认为，理想的亲密关系是一种平等的伴侣关系，伴侣双方都有做出重大决策和相互影响的能力。比如，在本世纪初，90%的年轻女性和87%的年轻男性认为，恋人在恋爱关系中应该有"完全平等的话语权"（Thornton & Young-DeMarco, 2001）。对此你或许不会感到奇怪，但是，对这一共享权力的偏好，实乃对前几代人认同的传统模式的重大背离。在传统模式中，男性在异性恋关系中居于支配地位，发号施令，做出所有的重大决策。如今，很少有人公然宣布他们希望仿效这一过时的模式，但是要实现亲密关系中的平等远比听上去要复杂得多。在男女平等的亲密关系中，伴侣双方该如何做出决策？伴侣们是否应该一起做所有的决策？或者每个伴侣精确地承担一半的决策责任？决定的主次轻重是否重要？在观念上支持关系平等很容易，但要把它变成现实则是巨大的挑战。

在本章中，我们就要考察亲密关系中社交权力的作用方式。**社交权力**（social power）是指影响或改变他人的思想、情感或行为以达到自己的目的，并抵制他人对自己的影响的一种能力（Simpson et al., 2015）。我们将找出亲密关系中权力的一些来源，思考权力对个体和伴侣的影响。不幸的是，有些权力非常令人不悦：为了达到自己的目的，人们经常使用暴力。

权力和相互依赖

分析社交权力的方法多种多样，但最重要的观点是我们在第 6 章中讨论过的相互依赖理论（Thibaut & Kelley, 1959）。在本章前半部分，我们将运用相互依赖的观点来描述权力构筑的基础、权力行使的过程及权力使用所导致的结果。

权力的来源

根据相互依赖理论，权力建立在对有价值资源控制的基础之上。如果我有控制你获取你想拥有之物的能力，你可能就会心甘情愿地服从我的指令（在合理的范围内），以便得到你想要的东西，那么我就有了支配你的权力。我能让你做我希望的事情，至少一段时间是如此。这个观点很简单，但（或许如你所料）这种社交权力观包含几个微妙之处。

首先，拥有权力的人并非一定要拥有人们渴望的资源，他／她只需拥有控制人们获得这些资源的能力就足矣。设想你和朋友正在一个跳蚤市场购物，你发现了那张稀有的进口盗版音乐会影碟，你对它梦寐以求数月，但在易趣网的拍卖中总是输掉竞拍。这张影碟看起来价廉物美，但你身上没有足够的现金，你需要向朋友借点钱来购买这张千载难逢的影碟。你的朋友并没有你想要的东西，但在此情境下，他／她的权力来自于拥有控制你得到渴望事物的能力。以此类推，亲密关系中的伴侣能控制我们获得有价值的人际奖赏——比如身体爱抚——从而控制我们。

当然，只有在他人想要得到某物的情况下，一个人才能从自己所控制的资源中获得权力。对方的需要或欲望越强烈，此人的这种权力就越大。那张稀有影碟的例子就说明了这一点：如果你对这张影碟只有些许兴趣，能借钱给你买它的朋友对你也就只有那么一点控制权；但是，如果你极度想要这张影碟，那么你的朋友就拥有了很大的权力，作为回报，他就能要求你帮个大忙。每当我们非常渴望某样东西（可以是稀有的影碟或人际亲密）并认为从其他地方无法得到时，拥有我们想要之物的人就能够对我们形成控制。

我们在专栏 6.1 中看到过一个人的欲望助长了另一个人的权力的例子。**较小兴趣原则**（principle of lesser interest）认为：在任何伴侣关系中，对继续和维持亲密关系兴趣较小的一方在伴侣关系中拥有更大的权力（Waller & Hill, 1951）。如果伴侣对你的爱和需要超过你对他 / 她的爱，你多半能得偿所愿。这听起来有点残酷，但却是事实。在爱情关系中，投入较少的伴侣通常拥有更多的权力（Lennon et al., 2013）。我们在第 9 章中提到了这一模式的另一个例子，我们曾提到平均而言，男性比女性渴望更多的性行为。男性对性的更大兴趣给了女性权力，使得性行为成为一种宝贵资源，女性能藉此与男性交换各种利益。这虽然看上去非常不浪漫，但却很有启发意义（Kruger, 2008）。这种情形在卖淫的例子中更加直白，女性以性行为换取金钱。但是在许多爱情关系中，它也常常以更微妙的方式发挥作用。例如，女性通常会在男性表达爱意并做出承诺之后才同意与之发生性关系，这一现象非常普遍。

当然，如果我们想要的事物很容易在其他地方获得，我们就会去别处寻求。所渴望资源之替代来源的易得性是相互依赖理论权力观的另一个关键因素。如果在跳蚤市场上有另一位朋友能把你需要的钱借给你，第一位朋友对你拥有的控制力就会变小。如果许多人都能借钱给你，那么你就不会特别依赖其中任何一个人，他们中根本没有人能控制你。

同样，替代选择的易得性会影响亲密关系中权力的平衡。与有许多潜在伴侣的人（因而具有高的 CL_{alt}）相比，那些几乎没有潜在伴侣的人（因而具有低的 CL_{alt}）将更加依赖他们现有的亲密关系。正如我们刚刚谈到的，更大的依赖意味着更小的权力。与伴侣间相互需要的程度相当的情况相比，如果伴侣一方的替代选择很少，而另一方却很多，就会出现更大的权力不平衡（Lennon et al., 2013）。

事实上，可获得的替代选择上的差别也许是传统婚姻中男性一般比女性更有权力的一个原因。当丈夫离家工作而妻子待在家里时，丈夫常常有很高的 CL_{alt}，这至少有两个重要的原因。首先，他们会遇见许多其他潜在的伴侣；其次，如果他们愿意，他们更可能花钱去追求她们。相形之下，在家相夫教子的妻子可能遇不到许多其他有趣的男性，即使遇到了，她们也很可能在经济上依赖丈夫，自己的钱却很少。因此，当妻子参加工作，结识了新朋友，自己也挣到钱时，婚姻中的权力平衡有时会发生变化（Fitch & Ruggles, 2000）。

　　关于相互依赖理论的权力观，在此还有两点需要说明。首先，相互依赖理论认为权力可分为两大类。有时候，一个人无论怎么做，对方都能控制其行为的结果，这种情况下的权力称为**命运控制**（fate control），即一方能够独断地决定伴侣行为的结果，从而控制着伴侣的命运。当女方是男方的唯一选择时，女方拒绝与丈夫发生性行为就是在行使命运控制，即她能单方面决定是否发生性行为。第二种更微妙的权力称作**行为控制**（behavior control），即一个人通过改变自己的行为来鼓励伴侣也朝着希望的方向改变其行动。譬如，女性给男伴做他想要的那种背部按摩，进而要求他去清洗车库，那么她就是在进行行为控制。

　　当然，在几乎所有的亲密关系中，伴侣双方都拥有影响彼此的权力。相互依赖理论中最后且可能是最重要的观点是，伴侣双方的互动来自于他们彼此的相互影响。"关系中的权力动态可能是一个变动不居的过程，过程中伴侣双方及其各自独特的互动特征都会影响彼此的结果"（Simpson et al., 2015, p.414）。很多情况下，伴侣一方对另一方的权力控制可能与另一方对其的对抗力旗鼓相当，所以，双方都能使对方在某时某刻去做他们想要的事情。比如，假定某位女性对是否与丈夫做爱具有命运控制力，但丈夫反过来对她具有一定的行为控制力，即通过哄骗、讨好甚或威胁，他也能让她按自己的愿望行事。伴侣双方影响彼此的能力多种多样、千变万化，有些情境下强大，有些情境下弱小，但双方通常都能在一定程度上控制对方的行为。

资源的类型

　　所以，权力建立在我们所控制的资源基础上，那么它包含哪些资源类型呢？表12.1列出了由弗伦奇和瑞文（French & Raven, 1959）最先确定的六种权力基础；这种分类适用于各种人际互动，包括亲密关系中的互动。前两种权力是**奖赏权力**（reward power）和**强迫权力**（coercive power），指一个人给予他人各种奖赏和惩罚的能力。涉及的收益和代价可以是有形的或物质的好处，比如令人愉快的礼物或让人痛苦的耳光；也可以是无形的人际得失，比如令人感到安慰的认可或伤害情感的蔑视（Raven, 2001）。举个例子，如果丈夫渴望妻子给他做背部按摩，妻子就

表 12.1　能赋予一个人权力的资源

权力类型	资源	你能让人按你的意愿做事，是因为——
奖赏权力	奖赏	你能带给他人所喜欢的东西，或者消除其不喜欢的东西。
强迫权力	惩罚	你能对他人做一些他们不喜欢的事情，或者剥夺他们喜欢的东西。
合理权力	权威，或者公平、互惠、社会责任等规范	他们承认你有权告诉他们该做什么。
参照权力	尊重和（或）爱恋	他们认同你，被你吸引，想与你保持亲密。
专家权力	专业知识	你广博的知识令他们仰慕。
信息权力	信息	你拥有他们渴望的特殊信息（小道消息）。

资料来源：基于 Raven, B. H. "Power/interaction and interpersonal influence: Experimental investigations and case studies." In A. Y. Lee-Chai & J. A. Bargh (Eds.), *The use and abuse of power: Multiple perspectives on the causes of corruption* (pp. 217–240). Philadelphia: Psychology Press, 2001。

拥有了对丈夫的奖赏权力：妻子可以为丈夫按摩或不按摩，给予或拒绝物质奖赏。反过来，丈夫或许拥有对妻子的强迫权力：如果得不到按摩，丈夫可能会生闷气、不再那么深情款款，迫使妻子承受无形的代价。

　　为伴侣提供所期望的利益或强加令人厌恶的代价的能力非常重要，也非常有影响力，但还存在可以影响人的其他方式。**合理权力**（legitimate power）是指伴侣认为我们有合乎情理的权利去让他们做什么，并且他们有遵从的义务。比如在某些文化中，丈夫确实被视为一家之主，妻子不仅要爱和尊敬丈夫，还要服从丈夫的意志，满足丈夫的一切要求。这种合理权力来自个体权威的地位，但强有力的社会规范也能赋予任何人的请求以合理权力（Raven, 2001）。比如，互惠的规范鼓励我们要投桃报李，如果帮助过你的人要求一些善意的回报，按此规范，你就有义务回报其善举。平等也具有规范性，如果你的伴侣最近多做了一些家务，当他/她要求你把洗净晾干的衣服叠好时，你可能就很难拒绝。最后，社会责任规范要求我们慷慨地对待那些依赖我们的人，比如帮助那些不能自理的人，设想你的伴侣因感冒而卧病在床，当他/她要求一杯果汁时，你可能就很难拒绝。这些规范中的任何一种都能赋予伴侣的愿望以权力，使其很有影响力，至少暂时如此。

　　当伴侣崇拜我们，并且因为觉得与我们有关联而心甘情愿地按我们的要求行事时，我们就拥有对伴侣的**参照权力**（referent power）。当伴侣爱我们并希望和我们亲近时，我们的愿望就可能改变伴侣做事的偏好。当伴侣认识到我们出众的知识和经验，并因为我们懂得比他们多而受到我们的影响时，就产生了**专家权力**（expert power）。比如，当妻子的厨艺比丈夫好时，轮到丈夫准备晚餐时，他通常会毫不迟疑地遵循妻子的建议和指导。最后，当我们握有可以影响伴侣行为的特殊信息时，我们就拥有了**信息权力**（information power）；如果我们和伴侣分享一些有趣的八卦，他们就可能会做我们想要的事情。

男性、女性与资源的控制

在你的亲密关系中这些资源是如何被使用的？伴侣之间究竟该如何分配资源，很大程度上取决于你们双方本身，但周围更广泛的文化模式的影响远比你们所意识到的要大。许多人都赞同平等的伴侣关系，但在实际的亲密关系中，仍然"存在权力的不平衡，一方做更多的决策，控制更多的共同活动和资源，赢得更多的争吵，一般而言处在支配的地位"（Impett & Peplau, 2006, p.283）。在大部分异性恋关系中，处于主导地位的是男性。的确，这对于大多数人而言并非好消息（但这的确不是什么新鲜事），"在任何已知的社会中，鲜有女性能支配男性。在所有能积累财富的社会里，平均而言，男性享有的权力都远超女性，纵观整个人类历史都是如此"（Pratto & Walker, 2004, p.242）。那些试图均享权力的异性恋伴侣是在反抗悠久的传统，逆流而上，这主要有三方面的原因。

首先，男性和女性普遍面临相对资源的差异。男性得到的工资要多于女性（即使工作相同）。在美国，全职工作的女性目前的收入只有男性的80%（AAUW, 2017）。男性也更可能掌握政府、司法和公司的权力，比如，2017年美国国会中只有19%的成员是女性（CAWP, 2017）；更糟的是，美国500强公司中只有6%的首席执行官是女性（Catalyst, 2017）。那些拥有金钱和地位的人自然具有奖赏权力和合理权力，而男性通常比女性拥有更多金钱、更高地位。的确，与过去相比，妻子的收入超过丈夫收入的情况越来越多，但在美国，约三分之二家庭中的丈夫仍然比妻子赚得多（Cohn & Caumont, 2016）。而且，作为权力来源，金钱比其他任何资源的运用都更加灵活。有理论家认为，某些资源（比如金钱）是具有普遍性的，而另一些资源（比如爱）是具有特殊性的（Foa et al., 1993）。普遍性的资源在非常广泛的情境下几乎可以与任何人交换，不管是谁控制了它们，掌控者都有相当大的自由来决定用它们做什么（以及和谁一起做）。特殊性的资源在特定的情境中很有价值，但在其他情境中则不然，只有针对特定的伴侣时，它们才能赋予其拥有者权力。伴侣对你的爱可能赋予你针对他 / 她而非其他人的参照权力，但大笔的现金能赋予你针对任何人的奖赏权力。

　　平等难以实现的第二个原因与第一个有关：社会规范支持并维持男性的支配地位。当丈夫的职业地位不如妻子时，可以预见他们对婚姻的满意度不高（Hettinger et al., 2014）。在全世界，大多数文化仍然受父权制规范支配，赋予男性比女性更高水平的专家权力和合理权力（Carli, 2001）。实际上，美国人一般认为女性拥有使其成为比男性更高效的领导者的技能，认为女性更诚实、更聪明、更仁慈、更有创造力，而且与男性一样锐意进取、辛勤工作（Pew Research Center, 2015b）。但是，某些人仍认为合理权力似乎"不适合女性"，如果女性谋求从政，其揽权的事实会损害其对选民的感召力；而男性谋求权力则无须经历这类惩罚（Okimoto & Brescoll, 2010）。如果一位女性确实获得了领导职务，当她直截了当地命令别人做事时，人们对她的评价常常比对男性更苛刻（Rudman et al., 2012）。文化规范仍然束缚着女性，因此，美国人通常希望他们的外科医生、律师和飞行驾驶员是男性而非女性（Morin & Cohn, 2008）。女性担任小学教师往往更受欢迎。

　　因此，文化传统认为，男性赚钱养家，在多数情况下主导家庭生活，这是再平常和自然不过的了。这也正是平等难以实现的第三个原因：我们不确定男女平等应该是什么样子。在决定家务事和孩子的事情上，女性通常有发言权；也更经常地由女性来决定夫妻二人在周末做哪些事情（Shu et al., 2012）。所以，女性可以理所当然地觉得她们在家里很有影响力。但这种影响力到底有多大？美国已婚人士仍然报告说，大部分的日用品购买、做饭、洗涮和清洁工作都是由妻子来完成的（Aassve et al., 2014）。丈夫做一些庭院工作和养护轿车，但（我的观点是）这种劳动分工对夫妻时间的占用并不公平：妻子的工作没完没了，而丈夫的工作则是断断续续（Lachance-Grzela & Bouchard, 2010）。人每天都得吃晚饭，但汽车保养只是偶尔才做一次。所以，美国女性平均每周要做 18 个小时的家务，而男性仅做 10 个小时（Pew Research Center, 2015a）。然而，当涉及亲密关系中根本的、重大的决策时，诸如"我们结婚还是继续同居？"通常是由男性说了算（Sassler & Miller, 2011）。妻子们的确掌管大部分的家务，但因为在真正重要的家庭事务上，丈夫更可能发号施令，所以还是丈夫拥有更大的权力。即使女性在相对资源方面不存在劣势，也就是说，她们比丈夫赚更多的钱，但男性仍然占据主导地位，尽管程度有所减弱。比如，高收入的妻子做家务的比例相对较小，但她们仍要完成大部分的家务（Carlson & Lynch, 2017）。

所以，尽管夫妻表示了对平等伴侣关系的关注（Sells & Ganong, 2017），但大部分异性恋夫妻仍忍受着大量的不平等（Ponzi et al., 2015），而且他们可能完全没有意识到他们的伴侣关系多么的不平等。在视男性主导为理所当然的文化中，一视同仁地尊重伴侣双方利益的真正平等毫无疑问还不多见，有时甚至显得有点怪异或过分。然而，如果你关注此事，表 12.2 或许可以帮助你更公平地评判你自己的伴侣关系。它提供的几点思考能令你恍然大悟。

表 12.2　亲密关系中的平等要素

这 4 个维度可以用来判断亲密关系真正平等的程度，它们由社会学家安妮·兰金·马奥尼和婚姻家庭治疗师卡门·努森 – 马丁共同提出（Mahoney & Knudson-Martin, 2009）。

相对地位

谁的利益更重要？

谁决定什么对你俩而言最重要？

琐碎的家务是如何处理的？

关注对方

谁更可能发现并关注伴侣的感受？

谁更可能发现并关注伴侣的需要？

你俩都能给予和接受彼此照料与关心吗？

和解模式

谁的和解受重视、被认可？谁先和解被认为是理所应当？

谁的日常活动更多地围着对方的生活转？

幸福

谁的经济成就更受重视？

谁的身心更健康？

一方的幸福是否以损害另一方的健康为代价？

资料来源：Mahoney, A. R., & Knudson-Martin, C. "Gender equality in intimate relationships." In C. Knudson-Martin & A. Mahoney (Eds.), *Couples, gender, and power: Creating change in intimate relationships* (pp. 3–16). New York: Springer, 2009.

最后，我还需指出，鉴于体型更大、更有力气，男性通常拥有许多强迫权力。但是，强迫是个体得到自己想要事物的一种拙劣、有害的方法。恐惧和惩罚令人厌恶，并且滋生不满。通常，它们还会引起伴侣的反抗，所以相比使用较温和的权力，被强迫的伴侣实际上更不会妥协（Oriña et al., 2002）。在本章后面考察亲密关系中的暴力时，我们将深入探讨这一点；但现在我只是指出，强迫通常是影响亲密关系的愚蠢手段，且经常适得其反。

权力的过程

权力让人感觉良好。权重之人常常能得偿所愿，所以他们会体验到很多积极的情绪和幸福感（Kifer et al., 2013），他们觉得自己能掌控一切。的确，与其他人相比，权重之人往往认为他们能掌控某些不可控的事件，比如掷骰子的点数（Fast et al., 2009）。他们也倾向于随心所欲地做事（Guinote et al., 2012）：如果盘子里只剩下一块饼干，他们不会问其他人是否需要，直接塞进自己嘴里（Keltner et al., 2010）。实际上，他们不太可能意识到其他人希望分享饼干，因为他们不擅长理解他人的想法。如果你要求权重之人在他们的额头上迅速地写一个"E"，他们比权轻之人更可能按照他们看到的样子去写，即反向地写，让其他人难以辨认，就像这样：Ǝ（Galinsky et al., 2015）。

权重之人的自负还表现在他们对自身适配价值[1]的自我认识上。在实验室研究中，把参与者随机分配到领导工作小组中，与权力更少的人相比，这些"领导者"会期望他们的"下属"认为自己性感、有魅力。如果他们赞同随意性行为，那么他们不仅认为更容易从"下属"身上获得性机会，而且与"下属"的互动也更为轻浮（Kunstman & Maner, 2011）。这种认识显然也存在于职场中：与中层管理者相比，权力更大的高管更容易出轨，他们不忠于伴侣的可能性要高 50%（Lammers & Maner, 2016）；而且，他们不会认为自己品行不端。权重之人对他人的不道德行为的评判比对自己更苛刻，因此，与权轻之人相比，他们会严厉谴责他人的欺骗和背叛行为，而自己却更多地不忠于伴侣（Lammers et al., 2010）。

相形之下，没有权力则不太美妙。与权重之人相比，那些人微言轻者会出现

---

1 我们第一次提到适配价值是在第 3 章。

更多的抑郁，行事更为谨慎，非常害怕惩罚（Keltner et al., 2010）。日复一日，他们更可能去做伴侣想要他们做的事，而不是相反（Laurin et al., 2016）。而且，与这些模式相一致，权力差异也会影响亲密伴侣之间的行为。我们接下来考察权力表达的方式。

谈　话

两个人之间的谈话很可能会受到双方权力平衡的影响。不管怎样，女性在与男性谈话时，一般不会像与其他女性谈话时那样表现出含蓄内隐的气势和权力。特别是她们更能容许男性打断自己，而不是反过来打断男性。

在最早一批考察这一模式的研究中，有一项研究秘密地录下了大学生在公众场合的谈话（谈话结束后获得了分析录音的许可），然后比较了同性之间与异性之间的两两谈话（Zimmerman & West, 1975）。男女两性在与同性别的伙伴谈话时行为表现很类似，但与异性互动时则表现出了明显不同的模式。男性打断女性伙伴说话的次数远多于女性伙伴打断他们的次数（而且男性还说得更多）。这一点很重要，因为人们通常认为，在谈话中打断他人的人比被打断的人地位更高、权力更大（Farley, 2008）。

现在，我们来到了21世纪，设想你和爱人必须决定怎样花掉一份1 000美元的礼品券。你们双方都列出了自己的五大优先事项，然后一起协商你们的选择。如果一方经常能成功地打断对方，那么双方都可能认为打断对方的伴侣更有权力（见图12.1）。结果发现，男性打断对方的次数仍然多于女性打断对方的次数（Dunbar & Burgoon, 2005）。

非言语行为

人们还能通过非言语方式表达权力。与权轻之人相比，权重之人会保持更大的人际距离，表现出更强烈的面部表情，摆出更不对称的姿势，占据更大的空间（Hall et al., 2005）。看看图12.2中的两种姿势。它们表明了我对姿势的观点：右边的人代表社会地位较高的人。（这一点很明显，不是吗？）的确，当研究人员让参与者摆出这些姿势时，占据更多空间的人感觉更有权力，而且不管是男性还是女性，他们的睾丸素水平都会上升，在赌博游戏中更为冒险（Carney et al., 2015）。右边的姿势显然表明更有权力，有趣的是，也显得更有男子气。男性的姿势所占据的

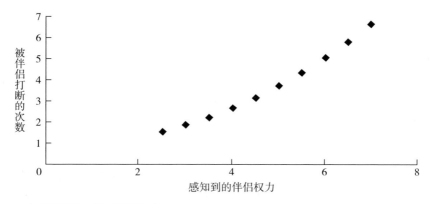

图 12.1　打断谈话与感知到的权力

在讨论个人优先事项时，一个人成功打断伴侣的次数越多，就会被认为其权力越大。

资料来源：Dunbar, N. E., & Burgoon, J. K. "Perceptions of power and interactional dominance in interpersonal relationships," *Journal of Social and Personal Relationships*, 22, 2005, 207–233.

空间一般比女性的更大（如果有人穿着连衣裙，肯定不会摆出右边的姿势），而且男性比女性更经常做出有较高社会地位之人的典型行为，比如摆出某些特定姿势、保持更远的人际距离（Kalbfleisch & Herold, 2006）。

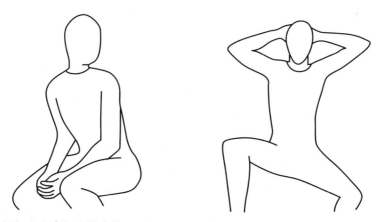

图 12.2　低权力和高权力的姿势

地位高、权力大的人会摆出不对称的姿势，而且会占据更大的空间。可以肯定的是，采用右边姿势的人比采用左边姿势的人感觉（或很快会感觉）更有权力。顺便说一下，如果有人告诉你其中一个是男性，另一个是女性，你会认为哪个是男性，哪个是女性？

资料来源：摘自 Frieze, I. H., Parsons, J. E., Johnson, P. B., Ruble, D. N., & Zellman, G. L. Women and sex roles: *A social psychological perspective*. New York: Norton, 1978。

非言语的敏感性

还记得吗？女性在判断他人情绪和意图方面一般比男性更精确（详见第 5 章）。通常，女性比男性能更准确地理解他人传递的非言语信息，也更善于识别他人的感受（Thompson & Voyer, 2014）。这一技能是巨大的财富，因为夫妻之间非言语沟通的敏感性和准确度可以预测他们彼此可能的满意度（Fitness, 2015）。

另一方面，个体对非言语信息的敏感度还与其权力大小有关。权重之人比权轻之人更难根据他人的声音（Uskul et al., 2016）和面部表情（Nissan et al., 2015）来准确辨别出情绪。这丝毫也不奇怪：当两个人的社会地位不同时，时刻掌握老板的情绪变化一般是下属的分内之事，而不是相反。拥有权力的老板则不必太在意下属的感受，无论是否喜欢，下属理应满足老板的要求。相比之下，如果下属通过察言观色能揣度出上级的情绪，他们就能增加自己（有限）的权力；在老板心情大好时提出要求（在老板脾气暴躁时躲到一边），他们就更可能得偿所愿。

因此，作为非言语沟通的能手，女性能获得宝贵的信息，令其成为令人愉快的伴侣，并增加她们对男性的影响力。另一方面，当她们与地位较高的人相处时，她们也会表现得如同下属一般。然而，具有讽刺意味的是，这种实用而可取的才能，可能会使下面这种刻板模式持续存在：女性有时表现得好像是男性的仆从。

权力的风格

那么，男女两性在努力影响彼此时会采用什么策略呢？一项经典研究（Falbo & Peplau, 1980）考察了这个问题，研究者要求 50 名女同性恋、50 名男同性恋、50 名异性恋女性、50 名异性恋男性各自描述"如何让伴侣满足我的要求"。参与者的回答具有两个特点。首先，他们有时会明确表达自己想要什么，直截了当地说出他们的愿望或提出明确的要求。在此种情况下，他们影响伴侣的努力是公开而直接的，他们的喜好显而易见。在另一些情况下，人们的行动则更间接，他们暗示自己的愿望，或者在愿望未得到满足时噘嘴以示不满，绝不会直接公开说出他们想要什么。重要的是，人们对自己的亲密关系越满意，就越有可能采用直接的策略。这可能意味着，当人们拥有具有奖赏价值的伴侣关系时，他们会感到足够安全，可以与伴侣真诚而直率地相处；另一方面，这也可能意味着，那些间接而模糊地表达自己愿望的人不太擅长得到他们想要的东西，因而他们可能对关系感到不满意。你认为呢？间接行为是不满意的因还是果？（记住，两者皆有可能。）

第二个能区分不同策略的特点是人们在多大程度上通过与伴侣互动来追求目标（而不是靠自己的力量独自达成愿望）。有时，人们会与伴侣讲道理或讨价还价，以劝服他们提供自己所期望的结果。在这种情况下，人们寻求伴侣之间的合作或协作，他们的策略就是双边的，涉及伴侣双方。相反，在其他情况下，人们会采用单边的独立行动，做自己想做的事，不需要伴侣的参与。重要的是，那些报告自己比伴侣更有权力的人都表示他们更多地使用双边策略，而那些权力较少的人更可能使用单边策略。因此，那些能够成功影响伴侣的人是这样做的，他们会与伴侣讲道理、谈判协商，以获得对方的服从（使之心服口服）。相比之下，权力较少的人不太可能寻求伴侣的合作，他们只会躲到一边做自己的事情。

研究者发现，总的来说，女同性恋者和男同性恋者运用的策略相似，但异性恋中的男女使用的策略却不同（Falbo & Peplau, 1980）。平均来看，异性恋中的男性更广泛地采用直接策略和双边策略，而异性恋中的女性则更多采用间接策略和单边策略。因此，当异性恋者在与他们的爱侣相处时，男性一般会使用那些权重和满足之人所特有的影响风格，而女性采取的则是那些权轻和不满之人通常使用的风格。

天呀！异性恋男性在爱情关系中一般表现得成熟而自信，与爱人讲道理，直接表达他们想要什么；而他们的伴侣则噘嘴、生闷气，从不说出她们的心愿。真的是这样吗？嗯，是的，在某种程度上的确如此。但是现在不太可能这样了。如今，当异性恋夫妇参与讨论，让每个人描述他们希望对方做出哪些改变时，[2] 女性与男性一样经常使用直接策略（Overall et al., 2009）。实际上，直接策略也能更成功地让伴侣改变。美国每一新生代女性的工具性倾向都比上一代女性更强，也就是说，她们变得更果断和自信（Donnelly & Twenge, 2017），夫妻双方都期望在婚姻中男女更为平等（Sells & Ganong, 2017）。

与过去相比，男性在亲密关系中没有以前那么有权威了，这或许是好事，权力的不平等与亲密关系中的不满有关（Worley & Samp, 2016b）。就其在亲密关系

2　这是一个有趣的实验程序。你与爱人坐在一间舒适的房间里，只有你们两个人，你的任务是告诉伴侣你最希望他／她做出什么改变。你会怎样处理这一棘手的问题？你会开门见山地直接说出你的问题，并解释为什么改变是必须的吗？抑或你会称赞伴侣诸多美好的品质，而自己受之有愧，并暗示你的问题无关紧要？（后一种方法是更间接的策略！）

专栏 12.1
促使伴侣使用安全套

你可能以为，如今人们在与新伴侣发生性关系时，采取安全的性行为是理所当然的事。很不幸，在大多数情况下，伴侣一方仍需说服另一方使用安全套。这类协商是怎样进行的？最常用的是直接策略，即人们直截了当地说明他们希望对方使用安全套（Lam et al., 2004）。这样做是对的，因为越是委婉、间接的要求就越容易被忽视。如果伴侣双方都喝醉了更是如此（Wegner et al., 2017）。

不过，在大多数情况下，对亲密关系承诺较少的一方总能得偿所愿，这是较小利益原则发挥作用的另一个例子（VanderDrift et al., 2013a）。所以，如果你是伴侣关系中拥有权力较少的一方，你或许想通过一种不涉及明确讨论的间接方式表明自己的愿望（Lam et al., 2004）。一个有效的策略是准备一个安全套，拿出来并戴上。无须多言就能表明当事人对使用安全套的期望和重视。不情愿的伴侣可能会反对，认为这种预防没有必要。但如果你坚持，对方的反对或许持续不了多久。

事实上，当人们不想使用安全套时，他们通常根本不提自己的偏好。相反，他们一般会设法引诱伴侣，让他们欲火焚身，迫不及待地将性爱进行到底，而不会停下来带安全套（De Bro et al., 1994）。因此，如果你想确保安全的性行为，自己要保持头脑清醒，并记住你背后有支持你的社会规范，你应该能做到。不要陷入思维的误区，以为在这种情境下，伴侣比你有更多的控制权，那样你将更难正确行事，更难得偿所愿（Woolf & Maisto, 2008）。

中的满意度而言，那些必须通过暗示和噘嘴方可得偿所愿的人，往往不如那些直接公开表明愿望并要求实现的人。

权力的结果

总的来看，我们大多数人都会说，我们希望与爱人保持平等的伴侣关系，而现实是，我们仍被那些认为男性主导是理所当然的文化所包围，所以在日常交往中经常不自知地延续着性别不平等。在很多情况下，受此影响，伴侣之间彼此影响的不对称并不易被察觉，这使得伴侣关系看似公平甚或完全平等，但事实上丈夫的影响比妻子的要大。举例来说，研究者对一些夫妻进行访谈，询问他们的政治观点，如果丈夫先回答问题，妻子更多地同意丈夫的回答。但当妻子先回答时，丈夫却较少附和妻子的观点。甚至当妻子的薪水更高、在这些问题上更内行时，这一模式仍然会出现（Zipp et al., 2004）。在很多人看来，男性的自主、坚定及女性的从众、顺从是如此自然，以至于与这种模式相吻合的权力不平衡很难被发现。

　　然而，关于婚姻平等的最新研究表明，我们应该努力营造平等的爱情关系，让伴侣双方的愿望和偏好都得到同样的重视（Worley & Samp, 2016b）。21 世纪，婚姻平等问题已发生了变化（Sells & Ganong, 2017）。夫妻双方比过去更有可能共同决策；与伴侣一方更多地发号施令的婚姻相比，共同决策的婚姻更幸福、争吵更少，也更不易离婚（Amato et al., 2007）。请看图 12.3，图中的结果结合了丈夫和妻子的体验，但男女两性在平等与不平等伴侣关系中的体验差异具有一致性：当女性的权力与丈夫对等时，她们会幸福得多；值得注意的是，她们的丈夫也更

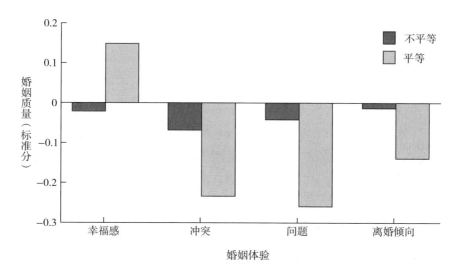

图 12.3　婚姻结果与权力的平衡

如今，当夫妻双方享有平等的决策权时，他们会更幸福，冲突和问题更少，离婚的可能性也更小。在大多数情况下一方说了算时，结果会更不利。与那些拥有平等婚姻的夫妻相比，当夫妻一方权力更大时，他们的幸福感更低，冲突和问题更多，也更容易离婚。

资料来源：摘自 Amato, P. R., Booth, A., Johnson, D. R., & Rogers, S. J. *Alone together: How marriage in America is changing*. Cambridge, MA: Harvard University Press, 2007。

为幸福。权力共享时双方都是赢家。归根结底，当伴侣双方同样重要时，现代的亲密关系整体看来更为稳定和幸福（Worley & Samp, 2016a）。如今，死守传统的劳动分工和权力角色的夫妻对婚姻的满意度低于那些构建了更为平等的伴侣关系的夫妻（Ogolsky et al., 2014）。

权力的两面性

至此，我们的讨论或许给你留下了一种印象，即权力对亲密关系有某种腐蚀作用。如果你真的有这种印象，那么是时候需要纠正一下你的看法了。的确，权力的不平衡会带来问题（Righetti et al. 2015），但权力本身并非全然不可取，它并不总是导致对伴侣的贪婪剥削。实际上，如果人们在承诺的爱情关系中采用共有取向，[3] 那么他们使用权力的目的更多地是为了伴侣及他们之间的关系而非为了私利（Gardner & Seeley, 2001）。当人们互相关心，并想要维持一种值得付出的关系时，他们就会变得仁慈起来，他们会关心同伴的福祉，并利用自己的影响力来提升同伴及自身的幸福（Chen et al., 2001）。此外，具有关系型自我构念[4] 的人更加强调与他人的相互依赖，当他们解决与权力较少一方的争议时，通常会表现得慷慨大度（Howard et al., 2007）。

"权力导致腐败"已是老生常谈了。其意思是说，当个体能够左右他人，使其按自己的想法行事时，就不可避免地会变得贪婪和自私。但是在相互依赖的亲密关系中，伴侣双方都期待对方能提供理想的结果，权力未必就是一种具有腐蚀性的有害力量。相反，忠诚、幸福的爱侣常常利用他们的影响力来使伴侣获益，增强而非削弱彼此的满意度。善良且有爱心的人会仁慈而慷慨地运用他们的权力（Côté et al., 2011）。

然而，权力也存在其阴暗的一面。有些人（大部分是男性）努力想成为他们亲密关系中的主导者，他们往往是控制欲强、专横跋扈的人，其伴侣通常会不幸福。对他们来说权力很重要，如果不能通过更合理的影响来得偿所愿，他们就可能使用暴力，以一种可悲但有时很有效的方式来施加控制（Vescio et al., 2010）。下面

3　请翻到第 6 章。

4　见第 7 章。

我们就来探讨亲密关系最残酷无情的一面：亲密关系中可能发生的暴力。

亲密关系中的暴力

当我们故意伤害他人身体时，我们就是在实施**暴力**（violence）（Arriaga et al.,
2018）。暴力造成的伤害可能十分轻微，也可能相当严重。暴力行为的范围很广，
从诸如推推搡搡的伤害很小的行为到残暴的伤害行为，如拳打脚踢、纵火泄愤（见
表 12.3）。可悲的是，亲密关系中的各种类型的暴力比大多数人以为的更为普遍。

暴力的普遍性

美国疾病控制和预防中心多年来一直在对关系暴力进行研究，第一波的研究
结果（Black et al., 2011）非常令人沮丧。美国近四分之一的女性（24%）和七分
之一的男性（14%）都曾遭受严重的身体暴力，被亲密伴侣殴打、脚踢、卡脖子、
烧伤等，不论是在异性恋关系还是同性恋关系中（Nicholls & Hamel, 2015）。这类
暴力的发生率在世界其他地方甚至更高。世界卫生组织报告，全世界 30% 的女性
曾遭受家庭伴侣实施的暴力，其中非洲、中东和东南亚的受害比率最高（37%）（the
World Health Organizaion, 2013）。

表 12.3　踢一脚比扇耳光更严重

研究者（Osman et al., 2017）请英国人和波斯尼亚人评估，如果他们遭受了某种暴力伤害，认为自己
应该因此得到多少补偿（单位为美元）。以下各种暴力行为的排序表明，暴力行为之间的差别很大，
有些暴力行为相当严重。如果你是这些暴力行为的受害者，你又会对每一种暴力行为如何估价？

被吐口水	8 929	被人用刀子威胁	11 631
被扇耳光	9 876	被人用头撞击	19 636
被人拳打	10 345	被人卡住脖子	118 119
被人脚踢	10 499	被人刺伤	125 596

资料来源：摘自 Osman, M., Pupic, D., & Baigent, N. "How many slaps is equivalent to one punch? New
approaches to assessing the relative severity of violent acts," *Psychology of Violence*, 7, 2017, 69-81.

如果一对夫妇有过愤怒争吵的历史，暴力的发生率会更高。在美国亚利桑那州图森市的数百宗涉及孩子监护权纠纷的离婚案件中，75%的案件都发生了某种形式的身体伤害（C. Beck et al., 2013）。而心理攻击，比如尖叫、嘲讽和威胁，曾出现在几乎所有（95%）闹离婚的夫妇中。

心理攻击不是小事。大多数亲密关系中都曾或多或少地发生过心理攻击（Fergusson et al., 2005），心理攻击显然会损害个体的婚姻满意度和幸福感（Lorber et al., 2015）。但尽管如此，对我们大多数人而言，言语攻击似乎不如身体暴力那般令人担忧（Arriaga & Schkeryantz, 2015），所以我将重点探讨暴力。对亲密伴侣暴力（intimate partner violence, IPV）的担忧是有理由的，据美国疾病控制和预防中心（Centers for Disease Control and Prevention, 2014）估算，当年亲密伴侣暴力所花费的医疗费、心理服务费及误工费总计高达90亿美元。

伴侣暴力的种类

描述亲密关系中发生的具体暴力行为是一回事，解释它们为什么发生又是另一回事。迈克尔·约翰逊（Johnson, 2008）认为，爱情伴侣中存在三种主要而迥异的暴力，它们各自有不同的来源。最常见的暴力是**情境性伴侣暴力**（situational couple violence, SCV），它通常是在失控的激烈冲突中爆发。情境性伴侣暴力发生在伴侣双方都很愤怒时，与具体的争吵有关，所以它只是偶尔发生，一般相对温和，不太可能升级为严重威胁生命的身体攻击。通常，这类暴力也是相互的，伴侣双方都愤怒地、冲动地突然间失去控制。

另一种明显不同的暴力是**亲密恐怖主义**（intimate terrorism, IT），即伴侣一方把暴力作为控制和压迫另一方的工具。亲密恐怖主义中发生的武力和胁迫，或许只是威胁、孤立和经济依附中的一种（见表12.4），如果在一段亲密关系中出现亲密恐怖主义，则它会比情境性伴侣暴力发生得更频繁（Hardesty et al., 2015）。的确，与情境性伴侣暴力相比，亲密恐怖主义更可能是单方面的，久而久之容易升级，对伴侣造成更为严重的伤害。此类暴力的受害方也更可能向他人寻求庇护（Leone et al., 2014）。

第三种伴侣暴力形式是**暴力抵抗**（violent resistance），指伴侣对亲密恐怖主义进行有力的反击。暴力抵抗会发生在某些但并非所有亲密恐怖主义情形中，所以

表 12.4　亲密恐怖主义的几个方面

能够定义亲密恐怖主义持续存在的**身体暴力**（physical violence）通常伴有其他形式的权力和控制：	
孤立	控制她去哪里、做什么和与谁会面
威胁	恫吓、毁坏她的财物、虐待她的宠物
经济虐待	拿走她的金钱、阻止她就业
情感虐待	羞辱、蔑视和责备："这都是你的错！"
最小化	否认任何虐待
女性也可能是亲密恐怖主义分子，此处将受害者描绘为女性，是因为五分之四的亲密恐怖主义分子都是男性（Johnson et al., 2014）。	

资料来源：摘自 Pence, E., and Paymar, M. *Education groups for men who batter: The Duluth model*. New York: Springer, 1993。

它是三种暴力中最不常见的。当亲密伴侣暴力发生时，最常见的是情境性伴侣暴力，偶尔是亲密恐怖主义，只有少数暴力抵抗（Johnson, 2008）。

这三种暴力的区别很重要。首先，男女两性都同样有可能实施鲁莽、冲动的情境性伴侣暴力，但亲密恐怖主义几乎全部由男性发起。女性也会做出亲密恐怖主义行为，但比男性少得多（Johnson et al., 2014）。（正因为这种不对称，暴力抵抗更多见于女性而非男性。）这是否意味着男性对他们的亲密伴侣比女性更加暴力？实际上这是个很难回答的问题。

亲密关系暴力中的性别差异

刻板印象提示我们，女性实施的亲密暴力要少于男性，但事实未必如此。一些严谨的研究常常发现，女性对伴侣实施的身体暴力与男性一样多（Bates & Graham-Kevan, 2016），甚至更多（Nicholls & Hamel, 2015）。但是这个问题很复杂。首先，两性暴力行为的严重程度往往存在差异。女性更可能用东西砸、用脚踢、用嘴咬或用拳打伴侣，而男性更可能掐脖子或毒打伴侣。所以毫无疑问，男性更可能造成某些伤害。当发生伴侣暴力时，女性会遭受更严重的伤害（Hamberger & Larsen, 2015）。相比女性，男性也更可能强暴或谋杀他们的伴侣（World Health Organizaion, 2013）。关于伴侣暴力的研究经常不包括这些残暴的行为，如果将它

专栏 12.2

暴力和配偶防卫

进化论学者认为，尽我们所能来诱导配偶忠于我们是有价值的。如果其他条件相同，性选择倾向于那些与之交配能够繁衍后代的人。因而我们大多数人都面临挑战，应努力为伴侣提供丰富的奖赏，从而使他们的背叛行为显得愚蠢而没有意义（Sela et al., 2015）。但是，如果我们的财产有限，适配价值一般，就很难做到这一点（Salkicevic et al., 2014）。所以，我们中的一些人就会进行**配偶防卫**（mate-guarding），即努力管理和控制伴侣接近潜在情敌的机会，反之亦然。

配偶防卫的策略包括独占伴侣的时间，这样伴侣就没有了出轨的机会；警戒和监视，可能发生的情况包括突然出现、随时打电话或窥探配偶社交平台账号（Reed et al., 2016）。很遗憾，暴力有时也会被用来迫使配偶保持忠诚（Buss & Duntley, 2006）。这是本专栏要谈论的重点。伤害伴侣的能力是一种强迫权力，妒忌心强的人有时会（更多地）用身体惩罚的威胁来控制伴侣的行为。

在这样的亲密关系中，暴力只是控制的一部分。比如，威胁伴侣保持忠诚的人一般也会进行言语虐待，经常侮辱伴侣的外貌、智力和自我价值（McKibbin et al., 2007）。反过来，这些侮辱、监视和威胁都与实际加诸于伴侣的暴力呈正相关（Shackelford et al., 2005）。当做出上述行为的一方担心伴侣不忠（通常没有充分理由）时，亲密伴侣暴力就更可能发生（Kaighobadi et al., 2009）。因此，如果伴侣的占有欲变得粗暴起来，我们就应保持警惕，暴力或许为期不远了。

们也纳入进来，男性显然比女性更具攻击性（Buss & Duntley, 2006）。

研究的取样也是个问题。对年轻人的调查经常发现：女性的暴力多于男性（Wincentak et al., 2017）；但那些聚焦痛苦夫妻（比如那些正在接受婚姻治疗或对簿公堂的夫妻）的研究通常发现，丈夫比妻子更加暴力（Larsen & Hamberger, 2015）。女性更可能进行间接的攻击，比如通过散布谣言或八卦来诋毁对方的声誉（Arriaga et al., 2018），但这并不是暴力。把所有这些都包括进来，似乎女性和男性的暴力是相当的（Nicholls & Hamel, 2015），但她们不太可能给伴侣造成严重伤害，也不太可能将暴力作为持续影响和支配他人的工具。两性在情境性伴侣暴力下的行为表现很类似（Hamberger & Larsen, 2015），但绝大部分的亲密恐怖主义分子

（80%）则是男性（Johnson et al., 2014）。而当女性成为亲密恐怖主义的受害者时，她们常常会面临持续性的暴力，这会给她们带来伤害。为什么男性有时会诉诸武力以控制他们的女性伴侣？

暴力的相关因素

只要仔细思考亲密伴侣暴力，就会发现情境性伴侣暴力和亲密恐怖主义的区别（Arriaga et al., 2018）。亲密关系中的大多数暴力行为都是由于自我控制的冲动失控（即情境性伴侣暴力）造成的，但也有些暴力是无情地征服伴侣计划的一部分（即亲密恐怖主义）。重要的是，情境性伴侣暴力和亲密恐怖主义的起源似乎并不相同。

情境性伴侣暴力

这两类亲密伴侣暴力都很复杂，其产生受各种交叉重叠因素的影响。伊莱·芬克尔构建了一个情境性伴侣暴力的实用模型（Finkel，2014），称之为 **I 立方模型**（I^3 model）。该模型把情境性伴侣暴力的影响因素分为三类：引起伴侣一方或双方沮丧或不安的激发因素（instigating trigger）、使伴侣更有可能体验到暴力冲动的促动因素（impelling influence），以及鼓励伴侣避免冲动的抑制因素（inhibiting influence）。当我们感到愤怒时，大多数人都会体验到暴力冲动，但不会实施暴力（Finkel et al., 2009）。I 立方模型认为，我们之所以能避免暴力，要么是因为刺激我们发狂的促动因素太弱，要么是因为阻止我们采取暴力行为的抑制因素太强。

这些影响因素具体有哪些种类？芬克尔认为，促动因素和抑制因素都可能是背景性、倾向性、关系性或情境性的因素（Finkel, 2008）。背景性因素源于一个人的生活背景，包括文化规范、经济状况和家庭经历等。倾向性因素包括人格特质和持久的信念。关系性因素指伴侣关系的当前状态。情境性因素包括当前的即时环境。图 12.4 列举了这些因素及其示例。图形乍看之下可能令人生畏，但不要担心，我们且来探究一番。

激发因素。情境性伴侣暴力的路径始于引起伴侣一方或双方发脾气或愤怒的激发因素。伴侣互动中任何引起沮丧或恼怒的因素都会启动这一模型：引发妒忌的事件、过去的或刚发现的背叛、真实或臆想的拒绝（Giordano et al., 2010），或

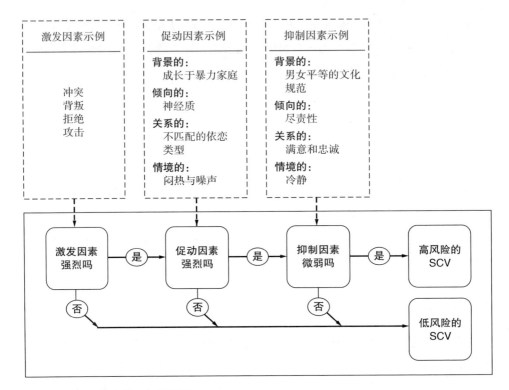

图 12.4 SCV 发生的 I 立方模型

如果对模型中提出的 3 个问题都回答"是",则情境性伴侣暴力极有可能发生。如果对其中任何一个回答"否",这种暴力就不可能发生。图中给出了每个问题上的影响因素示例,但并非全部列举。暴力的根源有很多,该模型选择这些例子只是因为它们与关系科学的相关性而已。

资料来源:摘自 Finkel, E. J. "Intimate partner violence perpetration: Insights from the science of self-regulation." In J. P. Forgas & J. Fitness (Eds.), *Social relationships: Cognitive, affective and motivational processes* (pp. 271–288). New York: Psychology Press, 2008。

者任何加剧冲突的恼人事件[5](Timmons et al., 2017)。但是,特别强烈的激发源是伴侣的言语或身体虐待:如果伴侣先辱骂或打人,就极容易变得敌对起来(Nicholls & Hamel, 2015)。

促动因素。然后,当有人火冒三丈时,起作用的促动因素就变得非常重要。某些使人产生暴力倾向的影响因素源于个体生命早期的事件。比如,幼时目睹父母之间的暴力(Smith-Marek et al., 2015)或者受到虐待(Elmquist et al., 2016),

---

[5] 参见第 11 章。

以及长期接触太多攻击性的媒介（如暴力电影和电子游戏）（Coyne et al., 2010），这样的人更可能实施亲密伴侣暴力。另一些促动因素是持久的个人特征，比如脾气暴躁、容易发怒的人（Maldonado et al., 2015）或宜人性得分低的人（Carton & Egan, 2017）都易发生亲密暴力。那些具有传统性别角色观念的男性（Herrero et al., 2018），以及在态度上纵容轻微暴力并以此行事的人（Casey et al., 2017）一样容易发生亲密暴力。[令人庆幸的是，在那些易于施暴的个人特征中，态度是相对容易改变的（Neighbors et al., 2010）。]还有一些促动因素来源于伴侣之间的互动模式，比如沟通技能糟糕的伴侣（Longmore et al., 2014）之间或依恋类型不匹配的伴侣（Doumas et al., 2008）之间也更可能发生亲密伴侣暴力。[6]（最麻烦的错误匹配是高回避亲密的男性和忧虑被弃的女性，他们可能都能激怒对方，因为在这类伴侣中，双方都更具暴力倾向。）最后，特定的环境也很重要。近期在工作或学习中的压力（Timmons et al., 2017）或者闷热、嘈杂、不舒服的环境（Larrick et al., 2011）也会让人变得易怒。

抑制因素。上述所有因素都被认为会激起个体的暴力冲动，而抑制因素可以抵消攻击性冲动。同样，这些因素也种类繁多。在倡导男女平等（Herrero et al., 2017）及经济繁荣（Schneider et al., 2016）的文化中，暴力发生的可能性较小；与其他人相比，尽责的人在愤怒时更不可能做出攻击行为（Jensen-Campbell et al., 2007）。所以，文化和个体差异都牵涉其中。一个特别重要的个人特征是自控力（Finkenauer et al., 2015）。通常能控制自己冲动的人在被激怒时较少表现出暴力。一项针对美国北卡罗来纳州青少年的研究显示，自控力低的少年对约会对象做出的暴力行为是自控力高的青少年的 7.5 倍（Finkel et al., 2009）。[7]此外，具有良好的问题解决技能的伴侣（Hellmuth & McNulty, 2008）及对自己的亲密关系满意的

6　I 立方模型对背景性的、倾向性的、关系性的和情境性的因素进行了区分，便于我们整理影响亲密伴侣暴力的各种因素，但不要过于绝对化。这些类别会重叠，在一定程度上，把某个因素归入某一类是主观的。比如，在暴力家庭中长大的孩子更可能具有不安全的依恋类型，婚姻中不安全依恋的某种组合（比如忧虑的妻子配上回避的丈夫）也尤其棘手（Godbout et al., 2009）。因此，暴力家庭的背景性因素造成了倾向性特征（即依恋不安全），而这种依恋如果与伴侣的依恋类型结合在一起，使得伴侣关系充满烦恼，令人难以忍受，这就尤其成问题。所有 4 种因素都会涉及这一系列的事件，你完全没必要纠结于 IPV 的什么因素属于哪一类。相反，你只要注意与亲密关系暴力有关的诸多不同经验和特质。IPV 的源起很复杂，是多重因素作用的结果。

7　请记住自控的价值，好吗？我将在第 14 章中进一步阐述。

伴侣（Fournier et al., 2011）不太可能进行暴力侵犯。头脑清醒的人也更平和。不要怀疑，饮酒的确会助长亲密伴侣暴力（Cafferky et al., 2017）。对亲密关系的承诺在情境性伴侣暴力中的作用也值得我们注意：对伴侣的承诺使得暴力更不容易发生（Slotter et al., 2012）。所以，总的来看，夫妻间的暴力行为比同居伴侣少（Brownridge, 2010）。另外，我们在这里提到的各种影响因素，无论是在婚姻和恋爱关系中，还是在异性恋和同性恋伴侣关系中，似乎都具有类似的作用（Lewis et al., 2017）。

因此，I 立方模型主张，激发因素与促动因素共同引发了暴力冲动。然而，如果抑制因素足够强大，人们并不会表现出暴力行为。但是，如果抑制因素弱小，伴侣之间就会发生暴力，而且，如果抑制因素非常弱小，相对较小的刺激就足以引发亲密暴力。更重要的是，情境性伴侣暴力发生的环境既受到短暂而多变因素的影响，又受到稳定而持久的倾向性和背景性因素的影响。当伴侣双方情绪高涨时，即使双方都不太具有暴力倾向，也可能会爆发情境性伴侣暴力。

然而，这里的关键问题是，如果亲密伴侣暴力发生一次，它还会再次发生吗？很遗憾，对这个问题最明智的回答是"会的"。在全美进行的一项大型调查发现，曾在一段爱情关系中有过暴力行为的人，其中只有 30% 的人在此后 5 年内的另一段不同的爱情关系中再次表现出了暴力行为；大部分发生情境性伴侣暴力的人（有时是因为伴侣先攻击才还击），一旦更换伴侣就不会再持续表现出暴力行为（Whitaker et al., 2010）。另一方面，在一段特定的亲密关系中，暴力一旦出现，往往会再次发生。一项对新婚夫妻的研究发现，在订婚阶段有过身体攻击的男性，在婚后 30 个月内有 76% 的概率会再次实施暴力，而且他们的暴力行为大多还很严重（Lorber & O'Leary, 2004）。亲密暴力有时是孤立的事件，但一旦发生，它更可能会持续，至少会零星地再发。对于更长期甚至更危险的亲密伴侣暴力形式——亲密恐怖主义——更是如此。

亲密恐怖主义

I 立方模型也有助于解释亲密恐怖主义（Finkel, 2014），但影响因素的组合不尽相同。亲密恐怖主义似乎根植于比激发情境性伴侣暴力更为持久的影响因素。恐吓自己伴侣的人大体分为两类（Holtsworth-Munroe & Meehan, 2005）。有些人可能诉诸暴力，因为他们相当笨拙而可怜，做出伤害的威胁只是为了防止伴侣离开自己；另一些人似乎更加恶毒，他们反社会或十分自恋，暴力只是他们达成心愿的另一种工具而已（Fowler & Westen, 2011）。

实施亲密恐怖主义的男性并非在一夜之间就变得残暴。他们往往目睹了父母之间的暴力冲突，并且自己也遭受过性虐待（Afifi et al., 2009），成长于灌输传统性别角色的家庭，对女性充满敌意和歧视（Liebold & McConnell, 2004）。他们比其他男性更可能视女性为对手，把女性当作满足和娱乐自己的工具。因此，甚至在亲密关系刚开始时，他们就比大多数男性更多地实施监视和暴力行为（Williams & Frieze, 2005），而且他们一般具有攻击性，会虐待他们的伴侣和宠物（Simmons & Lehmann, 2007）。一位男性是否可能成为施虐者，通常在一开始就有很明显的迹象。

这些粗暴的态度常常伴随无能感，使得暴力似乎成为恐吓者为数不多的一个权力来源（Bosson & Vandello, 2011）。恐吓者常常感到自己在智力上不如伴侣（Moore et al., 2008），具有低自尊（Cowan & Mills, 2004），这通常源于他们饱受贫困之苦，暴力在低收入家庭中比在富裕家庭中更加普遍（Kaukinen & Powers, 2015）。当然，有些虐待配偶的人是有钱人，有强大的自尊，他们只是太过刻薄。不过，一般而言，亲密恐怖主义者并不富有，他们能控制的资源很少，所以转而诉诸强迫权力。

所有这一切中最可怕的是亲密暴力会代际传递，在暴力家庭中长大的孩子更可能有暴力倾向（Smith-Marek et al., 2015）。然而这种循环并非不可避免。事实上，我在这里描述了引起暴力的危险因素，但并不是说这些因素一旦出现就必然发生暴力。在美国，那些暴力倾向最严重父母的儿子殴打自己妻子的可能性是那些非暴力型父母的儿子的 10 倍。然而，即使在这一极端群体中，也只有 20% 的人在过去的 12 个月内实施过严重的暴力行为；另外 80% 的人近期并没有在亲密关系中表现出任何严重的暴力行为（Johnson, 2008）。因此，来自暴力家庭的儿童更可能做出不端行为，但也有许多这样的儿童从来不会表现出暴力问题。不过，他们表现出暴力行为的风险的确在增大，这不能不令人担忧。在家庭暴力的代际循环中，施虐者的遗毒实际上在他们死后还在延续。

暴力的根本原因

　　总的来说，实施亲密恐怖主义的男性往往信奉男权主义，认为男性的权威高于女性，可是他们中的许多人对此又感到能力不足。他们"常常感到害怕自己没有达到这些规则的要求。为了支撑他们男子气概的自我概念，他们可能会试图控制他人，尤其是那些身体上比他们弱小的人"（Wood, 2004, p.558）。这类男性是否意识到他们在虐待别人？或者他们是否认为使用暴力是男性对待女性的惯常手段？

　　茱莉亚·沃德访谈了 22 位曾虐待过女伴的入狱男性，试图洞察他们的想法（Wood, 2004）。所有这些男性都认为，自己的那些行为是对伴侣不敬的合乎情理的反应，并且都提到伴侣的挑衅才是他们施虐的起因。他们还认为男人理应比女人强势、优越，所以他们有权利使用暴力来控制和处罚女性。另一方面，大多数人认为他们并非"真的想"虐待妻子，因为他们伤害妻子时并未感到快乐，对自己的施虐行为也有所收敛，并未达到全力施虐的程度。一个家伙说只刺伤了妻子一次，另一位残暴地毒打了妻子却声称并未使出全力。可能正是由于这些"合理化"的辩解，只有约一半的男性对自己的行为表示遗憾和自责。他们都明白自己的行为是违法的，但却未必认为自己的行为是错误的。

　　面对如此待遇，女性又是怎样想的呢？研究者（Lloyd & Emery, 2000）回顾了大量关于亲密暴力的文献，发现女性在遭遇这些亲密攻击时通常会感到吃惊，经常挣扎着试图去理解它们。她们深受"原谅并忘记"这样的爱情规范的影响，在"受害者咎由自取"的文化规范下挣扎，所以她们"不断地问自己：为什么要和错误的男人约会，为什么明知他脾气暴躁还要惹他生气，或者为什么自己总是在错误的时间出现在错误的地方"（Lloyd & Emery, 2000, p.508）。由于这些原因，女性感到被人背叛，但有时她们也会为伴侣的攻击而责备自己（Lim et al., 2015）；并且由于羞耻、幼稚或无知，她们常常对自己的苦难保持沉默。此外，如果她们忠于自己的伴侣关系，她们可能会替伴侣的行为找借口，将冒犯最小化（Gilbert & Gordon, 2017）；慢慢地，她们会认为亲密暴力是可以容忍的（Arriaga et al., 2016）。

　　总而言之，亲密恐怖主义给受害者造成了可怕的伤害。身体方面的伤害已够糟糕的了，但受害者还会遭受负面的心理后果：自尊降低，对男人失去信任，甚至会患上抑郁症和创伤后应激障碍（Watkins et al., 2014）。亲密恐怖主义还会造成

专栏 12.3
跟踪骚扰——令人讨厌的侵扰

在某些关系中还会发生另一种令人不悦的行为，即强行追求某个并不想与之交往的人，这个人通常是其以前的伴侣。在美国大部分地区，跟踪骚扰（stalking）的法律定义经常涉及对不情愿的对象进行反复、恶意的跟踪和骚扰，可能包括（取决于各州法律）令人讨厌的电话、信件、短信、监视及其他侵犯隐私的行为，这些行为会使被追求者受到惊吓（Spitzberg, 2017）。

美国各州都有禁止跟踪骚扰的法律，并且理由充分：美国 16% 的女性和 5% 的男性都曾沦为可怕的骚扰目标（Black et al., 2011）。对令人讨厌的沟通及其他侵扰进行的更广泛的研究得出结论：近五分之二的女性和七分之一的男性都遭受过固执的追求者的骚扰。跟踪骚扰的受害者大多数（75%）是女性，而骚扰者一般是男性（Spitzberg et al., 2010）。

为什么人们会追求那些不想与他们产生瓜葛的人呢？其中原因各异，因为存在各种各样的跟踪骚扰者。正如芬奇（Finch, 2001）生动描述的那样：骚扰者可能是坏人、疯子或可怜的人。他们可能出于报复的欲望或妒忌的占有欲，可能希望以此对他们的目标进行恐吓和控制（Davis et al., 2012）。的确，约有一半的跟踪骚扰者是在一段恋情结束后继续追求前任的人，他们往往是缺乏安全

感、难以相处和怀有敌意的男性，并且他们通常自尊很低，对他人的拒绝非常敏感（De Smet et al., 2015）。另一种可能是，跟踪骚扰者也许有些疯狂（McEwan et al., 2009），对仅有一面之交的人或根本不认识的人着迷，约有五分之一的跟踪骚扰者与他们追求的目标根本不相识。或者最后一种可能就是，他们或许孤独，缺乏社交技能，试图以一种笨拙而无望的方式与人建立亲密关系（Duntley & Buss, 2012）。四分之一的跟踪骚扰者是邻居、同事或其他熟人，如教师、银行柜员或汽车修理师，他们常常错误地以为受害者对他们也感兴趣，即使他们被警告"滚开"（Sinclair & Frieze, 2005）。

跟踪骚扰可不是容易解决的小事。要摆脱骚扰非常困难，尤其是那些使用了现代科技手段的跟踪骚扰。曾有一个案例，骚扰者在受害者的汽车内藏了全球定位装置，所以他总能知道她在哪里（Southworth et al., 2007）。受害者也常在网络社交应用软件上受到骚扰（Dardis & Gidycz, 2017）。面对这类骚扰，受害者常常变得焦虑和恐慌；更糟糕的是，约有三分之一的案件会发生某种形式的身体暴力，一半的受害者报了警（Spitzberg et al., 2010）。因此，一些亲密关系的另一个阴暗代价是，当伴侣一方想要退出时，完全结束这段亲密关系并不容易。

巨大的社会成本，受到虐待的女性常常旷工，当暴力迫使她们逃离家庭时，有些人会沦落为无家可归。从最基本的层面来看，亲密暴力使得伴侣关系变得不再那么令人向往。亲密关系可能会随之结束（Lawrence & Bradbury, 2007）。

受害者不离开的原因

的确，亲密暴力使得许多人离开了他们的伴侣。一项对女性受虐者进行的为期两年半的追踪研究（Campbell et al., 1994）发现，在研究结束的时候：

43% 的人离开了原来的伴侣，要么一个人过（20%），要么建立了新的没有虐待的亲密关系（23%）；

24% 的人继续与她们的伴侣一起生活，但已经成功结束暴力至少 1 年；

33% 的人仍然处在受虐待的亲密关系中，要么作为受害者（25%），要么既是受害者又是施虐者（8%）。

因此，在这个研究样本中，仍有三分之一的女性长期处在受虐待的伴侣关系中。要摆脱虐待的亲密关系，她们常常需要足够的毅力和决心，但无论如何，大多数人都会这样做。但是，为什么不是所有的受害者都会离开迫害她们的人呢？

这个问题的答案很简单。她们不离开是因为尽管受到虐待，但她们并不认为离开会让她们过得更好（Edwards et al., 2011）。[8] 但这种想法往往是错误的：当她们远离施暴的伴侣后，通常会比她们原来想象的更为幸福（Arriaga et al., 2013）。但是，离开的决定很复杂。有些暴力伴侣在部分时间里会表现得甜蜜而深情，间歇的暴力可能是其对亲密关系仅有的抱怨（Marshall et al., 2000）。离开的代价似乎也很高；个体在亲密关系中的全部投入都将化为乌有，而且替代伴侣可能也很冷漠（Young & Furman, 2013）。个体的经济状况也至关重要；如果失业，离开家的经济支出可能太高而无法承担。最后，不幸的是，害怕发生更为严重的暴力也可能阻碍亲密恐怖主义的受害者选择离开。如果她们试图离开丈夫，一些攻击性和控制欲强的丈夫可能对妻子报以极端的愤怒反应（Tanha et al., 2010）。这类报复性

---

8 这个例子很好地说明了我们对当前亲密关系之外等待我们的结果的评判会对我们产生影响，在第 6 章中，我们称之为替代的比较水平。建议你翻到第 6 章仔细了解对这一观点的详尽论述。

的威胁表明，我们应该尽一切努力援助和保护那些试图逃离施虐伴侣的人。

最后，我们需承认一个不幸的事实，有些人不离开暴力伴侣，是因为她们不想离开。高忧虑被弃的女性容易被占有欲和控制欲强的男性所吸引。男性侵入式的妒忌和监视使焦虑的伴侣确信他仍然关心自己。而且，荒谬的是，这种依恋类型的女性在过去遭遇的心理虐待越多，就越偏爱施虐的男性（Zayas & Shoda，2007）。此外，这样的男性也反过来偏爱焦虑的女性，可能是因为她们愿意容忍男性的虐待。因此，男性对卑躬屈膝的伴侣进行明显的控制和支配的局面，可能只适合某些特殊的伴侣，对于大多数人而言是无法容忍的。然而，如果这类关系中的女性开始珍重自己，她们很可能会意识到伴侣的这种残酷、不公的行为是无法令人接受的。权力就是要得到自己想要的东西，但暴力可不是这个等式交换的一部分。

请你思考

在布里特妮和乔纳森结婚的第一年里，乔纳森管理家庭财务，支付每个月的各种账单。布里特妮当时还是大四学生，没有收入；但乔纳森上班，他赚的钱刚好够他们每月的支出，当然需要精打细算。他很为自己精明的理财能力而自豪。当布里特妮毕业后得到一份收入丰厚的工作时，夫妻俩都很高兴。实际上，布里特妮赚的比乔纳森还要多一些。

然而，当布里特妮宣布她想拥有自己的私房钱时，乔纳森很吃惊。她提议他们都把自己收入的一半存入一个共同账户，以支付家庭生活的各种账单；然后把剩余的钱留下来归各自使用。布里特妮不愿意把两人的收入全放到一起由夫妻双方共同管理，可是这让乔纳森很受伤。当他意识到如果各自留存一半的钱，若干年后妻子会拥有比自己多得多的金钱时，他一下子就恼羞成怒。但是布里特妮声称，她希望用多余的钱做自己想做的事，在她认为合适的时候消费或者投资；而且她认为，分开账户实际上能避免分歧和冲突。

你认为布里特妮和乔纳森的未来会怎样？为什么？

本章小结

权力是指可影响他人的行为和能抵制他们影响我们的能力。

权力和相互依赖

权力的来源。根据相互依赖理论，权力的基础是对他人想要得到的有价值的资源进行控制。较小兴趣原则认为，对维系伴侣关系不太感兴趣的一方，在关系中拥有更多的权力。

存在两种宽泛的权力类型：命运控制和行为控制。在几乎所有的亲密关系中，伴侣双方都对彼此具有一定的影响力，任何一方都能在某段时间影响对方。

资源的类型。存在6种能赋予人权力的资源。奖赏权力和强迫权力分别是指个体给予他人奖赏和施以惩罚的能力。合理权力指伴侣一方借由权威、互惠、平等或社会责任而拥有的合乎情理的权力，以命令另一方如何行事。伴侣的关爱和温情赋予了对方参照权力，知识和专长产生了专家权力，而特殊的信息使人拥有了信息权力。

男性、女性与资源的控制。男性一般比女性控制着更多的资源，部分原因在于社会规范维持了男性的支配地位。在亲密关系中的权力平衡还受到个体所控制资源的性质，即普遍性或特殊性的影响。

权力的过程。拥有权力的人会打断他人的说话，一般意识不到他人的感受。人们使用的特定影响策略可以是直接或间接的、单边或双边的。

权力的结果。在当今社会中，夫妻双方比过去更有可能共同决策，而且与那些由一方占主导地位的夫妻相比，共同做决策的夫妻的婚姻更幸福。

权力的两面性。当人们忠诚于亲密关系时，很多人都会善意地利用权力，慷慨地提升伴侣及自己的幸福。不幸的是，并不总是会出现这样的好结果。

亲密关系中的暴力

暴力是故意伤害他人的行为。

暴力的普遍性。亲密关系中的暴力在全世界都很普遍，在美国，25%的伴侣之间会发生暴力。

伴侣暴力的种类。爱情伴侣之间存在 3 种不同的暴力类型：情境性伴侣暴力、亲密恐怖主义和暴力抵抗。男性和女性同样有可能实施情境性伴侣暴力，但绝大多数亲密恐怖主义是由男性实施的。

亲密关系暴力中的性别差异。女性的暴力行为与男性一样频繁，但男性更有可能造成对方身体伤害。

暴力的相关因素。情境性伴侣暴力源于促动因素和抑制因素，它们又分为背景性的、倾向性的、关系性的和情境性的因素。实施亲密恐怖主义的男性敌视女性并备受能力不足感的折磨。

暴力的根本原因。虐待妻子的丈夫总觉得自己比女性更优秀，并认为他们的攻击行为是对伴侣不敬的合乎情理的反应。女性有时把受虐待归罪于自己。

受害者不离开的原因。大多数暴力虐待的受害者都会离开她们的亲密关系，但当她们认为离开不会让自己过得更好时，就会留在原来的关系中。有些人不离开暴力伴侣是因为她们不想离开。

第 13 章

亲密关系的解体与消亡

有时，伴侣双方体验到的压力和紧张最终会酿成苦果。或许是因为双方的冲突太激烈、持续的时间太长；或许是因为伴侣关系不平等，一方利用和剥削另一方；或许是因为他们的激情已经消退，有吸引力的新人闯入了他们的生活；或许他们对彼此只是满意而已，不再有愉悦的感觉，爱情的"魔力"已死，所以他们倍感失望。

关系失败的原因不胜枚举，任何特定伴侣关系的恶化涉及的都可能是独特的事件和过程。另一方面，个人和文化方面的因素也会对亲密关系的稳固产生普遍而广泛的影响，关系科学的工作者们多年来一直在识别和研究这些因素。我们在本章中将考察婚姻满意度和亲密感减少的相关因素及不利结果。我将对离婚进行详细的探讨，因为结束婚姻的决定通常要比恋人分手更谨慎、更重要，其结果也更复杂。所以，对离婚的研究也比对非婚分手的研究要多得多。尽管如此，任何亲密关系的解体——如同居伴侣、恋爱关系或者友谊——都很重大，所以我们也将考察人们怎样适应这些伴侣关系的结束。首先要提醒你的是，我们今天面对的文化背景与祖父辈所熟识的已经有了很大的不同。

离婚率的变化

离婚的普遍性

你可能还记得，当前的离婚率比你的祖父母那时的离婚率要高得多。在当今的美国，每年的离婚数量是结婚数量的一半（Anderson, 2016a），所以，现代美国的婚姻以分居或离婚告终的可能性仍在 50% 左右。这不能不引起人们的注意，因为它意味着，尽管人们结婚时带着各种善良的意图和强烈的感情，但他们白头偕老的概率竟然和抛硬币得到"正面"差不多。

事实上，美国人的婚姻通常并不如人们想象的那般长久。只有约三分之二（64%）的已婚夫妇能在一起生活 10 年，能过 21 周年结婚纪念日的还不到一半。在美国，婚姻持续的平均时间刚刚超过 18 年（Elliott & Simmons, 2011）。这一数字包含了所有婚姻情况，包括配偶一方因死亡而告终的婚姻，但婚姻在头 20 年结束的主要原因当然还是离婚。许多人离婚时还不到 30 岁，男性首次离婚年龄的中位数是 31.8 岁，女性为 29.4 岁（Cohn, 2010）。

值得注意的是，高离婚率在某种程度上造成了另外两个结果。第一，只有大约一半（49%）的美国成人当前处在婚姻状态（Perelli-Harris & Lyons-Amos, 2015）。这是前所未有的低谷。第二，现在 26% 的美国孩子（18 岁以下）生活在单亲家庭中，大部分由母亲抚养（Cohn & Caumont, 2016）。这一比率比 1965 年高 3 倍。

不管你怎么看，现在美国的离婚现象非常普遍。甚至我们的祖父辈都比过去更可能离婚。虽然 50 岁以上的人更不可能离婚，但在近 25 年里，他们的离婚率也翻倍了（Stepler, 2017）。近数十年，其他国家的离婚率也在猛增，但美国在这方面可能独占鳌头。美国的离婚率显著高于几乎所有欧洲国家、加拿大和日本（OECD, 2016）。与其他浪漫关系相比，婚姻相对更不可能结束，但也不再如过去那般持久。

离婚率增加的原因

20 世纪下半叶，美国的离婚率大幅上升的原因并不明确。但存在几种可能性，它们都可能是（或不是）起作用的因素。

一种可能是，我们对婚姻的期望与过去不同了，我们的要求更高了。我们的曾祖父辈一般认为，如果你想和爱侣一起生活，生儿育女，付得起日常账单，过上好日子，你就必须结婚。然而，如今同居非常普遍，单身父母很多，大多数女性进入了职场。因此，婚姻不再像过去那样是实际生活的必需品。相反，在某些观察家看来，人们比以往任何时候都更可能把婚姻看成追求个人自我实现的途径（Finkel et al., 2015a）。婚姻理应是玩乐，而不是职责；理应令人兴奋，而不是平淡乏味；理应充满激情，而不是只有温情（Amato, 2009）。因而，我们对婚姻的期望可能太高了。如果用过度美化的、不现实的期望来衡量婚姻，幸福、温暖、有价值的伴侣关系似乎就不再令人满意了。

比如，早在 40 多年前，斯莱特（Slater, 1968, p.99）就提出警告：

> 如今的社会强求婚姻成为个体生命中最亲密、最深厚、最重要和最持久的关系，夫妻要做彼此的爱人、朋友和心理治疗师。然而矛盾的是，婚姻可能因日益无法满足人们的这种情感需求而不得不解体。

我们因为爱恋和激情而结婚，并认为它们不会改变；我们还期望自己的配偶能成为我们的精神伴侣，永远不会让我们失望。但这些要求和标准太高了，可能是永远无法达到的。事实上，近期的文化史表明，"爱情匹配和毕生亲密的理想一确立，人们就迫不及待地开始要求离婚的权利"（Coontz, 2005, p.8）。

人们可能只是对婚姻期望过高。现在美国夫妇认为其婚姻"非常幸福"的人的比例要低于 25 年前（Wilcox & Marquardt, 2010），他们所报告的冲突和问题的数量更多了（Hostetler et al., 2012）。整体来看，自 1970 年以来，美国夫妇感知到的平均婚姻质量一直在下降。

但是，社会大环境也发生了变化，各种社会因素不仅影响我们步入婚姻时的期望，而且还会影响我们结婚后面对的境况。比如，现在美国大部分女性都外出工作，她们进入职场产生了很多影响。首先，配偶们都报告工作和家庭之间的冲突比过去更多了，妻子每周工作的时间越长，其婚姻质量往往越低（Hostetler et al., 2012）。当配偶双方都有工作时，修车、照看小孩、买菜和做饭（只是举一些例子）就会困难重重，而且配偶间相处的时间也会减少。配偶双方还会受到工作问题的影响，因此，工作满意度的降低与婚姻不和的增加有关（Amato et al.,

2007）。进入职场也增加了配偶接触有趣的、合意的替代伴侣的机会，当女性的工作环境中男性比较多时，离婚也会更频繁（McKinnish, 2007）。

此外，女性比过去挣更多的钱。在世界各地，如果女性在经济上独立于男性，离婚率就更高（Barber, 2003）。当婚姻恶化时，自立的人可以更自由地选择离婚。美国女性的收入与其离婚的可能性有直接的正相关：女性挣钱越多，将来就越可能离婚（Mundy, 2012）。但是不要错认为没有钱婚姻就会更稳定；贫穷对婚姻质量有更大的影响。一般而言，拮据的夫妇不如宽裕的夫妻对婚姻的满意度高（Barton & Bryant, 2016）；具体而言，收入非常低的夫妇（每年 25 000 美元以下）离婚的可能性是收入较高夫妇（每年超过 50 000 美元）的 2 倍（Wilcox & Marquardt, 2010）。拥有金钱容易使人离婚，但贫穷也会造成压力，损害婚姻。

总的来说，女性越来越多地加入劳动力大军，这貌似增加了家庭冲突，使女性更可能接触到吸引人的新爱侣，并且减少了妻子对丈夫的经济依赖。可能因为所有这些因素，婚姻发展的趋势很明显：随着 20 世纪美国女性外出工作比例的增加，离婚率也在上升（Fitch & Ruggles, 2000）。[1]

性别角色，即人们期望男性和女性各自该有的行为，也在发生变化。女性逐渐变得更加自信和独立（Donnelly & Twenge, 2017），并且许多婚姻中家庭责任的分配更加公平（Amato et al., 2007）。在过去的 25 年里，性别角色变得不再那么传统了，家庭决策更加公平，这些都与婚姻质量的提高有关（Worley & Samp, 2016b）。然而，家务劳动的重新分配对男女双方的影响是不同的：丈夫不那么快乐了，因为他们要做更多的家庭杂务，但他们的妻子却更为满足了（见图 13.1）。

由于某些原因，西方文化变得越来越具有个人主义色彩，人们与周围人的联系较过去更少了（Amato, 2009）。的确，和祖父辈相比，大多数人与社区的联系更少了（Ren, 2011）。我们不太可能继续住在四世同堂的大家庭里，也不太可能认识我们的邻居；我们参加的俱乐部和社会组织更少了，也不经常在家里宴请聚会，搬迁更加频繁。因此，与祖父辈相比，我们从朋友和熟人那里得到的社会支持和友谊可能更少了（Talhelm & Oishi, 2014），更加依赖我们的配偶了（Campbell et

---

1 在我描述这些不同的模式时，请记住，所有这些社会变化和离婚率的联系都是相关，可能存在各种各样的可能性。女性就业和离婚之间的联系并不一定意味着就业损害了女性对婚姻的承诺。相反，如果婚姻中本来就存在矛盾和冲突，女性更可能寻找就业机会，所以，婚姻不满导致女性寻找工作与女性工作致使婚姻不满都同样有可能发生（Rogers, 1999）。请对社会变迁的影响持开放的心态。

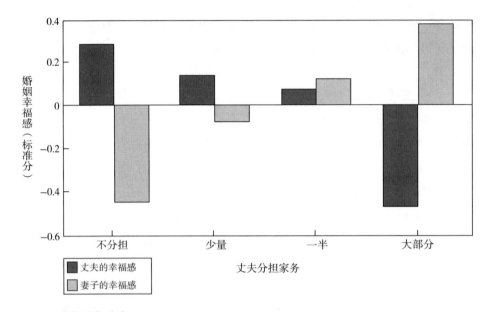

图 13.1　幸福感与家务

该图向我们呈现了，随着丈夫承担更多家务，夫妻双方所体验到的婚姻幸福的平均水平。丈夫的满意度逐渐下降，但随着丈夫承担更多的家务，妻子的满意度却增加。另外两个有趣的现象：当丈夫做了大部分家务或根本不做家务时，夫妻双方总有一方感到不快乐；只有当家务平分时，夫妻双方的幸福感才都高于平均水平。这是否刷新了你的认知？

资料来源：摘自 Amato, P. R., Booth, A., Johnson, D. R., & Rogers, S. J. *Alone together: How marriage in America is changing*. Cambridge, MA: Harvard University Press, 2007。

al., 2012），这可能会以两种不同的方式影响离婚率。首先，正如我们已经提到的，人们对配偶的索求比过去任何时候都要多。我们期望伴侣能满足我们更加广泛多样的人际需要，这就增加了配偶在某些方面让我们失望的可能性。此外，与社区联系较少的人更少受到社会规范的影响，而社会规范可能会阻止离婚。事实证明，经常移居的人比那些扎根在一个地方的人更愿意切断与朋友及爱侣的联系（Gillath & Keefer, 2016），也更容易离婚（Magdol & Bessel, 2003）。

我们对离婚的认知也不如过去那样带有负面色彩。在许多社会圈子里，离婚过去曾被视为可耻的失败，离婚本身往往意味着麻烦、可怕和尴尬，必须找出有罪的一方。20 世纪 70 年代，美国《无过错离婚法》的出台使得离婚变得更容易实现。这在大多数司法管辖区尚属首次，夫妻双方一旦在财产分配和子女抚养问题上达成一致意见，只需书面证明他们面临"不可调和的分歧"，他们的婚姻就可解除。无过错离婚法使得离婚程序更为社会所接受（Wolfers, 2006）。平均而言，比起父辈来，我们认为离婚是应对糟糕婚姻更合理、更理想的办法，久而久之，对离婚更为支持的态度似乎会降低我们的婚姻质量（Amato & Rogers, 1999）。当离婚看上去是一个更为方便的选择时，我们就不太可能努力挽救那段摇摇欲坠的亲密关系（Whitton et al., 2013）。

　　如今，大多数夫妻在结婚前还会同居，我们在第 1 章中已经了解到，同居的人日后离婚的风险会增大。尽管人们普遍认为同居是有价值的尝试，可以让人们避免今后可能出现的问题，但同居与离婚的可能性呈正相关（Jose et al., 2010）。令人欣慰的是，如果恋人们在订婚之后才住在一起，并且同居的时间较短，那么他们并不比那些婚前没有同居的夫妻更多地离婚（Willoughby & Belt, 2016）。已订婚的未婚夫妻短暂同居似乎并不会给他们之后的婚姻带来什么危害。另一方面，在订婚前同居的人（或者曾与多个伴侣同居过的人）结婚后更可能离婚（Tach & Halpern-Meekin, 2012），这可能是因为同居改变了他们对婚姻的观念和期望。随意的同居似乎会导致：（1）对婚姻制度的不尊重；（2）对婚姻结果的不当期望；（3）更强的离婚意愿（Rhoades et al., 2009）。所有这些都使人们更可能离婚。

　　此外，因为更多的父母离婚，也就有更多的儿童目睹了家庭冲突，成长于破碎的家庭。人们可能普遍认为，遭受家庭破裂的年轻人或许特别有决心避免犯同样的错误，但现实却是离婚在代际传递：经历父母离婚的儿童长大后也更可能离婚（Amato & Patterson, 2017）。这一现象出现的原因有很多。例如，来自离异家庭的儿童对婚姻的看法不太积极，当他们开始恋爱时，他们对伴侣更缺乏信任；因此，与家庭完好的同龄人相比，他们不太确信婚姻能持续（Lachance-Grzela & Bouchard, 2016）。此外，在某种程度上，儿童从父母那里学习如何处理亲密关系，那些童年记忆中家庭充满矛盾和冲突的人，其婚姻一般也困难重重，痛苦不堪（Dennison et al., 2014）。因此，随着离婚变得更为普遍，更多的儿童长大后也更容易离婚。

　　最后，因为现在离婚如此普遍，更多的人都将看到自己的朋友某天会离婚，显然这意味着我们也将面临更高的离婚风险。一项卓越的研究（Framingham Heart Study）持续了 70 年，追踪了美国马萨诸塞州一个大城镇一万多人（两代人）的健康状况。与该研究的普通参与者相比，那些看到自己的朋友或家人（即父母、子女或同胞）离婚的参与者，其离婚的可能性要高出 75%（即非常可能离婚）。如果其朋友的朋友或者其亲戚的朋友离婚，那么这部分人离婚的可能性则高出 33%（McDermott et al., 2013）。（这种效应所波及的范围到此就结束了。如果个体面对的是三度分离式的离婚，例如朋友的朋友的朋友离婚了，那么他们自己也离婚的风险并不会更高。）这一引诱性的模式可能有若干原因，值得我们深入思考，但最终的结果很清楚：当我们的社交网络中有人离婚时，我们更可能离婚（Hogerbrugge et al., 2012）。

那么，为什么离婚率会上升？与我们祖父辈的时代相比，可能的原因有：

- 我们渴望从婚姻中得到更多，对婚姻持有更高的期望标准；
- 职业女性在财务上更为自由，有更多的机会接近有吸引力的替代伴侣，工作和家庭之间的冲突日益严峻；
- 兴起的个人主义和社会流动使我们与社区的联系更少，也更少受到可以阻遏离婚的社会规范的影响；
- 新制定的法律使得离婚更为大众所接受，离婚的程序也更简单；
- 随意的同居削弱了人们对婚姻的承诺；
- 离婚家庭的孩子在长大后更可能离婚；
- 更多的人看到自己的朋友离婚。

所有这些可能的影响因素只是与美国日益增长的离婚率相关，所以它们都可能是促使离婚的社会变化的症状而非原因。不过，可能的影响因素如此之多，这也很好地从另一方面说明了文化因素影响亲密关系的方式。可以说，我们的文化对持久婚姻的支持不如四五十年前有效了。然而，即使发生如此巨变，当今结婚的美国夫妇至少有一半不会以离婚告终。（并非所有未离婚的夫妇都幸福，但至少他们没有离婚。）哪些个人和关系特征能预测个体最终会分手？我们接下来探讨这些问题。

离婚的预测因素

不论文化背景如何，总有些婚姻很成功，有些婚姻以失败告终。正如你所预期的，长久以来，婚姻成功者和失败者之间的差异都是关系科学研究的兴趣所在。人们提出了各种模型来解释离婚的某些根源，令人钦佩的一项纵向研究对婚姻进行了数十年的跟踪。在本节中，我们就来考察那些能确定某些离婚预测因素的理论和研究结果。

障碍模型

乔治·莱文杰是相互依赖理论的倡导者，他利用我在第 6 章中描述过的一些概念来确定影响关系破裂的三种因素（Levinger, 1976）。第一种因素是吸引力。莱文杰认为，亲密关系提供的奖赏（比如令人愉快的相伴、性满足、安全感和社会地位）能提升吸引力，而亲密关系付出的代价（如惹人生气的矛盾与投入到亲密关系中的时间和精力）则会减弱吸引力。第二种影响关系破裂的重要因素是个体拥有的替代选择。最明显的就是可获得的其他伴侣，但任何现有关系的替代选择，比如单身或取得事业成功，都可能诱使个体离开现有的伴侣关系。最后，在亲密关系的周围存在许多障碍，使得个体很难脱离亲密关系；这些障碍包括维持婚姻的法律和社会压力、宗教和道德约束、离婚和维持两个家庭的经济成本等。

莱文杰模型的重大贡献在于强调了这一事实：本想分手的不幸伴侣可能会继续在一起，是因为离开的代价太大。他还令人信服地指出，离婚的许多障碍是心理上而非物质上的；痛苦的夫妇当然可能会因为没有足够的钱离婚而维持婚姻，但他们也可能因为离婚会让他们感到内疚或尴尬（或给其他人，尤其是他们的孩子造成困扰）而继续在一起，即使他们有足够的资源离婚（Poortman & Seltzer, 2007）。

的确，配偶们报告说，令他们打消离婚念头的重大代价有很多（Previti & Amato, 2003）。一项对结婚 12 年的夫妻进行的调查发现，担心孩子受苦、失去孩子的威胁、宗教规范、对配偶的依赖及对经济困境的恐惧都被认为是阻碍离婚的重要障碍（Knoester & Booth, 2000）。然而，在这 12 年期间，一旦将其他风险因素，如受教育程度低和父母离异等因素考虑在内，那些被认知到的障碍中只有两种——

对配偶的依赖和宗教信念——实际上能够区分离婚的夫妻和未离婚的夫妻。如果人们真的对婚姻感到不满，甚至这两种障碍似乎也变得无关紧要了：一旦他们想要摆脱婚姻，没有什么能阻止他们（Knoester & Booth, 2000）。

因此，人们通常能够意识到离婚必须克服的各种障碍，但一旦婚姻触礁，这些障碍或许并不能阻止人们离开。莱文杰的模型很好地提醒了我们，离婚的障碍会萦绕在我们的心头。但是，该模型可能没有充分认识到，一旦婚姻变得痛苦，这些障碍会变得多么无效。

脆弱—压力—适应模型

本杰明·卡尼和托马斯·布拉德伯里提出了婚姻不稳定的一般模型，即脆弱—压力—适应模型（vulnerability-stress-adaptation model），强调了另外三个能导致离婚的因素（Karney & Bradbury, 1995）。他们认为，有些人步入婚姻时就带有持续的脆弱性（enduring vulnerability），增加了他们离婚的风险。这类脆弱性可能包括个体原生家庭的不幸经历、受教育程度低、适应不良的人格特质、拙劣的社交技能，或对婚姻的不良态度。这些特征并不会使离婚必然发生，但是，所有这些特征都会塑造伴侣们身处其中的环境，所有这些特征还会影响人们应对压力的适应过程（Maisel & Karney, 2012）。如果伴侣们足够幸运，遭逢的困难较少且较轻，即使那些应对和沟通技能拙劣的人也可能幸福地白头偕老。

然而，几乎每一桩婚姻都必然不时地面临压力事件，需要伴侣彼此支持并适应新的环境。有些应激源（比如一段时期的失业或重病在身）只会发生在某些婚姻中，但另一些应激源（比如怀孕、分娩和养育子女）则普遍存在。日常生活的这些小起伏结合在一起也特别令人紧张（Afifi et al., 2016）。当出现压力事件时，伴侣必须应对和适应，但根据伴侣们的脆弱性，有些人比另一些人处理得更好（Danner-Vlaardingerbroek et al., 2016）。不能成功应对压力事件会使压力变得更大，如果应对不力引起婚姻质量下降，伴侣的应对能力或许会进一步受损（Karney & Neff, 2013）。最终，长年累月的不满就可能导致婚姻不稳和离婚。

请看图 13.2，从底部开始沿着箭头路径。先天的特质和过去的经验使我们具备了作为伴侣的优点和缺点，其中某些缺点是会破坏我们有效应对压力和变化的能力的"脆弱性"（Solomon & Jackson, 2014）。某些脆弱性还使我们的生活更加紧

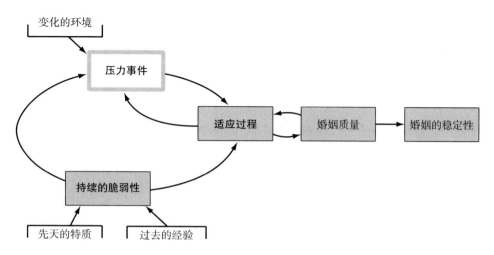

图 13.2 婚姻的脆弱—压力—适应模型

该模型假定伴侣在步入婚姻时带有自身的脆弱性，这些脆弱性与他们所遭遇的压力及其应对技能相互作用，从而决定了他们的婚姻能否良好运行。

资料来源：摘自 Karney, B. R., & Bradbury, T. N. "The longitudinal course of marital quality and stability: A review of theory, methods, and research," *Psychological Bulletin*, 118, 1995, 3–34。

张，增加了我们必须应对的困境。但是，不管我们是谁，压力总会发生。除了家庭中发生的间歇性冲突，我们个人在职场或学校遭遇的任何挫折和困难都可能导致**压力溢出**（stress spillover），我们会把烦躁的情绪带回家，在与无辜的伴侣互动时发脾气（Sears et al., 2016）。因此，我们的应对技能和其他"适应过程"共同决定了压力会增加还是得到控制并减少。最终，伴侣双方成功适应的能力会提升他们的婚姻质量，同时婚姻质量反过来又会影响伴侣的适应能力。

在脆弱—压力—适应模型中存在反馈回路和重叠因素，至于压力，可以说那些杀不死我们的可能使我们更加强大。即使同样具有良好的沟通技能，相对那些在婚姻中尚未遭遇过压力的夫妇来说，那些遇到过适度压力的夫妇可能会更有韧性，面对新的应激源（比如当他们为人父母时，这种变化总是充满压力）时也能更好地调适自己（Neff & Broady, 2011）。成功地应对困难能提高我们适应新挑战的能力。然而归根结底，婚姻质量取决于我们是谁、我们遭逢的环境及我们应对环境的方式三者的相互作用；并且在某种程度上，这三个重要因素还会彼此影响。离婚的根源可能要追溯到童年的不安全型依恋，抑或在充满冲突的家庭中习得的

经验和教训。但是，如果上天眷顾我们，让我们的生活一帆风顺，或者我们有幸
能与伴侣一起共同克服生活中的危机（或者可能只是上了一门关于亲密关系的大
学课程），那么离婚未必会发生。

亲密关系适应过程项目结果

休斯顿（Huston, 2009）及其同事（Wilson & Huston, 2013）对 1981 年结婚的
168 对夫妻进行了近 30 年的跟踪调查。该研究项目关注配偶们一起适应婚姻生活
（或者适应不良）的方式，因此被称为亲密关系适应过程（Processes of Adaptation
in Intimate Relationships, PAIR）研究项目。这类纵向研究有巨大的价值，但研究结
果不免有些沉重。事实上，在 PAIR 项目中，仅仅 13 年后，35% 的夫妻便离婚了；
另外 20% 的夫妻生活不幸福；只有 45% 的夫妻的婚姻可以说是幸福的，但是即便
是他们也并不如刚结婚时彼此满意和恩爱。我应该提醒你，这些都是典型的研究
结果。请翻到第 6 章的图 6.7：大多数配偶的婚姻满意度通常随着时间的推移而下降。

为什么会这样？休斯顿及其同事考察了婚姻失败的三种不同解释。其中一种
可能的解释是，与那些婚姻最终成功的夫妻相比，那些注定不满意的夫妻在婚姻
一开始就缺乏爱情，矛盾重重。这一解释被称为持续动力模型（enduring dynamics
model），该模型认为，伴侣把求爱期间就已浮现的问题、矛盾及持续的脆弱性带
入了他们的婚姻中；事实上，伴侣甚至在结婚前就清楚地意识到这些不足和缺点
（Lavner et al., 2014）。根据该模型，即将走向离婚的婚姻在一开始就比别的婚姻更
脆弱（James, 2015）。

相应地，第二种解释被称为突发危难模型（emergent distress model），它认
为最终毁灭婚姻的问题行为始于婚后。随着时间的推移，有些夫妻婚后陷入日益
增加的冲突和否定的覆辙之中，而这些问题在结婚之初并不存在。因此，与持续
动力模型不同，突发危难模型提出，婚姻伊始，在成功和失败的婚姻之间并不存
在可辨别的差异；摧毁某些婚姻的危机一般是在婚后才出现的（Williamson et al.,
2016）。

最后，第三种解释是幻灭模型（disillusionment model）。这种观点认为，伴
侣们在婚姻开始时常常对他们的亲密关系有美好、浪漫的幻想，这是不切实际的
乐观。之后，随着时间的推移，当伴侣们不再努力在对方面前维持可爱、迷人的

形象时，现实就逐渐侵蚀了这些怡人的幻想。但有些伴侣幻想破灭得可能更为严重（Niehuis et al., 2016），在任何婚姻中，当人们意识到他们的伴侣关系并不像起初看来那般美好时，浪漫就会消退，进而会感到失望。但是对某些夫妻来说，"结婚证上的墨迹未干，对婚姻和伴侣的怀疑及幻灭就已经开始了"（Kayser & Rao, 2006, p.206）。

这三种模型各具特点，都很有意义，每种模型都提出了改善婚姻和降低离婚风险的方法。根据持续动力模型，困难重重的求爱会导致糟糕的婚姻，可以启动婚前干预，阻止那些矛盾的恋人结婚，这样能够预防许多随后出现的离婚。相比之下，突发危难模型认为，夫妻双方要谨防逐渐滑向不愉快和消极的深渊，那些可以鼓励夫妻保持愉悦、慷慨、体贴和宽容的干预措施，应该能够让离婚之变远离他们。最后，幻灭模型表明，冷静准确地看待爱人和彼此的关系，能够避免随后可能出现的失望和幻灭，也应该能够避免离婚。

这三个模型的观点都各有其道理，但休斯顿及其同事发现，在他们追踪研究的婚姻中，三种解释中只有两种似乎在起作用。（我们且稍停片刻，你认为哪两种模型是胜出者？）首先，与持续动力模型相一致，PAIR 项目的研究者断定，与那些数年后仍然幸福的夫妻相比，不幸福的夫妻在婚姻伊始就彼此缺乏爱意和温情，有更多的矛盾情感和消极态度。那些注定痛苦的夫妻从一开始就缺乏慷慨和温柔，更加不确定和喜怒无常。因此，订婚时就存在的任何怀疑或困难，即使结婚了，之后仍不会消失。相反，任何犹豫或矛盾都只会全部带入婚姻关系之中，因此在婚后的岁月里夫妻双方仍会感到不太满意。

所以，持续动力模型能预测婚姻将来的幸福程度。然而，婚姻中的夫妻实际上是否会离婚，能做出最好预测的是幻灭模型。在婚后的最初几年，有些夫妻的婚姻满意度下降幅度更大，也更明显，他们正是最容易离婚的夫妻。这些夫妻并不一定会像突发危难模型预期的那样，变得暴躁或仇恨，相反，他们只是经历了彼此浪漫情感最强烈的变化。相比其他夫妻的浪漫，他们的激情和爱意消退得更快、更多。

此外，休斯顿及其同事发现幻灭的一个显著特征是，许多注定要离婚的夫妻在新婚时比大多数人都更深情，他们的失望需要一段时间才会形成。与婚姻成功的夫妻相比，那些婚姻短暂（在 6 年或更短时间内离婚）的夫妻通常在婚姻伊始就不那么相爱，且矛盾情感更多。（所以你能明白，当幻灭降临时他们为什么会很快离婚。）然而，那些经历较长（7年以上）婚姻但最终离婚的夫妻，在刚结婚时特别深情和浪漫。他们通常比其他夫妻更恩爱，因此，当蜜月期后亲密行为照例下降时，他们的感情会降温更多（这可能让他们比大部分夫妻更吃惊）。在婚姻结束时，他们对彼此的感情并不比其他夫妻少，但他们体验了浪漫行为最大的变化（也就是说最急剧的下降），这种变化能预测较长时期之后的离婚。

总的来说，PAIR项目得出的两个结论似乎是正确的：第一，浪漫爱情变化的幅度和速度能最好地预测夫妻是否会离婚；第二，夫妻带入婚姻的问题决定了离婚的快慢。其他研究也得出了类似的结果（如 Lavner et al., 2014; Niehuis et al., 2015; Ogolsky et al., 2016）。因此，我们有把握断言，随着时间的推移，夫妻体验到的满意度水平和满意度的变化是影响婚姻结果的重要因素。更重要的是，注定要离婚的夫妻并不一定变得暴躁和仇恨，但他们通常的确失去了曾经体验到的快乐（Niehuis et al., 2016）。[2]

婚姻早期项目结果

另一项著名的纵向研究是由泰瑞·奥布琪（Terri Orbuch）主持的婚姻早期（Early Years of Marriage, EYM）项目，该项目从美国密歇根州底特律市及其周边地区抽取了1986年结婚的174对白人夫妻和199对黑人夫妻（Fiori et al., 2017）。婚姻早期项目的研究者特别感兴趣的问题是：夫妻面临的社会条件对婚姻结果的影响，其中某些社会学变量非常重要。2002年，在该项目进行了16年之后，有46%的夫妻已经离婚，但他们的种族因素似乎具有重大的影响：只有三分之一多一点（36%）的白人夫妻离婚，但超过一半（55%）的黑人夫妻结束了他们的婚姻。

为什么黑人夫妻更容易离婚？原因很多。黑人夫妻通常在婚前就已同居，更可能已生育小孩。他们的收入也较低，更可能来自破碎的家庭，所有这些因素都与个体离婚的风险存在正相关（Wilcox & Marquardt, 2010）。总的看来，如其他研究结果一样（James, 2015），婚姻早期项目研究表明，夫妻关系依存的社会环境会

---

2 我鼓励你花点时间来思考一下这一模式是如何对应人们的接近动机和回避动机的，参见第6章。显然，某些婚姻失败不是因为夫妻反目或厌恶对方，而是因为他们在一起不快乐。

对他们的婚姻结果产生重大影响。不管他们多么尊重和珍视婚姻，经济上的困顿会让任何一对夫妻面临离婚的风险（Barton & Bryant, 2016）。

人们对自身婚姻问题的个人看法

我们考察的这些模型以及相关研究数据表明，有三类一般因素影响婚姻的结果（Levinger & Levinger, 2003）。在最广泛的层面上，正是文化规范及其他一些变量奠定了一个民族的婚姻基础。文化背景既能支持婚姻成功，也能对婚姻造成伤害，无过错离婚法及那种限制经济机会的区别对待就是这样的例子。

较为特异的因素是我们的个人背景，即家人和朋友之类的社会网络以及我们居住的邻里环境。比如，我前面提到过，与那些不上班的家庭妇女相比，能与许多有趣的男同事一起工作的女性则更容易离婚（McKinnish, 2007）。最后，关系背景是第三个影响因素，指伴侣们通过彼此的认知和互动而创造的亲密环境。这些个人特征引导我们要么以长期的好心情要么以悲观的戒备心对伴侣做出反应，它们是弥漫于伴侣关系中的那种特定气氛的基础。

之所以要介绍这三种不同层面的分析，是因为当人们对自身婚姻问题进行解释时，往往只关注其中一种。另一项著名的长期研究是由艾伦·布思（Alan Booth）等人进行的生命历程中的婚姻不稳定项目（Marital Instability Over the Life Course Project）。该项目自 1980 年至 2000 年，每隔几年就对随机选取的 1 087 名美国人进行电话访谈。当问及离婚者离异的原因时，提及次数最多的全都涉及婚姻关系的某些特征，如表 13.1 所示。女性比男性更多抱怨不忠、物质滥用[3]或虐待行为；而男性比女性更可能抱怨沟通困难，或者宣称他们根本不知道哪里出错了。前妻的怨言通常多于前夫，但男女两性的解释都极少提及其亲密关系所依存的文化或个人背景可能带来的影响。

尽管如此，那些更广泛的背景可能依然很重要。收入越高的夫妻，在回答离异的原因时越少提及虐待，而更多地提及性格不和或个性冲突。受访者的教育程度越高，就越经常抱怨与前配偶感情破裂。因此，伴侣的社会经济地位（包括教育和收入）有助于预测他们遭遇的婚姻问题。伴侣结婚的年龄也有影响：结婚时

3　substance use，是指对酒精、影响精神的药物和其他化学品（如挥发性溶剂）的滥用。——译者注

表 13.1 "你离婚的原因是什么？"

原因	个案总数（%）	报告该原因的：	
		男性（%）	女性（%）
不忠	22	16	25
感情破裂	19	19	19
酗酒或其他物质滥用	11	5	14
心生隔阂	10	9	10
性格不和	9	10	8
沟通困难	9	13	6
身体或精神虐待	6	0	9
爱情消失	4	7	3
不知道	3	9	0

表中数值反映了随机抽样的美国夫妻样本中 208 个人对离婚原因的回答。如经济困难或家人干涉等其他原因也会偶尔提及，但这里列出的是 9 种最常见的原因。

资料来源：摘自 Amato, P. R., & Previti, D. "People's reasons for divorcing: Gender, social class, the life course, and adjustment," *Journal of Family Issues*, 24, 2003, 602–626。

越年轻的人越有可能报告夫妻之间心生隔阂，存在酗酒和吸毒等问题。

当夫妻两人对婚姻感到不满时，他们常常抱怨伴侣关系中的某些具体细节，并认为问题更多在对方身上（Scott et al., 2013）。但是更广泛的影响因素往往也很重要。在众多影响夫妻离婚可能性的因素中，不仅包括可能给他们带来快乐或痛苦的日常互动，周围的环境和文化也会促进或损害他们的婚姻（Williamson et al., 2013）。

离婚的具体预测因素

我们已知有各种各样的因素或变量可能会让人们面临离婚的风险，稍后我用一张大表格列出这些因素。不过，在此之前，我要提醒诸君：一般趋势的结论有时会掩盖某些重要的限制性条件。没有任何一个概括性结论适用于所有婚姻，某些预测因素可能适用于某些群体或婚姻的某些阶段，却不适合其他情况。具体研究中的某个特定变量的突出影响，可能只是相对于其他因素而言。譬如，离婚的某些典型相关因素，如低收入，其对婚龄较短婚姻的影响，可能就比对经历岁月考验的婚龄较长的婚姻要大（Booth et al., 1986）。从某种程度上来说，最初经受住了某些应激源的考验的婚姻，今后就不太容易再受这些因素的影响。当几种风险因素一起出现时，每一种因素的影响可能比各自单独出现时都要大。例如，贫穷且受教育程度低可能比单独面对其中任何一种因素时都要糟糕得多（Cutrona et al., 2011）。在检视表 13.2 时，请牢记这些细微差别，表中总结了现代研究发现的影响婚姻稳定性的重要预测因素。这些都不是短暂的影响因素，大部分因素的影响效应数十年来并未有多大的改变（Amato, 2010）。它们对男同性恋和女同性恋亲密关系的满意度和稳定性也有类似的影响（Khaddouma et al., 2015）。

表 13.2　离婚的预测因素：有关文献的综合

预测因素	研究结果
社会经济地位	职业地位低、受教育较少、收入较低的人比社会经济地位高的人更可能离婚。具体而言，与受教育程度低的女性相比，受过良好教育的女性更不可能离婚（Wilcox & Marquardt, 2010）。
种族	美国黑人比白人更可能离婚（Johnson, 2012），因为黑人更多地受到其他风险因素的影响，比如低收入、婚前同居、婚前生育、父母离异——尽管他们对婚姻更为尊重（Trail & Karney, 2012）。
性别比率	当女性数量超过男性以及性别比率低时，离婚率就更高，世界各地均是如此（Barber, 2003）。
社会流动性	经常迁居搬家的人比那些在一地定居的人更容易离婚（Magdol & Bessel, 2003）。
无过错离婚法	出台让离婚更容易实现的法律使得离婚更可能发生（Wolfers, 2006）。
职业女性	当更多的女性进入职场时，离婚率会提高（Fitch & Ruggles, 2000）。
结婚年龄	在青少年期结婚的人比那些 25 岁之后结婚的人更可能离婚（Glenn et al., 2010）。
婚史	二婚比初婚更可能以离婚告终（Jensen et al., 2017）。
父母离婚	父母离婚增加了子女离婚的可能性。然而，随着离婚变得更为普遍，这一影响正在减弱（Amato & Patterson, 2017）。
宗教	经常参与宗教仪式和较低的离婚风险相关，尤其是夫妻双方都常参与宗教活动时（Vaaler et al., 2009）。
青少年性行为	16 岁之前发生首次性行为或首次性行为并非出于自愿，都与离婚风险的增加有关（Paik, 2011）。

表 13.2（续）

预测因素	研究结果
婚前同居	婚前同居与更高的离婚率有关，但如果伴侣在订婚之后同居，则离婚的风险增加不大（Willoughby & Belt, 2016）。
婚前矛盾心理	恋爱期间的复杂情感及对亲密关系走向的不确定性都与更高的离婚率有关（Wilson & Huston, 2013）。
婚前生育	对于夫妻双方来说，婚前生育都与更高的离婚风险相关（Heaton, 2002）。
孩子	无子女的夫妻更可能离婚，孩子可降低离婚风险的作用在孩子很小的时候最明显（Lyngstad & Jalovaara, 2010）。
继子女	带着子女再婚的女性更可能离婚，但男性则不然；显然，女性比男性更容易成为孩子的继养亲人（Teachman, 2008）。
共同点	共同点很多的夫妻离婚的可能性较小（Clarkwest, 2007）。
人格特征	神经质程度越高的人越可能离婚（Solomon & Jackson, 2014）。
依恋类型	回避亲密程度高的人更可能离婚（Ceglian & Gardner, 1999）。
遗传	同卵双生子若其中一人离异，则另一个人离婚的可能性是前者没有离婚时的 5 倍，即使这对同卵双生子一出生就分开且从未谋过面（Lykken, 2002）。
应激激素	在婚姻的第一年里，注定会离婚的夫妻血液中应激激素（肾上腺素和去甲肾上腺素）的含量长期高于 10 年后还没有离婚的夫妻（Kiecolt-Glaser et al., 2003）。
生活中的压力事件	生活中压力事件（除了为人父母）的发生增加了离婚的可能性（Randall & Bodenmann, 2009），例如，暴露在战争中的创伤后应激障碍会增加一个人离婚的风险（Foran et al., 2013）。
共处时间	共处时间更多的夫妻更不可能离婚（Poortman, 2005）。
酗酒和吸毒	对毒品等成瘾物质的依赖增加了离婚的可能性（Amato & Previti, 2003）。
不忠	配偶出轨更有可能导致离婚，但自己的不忠则未必，只要没有被发现（Frisco et al., 2017）。
婚姻态度	对婚姻持悲观看法的人更可能离婚（Segrin et al., 2005），对离婚持赞许态度的人也更可能离婚（Hatemi et al., 2015）。
婚姻互动	积极的互动预示稳定，而消极的互动预示离婚（Lavner & Bradbury, 2012）；互动中积极行为与消极行为的比率达不到 5:1 的夫妇更可能离婚（Gottman et al., 1994a）。
性满足	对性生活的较高满意度与较低的离婚率呈正相关（Karney & Bradbury, 1995）。
婚姻满意度	与大部分其他变量相比，婚姻满意度对婚姻的稳定有更大的影响（Karney & Bradbury, 1995, p.20）；对婚姻越满意的人越不可能离婚，即便如此，婚姻满意度还远不是预测离婚的完美指标。

分　手

　　我们用了不少的篇幅来描述哪些人可能离婚，我们现在来看看分手（breakups）是如何发生的。当伴侣想要结束他们的关系时，他们会怎么做呢？首先要注意的是，人们不会轻率地结束他们曾经承诺的亲密关系。比如，大多数人离婚是因为婚姻中有诸多积怨导致自己对婚姻长期不满，但伴侣之间也有相互喜欢的地方。所以，通常会发生一些矛盾情感。还请回忆我们在第 6 章中讨论过的相互依赖理论，人们一般不会仅仅因为不满意就放弃他们的伴侣关系。尽管大多数人在离婚前会经历漫长的痛苦和烦恼阶段，但人们通常只有在最终认为没有现在的伴侣会过得更好时才会提出离婚（也就是说，只有当他们的替代比较水平确实比现在更好时）。离婚的决定源于对痛苦和快乐的复杂计算，其中涉及（有时是不确定的）替代选择的考虑。

　　那么，在做出最终分手的决定后，还有更多的选择要做。我们来看看当人们想要结束失败的伴侣关系时会做些什么。

与婚前伴侣的分手

　　你想结束一段恋爱关系时，你会怎么做？你会直截了当地告诉伴侣，抑或只是开始无视对方的短信，改变你在社交网络上的关系状态，或者想方设法躲着对方？莱斯利·巴克斯特（Leslie Baxter）分析了大学生们对自己分手的描述。她发现，关系解体的不同轨迹之间都涉及这样一个问题：想要分手的人是否曾对被抛弃的伴侣言明分手的意图（Baxter, 1984）！的确存在这样一个重要的区别。在有些情况下，分手的行动是直接的，或明确说出来的；然而，大多数情况下，人们会使用间接的策略，试图不说出分手就结束关系。

　　巴克斯特（Baxter, 1984）认为，第二个重要的区别是，个体分手的行动是他人导向的（设法保护伴侣的情感）还是自我导向的（自私地不顾伴侣的情感）。比如，有时候人们会采用一种让伴侣有机会做出回应并保存颜面的方式来宣布结束关系。他人导向的一种直接分手策略是表达自己的不满，但彼此之间会进行深入的讨论和协商，而不是生硬地结束关系。相反，当伴侣直接但更自私时，他们有时只是宣布关系已结束，避免与对方有任何进一步的接触。

专栏 13.1
亲密关系的规则

莱斯利·巴克斯特曾要求俄勒冈州的大学生撰写一篇短文，描述他们结束恋爱关系的原因（Baxter, 1986）。在所有的案例中，受访者都是先提出分手的人，他们的叙事很有趣（我们在专栏 13.2 会进一步考察"叙事"这个词），我们可以从中洞察他们判断亲密关系的标准。至少 10% 的文章都提及了 8 个方面，它们似乎是以亲密关系规则的形式出现的具体规定：规则所描述的这些标准是我们对自己和亲密关系的期望，如果我们总是触犯这些规则，伴侣就会离我们而去。下面是按这些关系规则被提及的频次依序列出的：

- **自主**（autonomy）：允许你的伴侣在亲密关系之外还能拥有自己的朋友和兴趣爱好；不要有太强的占有欲。（37%）
- **相似**（similarity）：你和伴侣应该有相似的态度、价值观和兴趣；差别不要太大。（30%）
- **支持**（supportiveness）：提升伴侣的自我价值和自尊；不要粗枝大叶或不够体贴。（27%）

- **开放**（openness）：真诚而又真实地进行自我表露；不要什么都不说。（22%）
- **忠诚**（fidelity）：对你的伴侣保持忠诚；不要出轨。（17%）
- **共处**（togetherness）：一起分享大量的时间；尽量不要上夜班或搬到外地，不要在其他地方花太多时间。（16%）
- **公平**（equity）：秉持公正与公平；不要利用和剥削你的伴侣。（12%）
- **魔力**（magic）：保持浪漫；拒绝平淡。（10%）

当然，大学生们还提及了其他各种理由，但都没有上述 8 个方面频次高。男性和女性对不同方面的抱怨频率也有所不同：女性比男性更多受到自主、开放和公平问题的困扰；而男性比女性更多地抱怨魔力的消失。一如既往，在评价自己的亲密关系时，女性比男性更倾向于实用主义。但正如前文所述，在解释伴侣关系失败的原因时，男女两性往往都围着亲密关系本身打转转，从而忽视他们的个人因素和文化背景。

一种更间接但却非常自私的策略是故意摆烂，行为恶劣，进而加大伴侣的代价，使其不堪重负，对方不得已只好提出结束关系。当人们宣称他们想"只是做朋友"时，他们还是很为对方着想的；但是，如果他们真的想彻底结束这段关系，这样做也还是一种间接方法，因为他们没有如实表达自己分手的意愿。

显然，人们想结束亲密关系时会采取各种行动，直接的和间接的策略、他人导向的和自我导向的策略，这只是巴克斯特观察到的两种重要区别（Baxter, 1984）。其他区别包括：

- 心中的不满是逐渐积累的还是突然发作的。某些关键事件突然改变了个体对亲密关系的感受，这种情况约占四分之一；更多的情况是，人们对亲密关系的不满是逐渐积累起来的。
- 结束恋爱关系是个人愿望还是共同愿望。只是伴侣一方想要结束关系的情况占三分之二。
- 个体退出关系是迅速还是拖延。通常情况下，在成功结束关系前，人们都会做出一些伪装的努力。
- 是否有修复关系的尝试。大多数时候，伴侣双方并没有做出正式的努力来修复这段关系。

综上所述，一个最常见的恋爱关系结束的方式是心中的不满逐渐累积，导致伴侣一方反复尝试解除关系，但就是不明说分手的意图，也不进行任何改善或修复关系的努力。但是，即使是这一最常见的模式，即巴克斯特（Baxter, 1984）所谓的**不懈的间接性**（persevering indirectness），其出现的比例也只有三分之一。因此，其他各种特定的轨迹也很普遍。

人们的分手策略偏好也有所不同。依恋类型对此有一定的影响：那些回避亲密感高的人讨厌折腾，尤其可能使用间接策略，以此来减少与（前）伴侣发生情感冲突的可能性（Collins & Gillath, 2012）。倘若要直截了当地宣布自己想分手，他们更可能利用短信、电子邮件或社交网络消息等方式，远距离地宣布分手（Weisskirch & Delevi, 2012）。[4]

---

4 我上次与别人分手时 Facebook 还不存在，所以我不确定是否如此，但我认为这种分手方式看起来粗鲁且讨厌。的确，美国少年认为，通过社交媒介或短信宣布结束关系比面对面分手更难让人接受。尽管如此，还是有 27% 的年轻人曾通过短信宣布分手，近三分之一（31%）的年轻人收到过分手短信（Anderson, 2015）。

然而，即使存在这样的特异性，人们普遍同意，除了极个别特殊策略，在伴侣结束恋爱关系的努力中的确存在一些典型元素（Battaglia et al., 1998）。对年轻人的调查发现，恋爱关系的结束通常包括表 13.3 所列的几个常见元素。这一过程通常始于伴侣一方对亲密关系感到厌倦，并开始注意其他人。该伴侣会逐渐疏远对方，并且感情投入减少；但是，这种情况往往导致修复关系的最初努力出现，以让关系回到原来的样子。然而，随着伴侣双方共处时间的减少，兴趣匮乏的感

表 13.3　亲密关系结束的典型脚本

当亲密关系结束时，你可能会发现结束过程一般遵循以下事件顺序。在考虑分手时，情侣们通常会体验到复杂的情感，这个一般脚本列出了这些情感：

步骤 1	伴侣一方开始对亲密关系失去兴趣
步骤 2	失去兴趣的伴侣开始注意其他人
步骤 3	失去兴趣的伴侣开始退避，表现得更加疏远
步骤 4	伴侣双方试图努力解决问题
步骤 5	伴侣共处的时间变少
步骤 6	兴趣匮乏再次浮出水面
步骤 7	有人考虑分手
步骤 8	他们沟通彼此的情感，从而"达成共识"
步骤 9	伴侣双方再次试图解决问题
步骤 10	伴侣一方或双方再次注意他人
步骤 11	他们共处的时间再次变少
步骤 12	他们与其他潜在的替代伴侣约会
步骤 13	他们试图重归于好
步骤 14	一方或双方考虑分手
步骤 15	他们感情破裂，准备采取"行动"
步骤 16	他们最终分手，亲密关系解体

当然，实际的分手过程往往非常特异化，千差万别，但从这个一般脚本中可以明显看出，人们普遍认为，亲密关系的结束过程往往充满矛盾、迂回曲折，直到关系最终解体。

资料来源：Battaglia, D. M., Richard, F. D., Datteri, D. L., & Lord, C. G. "Breaking up is (relatively) easy to do: A script for the dissolution of close relationships," *Journal of Social and Personal Relationships*, 15, 1998, 829–845.

觉会再次浮现，于是，分手的念头又开始蠢蠢欲动。接着，双方讨论他们的关系，同意再做一次努力。然而，他们还是继续注意其他替代选择，并变得更加疏远和退避。他们看到了其他人，这让重归于好的短暂愿望再次被内心呼唤放弃的深思熟虑所取代。他们已做好心理准备，然后就分手了。

此后，会经常出现一些被称为关系清理（relational cleansing）的在线家务（LeFebvre et al., 2015）。人们可能更改或隐藏其个人主页上的感情状态，解除与前伴侣的好友关系或屏蔽他们的消息，编辑自己的照片墙。如今，彻底结束一段亲密关系，通常有很多工作要做!

离婚的步骤

离婚一般比与婚前恋爱伴侣分手更加复杂，但表 13.3 列出的典型事件序列中所表现出的矛盾情感和关系波动同样也是离婚的特征。婚姻不可能一夜之间就结束。结束婚前恋爱关系可能需要数周，而结束婚姻的过程却可能要耗上数年。一项研究发现，在维持了十多年的婚姻中，对关系不满的夫妻通常在婚姻的最后 5 年就已经开始考虑分手了（Stewart et al., 1997）!

在这段时间里，可能会发生许多特殊事件，但史蒂夫·达克认为，大部分的关系解体会经历五个基本阶段（Rollie & Duck, 2006）。在最初的个人阶段，伴侣一方开始心生不满，经常感到沮丧和失望。然后进入双人阶段，不幸福的伴侣会表露出自己的不满。接着可能出现长时间的协商、对峙或试图和解，期间常见的感受包括震惊、愤怒、受伤，有时还会有种解脱感。但是在亲密关系接近结束之际，社交阶段开始了。伴侣们公开宣扬他们的痛苦，向家人和朋友解释自己的遭遇，并寻求支持和理解。随着关系的结束，善后阶段开始。悲伤减少，双方通过各种必须的认知调整和关系清理，逐渐克服他们的丧失，把以往的伴侣关系抛在身后。重新修正和整理记忆，创造出可接受的关系历程故事（即"叙事"）。在此阶段有可能发生合理化解释以及对关系的重新评价。最后，在复活阶段，已离婚的"伴侣"作为单身重新进入社交生活，而且常常告诉别人，他们的这种经历改变了自己，现在他们变得更加聪明睿智了。

在这个一般框架内，人们解除伴侣关系的方式可能会影响他们今后对彼此的情感。一般而言，伴侣双方如果没有就各自不满的原因进行确认和讨论，则不免会对彼此持有不太积极的情感，在分手后也不太可能保持联系；而对这些困难进行了确认和讨论的伴侣其情况则要好得多。此外，对有些伴侣来说，分手只是向另一种持续关系形式的过渡（Dailey et al., 2013）。当亲密关系结束时，可能会有各种各样的结果。我们下面将接着考察。

分手的后果

当人们被问及生活中各种事件分别带来怎样的压力和变化时，配偶的死亡和离婚的冲击则始终高居榜首（Miller & Rahe, 1997）。浪漫伴侣关系的结束通常都是重大事件——虽然离婚往往更为复杂，但非婚爱情的结束也具有重大而深远的影响（Morris et al., 2015）。但是，当伴侣分手时，他们的关系真的就这样结束了吗？未必。

解体后的关系

在爱情关系中，伴侣们分手后会再和好并复合（在某些情况下还会分分合合好多次），这就会出现大量的折腾或**扰动**（churning）。我们中有一半人在青少年期的约会中经历过这种不稳定的恋爱模式（Halpern-Meekin et al., 2012）；更值得注意的是，在美国，超过三分之一（37%）的同居者及近四分之一（24%）的已婚者在关系持续期间都反复经历过分分合合（Vennum et al., 2014）。[5] 这种折腾对于亲密关系往往是不利的，因为它与紧张、不确定性及长期的不满相关联，即使亲密关系仍能持续（Vennum & Johnson, 2014），但是这种折腾的存在的确清楚地表明，亲密关系的结束有时只是暂时的。分手有时只是一段持久亲密关系的过渡阶段（Dailey et al., 2013）。

当分手（最终）成为永久性的，伴侣们可能继续保持朋友关系，至少一段时间如此（Mogilski & Welling, 2017），但大多数情况下，他们对彼此的承诺将逐渐

5　此外，四分之一的人在分手后曾与前任发生性关系，而其中大部分人（63%）在与前任约会时，已经开始与其他人发生性关系（Halpern-Meekin et al., 2012）。鉴于此，我建议你们复习一下第9章中关于"安全而明智的性行为"的深刻讨论。

消失殆尽。这是因为他们分手后遇到的大部分关键事件都是亲密关系的障碍，损害了他们对友好分手后关系的承诺（Kellas et al., 2008）。他们的交往可能会尴尬、不适，妒忌另一方的新欢，抑或他们的性要求被断然拒绝。他们持续的接触可能

专栏 13.2
叙事：我们过去的故事

在阅读本专栏之前，我鼓励你先做一个小练习（Weber & Harvey, 1994, p.294）：

1. 想想你曾在亲密关系中遇到的困难或麻烦。
2. 对这件事你还记得多少？发生了什么？你都做了什么？你感觉怎样？
3. 为什么在你的亲密关系中会发生这样的事情？
4. 你告诉过其他人这一经历及其发生的原因吗？

在回答这些问题时，你就是在进行叙事（narrative），即通过一个故事来解释你的经历。叙事充斥着对人们行为的描述、期望、感受和诠释，以及对事件发生过程和原因的叙述，它们往往能赋予生活中复杂而凌乱的事件以秩序和情节顺序（Slotter & Ward, 2015）。当一段关系持续时，人们对伴侣关系中重大事件建构的叙事，以及这些叙事包含的积极或消极情感基调，可以清晰地表明人们在这段关系中的健康和幸福程度（McCoy et al., 2017）；如果他们的故事结局不幸，伴侣们一年后还生活在一起的可能性微乎其微（Frost, 2012）。

另外，当一段关系结束时，关于其终结的叙事会包含这段关系的发展史，包括关系的开始、对关系中存在问题的理解、对分手的反应，以及个体之后的应对之策。它们是来自叙述者认知的个人故事，但未必是"真实的"。事实上，根据他们过去的种种抱怨，从前的伴侣通常会对那段失败的关系建构出完全不同的描述（Harvey & Fine, 2006）。

我们有时的确会建构有利于自己的叙事，为自己的行为辩护，以有助于我们维持自尊。我们也可能利用叙事影响他人对我们的看法。最好的、最有适应意义的叙事有助于我们从已发生的事件中寻找意义；这样的叙事聚焦救赎，即我们从过去的关系中学到的教训和获得的个人成长，它们与我们适应单身生活时较轻的痛苦和抑郁有关（Frost et al., 2016）。我们的叙事越完整，即对构成我们亲密关系的人物、情感、事件序列及原因的描述越连贯，细节越多，我们的适应就可能越好（Kellas & Manusov, 2003）。考虑周全的叙事能提升个体的幸福和成长感，提高我们对他人的同理心，所以它们是我们从丧失中恢复的关键因素。

会妨碍新的恋情（Rodriguez et al., 2016），而且他们最终会发现，避开对方、屏蔽掉电话或者搬家双方更容易彻底断开。当然，在分手后，曾经的恋人之间有时的确会发生一夜情，彼此提供必要的支持，寻求对方宽恕，而且有些人还维持着宝贵的友谊。尤其是同性恋者，在爱情关系结束后，他们比异性恋者更有可能与前任保持联系（Harkless & Fowers, 2005）。但是，在大多数情况下，当分手发生后，我们面临的任务是，我们终究要在没有前伴侣的情况下继续我们的生活。这种适应过程又是怎样的呢？

从分手的低谷中走出来

当然，有些关系更丰富、更有价值，具有很高的共同性和自我延伸的特点，[6] 失去这样的伴侣关系会格外令人痛苦。如果一段亲密关系是值得的，而且是我们自我定义的核心部分，那么失去这段关系，我们的自我概念也不得不发生改变（Mason et al., 2012），这会是一个相当艰难的过程，常常会出现强烈的消极情绪（Morris et al., 2015）。但是，这些情绪通常没有我们想象得那么强烈，也不会永远持续下去。人们能够治愈。

通过一项有趣的经验取样研究（Sbarra & Emery, 2005），研究人员获得了弗吉尼亚大学年轻人在结束一段有意义的恋爱关系（至少持续4个月以上）后一个月内的日常情感体验报告。参与者随身携带蜂鸣器，提醒他们每天不定时记录自己的感受。研究人员监测到了四种情绪反应（见图13.3），结果表明，正如你所料，分手的确是痛苦的。与另一组恋爱关系仍在持续的学生相比，这些分手的人感到愤怒且悲伤，他们的勇气和力量正在被侵蚀。两周后，随着他们对前任的爱慢慢消退，他们的愤怒和悲伤也在减少，但他们的解脱感更低了。然而，他们的自我调适仍在继续；又过了两周，他们就不比身边的同学更悲伤了，那种解脱的感觉也在恢复。一个月后，他们对前任的爱显著地减少，自己的勇气和力量又回来了。

重要的是，这一切并没有他们想象得那么可怕。在另一项研究中，研究人员每两周询问一次年轻人，让他们想象一下，如果他们现在的恋爱关系结束会有什么感觉——随后开始追踪那些恋爱关系的确结束了的年轻人的实际反应（Eastwick

---

6　这两个概念我们分别在第1章和第6章中介绍过。

et al., 2008）。在分手前，参与者正确地预测了失恋的痛苦随时间流逝而消退的速度——他们知道时间会治愈他们的创伤——但他们却高估了分手起初的痛苦。这种错误很普遍。我们对我们分手后情绪反应的预测往往被夸大了（Tomlinson et al., 2010）。不过，在这种情况下，这种错误的预测也带来了一些好消息：虽然分手通常很糟糕，但一般来说，分手并没有我们想象得那么痛苦。

　　当然，有些分手相对而言更糟糕。一般来说，被人拒绝比拒绝别人更令人难以接受（Morris et al., 2015）。那些在分手时为自己失去的东西闷闷不乐、沉湎于

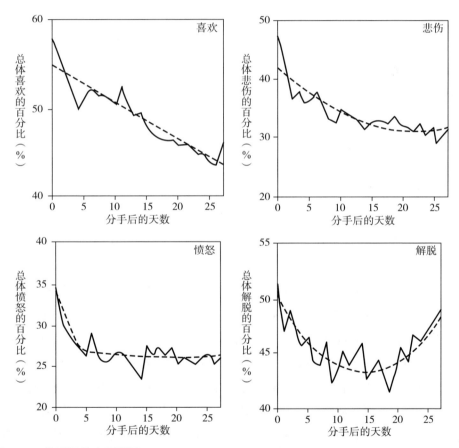

图 13.3　分手后的心理调适

当和恋人分手时，年轻人会感到悲伤和愤怒，但随着时间的推移，这些负面情绪会变得不再那么强烈。分手一个月后，他们基本能摆脱过去的恋情，又重新振作起来。

资料来源：Sbarra, D. A., & Emery, R. E. "The emotional sequelae of nonmarital relationship dissolution: Analysis of change and intraindividual variability over time," *Personal Relationships*, 12, 2005, 213–232.

自己糟糕情绪的人，可能会过得很艰难；翻来覆去的反刍思维（rumination）只会延长我们的痛苦，而反省（即找寻经历中的意义并期望从中学习）则与积极的调适和恢复有关（Saffrey & Ehrenberg, 2007）。但是，那些忧虑被弃、有不安全依恋的人，尤其可能在心理上难以释怀。他们的注意力仍集中在前任身上（在想到他/她与别人相恋时特别不安），所以他们比其他人更悲伤，且悲伤持续的时间也更长（Sbarra, 2006）。［为了忘掉前任，他们可以着手浏览约会网站，看看那里都有些什么样的人；焦虑的人把目光投向新朋友，反倒更容易从失败的亲密关系中走出来（Spielmann et al., 2009）。但是，任何人都不应该再去浏览前任的社交网络上的主页；人们用于查看前任主页上的时间越多，其感情创伤愈合并开始新生活所需的时间就越长（Lukacs & Quan-Haase, 2015）。］安全依恋类型的人能更好地应对分手，他们更少忧虑，所以不太可能一直愤怒。他们也更容易接受关系结束的事实，所以他们能够更快愈合，更快地从悲痛中恢复过来（Sbarra, 2006）。

离婚不同于恋人分手

婚姻的结束一般更为复杂。离婚要分割财产、规定子女抚养、遵从法律程序，它会改变人们的生活，有时变好，有时变坏。

调　适

我们从好的一面开始。当人们从一段痛苦的婚姻中走出来，尤其是离开充满敌意、有虐待倾向的伴侣时，他们的境况会渐渐变好（Bourassa et al., 2015）。那些在婚姻行将消亡时抑郁并跌到谷底的配偶，离婚后往往感觉更好，而不是更糟（Cohen et al., 2007）。如果婚姻孤独凄凉、无可救药，做出改变是可取的。

然而，从整体来看，离婚是复杂的，往往是一段艰难的过程，可能会让人们之后几年的状态都不甚好。图 13.4 呈现了一项著名的调查结果，即德国社会经济定组研究（German Socio-Economic Panel Study）。该研究在 18 年的时间里对 30 000 多名参与者所经历的亲密关系结果进行了监测（Lucas, 2005）。在此研究期间，数百名参与者离婚或丧偶，一般来说，这两件事都很可怕，会导致人们对生活的满意度大幅下降，从图中可一目了然，但还有三种其他模式值得注意。首先，注定要离婚的人在离婚前数年就已经不太幸福，他们甚至在迈入婚姻时就不太满意。

其次，离婚通常能终止婚姻满意度日益下降的痛苦模式，一旦他们离开痛苦的婚姻，生活开始变得更好。最后，若干年后，他们仍不如婚姻衰落和瓦解之前那么幸福。人们离婚后的幸福状况存在很大的个体差异，图 13.4 所示的平均轨迹让离婚看起来比大多数人的实际情况更为凄惨，大多数人在一段婚姻结束后都能韧性十足地恢复。一些人（9%）离婚后比离婚前幸福得多。然而，对于另一些人而言，离婚带来的幸福感下降是长期存在的。即使离婚数年后，仍有 19% 的离异者不如婚姻失败前幸福（Mancini et al., 2011）。离婚通常是人们生活中的一种重大事件，虽然时间能够疗伤，但或许并不能彻底治愈你的伤痛。

　　虽然图 13.4 所示的结果很清晰，但我们也要承认丧偶之人承受的毁灭性丧亲之痛（Infurna & Luthar, 2017）。局外人很难理解这种丧失带来的伤害程度。二十

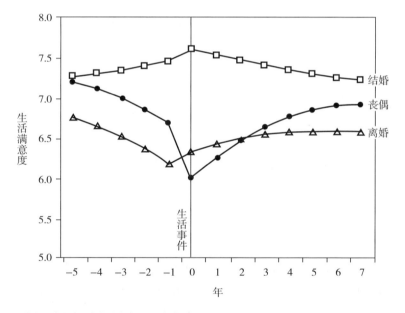

图 13.4　结婚、离婚、丧偶与生活满意度

图中呈现的是成千上万的德国人在结婚、离婚或丧偶期间的生活满意度。图中曲线表明的是平均轨迹，个体的结果会有所不同。但整体来看，结婚的确让人们在一段时间内更幸福；但几年后，他们并不比婚前更幸福。丧偶是可怕的，尽管会得到实质性的疗愈，但它仍然有持久的消极影响。大多数离婚都结束了一段长时间的幸福感下降——但若干年后，离婚的人仍然不如婚姻完整的人幸福。

资料来源：Lucas, R. E. "Adaptation and the set-point model of subjective well-being," *Current Directions in Psychological Science*, 16, 2007, 75–79.

年后,丧偶的男女仍旧会在想象中和他们失去的爱人谈话,大约每月一次(Carnelley et al., 2006)。正如图中所示,平均而言,他们的生活满意度在很长一段时间内都在下降。十年后,丧偶者仍然会偶尔悲伤发作,尤其是那种高焦虑被弃的幸存者(Meier et al., 2013),或者配偶的离世突然而意外(Stroebe et al., 2012)。所以,就像失去自己的孩子一样,丧偶的伤痛是永远抹不去的,宽厚、支持性的朋友会尊重这一点。

我们回到离婚的问题上来。在 25 岁之后离婚的人中,只有约三分之二(68%)的人会再次结婚,平均而言,再婚者会在 4 年内冒险尝试第二次婚姻(Elliott & Simmons, 2011)。再婚常常是离异单身人士生活的转折点,与他们的幸福感增加有关(Blekesaune, 2008);事实上,离异后一直单身的人在接下来的 40 年间比再婚的同龄人死亡的可能性高 55%(Sbarra & Nietert, 2009)。但是,无论他们是否再婚,超过四分之三的离异者在离婚 6 年后报告说,离婚对于他们来说是件好事(Hetherington, 2003)。

> **想一想** ✔
>
> 在经历了离婚带来的种种困境后,男性比女性更可能再婚(Livingston & Caumont, 2017)。为什么?

所以,离婚的结果根据情况而不同。人们要耗费数年的时间来适应婚姻的结束,但大多数人都能逐渐重新振作起来。然而,有些人却因离婚而深受打击,在此后的多年里,他们的生活和人际关系中充满痛苦和困难(Sbarra et al., 2015)。几乎每个人都会发现,压力并没有在离婚后消失;离婚会改变个体的社交圈子、经济状况及亲密生活。

社交圈子

在离婚的过程中,人们会向自己的朋友和家人寻求支持,他们与朋友相处的时间会增加,特别是在离婚后的第一年里(Hanson et al., 1998)。然而,当婚姻结束时,人们通常会失去大约一半的社交圈子成员(比如某些朋友和大部分姻亲),而且在许多情况下,离异者此后也未能结交足够的新朋友来取代他们失去的朋友(Terhell et al., 2004)。所以,在离婚后的数年里,人们的社交圈子通常会变小。

此外,个体社交圈子里剩下的成员并非全都是支持性的。约 50% 的离异者与前配偶处于敌对或紧张状态时,其中有一半的人说他们的亲属不赞成他们离婚(Stewart et al., 1997)。并不是每个与离异者关系密切的人都会提供理想的支持。

专栏 13.3
想保护地球吗？那就不要离婚

当你离婚时，另一个让你感觉糟糕的原因是你和前任不再共享同一个居住空间，你们当然也不会一起洗澡；比起之前在一起时，你们每个人消耗了更多的能源和其他资源。照明、空调、做饭和清洁用水等——凡你能想到的——夫妻共用资源的人均消耗远少于单身一人的消耗。

据保守估计，如果美国所有离婚者人均使用资源与那些维持婚姻的人一样，那么每年可以节省 730 亿千瓦时的电力、6 270 亿加仑的水以及 3 800 万个房间的生活空间（Yu & Liu, 2007）。天啊，当你和伴侣分手搬出去住的时候，请找一个室友合住吧。

经济资源

离婚后，女方的财务状况通常会恶化。全美调查发现，离婚女性的家庭收入显著下降，降幅达到 27%，并且这一现象已经存在了数十年（Emery et al., 2012）。男方的家庭收入通常也会下降，但他们离婚后更可能独自生活；而女性更可能还要抚养子女。所以，如果考虑离婚后要养活的人数，男性的人均收入在离婚后的一年内上升了 34%，而抚养子女的女性的收入则下降了 36%（Sayer, 2006）。实际上，男性有更多的钱花在自己的需要和兴趣上，而女性花在自己身上的钱通常较少。平均而言，离婚后，女性的生活水平会降低，而男性的则会提高（Sharma, 2015）。

前配偶之间的关系

当一对夫妻有孩子时，离婚并不意味着他们彼此的联系就此结束。作为孩子的父母，他们通常会继续保持联系，而敌意、摇摆、恋旧或悔恨可能都会严重影响他们持续的互动（Halford & Sweeper, 2013）。从这些矛盾的情感中似乎可以得出婚姻结束后的四类关系（Ahrons, 1994）：暴躁的仇敌、愤怒的同伴、合作的同事和完美的朋友。对于暴躁的仇敌和愤怒的同伴而言，伴侣彼此之间的敌意仍是他们离婚后关系的主要特征。尽管愤怒的同伴相互之间明显缺乏尊重，但他们在离异后共同养育子女方面还是有合作空间的；而暴躁的仇敌则鲜有这种合作精神，怨恨使得他们总是发生争执。合作的同事并不是好友关系，但他们彼此能礼貌而友善地对待对方，在养育子女的任务上也能成功合作。最后，完美的朋友维持着"建立在彼此尊重基础上的深厚情谊，并不会因为他们决定分开生活而受到侵蚀"（Ahrons, p.116）。在美国中西部离异父母的一个样本中，离婚一年后，有一半还保持着友好的关系（38% 的合作的同事，12% 的完美的朋友）；另有一半有痛苦的关系（25% 的愤怒的同伴，25% 的暴躁的仇敌）。［20 年后，情况变得更稳定了一些，其中 60% 的离异夫妻关系融洽，只有 22% 的人仍是愤怒的同伴或暴躁的仇敌。然而有 18% 的前配偶形同陌路，彼此根本没有任何联系（Ahrons, 2007）。］

离异家庭的孩子

终于有了定论。对数十万人进行了数十年的研究最终得到一个结论：与那些父母仍维持婚姻的孩子相比，父母离异的孩子在青少年期和成年早期的幸福感都较低。他们的心理适应能力相对低下，体验到更多的抑郁和焦虑，对生活的满意度较低。他们的问题行为更多，如吸毒、违法、少女怀孕、学业不良等问题更为严重。如前所述，他们成人后的亲密关系也更为脆弱，离异家庭的子女比其他人更可能分手或离婚。这些影响一般不是很严重，很多儿童经历了父母的离异却

© Photographee.eu/Shutterstock

你觉得图片中的这对前配偶是暴躁的仇敌、愤怒的同伴还是合作的同事？（他们看起来不像完美的朋友！）

并没有太大的困扰。不过，父母离婚的整体影响通常是负面的，虽然影响不太大（Amato, 2010; Sbarra & Beck, 2013）。

为什么离异家庭的孩子境况不太好？我们刚才提到的不良结果与父母离婚只是存在相关，这些现象发生的原因可能很多。经历了离婚的配偶和家庭可能在几个重要方面，与那些未曾离婚的配偶和家庭存在差异，许多因素都在起作用。例如，离异家庭的孩子可能继承了不稳定婚姻的某些高风险因素，所以并不能完全归罪于他们父母离异所带来的压力（D'Onofrio et al., 2007）。那些令父母成为糟糕伴侣的特质，比如神经质或冲动性，或许在孩子一出生时就传递给了他们，从而使离婚在基因上代际相传，而不只是后天经验的传递。不过，考虑到其中的复杂性，父母离异带来的各种压力通常也可能有很大影响，包括失去父亲或母亲，双亲应激、经济困境和家庭冲突（Lansford, 2009）。

根据**双亲丧失**（parental loss）模型的观点，假定拥有父爱和母爱能让儿童获益，不论何种理由（包括离婚），儿童在失去父亲或母亲后境况都可能不太好（Barber, 2000）。如果确实发生了离婚，当儿童仍能与双亲共处时，他们会生活得更为顺利些（Fabricius & Suh, 2017）；而如果双亲中有一方远离他们，他们则表现得很糟糕（Braver et al., 2003）。

相形之下，**双亲应激**（parental stress）模型则认为，最关键的是儿童接受到的养育的质量而非数量，任何能干扰或削弱儿童养育的应激源（包括离婚）都会产生有害的影响。根据这种观点，儿童受影响的程度取决于有监护权的父母一方适应离婚的程度。与这个观点一致的是，早在父母真正分手前，他们就已经对婚姻不满，而孩子在学校表现得也会较差（Sun, 2001）。当然，一个重大的应激源是经济困境，有时或许是离婚后出现的贫困环境，而非仅仅离婚本身，给儿童带来更大的压力（Neppl et al., 2016）。如果有监护权的父（母）有充分的资源来很好地支持儿童，他们面临的困难就都会减少（Sun & Li, 2002）。[的确，你或许对离异家庭的孩子往往要面临的这一不利结果深有感触：与婚姻关系正常的父母相比，离异的父母为子女上大学付出的金钱更少（Turley & Desmond, 2011）。]

所有这些因素都有影响，但其中影响最大的是**双亲冲突**（parental conflict）这一因素（Lansford, 2009）。父母之间激烈的冲突常常让他们的孩子难以承受，无论是否离婚，家庭冲突都与孩子更高的焦虑（Riggio, 2004）、更差的健康（Miller & Chen, 2010）以及更多的问题行为（Clements et al., 2014）有关。值得注意的是，如果婴儿生活在高冲突的家庭中，即使婴儿在睡觉，他们调节情绪和应激的脑区对愤怒的争吵声也有更强烈的反应（Graham et al., 2013）。所以，请看图 13.5：如你所料，当孩子生活在很少发生冲突或分歧的完整家庭中时，他们最幸福；而当离婚发生在低冲突的家庭时，孩子的幸福感会降低很多。但是，如果孩子生活在持续发生冲突的家庭，父母不离婚则会使他们的情况更糟糕；当一个充满戾气、陷入困境的家庭因离婚而破裂时，孩子的幸福感几乎没有下降（Amato, 2003）。因

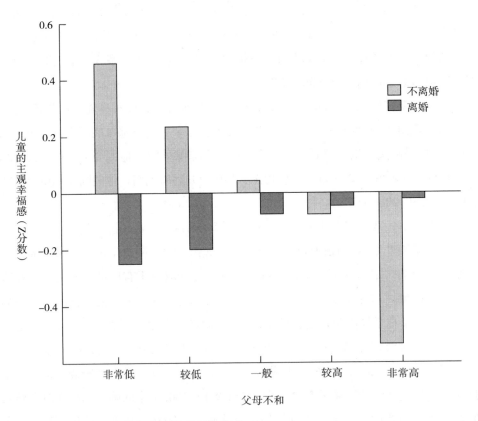

图 13.5　父母不和、离婚与儿童的主观幸福感

本图关注了家庭矛盾和冲突，并比较了离婚家庭的儿童与完整家庭的儿童的主观幸福感。当离婚发生在低冲突的家庭中时，孩子们的情况很糟糕；但当家庭中有很多矛盾而父母又不离婚时，孩子们的情况甚至会更糟。那些考虑"为了孩子而在一起"的夫妻应该思考他们是否能为孩子提供一个平静安宁的家。

资料来源：Amato, P. R. "Reconciling divergent perspectives: Judith Wallerstein, quantitative family research, and children of divorce," *Family Relations*, 52, 2003, 332–339.

此,痛苦的夫妻是否应该"为了孩子而在一起"似乎取决于他们能否彼此以礼相待。当和平的婚姻破裂时,孩子就会受到伤害;如果家庭充满冲突,则离婚倒会让孩子的境况变得更好(Maleck & Papp, 2015)。

还有两点需要说明。首先,毫无疑问,如果能够在离婚后维持高质量的亲子关系,那么孩子受到离婚的影响就会相对较小。不管是什么原因,当孩子能继续与父母和祖父母保持有意义的、充满关爱的联系时,离异家庭的孩子要承受的糟糕后果通常会大大减少(Henderson et al., 2009)。当父母合作成为体贴、尽心的共同父母时,孩子在成长过程中就能与他们及其他亲人保持更好的关系(Ahrons, 2007)。其次,离异家庭的孩子体验到的许多糟糕后果会随时间的推移而逐渐减少(Sun & Li, 2002)。人是有心理韧性的,倘若能得到充分的爱护和支持,孩子们就能恢复到正常状态(Emery et al., 2012)。离婚或再婚的父母记住下面这点可能会有帮助:如果子女能够免于贫困,得到充满关爱的、可靠的和一致的养育,并远离父母冲突带来的伤害,他们就能快乐地成长。

请你思考

康妮和博比在读高三的时候就结婚了,当时康妮怀上了他们的第一个孩子。他们没有多少钱,而婴儿又需要人照看,所以两人都没有上大学。几年后他们又有了第二个孩子,根据他们目前的状况,他们似乎不该要这两个孩子。博比现在是长途汽车司机,离家跑长途一去就是好几天。康妮在百货商店做收银员,现在她对婚姻越来越不满。她总觉得自己不该过这种捉襟见肘的生活,心中开始暗暗看不起博比。博比是一个乐观、友善之人,非常关心自己的孩子,但却没有什么雄心大志。康妮开始认为博比永远不会"有所作为",所以,有一天当博比在外跑长途时,她欣然接受了商店里的一位地区经理的晚餐邀请。她幻想着,如果自己能和经理结婚,生活该是多么美好。她决定和经理上床,看看情况会怎样。

依你看,康妮该如何做?康妮和博比的未来会怎样?为什么?

本章小结

离婚率的变化

离婚的普遍性。在20世纪，离婚变得越来越普遍，尤其在美国。

离婚率增加的原因。对婚姻的高期望、女性步入职场、性别角色的变化、日益兴起的个人主义、无过错离婚法及婚前同居都可能有影响。儿童也更可能面临父母的离异，我们很多人身边都有离异的朋友。

离婚的预测因素

障碍模型。当吸引力和障碍都很低，而替代选择的价值又很高时，离婚就可能发生。

脆弱—压力—适应模型。持续存在的个体的脆弱、压力事件和人们应对困难的适应过程结合在一起影响了婚姻的质量。

亲密关系适应过程项目结果。持续动力模型能预测婚姻的幸福程度，但幻灭模型能最好地预测哪对夫妻实际上会离婚。

婚姻早期项目结果。伴侣们构筑亲密关系的社会背景对他们婚姻关系的结果有重要影响。

人们对自身婚姻问题的个人看法。离婚的夫妻认为，他们提出离婚的3个最常见的理由是：不忠、感情破裂和药物滥用。

离婚的具体预测因素。很多社会学的、人口统计学的、人际关系的、个人的影响因素都与离婚风险的增加有关。

分手

与婚前伴侣的分手。不懈的间接性是最常用的分手策略。人们在分手后常常会修改自己社交媒体上的内容，这种行为被称为关系清理。

离婚的步骤。当配偶离婚时，他们常常要依次经历个人阶段、双人阶段、社交阶段、善后阶段和复活阶段。

分手的后果

解体后的关系。在恋爱关系破裂后,有些伴侣会继续做朋友,但大多数人会形同陌路。在一段关系最终结束前,可能会出现一些折腾或扰动。

从分手的低谷中走出来。离婚常常会引发强烈的负面情绪,但这些情绪通常不如我们预期得那般强烈,也不会永远持续。

离婚不同于恋人分手。离婚通常是重大事件,其后果会持续很多年。

离异家庭的孩子。离异家庭的孩子的幸福感会降低,但如果父母能与他们保持联系,彼此以礼相待,孩子仍能健康成长。如果父母脾气暴躁、彼此充满敌意,那么相比不离婚,他们离婚对孩子可能更好,因为经常发生的父母冲突对孩子有害。

第 14 章

亲密关系的维持和修复

这是最后一章，你对本书的阅读即将收尾。所以，我们来盘点一下前面谈到的内容。你现在了解了多少在阅读本书前并不知道的内容？这一点只有你自己确切地知道，但这里列出了一些可能的内容：

- 人们通常期望男性具有果断自信、自强自立而非温情脉脉、温柔体贴的行为风格，而这种行为风格并不能将他们培养成长期亲密关系中非常理想的伴侣。

- 低自尊的人有时会小题大做或者知觉到根本不存在的排斥，从而破坏他们的亲密关系。

- 临近、熟识和方便是决定具有奖赏价值的亲密关系能否开始的重要因素。可能我们与许多人都能建立美满的亲密关系，只不过我们与他们永远不会相遇。

- 外貌很重要，如果你的外表没有吸引力，很多人会忽视你而不是想去结识你。

- 我们并不像自己以为的那样了解或理解自己的伴侣；即使在成功的亲密关系中，仍存在很多误解。

- 当我们刚认识对方时，他们会努力给我们留下好印象，但一旦我们喜欢或爱上他们时，他们就不会那么努力地表现得彬彬有礼、端庄高雅和讨人喜欢了。

- 男性在非言语沟通方面通常不如女性，而非言语沟通方面的不足与亲密关系中的不满有关。

- 当我们与伴侣交谈时，许多时候伴侣并没有接收到我们想要传递的信息，而我们有时意识不到这一点。

- 坏的比好的更有力量，我们与伴侣之间偶尔刻薄或挑剔的互动比我们为他们做的千桩好事更有影响力。

- 从长远来看，亲密关系的代价往往比我们预期的要大得多。如果你认为你的亲密关系将带给你源源不断的幸福和喜悦，你肯定会失望。

- 浪漫而热烈的爱情是我们选择结婚的主要原因之一，但它往往会随时间的推移而减弱。

- 约三分之一的人不能轻松舒适地对待相互依赖的亲密感；他们要么担心伴侣不够爱自己，要么在伴侣太亲近时感觉不自在。

- 男性往往比女性想要更多的性生活，挫折感常常由此而生。

- 或迟或早，我们的伴侣可能会以某种方式背叛我们，给我们带来伤害和痛苦。

- 冲突是不可避免的。

- 平均而言，婚姻并不如过去那般幸福，离婚也更为普遍。

呀！这么长的清单。这些只是我们遇到的不幸事实中的一部分；其他几种影响因素，如神经质和自恋等人格特质，或者嫉妒或孤独的心理状态，也会使亲密关系受挫。

总之，这些模式可能描绘了一幅悲观的图景，的确，现代婚姻令人惊讶的低成功率表明，许多伴侣关系并不像人们期望的那般美好。另一方面，我们探讨过的话题中也有很多乐观的事实，比如以下几点：

- 许多男性（约三分之一）也像女性惯常的那样温情脉脉、温柔体贴、善解人意和善良友好。而不具备这些特点的男性也可能通过学习变得比现在更有温情、更善于表达。

- 幸福的恋人宽容地看待自己的伴侣及其行为，在有疑问时选择相信伴侣，即使伴侣偶尔行为不当，也仍然认为他们是善良体贴的。

- 许多人寻求并享受与浪漫伴侣之间相互依赖的亲密关系。

杰夫·麦克内利的鞋

Shoe © 2003 MacNelly, Inc. Distributed by King Features, Inc.

亲密关系很复杂，常常比我们预期的代价更大。但现在你已经读了这本书，你不应该像漫画中的人物那样悲观。

- 在幸福的亲密关系中，当激情减退时，取而代之的是一种深厚、饱含感情的友谊，这种友谊对身处其中的人来说丰富、温暖且令人满意。
- 真正的宽恕对接受方和给予方都有益，在那些最值得挽救的亲密且令人满意的关系中，宽恕最容易获得。
- 也许最重要的是，如果我们努力，几乎所有人都能成为更体贴、更有魅力、更有价值的伴侣。当男性有动力进行非言语沟通时，他们会在这方面做得更好。如果我们能花时间检查自己理解的准确性，就能减少或消除言语上的误解。只要用心去做，我们就可以在对待伴侣时更礼貌、更无私、更体贴、更少挑剔。

有许多理由使我们相信，凭借智慧和努力，我们可以和爱侣从此过上幸福的生活。的确，我深信"知识就是力量"：更好地理解了亲密关系后，我们就能做好充分的准备，预防某些问题，并轻松地克服其他难题。最令人高兴的可能是，当我们对伴侣关系做出承诺后，我们会采取各种行动来保护和维持我们所享受的满足感。而且，即使出现了问题，很多问题也能得到解决，很多伤口也可以愈合。当我们在亲密关系中遇到挫折时，如果我们愿意，我们往往能够完全克服这些困难。

在这最后一章中，我们将考察伴侣用来保护和维持其满意度的机制，以及可使摇摇欲坠的满意度得以恢复的干预措施。尽管存在大量必须克服的障碍，但许多亲密关系不仅能坚持下来，还能茁壮成长。

亲密关系的维持和提升

我曾在第 6 章中介绍过，人们常常会采取各种行动保护和维持理想的亲密关系。来自两大学术阵营的研究者考察了**关系维持机制**（relationship maintenance mechanism），即人们为维系伴侣关系而采取的策略性行动。支持卡里尔·鲁斯布特（Caryl Rusbult）投入模型[1]的社会心理学家发现了几种随承诺而来的行为，而沟通学者也注意到了其他能将幸福的伴侣与不太满足的伴侣区分开来的行为。我们分别考察这两组发现。

遵守承诺

对一段伴侣关系做出承诺、希望并期望这段关系继续下去的人，其思维和行为方式都不同于承诺较少的伴侣（Ogolsky & Bowers, 2013）。当他们预见到与伴侣未来的幸福生活时（Lemay, 2016），他们会以有助于维系伴侣关系的方式看待自己、伴侣及双方关系，并且以能够避免或化解冲突、充实亲密关系的方式行事。

认知维持机制

当人们对自己的亲密关系全身心投入时，他们的观点会在几个重要的方面发生变化。首先，他们不再认为自己是独立的个体，而是包括自己和伴侣在内的更大的整体的一部分。他们认识到伴侣的生活和自己的生活有更大的重叠，他们使用更多的复数代词，用我们、我们的取代我、我的（Agnew et al., 1998）。自我定义的这种变化被称为**认知的相互依赖**（cognitive interdependence），它使得我在下面提到的一些其他维持机制更可能发生（Soulsby & Bennett, 2017）。比如，比起只是照顾"你"，我可能更有动力照顾"我们"。

其次，做出承诺的伴侣以**积极错觉**（positive illusion）来看待彼此，会将彼此理想化，并尽可能从最好的角度看待他们的关系（Fletcher et al., 2013）。伴侣的过错被认为是相对微不足道的，关系的缺陷被认为是相对不重要的，伴侣的不当行为被认为是无心之失或一时冲动（Neff & Karney, 2003）。让这些积极错觉变得有

1　需要时请参考第 6 章。

趣的一个特点是，人们通常很清楚伴侣偶尔做出的令人讨厌或鲁莽之举，但会故意记错并为之辩解，以此维持他们对伴侣的总体评价，而这种评价比其各部分之和更积极（Karney, 2015）。只要积极错觉不过于离谱，这些乐观的看法能让伴侣偶尔的过失易于接受，从而有助于保护人们的幸福感。

积极错觉的一种特殊形式可以说是第三种认知维持机制。信守承诺的伴侣倾向于认为他们的亲密关系比大多数人的都更好，而且他们越幸福，就会认为其关系越与众不同（Reis et al., 2011a）。这种**感知到的优越感**（perceived superiority）使个体的伴侣关系看起来更特别，也确实让亲密关系更可能持久（Rusbult et al., 2000）。

感到满足的伴侣也不太可能四处寻觅，寻找其他恋人。有吸引力的情敌可能分散伴侣的注意力，吸引伴侣弃我们而去，但前提是我们的伴侣知道这些人的存在，而满足的伴侣会表现出**对替代选择的无视**（inattention to alternative），这使他们对替代选择相对不感兴趣，也不清楚自己会从替代关系中得到什么（Miller, 2008）。与那些对现有关系比较满意的人相比，对当前伴侣关系不太投入的人更好奇、更急切地关注其他选择。例如，在实验室程序中，如果给予他们机会，他们会逗留更长时间，更仔细地审视有吸引力的异性成员的照片（Miller, 1997a）。未做出承诺的情侣们会继续四处寻找更好的伴侣，这会给他们当前的亲密关系带来风险：那些从学期开始时就留意其他选择的大学生，在学期结束时不太可能仍然与同一位恋人在一起（Miller, 1997a）。相形之下，做出承诺的情侣相对来说并不留心他们在其他的关系中会怎样——他们不太关注此类可能性——这有利于保护和维持他们当前的伴侣关系。

此外，当做出承诺的伴侣的确注意到有吸引力的情敌时，他们也会觉得情敌不如其他人认为的那样有吸引力（Petit & Ford, 2015）。承诺会让人们贬低那些可能诱使他们离开现有亲密关系的人（Cole et al., 2016），这一**贬低诱人的替代选择**（derogation of tempting alternative）机制会让人们觉得其他可能的伴侣并不如他们已有的伴侣有吸引力。让这一知觉偏差变得有意思的一点是，当替代选择非常有诱惑力，因而对个体的亲密关系构成最大威胁时，这种偏差最离谱。比如，如果被告知迷人的异性远在另一个城市，做出承诺的伴侣就不会贬低这些人的照片，但如果被告知迷人的异性是本校的同学，做出承诺的伴侣就会认为他们不那么有吸引力（Simpson et al., 1990）。为了保护他们的亲密关系，幸福的情侣一般会低估其他潜在对象的吸引力。

行为维持机制

　　如前所述，为了维持亲密关系，人们通常会在认知上微妙地改变对自己、他人和亲密关系的感知或判断。其他维持机制则涉及行为的改变。

　　一方面，做出承诺的人通常愿意为亲密关系做各种个人牺牲，比如为了增进伴侣或双方关系的福祉，做他们原本不愿意做的事情，或者不做自己原本喜欢的事情（Totenhagen et al., 2013）。这种**牺牲的意愿**（willingness to sacrifice）通常涉及微小的代价（比如因为伴侣想看而去看一场自己不感兴趣的电影），并且满足的伴侣经常会做出这样的小牺牲（Ruppel & Curran, 2012）。但牺牲也可能涉及巨大的代价，即人们为了保持或丰富他们的伴侣关系而忍受相当长时间的剥夺（Day & Impett, 2016）。比如，如果你已经结婚，你的配偶为了帮助你求学可能不得不面对许多困难；但如果他 / 她对你们共同的未来是全身心地投入，那么这可能是你的配偶愿意付出的代价。

　　在这方面，**祈祷**（prayer）是有益的。严谨的研究发现，那些开始为伴侣的成功和幸福而祈祷的人变得对自己所做的牺牲更为满意（Lambert et al., 2012），也更为宽容（Lambert et al., 2013）。一般而言，那些为伴侣祈祷的人往往对自己的亲密关系更为满意和忠诚。然而，值得注意的是，为自己的需要和愿望而祈祷并没有这种效果（Fincham & Beach, 2014）。

> **想一想** ✔
>
> 为什么为伴侣的幸福祈祷会使我们对他们更宽容、更慷慨？

　　如果伴侣对待我们的方式鼓励我们逐步变成我们希望成为的人，亲密关系也可能变得更成功。当伴侣鼓励我们去成为最好的自己时，如支持我们去学习想学的技能，赞同我们接受有前途的新角色和责任，促进我们寻求自我成长，我们的亲密关系和个人幸福都会得到提升（Overall et al., 2010a）。这就是**米开朗基罗现象**（Michelangelo phenomenon），它是以著名的雕塑家米开朗基罗命名的，他用普通的石块创造出了令人振奋的艺术作品（Rusbult et al., 2009）。当伴侣关系刚建立时，极少有人完成了成长和改变，当伴侣的目标促进他们关系的健康时，做出承诺的伴侣会帮助彼此成为他们渴望成为的人（Hui et al., 2014）。

　　做出承诺的爱人还倾向于忍受伴侣的一些不严重的苛刻对待而不还击。这就是**顺应**（accommodation），即控制回击伴侣挑衅的冲动，反而做出建设性回应的意愿（Häfner & IJzerman, 2011）。平静而沉着地宽容伴侣的不良情绪、无意义的批评、考虑不周和其他烦人的行为，就属于顺应。它不涉及牺牲；相反，只要伴侣的冒犯只是偶尔或暂时的，顺应就提供了一种避免可能会使不良互动持续下去的无谓冲突的有效方法。当伴侣双方都倾向于"保持冷静"而非"以牙还牙"时，他们一般会拥有幸福的亲密关系（Rusbult et al., 2001）。

　　然而，我要指出的是，做到顺应需要努力。顺应要求我们忍住不说并控制脾气，因而它涉及主动的自我约束——实际上，**自我控制**（self-control，即个体管理自己的冲动、控制自己的思绪、执着地追求既定目标并抑制不当行为的能力）总体上有益于亲密关系。一般而言，自我控制能帮助我们做正确的事并且免做错误的事（Karremans et al., 2015）。尤其是，自我控制能让我们避免对挑衅做出反击，所以自控力强的人极少（如果有的话）实施亲密伴侣暴力（Finkel et al., 2009）。相反，自我控制力强的人为了伴侣的利益会做出更多的牺牲（Pronk & Karremans, 2014）。宽恕要求我们不要心怀怨恨，故而自控也让人更可能宽恕（Karremans et al., 2015）。最后，我们可以利用自控抵制诱惑，故而它能帮助我们抵抗有吸引力的替代伴侣的诱惑；已置身于亲密关系之中的人认为自控力越强就越容易保持忠贞，并且他们在新认识的人面前的确显得更不轻浮（Pronk et al., 2011）。

　　实际上，人们在自我控制的倾向性水平（即他们控制冲动的一般能力）上存在差异，如果你还算明智，就会找一位在必要时有足够坚持和克制能力的伴侣。这是因为伴侣双方越能自控（也就是说，他们一起明智决策和正确行事的能力越大），其亲密关系就会越顺利、越令人满意（Vohs et al., 2011）。然而，任何人在紧张、分心或疲劳时自控力都会减弱，所以，当人们精疲力尽时，他们会不那么顺应和宽容，并且更容易受替代伴侣的诱惑（Luchies et al., 2011）。当我们感到疲惫和不堪重负时，我们的做法往往最糟糕。令人欣慰的是，与家人和朋友相联系的感觉可增强自我控制；来自充满爱心的伴侣的接纳能提升我们以保护亲密关系的方式行事的能力（Blackhart et al., 2011）。[2]

2　这是自我控制在亲密关系中的另一个好处：它表明我们在乎。我们很少能够通过改变伴侣来改善我们的关系（这样做只能惹恼他们），但当我们努力改变自己时，我们的努力确实能够得到回报。当伴侣意识到我们在努力表现得更好时（比如，尝试更清晰地沟通、更理性地处理冲突等），他们往往会感到高兴，而如果我们成功地进行了一定程度的自我控制，他们会更为满意（Simpson et al., 2016）。请想想伴侣双方都这样做会带来的好处。

专栏 14.1

本书最显而易见的专栏：不要出轨

　　显然，如果你想保护和维持一段有价值的关系，你就不应该将其置于潜在的致命压力和紧张状态之下。所以，不要出轨，不要欺骗你的伴侣。几乎所有人（91%）都认为通奸是"道德败坏的"（Dugan, 2015），大多数人（62%）认为，如果发现配偶有婚外情，就会离开配偶，提请离婚（Jones, 2008）。的确如此，伴侣的不忠极大地增加了婚姻（Frisco et al., 2017）和其他爱情关系（Negash et al., 2014）失败的风险。不忠是婚姻终结的首要原因（Baucom et al., 2014）。对大多数人而言，不忠是一种可恶的背叛，它会摧毁信任，对亲密关系的损害比其他问题更大；比如，在寻求婚姻治疗的夫妻中，与不忠作斗争的配偶明显比因其他问题寻求治疗的夫妻更痛苦和抑郁（Atkins et al., 2010）。尽管如此，治疗通常是有效的。一般来说，有不忠问题的夫妻在完成一项婚姻治疗项目（见后文）后，关系会有很大的改善，他们的痛苦会大大减轻（Hargrave & Hammer, 2016）。

　　因此，这里有两点好的建议。首先，在一段（曾经）有价值的亲密关系中，如果你发现伴侣不忠，尽量不要仓促行事。冷静地讨论有助于你了解实际情况，并就如何最好地摆脱痛苦做出明智而有益的决策（Doherty & Harris, 2017）。你可能会发现这段感情还可以修复，所以"夫妻不应该在不忠的危机中抛弃婚姻；你永远不知道以后什么时候你会需要它"（Pittman & Wagers, 2005, p.1419）。其次，避开诱惑，尽力保护你的伴侣关系。寻找支持你忠贞而非贬低一夫一妻制的社交圈，谨慎地处理与有吸引力的替代选择（包括同事、网络知己，尤其是前任）的关系（Glass & Staeheli, 2003）。

　　自我控制有时可能不容易做到，但还有一种更容易实施的行为维持机制：**玩乐**（play）。当伴侣能一起参与新异、有挑战性、令人兴奋和快乐的活动时，他们通常会感到满足（Sheldon et al., 2013）。简而言之，能一起玩乐的伴侣往往能更长久地在一起。有研究者对这一简单真理进行了正式的实验研究。在实验中，伴侣们一侧的手腕和脚踝被绑在一起，然后按要求爬过障碍物，同时用头部推动一个泡沫滚筒（Aron et al., 2000）。如果他们能足够快地完成比赛就能获得奖品，所以这个游戏任务很令人兴奋和痴迷。与那些参与普通活动的夫妻相比，参与这类活

动的夫妻在活动结束后觉得他们的亲密关系质量更高。可以肯定的是，在现实生活中，与那些只是待在家里看电视的夫妻相比，那些热衷于徒步旅行、骑车、跳舞或听音乐会、听演讲和看演出的夫妻觉得他们的婚姻质量更高（Strong & Aron, 2006）。抽出时间进行富有创造性的玩乐有益于亲密关系，所以你可能需要对此加以重视。请考虑由金伯利·库尔特和约翰·马洛夫首创的一种方法（Coulter & Malouff, 2013）：和你的伴侣一起创建一张清单，列举出双方可以一起做的有吸引力且有趣的事。然后制订明确的行动计划，每周抽出时间完成清单上的一项。你们应该选择什么类型的活动？具体内容你们自己决定，但尽量追求新异、刺激、有趣且充满激情的娱乐。去一些你们从未去过的地方。要有冒险精神。[3] 在酒吧与你的伴侣会面，假装你们刚刚认识。要性感一点，轮流给对方按摩，但不要做爱。开心地玩，尽量顺其自然；这些活动如果被严格安排，就会失去一些价值（Tonietto & Malkoc, 2016），而且只有当你和伴侣都想参与时，它们才会产生有益的效果（Grime et al., 2014）。但如果你们双方都愿意尝试，每周花 90 分钟做一些有趣且令人兴奋的事情，可能会让你在几个月后感到更幸福，并且对你们的关系也更为满意（Malouff et al., 2015）。

满足的伴侣还会形成一些**仪式**（ritual），即已成为惯例的反复出现的行为模式，"如果没有了，就会想念"（Bruess & Kudak, 2008, p.6）。令人开心的仪式往往是一些小的行动，比如伴侣每晚关灯前一个轻轻的晚安吻；或者令人舒适的习惯，比如在准备晚餐前一起安坐片刻，聊聊当天发生的事情。但这些行为承载着特殊的意义，因为它们成了家庭传统，象征伴侣双方对彼此关系的忠诚及作为夫妻的身份。的确，仪式可以是相当独特的，包括其他人可能觉得很奇怪的昵称和私人习惯——但一对伴侣分享的仪式越多，他们往往就越亲密和满足（Pearson et al., 2011）。

最后，那些致力于目前伴侣关系的人在遭到伴侣的背叛后更有可能**宽恕**（forgive）对方（Karremans et al., 2011）。宽恕能够加快亲密关系和被伤害方的愈合（宽恕亲密伴侣远比心怀怨恨压力小），所以，宽恕能促进亲密关系和宽恕者本人的健康（Weir, 2017）。

3　比如，尝试高空跳伞。我与妻子度蜜月时就曾从正常飞行的飞机上跳伞，我们每个人都与一个声称知道自己在做什么的人绑在一起。高兴的是，我们都成功了，这是我们永远难以忘怀的共同经历。

保持满足感

人际沟通专家丹·卡纳里（Dan Canary）和劳拉·斯塔福德（Laura Stafford）确认了第二组可维持亲密关系的活动。他们收集了数百份描述人们用什么来维持关系的报告（包括 500 篇大学生学期论文），然后将报告中的策略归纳为表 14.1 所示的类别（Canary & Stafford, 2001）。正如你所看到的，满足的伴侣努力培养积极的姿态，即彬彬有礼，开心愉快，保持乐观。他们鼓励开放性及对双方关系的讨论，分享自己的想法和情感，并邀请伴侣也这样做。他们做出保证，宣布他们对彼此的爱、承诺和尊重。他们共享一个社交圈，有共同的朋友，并花时间与伴侣的家人相处。他们公平地分担家务，公平地承担属于自己的家庭责任。他们花时间在一起，分享共同的活动（Girme et al., 2014; Ogolsky & Monk, 2018）。

类似的活动也被用来维持亲密的友谊（Oswald et al., 2004），这并不奇怪。如果你回顾一下亲密关系的组成部分（见第 1 章），你会发现，卡纳里和斯塔福德确

表 14.1　卡纳里和斯塔福德的关系维持策略

策略	示例："我……"
积极姿态	努力让我们的互动更愉快
	当我们在一起时，尽量开心乐观
开放性	鼓励伴侣向我表露其想法和感受
讨论关系	鼓励伴侣告诉我他 / 她想从我们的关系中获得什么
保证	努力向伴侣表明，他 / 她对于我有多重要
	谈论我们对未来的计划
理解	当我犯错时道歉
	努力保持耐心和宽容
分担任务	公平地分担需要完成的任务
	帮助伴侣完成其项目
社交圈	与伴侣的朋友和家人一起做事
	邀请朋友加入我们的活动
共同活动	共度美好时光
	一起做事

资料来源：Stafford, 2011; Marmo & Canary, 2013.

专栏 14.2

亲密关系中满足的秘诀：

1.欣赏你的伴侣，2.表达你的感激，3.重复上述两步

人们会适应愉悦的环境，如果你足够幸运（并且聪明、勤奋），拥有一段美满的亲密关系，那么仍然存在着一种风险，即你可能会慢慢地认为它是理所应当的。（用相互依赖理论的话来说，你的比较水平会慢慢升高。）但如果你产生惰性，习惯于自己的好运，你就会身在福中不知福。这是一种浪费，所以我有一个让你能同时享受满足感、维持良好关系并且更加幸福和健康的特殊秘诀。

请注意看。你有义务去注意伴侣有心的关爱、仁慈和慷慨之举（Dew & Wilcox, 2013）。然后，每周告诉伴侣你最享受的三个善意之举，无论大小。

幸福的人天生善于注意自己的福气（Fagley, 2012），但任何人都能学会更好地关注它们，当我们这样做时，我们的心境，甚至我们的身体健康（Mills et al., 2015），都会得到改善。的确，那些开始写"感恩日记"，记录自己的快乐和好运的人从内心深处感到更幸福（Lyubomirsky & Layous, 2013）。

当我们向伴侣表达我们的感激之情时，我们给予了他们非常有奖赏价值的认可和情感（Algoe et al., 2016）。我们明显的感激降低了他们为我们付出的成本，这样他们就更容易承受小牺牲——结果是他们更乐于为我们付出（Kubacka et al., 2011）。

在阅读本书的过程中，我们已经知道，坏的比好的更有影响力，并且随着时间的流逝，伴侣间不再像之前那样深情款款。但我们现在知道了这些，所以我们能够避免那种侵蚀了太多伴侣关系的逐渐幻灭。你的任务很明确：有意识地注意你亲密关系中好的方面，为之庆贺，并向你的伴侣表达你对它们的认可和欣赏。如果你欣赏你的伴侣，表达你的感激之情，并且不断重复，你们都会更加幸福（Algoe et al., 2013）。

认的大多数维持机制，既能促进和鼓励朋友间的亲密感，对爱人间的关系也有同样的作用。涉及开放性、对爱和承诺的保证及大量共同朋友和活动的维持策略，可使亲密关系的所有 7 个方面——了解、关心、相互依赖、共鸣、信任、回应及承诺——都得到增强。人们为了在亲密关系中保持幸福而采取的行动，似乎涉及与伴侣建立并保持有奖赏意义的亲密关系。

而且，这些行动似乎是有效的。与那些不那么努力维持伴侣关系的人相比，经常做表 14.1 所列事情的伴侣更喜欢彼此，也更忠于他们的关系（Stafford. 2003），尤其是当伴侣双方都这样做时（Oswald & Clark. 2006）。如果你发现表 14.1 中长长的活动列表有点令人生畏，请不要发愁；其中的三项较之其他活动更重要，也容易记住。在这些活动中，能最好地预测婚姻幸福程度的是积极姿态、保证及分担任务（Canary et al.. 2002）。那些公平分担家务、通常心情愉快、经常向伴侣表达爱意和尊重的配偶，尤其可能婚姻幸福。

　　不过，我要提出一个警告：在情人节对伴侣示好不可能让对方在独立日[4]仍然满意。卡纳里及其同事（Canary et al., 2002）发现，这些维持机制的益处是短暂的：如果这些令人向往的活动停止，满足感马上就会开始下降。很明显，要维持幸福的亲密关系，我们不得不坚持下去。这里自我控制再次显得非常重要（Kammrath & Peetz, 2011）；从长远看，我们要努力保持一贯的快乐、爱恋和公平。我们为此付出的努力很可能会产生效果（Shafer et al., 2014）；而那些不时对伴侣小气、苛刻和漠视的人将后果自负。

亲密关系的修复

　　保护和维持亲密关系的机制与保养汽车有某些共同之处。如果你明智地选购，并且买到了一辆不错的车，那么如果你坚持进行周到的保养，定期更换机油，添加防冻液，并且日常注意车况，你可能会是个快乐的司机。不过，尽管你很努力，汽车迟早会出问题，这时就应该进行修理，而非仅仅保养调整车辆。如果只是需要进行简单的修理，你可能想自己做，但有些情况下你却需要专业人员的帮助。令人欣慰的是，当亲密关系出现裂痕时，就像修理汽车一样，你可以得到专业的帮助。

自行解决

　　当我们在亲密关系中遇到问题时，一种方法是自己解决。我们对自己行为的

4　7 月 4 日，美国节日。——译者注

知觉往往会受自我服务偏差的影响，我们往往很难意识到自己对当下关系困境所起的推动作用。第三方观察者对我们关系的知觉往往比我们自己更冷静和公正。不过，如果你想自己修复亲密关系，还是有大量的建议可以采纳。电视节目、自助图书、网站和播客上有各种建议，它们可能有助于改善你的亲密关系。用户常常觉得这些建议有帮助；比如阅读自助图书的人们通常觉得这类图书对他们有益（Ellis, 1993）。

　　然而，媒体给出的流行建议也常常存在问题。一方面，那些兜售建议的人的背景有时和建议本身一样虚假；有些吹嘘自己拥有"博士"学位的著名作家，要么不是从官方认可的大学毕业，要么没有在研究生院学习过相关的助人专业或行为科学。根据维基百科[5]，畅销书《男人来自火星，女人来自金星》（Gray, 1992）的作者约翰·格雷从哥伦比亚太平洋大学（Columbia Pacific University）获得了博士学位，这是一所你从未听过的未经认证的远程教育学校，因为该大学已被加州政府关闭。畅销书《婚姻的呵护与保鲜》（*The Proper Care and Feeding of Marriage*, 2007）的作者劳拉·施莱辛格（Laura Schlessinger）的博士学位是生理学而非心理学。此外，有些婚姻专家给出的咨询建议并不是建立在可靠的研究基础上的；相反，他们表达的是个人观点，这些观点有时与事实并不相符。

　　事实上，外行的建议常常是错误的，它的流行程度与它的准确性毫无关系。在第 1 章中我曾指出，关系学家非常不认同"男人来自火星，女人来自金星"这一头脑简单的观点；在读了本书后，你怎么看？

　　还有一个例子。有本名为《关系法则：俘获白马王子屡试不爽的秘密》（*The Rules: Time-Tested Secrets for Capturing the Heart of Mr. Right*）的书曾一度位居"非小说"类畅销书的榜首。其作者（Fein & Schneider, 1995）宣称，《关系法则》描述了"一种与男人相处的简单方法，能帮助任何女性赢得她梦寐以求的男人的心"（p.5）。如果读者遵循书中提供的建议，"他不仅会和你结婚，而且会永远为你疯狂！我们给你的承诺是'从此幸福地生活在一起'"（p.6）。听起来很棒，不是吗？不幸的是，书中给出的关系法则是错误的。为了提升对异性的吸引力，该书建议读者保持冷漠和神秘，避免显得太急于建立一段新的关系。正如作者所承认的，

5　Wikipedia，一部基于互联网、内容开放的全球多语言百科全书，也是目前世界上最大的百科全书。——译者注

"用通俗的话来说，我们探讨的是欲擒故纵"（p.6）。但欲擒故纵是行不通的，关系科学在 40 年前就已经知道了这一点。人为地延缓关系发展的女性对男性并没有特别的吸引力；对男性有吸引力的是那些对除了他之外的所有人都故作清高的女性（Walster et al., 1973）。具体来说，《关系法则》教导女性每周与男性见面不要超过两次，在交往早期避免过多的自我表露，不要告诉男方分开的时候自己在做什么，而诸如此类的关系法则都与男性对新女伴的兴趣（Jonason & Li, 2013）和承诺（Agnew & Gephart, 2000）呈负相关。总的来说，遵循《关系法则》内容的女性可能比其他女性更难吸引和留住男性，这些都不是很有用的建议。（事实上，这本书出版几年之后，其中一位作者就提出了离婚。）

当然，并非所有的流行建议都是错误的，有些还是非常可靠的。比如，有些自助图书和网站是由声誉卓著、受人景仰的科学家撰写或运营的（比如Christensen et al., 2014; Gottman, 2011; Orbuch, 2009）。从积极方面看，这类帮助并不昂贵。自助图书和网站可供人们反复查阅，按自己的节奏吸收这些材料。可靠的图书和自助网站对那些羞于寻求正式治疗的人弥足珍贵。一般而言，自己动手的效果并没有面对面的培训和治疗那么好，但人们仍然可以学到一些有助于他们处理自己问题的技巧和观点（McAllister et al., 2012）。顺着这个思路，如果你正在寻找好的（免费！）建议，我建议你读读《犹他婚姻手册》（*Utah Marriage Handbook*），它的内容非常好。（我说过在网上这本书是免费的吗？[6]）

我也得承认，我很高兴你读了这本书。我并未打算把它写成自助图书，但我希望本书收集的信息能对你有所帮助。我相信对亲密关系的科学研究蕴含巨大的价值，希望我提供给你的材料能帮助你更全面地理解自己的关系。我敢打赌，本书有很多你可以应用到自身具体情况的知识点，助你享受更丰富、更有益的伴侣关系。

预防性维护

在保养汽车时，某些情况下，明智的做法是在出现任何问题前做一下大保养。例如，几年后你就应该更换汽车的正时皮带（如果你有）。它是汽油发动机内部的

6　指在美国。——译者注

一个部件，一旦断裂轻则让你困在原地，重则损毁你的发动机。更换正时皮带有点昂贵，当你的汽车发动机运行良好时，你很容易推迟更换。但预防性维护无疑是明智的选择。

同样，已经订婚的伴侣通常认为他们的婚姻将会一帆风顺，没有必要为婚姻将带来的新的关系阶段做准备。然而，一些预防性维护却可能很有价值。在问题发生之前，对伴侣双方的期望和沟通技巧进行微调或许能带来丰厚的回报。

婚前咨询的形式多种多样，从对牧师、神父、拉比等神职人员的非正式拜访，到心理学家或婚姻与家庭治疗师指导下的结构性训练（Rolffs & Rogge, 2016）。人们也可以在家里接受基于互联网的指导（Doss et al., 2016）。为了叙述简明，我只探讨 PREP 项目，它是最有名的关系技能课程之一。

预防和关系提升项目（The Prevention and Relationship Enhancement Program, PREP）通常包括约 12 小时的训练，分为 5 期（Markman et al., 1994）。会谈的重点是本书读者现在可能已经非常熟悉的几个主题：

- 承诺的力量。承诺能够改变伴侣的观点和行为；鼓励伴侣用长期的眼光看待他们正在共同努力创造的未来。
- 一起玩乐的重要性。敦促伴侣双方定期一起玩乐。
- 就性问题进行坦诚沟通的价值。建议伴侣清晰而坦诚地表达他们的欲望，并不时地尝试新事物。
- 不恰当期望的后果。鼓励伴侣认识他们的期望，对自己的期望保持理性，并清楚地表达自己的期望。

该项目的参与者还要学习说话者—倾听者技术，我在本书第 11 章 "冲突的结果" 一节中介绍过该技术。

PREP 项目有效吗？总的来说，答案似乎是肯定的：PREP 和其他类似的项目通常是有益的，至少在一段时间内，尤其是对那些最需要它们的高风险伴侣（Williamson et al., 2015）。参加过婚前预防项目的订婚伴侣和新婚伴侣在未来 3 年内分手的可能性不到未接受此类教育的伴侣的一半（Rogge et al., 2013）。此类培训的长期效果仍不确定，并且随着时间的推移，一个项目的效果可能与另一个项目的效果并没有太大的不同（Markman et al., 2013）。尽管如此，做一些婚前预防性维护似乎有助于婚后数年的一帆风顺，参加此类项目的伴侣在今后有需要时也更可能寻求婚姻咨询（Williamson et al., 2014）。如果这类婚前教育与预防项目更加普及，婚姻失败的情况可能会更少（Halford et al., 2018）。

婚姻治疗

一旦婚姻出现了真正的问题，可能就需要更深入的干预。职业咨询师采用的治疗方法多种多样，而三类治疗方法在大多数时间对大部分人都有帮助。我们将看到，这些治疗方法在以下几个方面存在差异：（1）侧重于有问题的行为、思维还是情感；（2）将个体的易受伤害性还是夫妻之间的互动看作婚姻问题的根源；（3）将过去事件还是当前困境看作痛苦产生的主要根源（Baucom et al., 2006）。需要伴侣双方都参与的治疗最为常见，但即使伴侣拒绝与他们一起寻求帮助，在亲密关系中出现问题的人也常常能从个人治疗中获益。

行为疗法

大多数时候，不幸福的伴侣对彼此并不友好，而一种经典的干预，即**传统的夫妻行为治疗**（traditional behavioral couple therapy, TBCT），鼓励他们成为更令人愉快、更有奖赏意义的伴侣。TBCT 关注伴侣当前的互动，并设法用更亲切和慷慨的行为取代任何消极和惩罚性的行为。TBCT 治疗师会教授伴侣沟通技巧，帮助他们表达感情和冷静地处理冲突，并特别鼓励他们做一些对伴侣有益或取悦伴侣的事情，以增加他们互动的回报，减少互动成本。

TBCT 通过各种方法引导伴侣的理想行为。治疗师可能会安排"爱情日"（Weiss et al., 1973），在这一天，伴侣一方会按照另一方的要求，有意地做一些表达关切和善意的事情。或者，伴侣双方可以达成协议，用自己的理想行为来回报伴侣的积极行为。在此类协议中，即交换合约[7]，伴侣一方的行为改变与另一方的行为改变直接相关（Jacobson & Margolin, 1979）。比如，如果他周六打扫浴室，她可能会同意每个周日洗衣服，而如果她上周日洗了衣服，他就会打扫浴室。如果伴侣中的任何一方动摇，这种形式的合约就无法增加伴侣间的积极交换，所以伴侣间还会采用诚信合约，即用特权奖励行为变化的平行协议（Weiss et al., 1974）。

7　*Quid pro quo* 是拉丁语，意思是"某物换某物"或"这个换那个"。

在诚信合约中，他可能会同意每周六打扫浴室，当他这样做了时，他就可以选择当晚的活动；她可能会同意每个周日洗衣服，当她这样做了时，他会承担当晚为孩子洗澡并安顿他们睡觉的所有责任。

让伴侣们表现得更慷慨很重要，但到了寻求治疗时，陷入困境的伴侣常常对彼此漠视已久，而试图从改进行为入手并不能改变这种状况。因此，一种由 TBCT 派生出的治疗关注伴侣对他们的关系及行为的认知和判断（Epstein & Baucom, 2002）。除了鼓励理想的行为，**夫妻认知—行为治疗**（cognitive-behavioral couple therapy, CBCT）还试图从各个方面改变伴侣们思考和评价其伴侣关系的方式。这种治疗针对的是伴侣的选择性注意，即他们注意某些事情而忽略另一些事情的倾向性，并设法给每位伴侣逐步灌输更合理的期望，更宽容的归因和更具有适应意义的关系信念。CBCT 引导参与者追踪和检测自己的想法，主动思考任何消极行为的各种归因，识别并挑战不现实的信念，列出他们所持的各种期望的利和弊。CBCT 承认，人们常常会把他们在过去关系中习得的有问题的思维习惯带入现在的婚姻，但它仍然主要关注夫妻当前的互动模式；CBCT 的核心观点是：不管适应不良的认知来自何处，如果夫妻能够公平、善意和理性地认识和评价彼此，他们就会感到更加满足（Fischer et al., 2016）。

传统的夫妻行为治疗后来又派生出**夫妻整合行为治疗**（integrative behavioral couple therapy, IBCT），这种方法既试图鼓励伴侣们更理想的行为，又教导他们宽容地接纳无法改变的矛盾（Gurman, 2013）。IBCT 会传授沟通技巧，并采用 TBCT 的行为矫正技术，但它也假定，即使伴侣双方都表现良好，某些令人沮丧的矛盾仍会一直存在；因此，治疗的一个重要目标是教会伴侣们对不可避免的烦心事作出适应性的情绪反应。三种技术可以促进个体接纳自己和伴侣的不完美（Wheeler & Christensen, 2002）。首先，共情参与技术（empathic joining）指导伴侣双方不带任何责备或怨恨地表达他们的痛苦和脆弱，因为这些负面情绪会使伴侣产生防御心理；这样做的目的是通过帮助夫妻双方理解对方的感受而产生同理心。其次，治疗师引导夫妻学会用统一的超然态度——一种可以平息情绪、帮助夫妻冷静地理解他们有问题的互动模式的理智视角——来看待他们之间的问题。治疗师邀请接受治疗的夫妻描述引发挫折感的事件，找出使他们陷入这种状态的触发因素，同时避免产生这类事件通常会引发的负面情绪。最后一种技术是提高宽容度，夫妻双方学习在问题行为发生时不那么敏感，反应不那么激烈；在治疗过程中，治疗

表 14.2　各种婚姻治疗的核心特征

	主要关注点		
治疗方法	行为、认知或情绪	个体还是夫妻	现在还是过去
夫妻行为治疗	行为	夫妻	现在
夫妻认知—行为治疗	认知	两者兼顾	现在
夫妻整合行为治疗	情绪	两者兼顾	现在
情绪聚焦的夫妻治疗	情绪	两者兼顾	现在
顿悟导向的夫妻治疗	情绪和认知	个体	过去

资料来源：摘自 Baucom, D. H., Epstein, N., & Stanton, S. (2006). "The treatment of relationship distress: Theoretical perspectives and empirical findings." In A. Vangelisti & D. Perlman (Eds.), *The Cambridge handbook of personal relationships* (pp. 745–769). New York: Cambridge University Press, 2006。

师请双方排演他们之间消极的互动模式并对其加以分析，实际上是鼓励伴侣放弃试图改变对方身上所有自己不喜欢的东西的努力。IBCT 聚焦伴侣当前的互动模式，无论其起源是什么；它寻求双方的互动行为及各自对此的情绪反应上的协同变化。

上述三种行为疗法（传统的夫妻行为治疗、夫妻认知—行为治疗及夫妻整合行为治疗）都关注伴侣对待彼此的行为，但它们在附加元素上有所不同。TBCT 力图改变夫妻的行为，CBCT 力图改变他们的行为和认知，而 IBCT 力图改变他们的行为和情绪（见表 14.2）。每种方法都可能比其他方法对一些夫妻更有吸引力，但重要的是，它们都有效。在认真接受上述任何一种治疗的夫妻中，有 60%~70% 的人持续许多年的不满和痛苦显著减少（Baucom et al., 2018）。感谢布莱恩·多斯和他的同事们（Roddy et al., 2016），你也可以在线上尝试一下 IBCT。

情绪聚焦的夫妻治疗

另一种出现相对较晚的新疗法，即情绪聚焦的夫妻治疗（emotionally focused couple therapy, EFCT），起源于依恋理论（Wiebe & Johnson, 2016）。我们在本书中多次看到，与自己的伴侣形成安全依恋的人在亲密关系中会感到满足和舒适，而 EFCT 正是通过提高伴侣的依恋安全感来努力改善亲密关系的。与行为治疗法一样，EFCT 试图重建配偶间理想的互动模式，但它关注的重点是伴侣在寻求满足其依恋需要时的情绪体验。EFCT 认为人们需要情绪上的安全感，并会向配偶寻求这种安全感，但如果一方以无效的方式寻求安慰和接纳，而另一方又以消极的方式回应，就会导致沮丧和痛苦。一种常见的模式是，伴侣一方想要得到更多的关注和关爱，但却以一种看似挑剔和责备另一方的方式去索求，而后者则以躲避得更远作为回应。如此一来，没有人得到安慰，也没有人感到快乐，并且这种可憎的索求和退避循环可能会愈演愈烈。

EFCT 试图找出这类适应不良的情感沟通循环，并代之以重新建构的互动，从而使伴侣感到安全、被爱，彼此之间的联结很牢固。EFCT 包括三个阶段（Johnson, 2004）。第一个阶段的任务是找出存在问题的沟通或冲突模式，鼓励夫妻双方把自己看作联合起来对抗共同敌人的合作者；治疗师还帮助夫妻探察没有得到满足的接纳和安全需要，正是这些需要加剧了夫妻冲突。在第二阶段，伴侣开始建立具有建设性的新的互动模式，承认对方的需要并提供更多的保证和安慰。最后，在第三阶段，伴侣们排演并强化他们对彼此的应答性，依靠新建立的安全感无畏地寻找解决老问题的新方法。整个过程包括 9 个步骤（见表 14.3），每个疗程包括

表 14.3　情绪聚焦的夫妻治疗的具体步骤

在治疗师的帮助下，要完成 EFCT 的夫妻将经历下列治疗阶段：
阶段 1：评估问题
步骤 1：夫妻描述他们的问题，通常要详尽地描述最近的一次争吵
步骤 2：夫妻要找出他们争吵背后的情感恐惧和需要
步骤 3：夫妻用言语表达他们的情绪，以便于对方理解
步骤 4：夫妻认识到双方都受到了伤害，不应单独责备任何一方
阶段 2：建立能促进联结的新互动方式
步骤 5：夫妻确定并承认他们内心最深处的情感，包括对保证、接纳和安慰的需要
步骤 6：夫妻承认并开始接纳对方的情感；他们还探索自己对所获信息的新反应
步骤 7：夫妻开启基于开放和理解的新的互动模式；他们再次成为盟友而非对手
阶段 3：排演和维持理想的新互动方式
步骤 8：夫妻共同努力发现解决老问题的新方法
步骤 9：夫妻认真地排演并巩固他们的新的、对彼此更接纳的行为

资料来源：摘自 Johnson, S. M. *Creating connection: The practice of emotionally focused couple therapy*, 2e. New York: Brunner-Routledge, 2004。

10~12 次治疗。

这种疗法聚焦夫妻当前的互动，但鼓励伴侣思考各自的需要对共同关系结果的影响，所以会同时考察造成婚姻功能不良的个体和互动根源。EFCT 对关系问题不太严重的夫妻非常有效，70% 的夫妻在治疗结束时克服了他们的不满（Baucom et al., 2018）。

顿悟导向的夫妻治疗

最后一类治疗方法源于弗洛伊德的心理动力学传统。弗洛伊德认为，人们常常背负着过去关系留下的伤痛和疤痕，虽然他们没有意识到这些东西的存在，但这些过去关系的痕迹可能会在他们不自知的情况下使其当前的伴侣关系复杂化（见专栏 14.3）。人们试图通过各种干预方法来提高伴侣对这些"包袱"的洞察力，但这类方法的典型例子是斯奈德（Snyder, 2002）的**顿悟导向的夫妻治疗**（insight-oriented couple therapy, IOCT）。IOCT 比前面介绍的几种治疗方法（见表 14.2）更强调个体的易受伤害性；它力求帮助人们理解他们在过去关系中形成的个人习惯以及假设可能会给现在的伴侣带来难题。因此，IOCT 也比其他治疗方法更全面地考察以往的事件；这种疗法假定，婚姻不满的根源通常在于夫妻双方在以前的关系中遭逢的困难。

IOCT 的一个主要工具是情感重构，通过这一过程，夫妻重新想象或回顾过去

专栏 14.3
顿悟导向治疗的核心原则

　　大多数心理动力学取向的婚姻治疗师都强调三个基本观点：

1. 在选择伴侣和对待伴侣的方式上，人们常常受到隐藏的矛盾和（自己意识不到的）未满足的需要的影响。
2. 许多这样的无意识冲突源于个体的原生家庭中或先前的爱情关系中发生的事件。
3. 治疗的主要目标是使来访者获得对他们无意识冲突的顿悟——理解为什么他们会有这样的感受和行为——这样他们就有了选择以不同的方式去感受和行动的自由。

的亲密关系，以努力找出在与之前伴侣的冲突中反复出现的主题和典型的应对风格（Snyder & Schneider, 2002）。个体在治疗师的引导下仔细地检视自己的关系历史，并细心地注意任何人际伤害的模式。然后，治疗师帮助来访者理解其过去关系的主题与他／她现在的问题之间可能存在的联系。

在情感重构过程中产生的顿悟有助于伴侣更善意地看待另一方的行为。任何一方都更加意识到自己的易受伤害性，而共同表达恐惧和需求可建立伴侣之间的同理心。治疗师还可能根据夫妻的个人经历，把双方都描绘成正在尽最大的努力，以减少夫妻间的责备和刻薄之词。然后，因为（正如我们前面提到过的）知识就是力量，夫妻逐渐建构起新的、更有益的互动模式，从而避免掉入过去的陷阱中。

整个过程通常需要 15~20 次治疗。与情绪聚焦的治疗和行为治疗方法一样，IOCT 似乎对大部分夫妻有帮助，并且在至少一项研究中（Snyder et al., 1991）表现出了相当的持久力，使夫妻们在四年后比接受 TBCT 的夫妻适应情况更好。

婚姻治疗的共同特证

业界还有其他几种婚姻治疗方法，但我们只关注行为治疗方法、EFCT 和 IOCT，因为严谨的研究表明它们对大多数夫妻有效（Baucom et al., 2018）。大部分认真参加上述任何一种治疗的人之后都可能过得更好，例如（大致平均）约三分之二的人不再对他们的婚姻不满（Lebow et al., 2012）。没有人能够担保治疗的效果，治疗的成功可能取决于个体在治疗过程中投入的诚意和付出的努力。但婚姻治疗对大部分夫妻都有帮助。如果你希望修复一段举步维艰的亲密关系，你可以得到帮助。

那么，这些疗法哪一个适合你呢？多年来，这个问题在职业治疗师之间引起了许多竞争和偶尔的争论，但我有一个非常简单的答案：选择最吸引你的疗法和治疗师。这可不是随随便便给出的建议。对你来说，最好的疗法很可能就是你读最后这几页时觉得最有趣的疗法（Lindhiem et al., 2014），之所以这样说有三方面的原因。

第一，尽管各种婚姻疗法的名称和强调的重点不同，但它们都有某些共同点，这可能就是它们都能发挥作用的原因（Baucom et al., 2018）。每种疗法都对伴侣关系出现困难的原因提供了一种合理的解释，都为怎样克服这些困难提供了一种充满希望的新视角。为了实现这一目标，每种疗法都提供了一种改变导致痛苦的互动模式的方法，都促使夫妻双方做出更多、更有效、更理想的行为。虽然它们追求目标的基本原理各不相同，但所有这些疗法都使夫妻能够以更具建设性、更令人满意的方式相处。所以，这些不同的方法都有一些共同的核心元素，使得它们比表面上看起来更相似。

第二，有鉴于此，你选择的治疗师可能和你选择的治疗方法一样重要。如果夫妻双方都尊重和信任他们的治疗师，治疗就更可能成功（Summers & Barber, 2003），所以你应该寻找一位看起来既可靠又令人信服的资深治疗师。一个支持你认为合理的治疗方法的治疗师，可能比一个使用你不太信服的方法的从业者看起来更熟练、学识更渊博。

第三，吸引你的治疗方法更可能带给你希望，让你相信真正的改变会发生，而这种乐观的态度非常有影响力（Snyder et al., 2006）。积极的期望使治疗更有效。与那些对治疗结果持悲观态度的人相比，相信自己的努力会带来收益的夫妻会更认真地配合治疗，保持更高昂的精神状态，这两种因素都会增加治疗成功的概率。

顺着这些思路，在此我提醒各位（像有些人那样）相信"好姻缘天注定"和"伴侣无法改变"的危害。在第 4 章中，我们曾讨论过诸如此类的功能不良的关系信念，我希望你现在对这类信念的缺点有了更清楚的认识。人们可以而且确实会在治疗过程中发生改变（Roberts et al., 2017）。但如果我们认为伴侣不能改变，当婚姻出现问题时，我们就不太可能寻求治疗，即使我们真的接受治疗，也可能会敷衍了事。因此，我们的处境将不太可能改善。

"牵马到河易，强马饮水难。"的确，这句古老的俗语道出了所有婚姻治疗的最后一个共同点：人们并没有充分利用这些婚姻治疗。大多数离婚的人根本就没有咨询过婚姻治疗师，而那些咨询过治疗师的极少数人通常也要等到问题非常严重时才来寻求帮助（Cordova, 2014）。男性尤其如此，与女性相比，他们对婚姻中存在的问题反应迟钝，不太可

> **想一想** ✔
>
> 如果你的亲密关系需要帮助，什么会阻止你寻求帮助？为什么？

能相信治疗的效果，在有必要寻求治疗时更迟疑不决（Doss et al., 2003）。考虑到婚姻治疗的效果，这一点非常令人遗憾。我希望，既然你已经知道在婚姻治疗上付出金钱会物有所值——无论你是同性恋还是异性恋（Whitton et al., 2016）——如果有需要，你会毫不迟疑地联系治疗师。

的确，治疗时机通常很重要。婚姻问题越早处理，就越容易得到解决。一对

夫妻的痛苦越深，就越难逆转（Snyder et al., 2006）。为什么还要坐失良机呢？考虑一下这种可能性：治疗并不总是有效，总是存在这种可能，治疗师在了解了夫妻之间的问题后，会建议双方解除婚姻关系。但如果情况真是这样，夫妻双方也可以避免许多令人迷茫的不确定性和痛苦（Doherty & Harris, 2017）。或者，如果亲密关系有挽救的可能，并且治疗有帮助，那么及时寻求治疗，夫妻双方就能减轻痛苦并尽快恢复健康的伴侣关系。不论何种情况，对亲密关系中不可避免的困难坐视不理是毫无意义的。

结　语

那么，总的来说，就像汽车一样，预防性维护可以防止亲密关系破裂，并且当亲密关系确实出现问题时，它们也往往可以被修复。我认为这个类比很恰当（所以我用汽车来比喻亲密关系），但必须指出这个类比有可能产生严重的误导：不管你如何细心呵护，汽车迟早都会磨损而必须更换，但亲密关系则完全不是这样。当然，有些人会经常更换爱人，就如同更换汽车一样追求更新潮、更高档的款式（Campbell & Foster, 2002），但本书的大部分读者都希望自己最终能与某个特定的伴侣建立稳定的亲密关系，从此往后余生，心满意足。

你可以做到这一点。我希望，在学习完关于亲密关系的现代科学之后，你能够更好地创造、理解和管理那些成功、幸福、有益且长久的亲密关系。要对亲密关系抱有合理的期望，这样当遇到挫折时你才不会失望（Neff & Geers, 2013）。但也要知道，如果伴侣精心呵护双方的关系，给予彼此大量的关爱（Horan, 2012），有共同的活动和乐趣（Feeney & Lemay, 2012），共同表达对关系的投入和承诺（Weigel & Ballard-Reisch, 2014），我们的亲密关系就会更坚韧，更能经受与相互依赖相伴而生的困难。因此，通过明智地选择伴侣，之后精心地呵护和滋养你的伴侣关系，你很可能建立并维持永远让你满足的亲密关系。毕竟，有些人做到了。当研究者要求 100 对有 45 年幸福婚姻的夫妻解释他们成功的原因时（Lauer et al., 1990），他们回答：

- 他们珍视婚姻，并认为婚姻是一种长期的承诺；
- 幽默感非常有帮助；

- 他们非常相似，能够在大部分事情上达成一致意见；
- 他们真正地喜欢自己的配偶，喜欢与配偶共度美好时光。

我希望你也能做到。

请你思考

当读到本书结尾部分时，莱斯莉决定与丈夫谈谈自己对他和对婚姻生活日益增长的不满。他们订婚时丈夫体贴周到、魅力四射，但她最近觉得丈夫不再设法取悦自己，所以感到孤独和受伤。她认为自己在不断地改变以满足丈夫的愿望，但丈夫却很少做什么来满足她。丈夫从来不关心她每天过得怎样。这虽是一件小事，但让她很恼火，这只是他只顾自己和明显不关心对方的一个例子。然而，当莱斯莉建议一起去寻求婚姻治疗时，丈夫坚决地拒绝了。所以，她决定自己独自前往；她访问了美国婚姻与家庭治疗协会的网站，从上面找到了一位治疗师，并预约了个人咨询。

读完本章后，你认为莱斯莉和她丈夫的未来会怎样？为什么？

本章小结

对亲密关系有了更好的理解，人们就能更好地预防一些问题的出现，并且能更有效地解决其他问题。

亲密关系的维持和提升

关系维持机制是人们为维系伴侣关系而采取的策略性行动。

遵守承诺。 希望一段关系持续下去的人，在思维和行动上都与不太投入的伴侣不同。认知维持机制包括认知的相互依赖、积极错觉、感知到的优越感、对替代选择的无视及贬低替代选择。

行为维持机制包括牺牲的意愿、祈祷、米开朗基罗现象、顺应、自我控制、玩乐、仪式和宽恕。

保持满足感。人际沟通专家确认了更多似乎有助于伴侣保持满足感的活动。其中最重要的是积极的姿态、保证和分担任务。

经常参与这些活动的伴侣比那些不太努力维持伴侣关系的人更幸福。然而，为了使活动的效果长久保持，人们必须坚持参与这些活动。

亲密关系的修复

定期维护有助于保持亲密关系的良好状态，但它仍可能会出现问题，需要修复。

自行解决。我们能得到很多建议，但有些建议是错误的。不过，有些自助信息是由声誉卓著的学者提供的，可能对人非常有益。

预防性维护。婚前咨询的形式多种多样。例如预防和关系提升项目（PREP），它提高了人们在婚姻的最初几年中的满意度。

婚姻治疗。职业治疗师可能会使用几种不同的疗法。传统的夫妻行为治疗试图在夫妻间建立更快乐、较少带有惩罚性的互动模式。夫妻认知—行为治疗关注适应不良的认知。夫妻整合行为治疗试图教会陷入困境的夫妻接纳他们无法改变的不相容。情绪聚焦的夫妻治疗力图使伴侣们更有安全感。顿悟导向的夫妻治疗试图将夫妻双方从他们在以前的关系中背上的情感包袱中解放出来。

所有这些治疗方法都有某些共同的核心特征。信任治疗师并带着积极的期望接受治疗的夫妻，很可能从任何一种婚姻治疗中真正受益。

结语

我希望，在学习完关于亲密关系的现代科学之后，你能够更好地创造、理解和管理那些成功、幸福、有益且长久的亲密关系。祝你在今后的人际之旅中一切顺利。

参 考 文 献

Aassve, A., Fuochi, G., & Mencarini, L. (2014). Desperate housework: Relative resources, time availability, economic dependency, and gender ideology across Europe. *Journal of Family Issues, 35,* 1000–1022.

AAUW. (2017). *The simple truth about the gender pay gap.* American Association of University Women.

Abbey, A. (1982). Sex differences in attributions for friendly behavior: Do males misperceive females' friendliness? *Journal of Personality and Social Psychology, 42,* 830–838.

Abel, E. L., & Kruger, M. L. (2010). Smile intensity in photographs predicts longevity. *Psychological Science, 21,* 542–544.

Acevedo, B. P. (2015). Neural correlates of human attachment: Evidence from fMRI studies of adult pair-bonding. In V. Zayas & C. Hazan (Eds.), *Bases of adult attachment: Linking brain, mind and behavior* (pp. 185–194). New York: Springer.

Acevedo, B. P., & Aron, A. (2009). Does a long-term relationship kill romantic love? *Review of General Psychology, 13,* 59–65.

Acevedo, B. P., & Aron, A. P. (2014). Romantic love, pair-bonding, and the dopaminergic reward system. In M. Mikulincer & P. R. Shaver (Eds.), *Mechanisms of social connection: From brain to group* (pp. 55–69). Washington, DC: American Psychological Association.

Acevedo, B. P., Aron, A., Fisher, H. E., & Brown, L. L. (2012). Neural correlates of long-term intense romantic love. *Social Cognitive and Affective Neuroscience, 7,* 145–159.

Ackerman, D. (1994). *A natural history of love.* New York: Random House.

Ackerman, J. M., Griskevicius, V., & Li, N. P. (2011). Let's get serious: Communicating commitment in romantic relationships. *Journal of Personality and Social Psychology, 100,* 1079–1094.

Ackerman, J. M., & Kenrick, D. T. (2009). Cooperative courtship: Helping friends raise and raze relationship barriers. *Personality and Social Psychology Bulletin, 35,* 1285–1300.

Ackerman, R. A., Kashy, D. A., & Corretti, C. A. (2015). A tutorial on analyzing data from speed-dating studies with heterosexual dyads. *Personal Relationships*, 22, 92–110.

Adams, G. S., & Inesi, M. E. (2016). Impediments to forgiveness: Victim and transgressor attributions of intent and guilt. *Journal of Personality and Social Psychology, 111,* 866–881.

Adams, R. B., Jr., & Nelson, A. J. (2016). Eye behavior and gaze. In D. Matsumoto, H. C. Hwang, & M. G. Frank (Eds.), *APA handbook of nonverbal communication* (pp. 335–362). Washington, DC: American Psychological Association.

Afifi, T., Caughlin, J., & Afifi, W. (2007). The dark side (and light side) of avoidance and secrets. In B. H. Spitzberg & W. R. Cupach (Eds.), *The dark side of interpersonal communication* (2nd ed., pp. 61–92). Mahwah, NJ: Erlbaum.

如需更多参考文献，请联系：nccpsy@163.com。